金融科技

数智金融创新

技术和业务引领的优秀行业实践

融创平台 ◎组编

图书在版编目（CIP）数据

数智金融创新：技术和业务引领的优秀行业实践 / 融创平台组编 . -- 北京：机械工业出版社，2025. 2. （金融科技）. -- ISBN 978-7-111-77285-9

Ⅰ . F831-39

中国国家版本馆 CIP 数据核字第 20250UC835 号

机械工业出版社（北京市百万庄大街 22 号　邮政编码 100037）
策划编辑：孙海亮　　　　　　　　责任编辑：孙海亮
责任校对：高凯月　张雨霏　景　飞　责任印制：刘　媛
涿州市京南印刷厂印刷
2025 年 2 月第 1 版第 1 次印刷
170mm×230mm・32.5 印张・3 插页・613 千字
标准书号：ISBN 978-7-111-77285-9
定价：129.00 元

电话服务　　　　　　　　网络服务
客服电话：010-88361066　　机　工　官　网：www.cmpbook.com
　　　　　010-88379833　　机　工　官　博：weibo.com/cmp1952
　　　　　010-68326294　　金　书　网：www.golden-book.com
封底无防伪标均为盗版　机工教育服务网：www.cmpedu.com

前言

在数字化浪潮席卷全球的今天,金融业正经历着一场前所未有的变革。在这场变革中,数智金融成为引领行业发展的关键。如何抓住变革的机遇,并通过数智金融创新引领行业发展,成为各家金融机构共同关注的焦点。正是在这样的背景下,我们编撰了这本书。本书不仅充分展现了金融机构在数智金融领域的探索与实践,还提供了丰富的实践经验和方法论。

本书对金融行业的意义与作用主要体现在如下方面。

(1)展示金融行业优秀实践案例。本书汇集来自不同领域(银行、保险、证券、基金等)的多家金融机构的创新案例,案例类型广泛,涵盖了金融信创、普惠金融、跨境金融、数字营销、数据治理与数据平台、业务系统与平台建设、风控合规、信息安全、智能运维等多个类别。这些案例涵盖了技术创新、技术与业务融合创新、管理创新等多个方面,具有很强的代表性和借鉴意义。读者可以通过阅读这些案例,了解不同金融机构在创新方面的具体做法和经验,为自身的工作和职业发展带来有益借鉴。

(2)促进金融机构间的交流与合作。本书不仅是一个展示创新成果的窗口,更是一个促进行业交流的平台。本书旨在通过详细介绍每个案例的背景、创新点、建设内容、创新应用、效果评估等来分享多家金融机构创新实践和经验。金融机构可以通过书中的案例互相学习、借鉴,共同提升创新能力。

(3)激发创新动力,推动金融行业发展。本书通过展示金融行业的创新成果和优秀实践，旨在激发金融行业的创新动力，鼓励金融机构积极拥抱科技变革，加大创新投入，促进金融行业的持续健康发展。同时，我们也希望本书能够激发更多金融行业从业者的创新热情，为金融行业的未来发展贡献智慧和力量，共同推动金融行业的创新与变革。

（4）**服务实体经济，助力经济发展**。服务实体经济是金融行业的根本使命，也是数智金融发展的核心价值所在。数智金融的创新实践，使金融可以更好地服务实体经济，为实体经济注入新的活力。本书旨在激发金融行业和实体经济之间的深度融合和创新互动，以期共同探索数智金融在实体经济中的更多应用场景和创新模式。以数智金融为引领，服务实体经济，助力经济发展，共创美好未来。

最后，我们要感谢所有为本书付出努力和做出贡献的人，感谢各家金融机构及企业服务商的支持和帮助，感谢参与本书编写的专家们的辛勤工作，感谢所有读者对本书的关注和期待。衷心祝愿本书能够成为数智金融创新领域的一部重要作品，为金融行业的持续发展和实体经济的繁荣做出贡献！

目录

前言

金融信创篇

案例1　分布式银行核心系统　/ 2

案例2　信创金融交易云平台　/ 13

案例3　"星辉"新核心业务系统　/ 21

案例4　信用卡核心系统分布式信创项目　/ 30

案例5　国密智能调度系统　/ 38

案例6　鼎和风险云　/ 45

案例7　基于银河麒麟的柜面系统方案　/ 52

案例8　金融非结构化数据统一管理解决方案　/ 59

案例9　统信软件 CentOS 替换信创解决方案　/ 65

案例10　基于信创的金融信息系统灾难恢复方案　/ 76

普惠金融篇

案例 11　薪 e 慧发平台　/ 88

案例 12　基于区块链的境外人士收入数字化核验产品　/ 98

案例 13　数智化小微普惠金融平台　/ 107

案例 14　基于人机结合技术的宫格化客群服务模式　/ 119

案例 15　"金融＋乡村振兴"服务平台　/ 131

案例 16　深圳要素交易金融服务平台　/ 138

案例 17　政采易贷　/ 147

跨境金融篇

案例 18　工银全球支付及清算体系建设项目　/ 158

案例 19　基于隐私计算技术的粤港澳大湾区数据平台　/ 169

案例 20　基于货代"拼柜"双模型的小微企业出口押汇业务系统　/ 176

数字营销篇

案例 21　工银智慧外拓系统　/ 184

案例 22　企微随身管家服务模式　/ 190

案例 23　"润秒贴"跨行贴现项目　/ 198

案例 24　数智化经营管理一站式平台　/ 204

案例 25　广发信用卡金融"骑手"——外勤作业平台项目　/ 210

案例 26　"数字化赋能营销"——新一代对公 CRM 系统　/ 218

数据治理与数据平台篇

案例 27　零售金融数智化决策分析平台 / 230

案例 28　云海智慧生态圈——银行大数据云平台 / 238

案例 29　基于云原生技术体系的新一代湖仓一体大数据平台 / 246

案例 30　元数据驱动的智能化数据治理及数据资产管理平台 / 255

案例 31　数据管控平台及数据质量提升项目 / 262

案例 32　数据中台系统 / 268

案例 33　HashData 云原生金融信创数据仓库 / 276

案例 34　赢图 XAI 实时资金流向图智能分析平台 / 285

业务系统与平台建设篇

案例 35　基于金融科技的综合信贷管理系统创新与实践 / 296

案例 36　财富管理一体化核心交易柜台系统 / 308

案例 37　新一代新核心项目群 / 318

案例 38　太平财险团财险理赔新核心业务系统 / 326

案例 39　汇丰工商金融电子信贷平台 / 333

案例 40　润 E 企平台 / 339

案例 41　智能运营管理系统 / 346

风控合规篇

案例 42　"明鉴"一站式智能反欺诈平台 / 354

案例 43　零售风险智能调查项目 / 362

案例 44　产业企业双评价体系 / 373

案例 45　期货行业舆情标签体系和期货品种风险评估体系 / 379

案例 46　新一代反洗钱系统 / 384

案例 47　贵州农信知识图谱项目 / 396

案例 48　基于蒸馏学习和自动学习的反洗钱 BLN 模型体系 / 402

案例 49　智能面审产品解决方案 / 413

信息安全篇

案例 50　基于威胁情报的网络安全攻防演练框架项目 / 426

案例 51　研发安全管控平台 / 441

案例 52　统一印章管理中台解决方案 / 448

案例 53　金融业务应急切换管理解决方案 / 455

案例 54　海云安开发者安全智能助手解决方案 / 462

智能运维篇

案例 55　悟空混沌工程平台 / 470

案例 56　全景监控系统项目 / 477

案例 57　基于图技术的运维对象关系挖掘与应用 / 487

案例 58　智能运维体系建设 / 497

案例 59　统一运维 PaaS 平台建设项目 / 504

金融信创篇

案例 1　分布式银行核心系统

本文介绍了广发银行在信息技术应用创新（以下简称"信创"）方面的成功实践。广发银行基于拥有自主知识产权的分布式技术平台，采用国产分布式数据库，通过自研的方式建设分布式银行核心系统，实现了从传统的集中式系统架构向开放的分布式微服务架构的转变，突破了主机封闭式生态的制约，以更加开放的生态充分赋能业务的数字化转型。这不仅是广发银行信创的一座重要里程碑，也是中国银行业在金融科技领域的一次重要实践。

关键词： 银行核心，分布式，国产分布式数据库，自主可控

一、背景介绍

广发银行坚定不移地贯彻落实国家"信息技术创新驱动发展"战略，加强核心技术攻关，开展以核心系统分布式转型为代表的信创实践。从发展形势看，信息安全和国产化自主可控已成为金融行业的重大战略方向。广发银行原银行核心系统运行在 IBM 大型主机平台上，使用的是 DB2 数据库。随着业务的快速发展，服务资源日趋紧张，亟须推进核心系统架构优化。

2020 年 12 月，广发银行正式启动分布式银行核心系统建设。系统建设按照"统一规划，分步实施，整体切换"的实施策略，基于拥有完全自主知识产权的分布式技术平台，使用国产分布式数据库进行自研和建设。2023 年 5 月 2 日，系统成功切换上线，正式对外提供服务。

分布式银行核心系统通过 DDD（领域驱动设计）建模和分布式微服务化建设，支持高并发、可扩展、安全可靠的业务处理，突破了主机封闭生态的制约。通过更加开放的生态，系统充分赋能业务数字化转型，改善服务质量，有效提升创新动力。分布式银行核心系统建设是广发银行在信创方面的一次深度实践，走出了一条自主可控、安全、高效的数字化转型路径，同时为其他金融同业提供了一个可借鉴的实践案例。

二、建设内容

（一）积极探索，建设分布式技术平台

广发银行完全自主知识产权的分布式技术平台——统一应用研发平台（以下简称 RTP 平台）提供了统一的全行级技术底座。截至本文完稿时，经过不断完善和推广，已有 300 多个应用在 RTP 平台上稳定运行。

RTP 平台基于 Dubbo 微服务框架构建企业级服务体系，其内核配合使用的银行核心经历了 6 次迭代升级，为银行核心应用的稳定运行提供了平台框架支撑。基于银行核心的高保障要求，广发银行自研并集成了一系列适配的监控和运维能力。基于分布式架构体系，RTP 平台完善了分布式任务调度、分布式事务协调，建立了混沌中心。

结合银行核心的批量场景，RTP 平台完善了分布式任务调度，新增了可视化流程编排、任务上下文共享、动态负载均衡、弹性伸缩以及作业故障影响面分析等特性，支持多中心多活调度、快速自动故障转移、分区资源隔离等场景。通过对批量作业的集中管控，为批量规范治理和全生命周期监控提供了技术基础。平台落地后，日均批次作业调度超百万次，完满地支撑了分布式银行核心的高并发需求，成为最坚实的技术平台保障。

分布式事务协调为 RTP 平台支持银行核心业务跨中心调用提供了一站式解决方案。事务协调服务端提供了 TCC（Try、Confirm、Cancel，尝试、确认、取消）和 SAGA 两种事务模式，并基于注册的开发方式提供服务。作为分布式事务的协调者，分布式事务协调中心的所有微服务应用通过"事务管理 SDK"和"事务协调服务端"进行交互，这样可以确保正常事务的运行及异常事务的恢复。事务管理 SDK 是嵌入微服务中的 SDK 组件，负责与事务协调服务端进行交互，主要功能包括开启全局事务/分支事务、汇报事务状态、驱动事务的提交与回滚等。

（二）领域驱动分布式银行核心设计

广发银行根据银行核心业务模型，并参考业内先进的 DDD 领域建模实践，对银行核心业务模块进行解耦，将银行核心业务模块拆分为业务服务和公共服务两个领域的模型。广发银行通过对业务服务领域和公共服务领域的深入分析、拆分和抽象，构建出一系列业务能力模型。这些模型包括存款、贷款、核算、票据处理等关键业务功能，以及客户、运营、计价、产品、参数和数据等公共业务能力。

统一应用研发平台

标准与规范
- 前端开发规范
- 后台开发规范
- 安装部署规范
- 运行维护规范
- 架构技术规范

（落地／融合／制定）

平台业务应用
- 内部管理应用
- 业务交易应用
- 移动后台应用
- 分布式应用

前端框架
- UI组件
- 校验规则
- 模板布局
- 自定义封装
- 数据绑定
- 国际化

基础平台框架
- 渠道接入
- 事务控制
- 网关调度
- 交易引擎
- 作业调度
- 文件操作
- 日志管理
- 邮件短信
- 通信组件
- 安全加密
- 异常处理
- 更多……

分布式框架
- 缓存中心
- 注册中心
- 配置中心
- 消息中心
- 分布式服务网关
- 分布式链路跟踪
- 分布式事务框架
- 分布式调度平台
- 分布式数据同步
- 分布式数据库中间件
- 分布式序列中心
- 熔断限流组件
- 混沌平台

（支撑）

资产与知识（复用／沉淀）
- 平台知识库
- 技术构件库
- 测试案例库
- 更多

运维支撑
- 应用管理
- 消息管控
- 流量管控
- 监控告警
- 统计分析
- 链路跟踪
- 服务管理
- 网关管理

开发支撑
- 平台Demo
- 图形化IDE
- 工作流引擎
- 自动化部署
- RTP门户
- 质量分析平台
- 前后端低代码
- AI代码辅助

基础资源
- MySQL
- Oracle
- Nginx
- Redis
- DB2
- 分布式数据库
- 时序数据库
- 容器云

RTP平台

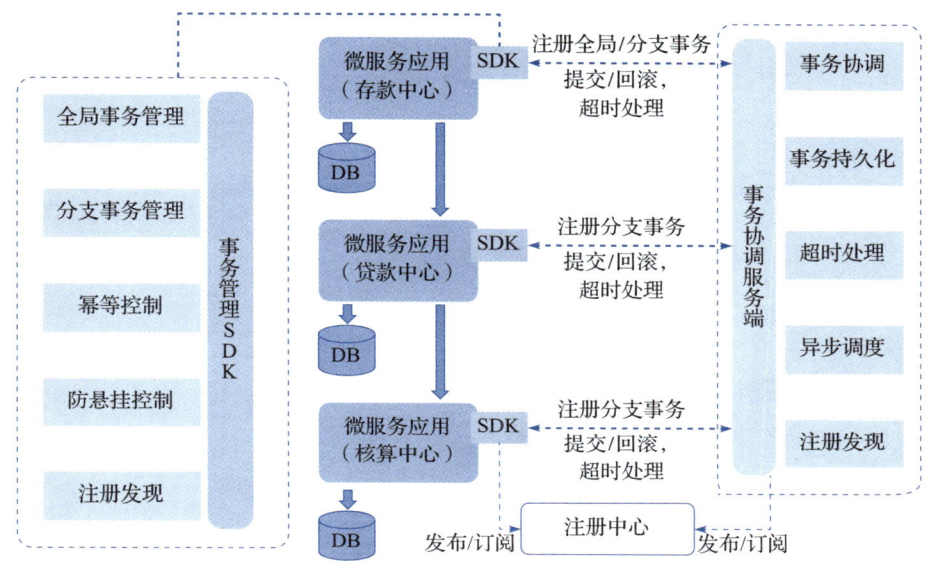

分布式事务协调

广发银行依托应用平台，结合银行核心业务领域能力模型，基于 RTP 平台进行服务化重构，并引入成熟的国产分布式数据库，实现银行核心业务功能的整体迁移，最终建成包含 9 个业务中心和 5 个业务支撑应用的分布式银行核心系统。该系统为银行提供了高效、灵活、可靠的业务支持，从而更好地服务客户。

（三）国产分布式数据库适配分布式银行核心系统建设

银行核心应用场景对数据库的要求十分高。银行核心业务具有 7×24 小时不间断服务的需求，要能够时刻向千万级客户提供安全、可靠且快捷的服务，并确保记账严谨。分布式银行核心系统要适用于复杂交易，高并发量，系统日活跃交易量超千万笔，存在联机、批量处理以及账户热点等特殊业务场景。因此，对分布式银行核心系统中的业务系统数据库的选择要着重考虑以下四点：数据可靠性，数据一致性，可扩展性，产品成熟度。

广发银行在分布式银行核心系统数据库选型时，根据银行核心业务特点及数据库要求制定了 7 类评测类型，共 35 项评测指标。针对国内成熟的分布式数据库产品，广发银行进行了多轮研究调查和 POC 评测，最终确定了分布式银行核心系统的数据库。

金融信创篇

分布式银行核心系统架构

业务中心

运营中心
- 尾箱管理
- 凭证管理
- 柜员管理
- 现金管理
- 短信管理
- 公共参数
- 组合服务

核算中心
- 科目管理
- 内部户
- 会计引擎
- 总账加工
- 年终决算
- 总分机账
- 挂销账

客户中心
- 个人客户
- 对公客户
- 同业客户
- 客户标签
- 联络事项
- 客户协议
- 客户关系

贷款中心
- 对公贷款
- 贸融贷款
- 银团贷款
- 票据贴现
- 普通个贷
- 线上个贷
- 联合贷款

存款中心
- 个人存款
- 对公存款
- 同业存款
- 保证金
- 综合账户
- 限额管理
- 专项资金
- 费用管理

票据中心
- 本汇票
- 资金明细账
- 贵金属

参数中心
- 业务参数
- 审核发布
- 页面片段

计价中心
- 费率基础
- 利率基础
- 汇率基础
- 税率基础
- 差异化规则
- 个性化规则
- 计价引擎

产品中心
- 产品目录
- 产品装配
- 产品发布
- 产品经营
- 产品模型
- 产品组件
- 产品引擎

应用平台

分布式技术平台（RTP）

分布式数据库（GoldenDB、SDB） 配套设施

- 分布式二级网关子应用
- 分布式任务调度子应用
- 银行核心分布式事务协调子应用
- 业务支撑子应用
- 银行核心实时交易数据子应用
- 银行核心批量交易数据子应用
- 集中监控子应用

分布式银行核心系统架构

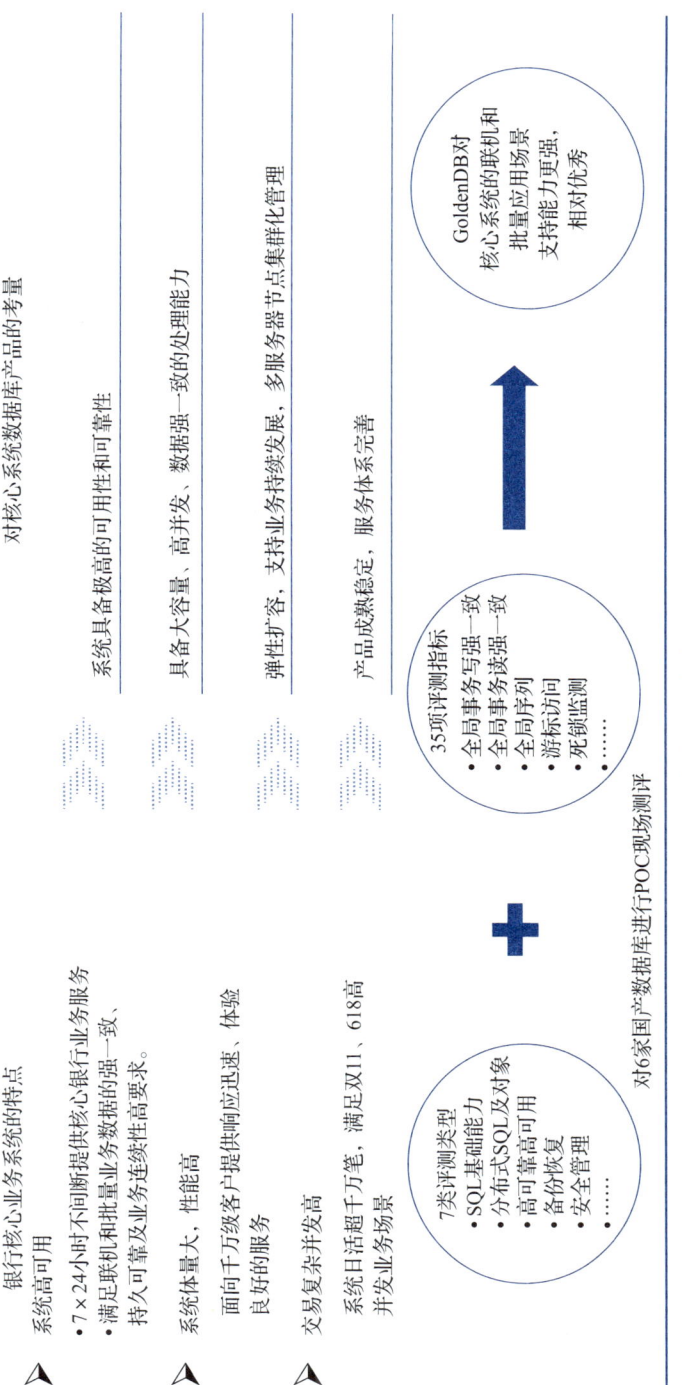

分布式数据库选型

为进一步提升分布式数据库的安全性、可靠性和性能容量，以满足分布式银行核心系统的差异化场景支持，广发银行增加了 100 多个优化要求，以满足分布式银行核心系统在特性功能、安全保护、工具运维监控、数据迁移、可用性和性能提升等多个维度的需求。例如，新增支持直达数据库的全链路事务跟踪、在线 DDL、全局索引、全局序列、大事务拦截和高并发线程池优化等方面的能力要求，以提升数据库产品的适配性。

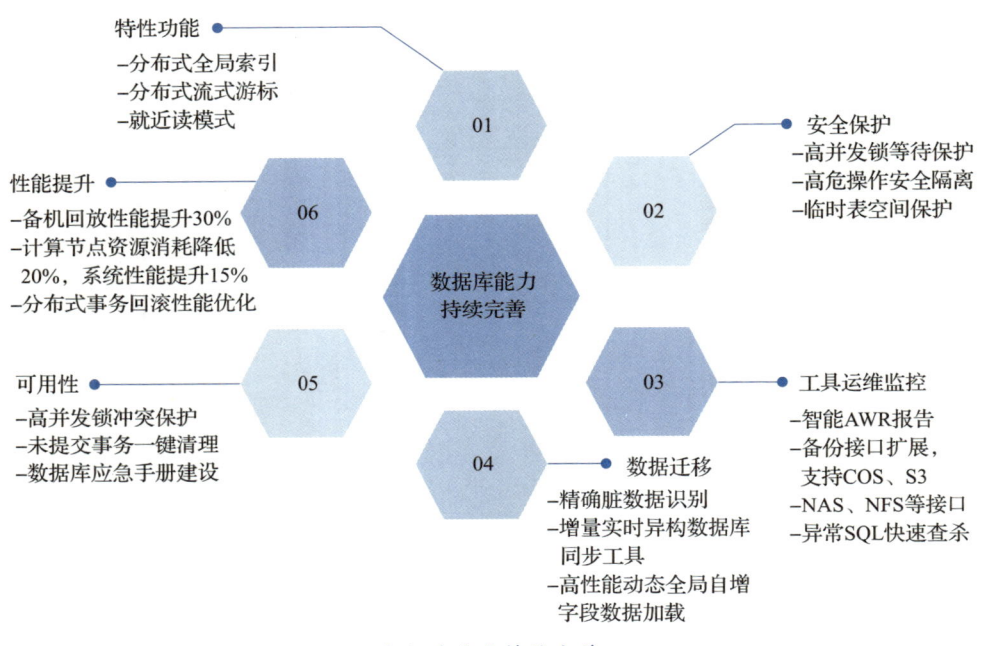

数据库能力持续完善

（四）可靠的技术架构，确保业务连续性

分布式银行核心系统在部署上采用了"生产+同城+异地灾备"的两地三中心技术架构。三中心技术架构采用"应用三中心多活、数据库同城双活"设计模式。逻辑架构采用"竖井式"设计，除了为了流量入口和必要的数据访问及复制以外，还为了最大程度削减跨中心互联互访，确保架构的简单性和易维护性。各技术组件均实现高可用及负载均衡，数据库等关键组件结合应用特征采用了故障域隔离设计。

为实现数据的高可用部署，三站点业务数据库 GoldenDB 按"一主七从"的方案部署，配比为 3∶3∶2。各中心应用均访问生产站点的 GoldenDB 数据库。

主节点在生产中心内及至同城中心是同步复制,至灾备中心是异步复制。

结合监管和业务连续性要求,分布式银行核心系统的灾难恢复目标满足以下条件:同城灾备 RTO<15min、RPO=0、异地灾备 RTO<4h、RPO<30min。同城灾备可以独立支撑 100% 的业务,且与生产资源的配比原则为 1∶1;异地灾备可以支撑 50% 的业务,且与生产资源的配比原则为 1∶2。

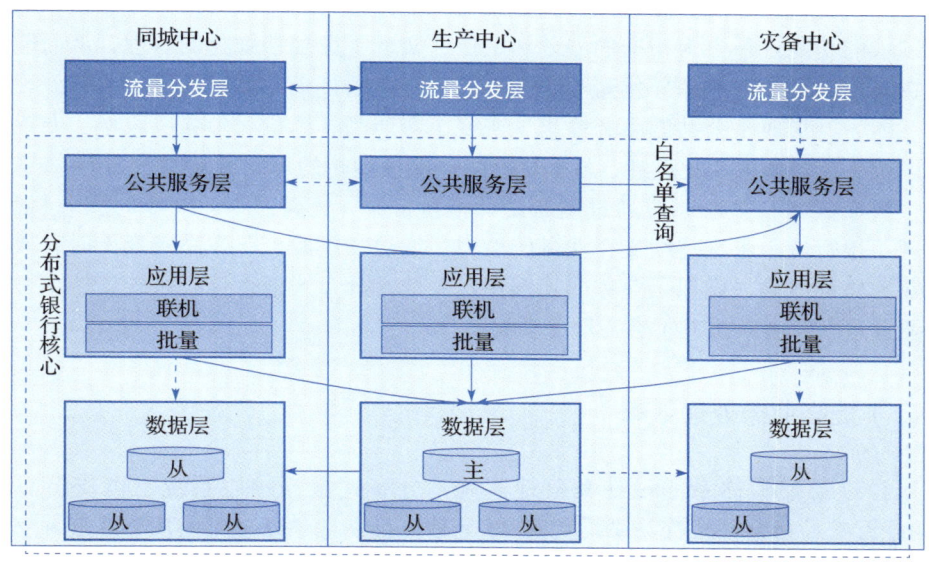

两地三中心部署架构

(五)健全的监控体系为系统运行保驾护航

自主建设分布式银行核心系统生产监控体系,制定从网络、硬件到应用、业务服务的全栈监控指标及告警策略;实现对分布式银行核心系统各个应用生态、各专业领域技术栈的统一管理,以场景编排、可视化配置、菜单式应急等形式赋能一线运维团队。通过告警处理入口实现对分布式银行核心系统应用群、分布式数据库等直达主数据库的服务全链路实时跟踪监控、故障排障及应急全流程联动,实现 1 分钟响应、5 分钟排障定位、10 分钟应急恢复。

三、创新应用

基于分布式技术建设分布式银行核心系统,突破主机封闭式生态制约,实现自主可控，以开放生态充分赋能业务发展，改善服务质量，有效提升创新发展动能，助力数字化转型。

（一）强化业务支持能力

广发银行通过对分布式银行核心系统的业务架构进行领域拆分和建模，对业务领域的功能进行更为精准的划分和定位，实现了更加精细化的管理，从而能够更快速地满足业务的差异化需求。同时，分布式银行核心系统抽象了业务处理的共性能力，形成了公共的服务输出，实现了对产品、计价、参数、限额、专项资金以及名单等的模型化设计，从而提升了产品模型化的可配置能力。

分布式银行核心系统通过重新设计批量框架，完善了 7×24 小时服务机制，实现了银行核心系统持续支持业务的能力。通过灰度验证，在系统变更时有效隔离业务验证风险，确保了业务的连续性。至此，分布式银行核心系统支持了全天候业务运行，有效提升了客户服务质量。

（二）提高业务处理效率

经过新架构体系的设计和落地实施，分布式银行核心系统已可支持日均 4 000 万交易量，联机交易平均耗时 80 毫秒，日终批量处理时间从 220 分钟缩短至 70 分钟，其中计提和计结息分别耗时 15 分钟和 25 分钟，业务处理能力大幅提升，有效降低了批量处理对关联业务的影响，可为全行近亿存贷账户提供高质量服务。

分布式银行核心系统实现了交易核算分离，解耦了客户账务和银行内部账务处理。交易以客户交易明细记录和账户余额更新完成为客户账务处理边界，返回客户端表示交易完成，此时会异步提交银行内部账户进行处理。这有效缩短了交易处理链路，提升了交易处理效率。

（三）提升高并发处理能力

针对热点账户交易瓶颈，分布式银行核心系统采用延时记账方案以支持热点账户业务处理。与此同时，为了解决账户处理效率问题以及账户交易量突发导致的数据库资源消耗问题，分布式银行核心系统对热点账号实施了自动升降级处理，从而有效降低了数据库的访问压力。分布式银行核心系统在投入使用后，热点账户的并发处理能力显著增强，提升了资源使用效率和账户处理效率，有效应对了高并发支付、双 11 等消费业务场景，提升了客户服务体验。

（四）释放业务数据价值

分布式银行核心系统新建了银行核心数据平台应用，通过数据交换及数据同步技术，实时高效地将业务数据分发到下游数据分析类系统，为数据业务化和服务智能化奠定了基础。该平台为全面推进客户画像、精准营销、运营管理、监管报送和风险控制提供了有力的数据支撑，充分发挥了数据的价值。

（五）助力数字化转型

分布式银行核心系统的成功上线，突破了主机封闭式生态的制约，以开放生态充分赋能业务发展。同时，这不仅坚定了广发银行走自主可控道路的信心，也为把握战略机遇、加快推进数字化转型以及推动创新发展打造了新引擎。

下一步，广发银行将以分布式银行核心系统上线为高质量发展的新起点，加快推进数字化转型，为开创高质量发展的新局面贡献力量。

四、取得成效

广发银行的分布式银行核心系统的成功投产，是一次信息技术创新的深度实践，在经济效益和社会效益两个方面均取得显著成效。

（一）经济效益

分布式银行核心系统进行了领域化和模型化设计，能够快速响应业务差异化需求，有效提升研发效率，降低研发风险。通过建立自动化测试生态，测试效率明显提高，测试成本降低了约 50%。同时，分布式银行核心系统在低成本和弹性伸缩方面具有很大优势，在系统日常生产维护方面，平均每年降低维保成本超过 2 000 万元，有效提升了运营效益。

（二）社会效益

银行核心业务对系统的高可靠性和数据的强一致性有着严格要求，银行业一直在探索分布式技术在银行核心业务领域的应用。而广发银行的分布式银行核心系统的建设以及与业务的一次性整体成功切换，为银行同业提供了一个实践典范。

在数据库使用方面，在分布式银行核心系统建设过程中广发银行制定了一整套的数据库选型标准和选型评测流程，最终选择了适合银行核心系统的数据库，这具有非常大的意义。同时，根据银行核心业务领域的特性，广发银行完善了国产分布式数据库自身的能力，提升了分布式数据库在银行核心领域应用的健壮性，为国产分布式数据库产品成熟度的提升提供了助力。

在信创实践上，分布式银行核心系统在系统建设、技术平台、基础软件和基础设施方面全面落实信创工作要求，做到了自主可控。

完成人：
唐海勇　广发银行股份有限公司数据中心副总经理
吴海良　广发银行股份有限公司研发中心二级部门副总经理
郭远军　广发银行股份有限公司研发中心资深工程师
周　迪　广发银行股份有限公司研发中心资深工程师
赵　磊　广发银行股份有限公司研发中心资深工程师

案例 2 信创金融交易云平台

华润银行将信创与数字化转型紧密结合，打造基于全栈可控分布式云原生架构的信创金融交易云平台，实现了可控与发展的双赢。同时，推动新供应链金融平台、新手机银行全栈重构上云，以核心金融场景验证云平台的可靠性、安全性及先进性，夯实数字金融底座。在此过程中，我行克服了国内基础软硬件生态不够成熟、适配磨合不足等困难，推动多达 16 家服务商 35 个软硬件的深度适配调优，实现从底层到应用层的一体化全栈可控重塑。期望我行的这次实践可为其他金融机构提供可借鉴的案例。

关键词： 金融科技，金融信创，金融安全，云原生

一、背景介绍

在中西方博弈日趋加剧的背景下，实现金融数字基础设施的自主可控已成为当前金融行业的重大命题和挑战。近期举行的中央金融工作会议强调，要做好科技金融、绿色金融、普惠金融、养老金融、数字金融五篇大文章，加快建设金融强国，坚定不移地走中国特色金融发展之路，推动我国金融高质量发展。近年来，中国人民银行和金融监督管理总局发布了关于金融科技创新发展及数字化转型的通知文件，对深化数字化转型、打造数字金融新模式、推动新型数字基础设施及信创建设提出了具体要求。

在这样的背景下，我行将信创与数字化转型紧密结合，打造基于全栈可控分布式云原生架构的信创金融交易云平台，筑牢金融转型与创新发展的"安全底座"，实现可控与发展的双赢。同时，推动新供应链金融平台、新手机银行全栈重构上云，以核心金融场景验证云平台的可靠性、安全性和先进性，夯实数字金融的底座。在此过程中，我行克服了国内基础软硬件生态不够成熟、适配磨合不足等困难，推动多达 16 家服务商的 35 个软硬件的深度适配调优，实现从底层到应用层的一体化全栈可控重塑，期望为其他金融机构提供可借鉴的案例。

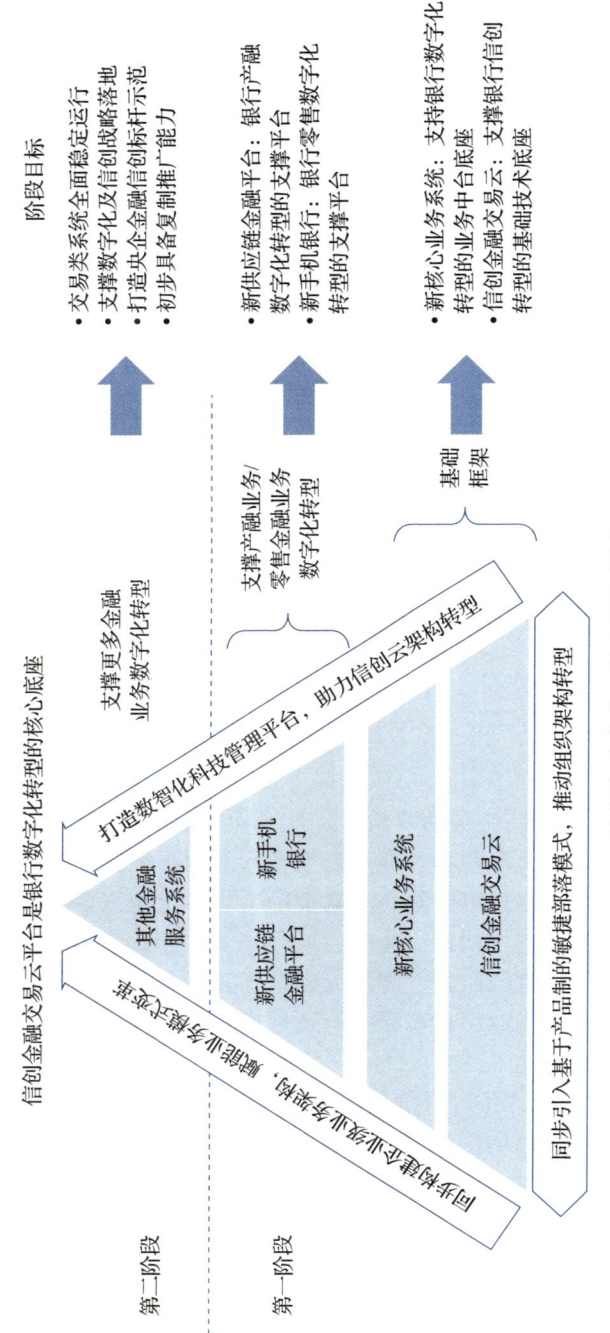

二、建设内容

信创金融交易云平台建设的初阶目标是立足华润银行，解决自身自主可控、数字化转型赋能业务发展的问题；高阶目标是打造一套可复制推广的整体解决方案，并逐步向其他金融机构复制推广，赋能国内金融机构数字化转型，支持保障国家金融基础设施安全。

（一）整体规划

按照整体规划，华润银行将信创建设与数字化转型深度结合，联合打造金融基础设施信创金融交易平台，从技术架构、业务模式、组织架构三个方面一体推动银行转型变革。重点完成信创金融交易云平台建设，构建支撑银行信创转型的基础技术底座，在此基础上完成新一代供应链金融平台、手机银行的信创云原生重构改造并上云，支撑产融业务、零售金融业务数字化转型，构建银行级业务中台，支撑全行级的产品及服务创新。后续按照"应上尽上"原则推动金融交易类系统全面上云，为华润银行的发展提供更加全面的数字化支撑。

（二）技术路线

本项目建设采用基于国芯的源启云原生基础设施，支持"一云多芯"的架构，提供国芯资源供给和管理能力。本项目使用了国产飞腾 ARM、鲲鹏 ARM、海光 X86 的芯片架构服务器、紫光恒越交换机和防火墙、迪普负载均衡系统、迪讯智能 DDI、紫光恒越虚拟化系统、麒麟容器云、腾讯 TCS 容器云、XSKY 分布式存储产品、达梦集中式数据库、OceanBase 分布式数据库产品，以及源启 IMP 平台等，打造国芯国魂的基础设施服务。其中，虚拟化和容器技术屏蔽了底层计算结构的差异，使用计算虚拟化、资源容器化、网络虚拟化、存储虚拟化等技术将资源池化，为云服务提供可度量的、用户隔离的、安全的、快速可扩展的持续资源供给。

（三）实施方案

1. 全栈信创云底座建设推动技术架构转型，提升自主可控能力

华润银行的信创转型涉及从底层基础软硬件到上层应用系统的全栈信创转

型。基于中国电子 PKS 体系及"源启"底座,华润银行打造了信创金融交易云平台,整体提升了架构灵活性及自主可控能力,推动银行 IT 架构向信创云原生架构转型。同时,采用同城双活、异地灾备的两地三中心架构进行部署,并配套构建了云安全和云运营管理体系,整体提升了安全及业务连续性保障能力。

2. 加速重点业务领域数字化转型,打造新型数字金融发展模式

华润银行在信创上云系统的选择上,勇于直面挑战,率先在供应链金融平台和手机银行等重点领域推动信创云架构转型,打造新型数字金融发展模式,赋能业务高质量发展。一是打造了新供应链金融平台,构建数字供应链金融服务模式。该平台面向企业端客户,对内通过平台+产品的模式整合融资、财资和渠道等金融服务资源,对外提升产融场景的快速对接与数字化运营。二是打造新手机银行,向引流获客及客户运营平台转型。未来,产业银行将产生更多的 B2C 和 B2B2C 模式,其重点在于从交易渠道转变为引流获客平台和生态接入平台。通过打造开放式引流获客体系,构建配套的数字化产品,以及营销、运营、风控服务能力,推动零售金融业务的转型。

3. 推动业务模式及组织机制变革

这主要体现在如下几个方面:

- **引入业务建模方法,推动业务运营模式变革**。使用业务建模方法,构建全行级业务架构。针对产业金融领域,在战略解析、蓝图规划、业务建模、行业方案和技术实现等方面,形成业技一体化方案,快速响应市场变化,推动组织架构和运营模式转型。
- **引入基于产品制的敏捷部落模式,实现业技融合,支持快速创新**。在敏捷部落模式下,设置若干产品小队,强化网状结构,推动科技与业务的深度融合,配套相关考核评价及利益分配机制,深化客户为中心的理念,支持业务快速创新。
- **打造一体化科技管理平台,支撑科技自身转型变革**。推动打造科技战略治理、架构管理、数据管理、项目管理、研发与交付、运行管理、安全管理和科技支撑这 8 个共享能力中心,构建云上云下一体化的研发、安全、运维与交付能力,以及安全运营和运维保障能力。同时,构建科技驾驶舱,以支撑科技管理分析和决策。

信创金融交易云平台架构

云管理服务

- 应用管理
  - 应用监控
  - 应用运维
- 基础资源管理
  - 基础设施监控
  - 基础资源监控
  - 大屏和报表
  - 基础设施即代码
  - 资源管理
  - 跨云管理
  - 多云连接
  - 容灾管理
  - 自助服务目录

研发运维一体化服务

- 统一研发资产
  - 业务建模
  - 系统设计
  - 开发框架
  - 系统测试
- 流水线
  - 需求管理
  - 代码管理
  - CI/CD
  - 质量管理

平台服务 PaaS

- 中间件
- 数据库
- 微服务

提供弹性、稳定、大规模的基础服务能力
分层解耦、开放融合
基于业界领先产品、打造整体最优

基础设施服务

- 虚拟化资源
  - 计算服务
  - 网络服务
  - 存储服务
  - 操作系统
  - 芯片
- 容器资源
  - 容器服务
  - 容器运行
  - 容器网络
  - 容器存储
  - 网络
  - 存储
  - 备份

云安全服务

- 应用安全
  - 数据安全
  - 运行安全
  - 开发安全
- 基础资源安全
  - 容器安全
  - 云主机安全
  - 云底座安全
  - 网络安全
  - 物理设施安全

视角：应用视角 / 资源视角

① 基础设施服务 — 弹性、开放、稳定
② 平台服务 PaaS — 卓越的非功能性特性
③ 统一研发服务 — 提升应用研发效率
④ 研发运维一体化服务 — 提升应用交付效率
⑤ 云安全服务 — 云上深度融合，云下有机结合
⑥ 云管理服务 — 基础资源+应用实现一体化管理

信创金融交易云平台架构

三、创新应用

经过一年多的整体规划、技术预研及验证测试，华润银行全栈信创金融交易云、新供应链金融平台和新手机银行已顺利上线。这对重点领域提供了支撑，打造了数字金融发展模式，有效解决了"卡脖子"问题，实现了安全可控与支持业务发展的双赢目标，服务于国家金融安全战略，确保了我行在国内技术的领先地位。

（一）从底层到应用层一体化推动全栈安全可控重塑，助力银行 IT 架构转型

- **推动基础架构向信创云原生架构转型**。基于信创基础软硬件，构建支撑金融交易类系统运行的基础底座，实现标准化的全栈信创基础软硬件的金融交易云建设方案。CPU、整机、网络、存储、操作系统、数据库、中间件、容器、虚拟化等基础组件均采用符合信创要求的解决方案，采用目前国内主流通用产品完成适配对接，避免因使用国外产品可能出现的"卡脖子""断供""终止服务"等影响业务连续性的风险。
- **推动技术架构向分布式微服务架构转型**。基于云原生技术与微服务架构，实现分布式金融业务与云底座的分层解耦，将金融业务服务、分布式技术框架、PaaS 层和 IaaS 层完全解耦。每一层均独立运行，能够无缝替换，实现业务系统与技术平台、技术平台与基础设施的解耦。通过构建标准化的分布式微服务框架，推动我行技术架构向分布式微服务架构转型。
- **推动灾备架构从应用双活向数据双活转型**。设备采用双路冗余、单中心集群，同城双活、跨城市快速切换等容灾架构。基于容器的微服务技术，以及对国产基础软硬件的适配优化，银行关键金融业务实现了单元化部署，并以单元化为基础，实现了关键金融业务的多活能力，支持多地多中心多活容灾备份和无缝切换恢复。该架构满足了海量数据、高并发、低时延等技术需求，提升了业务连续性保障能力。目前在华润银行生产环境中，采用了两地三中心（同城双活+异地灾备）部署架构，安全性、可用性等各项指标均达到或高于金融级指标要求。具体指标如下：系统可用性 $\geq 99.999\%$；应对系统级灾难 RPO ≈ 0、RTO ≈ 0；应对站点级灾难 RPO ≈ 0、RTO ≈ 0；应对城市级灾难 RPO $\leq 30s$、RTO $\leq 15min$。关键业务同城灾难恢复等级达到 6 级（最高等级），异地灾难恢复等级达到 5 级（次最高等级）。

- **同步构建金融级网络安全保障能力**。华润银行在全栈可控金融交易云建设过程中，遵循网络安全同步规划、同步建设、同步运营的原则，基于全栈可控的网络安全产业生态，构建金融级的全栈可控的云原生安全防御体系，实现安全能力的服务化及一体化，构建面向实战的云上云下一体化安全运营体系，从技术、管理和运营等多个方面保障金融业务安全。
- **采用生态开放的技术路线**：在信创产品选择上，坚持走开放生态的路线，避免高度依赖单一大厂整体解决方案。在金融交易云所展示的场景中，可以根据不同的行业需求进行落地建设及生产运行保障，推动多达 16 家服务商的 35 个软硬件进行深度适配和优化，从而实现从底层到应用层的一体化全栈可控重塑。这样不仅能够推动厂商进行产品优化，还可以形成最佳实践，供同业借鉴分享。

（二）支撑构建业务中台化能力，助力银行业务数字化转型

- **提升业务交付效率，赋能业务健康发展**。引入统一的前后端分离开发框架，结合全流程自动化的研发运维一体化平台，整体提高应用研发和交付效率，赋能业务高质量健康发展。
- **支持打造业务中台化能力，加速业务快速创新**。按照"大中台、小前台"的理念，已实现以新供应链金融平台和新手机银行为主的业务中台化能力部署。通过采用业务架构方法论，形成产融蓝图规划及多个重点行业的产融方案，支持向平台与产品分离的运营模式转型，从而快速整合金融产品和服务，赋能业务快速创新。

四、取得成效

平台在推广应用的过程中取得了一定成效，包括经济效益和社会效益两部分。经济效益主要表现在以下几个方面。

- 通过引入信创金融交易云前后端分离的开发框架，结合全流程自动化的研发运维一体化平台，整体上提高了应用的研发和交付效率。
- 银行交易系统由传统的 IOE 架构向分布式云原生架构转型，通过整合现有多套微服务运行框架，减少了服务器资源投入。
- 提升业务办理的自动化及风控水平，重构了我行产业链金融服务模式，助力我行数字化产业银行建设。

社会效益主要表现在以下几个方面。
- 信创金融交易云平台打破了国外厂商的垄断，使得同业不再受其制约。同时，华润银行对项目经验进行总结，积极申报国家重点科技攻关项目，并参与行业标准建设，总结并形成可复制推广的行业解决方案，为国家科技自立自强贡献力量。
- 华润银行采用从底层到应用的全栈信创重塑，对数十个自主可控产品进行适配验证和金融业务的规模化应用，有效推动了信创产品生态的适配，并带动了全行的信创建设全面加速，为同业提供了可借鉴的案例，产生了较好的社会效益。

完成人：
张　昕　　珠海华润银行股份有限公司首席信息官
杨京健　　珠海华润银行股份有限公司智能科技部副总经理
张春雷　　珠海华润银行股份有限公司智能科技部基础架构部副总经理
高继荣　　珠海华润银行股份有限公司智能科技部规划与安全管理部副总经理
潘铭忠　　珠海华润银行股份有限公司智能科技部应用运维部总经理

案例 3 "星辉"新核心业务系统

金华银行（以下简称我行）"星辉"是基于 OceanBase 原生分布式国产化数据库上线的新核心业务系统，是浙江省内城商行首个基于 OceanBase 原生分布式国产化数据库新建核心系统的成功案例。该工程在同业中具有重要借鉴意义，也为金华银行后续业务发展和国产化替代奠定了坚实基础。项目使用了"一主多备"等方案，构建的系统整体运行平稳，让我行工作效率提升明显，软硬件成本下降显著，体现了创新性和先进性。

关键词：微服务，分布式架构，分布式国产化数据库

一、背景介绍

金华银行上一代核心业务系统于 2009 年建成并投入使用。该系统在过去十多年中运行高效、稳定，有效支撑了我行业务的跨越式发展，是全行信息化的核心基石。受限于早期的业务形态、设计理念和业务量，虽然近年来在原有基础上进行了大量改进和优化，但由于历史原因，该系统存在架构横向扩展性不强、功能定位不清晰、对新产品/新业务响应能力不足、客户定价不灵活等问题，在现有基础上很难实现质的提升，故应考虑进行全面升级。

根据我行《2021—2025 年战略发展规划》，在规划期间，信息科技部门的战略定位将从"技术保障型"转变为"推动引领型"。我们将积极推动新核心建设和基础设施升级改造，推进总行新核心系统的建设与转型，提升利率市场化、产品管理、渠道协同和客户关系管理等方面的能力，增强综合化和差异化服务能力。2021 年 12 月，中国人民银行发布的《金融科技发展规划（2022—2025 年）》明确提出，关键软硬件技术金融应用研究攻关将持续深入、场景适配不断加强、成果转化更加顺畅，稳健高效的技术供应体系逐步健全，产学研用互为支撑、相互促进的开放创新产业生态将更加优渥。

正是在此背景下，我行启动了新一代核心系统的升级改造——"星辉"工

程。新核心系统采用分布式应用和 OceanBase 国产分布式数据库架构。同时，"星辉"一体推进我行科技的转型升级，共涉及 18 个新建系统和 49 个配合改造的系统。经过 18 个月的开发测试，项目群于 2023 年 6 月初成功上线。截至目前，系统整体运行稳定，为我行的业务发展提供了有力的技术支撑。

二、建设内容

我行新核心业务系统在"以客户为中心"的理念下进行建设，主要具备以下业务能力：客户信息管理、产品工厂建设、交易核算分离、机构柜员管理、账务处理、资产业务处理、负债业务处理、银行卡业务处理。同时，该系统需要满足产品创新、差异化定价和利率市场化要求。

（一）总体思路

新核心业务系统采用主流的"微服务＋单元化"架构，主要是为了适应银行数字化转型，解决集中式的性能瓶颈，实现银行核心业务系统国产化落地，帮助银行在瞬息万变的市场中通过灵活的产品、定价及营销策略抢占市场先机。

新核心业务系统在应用层采用微服务架构，将银行核心业务系统按照业务领域进行解耦。每个微服务在业务功能上相对独立，支持独立部署，具有明显单一、内聚的业务价值。各微服务之间低耦合，通过包装 API 提供依赖，服务内包含完整独立的模型集合。在微服务设计思想上遵循以下原则。

- **服务颗粒化**：综合考虑微服务的功能及性能。不仅要有细颗粒度的服务，还要有粗颗粒度的服务。
- **职责单一化**：职责单一是总则，同时按照计算、检查、处理、查询进行分类。
- **运行隔离化**：实现基于 JVM 或基于容器化的独立进程运行。
- **运营自动化**：着力 DevOps 体系建设，打通端到端流水线。

（二）技术线路

新核心业务系统技术架构符合相关行业标准，按照工业标准、金融标准及行业规范进行设计和开发。技术上要求保持先进性，采用成熟的、经过充分验证的、全面的分布式技术框架，并且该技术框架具有丰富的实施案例。新核心业务

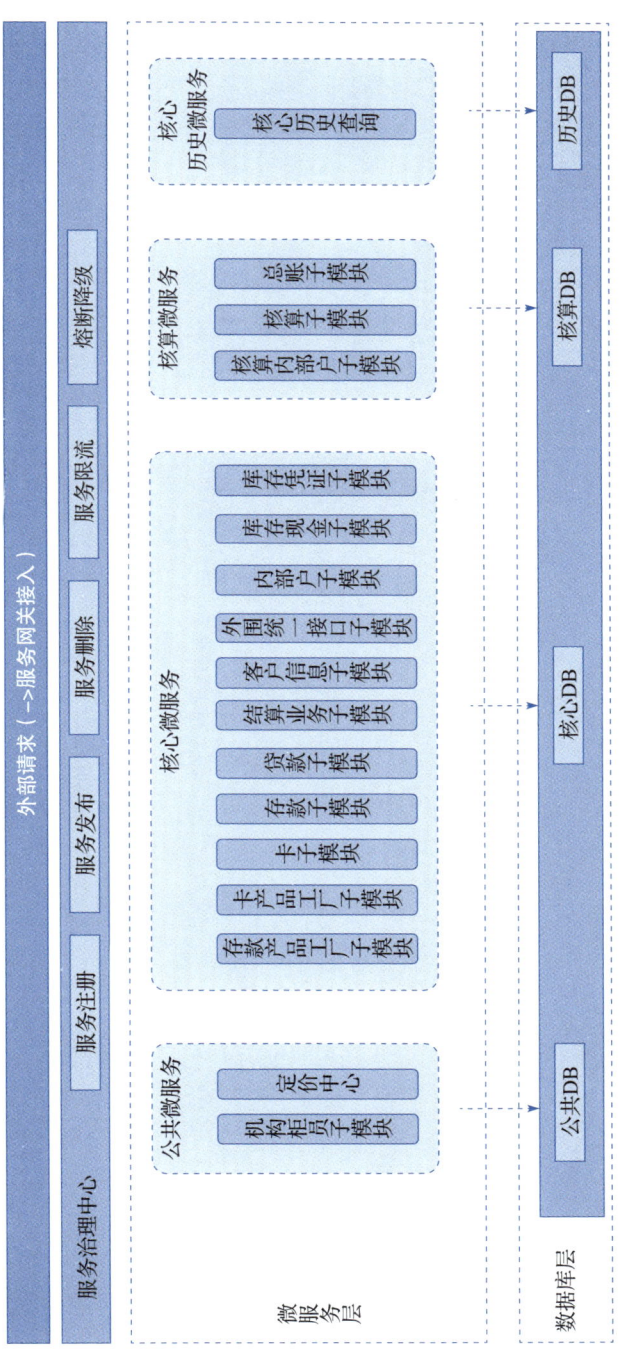

新核心业务系统应用层架构图

新核心业务系统技术架构图

业务系统: 对私存款 | 对公存款 | 公共业务 | 核算平台 | ……

应用框架 — 金融行业基础应用框架

- 联机业务处理
- 日间批量处理
- 定时任务处理
- 日终批量处理
- ……

微服务平台
- 服务编排
- 服务网关
- 统一配置
- 微服务引擎
- 链路监控
- 服务治理

分布式平台
- 分布式调度
- 分布式事务组件
- 分布式数据存储及访问组件
- 分布式消息组件
- 分布式缓存访问组件
- 全局序列组件

DevOps
- 开发平台
  - 编译构建
  - 代码管理
  - 部署发布
  - 自动化测试
- 运维监控平台
  - 灰度发布
  - 容器化部署
  - 分布式日志
  - 告警中心
  - 性能监控
  - 业务监控

基础设施 — 硬件环境

JVM | DB | Cache | 消息队列

系统需要从底层支持服务、数据、计算和缓存的分布式处理能力，提供全面的"热点"账户解决方案，采用基于开放平台设计的架构，具备分布式集群部署能力和灵活的扩展性。

新核心业务系统技术架构主要分为几部分：去中心化的微服务平台、分布式平台、适用于金融典型业务场景的应用框架、运维监控平台和开发平台。

和大部分城商行相同，我行上一代核心业务系统采用传统的"小型机＋集中式数据库＋高端存储"的架构。此架构具有安全系数高、运行稳定、响应速度快等特点，但也存在无法支撑高并发业务、软硬件资源无法弹性扩展、软硬件维护成本高等缺点。随着金融行业各类应用场景逐渐丰富，各类数据呈现井喷式增长，特别是互联网业务的快速发展，以及金融行业在数据管理、数据规范和数据安全等方面要求的不断提高，传统的集中式数据库需要不断提升硬件服务器性能以满足业务需求，难以承受负载的长久增加。因此，为了适应新业务发展需要，我行最终选择原生国产分布式数据库 OceanBase。OceanBase 主要有以下几个特点。

- **分布式架构**：OceanBase 基于 Shared-Nothing 分布式架构开发，将数据分散到多个独立的节点上，每个节点都拥有自己的数据库引擎、事务引擎和存储引擎。它具有水平扩展性好、具有数据分片与副本、计算与存储分离、高可用性、高兼容性、智能负载均衡以及多租户与多副本隔离等特点。

- **ACID 事务支持**：OceanBase 通过分布式事务、MVCC（多版本并发控制）、事务日志、回滚以及不同的事务隔离级别等机制，实现了 ACID（原子性、一致性、隔离性和持久性）事务支持，保证数据在并发环境下的一致性和完整性。

- **高并发读写**：OceanBase 数据库基于 Paxos 的分布式选举算法来实现系统的高可用性，最小的粒度可以做到分区级别。集群中数据的一个分区（或者称为副本）会被保存到所有的分区上，整个系统中该副本的多个分区之间通过 Paxos 协议进行日志同步。每个分区及其副本构成一个独立的 Paxos 复制组，其中一个分区为主分区（Leader），其他分区为备分区（Follower）。所有针对这个副本的写请求，都会自动路由到对应的主分区上进行。主分区可以分布在不同的 OBServer 上，这样不同副本的写操作也会分布到不同的数据节点上，从而实现数据多点写入，提高系统性能。

- **自动扩容**：OceanBase 拥有强大的扩展性和弹性，即在线扩缩容能力，且整个在线扩缩容的过程对业务完全透明。当有新的服务器横向扩容进入当前集群时，会自动触发负载均衡策略，根据当前所有节点的内存、CPU、数据量、副本数等多个因素计算出权重，自动进行数据的迁移、再分布和均衡。在扩缩容期间，数据库持续可用，并且保证数据一致性，无数据丢失。OceanBase 利用透明水平扩展、分区管理、自动负载均衡的能力，实现了集群自动管理数据分布。
- **低成本**：OceanBase 采用廉价的 PC 服务器作为其数据库主机，不依赖特定的高端硬件和存储设备。通过运用分布式技术和无共享架构，大大降低了数据库的硬件成本。当性能不足时，可利用其强大的在线扩展能力，通过增加新服务器进行自动扩容，从而降低运维成本。

三、创新应用

我行新核心业务系统自 2023 年 6 月 2 日切换上线至今，总体使用情况良好，实现了核心系统性能和可用性的提升以及双中心双活架构落地。

该系统的应用创新主要体现在如下几个方面。

- **"以客户为中心"的业务体验**。站在客户视角，科学划分了交易粒度，合理设计了交易联动，优化了业务处理流程，提升了客户业务体验。
- **快速产品创新**。支持完善的产品工厂，通过核心基础产品的灵活参数化配置和组合，实现了快速推出新产品，快速响应市场。例如，我行在开门红期间推出的"红包存""爸妈存"等存款产品，通过参数配置即可快速实施，速度比原来提高了 20 倍。
- **差异化灵活定价**。通过多维度的定价模型和弹性的定价策略，实现了利率、费率、税率、汇率等的差异化定价，满足了利率市场化及灵活的价格策略要求。例如，我行大额存单产品可根据区域、存期等不同维度进行灵活差异化定价。
- **构建一体化账户体系**。支持多模式账户，包括本外币一体化账户，可对个人Ⅰ、Ⅱ、Ⅲ类账户进行综合管理，实现了账户介质的分离，支持传统业务及特色创新业务的开展。例如，我行个人账户可有效支持本外币一体的多币种核算；对公账户则可支持集团账户、母子账户等多种账户类型。
- **先进的账务核算能力**。实现了交易核算分离和产品视角的核算，可灵活应对未来业务与核算的变化，同时进行了新会计科目调整，满足了新会计准则的要求。
- **业务流程优化**。引入了新理念、新功能，提升了业务流程的自动化程度；通过流程优化提高了业务服务效率和质量，在提升客户及用户体验、加强风险控制两方面获得平衡。

案例3 "星辉"新核心业务系统 · 27

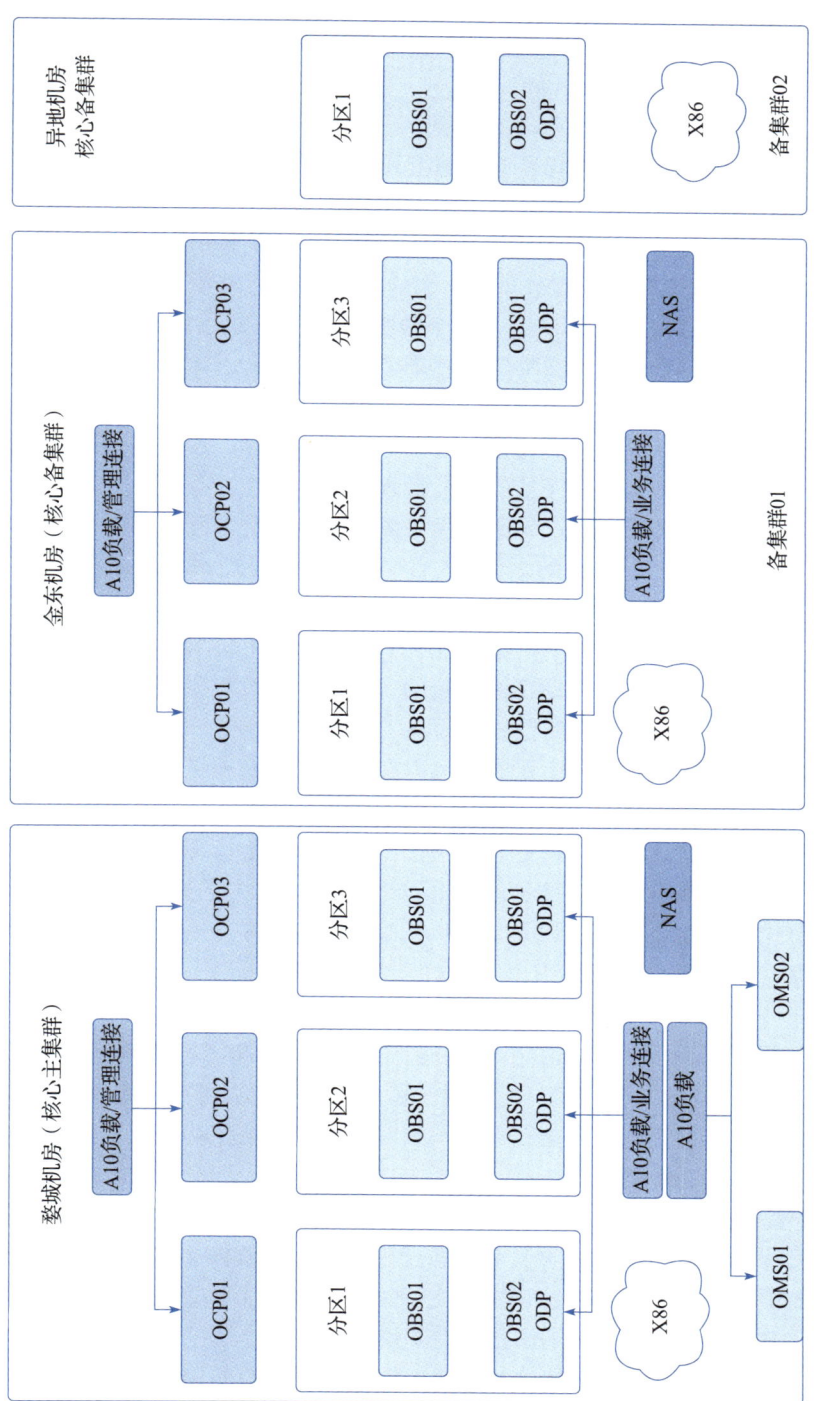

数据库架构图

- **实现事中价税分离**。对损益类科目，进行事中价税分离，确保了增值税核算准确。
- **支持多法人模式**。根据不同的法人，对客户、账户、产品、交易、核算、业务参数、数据等进行了不同的组装及管理，且互相不影响。

该系统的技术创新主要体现在如下几个方面。

- 通过分布式实施，交易吞吐量从原来的 600TPS 上升到 2 400TPS，提升了 4 倍；数据库并发进程数量从原来的 50 提高到 1 000，提升了 20 倍。
- 应用双中心双活部署，进入每个数据中心的交易由 DNS 域名服务自动分配，进入单个中心的交易完成整个业务处理流程。单个中心的联机服务使用集群方式进行部署，以确保单个数据中心的高可用性。当单个中心的微服务出现故障时，网关将进行跨中心的转发调用，将交易请求转至同城中心或灾备中心，以确保整体联机服务的高可用性。
- OceanBase 数据库同一数据保存在多台（≥ 3 台）服务器中的半数以上服务器上（例如 3 台中的 2 台，5 台中的 3 台等）。每笔写事务必须到达半数以上服务器才生效，因此，当少数服务器故障时，不会有任何数据丢失。OceanBase 数据库底层实现了 Paxos 高可用协议，在主库故障后，剩余的服务器会很快自动选举出新的主库，并继续提供服务，从而提供高可用能力，提升系统可靠性。
- 当分布式数据库性能不足时，可以在不影响现有业务的情况下进行在线扩展，提高系统的性能和响应时间，解决集中式数据库增加性能时必须停机停服的问题，从而提供更好的业务连续性和数据一致性保障。
- 一套数据库可以有多个租户，每个租户可以自由选择使用 ORACLE 租户模式或者 MySQL 租户模式。租户之间完全隔离，分配给租户的 CPU、内存、IO 等资源属于独占模式，租户之间互不干扰。
- 同一数据库中，不同租户可以使用不同的字符集。在新建租户时，可以根据应用的要求指定字符集。目前支持的字符集有 binary、GBK、GB18030、utf16、utf8mb4。同一租户下，不同表可以设置不同的字符集。当表的字符集与租户字符集不一致时，以表字符集为准。这能够有效支持应用系统的生僻字改造。
- 支持透明加密，数据在写入存储设备前自动加密，读取时自动解密。整个过程对用户是透明的，黑客和恶意用户无法从数据文件、数据库备份或磁盘中读取到敏感数据。该功能支持国密算法，能有效保障敏感数据的加密存储，满足监管部门的国密改造基线要求。
- OceanBase 数据库支持读写分离部署，核心系统的读写指向生产中心，数据中台的卸数指向同城灾备中心。当数据中台进行卸数操作时，不会对生产中心产生任何性能上的影响。
- 由于采用分布式架构和灵活的高可用架构，OceanBase 数据库可以支持多种高可用部署方式，如机房部署、同城双活、两地三中心、三地五中心等，不需要额外的容灾软件。

四、取得成效

我行基于 OceanBase 国产分布式数据库构建的新核心业务系统顺利投产，使我行业务服务能力和技术支持能力得到了极大提升，并进一步增强了我行未来业务可持续发展的基础保障，快速响应了互联网时代下的金融业务需求，取得了良好的经济效益与社会效益。

- **经济效益**：新核心业务系统在经济效益方面的表现显著，能够有效支持业务产品的快速创新和推向市场，提高我行存款、中收和贷款利息收入，为业务经营和精细化管理提供基础支撑。经营上呈现出"业务规模稳步增长、盈利能力大幅提升、资产质量持续优化"的状态。此外，以新核心业务系统建设为中心的项目群，均采用 X86 服务器进行部署，不依赖特定的高端硬件和存储设备，通过虚拟化和分布式技术，极大程度地降低了我行服务器设备的采购成本和维护成本。
- **社会效益**：核心系统是银行最重要的业务系统，实施该项目的难度和重要程度在我行历次项目中首屈一指。我行成功完成了核心系统数据库国产化替代，实现了去 IOE 化全栈自主可控能力，为后续更多重要业务系统的自主可控提供了可靠的演化路径。我行基于 OceanBase 国产分布式数据库构建的新核心业务系统，作为浙江省内城商行中首个基于 OceanBase 原生分布式数据库新建核心系统的案例，受到了省内多家金融机构同业的关注。系统成功投产上线后，省内城商行多次到我行进行交流学习，讨论 OceanBase 分布式数据库的特性和优势、分布式国产数据库如何助力金融机构数字化转型，以及如何加强金融机构自身的安全自主可控能力等议题。

完成人：
毛　燕　　金华银行股份有限公司董事会办公室主任
吴立辉　　金华银行股份有限公司人力资源部绩效考核办公室副主任
余　妙　　金华银行股份有限公司业务部高一级产品开发经理
赵　哲　　金华银行股份有限公司信息科技部数据管理中心主任
洪秋华　　金华银行股份有限公司信息科技部软件开发中心主任

案例 4　信用卡核心系统分布式信创项目

本案例描述了一种分布式系统信创建设方案，该方案基于完全知识产权的应用层、PaaS 层和 SaaS 层，支持我行信用卡核心系统从大型机迁移到分布式单元化。方案围绕核心系统的稳定性、高可用性、扩展性的多活建设和云原生演进，实现了单元化、容器化升级。此方案的技术红利转换为业务发展赋能，支持信用卡作为零售尖兵，实现快速业务转型。随着国产芯片和国产数据库的深入应用，该方案不断构建和升级核心系统的信创能力，对同行业具有借鉴参考意义。

关键词： 自主可控，国芯应用，高可用多活，单元化容器升级

一、背景介绍

金融行业信创就是金融行业信息技术应用创新，包括对基础设施、基础软件、应用软件等各种类型的信息产品的创新，对金融的信息安全和可持续发展至关重要。由于金融核心系统的复杂性高，且在整个金融应用中处于核心地位，所以对性能和稳定性的要求也更为苛刻。因此，在采用创新技术时，金融核心系统面临诸多困难，如改造成本高、周期长，以及技术选型和实施若失误则可能引发的风险大。

平安银行自 2018 年起开始进行信用卡核心系统的分布式改造。原有的主机系统具有如下特点。

- 采用 VisionPlus。
- 基于大型主机系统构建。
- 软件闭源。
- 硬件及软件的采购成本高。
- 极度依赖供应商支持。
- 缺乏技术自主可控能力。
- 采用集中式架构，缺乏灵活的水平伸缩能力。

上述特点在一定程度上制约了业务的发展。经过两年的集中研发，平安银行于 2020 年 10 月完成了基于分布式架构的新核心系统上线，并于 2020 年底在应用、中间件、数据库和操作系统上实现了全栈信创。此后，新核心系统陆续开展了金融前置下沉核心、核心容器化、国产服务器 100% 等工程，核心系统生态逐步向 100% 全栈信创的目标推进。

该项目在从单体系统到分布式单元化迁移的基础上实现了云原生容器化升级，完成了信用卡核心系统在信创基础上的迭代演进，对于行业内核心系统的分布式单元化改造以及云原生建设具有示范意义。

二、建设内容

新核心系统从最传统的大型主机系统迁移到分布式系统。新架构有多种选择，在应用层、数据层、PaaS 设施层和基础层也都有保守但方便的选择。基于以下三点考虑，项目选择了全栈彻底分布式的建设方向。

- 新核心的改造面向未来中长期的发展需要，具备良好的性能和可扩展性。
- 我行已经具备了分布式 PaaS 平台的生态。
- 在基础设施层上避免产生新的依赖。

（一）分布式系统架构设计

依托于行内和集团的技术优势和沉淀，我们协调了科技运营、技术架构等关键部门专家，从应用、数据、基础设施，以及银行现有的经验等方面，快速论证了彻底分布式选型方案，并对项目的后续开展进行了严密部署。

信用卡新核心采用多活的 DSU 分片架构设计，使多个系统单元能够正常负载和提供服务，满足系统的高可用性、高扩展性和高性能要求。

1. 单元化架构设计

在单元化架构设计方面，通过重点关注以下三个方面，最终得到新核心系统架构。

- **高可用**：同城双机房 1∶1 互备，可实现出现故障时秒级同城切换；基于总行 GSLB 域名的灵活切换策略，单个 DSU 可独立切换，隔离故障。
- **高扩展**：基于 DSU 单元化的架构，约 200 万用户一个分片（含应用及 DB），60 个分片就是 60 个小的信用卡核心。仅需申请配置发布即可实现低成本扩容，无须再次进行开发。

- **高性能**：支持 1 万笔 /s 并发金融交易，相较于老核心速度提升了 10 倍，目标 100% 无损授权；支持 30 亿交易账户，是老核心的 10 倍，同时支持小时级批量处理时效。

2. 全面基于银行分布式金融 PaaS 平台建设

分布式金融 PaaS 平台基于云计算，采用成熟的开源技术开发，具备亿级处理能力，全面支持敏捷开发和弹性扩展，提升了业务连续性支撑能力和技术安全可靠性。平台支持业务快速发展，实现了弹性伸缩和系统横向扩展，提高了系统可用性，避免了故障对业务的影响。

分布式自研 PaaS 平台，将微服务框架、网关、分布式缓存、消息队列、分布式数据库、调度中心、监控中心等基础服务和中间件进行集成，构建支撑应用系统开发及运行的统一基础平台。

彻底去 IOE（去掉 IBM 小型机、Oracle 数据库和 EMC 存储设备），IaaS 层全面采用 X86 架构服务器，彻底去除小型机及主机；用基于 MySQL 的国产数据库增强型产品替代 Oracle，达到金融级的高可用和信创要求。

3. 平安银行私有云支持部署运行

平安银行私有云通过整合开源资源管理模块、定制化云管平台和行内现有管控流程，实现了行内应用从传统 Vmware+SAN 平台向 KVM+ 本地化的迁移。该举措降低了银行对 SAN 等高端设备的需求，减弱了对商业软件的依赖，提升了资源交付效率，降低了部署资源成本。

两地三中心架构支持"同城双活，异地灾备"，并且具备可伸缩的计算资源管理功能，保障了设施层的高可用性和合理配置。

（二）应用架构设计

通过三个主要策略，实现批量与交易分离、业务松耦合，有效降低系统复杂性，提升系统的健壮性，更充分、更安全地支持业务敏捷。

- **账务与交易应用分离、数据完全隔离**。核心账务和交易业务完全解耦，同时，联机交易与账务处理压力完全隔离，秒杀活动不受批量时间影响。
- **交易微服务化，金融交易与非金融交易分离，金融交易按渠道流量隔离**。不同业务服务间职责明确，互不干扰；单组件职责纯粹，变更不影响其他组件。
- **互联网查询与交易分离，核心交易与互联网复杂场景解耦**。通过数据缓存应对海量查询交易，解决互联网客户复杂交易对系统核心交易带来的冲击。

案例 4 信用卡核心系统分布式信创项目

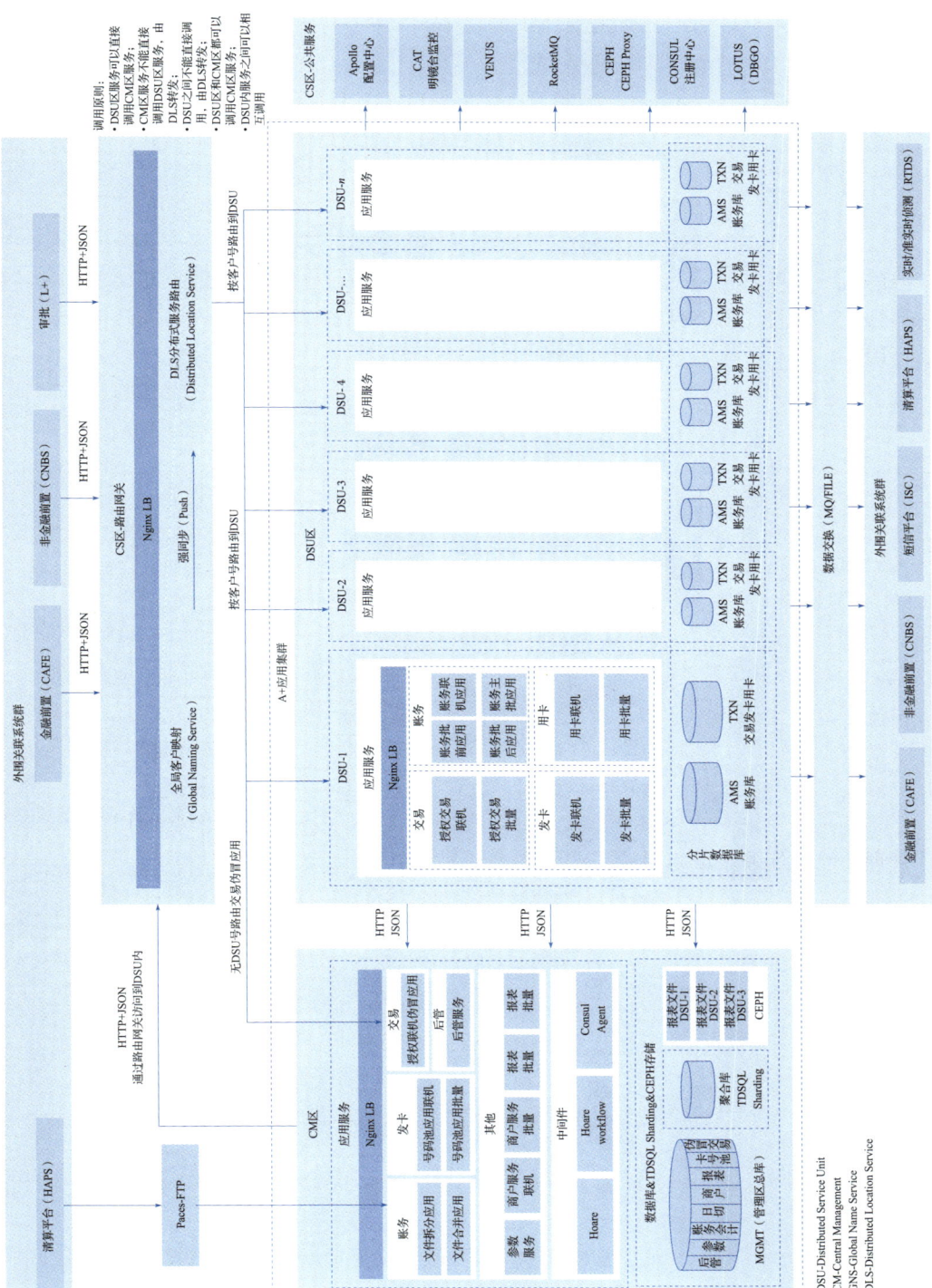

新核心系统架构图

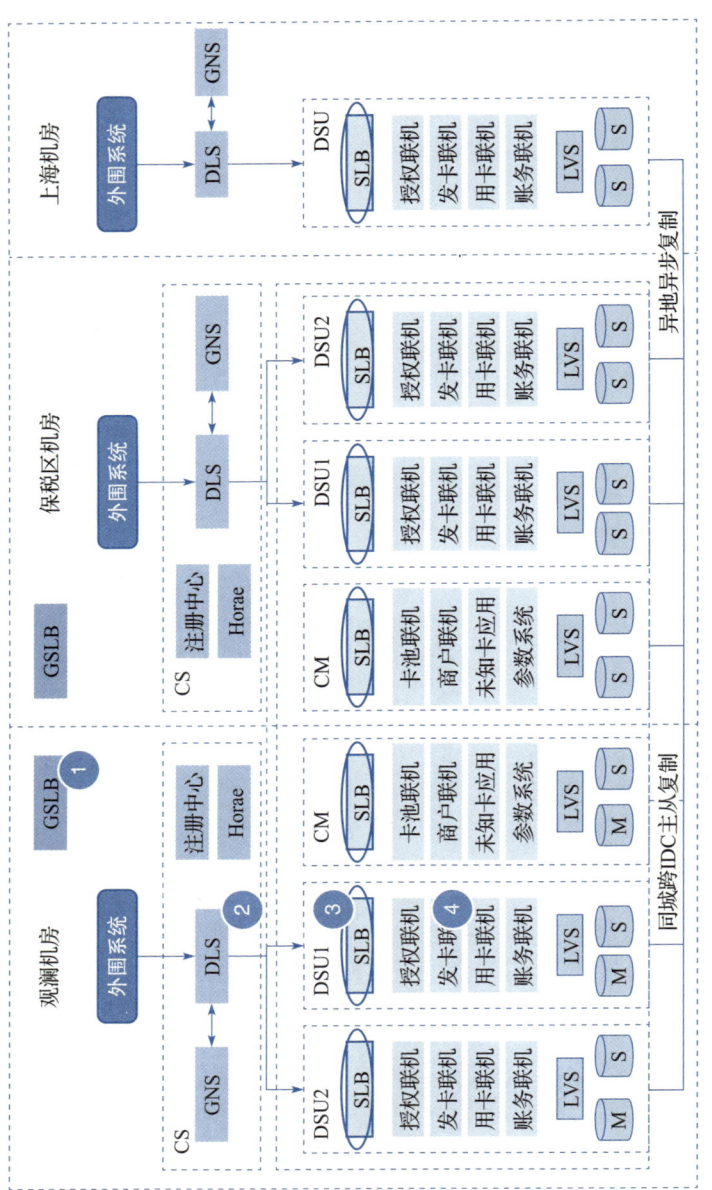

三、创新应用

由于信用卡业务具有高频并发的特点，所以在核心系统实施容器化云原生升级时，系统的稳定性和高可用性不容有失。在业务应用单元化容器化升级的同时，还需要对基础组件功能进行整体升级改造，具体措施如下。

（1）分阶段实施上容，制定质量准出指标，确保总体风险可控。

阶段一：DSU（数据库存储单元）内部单节点上容（观澜机房），准出涉及业务指标和运维指标。

- 业务指标包括典型案例验证通过率、容器应用授权处理情况、响应时间是否有异常、单节点交易平均响应时间、单节点交易平均（95线）响应时间等。
- 运维指标包括 CAT 监控平台支持容器的日志收集、监控及告警，Promethues 支持容器资源使用观测，容器应用 JVM（Java 虚拟机）资源回收稳定等。

阶段二：DSU 内部全部节点上容（观澜机房），准出涉及业务指标和运维指标。

- 业务指标包括信用卡关键批量日运行及结果是否正常、容器应用主渠道及主要业务场景覆盖率、容器应用授权处理及响应时间是否异常、单元维度平均交易响应时间等。
- 运维指标包括版本发布成功率、发布时长、重要组件可用率、平均耗时等。

阶段三：单机房全部 DSU 上容（福田机房），准出涉及业务指标和运维指标。

- 业务指标包括容器应用主渠道及主要业务场景覆盖率、下游大数据及应用无异常反馈、交易失败率（同城比较）等。
- 运维指标包括容器部署国产化率、福田机房容器版本发布成功率、发布时长、重要组件可用率、平均耗时等。

阶段四：双机房全部 DSU 上容（同城）。

（2）上线过程流量逐级切换。

- **上线过程采用由下至上的顺序。** 依次发布业务应用的灰度集群（HALO 流量），验证白名单后发布正式集群，最后发布网关应用的正式集群和灰度集群，通过探测工具进行探测。SLB 配置 Ingress 节点（正常节点），基于内测白名单功能验证集群的正确性。
- **从 SLB 内测白名单到 SLB 全链路灰度设置。** SLB 全链路灰度基于应用维度进行设置。全链路灰度功能依赖于全部 DSU 容器化，因此上线过程采用内测白名单功能，待全机房全面容器化后，开放全链路灰度功能。
- **流量百分比验证。** 在机房流量控制百分比的基础上，对容器化的单元进行流量观察，确保上线过程风险可控。

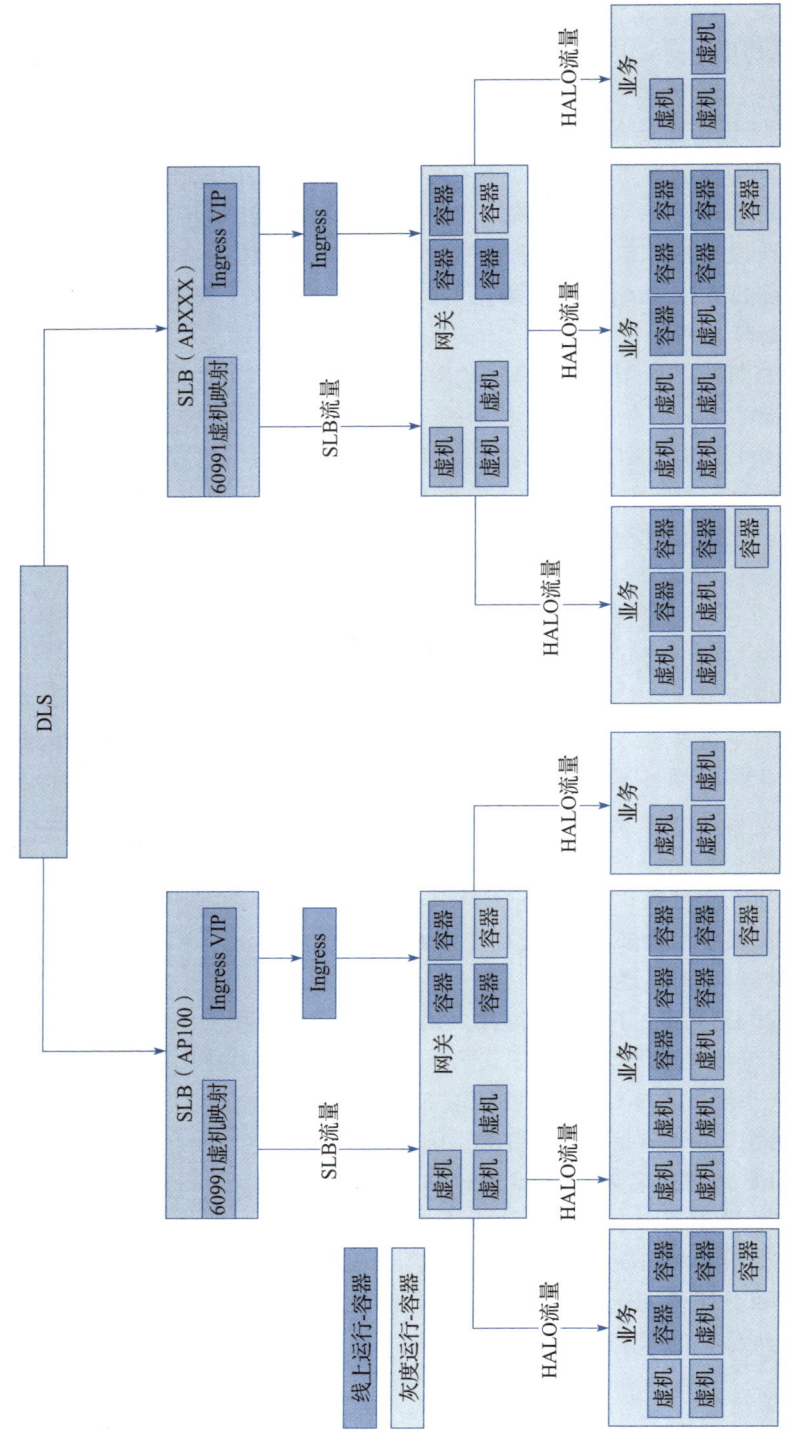

新核心上容切换流量分发示意图

（3）PaaS 层能力升级，保障了核心系统的稳定性、扩展性和可用性。

基础组件升级涵盖了 DSU 的容器应用集成、部署、灰度、下线等全生命周期管理，同时也丰富和增强了 DSU 架构下的流量管理、全链路灰度、一键部署、差异化参数等高阶特性。

- 发布平台 / 发布能力：并行发布、一键发布、快速扩容。
- APOLLO/ 标签灰度：提供了容器节点差异化参数及灵活参数配置能力。
- CAT/ 监控分组：按部署集群分组展示和监控。
- NOVA/ 单元参数模板：单元参数统一模板、集群参数一键生效、单元部署亲和规则。
- CANNA/ 灰度达标：统一灰度标签、灵活的灰度规则、健康与告警管理。
- HALO/ 应用注册：容器集群统一 Solar Agent 注册、应用全生命周期管理。
- DLS 与 SLB / 流量分发：单元流量路由、全链路灰度、故障转移。
- F16/ 应用注册：全面的指标监控、差异化的告警设置、容器与物理机监控。

四、取得成效

新核心投产成功，解决了之前大型核心系统的诸多痛点。基于自主可控目标，信用卡新核心系统从应用层到 PaaS 层、SaaS 层等的核心技术，均采用我行自主可控的方式建设。在此基础上，通过云原生容器化升级，提升了系统的弹性扩展能力，并保障了核心运行的稳定性。目前，国产芯片承载流量占比已达 80%。

综合对比新老核心系统的硬件成本，信用卡 A+ 新核心主要使用的是单台数万元计价的 X86 服务器，相较动辄上亿元起步的大型机硬件，成本大幅降低，综合成本仅为原主机方案的四分之一。

同时，平安信用卡拥有了 100% 自主知识产权的核心系统，探索全栈 100% 信创如何稳定高效地在核心系统落地，保障系统可持续发展的技术路径。这对同行业具有借鉴参考意义。

完成人：
王　　松　平安银行股份有限公司信用卡核心领域负责人
吴学亮　平安银行股份有限公司软件质量团队领域负责人
沈　　伟　平安银行股份有限公司信用卡核心领域助理负责人
王建文　平安银行股份有限公司信用卡核心领域分组经理
毛　　杰　平安银行股份有限公司信用卡核心领域分组经理
程　　俊　平安银行股份有限公司信用卡核心领域分组经理

案例 5　国密智能调度系统

金融行业为了实现信息安全的自主可控，需要进行国产密码（简称国密）升级改造。然而，直接全部替换的策略可能存在安全风险。在国密升级过程中，如何兼顾平稳过渡和高效运行成为全面推广国密应用的一大挑战。在此背景下，广发证券在易淘金手机应用的国密算法升级改造中，引入了国密智能调度系统。该系统通过优化资源分配、平滑过渡、弹性扩展和故障降级等方式，解决了应用在国密算法升级过程中的用户体验和平稳过渡问题。国密智能调度系统通过自适应优化调度算法选择最优服务站点，采用灰度和容错降级技术，实现了高效可控的升级过程。国密智能调度系统具备自主研发技术和实用性，并且在易淘金手机应用的国密升级中发挥了显著作用，保证了应用在国密升级过程中的稳定性和安全性。这些技术的应用将有助于金融行业国密保障体系的建设。

关键词： 国产密码，动态调度，灰度升级，易淘金

一、背景介绍

为了实现金融领域信息安全核心产品和系统的自主可控性，金融行业中存在大量需要进行国产密码升级改造的系统和应用。金融行业对系统的安全稳定性有极高要求，系统必须保持连续运行，同时避免服务中断和性能下降。在国密的升级过程中，直接替换整个系统可能会带来安全风险，因此如何保证系统平稳过渡和高效运行，减少对用户体验的影响，成为全面推广国密应用的一个挑战。

随着智能调度技术的发展和应用，国密智能调度系统可以通过优化资源分配、平滑过渡、弹性扩展和故障降级等方式来改善国密升级过程中的用户体验和平稳过渡问题。合理的升级调度机制可以确保用户在升级过程中正常使用系统，并提供稳定高效的服务。这些技术的应用将有助于金融行业实现国密保障体系的建设。

二、建设内容

（一）系统功能

金融证券行业系统在国密升级中面临四大痛点：一是升级可能存在漏洞和兼容性问题，金融机构需要通过风险评估和管理来控制风险，以确保升级的安全和稳定；二是需要制定合理的灰度策略和时间安排，平衡升级速度与业务影响；三是在升级过程中，必须保证用户在透明度方面的体验不受影响；四是需要保障业务连续性，避免故障或不稳定性影响正常运营。

针对以上痛点，国密智能调度系统的主要功能是通过动态调度和灰度技术，协助金融应用系统从普通加密算法向国密算法平滑、安全地升级。其中，动态调度技术可以根据系统状态和风险评估自动调整加密通道，应对潜在风险，减少人工干预。而灰度技术则可以将升级分阶段进行，先对小部分用户或系统进行升级，以测试验证稳定性，再逐渐扩大范围。这能有效降低升级风险，保证业务连续性和用户透明度体验。

（二）系统总体架构

系统主要分为以下几个模块。

- **Agent 模块**：系统的信息收集模块，接收来自国密服务节点机房内上报的终端连接数、业务流量、CPU 负载等信息，汇聚计算当前国密计算节点的负载信息，并为 Bifrost 模块提供数据接口，以拉取最新的流量负载信息。
- **Bifrost 模块**：系统的调度计算模块，用于计算每个国密服务节点机房的调度权重。在设定的调度周期开始时，通过拉取各国密节点机房的流量负载、CPU 负载以及服务故障等信息，剔除故障机房，然后汇聚计算各机房在各个覆盖范围内的最新调度权重，并最终把调度权重计算结果推送到 compass 模块。同时，上报本周期所有调度权重数据到决策数据模块，以进行展示。在该模块中，使用了动态调度技术以动态计算调度权重。算法可以在机房资源过载的情况下减少调度权重，资源空闲的情况下增加调度权重，使得机房处在一个资源利用率较高的动态平衡中，并实现资源的弹性伸缩。此外，通过预设配额的方式，使机房在指定的资源利用率下运行，即资源利用率可以通过预设配额来间接控制。
- **探测模块**：定时调用各机房的健康检查接口，判断机房是否故障，并将结果上报到 Bifrost 模块，以作为机房可用性的判断依据。

- **Web 控制台模块**：本系统的控制台面板基于 Web 技术实现，提供整个调度系统的管理功能。调度系统是终端接入服务系统的第一关口，扮演着非常重要的角色。调度运行过程中，一个简单的错误都有可能会导致系统服务不可用，甚至引发雪崩效应。因此，运维及开发人员必须随时关注调度系统的运行状态。为了使调度过程可视化并受到人工控制，控制台模块实现了一个可实时收集系统及各机房反馈信息的可视化平台，形成可视化界面。开发及运维人员通过平台可以观察各地国密机房的运行情况、调度决策及调度结果，从而全面掌握系统的运营状况。在紧急情况下，运维人员能够通过控制台对系统进行紧急人工干预。控制台还提供系统维护的配置管理能力，如国密灰度开关控制、国密机房配额设置、调度权重设置、站点可用状态设置等管理功能，也具备各机房的流量负载、调度权重及其调整等数据展示功能。
- **配置数据与决策数据模块**：存储系统所需的配置数据，包括覆盖结构、机房列表、静态机房调度权重和调度方式等相关数据。决策数据则存储每个周期的在线用户数据及相关决策数据，并用于在控制台上展示和监控告警。
- **compass 模块**：compass 模块是系统的调度接口模块，该模块通过灰度控制技术，控制接入终端是否最终过渡到国密计算通道。该模块可以实现细粒度的灰度比例控制以及黑白名单控制，并确保在后续灰度扩大的过程中，用户的交易通信能稳定保持在国密通道中，不会因为灰度扩大而影响使用安全。该模块为终端提供接口以获取接入点地址，终端通过请求此接口使业务系统接入机房。接口的返回地址决定终端选择哪一个机房接入点连接业务系统。

系统的部署采用分布式主备部署方案，以保证系统的高可用性。其中调度计算模块在异地多数据中心独立部署，一般部署两个，一个作为主，一个作为备份，正常情况下两个模块都在运行当中。基于时序数据库的监控数据库，与调度计算模块同机房部署，只存储需要展示的数据。控制台模块与调度计算模块同机房部署，也分为主备两个。这可以确保当主机房发生故障时，系统仍然可以保持可用。

（三）系统应用场景

国密智能调度系统在金融领域具有广泛应用。它可以在金融机构的国密升级过程中发挥重要作用，帮助解决可能出现的漏洞、兼容性等问题，确保升级过程的安全性和稳定性。此外，该系统还能提供灰度策略和时间安排，以平衡升级速度与业务影响。通过该系统，金融机构可以确保业务的连续性，避免因升级过程中可能出现的故障或不稳定问题而影响正常业务运行。

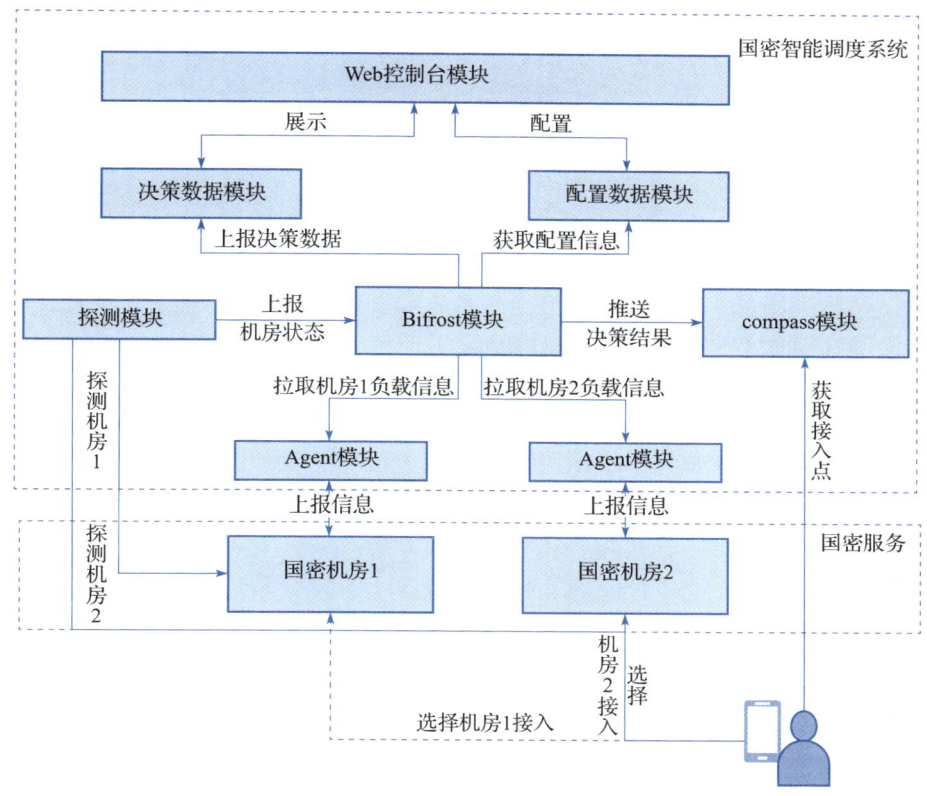

系统总体模块架构

例如,在金融应用升级国密算法的过程中,直接针对全部用户进行替换可能会带来安全风险。而使用本系统的灰度控制,就可以精确掌控细粒度的灰度比例。基于设备的通用唯一识别码(Universally Unique Identifier,UUID)号段灰度方案,可以在扩大灰度范围的同时保持灰度一致性。在国密推广阶段内,可以先利用本系统对少部分用户或系统进行升级,以测试和验证升级的稳定性,然后逐步扩大升级范围。系统配备灰度策略开关控制功能,通过开关控制应用系统的灰度升级过程,通过监控视图可以观察命中灰度的实际比例,有效降低升级风险,保证业务连续性和用户透明度体验。另外,系统的动态调度技术具备弹性和自适应能力,能够根据国密服务的负载情况自动进行最佳终端服务点分配,保障用户的最优使用体验。即使在国密服务出现故障时,用户也能实现自动降级为普通加密算法,无须人工干预,从而提高系统的适应性和灵活性,降低升级风险。

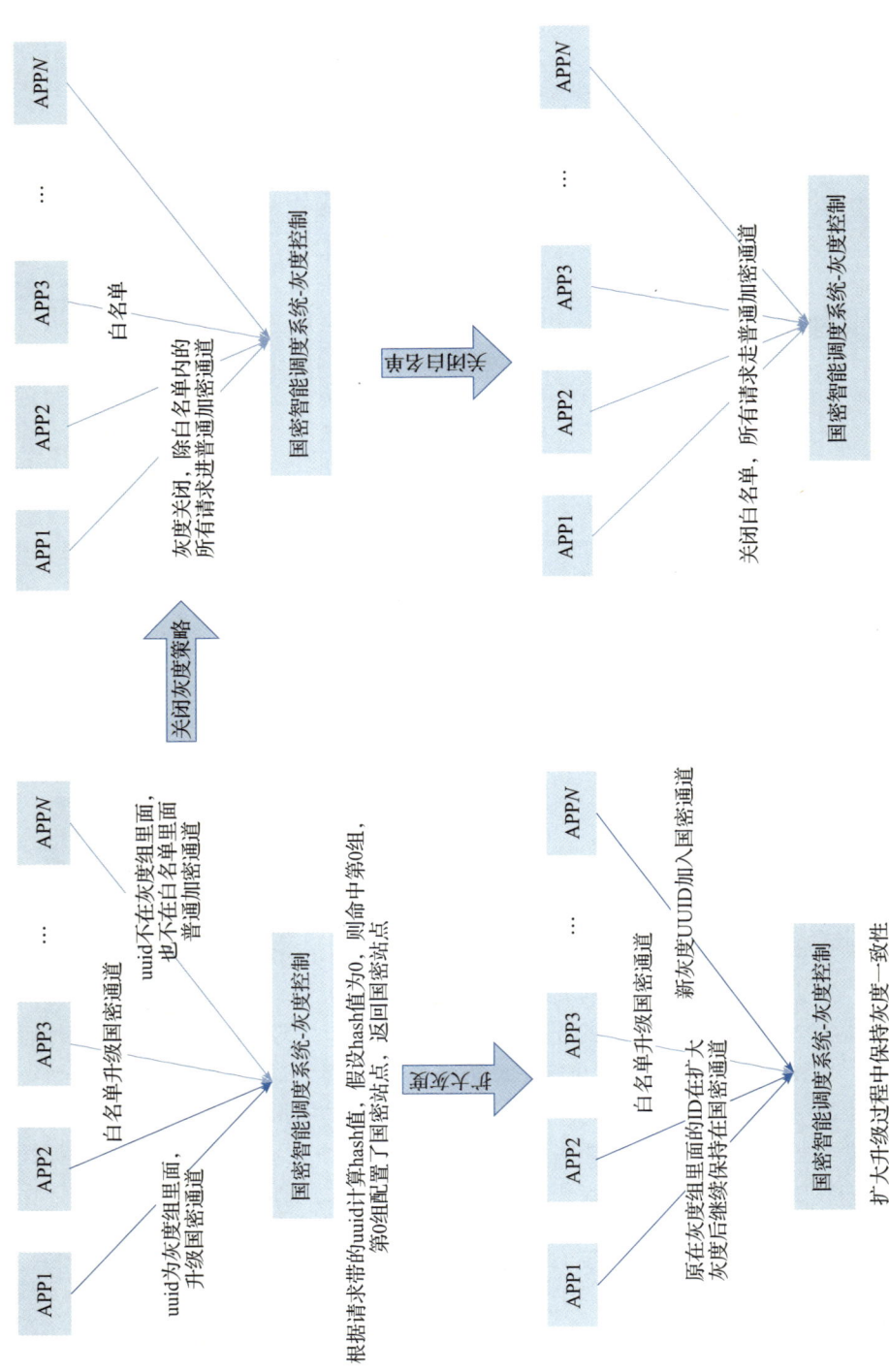

系统灰度控制示意图

三、创新应用

国密智能调度系统在证券行业国密算法升级改造中的创新性和先进性表现在以下几个方面：自动化决策、实时监控与优化、数据驱动决策、弹性和自适应、高效能和高可靠性。通过提升系统效率和性能，并优化资源利用，该系统为国密算法的升级改造提供了先进的技术支持和保障，具体体现在以下几个方面。

- 通过自动化决策，国密智能调度系统可根据用户所在地区和网络信息，智能分配国密接入点，提升用户使用体验，提高系统效率和准确性。
- 精准的灰度机制控制国密升级风险。通过设备通用唯一识别码将用户分成多个群体，并逐步引入国密功能，灵活应用黑白名单机制，实现精细化控制，从而在升级初期仅影响少数用户，及时发现和解决问题，降低潜在风险。同时，用户的反馈也有助于优化系统，以提供更好的用户体验和功能可用性。
- 智能调度技术具备弹性和自适应能力。
- 国密智能调度系统能够通过实时监控国密服务的运行状态和性能指标，优化调度策略，从而最大限度提升系统性能和效率。

通过这些创新和先进技术，国密智能调度系统为证券行业的国密算法升级改造提供了高效和可靠的技术支持。

四、取得成效

广发证券积极响应国家号召，正逐步推广国密算法应用升级，其中包括易淘金 APP 的国密升级改造。为了保障用户在证券交易过程中安全、平滑地过渡到国密通道，我行引入了国密智能调度系统。该系统采用自适应优化调度算法，自动选择最优的服务站点，并通过灰度和容错降级技术实现高效可控的升级过程。

国密智能调度系统于 2022 年 10 月上线，采用自主研发技术，具备自主创新和实用性。系统成功应用于易淘金 APP 的国密升级改造，保障用户逐步升级到国密加密通道中。在升级前期，通过基于黑白名单的灰度机制，我行在受邀客户中逐步推广国密功能，同时收集了宝贵的客户反馈和建议。这些反馈和建议帮助团队提前识别潜在风险，并进行改进和优化。在大规模推广初期，通过精准的灰度比例控制，实现了海量用户平滑过渡到国密应用，有效降低了系统升级风险。应用结果显示，通过自动化决策、弹性和自适应功能，在升级过程中能够为用户分配最优的加密接入点，而且当遇到故障时，系统能自动降级到普通加密通道，用户无明显感知，满足了用户对系统安全性的需求。

为确保系统安全和合规性，该系统具备严格的安全机制。通信过程采用 SSL/TLS 协议对客户信息和数据进行加密保护。系统还具备严格的权限管理功能，对系统管理员进行符合标准的授权认证，并对所有操作步骤进行留痕，以确保系统数据的安全性和合规性要求。

综上所述，国密智能调度系统在易淘金 APP 的国密升级中取得了显著效果。通过该系统，易淘金 APP 在保持系统连续运行的同时，可精准控制国密升级的灰度数量，有效控制升级风险，确保系统稳定性和安全性，风险控制效果显著。同时，通过自动化决策和弹性自适应等功能，该系统为用户提供了最佳体验。此外，系统具备严格的安全机制和合规性要求，可以有效确保用户信息和数据的安全。

完成人：
辛治运　广发证券股份有限公司副总经理 / 首席信息官
鹿　群　广发证券股份有限公司信息技术部执行董事
梁肇浩　广发证券股份有限公司信息技术部中台研发岗
许　诗　广发证券股份有限公司信息技术部群组经理
樊　丹　广发证券股份有限公司信息技术部后台研发岗
伍世权　广发证券股份有限公司信息技术部终端研发岗

案例 6 鼎和风险云

在极端天气逐渐"常态化"的 2023 年，智能化的灾情预警及防护救援机制变得格外重要。为进一步应对灾情的突发性与极端性，尽可能减少人员伤亡及财产损失，鼎和保险公司（以下简称"鼎和"）以地理信息系统为基础，通过整合外部权威数据，运用数据挖掘技术，构建了风险评估、预警模型和巨灾模型，自主研发了基于电力、保险、地理、灾害、气象等大数据分析的数字化风险管理平台——"鼎和风险云系统"。该系统涵盖客户视图、灾害管理、风勘定价三大功能，实现了灾害预警、损失范围预测、人员调配、区域损失数据统计等前置、应急及分析功能，对于提升整体风险查勘能力及客户服务水平具有重要意义。

关键词：灾害管理，应急响应，巨灾模型，风勘定价

一、背景介绍

受全球气候变暖影响，近年来自然灾害频发，而自然灾害会给客户带来严重的经济损失。自然灾害具有突发性和多变性的显著特点，灾害的发生时间、地理范围和灾害程度等难以快速、准确地与资产的地理位置匹配。为有效帮助保险客户防范自然灾害风险，鼎和以积累的大量风险数据为基础，利用 GIS（地理信息系统）和大数据分析等技术建设"鼎和风险云"管理系统，研发了业内首个电网资产台风巨灾模型，实现了承保、理赔、风勘、客服"四位一体"的风险线上化闭环管理，大幅提升了鼎和在灾害监测与预警、灾害应急响应以及灾后快速恢复等方面的能力，有效扩充了"保险＋安全＋科技"的服务内涵。

二、建设内容

"鼎和风险云"系统以地理信息系统为基础，通过整合外部权威数据，运用

数据挖掘技术，构建风险评估、预警模型和巨灾模型，打造基于电力、保险、地理、灾害、气象等大数据分析的数字化风险管理平台。系统涵盖客户视图、灾害管理和风勘定价三大功能，实现了灾害预警、损失范围预测、人员调配、区域损失数据统计等前置、应急及分析功能，对于提升鼎和整体风险查勘能力及客户服务水平具有重要意义。移动端掌上风险云的上线，为全体用户提供包括天气预警精灵、台风灾害模型、内涝点位分布、预警消息订阅在内的风险管理服务。以手机移动端为触客形式，实现了气象预警动态更新、台风路径详情随时掌控、内涝积水路段提前避险、风险预警信息一键订阅等15类功能和服务。安全生产在线系统以"服务客户"为核心，重点定位移动端应用建设，拓宽客户端应用场景，完善客户服务体系。通过安全教育视频课程平台为客户提供更有针对性和科技性的风险管理服务，促进业务发展。

"鼎和风险云"采用新技术，对外部风险数据和内部业务数据进行更深入的分析和利用，找出隐藏在数据背后的规律，运用数据挖掘技术构建风险评估和预警模型，有力支撑了公司为全社会提供风险减量服务的能力。

鼎和风险云的技术路线如下。

- **技术原理**：鼎和风险云采用的技术原理包含GIS（地理信息系统）技术和大数据处理技术。GIS技术是一个集成了计算机科学、地理学、测绘学、遥感、数据库技术和网络技术等多种学科或技术的综合信息系统。它主要用于管理和分析具有地理参照的各类数据，通过数字化地图和图形方式展现各类信息，并支持对这些数据进行复杂查询、分析和模拟。大数据处理技术包含大数据存储管理、大数据空间分析和大数据实时流处理等技术，通过预处理、挖掘和分析等手段，获取具有更强决策力、洞察力、流程优化力、高增长率和多样化的海量信息资产。

- **技术架构**：鼎和风险云系统的设计采用高内聚、低耦合的多层架构，分为基础平台层、数据资源层、业务支持层、应用系统层和用户层。各层在逻辑上将子系统划分成不同的集合，层间关系的形成遵循特定规则。通过分层限制了子系统间的依赖关系，使系统可以更加松散地耦合，从而更易于建设、维护和升级。更重要的是，子系统可以根据需要从整合框架中任意拆分或加载，不影响整个应用体系的运行。从开发角度来看，这些层次的划分使系统开发人员的分工更加明确。负责每个层面的技术人员只需要掌握相关技术和接口，而不必全面掌握所有技术，从而降低了开发的技术难度。业务人员只需要集中精力实现业务逻辑，并通过管理和配置方式来适应未来业务的变化和发展。

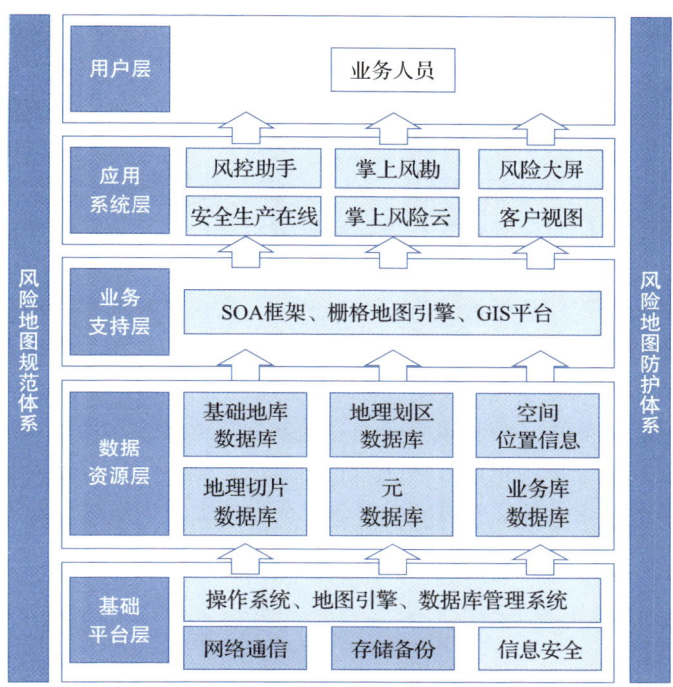

技术架构图

鼎和风险云系统的关键技术点如下。

- **全流程高可用部署**。鼎和风险云采用面向服务的高可用框架进行开发。应用部署通过 Nginx 负载均衡实现高可用，数据存储则采用国产化分布式数据库 OceanBase 实现高可用，模型计算通过大数据平台的多副本存储实现高可用，通信则采用 Nginx 负载模式实现高可用。该系统在开发、部署、数据库、模型计算及通信各个环节均采用了高可用方案，从而有效解决了系统运行过程中的单点故障问题。
- **地理位置查询支持**。鼎和风险云基于 WMS、WFS、WMTS 的空间数据动态共享技术，实现了地理位置查询支持。WMS（Web Map Service，网络地图服务）利用具有地理空间位置信息的数据制作地图，并能够根据用户的请求返回相应的地图。WFS（Web Feature Service，网络功能服务）支持地理要素的插入、更新、删除、检索和发现服务，能够根据客户请求返回地理标志数据。WMTS（Web Map Tile Service，网络地图互动服务）能够通过预定义图块方法加速地图展现。通过以上三个服务，鼎和风险云拥有了快速响应地理位置查询的能力。

- **数据标准化落地。**鼎和风险云的开发遵循鼎和的数据治理要求，包括参考代码、元数据、指标等要素均符合数据治理规范，实现了外部风险数据与业务数据的融合共享，消除了"信息孤岛"，实现了数据要素的互联互通。
- **空间计算和大数据技术融合。**鼎和风险云利用空间计算和大数据模型技术，对每个保险标的位置和风险数据进行叠加计算。该技术能够分析标的位置的历史自然灾害情况，以支持承保前的报价。此外，还可以叠加实时计算标的位置气象数据，进行灾害预警，实现了大数据空间分析和大数据实时流处理等技术与 GIS 技术的深度融合，全面扩展了大数据的计算和支撑能力。
- **高性能计算支持。**鼎和风险云通过大数据集群实现高性能支撑不同场景的计算任务，部分场景通过优化或自研算法从根本上提升计算任务性能。例如，亿级数据计算任务可在小时级完成，亿级查询延时达到秒级。

三、创新应用

（一）灾害预警功能

灾害预警作为鼎和风险云系统最核心的服务功能之一，通过整合国家气象局的即时信息，利用 GIS 实现气象、灾害、地区和客户的强关联。该系统能够对极端天气影响范围内的重点客户进行精准预警提示，并调动公司下属各机构积极采取防灾防损措施，协助客户及时采取有效的应对措施。自 2019 年 12 月推广使用以来，系统已累计向涉险客户发送了近 51 万条灾害预警短消息，并采取各类防范措施百余次，有效提升了防灾防损效率和效果。在 2021 年 5 月 21 日云南省大理州漾濞县地震灾害中，鼎和利用该系统快速调取相关承保数据，迅速排查出震中 50 公里范围内的所有有效保单，涵盖云南、河南、上海、湖北等分公司，涉及水电、风电和其他企业资产及人员，总保额达 35.6 亿元。根据系统筛查清单，公司指定专人主动与涉险客户联系，了解险情并进行灾后关爱。同时，公司紧急调配救灾资源，协调合作供应商和救援机构，就近对出险标的展开救援。震后，公司还联合云南大理供电局建立了损失数据通报直通车机制，及时传输地震所致的停电数据、线路、设备及变电站损失数据，以便供电单位按需合理分配理赔救援资源，协助供电局开展抢修复电工作，帮助灾区人民迅速恢复生产生活。

（二）巨灾模型功能

台风是我国南方沿海最主要的致灾因子，"威马逊""天鸽"等台风给沿海地区的电力设施带来数以亿计的财产损失。鼎和风险云巨灾模型结合近 70 年来的台风气象数据，针对电网资产，围绕风场实时风速计算、输电塔易损性研究、损失分布预测展开了一系列分析研究，建立了一套契合中国气象地貌的台风陆上损失预测模型。2021 年 10 月，台风"圆规""狮子山"陆续登陆我国海南省，鼎和风险云借助国家气象预警信息运用巨灾模型，在台风登陆前模拟出了地面风速数据，并结合万宁地区电力设施情况定位出可能受损的标的位置，并通知当地分支机构协助客户提前采取防灾防损措施，将预计千万级的灾害损失控制在 350 万元以内。

（三）掌上风勘功能

风险查勘是保险公司企财险和工程险的重要环节，是核保人员了解标的实际风险状况，拟定承保方案和价格的有效途径。然而，受限于查勘人员的专业能力和所掌握的信息，传统的风险查勘节点多、耗时长，且需要客户提供的信息较为繁杂，难以给客户良好的服务体验，查勘结果也不够客观和科学。掌上风勘在很大程度上克服了这些困难，并能科学地输出风险分析结论。

以某燃气具有限公司为例，在往年进行风险查勘时，保险公司需要提前与客户沟通勘查事宜，并要求客户准备一系列文件。工作人员会在审核这些文件后进行现场勘察。勘查过程中，工作人员需要对标的周围建筑、设施和地理条件做详细记录与询问。在返回公司后，所有资料需进一步整理和优化，最终形成完整的风险勘查报告。整个流程至少需要两个工作日。

通过使用掌上风勘功能，工作人员可以简化事先询问的步骤。在勘查现场，工作人员只需打开移动端的掌上风勘功能，按照系统设计好的流程和勘查步骤指导进行操作，包括现场拍照、上传影像信息以及录入企业相关信息。系统后台会根据手机定位，自动量化评定周边地理信息与台风、暴雨、洪水、地震等自然灾害的风险等级，并一键生成风勘报告，即时给出风险提示和改善建议。这些功能可以为客户提供明确的风险点提示和量化的风险评级，完成整个勘察过程仅需 1～2 小时，大幅提升了客户满意度和投保流程效率。此外，该系统还提高了风险勘察结果的准确性。结合系统中的承保理赔大数据精确分析、再保管理模型和 AI 算法，最终输出较为准确的承保费率，实现实用的智能定价功能。

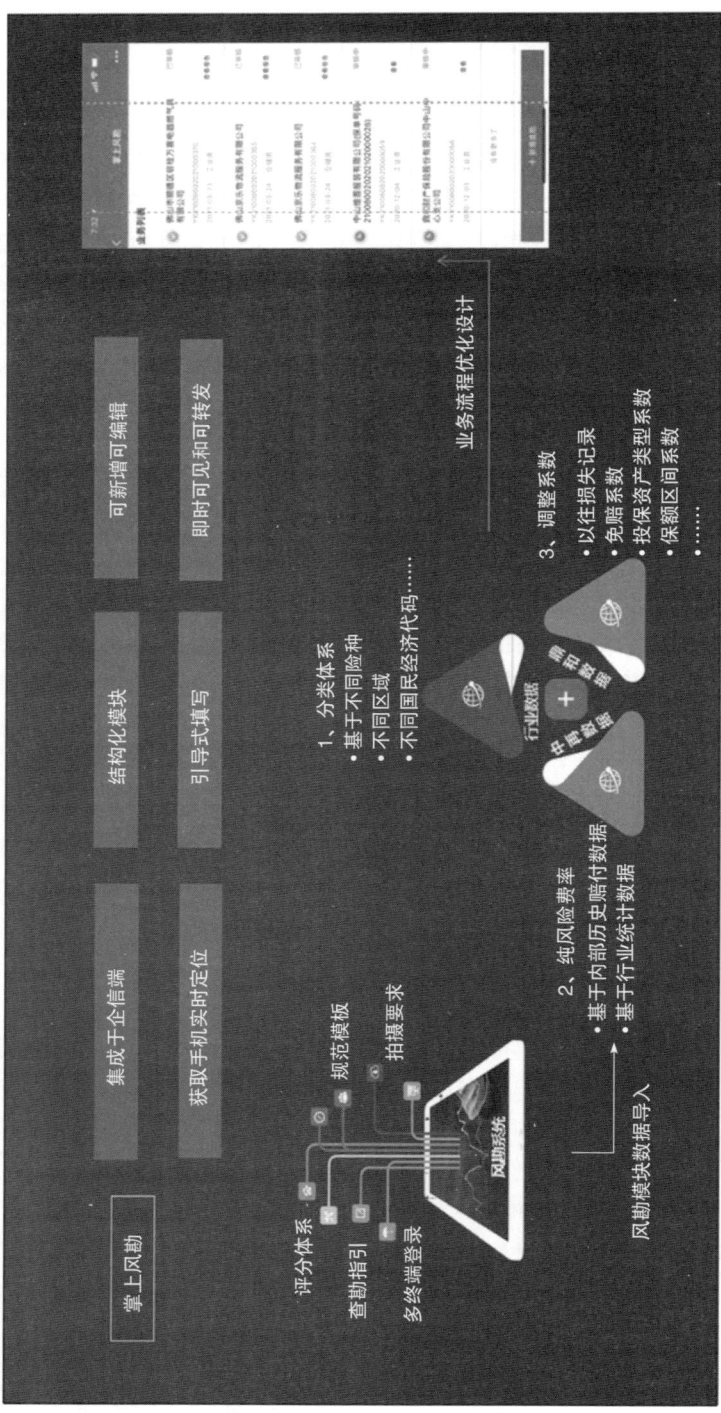

掌上风勘功能

客户视图是指以数字化的方式将与客户相关的风险信息呈现给客户。通过视图，客户可以全局性地了解自身的资产、人员等保险保障情况、损失赔付情况、防灾防损活动等信息，协助客户提升风险管理意识与能力。

四、取得成效

鼎和风险云系统在台风季发挥了重要作用。自夏季以来，我国广东、福建、北京和河北等地遭遇了多次暴雨和台风，部分地区出现洪涝灾害。鼎和风险云整合国家气象局的最新信息，利用GIS创建专属的风控管理平台，实现对受灾地区重点客户的及时预警，协助有关方面采取有效应对措施。同时，该系统可以快速筛查客户，进行预警和关怀，通知排查率达到100%。对每个客户，系统在前期进行重点区域排查，在中期进行风险转移跟踪排查，在后期进行出险排查，累计排查超过1万个承保标的，为保险行业发挥"社会稳定器"和"经济助推器"作用提供了有力的技术支持。

深圳供电局是鼎和保险服务的重要客户之一，它作为全国供电负荷密度最大的电网公司，对电网设备的安全运行有极高的要求。为了进一步协助客户做好电网资产的安全管理，强化数据展示和空间分析服务，鼎和在不断细化电力数据维度的基础上，对与深圳供电局的电力上下游紧密相关的业务展示场景进行了扩充，设计了专属客户视图。通过该客户视图，深圳供电局可以实时查看其投保的电网资产保险、员工意外健康保险、工程履约保险等相关业务的保险金额、保险资产、保费、赔款和案件数量。用户还可以通过区域地图上的点选功能，查看各区域供电局的保险情况。在员工保险模块中，还能够查看员工年龄分布、重疾类别、死亡原因等信息。客户视图功能，可以帮助深圳供电局科学评估不同地区的电网资产面临的各类灾害风险等级、保障情况和风险损失情况等，从而制定有效的安全管理和防灾防损方案，提高安全管理和防灾防损工作的针对性。此外，通过分析员工的重疾或死亡原因，可以加强健康管理服务或安全生产管理，提升客户风险管理的效率和效益。

完成人：
熊韬涛　鼎和财产保险股份有限公司财产险部安全管理团队经理
刘德志　鼎和财产保险股份有限公司数字化部数据管理团队经理
卓洪全　鼎和财产保险股份有限公司数字化部数据治理专责
李忱瑞　鼎和财产保险股份有限公司数字化部大数据开发专责
刘　鹏　鼎和财产保险股份有限公司财产险部企财（工程）团队高级经理

案例 7　基于银河麒麟的柜面系统方案

基于银河麒麟操作系统的新一代金融柜面业务系统方案，在充分利用软硬件自主安全的研发优势的基础上，以客户为中心，结合实际应用场景需求，采用最新的国产化终端和配套外设模块，结合智慧网点智能化服务平台对外提供服务。目前，系统已实现多平台架构及设备的适配和改造，并通过新一代的设备管控和安全管控技术平台实现对终端及业务的全面接管。同时，渠道柜面业务软件高度协同适配，进一步提升了业务的安全性和可靠性。

关键词：金融，新一代金融柜面业务系统，国产化终端

一、背景介绍

在创新驱动等新兴前沿技术的带动下，金融科技正在向智能化、精细化、多元化和场景化全面推进，这在基础设施、支付结算、数字货币和财富管理等重要技术领域得到了广泛应用。我国近几年持续加大对科技创新的支持力度，信息技术应用创新产业已上升至国家战略高度。2020年，党的十九届五中全会明确提出要"加快发展现代产业体系，推动经济体系优化升级"。在2021年3月颁布的《中华人民共和国国民经济和社会发展第十四个五年规划和2035年远景目标纲要》中指出，展望2035年，我国科技实力将大幅跃升，关键核心技术将实现重大突破，进入创新型国家的前列。在党和国家重点关注高质量发展的背景下，中国金融体系作为拉动经济增长的重要力量、经济资源配置的重要中介和加速器，正式拉开了金融行业的转型大幕，进行结构性调整，不断催生金融的新形态。新时代呼唤新金融，新金融也必然产生并服务于新时代。

新金融以民生为出发点，通过市场的均衡推动，促使消费驱动产品端的增长和升级。在数字经济的大背景下，新金融是以数据为关键生产要素、以科技为核心生产工具、以平台生态为主要生产方式的现代金融供给服务体系。科技是新金融的核心生产工具，发挥着驱动的重要作用。

银行业作为金融的重要组成部分，发展至今已经历了四个重要阶段：银行1.0时代，即主要以银行物理网点为基础的现代银行体系的最初业务形态；在银行2.0时代，银行业发展得益于计算机技术的商业应用，以ATM自助交互形态的服务、业务系统数字化和互联网化为主要特征。由于金融业务具有时间跨度大、地域广泛、场景复杂、参与者众多、监管困难等特点，银行2.0时代的金融行业仍面临一些显著问题，例如因缺乏信任导致的协作水平低、因缺乏数字赋能导致的金融服务增值弱等；银行业信息化进入3.0时代后，智能移动设备的横空出世使银行"无处不在"，这极大改变了用户的行为和消费习惯，打破了以物理网点体系为基础的银行服务模式。物理网点不再是用户必须去的地方，金融产品的选择权发生变化，用户成为用户与银行关系中的主导者；另一方面，金融与科技产业的市场结构、资源要素、边界进一步融合，协同加速了向新金融转型，这开启了全新的银行4.0时代。数字货币、人工智能（AI）、增强现实（AR）、语音识别设备、智能穿戴设备、无人驾驶、5G通信、区块链等创新技术的发展和普及，将使银行业务的效用和体验完全脱离物理网点和以物理网点为基础的渠道，不再依赖某个具体金融产品，而是直接嵌入我们的日常生活场景中。用户在使用金融服务时可能出现的摩擦和不顺畅问题将"化于无痕"，基于物理网点的账户开立和了解客户（Know-Your-Customer，KYC）规则将被重塑，即时、实时的金融服务将成为流行趋势，智能投顾和场景介入将为用户提供更好的金融解决方案。

随着金融机构之间竞争的日趋激烈，持续降低运营成本、提升服务效率和水平已成为影响金融机构核心竞争力的重要因素。柜面业务系统是金融机构与客户进行业务交易的主要渠道之一，通过升级柜面业务系统来提高服务质量，可进一步增强金融机构的行业竞争力。同时，互联网的快速发展和信息技术的创新应用也提供了技术支撑和基础。在此背景下，麒麟软件与长城信息、福建升腾、赞同科技等行业伙伴进一步协同推进柜面终端的国产化升级改造，加速金融数字化网点向智能化、自动化全面转型。

二、建设内容

银行柜面业务系统在银行业信息化初期出现，目的是利用数字化和信息化技术，提高柜面服务效率和客户体验。早期系统主要包括客户信息管理、账户管理、存取款业务、转账业务和结算业务等功能模块。通过自动化技术和信息化手段，系统实现了柜面业务的快速办理和信息的准确传递，极大地提高了银行的工作效率。在新的银行业发展阶段，面对对内以及对外的科技化需求，传统柜面系

	早期	1980	2007	2017 至今
	西雅那银行	存取款一体机	移动、支付、社交	5G、算法、区块链
	• 以人工物理网点为主 • 产品及服务单一，并不存在其他服务性功能，整体运营效率低下 • 后期信息技术逐步应用到银行业，账户管理等基础业务具备初步电子化能力	• 以产品为中心的商业模式 • 网点分支机构规模扩张，地理限制性下降 • 以ATM为代表的信息化技术成功应用，提升了从业人员的工作效率	• 以互联网银行、手机银行为主要商务途径 • 银行物理网点数量有所减少 • 实现了随时随地架起银行业务沟通的桥梁	• 商业模式由以产品为中心向以用户为中心转变 • 金融服务与生活场景相互融合，银行无处不在 • 对网点的依赖进一步降低，智慧网点的重要性提升
	物理网点强主导	信息化、互联网主导	智能手机2007	深度学习、智能算法
	现代化银行开篇 西雅那银行成立	1995-SFNB成立 NCR、日立、OKI	3G手机发布 银联、AliPay	2017人机大战 AlphaGo
	银行1.0	银行2.0	银行3.0	银行4.0

银行业的四个发展阶段

统已无法再满足客户的业务耐心及繁多的业务种类需求。本次麒麟软件牵头，联合银行业上下游生态伙伴，共同打造了基于银河麒麟操作系统的新一代金融柜面业务系统解决方案。该方案整体包括如下两个部分。

- **平台层**：该层包括国产化服务器集群和部署在其中的柜面业务处理系统。一般情况下，柜面业务系统的功能可分为两大类，一类为渠道业务，主要为银行客户提供柜面渠道的相关业务办理服务；另一类为应用管理，包括多个子系统，如排队叫号系统、在线预约系统、网点运营管理、无纸化办公、集中授权、客户旅程、多媒体发布等。在银河麒麟高级服务器操作系统 V10 的兼容性支持下，本方案中平台层涉及服务器、数据库、中间件等组件，银行客户可选择相应的信创产品。
- **终端层**：该层包括柜面国产化客户端、国产化终端以及相关外设。在本方案中，所有客户端软件、终端硬件和外设均已完成对银河麒麟桌面操作系统 V10 的适配。具备完善的软硬结合安全体系，支持身份认证、存储和外设管控。同时，为确保数据存储安全，提供了掉电保护等功能。

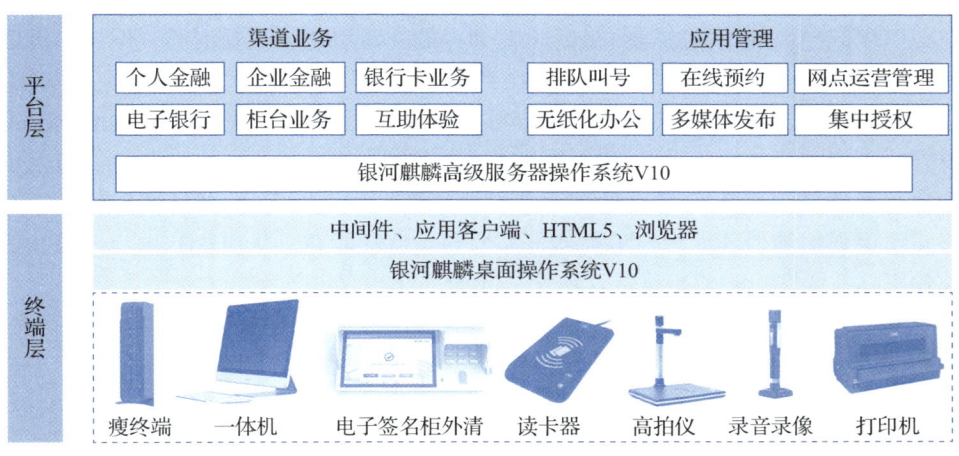

金融新一代柜面业务系统架构图

新一代金融柜面业务系统通过整合多个前端系统，实现了单点登录；通过设计简洁的操作模式，减少了柜员的录入工作。它采用场景化和向导式的交易模式，优化了交易流程，提升了网点的运作效率。系统通过整合集成各种后端系统和外设，支持无纸化业务办理；在关键节点进行集中管理和控制，显著减少了人力和时间成本。

新一代金融柜面业务系统可以实现如下几点。

- **业务功能覆盖全面**。具备完善的业务功能体系，支持全行前端业务及拓展功能。
- **整合和集成能力强**。包含桌面系统集成，后台服务整合，多渠道协同。
- **提供以客户为中心的体验模式**。提供多笔业务一次刷卡、输密、授权、打印的体验模式。
- **支持参数化的运营管控**。对交易流程的管控节点进行参数抽取，减少硬编码。
- **支持配置化的风控预警**。提供配置化的风险因子，以及警告或阻断式风控预警处理。
- **提供统一的运营管理**。提供全行级的用户管理和权限管理。
- **提供多法人支持**。提供灵活的多法人参数支持。

新一代金融柜面业务系统的特性如下。

1）**安全提升**：银河麒麟操作系统从底层提供接口管控、应用安全、策略下放等多方面的运营维护机制，通过管控平台可以实现用户登录终端的权限分配、运行软件的权限配置等，全面提高用户账号使用的安全性。针对外接存储设备的交叉混用问题，管控策略可有效防止移动存储介质引起的数据泄露，保护主机信息安全，从而全面提升业务整体的安全特性。

2）**异构支持**：系统对多芯片架构的支持体现了其技术先进性和灵活性。系统支持不同芯片架构平台及系统应用，可最大限度实现优化，全面兼容当前信创的多技术路线，覆盖飞腾、鲲鹏、龙芯、兆芯、Intel 等主流 CPU 架构。系统能够实现更强大的处理能力、更高的可靠性和更低的能耗，从而提升用户体验和业务效率，并为客户构建跨设备、跨系统的统一前端应用平台。

3）**外设兼容**：同源驱动支持多种柜面类外设产品，包括电子签名、指纹仪、摄像、IC 卡模组、高拍仪和打印机等设备，经过适配优化，整机唤醒时长不超过 3 分钟。

- **打印机系列**：系统可以兼容多种型号的打印机，如高速票据打印机、普通激光打印机等。这些打印机能够迅速、准确地打印出各类业务单据，如交易凭证、对账单等，提升了业务处理的效率。基于纯国产软硬件，该系统每分钟能够打印 30 张以上单据。
- **读卡器系列**：系统支持多种类型的读卡器，如磁条卡读卡器、IC 卡读卡器以及二合一复合读卡器等。这些读卡器能够读取不同种类的银行卡、信用卡等，为各类金融交易提供了便捷的卡片识别和处理功能。
- **扫描仪系列**：为了满足不同业务场景的需求，系统兼容各类扫描仪，如文档扫描仪、身份证扫描仪等。这些扫描仪可以快速、准确地识别和处理各种文档和证件，每页识别时间可达 3 ～ 4s，大大提高了业务处理的准确性和效率。
- **密码键盘系列**：为了保障交易的安全性，系统支持多种密码键盘。这些键盘具有加密功能，可以确保交易密码的安全传输和存储。
- **其他外设**：除了上述常见的外设之外，系统还可以兼容多种其他设备，如指纹识别仪、高拍仪、条码扫描枪等。这些外设的加入进一步丰富了系统的功能和应用场景。

4）**国密支撑**：支持国密输入，包括但不限于数据加密、身份验证、访问控制等。通过使用国密算法，系统能够确保交易数据的安全性，防止数据泄露和非法访问。同时，国密算法还可用于身份验证，确保只有合法用户才能访问系统，从而保障系统的安全性和稳定性。整套柜面业务系统的软硬件支持国密认证，这有效保障了交易密码的安全。

5）**高度集成**：通过大量行业项目的落地，已经拥有完整的国产自主产业链。因此，从硬件制造到软件应用开发都能够高效集成。通过软硬件及业务的全面整合，并结合人工智能、大数据等先进技术，为终端应用提供智能化的支持。各采集模块借助语音识别、人脸识别、自然语言处理等技术，与用户进行更自然的互动，提供更个性化的服务，能够解决更多智能化终端业务需求。

相较于传统的柜面系统服务，新一代金融柜面业务系统具有以下优势。
- 提高了柜面服务效率，减少了客户排队时间，提升了客户满意度。
- 除传统柜面功能外，实现了多个子系统的融合，可提供多维度、多种类的业务服务，实现一站式体验。
- 为后续柜面创新提供环境，如引入新型现金尾箱实现柜面现金自动化，替换信创柜外清、柜内清等外设。
- 方案整体实现由非信创环境到信创环境的转换，对系统安全性、自主可控性有巨大提升。

三、创新应用

新一代金融柜面业务系统主要应用场景如下。
- 银行综合业务柜台（高柜）：这是为适应现代金融业务发展需求而形成的。它是以客户为中心的全面综合性的柜面处理系统，主要涉及本外币存贷款对私业务、银行卡业务、银行结算业务和外汇业务等。该系统适用于综合型营业机构，能够实现综合柜员机构的账务处理和统一核算。

- 银行非现金业务柜台（低柜）：主要面向对公客户，正常情况下不与现金打交道。这类柜台处理公司账户的往来业务，例如代发工资、为公司员工开户、为企业办理资信证明等。相较于高柜，低柜处理的现金业务较少，处理的票据和凭证业务较多。
- 证券公司的柜台：这类业务主要包括开立资金账户、办理三方存管、清密，以及各种委托方式的开户和销户等常规业务，还包括对客户资料真实性、合法性、完整性的审核，防范营业部柜台业务操作风险，完成对新客户的投资教育和宣传工作，以及进行营业部交易数据的统计和评估。

四、取得成效

基于银河麒麟柜面系统方案，某国有大行柜面终端国产化项目于2021年1月起投产试运行。该项目基于飞腾CPU、银河麒麟操作系统技术体系，采用长城、升腾高性能终端及柜外清、高拍仪、读卡器等外接设备。每个网点选取高柜、低柜、对公柜面各一个，使用创新终端设备为客户提供服务。麒麟软件基于渠道柜面业务系统，提供定制化API接口，可为该大行提供网络管控、终端管控及进程防护等方面的个性化定制服务，满足其软件开发所需的条件。2021年5月，该项目投产了约9 000个业务功能，涵盖除分行特色业务外的全部业务功能。

基于银河麒麟柜面系统方案，某省农信柜面系统国产化项目依托中国人民银行总行金融关键基础设施信息创新应用战略，选取了新一代柜面系统进行试点。2020年8月，该项目上报人行，并完成了新柜面业务系统在国产芯片服务器、桌面操作系统和数据库上的应用适配改造及验证测试、试点运行，最终形成了基于全栈国产化软硬件环境的技术目标。作为全国首个实现柜面业务国产化的案例，该项目搭载了银河麒麟操作系统和升腾国产化终端，具有较强的可复用性，可帮行业缩短信创实施周期和降本增效。

完成人：
朱　毅　麒麟软件有限公司广东事业部副总经理
张宏圆　麒麟软件有限公司广东事业部高级售前工程师
席光耀　麒麟软件有限公司广东事业部生态方案经理

案例 8 金融非结构化数据统一管理解决方案

作为信息技术创新应用的存储方案，金融非结构化数据统一管理解决方案围绕国产信息系统进行了广泛的兼容性验证和测试，确认其可以满足金融、党政、国防科工、工业（制造业）等核心领域的企业或机构数字化转型的存储需求。该方案具有高可扩展性和高可靠性，能够帮助金融、党政等领域的用户实现跨业务系统的非结构化数据统一存储、统一管理和价值挖掘，提升业务管理水平。该方案作为国内先进的软件定义存储技术创新方案，有效支撑了影像、证件、票据、单据、存证等关键业务数据的存储需求，已覆盖政策性银行、国有大行、股份制银行、国家级部委单位等的相关业务，具备可复制、可推广性，实现了信创产品的平滑替代。

关键词：数据统一存储，数据统一管理，非结构化数据，信创

一、背景介绍

数字化已经成为金融业转型的共识，并成为焕发新生的重要驱动力。以数字技术为核心的金融科技将激活金融行业发展的新动能。金融业在数字化转型中，面临着数据、科技、风险防控等方面的能力建设挑战。以数据为基础的能力建设面临的挑战尤为明显，因为数据作为金融行业的核心资产，其存储体系关乎金融业的数据安全和数据价值释放。随着金融业数字化转型的推进，金融 IT 架构逐渐向分布式架构转变，以软件定义存储技术为核心的分布式架构成为金融 IT 存储架构演进的关键支撑技术。

现阶段，金融业的数据存储能力呈现不同景象，业内的领先者已经基本实现了对业务创新的引领。在建设数据存储能力的过程中，金融业正面临诸多问题：一是数据平台应用"通用性"不足，出现"数据孤岛"现象；二是非结构化海量数据剧增，普遍存在存储扩容和数据检索难题；三是应用能力单一，缺乏灵活性和快速响应能力；四是数据"碎片化"，难以挖掘其价值。

在日常业务中，金融业汇聚了海量数据，覆盖了客户、账户、产品、交易等结构化数据，以及语音、图像、视频等非结构化数据。特别是非结构化数据的剧增，驱动了分布式技术架构的需求转变。而软件定义存储基于分布式存储架构，在性能、容量和扩展等方面具有优势，可以有效满足大规模、高并发、易扩展等场景下对数据存储能力的要求，因而成为金融数据存储架构分布式改造的关键支撑技术。

金融信息技术创新是落实国家发展创新战略、推动金融数字化转型的重要内容。中国人民银行印发的《金融科技发展规划（2022—2025年）》要求：要以加快金融机构数字化转型、强化金融科技审慎监管为主线。金融机构自此全面推进"产品数字化转型"，而从多方位提升数据的科学管理能力，成为支撑金融业正确决策、增强竞争力的关键。

在以上数字化场景的建设中，存储能力作为数据中心基础架构的核心能力，离不开底层数据存储基础设施的建设。以数据为依据，业务系统为实现高效运行，需具有高可靠、高安全、易扩展等特性。在统一存储架构下，业务系统需支持更多的智能运维手段，以提高风险预知能力和增值服务。

二、建设内容

该项目基于杉岩分布式存储产品（杉岩 MOS - 海量对象存储产品）和数据服务软件（iDataFusion 智能数据融合系统）的一体化产品服务展开，采用全分布式、去中心化的架构，具备弹性扩展能力，能够轻松支撑 EB 级数据存储。完善的功能接口实现了高效访问，同时基于丰富的 API 与前端应用的深度交互，实现了存储管理的智能化、易用化和价值化。

（1）构建统一管理、开放兼容的一站式存储平台。

- **存储资源整合：** 上层协议开放，一套存储系统可承载数据中心的各类业务应用；下层硬件解耦，通用硬件实现存储资源池化，通过灵活扩容应对业务变化。
- **数据统一管理：** 提供自动化的数据管理策略，支持数据统一管理、平台内数据自动迁移、数据生命周期管理以及存储平台全局可视化分析等功能，帮助用户更高效、轻松地应对海量数据的管理挑战。

（2）构建高性价比、高性能、可弹性扩展的存储平台。

- **激发卓越性能：** 基于软件定义存储技术，降低硬件的长期成本投入，构建高性价比的存储平台。

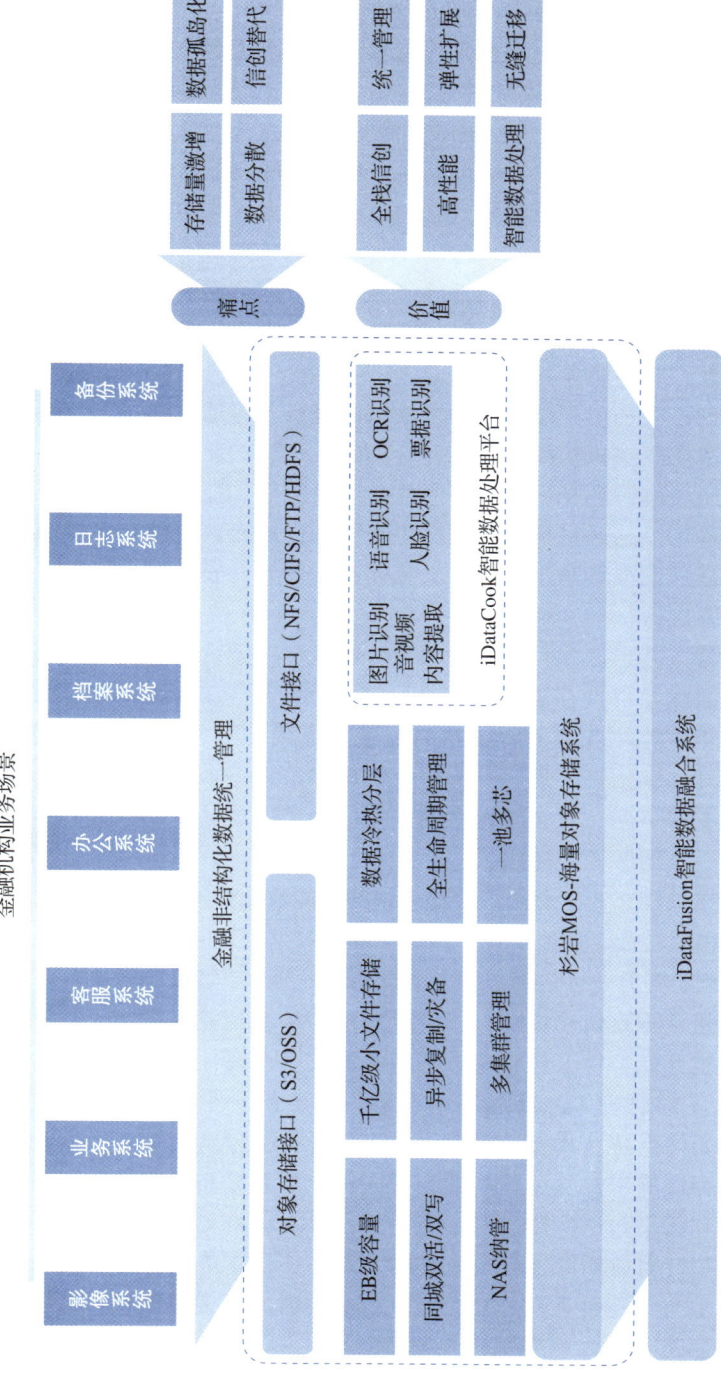

- **应用性能优化**：存储平台可通过智能缓存机制、卷 QoS 和数据恢复 QoS 等多种软件高级特性，基于业务内容针对性地进行性能优化，形成匹配业务性能的最佳实践。

（3）构建高可靠、稳定、安全的数据存储底座。

- **重新定义可靠性**：软件定义可靠性，提供硬件故障预测和多种故障预警机制，支持主动发现故障和故障自动运维的能力，构建事前、事中、事后完整闭环的数据保护机制。
- **可靠性安全升级**：从传统的硬件可靠性向数据可靠性升级，打造安全存储资源池。结合平台侧丰富的安全策略，有效处理数据故障等威胁。

该项目具有如下技术特点。

- **全栈信创**：我公司积极与国内主流厂商进行兼容适配测试，产品均已通过工信部下属权威机构的检测，符合信创技术栈的质量标准。该方案全面兼容鲲鹏、飞腾、海光、申威等芯片，以及统信、麒麟等操作系统和 150 余款软硬件产品，通过信创软硬件生态的深度融合，能够在多层级上实现信创技术栈。该方案基于软件定义存储技术展开，安全性、可靠性均符合信创标准要求。
- **无缝迁移**：基于该项目开发的杉岩分布式存储系统同时支持块、文件、对象和大数据接口，存储引擎容量可以弹性扩展至 EB 级。容量和性能可随业务需求线性增长，并提供精简配置、负载均衡、目录快照、数据缓存、权限管理、多站点管理、日志审计和统一监控等多种存储功能。该系统能够高效支撑金融、政企等领域的典型应用，例如关键业务数据库、文件共享服务、金融影像等应用。
- **智能数据处理**：杉岩分布式存储系统的智能数据处理引擎，针对非结构化数据提供格式转换、智能识别、内容提取等数据处理能力，能够帮助用户简化应用流程，提升业务效率，为人工智能和机器学习场景应用带来极大便利。
- **软硬件整合垂直优化性能**：杉岩分布式存储系统立足于信创开放生态，支持企业级存储特性，包括跨数据中心的灾备、高性能快照、自动精简配置和 QoS 实时管理等。伴随数据容量的增长和硬件的不断更新，该存储系统可以始终保持新状态，而无须迁移数据或进行"叉车式"升级。
- **多平台存储需求**：除了传统的企业应用，杉岩分布式存储系统还支持跨多虚拟化和云平台的应用，对主流的 Hypervisor 和 OpenStack 云平台进行了预集成。针对应用向混合云迁移的发展趋势，支持主流的 Kubernetes 等容器平台生态，满足了在一套存储平台上同时满足多虚拟化、云平台和容器平台的存储需求。

三、创新应用

该项目基于"存""管""用"的理念开发设计产品。针对不同应用场景和业务需求，提供易部署、高匹配的存储管理功能，极大地降低了平台适配复杂度，缩短了业务上线时间，保障了业务连续性和数据安全性，从"存""管""用"三个层面充分发挥了海量数据存储系统应具备的高性能、高可靠和高安全等特性。该项目具备以下创新点。

- **数据存储创新**。在"存"的能力方面，针对证券业海量非结构化数据场景进行设计，支持单一命名空间内存储千亿级数量文件，同时支持大比例纠删码技术，提高存储资源利用率。
- **数据管理创新**。在"管"的能力方面，支持 NAS（网络附属存储）、蓝光存储、公有云存储等多种数据源的汇聚、迁移及纳管功能；支持海量数据的秒级检索技术；支持数据的全生命周期管理。可配置的灵活策略将不同类型的数据存放于不同的存储池，节省了数据管理成本。
- **数据处理创新**。在"用"的能力方面，为更好地利用数据价值，支持插件化的智能数据处理能力，可以为数据自动打上标签，动态引入 OCR、图片处理等 AI 插件，以满足业务智能处理需求，更好地利用人工智能，服务于人工智能，赋能大数据价值挖掘。

四、取得成效

金融非结构化数据统一管理解决方案已在全国数十个城市累计服务了 1 500 余个项目，交付的存储总容量达 6 000PB，解决了金融行业关键业务场景下非结构化数据的统一存储、统一管理和价值挖掘等难题。该方案有效支撑了金融业务中的影像、证件、票据、单据、存证等电子档案存储业务，已覆盖政策性银行、国有大行、股份制银行及国家级部委单位，具备可复制和可推广性，实现了信创产品的平滑替代。

该项目攻克了高性能存储引擎与分布式数据缓存、高性能纠删码冗余、数据全生命周期管理、NAS 异构管理、智能数据处理引擎及多协议接口智能互通等关键技术。研究成果有助于突破当前云存储产业在海量数据访问效率、非结构化数据存储、OLAP 结构化数据存储、系统 IOPS 调度分配、数据可靠性、数据生命周期管理及存储加密等方面的技术难题，为人工智能、大数据和云计算场景下的海量数据"存储""管理"和"价值挖掘"提供了可行的实现方式。该项目全面推动了金融行业信息创新的自主设计研发和产业化，促进我国自主软件定义存储系统在"存""管""用"方面的飞跃，有效支撑了金融行业数字化经济的转型升级。

完成人：
陈　　坚　深圳市杉岩数据技术有限公司董事长兼 CEO
文刘飞　深圳市杉岩数据技术有限公司联合创始人兼 CTO
邱尚高　深圳市杉岩数据技术有限公司联合创始人兼 COO
李信荣　深圳市杉岩数据技术有限公司联合创始人兼 CMO
王丽华　深圳市杉岩数据技术有限公司市场总监

案例 9 统信软件 CentOS 替换信创解决方案

统信软件社区企业操作系统（Community Enterprise Operating System，CentOS）替换信创解决方案是针对 CentOS 社区宣布对其下游停止更新服务计划后，所提出的向国产化服务器操作系统安全迁移的整体方案。针对当前正在使用 CentOS 的用户的实际情况，依托统信服务器操作系统 V20，依据 2021 年大型央企的 CentOS 试点迁移经验，2022 年在金融、运营商、部委等垂直行业的规模迁移方案，结合统信"有易"迁移工具，抽象用户的迁移场景，统信软件提出"3+3+6"CentOS 替换解决方案，覆盖用户服务器操作系统迁移全场景。这是 CentOS 替代的最佳实践。

关键词：CentOS 替换，统信服务器操作系统 V20，统信"有易"迁移工具

一、背景介绍

2020 年 12 月 8 日，CentOS 社区宣布 CentOS 系统停更，即社区版 8 系列和 7 系列将分别在 2021 年底和 2024 年中停止更新。

CentOS 停更后，当前使用 CentOS 的用户面临如下问题。

- 相关商业主体对 CentOS 社区投入降低，这会导致 CentOS 系统质量高度不确定，系统安全漏洞风险随之加剧。
- 大量服务器应用软件与云平台均是基于 CentOS 系统开发和适配的，CentOS 系统停更将对这些应用软件与云平台带来重大安全隐患。

据统计，在我国的存量服务器操作系统中，CentOS 装机总量超过 400 万套。CentOS 停更之后，企业将失去 CentOS 更新、维护、迁移等相关社区资源和技术支撑，在系统层面上则面临着漏洞更新停止、关键漏洞无法及时修复、安全和维护服务缺位、系统安全得不到有效保障等问题。而企业自身作为业务用户，并不具备处理这些问题的专业能力。因此，尽快对现有运行环境中的 CentOS 进行国产化替代，由国产操作系统厂家承担起产品、技术和服务的职能，让专业的人来负责专业的事，成为国内各行业信创改造的当务之急。

二、建设内容

该项目希望在 CentOS 停更的背景下,全面加速国产操作系统的替代迁移。在标准、技术、团队和工作方式层面形成一套可复制、可推广的工作体系,为全面替代 CentOS 系统打下坚实的基础。

统信软件为应对 CentOS 停更,采取原地替换、新增迁移以及安全接管三种手段(即解决方案),并结合用户服务器系统在历史建设过程中部署的单机、集群和云三种环境,定义并遵循 6 步实施路径方法论,实现了从 CentOS 到统信服务器操作系统 V20 的平滑替代。

(一)三种应对手段

1. 原地替换

采用统信服务器操作系统 V20、统信服务器系统迁移软件(有易 UYi),将现有硬件设备(X86 等架构)及业务软件平滑、快速地迁移至统信 UOS 环境中。

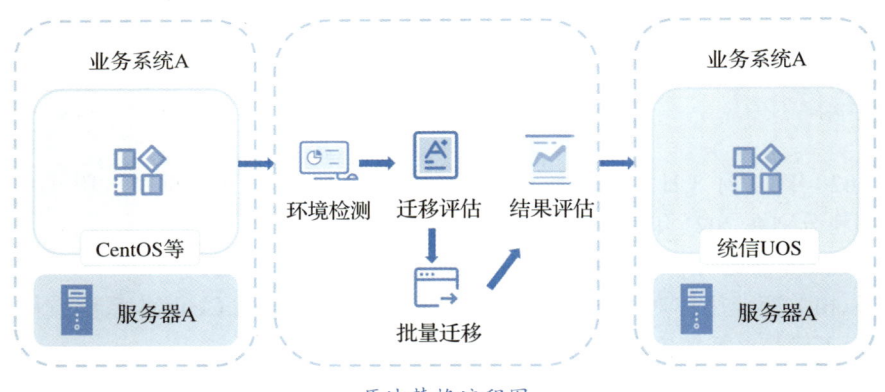

原地替换流程图

该方案具有如下优势。
- 无须重新配置或导入系统参数,无须重新部署应用。
- 完全兼容 CentOS 系列软硬件生态,并提供系统迁移服务、安全增强、易管理等特点。

2. 新增迁移

统信软件提供新增迁移解决方案,通过安装操作系统,重新部署应用,导入系统参数配置完成此类场景下的操作系统替代。

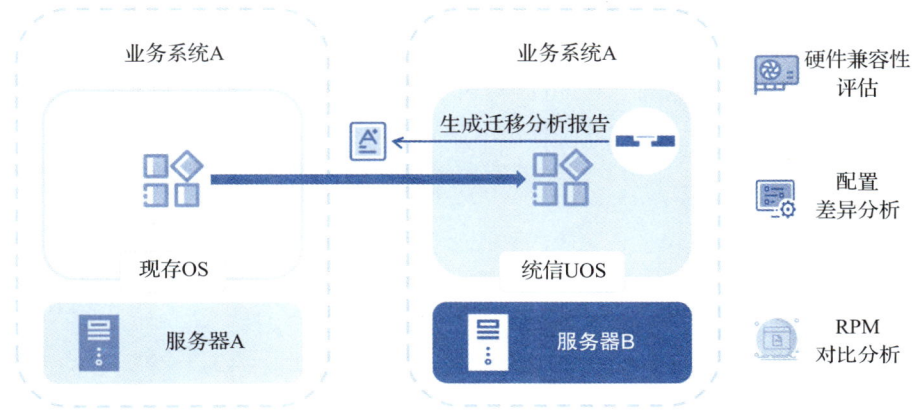

新增迁移流程图

该方案具有如下优势。
- 可以在线下充分测试验证后再割接到生产环境中。
- 变更时间可控，对业务影响可控。

3. 安全接管

安全漏洞是停更后用户面临的主要问题和风险之一。针对部分无法完成 CentOS 迁移、在停更后仍使用 CentOS 的单位，统信软件可对 CentOS 提供安全漏洞公告、安全修复更新源、技术支持和安全加固等过渡性的安全接管服务。

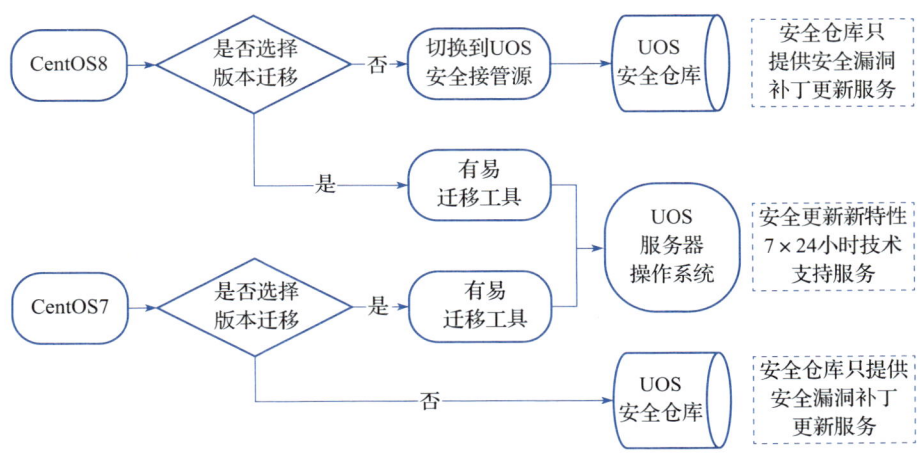

修复漏洞流程图

（二）三种部署环境

1. 单机环境

由于单机服务器是基于 CentOS 部署的业务系统，统信软件支持在旧场景下基于统信服务器系统迁移软件（统信有易，英文为 UYi）将承载在 CentOS 上的业务应用系统，快速、平滑、稳定并安全地迁移至统信服务器操作系统 V20。

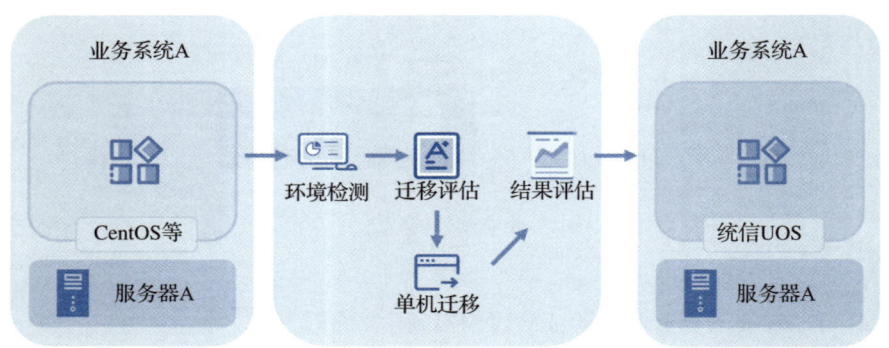

单机迁移过程图

2. 集群环境

集群环境是基于 CentOS 部署的业务系统高可用场景，需要将主备服务器的 CentOS 都要替换为国产操作系统。可以通过对主备两台服务器一前一后分别按照单机迁移方法进行操作系统迁移，最终实现将承载在 CentOS 上的业务应用系统快速、平滑、稳定并安全地迁移至统信服务器操作系统 V20。

3. 云环境

云环境涉及云平台、容器云平台、大数据平台等，下面逐一介绍。

云平台上的操作系统有两个部分：HostOS 和 GuestOS。具体替换要求可分如下两种实际场景进行讨论。

- **既有商业或自研云平台**：HostOS 替换过程不涉及业务系统的适配问题，所以其责任主体是云平台厂家和统信软件；对于 GuestOS，如果客户的业务系统是运行于 CentOS 上的，则需要进行替换。在替换过程中，云平台厂家、统信软件和客户都需要深度参与。
- **重建或新建私云平台**：重点需要考虑在新建云平台系统 HostOS 和 GuestOS 时的选型问题。

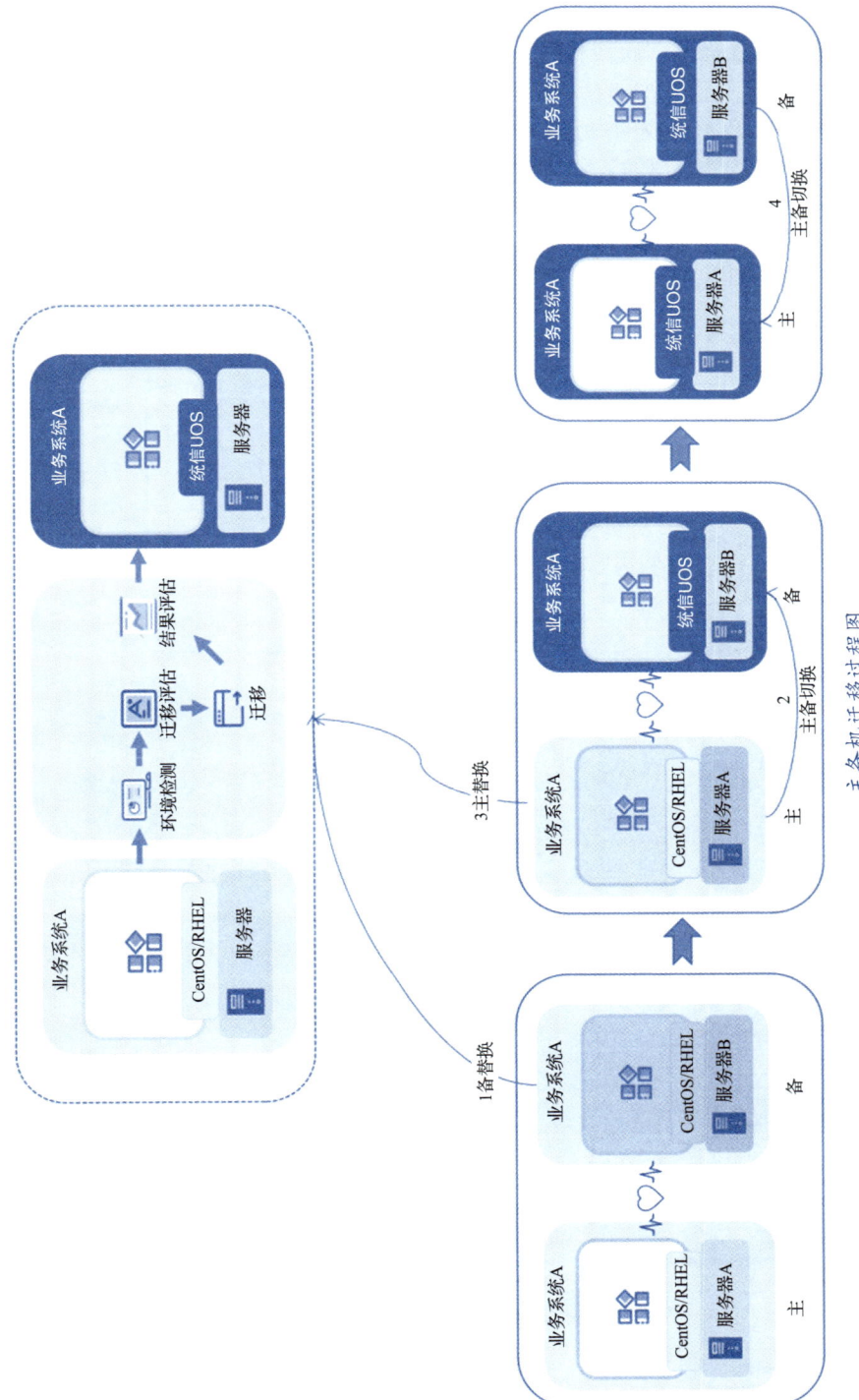

主备机迁移过程图

统信软件提供的新建私有云平台的两个方案如下。
- 基于统信自研的云原生操作系统和统信云基础设施管理平台（有栈UStack）组成的一套云管理平台方案。
- 基于统信自研的云原生操作系统和开源的 OpenStack 搭建的私有云平台方案。

统信软件提供的全栈国产化容器云解决方案，不仅可以通过统信服务器操作系统 V20 在底层（基础设施层和 OS 层）实现国产化操作系统的替代，也可以通过统信容器云管理平台（有雀）在平台层实现容器云国产化的替代，还可以制作国产化操作系统镜像，从而保障业务系统从基座、容器管理到上层应用的全面安全。

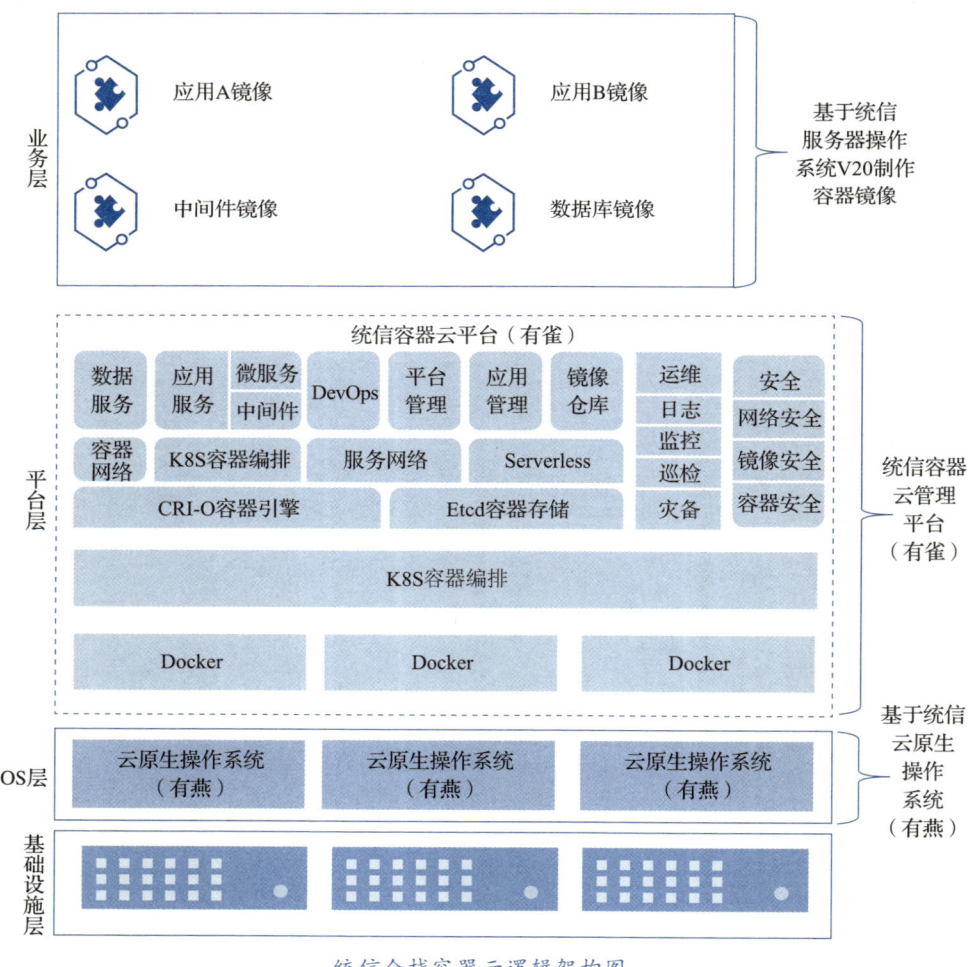

统信全栈容器云逻辑架构图

（1）基于物理机部署的大数据集群

对于多台物理服务器和本地存储组成的大数据集群，建议在迁移之前由客户主导，统信软件（或大数据厂商）进行配合，按照迁移方法论，制定相应的系统和数据备份方案、业务割接方案、单节点系统迁移替换方案和控制节点主备切换方案等，从而形成场景化的迁移方案。

（2）基于云平台大数据平台

对于由云平台多个裸金属节点组成的大数据集群，建议在迁移之前梳理整套集群的架构，按照迁移方法论，制定相应的备份方案、业务割接方案、单节点系统迁移替换方案和控制节点主备切换方案等，从而形成场景化的迁移方案。

（三）6 步实施路径

统信软件基于长期在国产操作系统研发上的耕耘，以及为国内多个客户提供的系统部署、迁移和维护等服务，积累了丰富的操作系统迁移、上线工作经验。据此，统信总结提炼出一套此类项目的"6 步实施路径"方法论，可以用于指导系统迁移工作。

（四）CentOS 替换技术方案

为应对原地替换和新增迁移需求，统信软件依托统信有易，针对原地替换需求可保障在原有硬件和应用环境不变的情况下进行平滑迁移；针对新增迁移需求提供兼容性评估，辅助用户进行系统迁移。

针对暂时无法进行 CentOS 替换的用户，统信软件提供 CentOS 安全接管方案。

1. 迁移工具

有易面向已部署 CentOS 及红帽等操作系统且具有国产化替代需求的用户，提供快速、平滑、稳定且安全地迁移至统信服务器操作系统 V20 的功能。

统信有易由应用层及服务层组成，应用层提供环境检测、迁移评估、实施迁移以及结果评估等功能。服务层为应用层提供服务支持，主要包括连通性检查、软件包列表扫描、兼容性分析评估、环境检查、配置管理、迁移监控、迁移管理等服务内容。

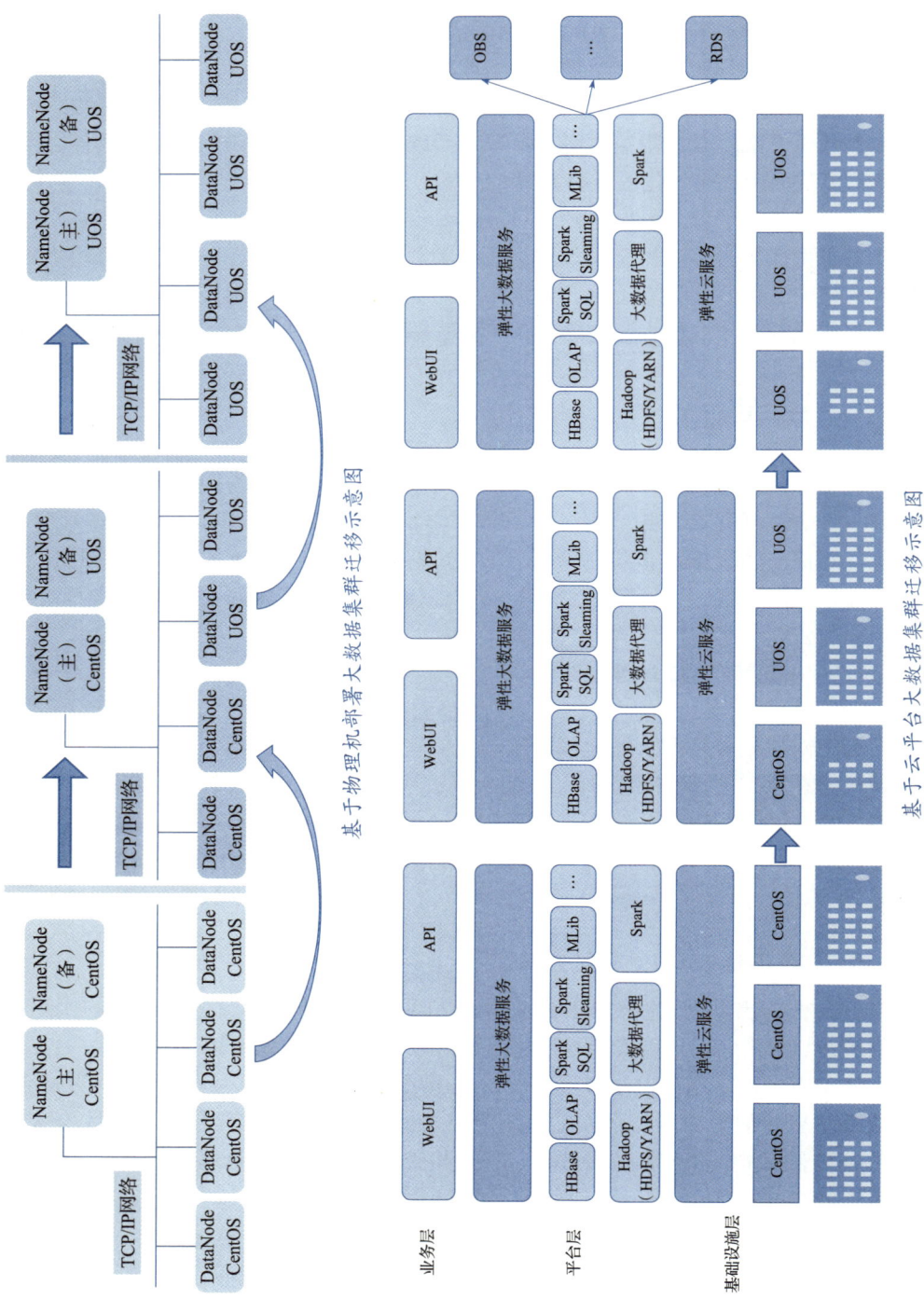

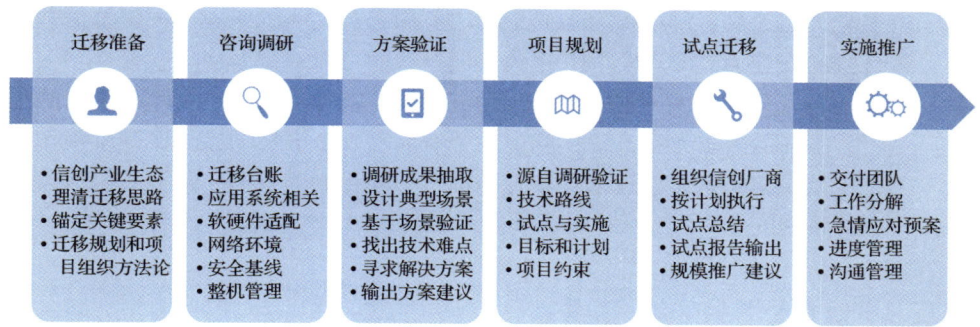

统信软件 6 步实施路径

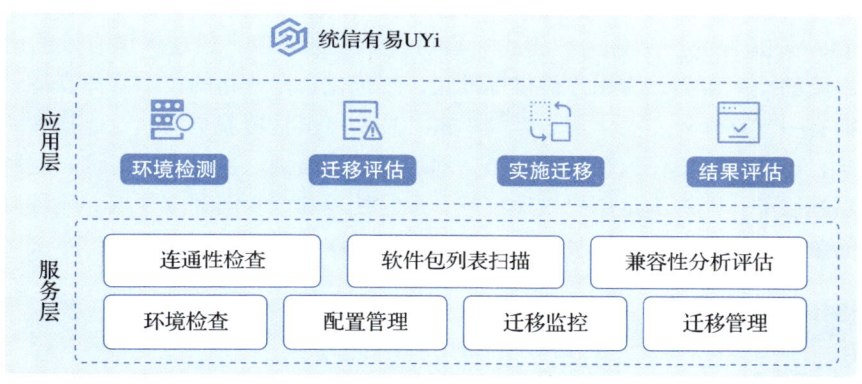

统信有易系统示意图

2. CentOS 安全接管方案

CentOS 系统停更事件引发了操作系统服务器的安全隐患。对于目前的高危状况，统信软件在官网发布了《CentOS 停更应对解决方案》，对停更产生的漏洞给出相应的安全举措，为用户系统安全和业务连续性提供了保障。

- **安全漏洞应对**：统信软件高度重视系统和数据的安全性，打造了专业的漏洞管理机制。统信软件设立了安全工作组，负责漏洞的识别、挖掘、报告、响应和修复等，并成立了统信安全应急响应中心（USRC），提供在线提交、漏洞公告、漏洞查询、漏洞情报等功能。
- **UOS 主动安全防护计划**：统信通过发起 UOS 主动安全防护计划（UAPP），与国内领先的安全厂商合作，在安全应用持续兼容、漏洞信息共享、补丁验证机制、计算机病毒防护、安全防护水平提升等方面开展探讨研究，打造出安全防护解决方案，以及安全生态合作架构，以更好地为最终用户提供具有强安全性的统信操作系统。

- **安全加固工具**：统信安全加固工具（有固，英文为 UHarden）是统信软件自研的安全加固和安全配置工具。通过有固可以一键开启三权分立、完整性度量等安全模块，并实现一键切换系统安全等级。可以针对不同的用户，不同的需求方案，提供相应的"有固"安全方案，该方案围绕操作系统主动防御体系，以可信计算为基础、访问控制为核心，从源头上保障服务器系统安全。

（五）统信服务器服务支撑方案

对于 CentOS 替换而言，除了产品替代，实施和维护过程也同样重要。统信软件建立了完善的产品售前、售中、售后技术服务体系，通过提供有效的运作机制和过硬的技术实力，为用户提供标准化、规范化、专业化的技术服务支持。统信软件拥有一支高素质、高学历、经验丰富、技术突出且覆盖全国的专业技术支持服务团队，可为用户提供远程技术支持、部署指导、培训认证、专家咨询、定制开发等一系列服务，能够满足用户快速响应、及时处理和修复问题的要求，还可以按照用户的个性化需求提供定制服务，满足不同用户在各复杂业务场景下的需求。

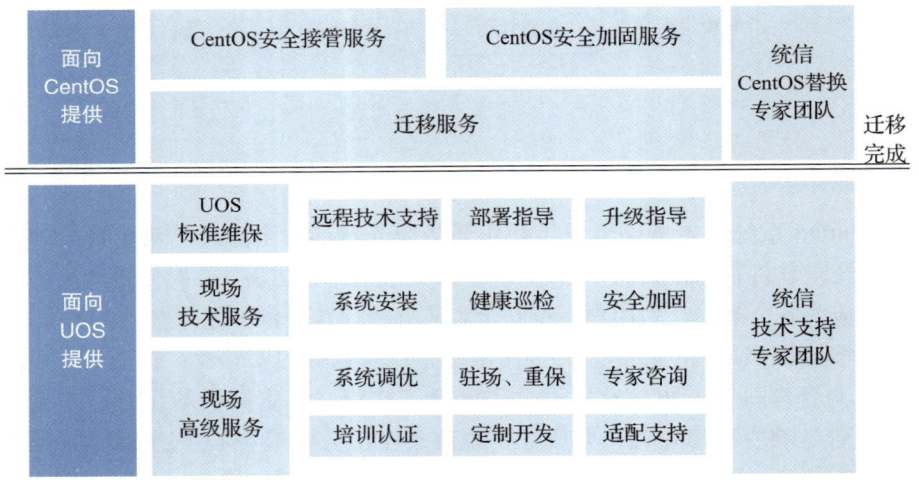

统信服务器服务内容

三、创新应用

统信软件"3+3+6" CentOS 替换解决方案，主要体现迁移场景全覆盖、迁移过程全闭环、技术环节有深度三个特点，既可以成为用户理解和学习迁移技术的指南，也可以帮助迁移实施人员制定具体的迁移实施方案。该方案可帮助用户在实际环境中，结合原有软硬件实施生命周期、预算编制和时间要求，以及根据自身 IT 建设中基础设施搭建的不同场景，实现顺利规划、实施和完成 CentOS 系统的替换项目目标，确保系统安全运行。

CentOS 替换不是一次单纯的产品替代过程，须保证整个迁移过程顺畅、安全、无遗漏，这是企业对自身 IT 环境的全面梳理，不仅可以清理历史遗留问题，还可以优化系统架构。本方案通过最佳实践，能够有效帮助用户全面理清自家 IT 的账本，并提出优化架构建议，帮助用户在替代中进行优化，实现全面改造的目标。

此外，本方案将理论与实践结合，兼具规划、项目汇报、实施指南等多个用途，不但适用于 CentOS 迁移项目，其逻辑结构也完全可以用于其他类型项目方案的设计参考，帮助用户提升项目设计和管理的能力。

四、取得成效

统信软件 "3+3+6" CentOS 替换解决方案及其服务器操作系统产品家族，已经在党政、金融、运营商、能源、电力、交通、教育、医疗等行业全面应用。如联通天宫云项目应用该方案及对应产品突破了国产化基础软硬件与国际主流产品共生协同、业务应用无感知迁移等关键技术难点，基于信创架构的改造，验证了自主可控服务器集群及统信服务器操作系统 V20 替换 RedHat+Intel 的可能性，达到了国际先进水平。该方案从云平台、云应用到终端设备的端到端实现了全栈自主创新，意义重大、方向正确，成果卓有成效。该方案同时提炼出了大规模集约化应用场景下的大型企业信息化系统整体国产化替代方案，有效解决了国产 CPU 和操作系统在生产系统中的规模化部署问题和核心系统中的供应链安全问题，具有很强的示范效应。

完成人：
张　磊　统信软件技术有限公司产研平台高级副总经理
万慧星　统信软件技术有限公司技术中心总经理
孟　杰　统信软件技术有限公司产研平台服务器操作系统与云计算产线总经理
任紫东　统信软件技术有限公司技术中心产品行销部总监
李　非　统信软件技术有限公司产研平台高级产品经理

案例 10　基于信创的金融信息系统灾难恢复方案

随着中国经济进入新常态,金融行业迎来了数字化转型的浪潮,对数据安全与灾备保护的需求也日益迫切。本案例围绕基于信创的金融信息系统灾难恢复方案展开,全面阐述了如何利用领先的信息系统灾难恢复和数据保护技术,构建安全、高效的灾备体系。通过实施国产化集中数据备份平台,实现业务数据的可靠恢复和系统数据的复原,确保核心金融数据资产的生产安全。本案例不仅为金融机构提供了可行的灾备解决方案,也为其他行业的数据安全保护提供了有益借鉴。

关键词:金融信创,数据保护,灾备恢复,国产化备份,数据安全

一、背景介绍

在信息化、网络化快速发展的背景下,金融行业作为国家经济的重要支柱,其信息系统的稳定性和安全性至关重要。金融行业正迎来数字化转型的浪潮,业务模式的创新和 IT 技术的不断进步也对数据安全提出了更高的要求。

然而,当前金融行业在灾备建设方面仍面临诸多挑战。一方面,传统灾备方案往往存在成本高、恢复时间长等问题,难以满足金融机构对业务连续性的需求。另一方面,随着国产化进程的加速推进,金融机构需要寻求更加符合信创要求的灾备解决方案。

广州鼎甲计算机科技有限公司(以下简称"鼎甲科技")结合金融机构的实际需求,研发了基于信创技术的金融信息系统灾难恢复方案,旨在通过技术创新和国产化替代,提升金融机构的数据安全保障能力。根据《信息系统灾难恢复规范》(GB/T 20988—2007)中对于数据容灾安全等级的定义和国家等保要求,我们构建了基于数据中心和业务系统的数据灾备保护体系。该体系通过本地、同城、异地等自动化手段保障业务的可靠性和连续性,对数据、安全、容灾备份等资源进行统一全局管理,实现全业务的本地数据备份和恢复能力。关键业务能够

实现同城互备，重要业务能够具备应急能力。异地灾备机房采用"两地三中心"的整体灾难恢复设计，可以满足不同灾难场景下的业务连续性要求。

二、建设内容

在中国经济转型的新常态下，金融行业正在加速数字化进程，发展非接触化服务，形成敏态反应机制。数据是资产，灾备是数据安全的基本组成部分。在金融创新和 IT 技术发展的背景下，金融机构对国产化数据安全和灾备保护的要求非常迫切。基于信创的金融信息系统灾难恢复方案和国产化集中数据备份平台，采用领先的信息系统灾难恢复和数据保护技术，结合金融机构数据中心布局建设规划，全面考虑数据备份和容灾需求，实现了自动化备份各业务系统的核心数据。当数据丢失、设备异常或操作系统损坏时，该方案能够可靠地恢复业务数据或复原系统数据，保障核心金融数据资产的生产安全，满足稳态与敏态业务相适应的数据灾备体系。

数据容灾与备份恢复系统基于数据安全应用开发设计，目前完全兼容 VMware、FusionCloud、OpenStack、KVM、KylinCloud 等国内 12 种 55 个版本的主流云平台架构。系统支持 Oracle、SQL Server、MySQL、达梦、GBase、KingBase 等 16 种 69 个版本的不同业务类型数据库，并支持保护 28 种 80 多个版本的操作系统，其中包括 13 种国产操作系统和 5 种基于国产 CPU 的服务器平台。该系统提供业务单机、集群、分布式和对象存储等多种数据架构的保护能力。

产品能力模型图

作为企业级数据安全保护管理平台，该方案支持对业务系统进行定时和实时数据备份、远程容灾以及连续数据保护等功能，适用于操作系统、数据库、文件、虚拟机和云平台等多种应用，能够有效实现对业务系统的全方位保护。此外，该方案还提供数据副本管理功能，可克隆出多个不同历史时间点的虚拟副本，便于在开发测试及灾备场景中快速切换使用。针对 Oracle 和 MySQL 数据库，该方案结合独特的连续日志保护功能，确保副本数据的 RPO（恢复点目标）趋近于 0。

1. 备份系统总体架构

该方案备份系统架构总体可划分为三层：云平台数据层、备份系统实现层、备份管理服务层。

- 云平台数据层需覆盖各类系统中的备份数据类型，主要包括数据库、文件系统、操作系统、云平台虚拟机等。
- 备份系统实现层为备份系统主要构成组件，可进一步分为云平台备份目标层、云平台备份架构层和云平台备份系统功能层，包括各类备份客户端、备份系统架构类型、备份系统功能等。
- 备份管理服务层为备份系统的整体管理平台，包括多租户管理、监控管理、配置管理、自定义报表、审批审计等服务模块。

2. 技术架构

该方案充分考虑信息化发展现状以及未来发展需求，基于 B/S 体系，设计开放、可扩展、适应性强的基础架构。

在业务模块的构建上，该方案充分考虑了多层体系结构，基于"高内聚，低耦合"的思想，实现了模块化设计，包括备份/恢复、CDP（连续数据保护）、高可用、作业管理、资源管理、监控管理、数据管理和存储管理等模块。该方案能够满足用户在内部和外部任何平台上的数据备份和恢复需求，支持多地区分布式部署备份系统。该方案通过多级统一管理和监控，实现了企业整体备份体系的集中化监控管理。

3. 产品组件架构

备份系统由一个备份服务器（Backup Server）、一个或多个存储服务器（Storage Server）、一个或多个备份代理端（Agent）构成。备份服务器对所有代理端和存储服务器的数据进行管理。

用户通过 Web 管理界面，在备份服务器上配置作业信息，备份服务器将作业指令下发到备份代理端。备份代理端执行备份或恢复作业，将数据直接存储到存储服务器中。备份代理端还可以执行数据同步作业，实现数据库中数据的同步处

案例 10 基于信创的金融信息系统灾难恢复方案

国家信息安全规范和制度		
国产自主可控和信息安全规范	国家信息安全等级保护制度	ISO27001信息安全规范

云服务门户：前台1、前台2 …… 前台N
云服务客服：客服1、客服2 …… 客服N
运维人员

备份管理服务层	多租户管理服务	监控管理服务	配置管理服务	自定义报表服务	审批审计服务
	多租户隔离管理	备份作业监控	备份策略配置	备份多维度报表	流程审批
	多租户统计计费	备份资源监控	备份资源池配置	自定义报表开发	日志和行为审计

云平台备份系统功能层				
备份策略管理	备份作业管理	备份介质管理	备份客户端管理	
备份作业管理	数据生命周期管理	异地数据容灾功能		
数据重删功能	系统日志功能	用户和权限管理		

云平台备份架构层	LAN网络备份	LAN-FREE备份	大数据备份	虚拟机备份	分布式存储备份

云平台备份目标层	数据库备份	文件系统备份	云平台备份	操作系统备份	云平台备份	分布式存储备份

云平台数据层	数据库	文件系统	操作系统	虚拟机	云平台虚拟机	分布式存储 ……

数据保护和灾备行业规范和制度		
国家信息系统灾难恢复规范	国家关键信息领域数据备份管理制度	其他行业灾备规范和制度

备份系统总体架构图

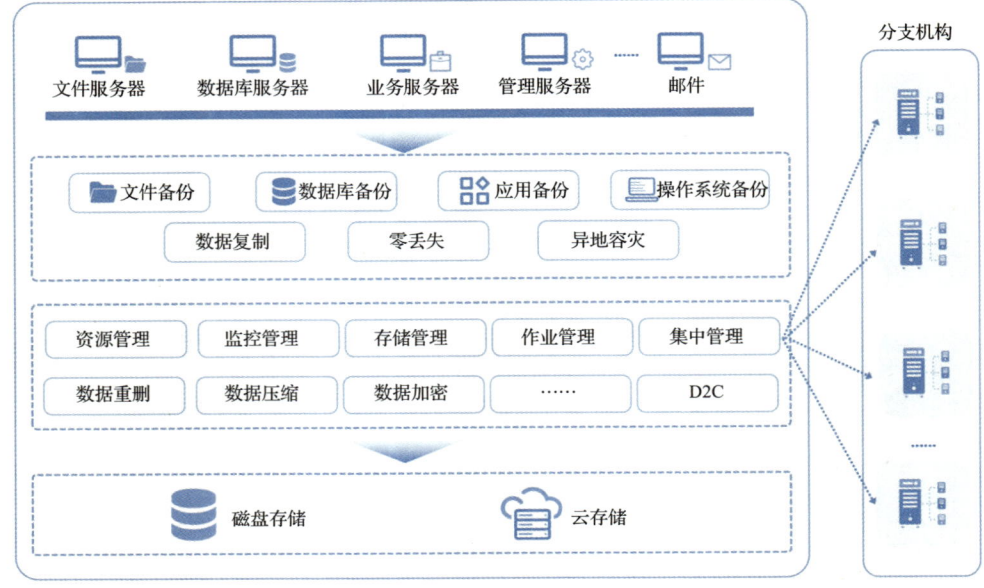

备份系统技术架构

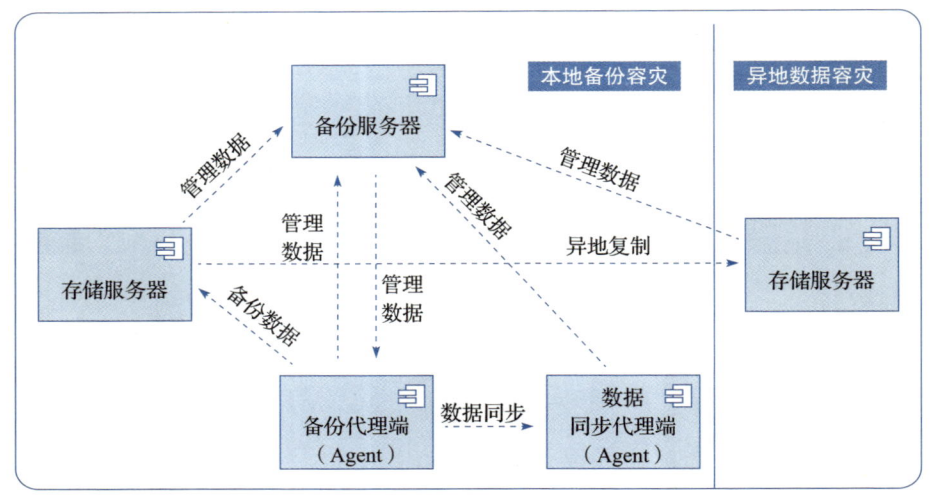

备份系统产品组件架构

理。存储服务器根据备份服务器的池复制指令,在同一存储服务器上或者不同存储服务器之间进行存储池间的备份数据复制。系统支持定期将备份数据、目录数据等备份到异地存储服务器,以实现备份数据的异地容灾。

4. 部署架构

结合数据中心建设与业务系统运行情况，该方案拟建设一个集中的备份管理平台，对备份硬件设备进行系统集成，并建成高速、海量的备份存储池。基于业务系统的重要性、业务要求和数据类型的不同，平台将提供多种等级的备份服务，实现高效、集中的数据备份与恢复管理功能，主要包括数据备份、数据恢复、容灾演练、备份资源监控和备份网络管理等。同时，对跨数据中心的数据互备和远程灾备的同步或异步复制进行设计规划，以满足多数据中心业务系统互为灾备的业务安全保障与可恢复要求。

本地数据中心和同城容灾中心分别部署灾备系统，实现本机房全业务的数据备份和恢复能力。同时，实现跨数据中心的数据互备和远程灾备，以满足不同灾难场景下的数据备份恢复要求。

在同城容灾中心的基础上，构建异地数据中心。由于多个数据中心统一管理，本地数据中心可将核心数据容灾备份至异地数据中心。当本地数据中心出现故障时，异地数据中心能够不中断地提供关键服务，甚至提供所有服务。

5. 备份组成

备份一般包含如下几个部分。
- 应用服务器的备份代理的 LANBase 业务网络数据备份。
- 业务服务器的 LAN-Free（一种备份方式）、NAS 存储或对象存储 OBS 备份的存储网络备份。
- 虚拟化和云平台虚拟机镜像数据的快照备份。
- 用于策略下发和作业管理、监控告警的管理网络。

三、创新应用

根据《信息安全技术　信息系统灾难恢复规范》（GB/T 20988—2007）中对数据容灾安全等级的定义和国家等保要求，我们构建了基于数据中心和业务系统的数据灾备保护体系，并通过本地、同城及异地等自动化方式保障业务的可靠性和连续性。该方案可对数据资源、安全资源、容灾备份等进行统一全局管理，实现了全业务的本地数据备份和恢复能力，其中关键业务能够同城互备，重要业务具有应急能力。异地灾备机房采用两地三中心的整体灾难恢复设计，可以满足不同灾难场景下的业务连续性要求。

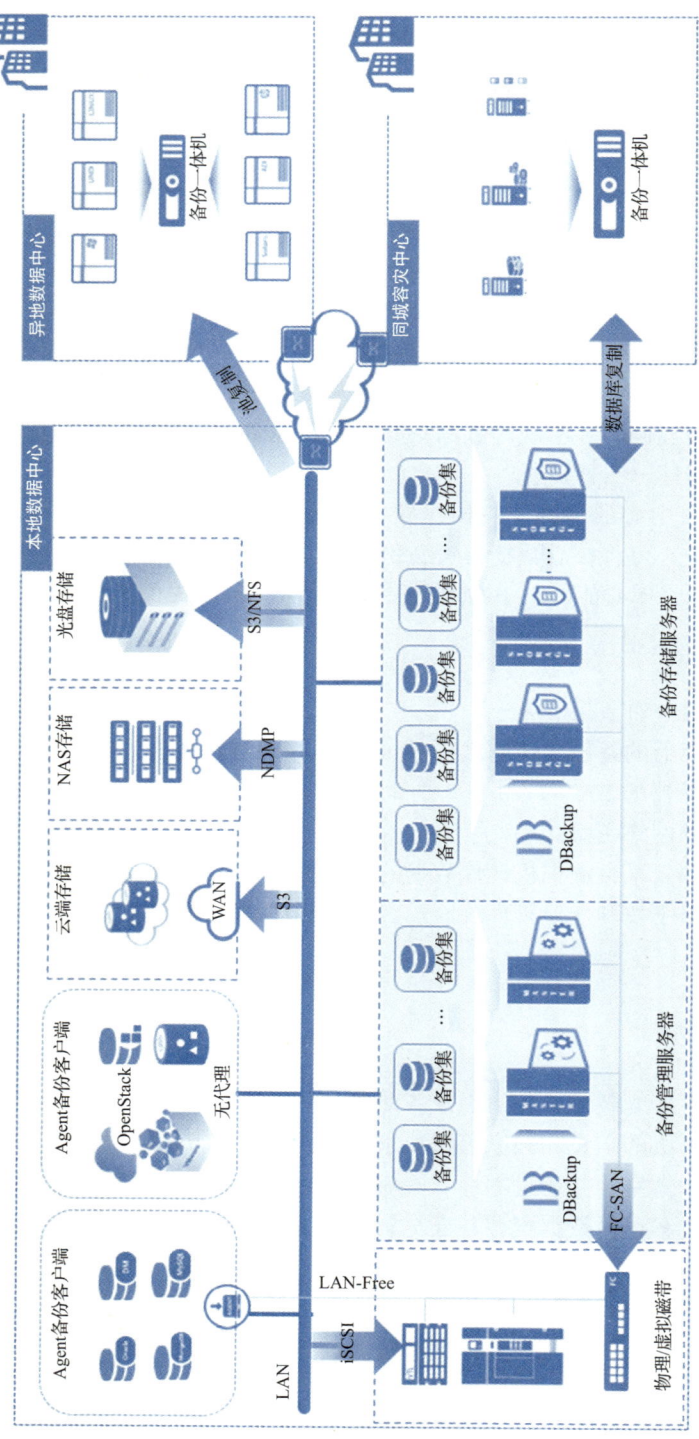

备份系统部署架构

- **成功地将信创技术应用于金融信息系统灾难恢复领域**。实现了国产化替代和技术创新。通过采用国产硬件和软件产品，降低了对国外技术的依赖，提高了系统的自主可控性。
- **创新性地提出了基于云计算和大数据技术的灾备解决方案**。利用云计算的弹性伸缩能力和大数据的分析处理能力，实现了对海量数据的高效备份和恢复，提高了灾备工作的效率和准确性。
- **支持国产化平台架构的部署**。备份服务器支持在国产化服务器上部署，包括采用飞腾、龙芯、兆芯、海光等国产 CPU 架构的服务器。硬件采用基于龙芯、飞腾、鲲鹏的纯国产设备，支持龙芯 3B4000、FT2000+/64 等信创架构，操作系统支持 UOS V20、银河麒麟 V4.0。容灾备份软件拥有完全自主知识产权产品。
- **支持国产化平台架构的数据保护**。兼容天津飞腾 FT-1500A/2000+、华为自研 ARM、上海兆芯与中科龙芯等硬件平台，支持中标麒麟、银河麒麟、中科方德、深度、统信 UOS 等主流操作系统，硬件架构上兼容龙芯、飞腾、申威与华为 ARM 等常见架构，支持达梦、人大金仓、南大通用、神舟通用等国产数据库，满足了国产化的发展趋势和数据安全可控的要求。
- **支持国产数据库在线热备份和恢复**。至少兼容达梦 DM7/7.6/8、南大通用 Gbase 8a/8s/8t、人大金仓 Kingbase V7/V8、神州通用 Kingbase 7.0/8.0、瀚高 HighGo Database V4/V5、优炫 UXDB、星瑞格 Sinoregal DS、高斯 GaussDB 等数据库类型。提供了完全、增量等多种在线数据库热备份方式，备份过程不影响业务系统对数据的正常使用，不支持通过逻辑导出等脚本方式进行备份恢复。
- **海量文件数据的快速备份**。支持采用多级索引和数据采集的并发处理技术，支持多通道的数据备份，这加快了文件的整体备份速度，缩短了备份窗口期。支持对文件的即时恢复，在备份存储服务器的存储空间中创建虚拟卷（VDisk），以存放全量备份作业生成的副本数据，或者增量数据合并到全量数据后的快照。当需要进行快速恢复时，支持通过挂载方式，将虚拟卷直接挂载到原机或异机上，实现了备份数据的即时恢复和颗粒度恢复。
- **支持信创云存储数据的备份恢复**。支持通过网络数据管理协议（Network Data Management Protocol，NDMP）实现对国产化 NAS 存储设备中的数据的备份和恢复。针对信创云对象存储文件数据，提供了多模式、细粒度的数据备份保护，且不需要在对象存储中部署客户端代理，支持 S3、阿里 OSS、Azure Blob 和 UCloud UFile 等协议对象存储上的数据保护，包括亚马逊、阿里、百度云、微软云、华为云、腾讯云、新浪云、浪潮云等主流云平台上的对象存储。
- **数据库周期容灾演练**。支持预定义演练策略，备份系统自动实现最新备份数据自动恢复验证，并生成报告。发生数据灾难时可快速恢复数据进行容灾演练。

四、取得成效

鼎甲科技在数据安全和容灾备份领域具备强大的核心技术能力，本方案基于信创架构，采用具有完全自主知识产权的软硬件产品，以国产 CPU 和操作系统为基础，如龙芯、飞腾、鲲鹏等，结合自有安全设计，具有出色的可移植性和应用支持能力。鼎甲科技已经完成了众多主流云平台架构的开发，包括 FusionCloud、OpenStack、KVM、KylinCloud 等，支持多种数据库类型，如 Oracle、SQL Server、MySQL、达梦、GBase、KingBase 等。此外，还支持多种版本的操作系统保护，包括 13 种国产操作系统和 5 种基于国产 CPU 的服务器平台。公司可提供全方位的数据架构保护能力，包括业务单机、集群、分布式和对象存储等。

1. 提升海量数据处理能力

金融行业普遍存在对海量小文件进行备份与恢复的需求，传统周期性备份技术存在时间开销和空间存储开销较大的问题。鼎甲科技采用多级索引和数据采集的并发处理技术，支持多通道的数据合成备份，加快了文件的整体备份速度，相比普通备份方式用时缩短了 90% ～ 95%。

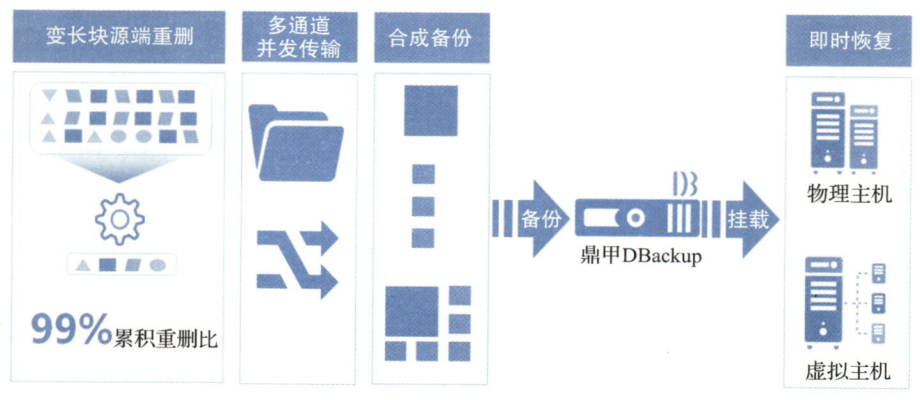

海量小文件性能优化

2. 提升数据库恢复的时效性

传统的定时备份技术只能恢复备份时的数据，存在数据丢失的风险。为提升时效性，鼎甲科技采用了连续日志实时保护技术，通过对文件系统的消息监控，实时获取数据库交易日志的变化，并根据变化情况持续备份日志文件。在多次模拟演练和实际灾难事件中，金融机构能够迅速恢复业务运行，确保了客户服务的连续性和稳定性，数据安全风险得到了有效降低。

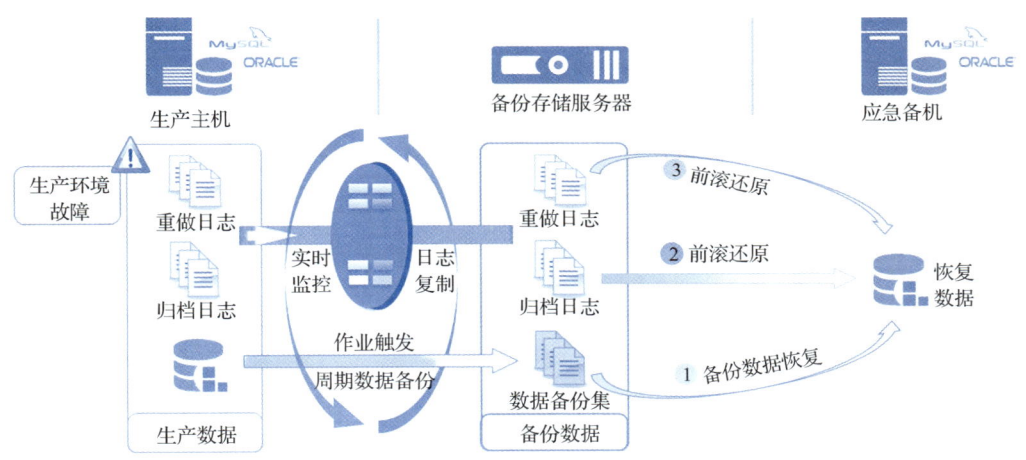

数据库连续日志实时备份

3. 提升数据副本利用效率

随着数据规模的增长，恢复到多个时间点需要准备大量存储空间。同时，将备份恢复到生产环境，增加了成本和恢复时间。通过数据副本管理和即时挂载恢复技术，备份数据无须恢复到生产环境即可直接用于开发测试和数据分析等场景，这极大地盘活了存量数据应用场景，最大化利用了备份数据，实现了基于历史数据的业务和应用创新，灾备成本得到了有效控制。通过采用国产化的硬件和软件产品以及优化灾备管理流程，降低了灾备建设的成本投入，提高了经济效益。

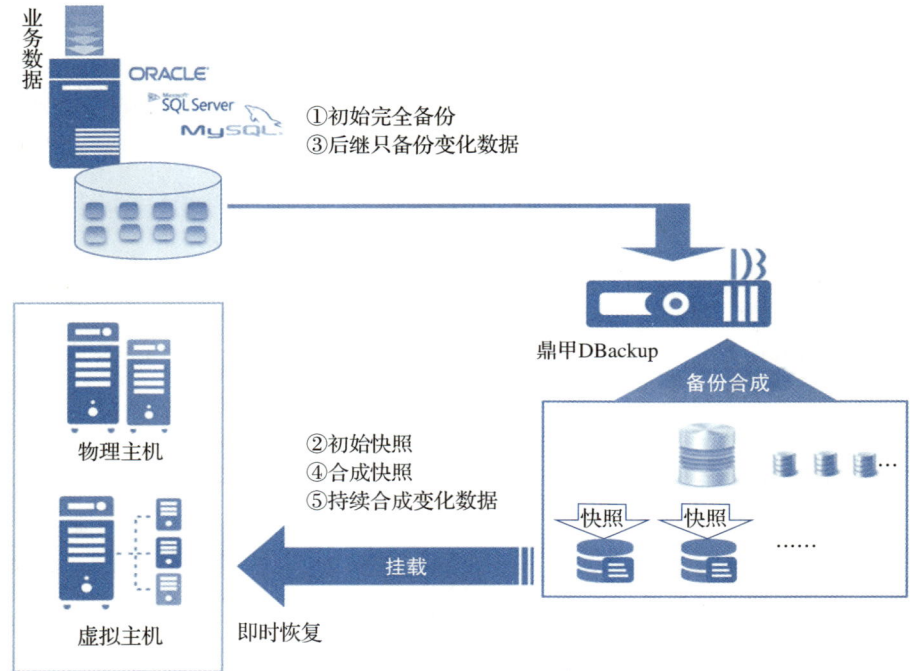

数据副本管理与即时恢复

完成人：
汤　毅　　广州鼎甲计算机科技有限公司全国技术支持总监
陈仁镇　　广州鼎甲计算机科技有限公司金融销售总监
邓文颖　　广州鼎甲计算机科技有限公司市场策划专员

普惠金融篇

案例 11　薪 e 慧发平台

针对中国农业银行（以下简称"农行"）非基本存款账户客户只能在柜面办理代发工资业务的问题，中国农业银行广东分行（以下简称"广东分行"）立足普惠金融服务实体经济，在系统内首创薪 e 慧发平台。该平台面向未在农行开立基本存款账户的企事业单位、个体工商户或其他经济组织，支持线下签约、线上自助代发资金，从而满足了客户发放工资、奖金等款项需求。薪 e 慧发平台巧妙运用现有账务体系，灵活继承总行系统功能，创新业技融合，最终以最小业务改动和技术开发代价，实现了监管要求、客户需求、网点诉求的有机统一。

关键词：非基本存款账户，小微企业代发工资，集团客户代发工资

一、背景介绍

《人民币银行结算账户管理办法》规定，代发工资的资金需来源于基本存款账户。农行基本存款账户客户可选择薪资管家、银企通或柜面进行代发。非基本存款账户客户是未在农行开立基本存款账户客户的统称。农行现有的非基本存款账户代发工资客户需从他行开立的基本户划转资金到农行开立的一般户，再通过柜面代发工资系统完成线下代发。该操作严谨合规，符合资金监管要求，但相比之下，农行基本存款账户客户可以通过多渠道办理，而非基本存款账户客户仅有柜面一个选项。

广东分行一年柜面代发累计 4 395.53 万笔，其中约三分之一为非基本存款账户代发工资业务，由此可推知，此类业务在全行范围内数量庞大。如何使非基本存款账户代发工资业务合规、安全、便捷、高效地开展，是一个全国性难题。

广东分行在系统内首创"薪 e 慧发平台"，依托农行企业网银平台及总行柜面代发工资系统群，支持未在农行开立基本存款账户的机关、企事业单位、个体工商户或其他经济组织，通过线下签约和线上自助代发资金，能够满足这些客户发放职工工资、奖金、福利费、养老金等款项的需求。

薪 e 慧发平台在"不新设一个专用账户、不新增一个批量交易"的前提下，通过巧妙运用现有的账务体系，灵活继承农行柜面代发工资系统群功能，以最小的业务改动和技术开发代价，实现了监管要求、客户需求和网点诉求的有机统一满足。

二、建设内容

（一）先决条件

农行通过对非基本存款账户线下代发业务的调研分析，归纳总结出线上代发业务需满足的两个先决条件，以及薪 e 慧发平台相应的配套解决方案。

- **资金合规性**：限制他行基本户客户代发转账操作，将"他行基本存款账户向农行一般存款账户转账"调整为"他行基本存款账户向网点代发工资专户转账"。代发资金直接汇入网点代发工资专户，该专户仅支持我行代发工资系统动账。此举限制了资金的使用范围，满足代发工资款项专款专用的要求。
- **数据隔离性**：网点代发工资专户是一个公用账户，所有签约客户都可以使用该账户进行工资代发。为了防止错发或者他人资金被挪用，数据隔离的重要性不言而喻。薪 e 慧发平台建立了客户信息映射表，客户在线上操作时，薪 e 慧发平台会根据映射表规则，自动过滤客户专属明细，并支持客户自助代发。

（二）建设目标

综合考虑多方需求，薪 e 慧发平台需达到如下建设目标。

- **首创性**：作为系统内首个支持非基本存款账户线上代发工资的产品，为农行后续此类产品的研发提供了可借鉴经验。
- **优越性**：前后端文件自动检测规则消除了代发数据误差，差错控制机制防止了客户重复发放。
- **安全性**：构造了四道交易防线，线下签约线上联动交易鉴权；明细数据定制展示简洁直观；定时机制"一笔一清"账务清晰；代发专款封闭流转安全合规。
- **便捷性**：消除了客户办理业务的时空限制，线上线下数据共享，支持客户快速高效办理业务，银行网点可以及时为客户提供服务。

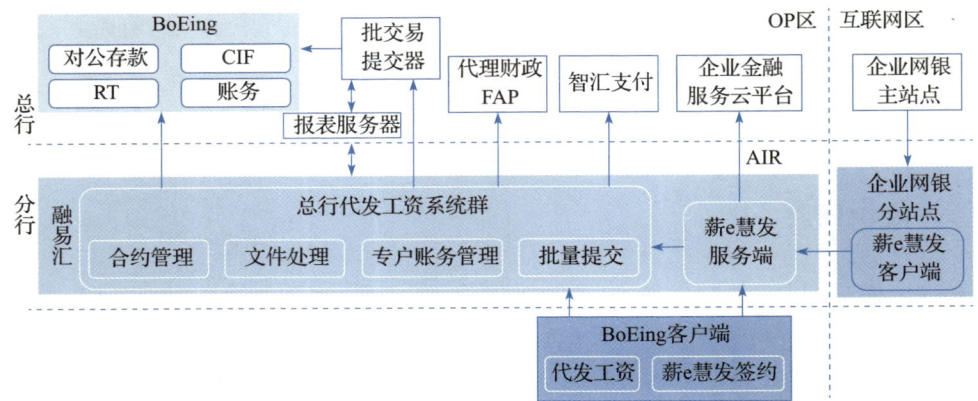

薪e慧发平台总体架构

（三）建设思路

薪e慧发平台基于农行现有系统进行整合与重构。平台建设原则为充分利用存量资产、可视化搭建、轻量化编码、高质量高效率交付。技术选型包括农行自主知识产权的太白智能柜面平台、QCloud轻云低代码平台和BFC融易汇平台。其中，QCloud轻云低代码平台为主要开发平台。

根据平台建设原则指引，薪e慧发平台划分为柜面交易、企业网银客户端、平台服务端3个模块。各模块建设功能介绍如下。

- 柜面交易：柜面经理核验客户办理业务资格，建立代发合约、设定代发参数，签约成功后，系统自动建立客户信息映射表，以供客户端、服务端交易鉴权和控制资金流向等使用。此外，客户经理可查询客户代发情况，必要时为客户答疑解惑。
- 企业网银客户端：他行基本户客户登录企业网银，在安全模式下执行线上代发工资操作，包括资金登记、录入代发、业务复核、代发结果查询、失败重发等业务。客户端设计清晰易懂，支持个性化定制，并具备差错检测机制。
- 平台服务端：业务处理中枢，所有交易汇聚受理。通过分行自创的"包裹式"交易调用法以及一站式交易代理模式，对总行交易发起调用，实现低代码、低交互的代发工资类业务快速处理和系统功能的快速迭代。

（四）技术实现

薪e慧发平台主要依托于QCloud轻云低代码平台完成开发及交付。QCloud

轻云低代码平台使用"前端工程化、云原生"两大核心技术，是农行面向线上渠道全场景金融服务，应用全云化敏捷研发、快速交付和运行的全托管式无服务器化云原生技术平台。

QCloud 轻云低代码平台核心技术

QCloud 轻云低代码平台面向低代码开发者，包括业务人员和技术人员。设计中心允许个性化定义，提供可视化开发及配置功能，具备开发过程管理和开发资源管理能力，并能进行开发产物全生命周期管理。平台支持前端页面设计、前后端交互逻辑配置、数据模型配置、业务逻辑配置、在线预览和版本配置等全栈开发环节。

QCloud 轻云低代码平台强大的组件库指向应用依赖软件包清单，开源的农行自研应用依赖软件包，便于用户查看及使用低代码工具，对应用进行二次开发。

QCloud 轻云低代码平台发挥了便捷、高效、稳定的底层支撑作用。平台对产品自身及用户资产提供了一套完整的安全保障机制，能够应对低代码产品可能涉及的数据泄露、设备部署、网络入侵等多方面问题，满足了国家网络安全保障要求及应用领域的特殊安全性需求。

（五）技术特点

薪 e 慧发平台具有如下技术特点。

- **低代码 DSL**。低代码 DSL 是低代码开发领域设计的专用语言，包含应用 DSL、页面 DSL 和组件 DSL，分别用于定义应用、页面和组件的低代码模型。应用 DSL 包含多页面信息，对应多个页面 DSL；页面 DSL 包含页面组件树信息，对应多个组件 DSL。用户在低代码平台上拖拽生成 DSL，通过动态渲染技术实现低代码应用的实时预览和在线发布。

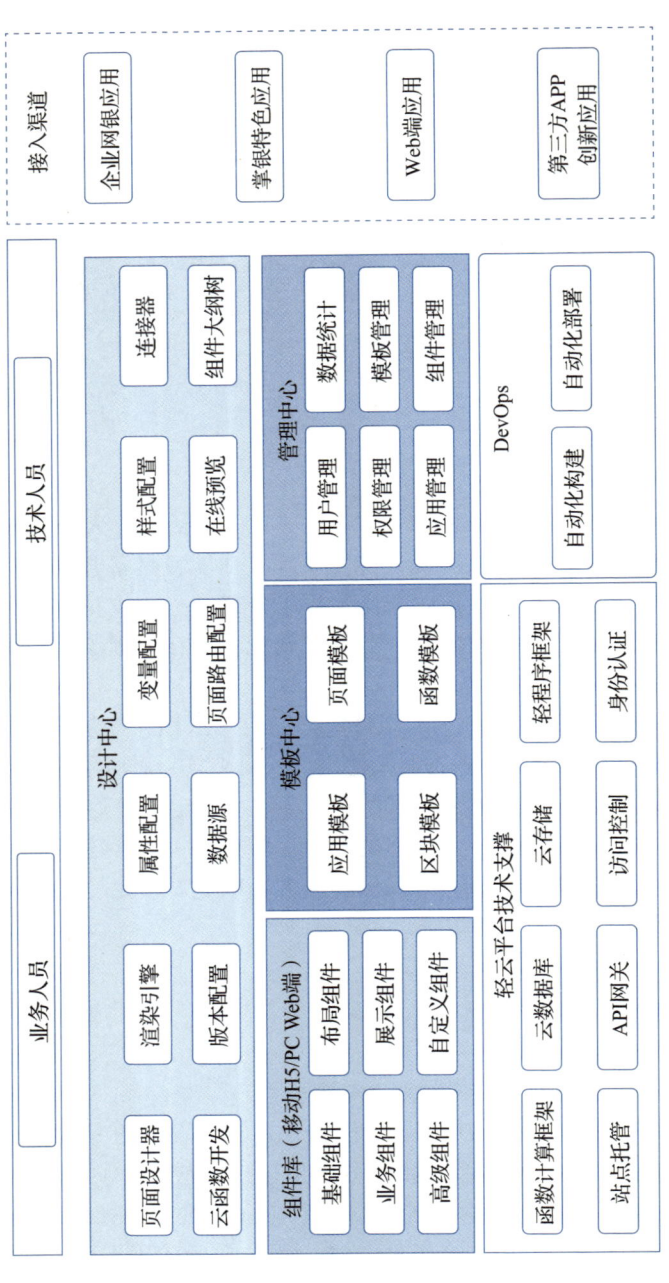

- **应用构造引擎**。应用构造引擎负责完成低代码 DSL 的动态解析，主要包含应用路由管理、页面实时渲染、前端能力扩展和应用快速构建这 4 个部分，旨在实现低代码模型到 H5/APP 轻程序应用的转换。应用路由管理解析应用 DSL，维护前端路由结构，提供页面间路由跳转及导航功能。页面实时渲染功能通过动态渲染将页面 DSL 数据解析成 HTML 页面，支持页面即时修改、即时生效。前端能力扩展集成轻程序 JS-API 及轻云 SDK，实现移动端原生能力调用及 Serverless 云函数调用。应用快速构建跳过了传统源码构建过程，通过将低代码 DSL 与渲染引擎打包，即可通过发布流水线进行云端部署。
- **可视化搭建**。QCloud 低代码平台画布拖拽系统基于 Vue Draggable 开源组件实现，专注于低代码 DSL 的可视化生成。系统内置基础、布局、营销、图表等多种类型的组件，包含基本属性、高级属性以及样式等多种可视化配置，可通过拖拽配置的方式实现应用的灵活搭建。
- **基于模板的快速组装**。QCloud 低代码平台提供了应用、页面、区块、函数四级模板自定义组装功能，以共享及复用的方式提升了应用研发效率，助力我行打造低代码共建共享生态圈。应用级模板覆盖一个或多个完整业务场景，用户可通过应用级模板快速完成应用搭建，也可对名下应用进行摘选和共享。页面级模板由组件及区块组合而成，包含完整事件、生命周期、状态管理，提升了单页面的开发效率。区块级模板通过拖拽配置的方式将一系列组件进行嵌套组合，提供细粒度的页面内容共享及复用机制，可以协助用户实现页面局部内容的快速搭建。函数级模板采用 Serveless 云函数模板，对行内基础平台调用进行封装，从而提升了后端云函数复用能力，实现了后端业务逻辑的快速构建。

三、创新应用

薪 e 慧发平台最大限度继承了中国农业银行的优秀数字资产，同时在业务流程和系统设计上锐意创新，取得了"四两拨千斤"的效果。该平台具备四大创新点。

（一）技术"专"

薪 e 慧发平台实现三位一体安全交易保障，是专注于解决非基本存款账户线上代发业务的安全交易平台。线下通过 BoEing 客户端柜面交易签约,形成客户信息映射表;线上利用农行企业金融服务平台(COFSP)的客户身份认证技术,引入 OAUTH2.0 开放标准的授权码、重定向 URL、访问令牌、刷新令牌,减少信息泄漏。通过对现有柜面代发工资业务 UIUE 的再造,为客户提供简单便捷的全流程在线金融服务,突破该业务仅限柜面办理的壁垒。依托农行电子签章平台(USign)、云端文件管理平台(UFile)和附加电子签章、二维码、数字水印技术,为每一份代发结果 PDF 文件加盖电子印章,确保文件权威可靠。

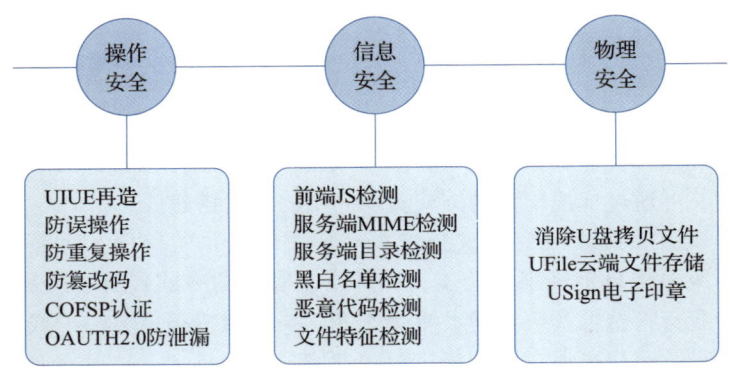

薪 e 慧发平台技术安全保障

(二)设计"精"

薪 e 慧发平台在业务流程和系统设计上坚持守正创新、精益求精原则,这主要体现在两个方面。

(1)最大限度地继承和复用现有的优秀数字资产。农行代发工资账户体系严谨成熟,薪 e 慧发平台继承了这一成熟的账户体系。平台通过管控资金来源、流转和去向来保障交易安全。通过线下一次签约、线上线下联动、自动过滤明细专款专用、定时机制"一笔一清"、线上自助退款实时到账、T+1 自动退款构建资金闭环等方式,实现了业技融合创新,消除了传统高频交易的痛点。

(2)首创"包裹式"交易调用方法。农行代发工资系统的开发具有流程复杂、模块众多的特点,若采用按部就班的方法,则需要经过多次迭代才能完成所有功能的开发。广东分行创新性地将"逐个交易开发"模式转变为对代发工资系统群交易的"二次封装开发",实现了"不新增一个批量交易"便能快速开发的效果。这为系统内所有代发工资类系统(包括养老金、工人工资等)提供了新的开发思路。

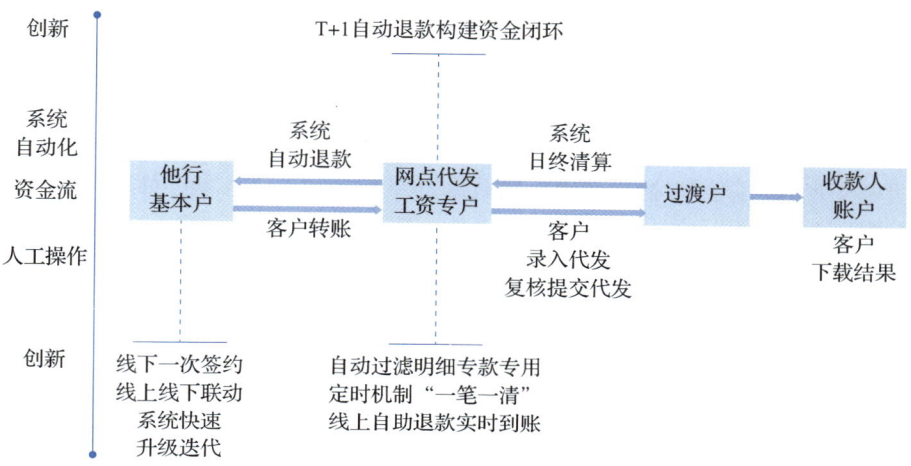

薪 e 慧发平台业务流程创新

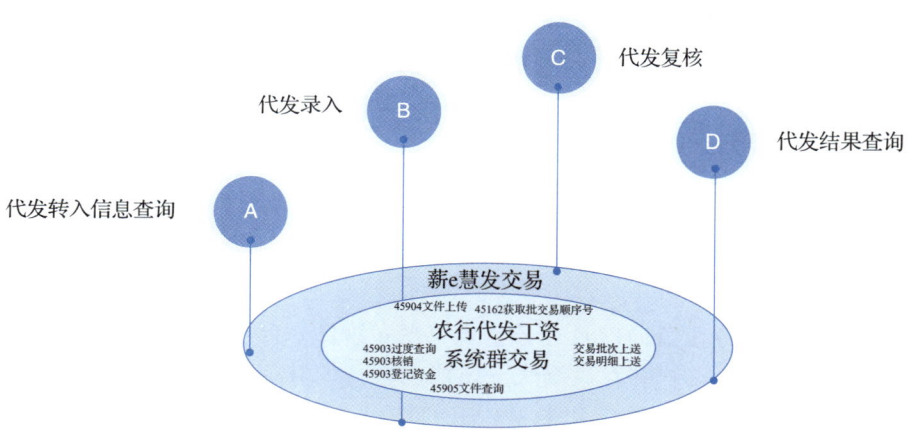

薪 e 慧发平台开发流程创新

（三）功能"多"

薪 e 慧发平台在单客户版的功能上，实现了快速升级迭代。全省推广后，我行针对需求迫切的集团客户，推出了薪 e 慧发平台集团专版，该版本支持集团总公司客户为子公司客户代发工资。因其首创性和及时性，薪 e 慧发平台集团专版获得了集团客户的一致好评。对于财政统发工资业务客户，我行通过适配财政零余额账户签约，扩大了代发工资客户的营销范围。

（四）模式"新"

薪 e 慧发平台融合代发工资、智慧校园、社保代发等 18 个场景数据，利用 K-Means、决策树模型打造 10 个百万级客户场景。通过薪 e 慧发平台导入员工名册，可实现客户掌银端授权开卡，堵截批量开卡业务风险。我行对外资客户群的代发工资业务进行个性化功能定制，对线上代发工资和线上开卡的一体化联动功能上也进行了积极探索。得益于良好的系统架构设计，代发数据能够自动推送到数据仓库，助力有关部门第一时间获取相关业务报表。

大数据分析

√融合代发工资、智慧校园、社保代发等 18 个场景数据
√通过 K-Means、决策树模型打造 10 个百万级客户场景

移动化

√支持导入员工名册
√掌银端授权开卡
√堵截批量开卡业务风险

个性化

√代发工资客户端工具改造
√支持繁、简体字文件转换
√为外资客户操作提供便利

通用化

√代发工资类系统无缝对接
√强化代发资金监管
√规范代发资金使用

薪 e 慧发平台多样化场景

四、取得成效

代发工资业务覆盖面广且业务量大，薪 e 慧发平台产品不仅能为银行带来批量化、持续化的客户和存款增长，还能为银行的其他金融业务提供新的营销契机，具有显著的规模效应和事半功倍的作用。截至 2023 年 10 月末，薪 e 慧发平台帮助农行新拓展专精特新和小巨人等企业 4 385 户。参照农行目前对公户均代发 500 万的代发金额（按非基本户的户均代发金额为基本户代发金额的50%）测算，这些新企业带来了增量存款 109.6 亿元。客户反响良好，经济效益明显。

本平台取得的社会效益如下：

- **服务经济实体，践行金融为民**。线下一次签约，线上自助代发优势凸显，突破了地理限制，扩展了业务办理窗口，高效便捷地满足了客户对时效性、便利性的需求。

- **开创集团客户、农民工代发工资新渠道**。该产品支持集团总公司客户为子公司代发工资,并为集团大客户代发工资提供了新办法。系统与建筑类等劳动密集型行业契合度高,为农民工工资代发拓宽了新路径。这充分体现了农行对国家战略的支持,展现大行责任担当的形象,社会效益显著,起到了以私促公的良好效用。

完成人:
陈镇洪　中国农业银行股份有限公司广东省分行科技与产品管理部总经理
吴福维　中国农业银行股份有限公司广东省分行科技与产品管理部副总经理
江朝晖　中国农业银行股份有限公司广东省分行科技与产品管理部资深专员
林志凌　中国农业银行股份有限公司广东省分行科技与产品管理部科长
兰春柳　中国农业银行股份有限公司广东省分行科技与产品管理部专员

案例 12　基于区块链的境外人士收入数字化核验产品

本项目积极推动政务数据服务普惠金融业务，主要应用于境外人士在银行使用境内合法收入购汇、汇出这一金融业务场景。平台基于深圳前海微众银行牵头研发的国产安全可控金融级区块链底层开源平台 FISCO BCOS 搭建，在用户授权并符合监管要求的前提下，依托税务数据的支持，应用区块链隐私加密传输技术和数据上链存证机制，实现了对境外人士合法收入的线上验证，有效解决了传统流程中诸如申请验证耗时长、业务办理手续烦琐、境外人士需多方开具纸质证明等业务痛点，实现了客户"少跑路"，同时促进了金融机构业务风险管理能力的提升，简化了用户金融业务办理流程。

关键词：普惠金融，FISCO BCOS，隐私加密传输，收入核验

一、背景介绍

2023 年 2 月，中国人民银行、原银保监会、证监会、外汇局、广东省人民政府联合发布《关于金融支持前海深港现代服务业合作区全面深化改革开放的意见》，其中提到："鼓励前海合作区内资证券期货经营机构提升港籍从业人员比例，扩大港籍专业人士专业能力辐射范围。支持银行与非银行支付机构合作基于实际薪酬水平提供个人薪酬跨境收付便利化服务。"另外，《粤港澳大湾区规划发展纲要》（2019 年）以及《关于金融支持粤港澳大湾区建设的意见》（2020 年）亦提及大力发展金融科技，深化粤港澳大湾区金融科技合作，加强金融科技载体建设，支持区块链等创新技术推广等内容。

在深圳"双区建设"的大背景下，前海作为"金融业对外开放试验示范窗口"和"金融创新监管试验区"，未来将吸引更多国际人才汇聚，这催生了更多面向境外人士的金融服务需求。

本项目旨在解决境外人士在办理境内合法收入购汇及汇出业务时，需多方开具纸质证明材料、临柜办理、线下流程耗时长、用户体验烦琐等痛点。平台将助

力前海在粤港澳大湾区建设和构建对外开放新格局中发挥示范引领作用，完善区域内的国际人才服务，促进技术和信息等创新要素高效便捷流动。

二、建设内容

（一）总体思路

本项目利用区块链的数据加密、存证和不可篡改的优势，在安全可控的前提下，助力银行机构提升服务境外人士的业务风控能力，充分彰显区块链技术在该金融场景中的应用价值。

本项目使用的区块链底层平台 FISCO BCOS、WeIdentity 可信数据验证等应用服务系统，均由深圳前海微众银行（以下简称"微众银行"）基于国产软硬件和开源技术自主研发。从国密算法、操作系统和芯片架构到服务器平台，FISCO BCOS 已全面支持国密算法和国产服务器架构，并与银河麒麟完成了兼容性互认证测试。

本项目中，中国银行深圳市分行负责客户端应用技术及业务落地，微众银行负责数字化核验平台的产品方案设计和区块链技术支持，深圳市税务局提供税务数据技术支持，深圳市前海管理局负责平台运营管理。

（二）技术方案设计

在本项目中，境外人士无须前往税务局，只需通过银行 APP 即可申请核验合法纳税记录。在核验通过后，他们可直接前往银行办理购汇和汇出业务。

为保障整个过程中数据传输的合规性、安全性和隐私性，本项目使用区块链技术对用户授权凭证、加密的数据摘要等进行存证与核验比对，严格按照我国数据隐私保密标准及政府机构间的数据连接规范，保证税务数据的安全传输。

此外，用户链上唯一标识使用 WeIdentity 管理，以便用户能够使用权威机构的私钥。中国银行为数据使用方，递交客户 KYC 及授权凭证；数据原文通过 AMOP 链上信使协议在链上进行加密点对点传输，数据使用方可验证签名和链上存证，确保数据格式合法、内容可信、无篡改。区块链并不存储任何用户数据，仅用于数据的传输及可信验证，以实现在合法合规前提下境外人士收入的线上化验证。

• 普惠金融篇

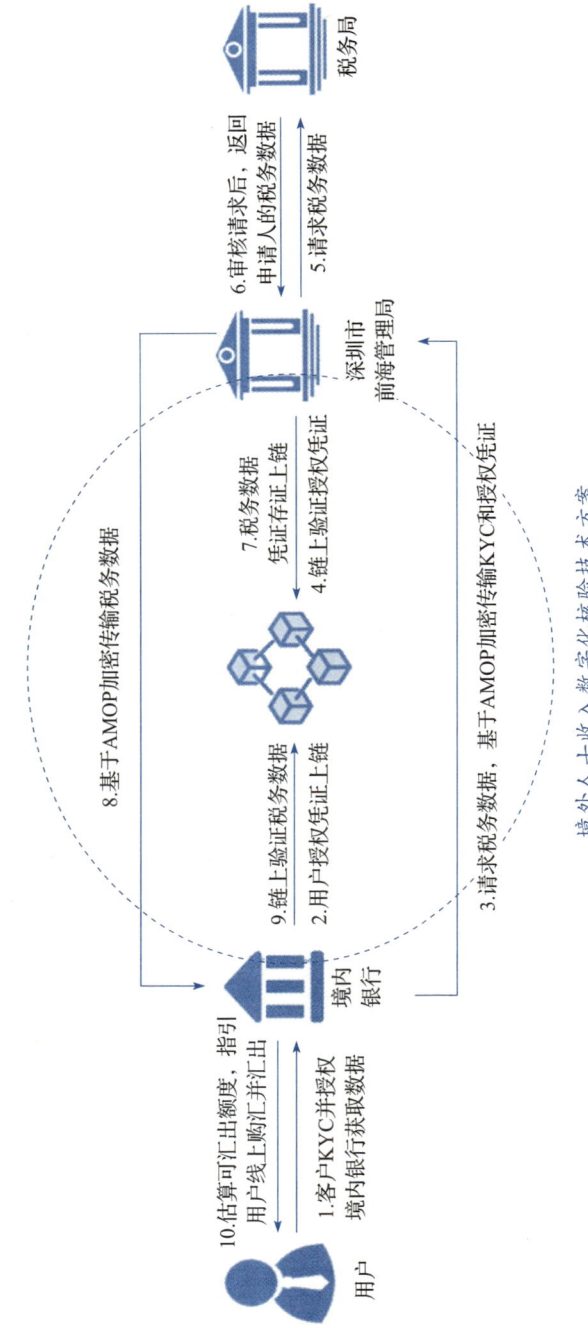

境外人士收入数字化核验技术方案

本项目设计具有 4 层安全技术保障体系。
- **接入层安全**：使用机构必须通过 IP、端口白名单绑定才能进行网络接入，并开启非预设情况下的防火墙；服务接口严格对使用用户和机构密钥进行权限验证。
- **传输层安全**：应用服务系统网络调用相关接口时采用 HTTPS 协议（TLS 版本大于等于 1.2）。
- **应用层安全**：应用服务和税局之间的请求和返回的报文和鉴权头，采用 AES256-CBC 算法进行对称加密；双方的访问凭证通过安全隐秘信道同步，并定期更新。
- **数据存储安全**：取数请求和返回数据经过脱敏加密，安全存储在专用数据库环境中；制定严格的访问控制规章制度以保证存储安全。

（三）关键技术点

1. FISCO BCOS

FISCO BCOS 是由微众银行牵头研发的全面开源、安全可控的企业级金融联盟链底层平台。该平台以联盟链的实际需求为出发点，兼顾性能、安全、可运维性、易用性和可扩展性，支持多种 SDK，在性能、易用性和安全性等方面具备行业领先优势，并且已全面通过中国信息通信研究院和中国电子技术标准化研究院的区块链系统功能与性能测试。

同时，FISCO BCOS 已实现全面支持国密算法和国产服务器架构，并与银河麒麟完成了兼容性互认证测试。考虑到联盟链的高安全性需求，除了节点与节点之间、节点与客户端之间均采用 TLS 安全协议通信外，项目还实现了整套安全解决方案，包括网络准入机制、黑白名单机制、权限管理机制、落盘加密机制、密钥管理机制等。FISCO BCOS 支持完整国密算法体系，是安全可控的国产联盟链系统，并支持同态加密和群环签名算法，可以满足业务要求。

FISCO BCOS 引入了分布式存储，并实现了可插拔的存储引擎，能够快速方便地接入各种存储系统，在实现计算与数据隔离的同时，降低了节点故障对节点数据的影响，并支持数据的简便快速扩容。目前，系统支持的后端存储包括 LevelDB、RocksDB 和 MySQL。

FISCO BCOS 同时支持 PBFT、Raft 和 rPBFT 3 种共识算法。这 3 种共识算法均具有交易确认时延低、吞吐量高、最终一致性有保障等优势。其中，PBFT 和 rPBFT 共识算法可解决拜占庭将军问题，安全性高。

FISCO BCOS 配备了开发部署工具、交互式控制台和区块链浏览器等，大幅缩短了建链和部署应用的时间，并支持多语言 SDK，方便不同语言的开发者。目前支持的 SDK 包括 Java SDK、Node.js SDK、Python SDK、Go SDK 以及 CSharp SDK。

依托广泛共建的开源生态，FISCO BCOS 研发并贡献的开源组件已达 30 余个，从而形成了一整套开箱即用并覆盖底层、中间件和应用组件的全栈技术体系，有效推动了区块链产业应用的落地。

目前，FISCO BCOS 已成功支持了智慧政务、金融、跨境、医疗、司法、农业等多个行业的数百个区块链应用落地，社区收集到的标杆应用超过 400 个。开源社区已汇聚超过 5 000 家机构与企业、10 万多名个人成员共建共治共享，合力形成了最大且最活跃的国产开源联盟链生态圈。

FISCO BCOS 区块链开源技术体系

2. WeIdentity

WeIdentity 是一套分布式多中心的技术解决方案，由微众银行自主研发并完全开源，它旨在促进泛行业、跨机构、跨地域间的身份认证和数据合作。该方案秉承开源开放和隐私保护的设计理念，具有多中心化、可互操作、可移植、可扩展等技术特性。

WeIdentity 提供分布式身份可信及管理、可信数据交换协议等一系列基础层与应用接口，实现了符合 W3C DID 规范的分布式多中心身份可信协议，以及符合 W3C VC 规范的可验证数字凭证技术，使分布式多中心的身份管理成为可能。通过用户授权，机构也可以合法合规地完成可信数据的交换。

目前，WeIdentity 已迭代至 1.8.5 版本，其支持加密算法动态配置。通过 WeIdentity-Build-Tools 快速部署工具指定链的加密类型（国密或非国密），即可自动切换到国密加密算法（包括整套符合 OSCCA 的算法，如 SM2、SM3 和 SM4）或已有的非国密加密算法（ECDSA）。

三、创新应用

根据相关监管规定，银行要求境外个人持有效个人身份证件、纳税证明、工资清单和劳动合同，到有外汇经营业务资质的银行网点办理境内合法收入的购汇及汇出业务。本项目为深圳前海建设的"基于区块链的境外人士收入数字化核验产品"公共平台，依托税务局的纳税数据，在获得用户授权并保障个人隐私与数据安全的前提下，为在前海注册企业工作的境外人士提供了线上收入核验服务，实现了对境外人士合法收入的线上自动验证，有效应用于银行网点的购汇、汇出等业务场景。

为优化业务办理流程、提高银行业务审核效率和风控水平，平台以"用户授权、最小够用、全程防护"为原则，严格控制数据访问权限，有效保障个人隐私及数据安全。业务流程如下。

- 深圳市税务局、前海税务局和深圳市前海管理局以政府基础设施形式牵头指导搭建平台。
- 微众银行搭建平台底层区块链节点网络。
- 中国银行深圳市分行作为场景业务方接入平台。
- 当境外就业人士需办理合法收入购汇、汇出时，首先需通过中国银行手机银行申请合法收入的数字化核验。然后，中国银行在用户授权的前提下，提交税务局所需的授权协议及申请要素至"基于区块链的境外人士收入数字化核验产品"核验平台。接着，核验平台通过与税务局约定的链路上传请求至税务局的区块链自然人信息智慧共享平台，由前海管理局在该平台中确认客户请求信息无误后，前海税务局在税务系统中查询并调取客户相应的纳税记录文件，通过区块链自然人信息智慧共享平台回传给核验平台。经核验平台将纳税信息加密摘要进行链上验证后，最终回传给中国银行。最后，中国银行收到用户个人纳税数据后，可通过链上加密凭证验证纳税数据的真实性，在验证成功后，按照符合外管政策的流程为用户办理合法收入汇出。

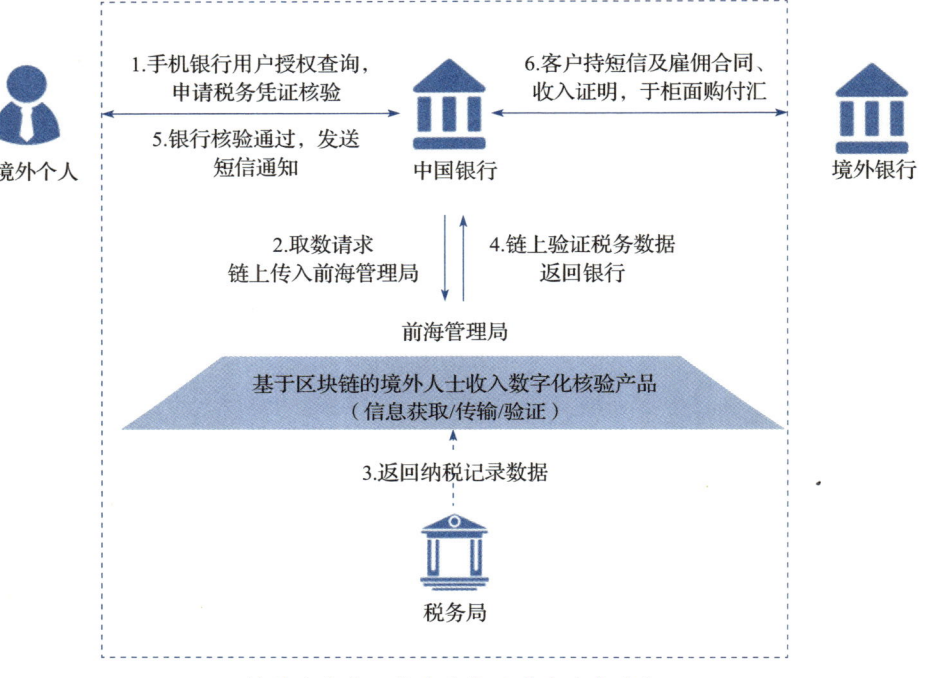

境外人士收入数字化核验平台业务流程

本项目的创新性及价值主要体现在如下 3 个方面。
- **积极践行金融支持前海全面深化改革开放的任务**。本平台助力前海合作区发挥其在对外开放新格局中的示范引领作用，通过提高金融机构的国际人才服务能力，进而提升了境外居民在深工作的体验。
- **政务数据助力普惠金融业务效率提升**。依托政府政务数据的支持，金融机构针对跨境人才的服务更加高效便捷，显著提升了境外人士对内地公共服务水平的认可度。
- **促进大湾区人才互通**。本项目充分发挥深圳特区及前海自贸区的政策改革试点优势，结合区块链技术，有效提升了境外人士在境内的金融体验，符合国家促进大湾区人才互融互通的长期政策，有助于吸引更多国际人才就业和生活。

四、取得成效

从试点期间的客户反响来看，本项目流程精简、数据真实可信，有效缩短了客户办理时间，客户体验明显提升。

- **实现客户"少跑路"，提升业务办理效率**。依托深圳市税务局的数据支持，实现了线上化材料验证和数据化管理，境外人士无须前往税务局进行个人身份及纳税信息验证，可直接通过中国银行线上 APP 申请核验，在核验通过后可前往中行网点办理购汇和汇出业务，业务办理效率和客户体验显著提升。
- **提升业务风控能力**。在符合监管要求和用户授权的前提下，利用区块链隐私加密传输机制，实现了线上传输及验证境外人士的纳税数据，并将客户申请、授权及纳税信息摘要上链、加密存证留痕，确保了数据全流程可审计、真实有效、不可篡改、不可重复利用。通过此方式，保障了个人隐私和数据安全，提升了银行审核材料真实性的水平和业务风控能力。
- **助力绿色金融，提升客户体验**。依托深圳市税务局的数据支持，实现线上材料验证和数据化管理，客户无须再提交纸质纳税证明，环保高效。申请流程得以简化，数据更真实可信，有效缩短了客户办理时间，客户体验明显提升。

本项目在推广方面的价值如下。

- **业务增长潜力大**。本平台将助力前海积极发挥其在粤港澳大湾区建设和构建对外开放新格局中的示范引领作用，完善区域内的国际人才服务，促进技术和信息等创新要素高效便捷流动。
- **具备扩大服务范围的条件**。平台通过前海管理局与深圳市税务局实现政务数据对接，经过近三年的试点和稳定运行，平台已具备服务全市的基础技术能力和应用前景。未来可支持服务深圳全市范围内的境外人士办理线上合法收入核验，能够提高深圳金融机构的国际人才服务能力，提升境外居民在深的工作体验，促进大湾区内人才的互融互通。
- **支持拓展数据源和业务场景**。本平台将与中国银行深圳市分行的境外人士薪酬购汇材料线上预审系统紧密配合，探索接入更多数据源，支持雇佣关系、收入清单等更多证明材料的区块链存证和线上验证，以进一步缩短客户在网点的购汇时间，提升柜面办理业务效率，初步具备支持境外人士申请购汇及汇出业务全线上化的技术能力。在符合监管要求的前提下，可试点境外人士合法收入全线上购汇和汇出，进一步优化境外人士在相关业务办理过程中的客户体验，推动深圳城市政务服务水平的提升和智慧城市建设。

完成人：
潘　定　中国银行股份有限公司深圳市分行个人数字金融部副总经理
姚辉亚　深圳前海微众银行股份有限公司数字金融发展部负责人
胡　晋　中国银行股份有限公司深圳市分行个人数字金融部主管
叶　颖　中国银行股份有限公司深圳市分行个人数字金融部产品经理
叶林松　深圳前海微众银行股份有限公司数字金融发展部跨境数字基建研究室团队负责人
陈定邦　深圳前海微众银行股份有限公司数字金融发展部跨境数字基建研究室产品经理

案例 13　数智化小微普惠金融平台

为了解决中小微企业普遍面临的"融资难、融资慢、融资贵"的问题，同时为了弥补传统普惠小微金融方案在精度、广度和深度上的不足，平安银行创新打造了一套基于数据智能的线上线下立体式小微普惠金融平台。该平台主要由"先觉""千里"和"天合"三大驱动引擎支撑，能够实现业务流程系统化、系统功能数字化和数字模块智能化。经过两年的系统建设和推广，已服务小微客户超过1 035万户，普惠小微企业贷款余额已超过5 286亿元。

关键词： 中小微企业，数智化，普惠，金融平台

一、背景介绍

2022年4月13日，国务院常务会议上确定加大金融支持实体经济的措施，引导降低市场主体融资成本，推动银行增强信贷投放能力，进一步加大金融对实体经济的支持力度。

党的二十大报告强调，要加快构建新发展格局，着力推动高质量发展。要牢牢把握扩大内需这一战略基点，推动国民经济循环的深度重构。金融机构应找准经济发展中的重点领域和薄弱环节，通过金融供给侧改革，支持经济的高质量发展。

过去由于信用体系不完善，科技手段欠发达，金融机构出于风险和成本等方面的考虑，一定程度上出现了金融供给结构性失衡的情况。小微企业财务制度不健全、报表不规范，导致信用水平难以精准评估。

为了贯彻落实国务院政策要求，解决小微企业在风险防控中的难点，更好地支持普惠小微业务的稳健发展，平安银行自2021年以来，开启了中小企业智能化银行的新发展阶段，推动"真普惠、真小微、真信用"落到实处。从2021年5月开始，平安银行全方位升级改造了普惠金融平台，构建了数据智能的小微普惠金融平台，从挖掘服务深度、拓宽服务广度、提高服务精度3个方向，分析市场

现状与客户痛点。以"打造一套基于数据智能的线上线下立体式小微普惠金融平台"为目标,建设"先觉""千里""天合"三大驱动引擎,推动普惠金融服务的增量、扩面、降价、提质,让更多小微普惠主体获益。

二、建设内容

数智化小微普惠金融平台聚合了运营、数据、技术等关键要素,建设了金融数据服务平台,通过"云、边、端"协同,构建了数据开放平台底座。该平台打通了贷前、贷中和贷后金融机构的服务工具,健全并完善了基础设施,能够快速响应和建设符合当下经济发展需求的普惠金融服务技术体系。

(一)系统和平台功能

数智化小微普惠金融平台以解决客户融资难、融资慢、融资贵的问题为目标,着力应对传统普惠小微金融方案在精度、广度和深度上的不足。平台围绕"先觉""千里""天合"三大科技引擎,打造了一套基于数据智能的线上线下立体式小微普惠金融平台。

- **先觉——AI 算法替代人工构建最佳风控模型,先知先觉,防范风险于未然**。作为全自动化模型开发体系,先觉利用 AI 算法模仿人力分析师进行特征挖掘,并通过全自动化的机器学习流程完成最佳模型构建,应对客群结构、客户质量及风险环境的快速变化。解决了以往人工进行风险特征挖掘、风险模型迭代导致的处理效率低、更新频率慢、无法应对快速变化的风险环境的痛点。构建的"无人驾驶"风险研发策略,防范风险于未然。

- **千里——全时全域、突破时间、空间限制,提高客户体验和便利性**。千里通过持续构建的空中会议室解决方案,解决客户无法到达现场等便利性问题;通过 AI 智能面核系统,解决服务时间受限等问题,从而突破时间和空间的限制,实现 7×24 小时服务客户。通过设置 AI+T(远程座席)+O(客户经理)的三级服务体系,提供陪伴式服务,辅助客户顺利完成融资业务,实现小微服务"面面俱到"。

- **天合——基于 AI 数智决策核心,围绕客户生命周期旅程,聚合 ATO 触达能力,打造线上线下融合贷款模式**。天合通过合规、通用的他证数据接入体系,接入各类外部数据源,包括个人属性的银行流水、个人征信、资产报告、负债报告等，以及企业属性的税务、征信、发票、工商数据等；升级为业务链路系统化、系统模块数字化、碎片数据集成化的自证平台，支持客户上送非标准的流动资产、固定资产证明材料，满足各种类型的小微客户差异化融资需求。将现有融资通道和贷款流程整合为一体，实现基于 AI 决策的线上线下一体化贷款模式，包括统一申请入口、统一信息授权、基于基本信息的快速出额、基于经营数据进行线上出额、基于国家/地方担保公司的担保出额、基础非标资产的线下评估出额等。结合客户资质和融资诉求，智能化分流、引流到适宜方案中完成融资。

（二）技术方案

关系型数据存储在 MySQL 数据库中，通过接入 Venus 数据访问层中间件，可支持基于 MySQL 的分库分表查询。非结构化数据存储在 UDMP 分布式文件存储系统中，使用 MongoDB 数据库脚本发布平台进行数据库脚本自动编排与发布。使用 Starlink 开发运维一体化平台，串联各个环节的工具链，整合 CICD 流水线，实现需求、开发、测试、发布、效能统计的一体化管理。

（三）关键技术点

该平台用到的关键技术如下。

- **人工智能技术**：平安银行数智化小微普惠金融平台通过人工智能技术，为业务经营发展、产品模式创新和服务体验升级赋能，向用户提供"智能线上化"的贷款服务，提供更好的用户体验和互动。在营销推广方面，平台应用 AI 影像技术，实现全程面对面服务；借助专业知识库，进行 AI 客服智能引导，实时主动识别客户疑虑并解答疑问，确保全程无断点申请，并将接近真人的 AI 专业服务应用于整个借款流程，减少客户操作。在风险审核方面，平台应用光学字符识别、ASR 自动语音识别、NLP 智能语义理解等技术，通过 AI 外呼、AI 质控、AI 智能核额、AI 面核、AI 复核、微表情、黑背景识别、黑声纹、风控规则模型等智能技术，实现了 T+0 的实时审批能力。在数据化运营方面，平台以海量数据为基础，通过意图识别模型、情绪识别模型等，结合结构化数据识别、机器视觉、语音语义识别、多模态表情识别、文本分析、声纹识别等技术，对全产品、全渠道、各环节进行多维度数据监测和数据预测，不断提升运营能力。

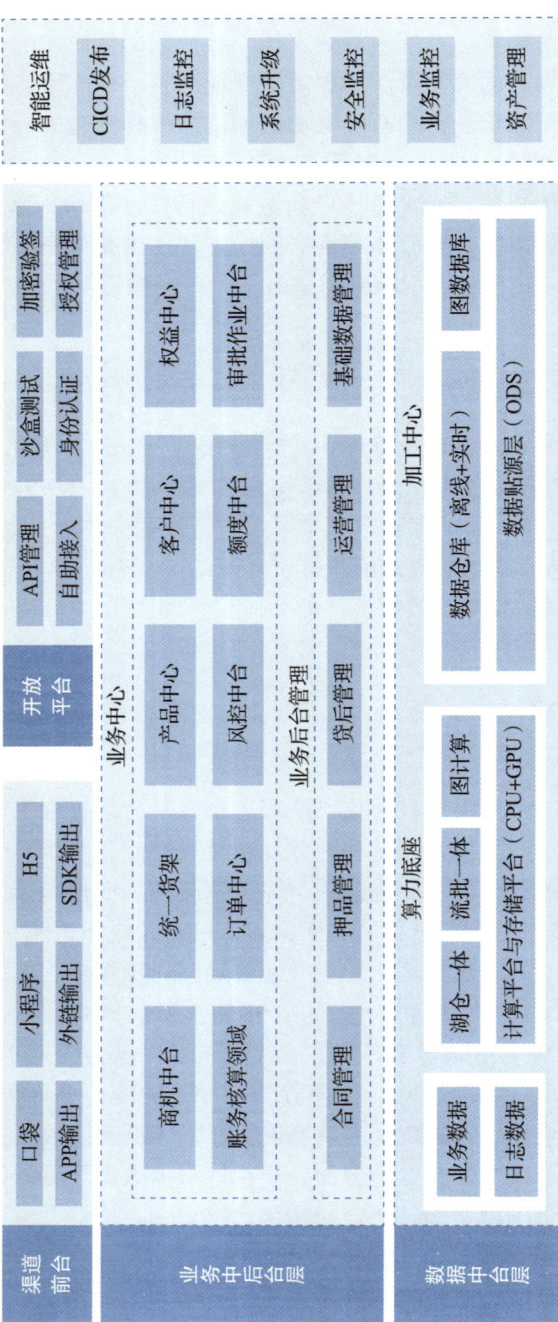

系统应用架构

案例 13 数智化小微普惠金融平台

系统技术架构

SaaS 层：
- 用户渠道
- 开放平台
- 进件审批
- 额度管控
- 账务核算
- 贷后管理

PaaS 层：

凌云 云原生平台：
- Nova 容器云管理平台
- Arena 开发者平台
- Starlink 开发运维平台
- 安全加解密平台
- CAT 监控平台
- Mesh 管理平台
- Gaia 管控平台

模拟环境：
- 回放平台
- 回放应用
- 回放数据服务

网关

共享服务层：
- 认证服务 / 用户服务 / 消息中心 / 印章服务
- 权限控制 / 日志服务 / 短信平台 / 语音服务
- 缓存服务 / 风险服务 / EOA 审批 / 生物识别
- 邮件服务 / Becf 服务 / 规则引擎 / ……
- 文件存储 / 文件交换 / D+支付 / OF 总账

基础服务层：
- Halo 微服务：Solar、Apollo、CAT、Halo
- 数据库：MySQL、Oracle、MongoDB、OceanBase
- 应用中间件：Nginx、Tomcat、Kafka、RocketMq
- 大数据生态圈：Hive、Flink、Spark、ES

ServiceMesh 服务网格

Kubernetes 容器云 / Dock

IaaS 层：

基础设施管理平台：
- 应用程序及数据
- 运行时环境
- 中间件
- 操作系统

分布式云操作系统、虚拟化网络：
- 虚拟化
- 服务器
- 存储
- 网络
- 灾备

- **数据驱动**：通过建立数据中台，实现数据治理向数据驱动的转型。普惠金融平台拓宽公司客户的广度和深度，接入工商、企业征信、车辆、房估值、经销商等各类数据源，并使用行内自研的批流一体架构。该平台的计算引擎同时具备流计算的低延迟优势和批计算的高吞吐能力、高稳定性，并且使用同一套编程接口实现批计算和流计算，保证了底层执行逻辑的一致性，从而确保了处理过程和结果的一致性。
- **开放平台**：通过开放平台（OPEN-API）快速输出智能普惠贷款标准 API，复用开放银行的网关、加解密、限流、API 权限及合作方管理功能。基于 Swagger 和注册中心，自动根据代码生成在线 API 文档，实现了代码与文档的一致性。通过在线文档、沙盒联调环境及自助考试中心，标准化外部合作对接流程，快速上线外部合作营销渠道。对于标准化对接，我行仅需进行配置和少量联调验证工作，这使项目时间可以缩短至三周。
- **云原生架构**：基于本行自研的云原生架构进行开发，以微服务作为最小化的部署单元。每个微服务都使用统一的 Halo 开发框架，行内自研的 Solar 作为微服务的注册中心，SLB 组件用于微服务的负载均衡管理，通过 Halo-sentinel 进行熔断和限流管理。所有配置均通过 Apollo 配置中心进行发布管理，每个服务默认都需要接入 CAT 监控平台，通过 CAT-LOG 提供的日志查询功能，可以查询单应用和全链路的应用日志。
- **分布式账务核算引擎**：分布式账务核算引擎旨在解决单体单库的局限性。微服务和存储方式的改造升级，使它能够应对业务快速发展带来的数据量压力，例如日计体量从 200 万迅速提升至 3 200 万。此外，该引擎通过组合还款引擎、贷后变更引擎、资金账务分录引擎和资金智能路由等组件，还提供了无还本续贷、债务重组、多种还款方式、延期还款、普微金融减息等系统能力。该平台通过快速落实国家惠企政策，为企业提供了温暖且高效的专业服务生态。

三、创新应用

（一）线上模拟环境，回溯风险特征变量

智能普惠金融平台通过线上模拟环境，对风控系统所依赖的特征变量进行大量模拟回溯，建立了数据变量的提出、验证、分析以及应用上线的闭环管理流程。基于大数据仓库建立的生产环境分析实验平台利用生产环境进行风险特征变

量的分析和挖掘，制定特征评价体系，并完成实验结果的指标评价。模拟环境录制生产环境的接口流量，存储在回放数据服务中，可进行全链路串联风险策略的回溯执行。以上策略提高了风险变量验证的效率和准确度，便于更好地服务普惠小微金融平台的创新。

（二）AI 智能面核系统

AI 智能面核系统主要针对贷款审批环节，通过 AI 替代人工进行面核。该系统实现了 7×24 小时的不间断服务，并借助具备自我学习和自我升级能力的核心魔方能力，确保系统可以有效发现风险，识别诈骗、胁迫、黑产和重疾等情况，并能够对其进行有效拦截。

在业务进入审批环节后，首先会经过"策略中心"的智能分发，自动决策该业务是否需要面核以及如何进行面核。在 AI 面核系统中，客户会通过拟人对话的形式与一个 AI 机器人进行问答交流。交流过程中，系统通过"音唇同步、面部神态检测、环境检测"等多重 AI 质检和持续性的生物识别技术，并依托 AI 算法形成"风险识别引擎"，实时对业务的面核结果进行打分。

（三）空中合议解决方案

合议室签约平台是平安银行自建的一套多人音视频合议工具，属于原生服务小微金融产品。该平台采用本地化部署，提供跨终端音视频合议服务，使银行的服务人员和各种角色的客户通过口袋银行家、口袋银行、微信小程序等多终端加入合议，以确保性能和安全性。平台原生内嵌的存证系统可以进行全程音视频双录和全行为操作存证留痕，为空中合议提供了法律合规保障。

合议室既是一款独立的小工具，客户或客户经理可以方便使用；同时也具有中台能力，可以为各产品和场景的组件化接入提供解决方案。

（四）线上线下融合贷款模式

基于 AI 数智决策，结合平安银行 AI+T（远程座席）+O（线下队伍）的资源禀赋，打造了线上线下融合贷款模式，实现了客户极简"210"申请，即只需填写"2"项信息，只做"1"步核身，"0"次临柜。通过 AI 赋能和数字化的 KYC 和 KYP 能力，在客户诉求和最优方案上做到智能决策和快速出额。利用远程座席和线下队伍构建立体式服务体系，能够了解客户特性、响应客户需求、支持客户咨询、陪伴客户成长。

· 普惠金融篇

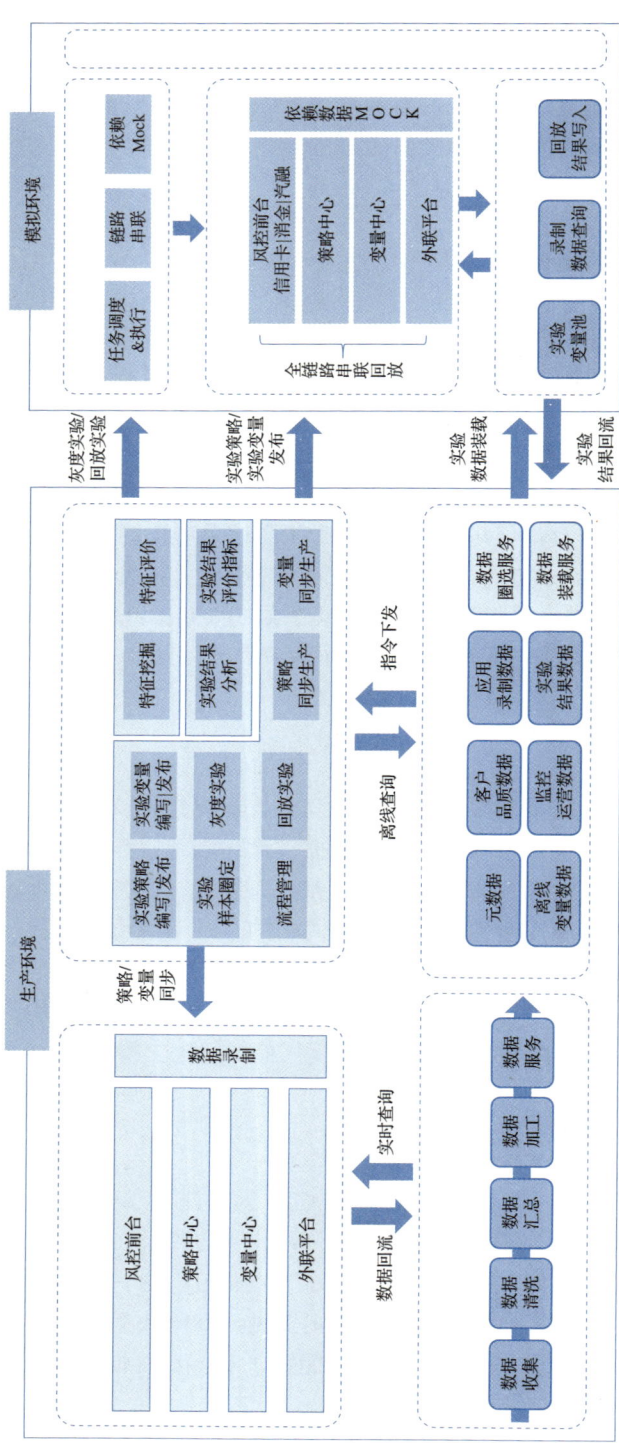

生产环境分析实验平台

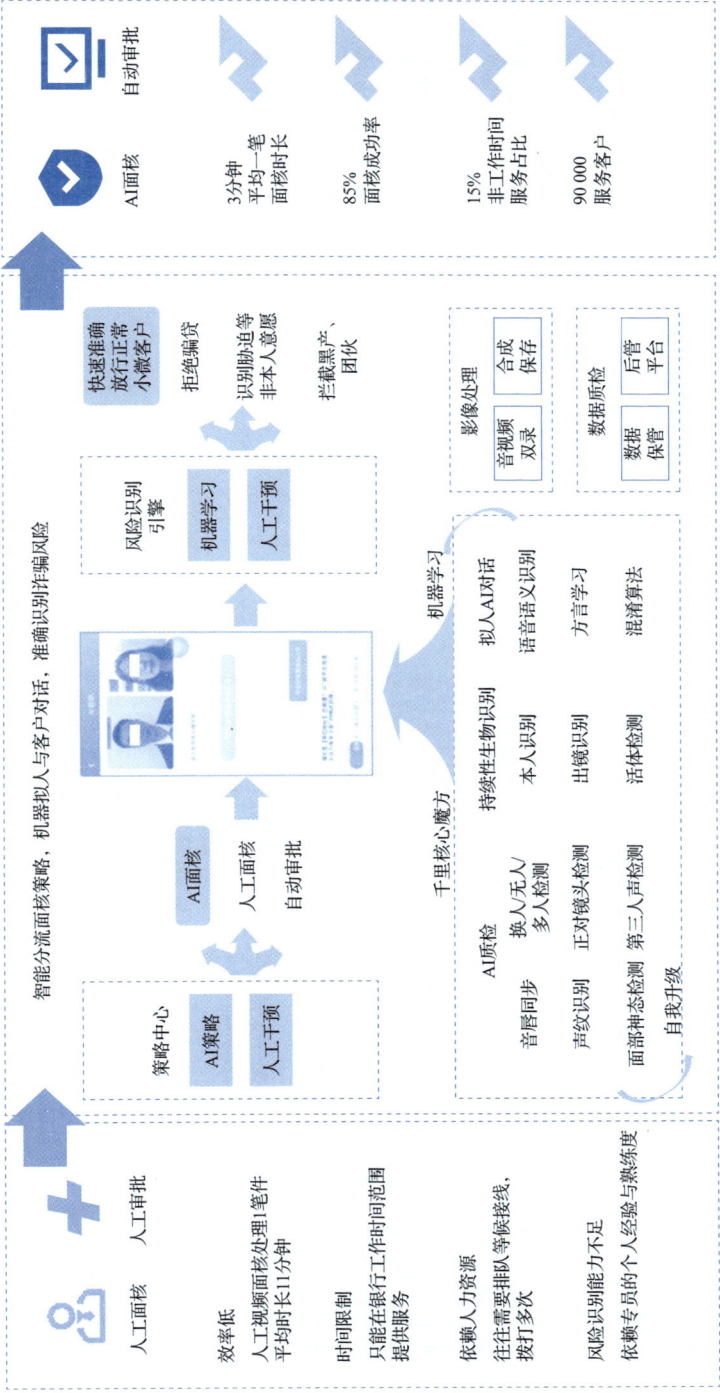

AI 智能面核系统

普惠金融篇

会议室签约平台

线下面签
- 现场勘查

原生内嵌存证系统
- CFCA 录像调阅 标准存证 嵌入审批流

成本高
- 多人同时约齐时间从各地汇集

意外多
- 人出状况影响整个见证疫情不能出户不可控

没有法律保障
- 用第三方视频会议没有连续性存证

合规要求无法满足
- 核身+核意愿+核材料

私有化部署的音视频合议工具，原生小微金融服务产品"是独立产品，也是中台，能内嵌，也能接入"

多人跨终端视频合议中控
- 多因子核身准入
- 合议创建和管理
- 多人跨终端音视频

业务场景组件化管理
- 电子合同
- 抵押登记
- 勘查

合议全时全域签约平台

独立工具平台
解耦贷款流程，灵活应用多场景

内嵌贷款业务组件
即插即用，中台赋能

音视频兼容性保障
- 全视道兼容（小程序，PC，H5，Native）
- 断网自动重连
- 弱网自动调节

法律效力保障
- 全程音视频双录
- 全行为操作存证留痕

多重安全保障
- 私有化部署
- 信令媒体加密

空中面谈
- 远程尽职调查
- 30%
- 远程尽调时效提升

线上签约
- 在线抵押登记
- 远程抵押物勘查
- 22%
- 面签时效提升
- 80亿
- 服务金额

乳山某生蚝养殖户，急需资金投入新一季的蚝苗。企业其他股东及关联人配偶常年分散在广东、重庆、福建等地。

五湖四海的7位客户花了10分钟，在审批通过当天完成了面签。

某私人淘宝店主，为赶上双11活动报名，需尽快敲定资金增加新进工厂订单的产量。不慎摔伤，右腿打着石膏，行动不便。

9月30日凑齐材料递交了贷款申请，10月1日通过AI面核，十一当晚敲其地，当晚供应商敲收到了贷款。

合议室签约平台

案例 13　数智化小微普惠金融平台

统一产品 极简流程

客群类型多	科创客群	涉农客群	供应链客群	绿色环保客群	新市民	纳税小微	用电户	房贷户
需求差异大	个人消费	企业经营	小额周转	大额扩产	信用担保	抵押质押	自然人贷款	法人贷款
流程极简"210"：	2项填写（90%OCR+他证直连反显）		1步核身（90%客户免认证）			0次临柜（企业在线开户、查询征信）		

面对海量需求，只有AI才能做到全面化覆盖、差异化满足

智能决策 快速核额

基于AI决策的线上线下融合贷款模式

	自主申请		数据获取		方案匹配		定价核额		尽调（可选）		面核		签约		提款/还款
	极简线上流程		统一客户建档		智能决策引擎		智能核额		系统化尽调		系统化面核		系统化签约		全线上提款
AI能力	统一入口 标准化流程 AI客服		多维他证数据直连 自证平台自助申报 数据保管箱		方案模板库 行内流计算平台 CDP风险中台		统一额度管控 自动化模型 智能匹配Offer		尽调模式自调度 远程尽调 轻/中/重尽调		面核模式自调度 人工/远程面核 AI面核		签约模式自调度 线下/线上签约 合议签签约		线上提还款 AI贷款服务

线上线下 立体服务

远程坐席+线下队伍

远程坐席提供快速响应服务，解决客户燃眉之急　　线下队伍提供陪伴式服务，致力于成为综合金融顾问

	远程坐席			陪伴客户 顾问支持	线下 队伍
	响应客户 咨诉处理	+	支持客户 满足客户	了解客户 丰富画像	+

超60%客户线上秒批授信　　　20%客户线上移动授信　　　20%客户线上+坐席授信　　　20%客户线上+坐席+线下授信

线上线下融合贷款模式

四、取得成效

在经济效益方面，聚焦产业链最末端的小微企业主和个体工商户，提供相应的金融支持。服务小微客户超 1 035 万户，户均贷款余额约 50 万元。截至 2022 年底，全行小微企业主的客户数量已达 1 035 万户，带动 AUM 资产达 5 400 亿元，贷款余额超过 7 700 亿元，同比增长 26%。其中，普惠小微企业贷款余额已超 5 286 亿元，较上年末增长了千亿元。

社会效益方面的主要体现如下。

- **搭建平台，聚焦小微**：平安银行提供一系列数字化综合金融服务，平安星云开放联盟已联合超过 200 个大型服务商及互联网龙头平台伙伴，直接服务 4 万核心客户、2 000 万小微企业平台商户。
- **细分客群，精准服务**：积极顺应消费升级趋势，重点关注医疗卫生、健康养老、文化旅游等传统民生消费领域的小微企业，以及在线消费、教育、娱乐、医疗等新型消费领域，把握消费产业升级的新方向。
- **绿色融资，推动低碳**：平安银行提出"将绿色金融作为产业发展"的战略，要求通过综合金融服务，拓宽企业低碳转型的融资渠道，推动实体产业低碳转型进程。
- **乡村振兴，服务三农**：2022 年，平安银行投放乡村振兴支持资金 330.78 亿元，累计投放 692.54 亿元；乡村振兴借记卡发放 90 439 张，累计发卡 113 930 张；惠及农户 8 万人，累计 103 万人。

完成人：

李　渊　平安银行股份有限公司金融科技部零售研发中心零售信贷研发团队负责人

杨　琪　平安银行股份有限公司金融科技部零售研发中心零售信贷研发团队核心系统领域负责人

聂　翔　平安银行股份有限公司零售信贷部消费产品室产品经理

陈　璐　平安银行股份有限公司金融科技部零售研发中心零售信贷研发团队互联网产品产品经理

邢亚安　平安银行股份有限公司金融科技部零售研发中心零售信贷研发团队项目管理领域负责人

案例 14　基于人机结合技术的宫格化客群服务模式

随着国内经济水平的不断提高,中国已经成为世界第二大财富管理市场。在此背景下,以客户为中心成为财富管理的核心要义,客户分层及精细化运营则是重要抓手。目前,金融机构面临着客群基础较大和客户需求多样的双重挑战,需要不断探索完善"人机结合"的解决方案。具体来说,通过"人+数字化"的方式,在线上运营层面解决客户增长、需求分析、需求匹配等"需要科技赋能"的诉求,而线下团队负责客户的投教、陪伴服务以及客户的升级转化等"需要人的温情"的投顾服务。

关键词: 财富管理,人机结合,宫格化运营,投顾服务

一、背景介绍

以客户为中心是财富管理的核心要义,随之而来的客户分层及精细化运营则是重要抓手。除去富裕客群,海内外高净值客户和大众客户的财富管理模式在业内已有较成熟认知。

高净值客户通常具有较高的客均资产,对价格敏感度较低,对产品的独特性及服务体验要求更高,但客户黏性较强,线下服务渠道仍是主流。就机构而言,综合类机构(如商业银行私人银行部、头部券商)经营高净值客户的优势明显,主要源自其渠道能力、产品服务和支持体系。然而,在高净值客户的服务模式中,人力成本居高不下是难以避免的问题。

与高净值客户相对的是大众零售客户。由于其群体庞大,客均资产较低,对价格的敏感度更高,他们更看重产品及服务的性价比,且需求主要集中在交易及金融产品的供给方面。因此,互联网理财平台依托自身庞大的流量和低廉的费率,已建立起先发优势并形成了一定的规模效应。但不可否认的是,大众客群的规模和财富积累存在明显的不对称,单客 AUM(资产管理规模)和创收天花板较低,单从客均创收的角度来看,缺乏提升空间。

与此同时，由于富裕客群经营需要面对固有的客群基础较大和客户需求相对多元的双重挑战，因此需要不断探索完善的解决方案，即"人机结合"。具体来说，就是通过"人+数字化"的方式，在线上运营层面解决客户增长、需求分析、需求匹配等"需要科技赋能"的诉求，而在线下团队层面则负责客户的投教、陪伴服务以及客户的升级转化等"需要人的温情"的关键动作。

中金财富面向富裕客群推出的人机结合的数字化客户服务模式，首先通过人工智能和大数据挖掘对客户进行全方位分析，打造场景化、智能化、精细化的运营决策信息。同时，将数据挖掘后的运营决策展示到精细化运营的客群看板系统，供投资经理参考，并为投资经理设计不同场景的标准化服务流程及知识体系语料、物料。最后，投资经理可以高效地通过对客触达系统，利用信息流、投顾门店、活动小程序等一系列对客工具，为客户提供精准、专业的投顾服务体验，不仅助力了客户实施财富管理，也扩大了投资经理的管户半径，降低了金融机构的运营成本。

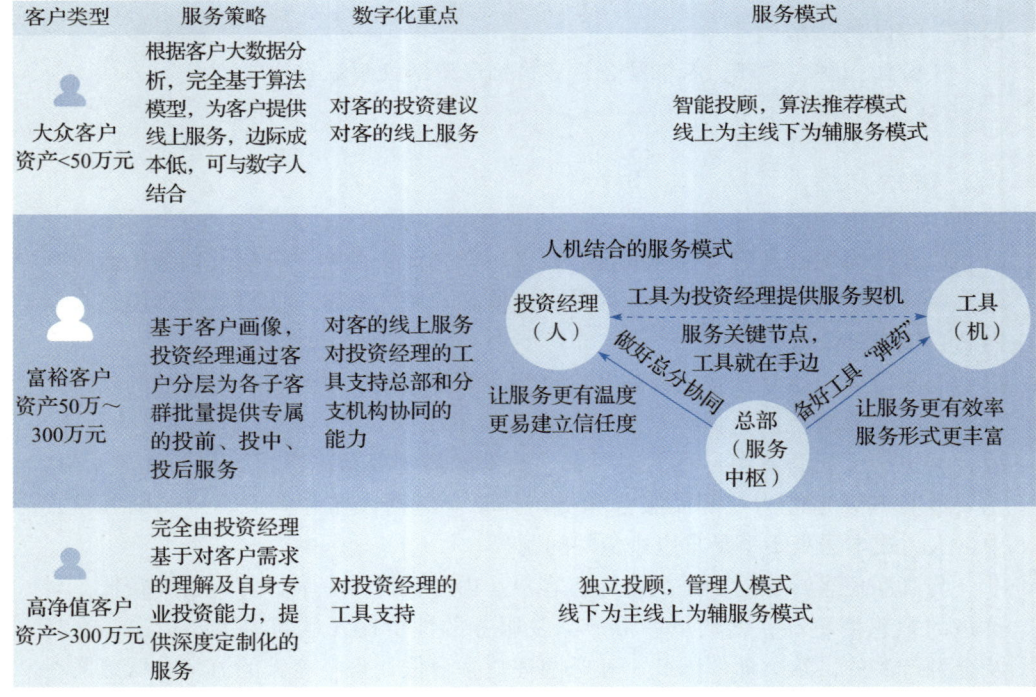

人机结合的服务模式

二、建设内容

（一）应用场景

基于人机结合技术的宫格化客群服务模式，为公司全客群、多渠道提供客户服务赋能，围绕客户需求定位、客户服务解决方案、对客服务触达、客户服务质量追踪4个层面，实现"科学技术"与"人"的无缝融合，从而高效实现面向客户的有温度的个性化精准服务。

在客户需求定位方面，以数据为第一驱动力，深度融合金融行业特性，打造了场景化、智能化、精细化的运营决策体系。基于用户旅程，为用户设计了350个标签，覆盖基础、业务、行为、风险、价值与偏好等。这些标签可以选取近期在各平台上活跃、申购赎回、出入金等人群及重要信息线索，并可在标签平台上自由圈选组合，随需随取。通过集成全渠道触点通道的运营平台，精准服务客户、给投资经理下发服务线索。

在客户服务解决方案方面，为投资经理构建了一个基于客户资产及交易黏性分层的客群宫格看板。该看板能够向投资经理展示不同客户群体的精细化运营策略。通过打造七步标准服务动作，实现了投顾服务的标准操作流程（SOP）。基于知识图谱的提炼，系统为投资经理提供针对不同场景和标准服务动作的语料和物料，从而提升了服务效率，为客户带来了既科学精准又具有人情味的服务体验。

在对客服务触达方面，基于企微和微信生态的开放能力，持续完善投顾门店，实现灵活、可定制的客户服务能力，包括打造投顾个人IP，围绕投顾画像打造多主题投顾门店等。同时，打造对客视频流的服务推荐能力，为客户提供买方投顾产品服务。最后，建设具有中金特色与品牌效应的市场营销活动，提供覆盖线上线下的活动服务，通过微信小程序开展一系列活动运营、内容运营和客户运营，从而提升了用户服务满意度及活动转化率。

在客户服务质量追踪方面，打造了面向总部运营人员的后台运营平台，实现了总部层面的经营管理能力。其中包括企微群发、总部与分部联动、C端配置、市场活动画像及市场活动管理看板等功能模块。追踪客户在市场活动全流程触点的行为，并通过对客户行为背后的时间频次等维度进行分析，沉淀用户标签，挖掘潜在商机，并形成可视化看板，从而深度还原用户的使用场景，并有效指导业务增长。

通过以上4个方面的建设，不断探索出人机结合的整体方案。

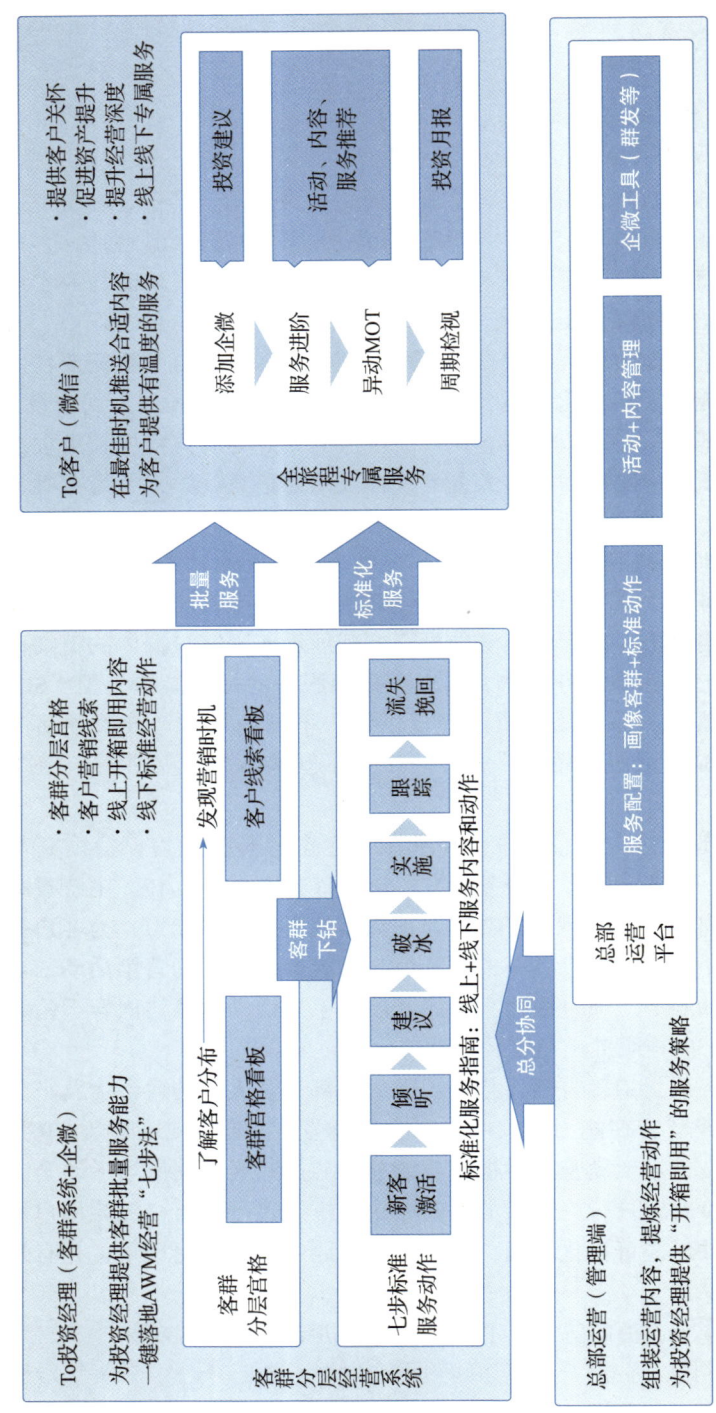

人机结合服务模式的整体方案

（二）总体架构

总体架构分为 4 层，包括触客渠道、应用系统、中台系统、基础服务。

- 在触客渠道上，我们打通了企微群发、微信小程序、微信公众号、APP、H5 页面等五大线上渠道，全方位覆盖各类客户。同时，我们打造了企微服务号和企微应用等工具，为投资经理提供渠道赋能，增强了他们的渠道感知能力。
- 在应用系统上，首先，我们为用户打造了市场活动小程序，支持用户登录小程序，查看活动足迹、专题活动、嘉宾专场、精彩瞬间等相关活动信息。同时，还为客户提供了 AR 体验区、专属财富顾问、我的福利、我的藏馆、我的活动、关怀模式等相关权益服务。其次，丰富了面向投资经理的企业微信群发工具，支持群发模板和物料货架，并为投资经理提供了单客服务场景的企业微信侧边栏应用。最后，在客群分层经营系统的基础上，为投资经理提供了七大客户场景（新客激活、倾听、建议、破冰、实施、跟踪、流失挽回）和对应的 SOP 策略执行的客群经营看板。
- 在中台系统上，支持面向总部运营的企业微信群发与客户分配等功能。同时还支持总部运营配置时间、人群与动作的 SOP 打包及 IC 策略布达能力。最后，建立了适用于公司财富管理业务的统一指标管理体系，并构建了指标的统一可视化管理工具，提供了指标口径定义、指标搜索和指标数据提取等服务。
- 在基础服务上，公司层面整合各类系统的通用能力，制定了"两端一基三赋能"的战略架构，为本项目的应用系统与中台系统提供了高效的基础服务。同时，对企微及微信的开放平台进行了服务封装，为本项目的应用系统与中台系统提供了统一、通用的企微及微信服务能力。

（三）系统和平台功能

系统整体分为 6 层：应用层、接入层、逻辑层、基础层、支撑层和基础设施层。

- 在应用层上，针对客户，打造了投顾门店及市场活动平台，为客户提供各类市场活动及投顾门店产品的展业服务。同时，针对总部管理端运营人员，推出了运营策略、标签管理、企微管理、市场活动等 4 个管理端，总部运营人员可在这 4 个管理端上进行经营分析及运营操作。最后，针对投资经理，推出了投顾展业助手、客群分层经营、市场活动中心等系统，以增加投资经理的管户半径，为投顾服务赋能。

普惠金融篇

潜客/客户

| 触客渠道 | 客户微信
(企微群发) | 微信小程序 | 微信公众号 | APP | H5 | 企微应用 | 企微服务号 |

投资经理

| 应用系统 | 投顾门店
(小程序) | 金管家
视频流
(小程序) | 市场活动平台
(小程序+
公众号) | 投顾展业助手
(企微应用) | 客群分层经营
(企微应用) | 市场活动中心
(企微应用) | 线上运营活动
(H5) |

| 中台系统 | 运营策略系统 | 标签管理系统 | 企微管理系统 | 市场活动系统 | 权限管理系统 |

| 基础服务 | 内容中台 | 产品中台 | 中金财富
微服务 | 客户平台 | 投顾平台 | 数据中台 | 微信开放平台 | 企微开放平台 |

总体架构

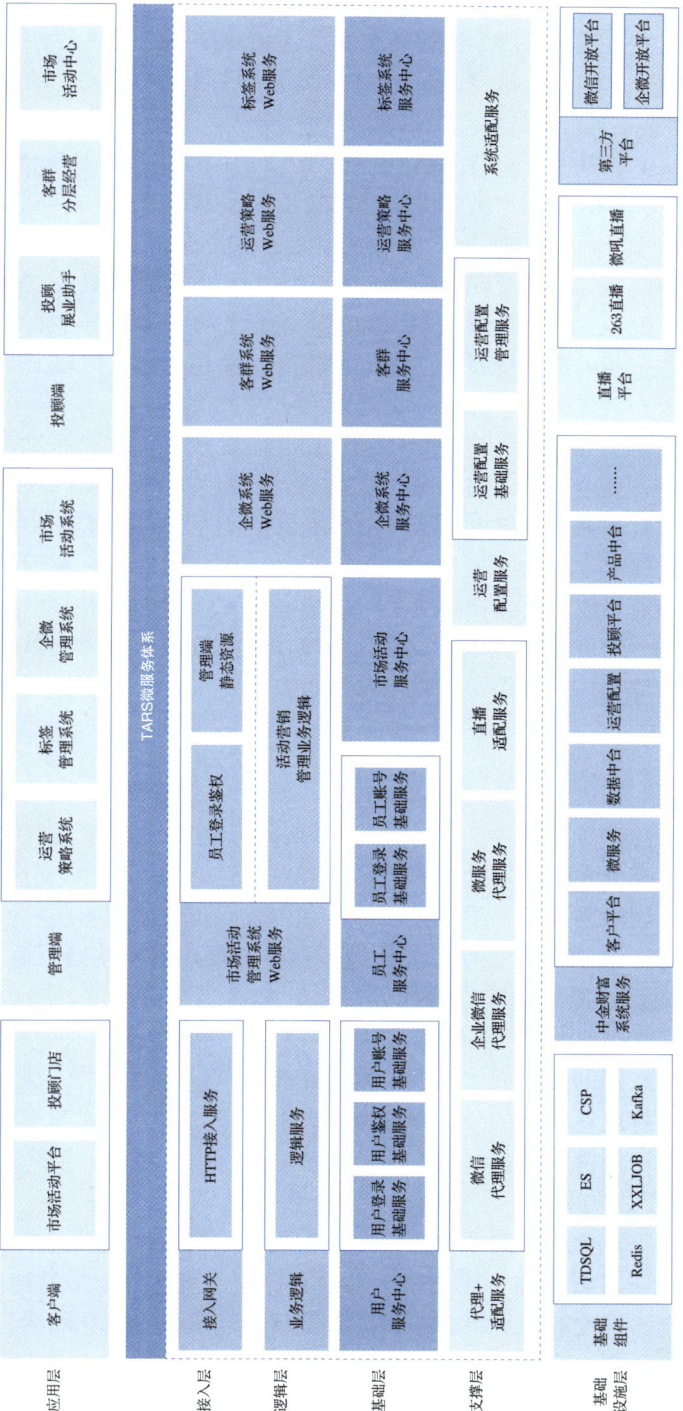

系统和平台功能

- 在接入层上，基于 TARS 微服务体系，为应用层系统提供各种逻辑层的业务服务接口。同时，搭建基于 HTTP 服务接口的接入网关，以传输数据包和过滤流量。
- 在逻辑层上，基于 Java Web 技术栈，为应用层提供了市场活动管理系统、企微系统、客群系统、运营策略、标签系统等 Web 服务。
- 在基础层上，本项目整合了各种通用能力，为逻辑层上的 Web 服务提供了统一的接口，打造了用户服务、员工服务、市场活动服务、企微系统服务、客群服务、运营策略服务、标签系统服务等 7 类服务中心。服务中心不直接与企业内部系统及第三方平台交互，而是通过支撑层上的适配服务与企业内部系统和第三方平台交互。
- 在支撑层上，为了进一步分层解耦、提升系统私有化部署的效率，我们打造了微信、企业微信、微服务、直播、运营和系统等适配代理服务。这些适配代理服务为基础层上的服务中心提供了适配服务接口。
- 在基础设施层上，公司制定了"两端一基三赋能"的战略架构，涵盖了各类系统的通用能力。公司打造了"两端一基"、通用基础组件、直播平台、第三方平台组件等基础服务设施，为整体系统提供了强大支撑，确保了项目生态的健全，并提供了持续建设的能力。

三、创新应用

在客户需求定位方面的应用如下。

（1）**用户全生命周期标签画像体系**：告别传统的仅有使用年龄、性别等单一基础信息的画像，基于用户旅程系统化设计标签，覆盖用户基础、业务、行为、风险、价值与偏好，能够选取近期执行过申购赎回、页面浏览等行为的活跃人群，随需随取，精准刻画用户画像。

（2）**基于大数据的客户线索挖掘**：精准捕获用户偏好与诉求，扩大投资经理服务范围。通过对用户数据的分析和整合，识别用户的行为模式和潜在的业务机会，生成具有营销价值的信息线索，通过平台下发至投资经理，实现了公司、投资经理与客户的三方互动。

（3）**算法标签赋能内容物料精准推荐**：利用大数据挖掘建模技术，实现了对图文、视频和文本进行实体、股债基、指数、行业、概念等标签的智能化识别。并根据用户持仓、自选和浏览行为等特征，实现了"千人千面"的内容推荐，带动了营销活动、股票 / 基金产品的转化。

在客户服务解决方案的应用如下。

（1）**客群宫格经营看板**：业内首个基于客户服务全周期的宫格化运营平台。投资经理可通过客户黏性和客户 AUM，以双维度、宫格化方式，感知客户经营分布情况，纵览客群经营全局，从而掌握每个宫格中的精准服务策略及"客群经营"理念。

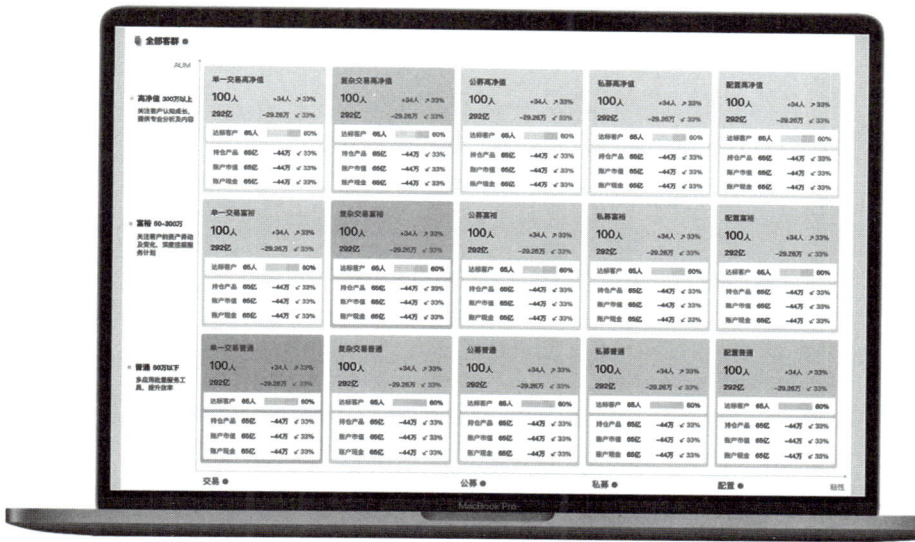

客群宫格经营看板

（2）**七步标准服务动作**：为一线投资经理打造了七步标准服务动作。投资经理可以根据这些动作指引并结合相关工具，为客户提供标准化的投前、投中和投后服务，真正实现客户服务的 SOP 化，提高投资经理的平均服务水平。

（3）**知识图谱语料库及物料库**：对文字、图片、视频进行存储、管理和检索，并应用自然语言和知识挖掘技术，构建了基于知识图谱的语料及物料库。投资经理可通过企业微信的侧边栏访问语料及物料库，并进行知识搜索、智能问答、分享内容等操作。

在对客服务触达方面的应用如下。

（1）**可 DIY（自己动手）的对客投顾门店**：基于微信小程序，打造业内首个由投资经理定制化的对客投顾门店。投资经理可通过后台对门店模块、观点内容、视频内容和产品内容进行定制，满足不同客户对于专属投资经理个人 IP 的需求。

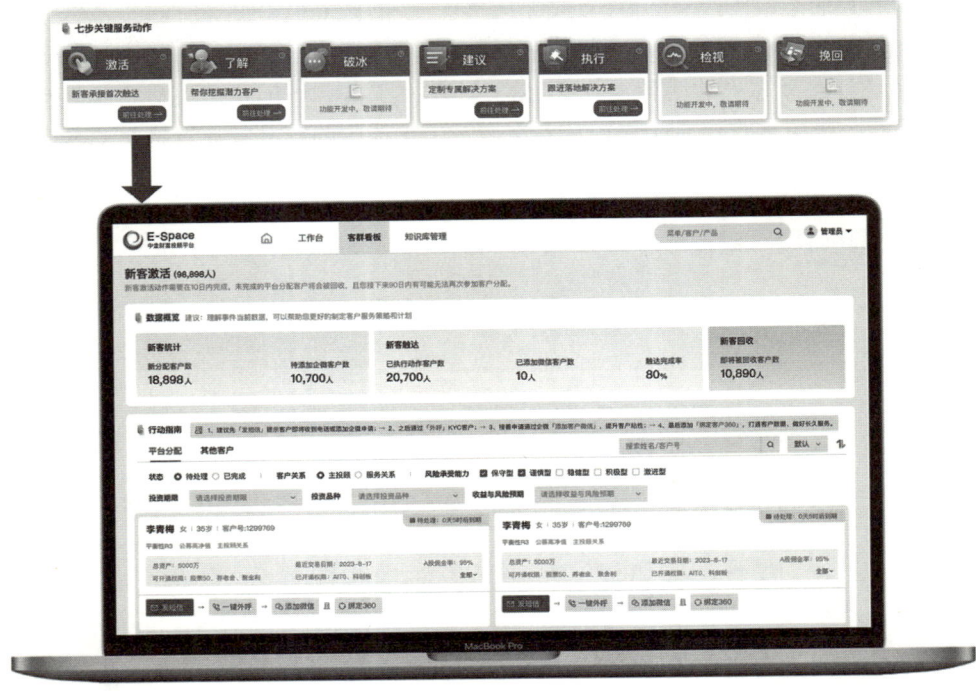

七步标准服务动作

（2）**对客信息流**：基于火爆的短视频市场，为客户提供一系列中金财富甄选的视频内容。一方面，视频流产品形式易被客户接受，易于传播；另一方面，产品呈现的视频内容更能体现公司品牌和专业度，可满足客户在不同生命周期下对内容的需求。

（3）**投资者教育内容矩阵**：基于对客户活动偏好的洞察，持续开展对投资者的教育宣传。投资经理可以通过情节丰富、形式创新的宣传教育内容，实现客户触达，提高投资者对市场规则和风险进行识别的能力，从而打造丰富的投资者教育载体。

（4）**AR（增强现实）与数字藏品活动**：首度探索AR、区块链技术与市场活动结合，投资经理在活动推广中，通过AR小程序邀请函触达客户，同时结合数字藏品活动，吸引客户积极互动，深化中金品牌认同感，加深品效合一新业态。

在客户服务质量追踪方面的应用如下。

（1）**市场活动全流程管理**：首创打通视频号直播公域引流，沉淀客户数据至公司客户池，实现获客引流。同时，追踪活动推广与客户参会信息，形成可视化管理看板，为活动运营决策赋能。

（2）**智能自动化营销及全渠道用户触点**：系统可快速生成多渠道个性化自动营销策略，一次人工定制，后续营销环节自动执行。运营人员可在画布中设计不同的短信、APP、外呼等触点文案模板，根据触发条件实现自动推送，提升运营效率，并随时追踪运营效果。

四、取得成效

（一）推广价值

- **在服务客户方面**：累计服务富裕客群 73 万，企微互动消息条数达到 2 410 万。已为超过 20 万客户线上提供资讯、路演、投教等内容，成功将中金专业信息吸收、内化，并解读为普适内容，服务于普通投资者。
- **在市场活动方面**：累计举办 1 600 场活动，其中营业部活动 1 378 场，全国活动 222 场；活动覆盖客户超过 15 万人次，其中 7.75 万人参会并留下联系方式，小程序沉淀用户达到 10.26 万人；服务潜在客户 2.04 万人次；覆盖有效开户客户（最新最高资产 ≥ 1 万）1.72 万人次，财富客户（最新最高资产量 ≥ 50 万）9 850 人次，高净值客户（最新最高资产量 ≥ 300 万）3 818 人次，合计转化客户数为 1.27 万人。
- **在客户运营方面**：已沉淀 324 个用户标签、200 多个业务指标、2 000 个精细化运营人员包、10 多个运营策略，并成功落地服务 420 多个运营案例。现已成为总部用户运营指挥中心，覆盖公司总部的主要客群运营团队。

（二）经济效益

在人机结合的客户服务模式下，各资产段客户群体的客均资产净流入、客户 AUM 增长率、客均收益率、客均资产创收率、客均换手率等指标都有所提升，且清仓客户占比率有所下降。其中，客户 AUM 增长率提升了 146%，客均资产创收率提升了 10%，客均换手率提升了 3%。

（三）社会效益

人机结合技术的宫格化客群服务模式作为一种创新的金融科技应用，首先，它为全行业积累和沉淀了宝贵的实践经验，解决了金融机构中财富顾问一对多服务的痛点。同时，它为投资者提供了更加精准的投资建议，帮助投资者更好地参与资本市场，从而提高了市场的流动性和效率。最后，它还帮助金融机构提高了服务效率，减少了人力成本，以人机结合的客群服务模式为国民财富的增值和保值护航。

完成人：

王　鹏　中国中金财富证券有限公司富裕客群经营董事总经理
朱　虹　中国中金财富证券有限公司战略与数据智能董事总经理
董　宇　中国中金财富证券有限公司品牌与市场营销副总经理
卓舒虹　中国中金财富证券有限公司富裕客群经营副总经理
吴　曼　中国中金财富证券有限公司富裕客群经营专家产品经理

案例 15 "金融+乡村振兴"服务平台

按照国家全面推进乡村振兴战略的总体部署要求,顺德农商银行创新打造了"金融+乡村振兴"服务平台——村晓 APP。该平台涵盖党建、村务、生活、管理、电商、金融六大功能,聚焦政府、乡村和村民 3 个层级用户的需求。平台重点围绕乡村"优政、惠民、兴业"3 个维度,通过"数字化应用、提升服务质效、民生精准服务、商圈流量转化成效、综合生活便利、专属金融服务输出"六大举措,以平台赋能、敏捷开发和团队协作搭建合作生态场景,推进乡村振兴。

关键词: 乡村振兴,数字化,生态场景

一、背景介绍

围绕《关于全面推进乡村振兴加快农业农村现代化的实施意见》,顺德农商银行自上而下强化乡村振兴顶层设计,创新设立"乡村振兴部落",组建"乡村振兴团队",并携手顺德区人民政府量身定制"金融+乡村振兴"服务平台,深入各村多次开展各层次用户需求调研。先后走访 40 多个村庄,与 300 余名区镇政府干部、村基层干部、村民、小作坊商户进行深入沟通,有效收集到各层级在党建、村务、生活、管理、电商、金融六大方面的迫切需求。通过梳理分析、敏捷迭代,以"互联网+大数据+金融科技+场景搭建"创新性地打造了"有记录的阳光村务、有奔头的产业支持、有灵气的美丽乡村、有实效的便民服务、有情怀的连接共享"的"五有平台",构建了政府乡村治理数字化和村民智慧生活便捷化的共享平台,以数字化金融建立新生态新场景,更加立体地助力乡村产业振兴、人才振兴、文化振兴、生态振兴和组织振兴。

二、建设内容

"金融+乡村振兴"服务平台——村晓 APP 作为连接村居、村民与乡村产业的纽带,功能涵盖党建、村务、生活、管理、电商、金融六大板块内容。平台内部链接行内各类线上平台,外部引入协会、村居、商户企业等合作方,通过平台赋能、敏捷开发和团队协作,搭建合作生态场景,助力乡村振兴,推进数字化生态场景的全链路运营。

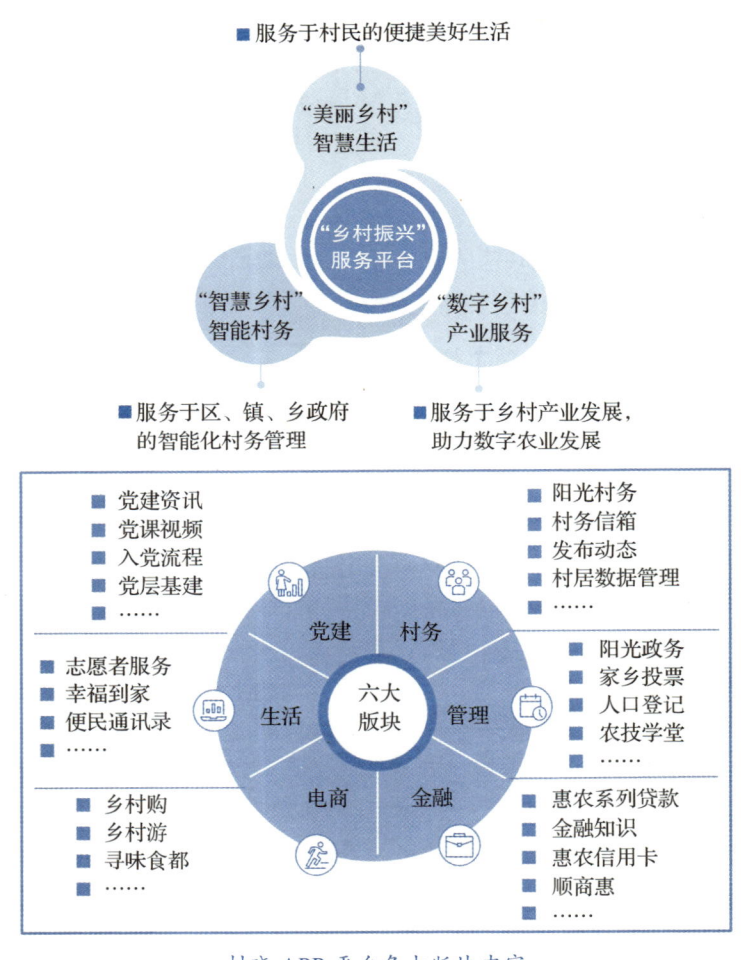

村晓 APP 平台各大版块内容

自 2021 年上线以来,平台已累计迭代 28 次、升级 6 个版本。2021 年 7 月 23 日,最小化可行性产品版本正式上线。经过 3 个月的调研、需求整理和开发,平台从无到有构建完成。同年 9 月，1.0 版本上线，"五有"平台初具轮廓。2022 年 1 月，2.0 版本上线，进一步迭代和精进"六大升级"。2022 年内，平台采用快速迭代、小步快跑的形式，共完成 16 次迭代，平均每两周一次。4 月底，平台顺利完成升级版的第一次迭代，实现内外联通生态，链路转化助力经营能力升级。5 月，平台 2.5 版本分阶段上线。6 月至 8 月，逐步上线 40 项功能。9 月底，完成 2.5 版本多个钩子功能的迭代，形成了具有核心竞争力的产品，增加了平台在村居深度应用推广的能力。10 月，3.0 版本上线，并完成了首间村居生态样板间的定制化功能构建。12 月，平台实现了与非村居机构合作的组织架构重建，具备了为非村居机构量身定制活动功能的能力，至此累计上线功能 57 项。2023 年 2 月至 7 月，完成 3.0 版数智营销、臻至财富、价值生态、极致体验四大模块共 30 项功能的上线。同年 9 月，启动 3.5 版本开发，截至 10 月底共上线 42 项功能，平台逐步从"五有平台"迭代到"六大升级"。

- **升级打造平台钩子功能，上线核心竞争力产品**。平台在涵盖党建、村务、生活、管理、电商、金融六大功能的基础上，进一步打造钩子产品/服务，以补足从流量到客户的转化路径。例如，"志愿者服务功能"通过志愿者招募发布，配套"志愿积分功能"激励，解决了村居志愿者招募难、管理难的痛点；"在线村晓福利官"福利发放小助手，让个人端用户一键饱览美食、购物、金融、健康等各种福利信息；"权益兑换功能"针对村居分红场景，推出"站外注册+扫码核销"，实现了权益精准投放和快速核销，大幅度降低了网点人工核销成本；"数据管理功能"则搭建村居数据管理平台，支持村委管理人员在后台管理端与移动端通过可视化图表查看、填报与分析数据，支持村民用户在 APP、小程序与 H5 端接收、填写表单，更加贴合村居日常经营管理服务配置。
- **升级内通外联能力，完善客群价值转化链路**。平台对外更加聚焦于与顺德区政府在共建"数字顺德"的过程中实现互联互通，接入佛山市顺德区人民政府网。对内作为引流企业、商户、个人端的核心链入基点，打通生态链路，联通"寻味食都""顺商惠"生态场景，打通了从政府、事业单位、村居端出发，链接企业端到个人端的链路，完善了提升客群经营价值的运营全链路。
- **升级嵌入金融功能，实现全链路生态运营**。打造美丽乡村与幸福生活生态，成为引流企业、商户、个人端的核心链入基点。通过嵌入金融功能，如支付、惠农贷款、信用卡等金融实时申办功能，实现了支付环节无感露出。顺德农商银行卡支付优惠、信用卡及贷款实时申办，实现了运营活动、金融功能无感露出，例如"顺商惠""惠农系列贷款""惠农信用卡"

功能，实现了从 1.0 到 3.0 的迭代，支付优惠露出，并嵌入了金融功能及实时线上申办业务。以全链路运营模式打通了政府、事业单位、村居与商户、商户与个人的流量转化链路。

- **升级外延输出能力，完善活动运营工具**。平台围绕乡村振兴和金秋服务月主题，专注于优化 APP 生态圈的外延输出能力。具体措施包括升级互动场景，并开发了以下活动工具："微信生态圈对接接口""签到功能""礼遇功能""答题功能""抽奖功能""成果评比展示功能""问卷功能""秒杀功能"及"特色权益资源池"。这些工具的完善有助于平台提升运营能力、批量获取商家和用户、形成生态闭环经营、提升客户活动体验，并强化客群挖掘的综合能力。
- **升级量身定制的敏捷能力，打造生态样板间的个性化功能**。平台持续探索并打磨"双样板间输出能力"，通过构建村居和非村居机构的生态样板间，提升了个性化定制功能和运营方案的输出能力。以志愿者服务功能及村务数据管理功能为抓手，稳步推进村居样板间的规模化应用。同时，通过设立村民理财内容专区，定期向村民用户推送理财教育类知识，丰富了平台内容，提高了用户黏合度。样板间开拓了平台多业合作的新视野，通过持续为村居量身定制顺德特色功能模块，加速了"村晓"品牌在本地的传播。
- **升级安全风控能力，完善后台管理端功能**。平台升级版对接"内容安全审核功能"，为动态、评论、发布等场景提供了精准、高效、稳定的风险智能识别和审核服务，确保了图片、视频、语言、文字等多媒体内容的安全合规与合法，大幅度降低了人工审核成本。同时，在后台管理端也增加了"数据分析功能"，实时呈现村晓 APP 的业务数据图、表格（用户量、登录量、活跃量等），能够辅助运营人员及时调整运营策略。此外，还增加了"实名认证功能"，对注册用户进行真实身份信息认证，为特定场景提供精准、高效、稳定的身份智能识别和审核，建立了可信的用户体系。

三、创新应用

自平台上线以来，顺德农商银行以"金融+乡村振兴"服务平台为基点，打通多方链路，搭建生态圈场景，通过数字化转型赋能乡村振兴。

（1）打造"智慧村居"数字化管理场景助力组织振兴。顺德农商银行聚焦村居信息收集、数据可视化和民生精准服务等需求，重点打磨平台志愿者服务和数据管理钩子功能，提升村务的数字化管理能力。这主要体现在以下几个方面。

村晓APP功能架构

1.0 基础版	党建共建	党建资讯	家乡建设	阳光政务	畅想生活	乡村购	
		党课视频		家乡投票		乡村游	
				发布动态		便民通讯录	
		入党流程		村务信箱		农技学堂	
2.0 升级版	产品功能升级	志愿活动管理	金融服务升级	惠农贷款	活动运营能力升级	站外裂变注册	
		权益兑换功能		惠农信用卡		微信接口对接	
		村务管理功能		顺小店		活动权益兑换	
				寻味食都		定时秒杀活动	
	内通外联链路升级	数字顺德建设	村居定制服务能力升级	村居生态样板间	内容安全风控能力升级	内容安全审核	
		核酸采点查询				村居动态管理	
		线上权益发放		非村居（协会机构）样板间		实名认证功能	
		商户运营链路				内容数据分析	
3.0 定制版	丰富线上运营场景	日常任务模块	完善运营能力	用户等级体系	实现数据化运营	用户指标	
		内容展销功能		运营位优化		商户指标	
		权益商城功能		触达效率提升		村委指标	
		活动定制发布		完善数据统计		协会机构指标	

村晓 APP 功能架构

- 全面推进"党建引领，业务驱动"的银村合作模式。顺德农商银行自 2019 年开启村居党建共建工作以来，已实现顺德区 206 个村居 / 社区党组织 100% 的结对共建，同时，每年常态化开展"普惠金融进村居"等形式多样、村民喜闻乐见的活动，惠及村民超百万人。
- 联合顺德区容桂义工联开展"秋颂感恩，恰好有你"最美志愿者回馈活动，通过多渠道触达志愿者和广大村民，让爱"双向传递"。活动累计触达人数超过 2.5 万，页面访问 1.2 万人次，累计活动参与人数达到 4 140。
- 联合顺德区容桂鹏星社工服务社、容桂龙涌口村委会开展"河育桃花，富贵万家"龙涌口桃花文创作品投票活动，推动村居评选活动的公开透明。活动累计参与人数超过 5 200，页面访问超过 3 万人次。
- 联合顺德区 10 个镇街的 30 个深度合作村居，以"激扬年华，奉献力量"为主题，开展"最美志愿者"评比活动。在弘扬社会服务精神的同时，提升村居民生的精准服务质量。活动开展以来，页面访问总次数达到 16.48 万次，访问人数达到 3.41 万，总投票数达到 20.5 万。

（2）搭建"村民生活圈"消费场景助力产业振兴。聚焦本地鳗鱼、花卉、养殖业、农贸批发、餐饮文旅等特色产业，顺德农商银行创新线上引流、线下精准经营新模式，打通"协会—商户—用户"的产、供、销链路，实现"一村一品"的线上到线下导流模式落地应用。这主要体现在如下几个方面。

- 联合本地餐饮协会结合顺德"鱼"美食文化,打造"年年有鱼"春日寻味之旅活动,通过线上引入多家优质本地美食商户和派发立减券,提升线下商户到店率,吸引了超过2.8万用户参与活动。
- 链接行内本地美食推荐平台"寻味食都"和电商平台"顺商惠",以节假日为活动契机,联动周边商超、市场开展夏日抢券活动,并通过线上宣传矩阵扩展受众面。共吸引超20万人次参与活动,带动线下实体消费额超100万元,有力推动了线上线下商户及个体户的经营发展。

(3)**建设"美丽乡村"生态文旅场景,助力文化振兴、人才振兴和生态振兴**。顺德农商银行聚焦村居传统文化传承、艺术素养及"以水兴城"乡村美景展示的需求,建设"美丽乡村"场景,提升村居美誉度和村民自豪感。这主要体现在如下几个方面。

- 联合顺德区委宣传部、顺德区摄影家协会共同开展的"大美顺德,和谐家园"青少年摄影展览活动,为乡村人才振兴助力。在活动期间,活动访问量超过9.6万人次,参与人数达到2.8万,分享超过4 100次。
- 联合区农业农村局和顺德区榕树头基金会开展的"水韵乡艺共生传承"美丽乡村传统手工艺视频线上投票大赛,吸引了全国各高校师生团队参与拍摄和参赛,推动了文化传承与创新。活动访问量超过9.5万人次,参与用户超过4.8万,分享超过5 200次。
- 联合杏坛青田、乐从上华、龙江甘竹等15个特色村居开展"美丽乡村,青春之路"文化交流活动,通过线上线下传播提升村居特色知名度。活动开展一周,访问量超过3.9万人次,累计参与人数超过6 100,投票达到11 427张。
- 联合区农业农村局、乡村发展协会、怀集结对帮扶机构、33家村居、7大商圈及110家商户开展"1+3"活动,即1个主题活动加3个支线活动。1个主题活动为"水乡寻韵"盖章打卡,3个支线活动分别为全民健步齐助农、最美村居评选及游龙寻宝享优惠。活动期间,访问量超过24万人次,参与人数超过1万。

四、取得成效

(1)**乡村金融创新数字化赋能成效突显**。顺德农商银行的"金融+乡村振兴"服务平台,结合了数字经济与农村金融,全力做好乡村振兴服务。自平台上线以来,用户规模已超过29万,用户分布覆盖顺德区的206个村居。

（2）**精准化服务村居需求，打造乡村振兴服务品牌**。作为深耕县域的农村金融机构，顺德农商银行积极发挥地方金融主力军作用，提升乡村服务质效：一方面聚焦推进顺德区政府的"数字顺德"建设，获得政府、村居和村民的高度评价和赞许；另一方面做好银、政、村、协沟通桥梁及纽带，多方合力提升村居精准化服务，累计引入行业协会 10 家、商户超过 1 000 家，深度应用及合作村居 149 家，吸引超过万名志愿者参与村居民生服务建设，平台访问量超过 400 万人次。

（3）**推进全链路数字化生态银行建设，提升生态价值创造**。全链路数字化生态银行建设是顺德农商银行首个生态圈核心链入基点。一方面，它打造生态服务场景，对接行内用户中心，打通了行内"1+N"生态平台间的互联，实现了相互引流转化。另一方面，丰富了生态服务场景"医食住行"和金融知识普及、反诈反洗钱内容，提升了全渠道生态场景化价值创造能力。

完成人：
潘建峰　广东顺德农村商业银行股份有限公司零售银行部总经理
辛晋豪　广东顺德农村商业银行股份有限公司零售银行部乡村振兴部落长
邓晓君　广东顺德农村商业银行股份有限公司零售银行部乡村振兴部落协管部落长
陈　雁　广东顺德农村商业银行股份有限公司零售银行部专业经理

案例 16　深圳要素交易金融服务平台

深圳要素交易金融服务平台（以下简称"深易金服"）是在深圳市发改委深化公共资源交易改革精神的指导下，由深圳交易集团（以下简称"深交易"）打造的。该平台基于全要素交易，旨在缓解市场交易主体的资金压力，进一步优化营商环境。平台依据行业政策，面向交易主体的融资需求，通过有效整合公共信用信息、社会征信服务、金融机构产品等资源，构建了以"交易＋平台＋金融"模式为基础，服务于公共资源交易领域的新一代数字金融服务平台。

截至 2023 年底，平台合作金融机构累计业务规模达 30.2 亿元。其中，政府采购订单融资业务累计规模为 12.7 亿元，电子保函业务累计规模为 17.5 亿元。

深易金服在深交易服务实体经济的责任担当中，围绕交易平台，赋能市场主体经营发展，积极引入金融机构服务资源，并在市委、市政府的政策指导下，进行积极探索，取得了阶段性成果。

关键词：公共资源交易，平台，金融服务，服务实体经济

一、背景介绍

（一）政策驱动

2022 年 6 月，深圳市财政局印发《关于贯彻落实进一步加大政府采购支持中小企业力度有关事宜的通知》，强调深化政府采购订单融资改革，搭建政府采购订单融资线上服务平台，为中小企业提供更加便捷、高效、优惠的融资服务。通知要求深圳交易集团有限公司（深圳公共资源交易中心）要不断完善融资服务平台功能，通过多渠道宣传，积极配合做好政府采购订单融资工作。在供应商获取采购文件、领取中标（成交）通知书时，要主动宣传政府采购订单融资政策，并在采购文件和中标（成交）通知书中列明政府采购订单融资指引条款，明确告知相关政策。深圳交易集团积极发挥角色作用，自上线订单融资服务以来，坚持引

入头部金融机构，完善产品方案，实现业务系统对接，协同优化服务流程。2023年3月，新的政府采购订单融资系统升级投产，进一步提升了服务效能，强化了交易数据交互，助力银行贷后风控。

2023年5月，深圳市住建局发布《深圳市住房和建设局关于推行差异化缴纳投标保证金进一步降低招标投标交易成本的通知》，指出要全面推广电子保函（保险）、大力推行电子保函（保险）在招标投标过程中的应用。相关政策的出台不断鼓励和推动深交易优化和丰富电子保函服务，持续延伸招投标电子化服务半径，提供覆盖标前及标后的一站式电子化保函系列产品及服务。

为深入贯彻党的二十大精神和中央金融工作会议要求，全面落实《中共中央 国务院关于促进民营经济发展壮大的意见》，持续加强对民营企业的金融服务，近年来，多项促进民营经济发展壮大的政策措施陆续出台，深交易积极承担社会责任，发挥在公共资源交易领域助力民营企业健康发展的重要作用。

（二）市场需求

深易金服的核心目标客群是民营企业、中小微企业。

民营经济是国家推进高质量发展的重要基础。近年来，国家围绕民营经济发展壮大，已接连推出金融支持25条、市场监管22条、便民办税28条等一系列政策措施。中小企业是国民经济和社会发展的生力军，也是扩大就业、改善民生、促进创业创新的重要力量，在稳增长、促改革、调结构、惠民生、防风险中发挥着重要作用。

而中小企业绝大多数是民营企业，它们的经营发展亟须各方面的助力和支持，其中包括着力解决融资难、融资贵、融资慢等制约企业发展的关键问题。某地工商联曾统计，民营经济总量占当地GDP的比重达到50.5%，但当地民营企业获得的银行贷款不到银行贷款总额度的三分之一。融资困难、成本高，让不少中小企业、民营企业深感压力。

以政府采购中标供应商为例，中标项目越多，供应商对运营资金补充的需求就越显著。然而，小微企业往往由于成立年限短、营收规模小、股东背景薄弱、抵质押物不足等条件，受到金融机构在其信用能力评价上的限制，导致融资困难。深交易各类交易平台的注册企业用户超过12万家。深易金服平台通过有效整合公共信用信息、社会征信服务、金融机构产品等资源，为小微企业疏通融资渠道，引"金融活水"来"浇灌"小微企业的初期发展。

（三）交易场景

深交易立足于深圳全市公共资源交易市场，目前业务范畴已经涵盖27个不同的交易品类，其中包括公共资源交易类、市场化交易类和交易衍生服务类等。

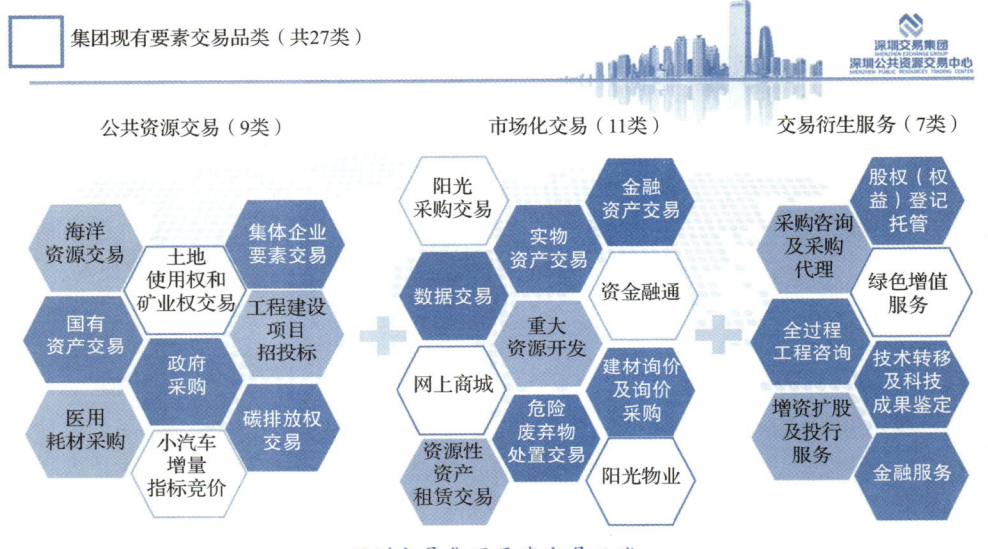

深圳交易集团要素交易品类

深易金服已逐步打通政府采购、工程建设项目招投标、医用耗材采购、阳光采购交易、建材询价及询价采购等重要交易场景。通过确立交易系统与金服系统接口对接的统一规范，优化系统运行机制，支持各类交易主体在金服平台的融资类、保函类功能模块中获取定制化的金融服务。

（四）资源优势

截至2023年底，深交易累计交易金额达到5.24万亿元，累计交易项目为456万宗，交易发起方累计超过1万家，交易响应方累计超过12万家。集团拥有优越的流量资源和交易数据资源优势。数据作为主要的生产要素，"数据+算力+算法"成为数字经济的引擎和基石。深易金服运用供应商公共资源交易数据，并引入征信机构的专业服务方案，整合平台公共数据及金融、商业等领域的海量数据资源，将数据应用赋能至普惠金融的大文章中，为银行开展中小微企业融资服务提供了行业稀缺的交易数据支撑。通过消除银企信息不对称，降低融资交易成本，推动资金供给侧的金融产品创新，提升了企业融资效能，激发了民营经济发展活力。

二、建设内容

（一）平台架构介绍

（1）平台功能定位。基于"平台+金融"的展业理念，平台定位为金融服务平台，是衔接要素资源交易服务场景和各类金融机构服务能力的核心中枢，集承载、交互、运营功能于一体。这是一个面向企业主体、金融机构及各交易平台的 SaaS 化多边互联网应用平台。此平台兼具金融展业、品牌宣传、信息发布、生态合作、外地展业等多重功能，同时支持与各交易系统对接，落地具体业务场景，并可作为官方平台独立展业。该运作机制的落地将增强平台的核心竞争力，推动其成为全国公共资源交易领域金融服务的新标杆。我们从零到一搭建深易金服平台的整体架构。

（2）平台建设规范。平台将原有的按业务品类分别建设子系统、分别运行和运维的机制，调整为按融资类、保函类等业务大类提取异同点集中进行建设，形成"1 个运营平台 +2 套产品体系 +N 个金融产品"的"1+2+N"架构。确保在顶层业务设计、架构设计、功能开发、数据存储、运营运维等方面统一规范。

（3）系统对接机制。金融服务系统的建设对交易项目全周期业务数据的提取有较高要求。深易金服平台按照标前和标后两大业务节点，升级制定了与交易系统端对接及获取数据的机制，实现了各交易系统与平台只需对接一次即可满足融资类和保函类服务的开发需求。该对接机制可化解当前集团内部各信息化系统建设和数据应用多、杂、难的现状问题，降低各方开发成本投入和数据风险。

（二）金融机构合作

截至 2023 年 12 月底，深易金服累计接洽的金融机构已超过 40 家，基本覆盖了国内的主要银行、保险公司和担保公司等金融机构。其中，政府采购订单融资业务已上线 10 家金融机构，电子保函业务已上线 12 家金融机构。根据麦肯锡公布的 2022 年银行价值创造排名，前 40 家银行贡献了 90% 的税后净利润，其中有 24 家银行已在深圳展业。目前，深易金服接洽的意向合作银行占已在深圳展业的前 40 家银行的 87.5%，已签约银行占比 45.8%，已上线银行占比 37.5%。根

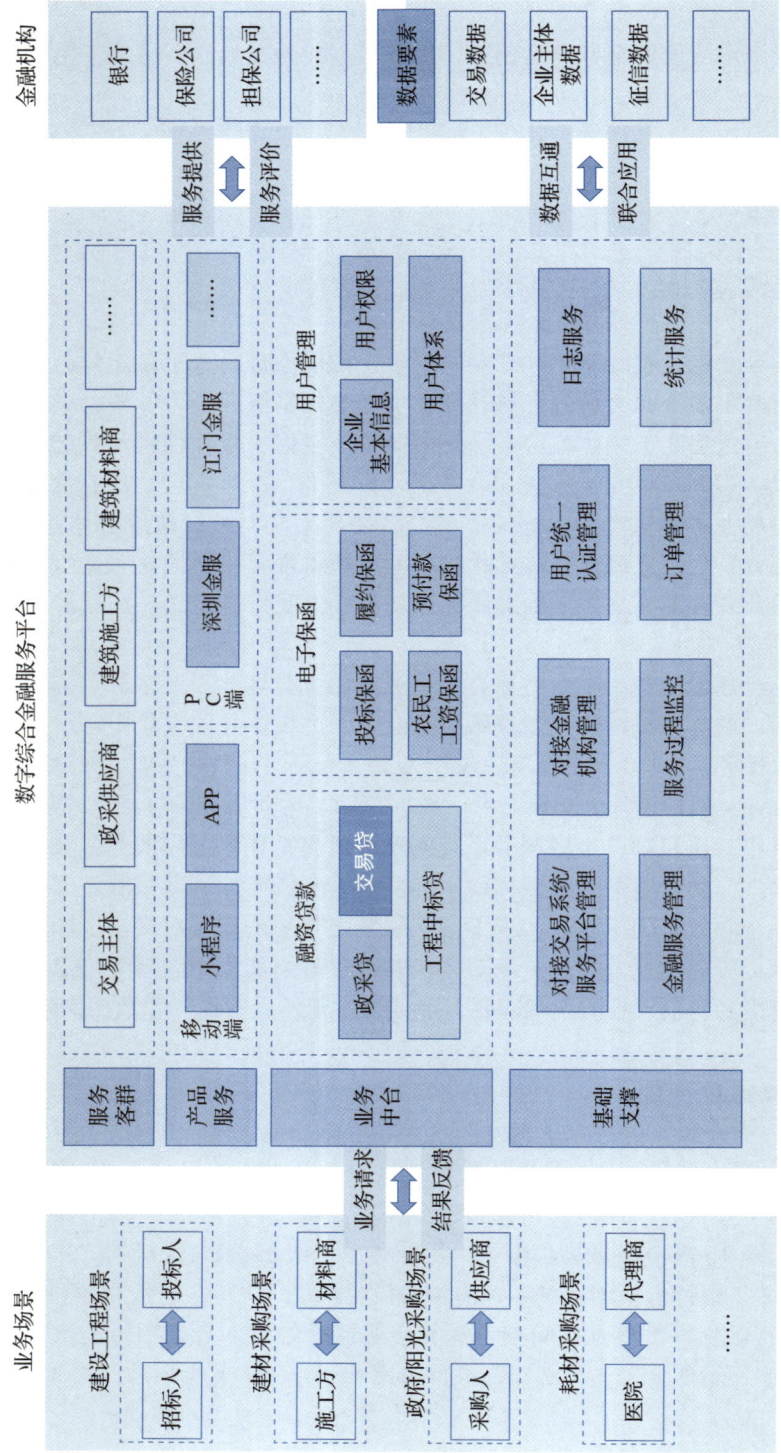

深易金服平台架构图

据 2022 年财险公司排名，前十大财险的市场份额合计占 86%，目前深易金服接洽的意向合作保险公司占比 80%，已签约保险公司占比 60%，已上线保险公司占比 40%。

（三）金融服务功能模块

依托深圳交易集团要素资源交易服务场景，深易金服目前设有"深易融资、深易保函、深易保险"三大服务系列。

（1）**深易融资**。为贯彻落实中央关于推进普惠金融高质量发展的要求，持续优化营商环境，帮助中小微企业扩大融资来源、降低融资成本、提高融资效率，平台与 10 家银行确立了合作关系，面向政府采购中标供应商提供定制化的融资服务，着力解决企业在资信和抵押物缺乏方面的融资痛点，以及金融机构不愿贷和不敢贷的融资难点，实现资金需求侧和供给侧的高效匹配，全面赋能中小微企业在交易平台的融资生态。

目前，投产运行的融资服务包括政府采购订单融资和交易贷。政府采购订单融资是指政府采购中标（成交）供应商凭借其所获取的政府采购中标（成交）通知书和采购合同，向参与订单融资业务的金融机构提出融资申请，金融机构以各自信贷政策为基础，为中标供应商提供信贷资金。交易贷是合作金融机构为深交易各交易平台中标（成交）供应商提供的专属信用贷款服务，供应商的历史交易情况可用于贷款审批以实现额度提升。

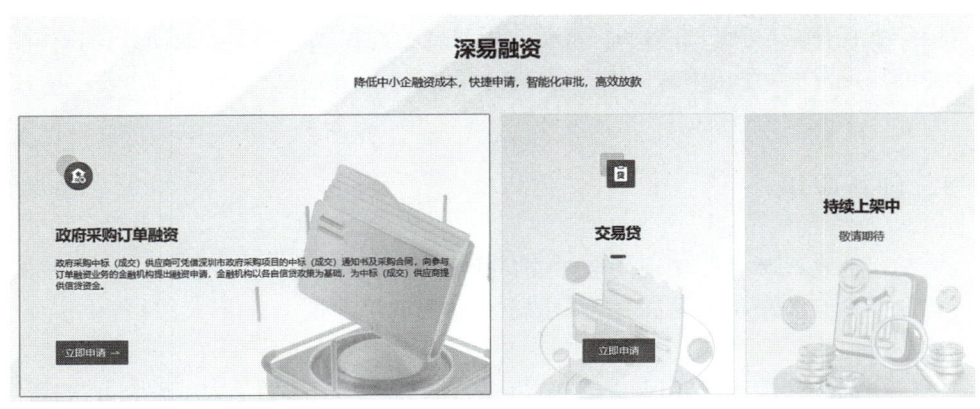

深易金服"深易融资"服务界面

（2）**深易保函**。为响应市发展改革委和市住房建设局关于"完善招标投标交易担保制度、全面推广电子保函（保险）"的政策号召，以及响应市人力资源保障局规范工程建设领域农民工工资支付保证的政策号召，深圳交易集团持续延伸招投标电子化服务半径，提供覆盖标前及标后的一站式电子化保函系列产品及服务。电子保函是指由银行、保险公司、担保公司等金融机构应投保人的请求，向受益人开立的一种电子化担保凭证，用于保证在申请人未能按双方协议履行其责任或义务时，由担保人代其履行在一定金额、一定实现范围内的某种支付或经济赔偿责任。电子保函与纸质保函、现金方式递交保证金具有同等法律效力。目前，平台已上线投标保函、履约保函、农民工工资支付保函和预付款保函等服务。

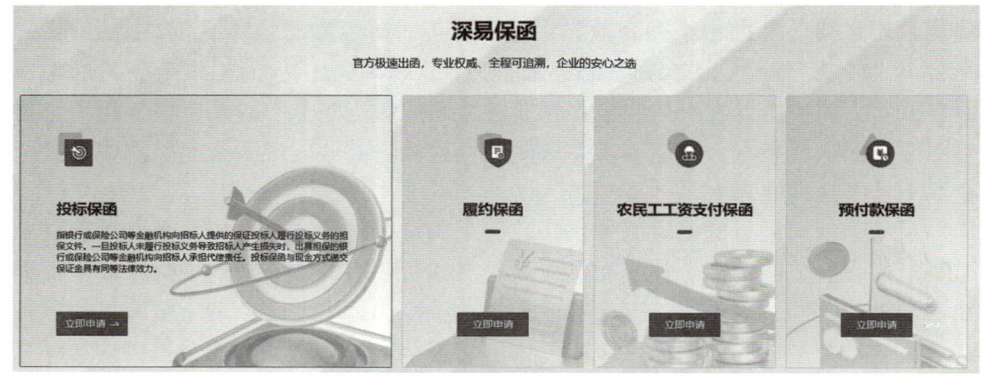

深易金服"深易保函"服务界面

（3）**深易保险**。深易金服联合金融机构为交易主体提供保险服务，包括财产保险、责任保险以及员工福利保险等，以减轻企业在风险管理方面的负担，保障企业的稳定发展。该模块功能尚未正式投产。

三、创新应用

（1）**服务一体化，实现"全方位"营商环境优化**。通过"交易＋金融服务"一体化，联合金融机构提高民营小微企业融资的可得性，为市场主体提供多元、高效、便捷的金融服务。

（2）**品类全覆盖，实现"一站式"撮合服务**。以交易场景为基础，开放接入各类金融机构，面向投标、中标等市场主体，提供贯穿交易项目全生命周期的全品类金融服务，旨在"一站式"满足市场主体的各类金融需求。

（3）**平台 SaaS 化，实现"多元化"用户服务**。该平台基于场景＋金融的展业理念开发,是国内公共资源交易领域首个可在全国展业的 SaaS 化模式多边服务平台,可同时向广大市场主体、金融机构及各地公共资源交易中心提供多边服务。

(4) **数据规范化,实现"开放式"体系建设**。通过公共数据规范化的方式,平台实现了各类交易系统与金融服务的无缝衔接,让交易更加便捷、整体业务运行更加高效,实现了"数据多跑路、企业少跑腿"。

四、获得成效

(一)解决了政府采购中标供应商融资难题

自 2021 年 7 月上线政府采购订单融资服务以来,深交易始终与金融机构紧密协作,以优化服务流程。2023 年 3 月,试行新版系统以提升服务效能并强化交易数据交互,同时助力银行贷后风控工作。截至 2023 年 12 月底,平台合作银行在政府采购订单融资业务中累计放款 12.70 亿元,累计服务 147 家企业,其中中小微企业占比超过 90%,服务复购率增至 39.0%。

平台积极统筹优质金融机构资源,为中标(成交)供应商提供线上线下专属服务。平台主要具备以下业务成效和优势。

(1) **渠道上**:平台已与 10 家金融机构(工行、建行、农行、中行、招行、兴业、中信、民生、平安、珠海华润)合作开展政府采购订单融资服务,业务量在全市占比超过 95%。供应商可集中浏览、快速知悉各行服务方案和准入条件,高效达成融资意愿。

(2) **价格上**:合作银行为中标供(成交)应商提供普惠金融优惠融资利率,持续降低融资成本。

(3) **效率上**:基本实现客户端操作线上化和银行端风险审批智能化,在申请材料齐备的条件下,一至三个工作日即可完成额度审批和放款。

(4) **协同上**:集团已建立总分协同服务机制,在各区域分公司均设立融资服务专岗人员,为中标(成交)供应商提供线下咨询服务,及时宣导优惠政策,高效配置银行服务资源。

(二)电子投标保函在线一站式开立

集团负责运营深圳市建设工程交易唯一法定平台,为行政监督部门的政策制定、过程监管、标后评估等工作提供服务支撑。为响应主管部门招投标全流程电子化改革、全面推广电子保函等政策要求，集团积极探索并上线了电子投标保函服务。

深圳要素交易金融服务平台已引入15家金融机构（建行、中行、招行、中信、平安、广发、兴业、华润、光大、人保、人寿、太平洋、太平、平安财险、中华联合财险）以提供电子保函服务。投标项目信息及投标人信息可自动交互至保函申请页面，投标人可快速选择标段和金融机构申请开函，并可在线查验保函真伪。该服务具有办理效率高、交易成本低、存档便利、可验真伪等显著优势。截至2023年12月底，电子保函服务累计开函17.50亿元，服务企业1 152家，服务复购率增至54%。

（三）优化升级交易平台供应商专属信用贷款服务

交易贷功能模块于2023年11月完成开发并上线，首期可向政府采购智慧平台、阳光采购平台及医用耗材阳光交易平台的供应商提供信用贷款服务。供应商可凭借历史交易订单数量、金额规模和项目履约情况向金融机构申请融资。通过交易贷的开发上线，供应商可获得额度上限300万～1 000万元、随借随还、利率优于普通信用贷款的融资服务。

完成人：
陈荣冠　深圳交易集团有限公司金融发展中心总经理
易斯婷　深圳交易集团有限公司金融发展中心经理
曾　璐　深圳交易集团有限公司金融发展中心副经理
刘博源　深圳交易集团有限公司金融发展中心综合金融岗
胡志扬　深圳交易集团有限公司龙岗分公司政府采购岗
顾瑞琰　深圳交易集团有限公司宝安分公司建设工程交易岗

案例 17 政采易贷

当前，政府采购正经历从传统的线下竞投标向线上、电子卖场、网上商城等现代化模式转变的过程，且这一趋势在逐年扩大。利用互联网技术，全国各省市纷纷建设政府采购智慧云平台电子卖场，这一变革极大改善了银行业在获取企业招投标信息时所面临的信息渠道众多、信息获取难、数据日更新多、信息匹配少等问题，缓解了中标企业与银行的信息不对称问题。政采贷产品通过借力政府采购诚信保障，基于政府采购信用和国库集中支付作为履约保障的政府采购合同，能够有效解决中小企业"融资难"问题，助力普惠金融发展，同时也推进了政府采购和金融服务领域的持续进步与发展。

关键词：普惠金融，政采贷，电子卖场

一、背景介绍

对于银行而言，传统政采业务存在着中标企业信息、标的信息以及融资信息来源广而杂的问题。客户经理需要在多个平台查询、搜集、匹配和筛选信息，这导致了人力成本的提高。同时，也存在本地企业获取外地项目的商机不及时，难以快速满足融资需求等问题。中小企业要及时通过信贷风控也较难，使得它们难以及时盘活应收账款，从而面临融资难、融资慢等现实问题。

随着各级省市政府大力推动电子卖场平台的建设，借助政府采购的诚信保障，依托中小企业的政府采购信用和以国库集中支付作为履约保障的政采贷业务应运而生。目前，各省市的电子卖场不仅拥有交易系统和监管系统，还融入了金融服务系统等，为银行提供了新的服务机会。然而，如何将电子卖场的功能接入并融入银行业务，是各银行面临的难题。

二、建设内容

（一）系统架构

"政采易贷"是江西银行推出的第一款全线上化的对公产品，实现了预授信模式，具备智能审批、实时反馈、线上签约等功能，打破了诸多传统政采贷业务的制约，极大地提高了贷款审批效率，突破性提升了客户体验。

"政采易贷"涉及多个行内及行外系统。供应商在政采平台中发起贷款申请，并由政采平台负责完成包括合同签约、汇款账户确定等功能。行内系统中的江小贷平台负责接收融资申请、补录企业和个人信息、风控等功能；互联网前置系统负责行内外系统的交互、控制交易风险、保障数据安全；风控系统负责"政采易贷"贷前贷后的所有风险控制；信贷系统负责完成授信协议生成、合同签约、账户锁定等功能；企业手机银行则负责完成客户提前划款等交易功能。

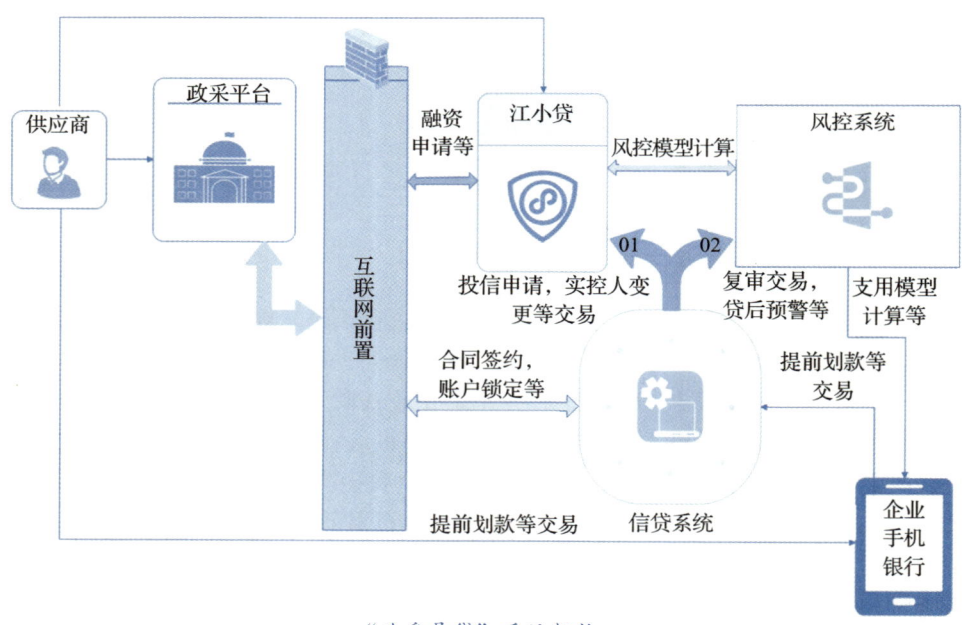

"政采易贷"系统架构

（二）系统功能建设

"政采易贷"主要包含预授信、复审业务、额度生效业务、支用申请业务、贷后预警业务和还款业务等功能。

案例 17 政采易贷 • 149

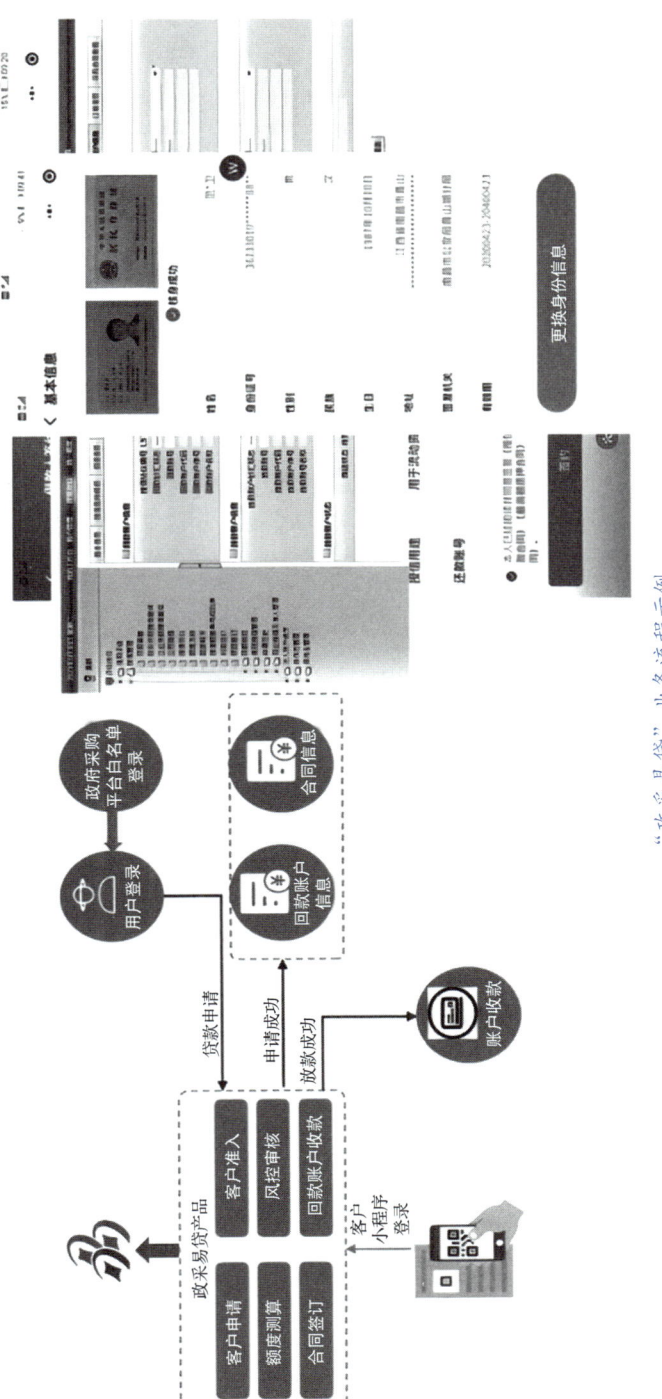

"政采易贷"业务流程示例

1. 预授信功能

预授信功能实现了客户从电子卖场到授信额度申请的流程全线上化，极大地改善了客户的体验，提高了工作效率。

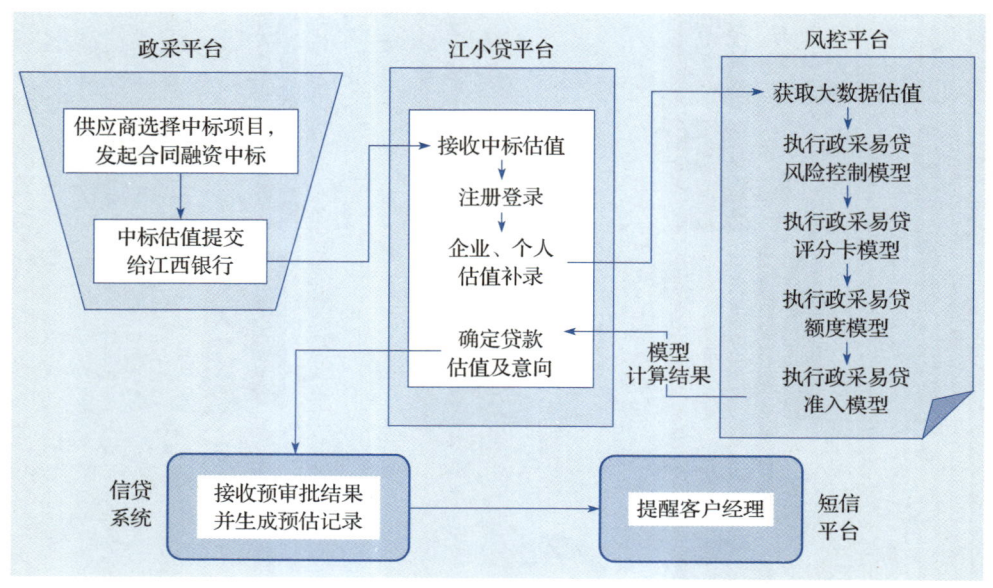

预授信功能流转示意

江小贷平台接收客户从江西、广东、江苏政采平台发起的政采贷申请，并生成审贷任务。客户确认贷款意向后，需完成企业、个人信息的补录及认证。风控系统结合政采信息及大数据提供的第三方信息，完成政采易贷风险控制模型、政采易贷准入模型、政采易贷评分卡模型及额度模型计算。客户在江小贷平台查看推送的额度，并最终确定贷款意向。在同意贷款额度等信息后，平台将信息推送至信贷系统，并智能分配机构及客户经理，由相关人员跟进后续贷款业务。

2. 复审业务功能

复审业务功能完成企业实控人的信息对比，它使用人脸识别、大数据智能分析等金融科技手段提高了贷款信息的准确性、合法性，提升了业务风控水平。

江小贷平台将企业实控人信息推送至信贷系统，信贷系统结合大数据及核心业务系统判断实控人信息的变更情况。如果存在实控人变更情况，会将变更任务推送至江小贷平台，由客户完成实控人信息录入，之后由风控平台根据大数据完成实控人准入模型的计算。

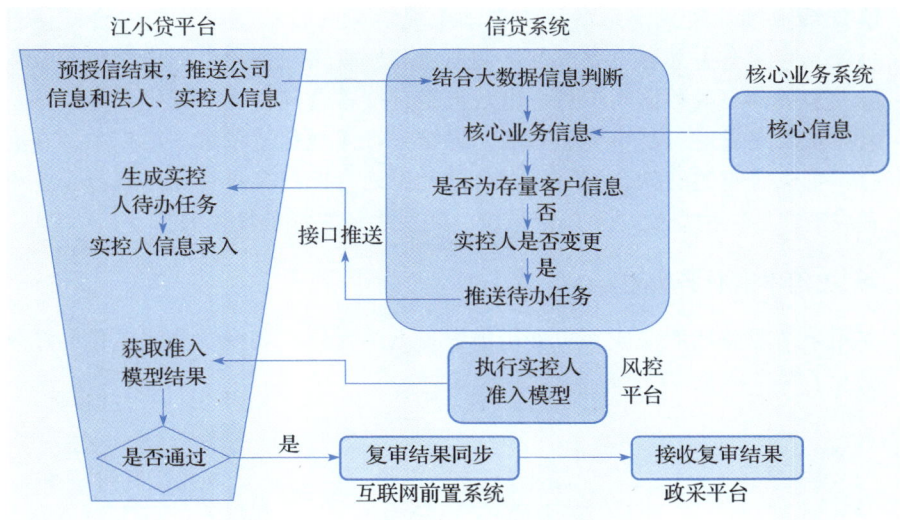

复审业务功能流转示意

3. 额度生效业务功能

额度生效业务功能完成政采易贷业务的行内审批，并通知政采平台审批结果，同步贷款信息，保证业务闭环及数据安全可控。

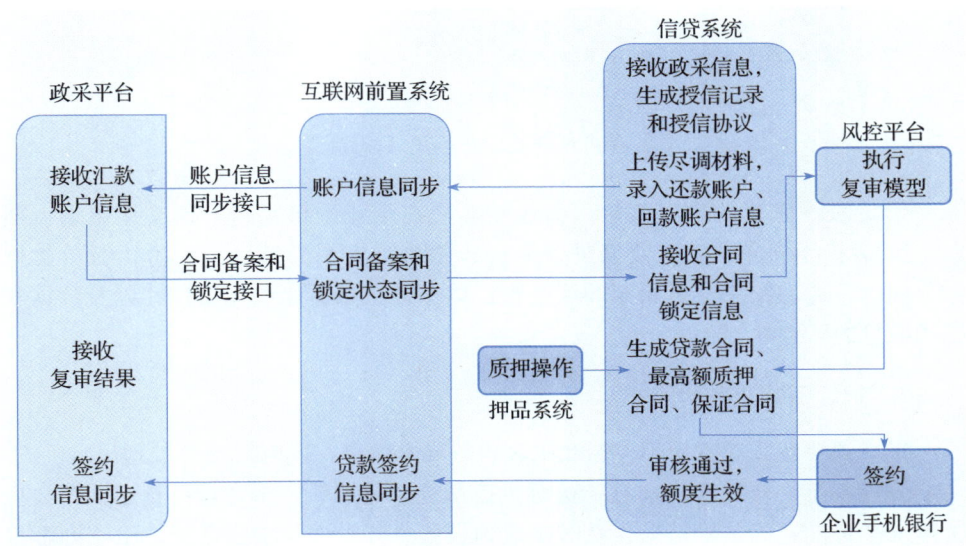

额度生效业务功能流转示意

信贷系统接受政采信息后,将自动生成对应的授信记录、担保合同信息和授信协议,并结合主办客户完成的尽调信息和回款账户信息,形成完整的贷款信息。与政采平台完成数据同步后,由政采平台推送合同备案和锁定状态至信贷系统。风控系统完成对应复审模型判断,将结果推送至信贷系统。信贷系统在完成复审后,生成对应的贷款合同、质押合同和保证合同。客户在江西银行企业手机银行完成签约后,信息推送至信贷系统,随后系统完成额度生效操作。

4. 支用申请业务功能

支用申请业务功能完成客户支用申请贷款的操作,实现了全线上化的放款业务,提升了客户体验。

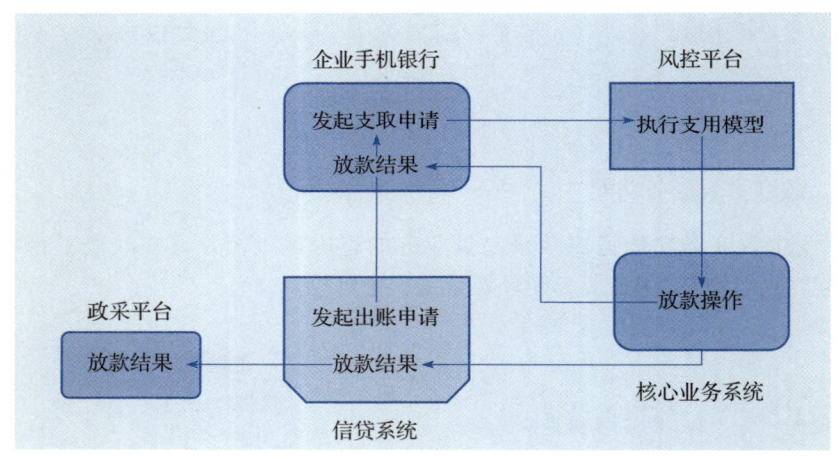

支用申请业务功能流转示意

信贷系统完成放款审核后,会通知客户在企业手机银行发起支用申请。随后,风控平台结合第三方数据进行分析,并执行支用模型计算,再执行放款操作。同时,放款结果会更新至政采平台,以保证数据链路的完整性,以及数据状态和信息的一致性。

5. 贷后预警业务功能

贷后预警业务功能用于监控政采客户的异常信息,及时发现并处理风险。

公贷系统将政采客户信息推送至风控系统。风控系统结合自身贷后预警模型及政采平台推送的预警信息,及时生成预警信息并发送至信贷系统,由主办客户经理进行处理。

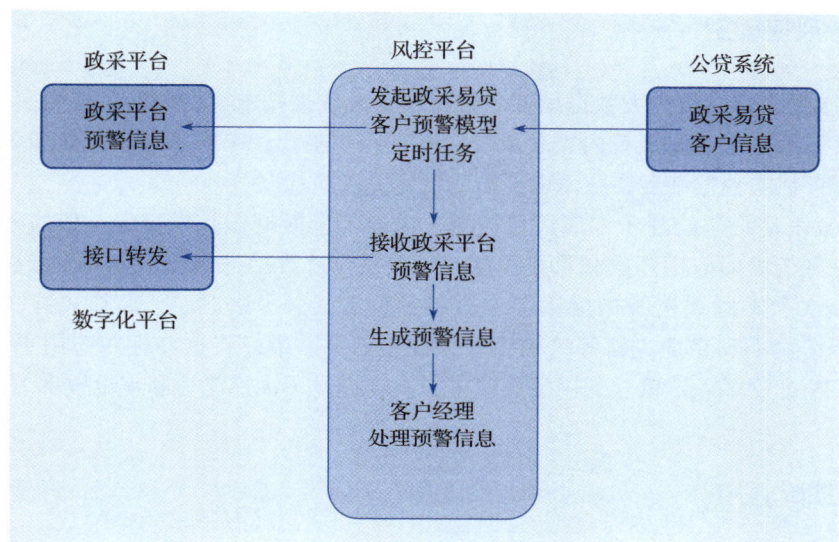

贷后预警业务功能流转示意

6. 还款业务功能

还款分为提前还款和到期还款两种方式,而还款业务功能可实现客户线上化还款及随借随还功能,极大地提升了操作效率及用户体验。

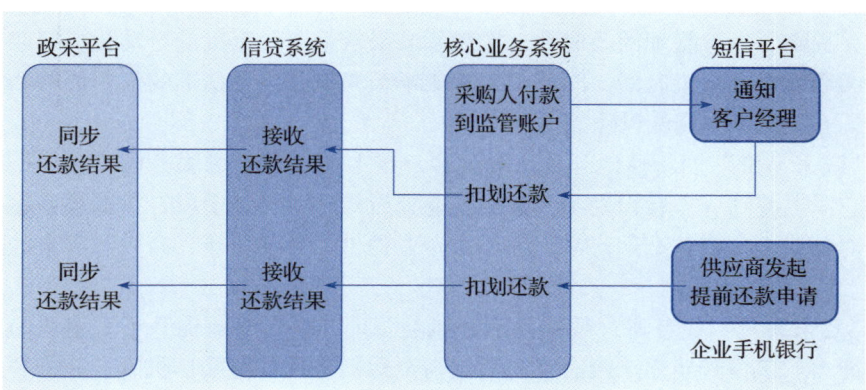

还款业务功能流转示意

对于到期还款,核心系统会通知客户经理,并进行扣划还款操作;提前还款则由客户在企业手机银行发起申请,再由核心系统进行扣划。完成还款操作后,还款结果将同步至信贷系统及政采平台,从而结束该笔政采易贷业务的全流程。

（三）风控模型

"政采易贷"依托大数据风控平台，基于大数据技术，将征信、工商、司法、反欺诈、第三方政采及行内黑名单等信息打通和整合，丰富了政采企业和个人信用风险评估的数据维度，从而更全面地量化了风险状况。

"政采易贷"构建了专属风控模型，内外部全面挖掘数据价值。依据各数据在业务分析中的应用频次和重要程度，风控平台对数据进行加工分类，形成不同更新频次和不同类别的指标标签，例如多头借贷、司法诉讼、欺诈风险、黑名单、征信逾期和企业经营等结构化数据标签体系。最终将这些标签应用于准入、评级、额度测算、定价、支用等策略中，大幅提升了风控能力和审批效率。

三、创新应用

"政采易贷"以"中标订单"为基础，依托实时精准的客户获取能力，利用"大数据+政府采购"精准对接小微企业的融资需求。通过大数据技术，打通和整合了多维度信息，为审批决策提供了智能化指引。产品集成了评分卡、规则集、决策流、交叉决策表等设计器，高效构建了准入、定价、额度、支用等全环节风控模型，确保了产品全生命周期的覆盖和可控。同时，该产品高效利用实时的数据采集和计算能力，借助全面多维度的数据和高性能计算，实时输出风险信息，提高了风险管理的及时性，实现了政采贷款业务审批的自动化、智能化处理，大幅缩短了审批时间，降低了审批成本，并提供了更精准的信用评级和贷款额度，有效降低了贷款风险。

"政采易贷"创新性地开发出对公客户线上化贷款金融服务模式，依托电子签名、线上签约、人脸识别和大数据智能分析等金融科技手段，打造了全生命周期的对公线上化贷款金融产品，为小微企业提供了更加便捷、高效和安全的融资服务。

"政采易贷"业务通过数据共享和风险管理，创新性地提升了对企业的风险评估能力。该模式建立了政府采购数据与金融机构数据的共享机制，充分利用大数据分析和风险管理技术，评估企业的信用和财务状况，以提高对企业的风险判断能力，并提供更为可靠的决策支持。

"政采易贷"自主创新业务模式，充分发挥了渠道端、业务端、风控端的互联互通能力，构建了快速灵活的贷款全业务流程，实现了完整政采贷款业务模式的落地实施。以大数据技术为基础，自主创建了专项政采交易分析风控模型，确

案例17 政采易贷

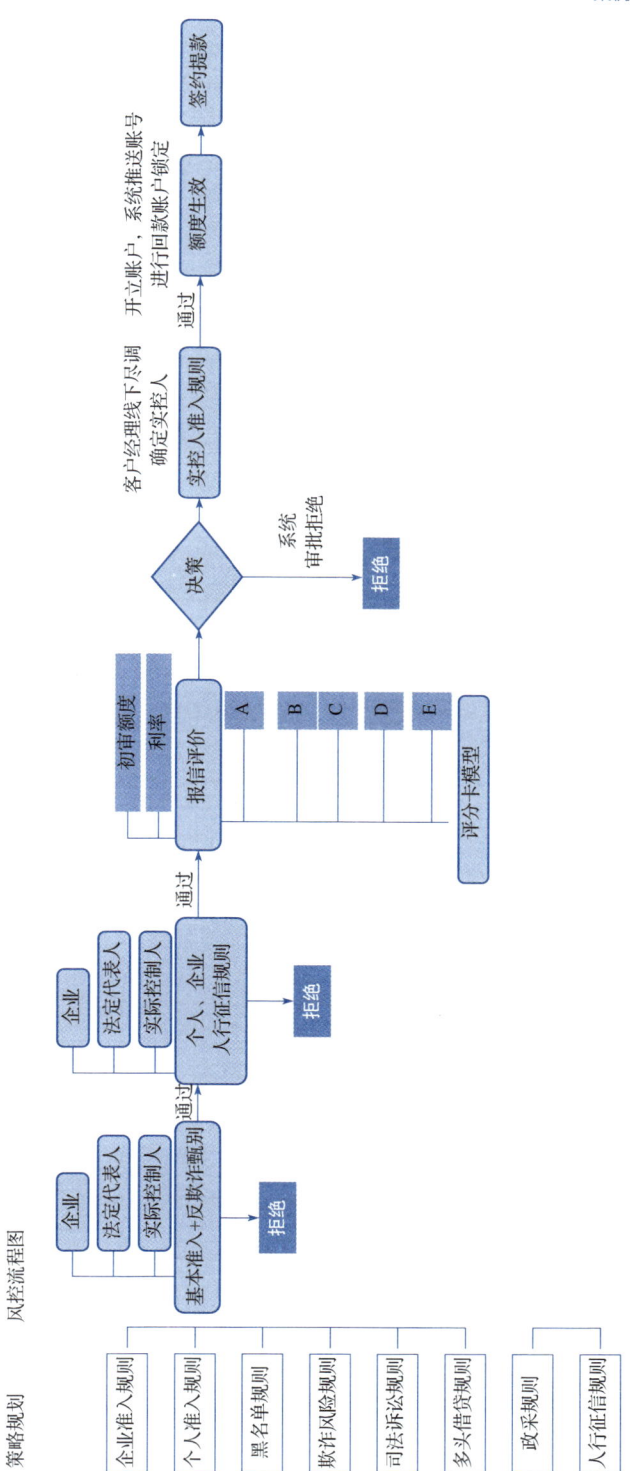

风控模型示意

保了产品全生命周期的覆盖可控。同时,"政采易贷"成功对接江西、广东和江苏三省的政采平台,创新解决了不同政采平台流程处理及接口交互的差异,实现了平台接入的可配置化,极大提高了接入的灵活性和扩展性。

四、取得成效

江西银行是首家入驻江西省政府电子卖场"金融服务系统"的金融机构,并成功办理了江西省首笔全流程线上政府采购融资贷款业务。此外,我行在省外的两家分行——广州分行和苏州分行,积极拓展"政采易贷"业务,得到了《人民日报》的报道和好评。

通过运用金融科技新手段,江西银行不断创新金融服务模式,优化服务渠道,打造了完全线上化的对公客户贷款产品。在政采贷业务方面,江西银行与各金融机构、中小企业、政府部门等建立了合作伙伴关系,共同推进了政采贷业务的创新和发展。

"政采易贷"是江西银行运用"科技+金融"的重要方式,是积极创新差异化、特色化的数字金融服务成果。这是我行在贯彻主题教育要求、推动主题教育走深走实、践行国家服务普惠金融战略、服务实体经济和支持民营小微企业等方面的不懈努力和担当实干的体现。

江西银行将持续发力普惠小微领域,进一步延伸服务触角,持续提升广大小微客户和长尾客群金融服务的覆盖率、可得性和满意度,坚决扛起省级法人银行的政治担当,为地方经济社会发展做出积极贡献。

完成人:
林卫华　江西银行股份有限公司首席信息官
万　磊　江西银行股份有限公司信息科技部副总经理
罗　伟　江西银行股份有限公司普惠金融部副总经理
韦帮志　江西银行股份有限公司信息科技部职员
范大卫　江西银行股份有限公司普惠金融部职员

跨境金融篇

案例 18　工银全球支付及清算体系建设项目

中国工商银行秉承数字化发展理念，结合客户"一点接入、全球服务"的综合性金融服务需求，构建了"自主可控、通达全球、安全高效"的全球一体化支付清算体系，创新推出"工银全球付"综合金融产品服务，实现了 30 余个主流币种和全球 140 多个国家和地区的 7×24 小时全球支付清算服务。通过连接全球 80 余个主要本地清算系统，全面提升了跨清算、跨监管、跨时区、跨语言、跨币种的金融服务保障能力，有效促进了全球资金互联互通，深入推进了国家"一带一路"倡议，服务于国内国际双循环新发展格局，体现了大行担当。

关键词： 一点接入，自主可控，通达全球，本地清算系统

一、背景介绍

当今世界正经历百年未有之大变局，新一轮科技革命和产业变革深入发展。在国内"一带一路"倡议、国内国际双循环战略，以及国际贸易摩擦日渐加剧、逆全球化抬头的背景下，越来越多"走出去""引进来"的跨国企业对全球资金支付清算的时效性和安全性提出了更高的要求。中国工商银行以"国际视野、全球经营"为指导方针，全面启动全球支付及清算体系项目建设，以客户为中心，紧密围绕企业跨境经营和贸易摩擦加剧下的资金安全需求，为"走出去"的中资企业的国际化经营及本土化发展提供基础金融保障，并为落实国家高水平对外开放战略提供重要金融服务。

工银全球支付及清算体系建设项目秉承中国工商银行数字化发展理念，结合客户"一点接入、全球服务"的综合性金融服务需求，构建了"自主可控、通达全球、安全高效"的全球一体化清算支付体系。该体系实现了 30 余个主流币种和全球 140 多个国家和地区的 7×24 小时支付清算服务。通过连接全球 80 余个主要本地清算系统，全面提升了跨清算、跨监管、跨时区、跨语言、跨币种的金融服务保障能力，降低了跨境企业资金运营成本，同时提升了资金安全性，有效

促进了全球资金互联互通。

同时，中国工商银行创新推出"工银全球付"品牌，打造了全球领先的"全球账户可视可控、全球支付安全直达、全球发薪一点接入、全球资金集中运营、全球资产多元配置、全球风险动态管理"等六位一体的全球综合金融产品服务体系，赋能集团企业财资精细化、智能化集中管理。目前，该体系已服务于全球跨国企业和"走出去"央企客户，助力跨国企业全球化经营和数字化转型，发挥国有大行担当，促进国内国际双循环畅通，推动国家高水平对外开放，维护贸易自由体系和开放型世界经济。

二、建设内容

本项目以总行"国际视野、全球经营"方针为指引，秉承智慧银行信息系统的建设理念，以企业级架构方法论为指导，依托工商银行境内外核心银行系统，构建了"自主可控的全球一体化支付清算体系"。该体系对接 80 余个支付清算系统，提供灵活的汇路定制、丰富的汇路选择、完善的汇路管理和高效的资金清算能力，提升了客户支付效率。同时，创新性地推出"工银全球付"品牌，配套集金融支付结算、资金流动性管理、投融资管理于一体的综合产品服务体系，为"走出去""引进来"的企业客户的资金安全保驾护航。

本项目依托大数据、人工智能、云计算及分布式等业界领先的数字技术，在我行境内外核心银行系统基础上构建了自主可控的全球一体化支付清算体系。

工银全球支付及清算体系						
境内市场			境外市场			
服务市场客户	央企客户	中资客户	外资客户	……		
产品服务体系	全球账户可视可控	全球支付安全直达	全球发薪一点接入	全球资金集中运营	全球资产多元配置	全球风险动态管理
支付清算体系	全球一体化清算平台	清算基础网络统一管理	全球支付智能路由	支付及账户服务	……	
数字技术能力	工银魔方	工银图灵	工银星云	工银磐石	……	

全球支付及清算体系应用架构

本项目的关键技术点如下：

- 工银全球支付及清算体系项目的技术架构基于工商银行国内领先的云计算、分布式等基础技术平台搭建，形成了分层解耦、境内外一体化的应用布局，并创新运用了大数据、人工智能等新技术，以支撑工商银行全球支付产品的快速创新和高效智能运营。
- 遵循工商银行账户安全、支付安全、数据安全和技术安全等规范，实施了"同城双活，异地灾备"的"两地三中心"部署，以保障业务连续性，支持 RPO=0 和 RTO 分钟级别保障；通过多因子认证、密码校验、CA 证书、RSA2、SSL 以及敏感数据加密等技术，满足了系统的安全性要求。
- 采用前后端分离开发模式和分布式、微服务架构设计，满足了自主可控的要求。
- 引入柔性事务框架，基于国内领先的分布式事务一致性解决方案，通过运用 SAGA、TCC、可靠消息等模型，在满足幂等、空回滚、防悬挂等要求的同时，全面提升了工银全球支付及清算体系各应用系统的事务一致性保障能力。
- 在应用集群部署上，基于开放云平台环境，根据服务分组设计，形成了分布式集群，并实施了同城双活（AA）部署。在数据部署上，采用自主研发的数据分片算法，对数据进行合理分片，建立了统一的流量调度路由机制，实现了端到端的流量分配和跨片区访问能力。
- 通过 Kafka 自动采集业务和系统运行数据，并将数据推送至日志中心和监控平台，以构建应用画像和业务画像。从基础资源部署、全链路监控和应急、全链路灰度和研发测试管理等全方面进行优化，实现了业务系统可用率达 99.99%。
- 全流程对接 DevOps 标准，实现了持续集成、持续交付和一体化投产，支持应用功能的快速迭代。在生产运维阶段，支持灰度发布、滚动升级和优雅停机，在保持较高服务连续性的同时提升了灵活运维能力。
- 通过人工智能机器学习技术、自然语言处理技术和流程自动化机器人技术，将人工智能模型嵌入支付清算业务的业务处理、客户服务、风险防控等环节，形成智能化、自动化的支付清算业务运营模式，全方位提升了业务运营的质量和效率。
- 企业级 API 能力输出和场景共建采用企业级业务架构设计方法，通过合理封装和提炼基础服务能力，对外输出 API，使渠道能够快速接入，这降低了开发成本。

三、创新应用

创新应用主要体现在如下几个方面。

（一）打造自主可控的全球一体化清算平台

有效破解跨清算、跨监管、跨时区、跨语言、跨币种等支付清算难题，依托工商银行境内外联通的核心银行系统，建设了自主可控的全球一体化支付清算平台。统筹联动本行境内外支付、人行支付、境外本地支付等全球支付清算系统和网络，构建了"覆盖全球、标准统一、运行高效"的资金清算体系，实现了覆盖全球40多个国家的跨境支付"一点接入、通达全球"，有效提升了金融服务基础保障能力。

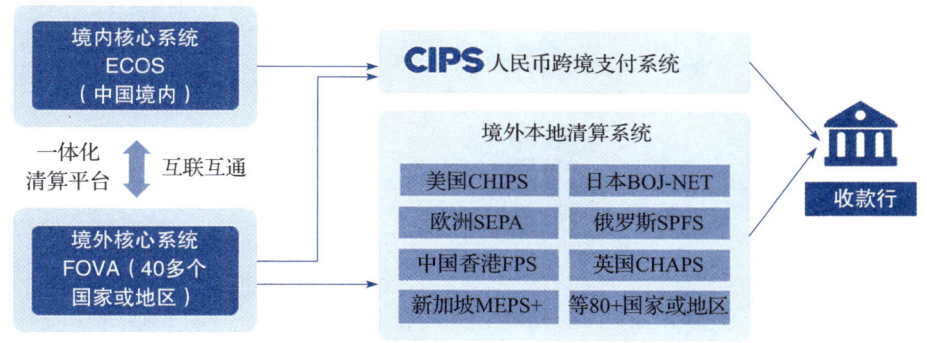

全球一体化清算平台架构图

在中国工商银行境内外一体化自有网络的基础上，全球一体化清算平台进一步对接40多个境外机构所在国家或地区的80余个主流支付清算系统，成为自主可控、全球支付清算网络覆盖面最广的金融产品。

（二）创新"数字智能、合规安全"的全球一体化支付体系

数字智能技术赋能业务灵活拓展，能够按地区、币种、客户和业务等多个维度进行模块化、差异化配置支付网络、清算路径、支付交易和信息存储方式。这一技术满足了各国或地区对于客户信息本地保护、交易数据脱敏等方面的特殊化监管要求，并且支持现有全球支付能力向个人业务、新增国家清算组织、清算币种和监管新要求进行智能灵活扩展和快速对接。

• 跨境金融篇

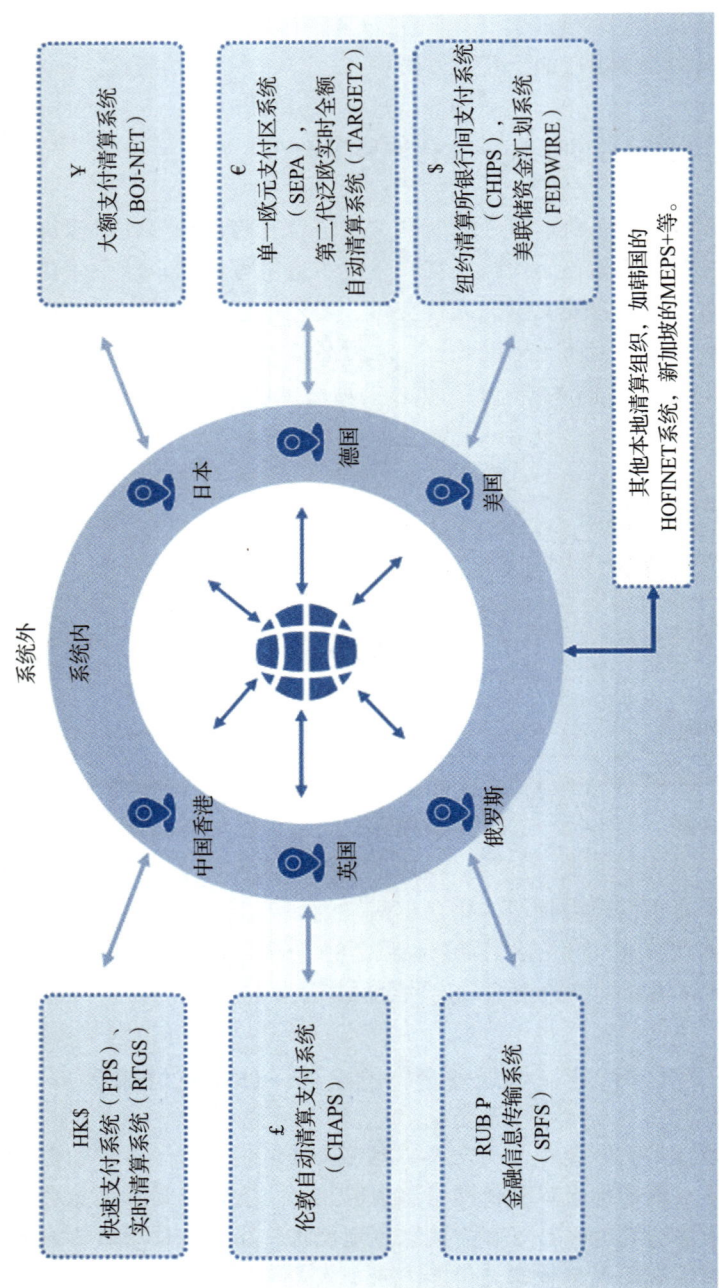

境外本地清算系统示意图

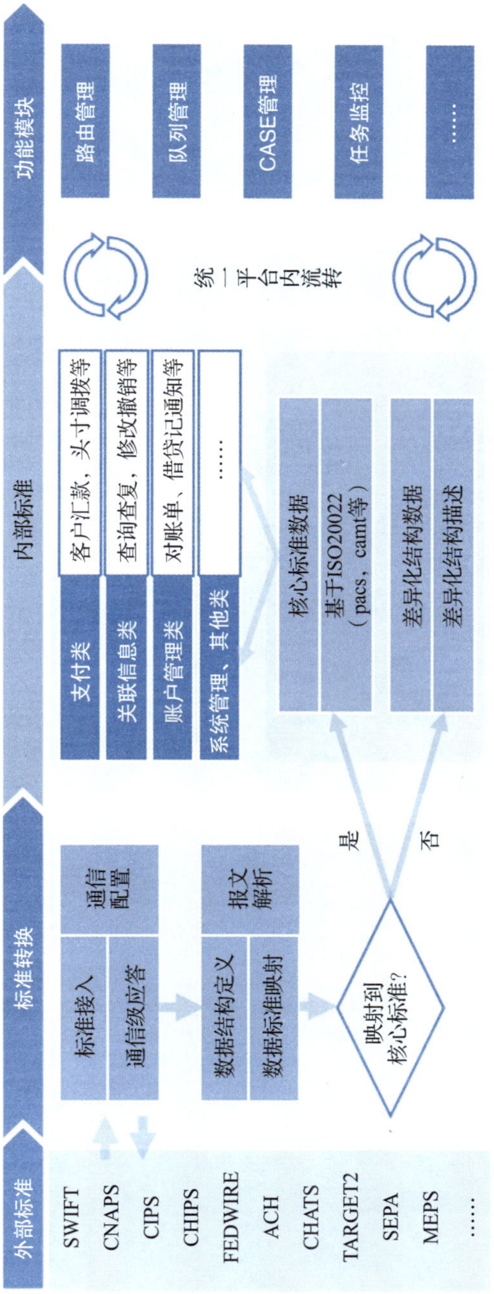

清算报文灵活转换模型

外部标准:
- SWIFT
- CNAPS
- CIPS
- CHIPS
- FEDWIRE
- ACH
- CHATS
- TARGET2
- SEPA
- MEPS
- ……

标准转换:
- 标准接入 → 通信配置
- 通信级应答
- 数据结构定义 → 报文解析
- 数据标准映射
- 映射到核心标准？ 是/否

内部标准:
- 支付类: 客户汇款、头寸调拨等
- 关联信息类: 查询查复、修改撤销等
- 账户管理类: 对账单、借贷记通知等
- 系统管理、其他类: ……

核心标准数据:
- 基于ISO20022 (pacs、camt等)
- 差异化结构数据
- 差异化结构描述

功能模块:
- 路由管理
- 队列管理
- CASE管理
- 任务监控
- ……

统一平台内流转

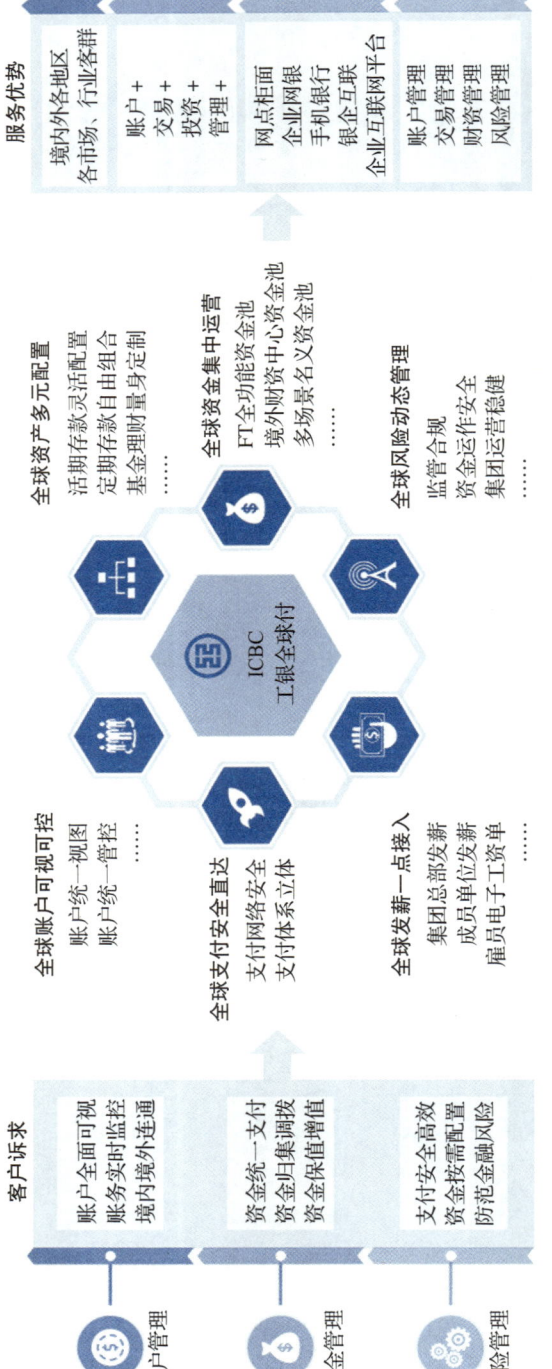

"六位一体"综合服务体系示意

（三）全新打造"工银全球付"品牌

中国工商银行创新推出六位一体的全球综合金融产品服务体系，形成了"多渠道协同、跨产品联动、全场景覆盖"的满足多客群个性化需求的服务体系优势，满足了跨境企业全球化经营高质量发展的需要。

（1）**全球账户可视可控**。企业总部可以根据各地的监管要求，及时掌握境外账户的分布和变化情况，并依据内部财务管理要求，对账户的交易范围、交易限额、交易模式等多维度进行管控，以强化跨境企业账户的统筹精细化管理。

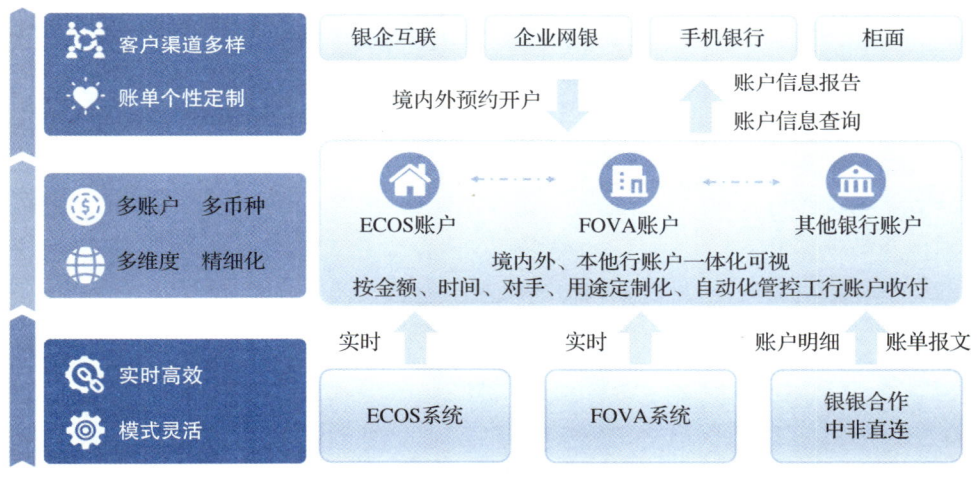

全球账户信息服务

（2）**全球支付安全直达**。基于中国工商银行全球一体化支付清算体系，打造丰富多样的全球支付体系，实现支付路径和到账效率的定制配置，支持国内企网、银企互联、银银合作以及 SWIFT 等支付渠道，搭配电汇、本票、支票等各类支付工具，实现对收付款账号的不同行别、币种和境内外属性的全部交叉组合场景覆盖。重点建设境外本地付款全链路直通服务，以提升客户服务效率，降低汇款成本。

（3）**全球发薪一点接入**。围绕集团企业发薪管理核心需求，提供集团总部统筹发薪、成员单位独立发薪及雇员跨境发薪等多种模式，形成本他行、境内外、本外币薪酬发放与薪酬管理、多渠道电子工资单等一体化服务方案。借助方便快捷的多元发薪服务，提升了企业全球财资管理水平。

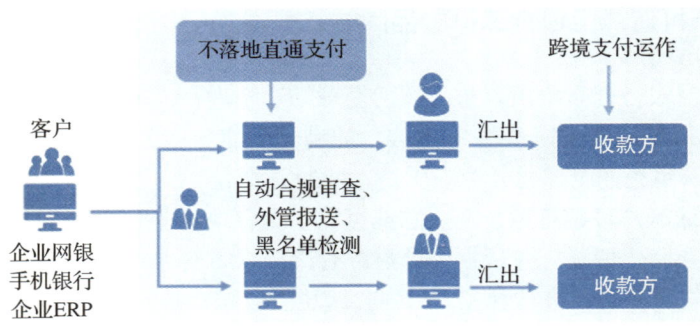

境外本地付款直通示意

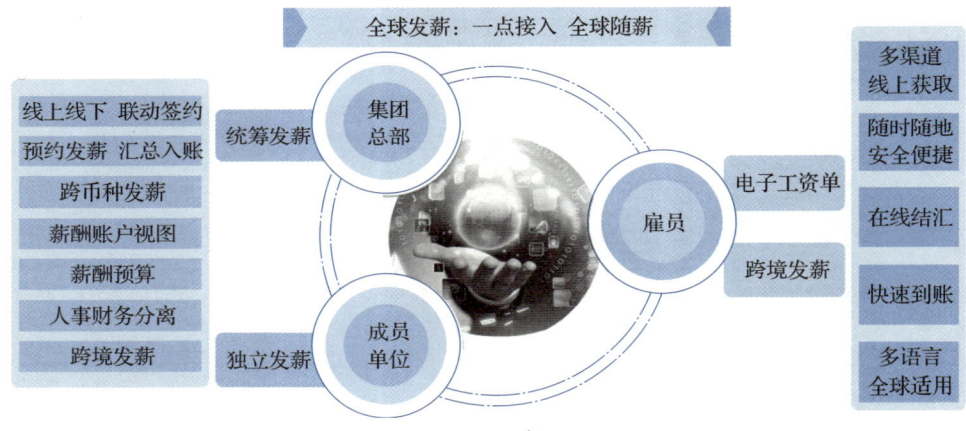

全球发薪业务功能

（4）**全球资金集中运营**。本项目构建了跨境资金管理五彩池，涵盖境内FT账户和境外账户资金集中运营、境外财资中心模式资金集中运营、本外币账户资金集中运营、跨境人民币资金集中运营、虚拟额度资金集中运营等资金池全场景，为跨境企业提供了全球一体化的资金管理服务，有效提升了企业全球资金运营效益。

四、取得成效

该项目自投产推广以来，获得了市场和客户的高度关注，并取得了良好的成效，包括经济效益和社会效益两部分。

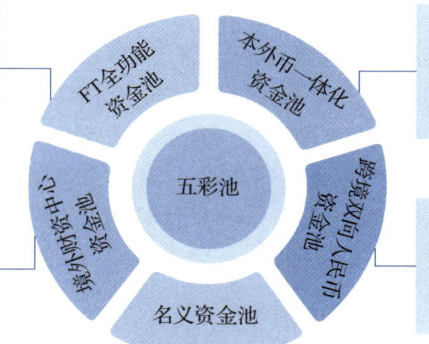

跨境资金管理五彩池

（一）经济效益

经济效益体现在如下几个方面。

- **品牌客户迅速拓展**：工银全球付品牌已面向全球机构全面推广，客户群体覆盖航空运输、石油化工、电力煤炭、钢铁冶金、商贸流通、建筑地产和金融科技等重点行业，对世界500强企业和"走出去"央企的合作覆盖率分别超过31%和80%。
- **价值创造显著增强**：推动企业全球贸易及支付结算业务量迅猛增长，显著增强了中国工商银行国际化业务在拓户、揽存、增收等方面的综合价值创造能力。2023年，全年交易金额累计突破3.1万亿元，进一步强化了客户服务能力、价值创造能力和国际市场竞争力。
- **数字赋能降本增效**：基于灵活高效的直通式全球支付体系，依托数字智能技术，赋能业务降本增效，有效降低了IT资源投入和人工成本，业务处理效率提升了6倍，每年节约人力成本497人，推动了中国工商银行全球金融业务数字化转型和高质量可持续发展。

（二）社会效益

建成自主可控的全球一体化支付清算基础设施体系，覆盖全球30余个主流币种，实现了"一点触达"全球 80 余个主要支付清算系统以及 140 多个国家或地区。成功上线 9 家人民币清算行、23 家 CIPS 境外直接参与行，为客户提供覆盖全球的安全可靠的支付清算服务，保障资金和信息安全，并推广至"一带一路"沿线主要国家或地区，助力跨境企业更好地参与国际经济合作。

本项目成果先后多次荣获环球金融、亚洲银行家等权威机构颁发的"最佳一带一路银行""亚太区最佳人民币清算行"和"最佳支付服务银行"等具有国际影响力的重量级荣誉，并取得了 50 余项国家专利，经济效益突出，社会反响热烈。

完成人：
黄元炯　中国工商银行股份有限公司软件开发中心金融科技专家
韦东俊　中国工商银行股份有限公司软件开发中心珠海开发二部资深金融科技经理
何楷东　中国工商银行股份有限公司软件开发中心珠海开发一部资深金融科技经理
潘丹铃　中国工商银行股份有限公司软件开发中心珠海开发三部副总经理
吴珊珊　中国工商银行股份有限公司软件开发中心珠海产品部金融科技经理（三级）

案例 19 基于隐私计算技术的粤港澳大湾区数据平台

随着《数据安全法》和《个人信息保护法》等法律法规的相继实施,"如何平衡数据开发利用与安全保护"已成为新时代赋予各个企业的使命,同时也是金融行业需要解决的共性问题。特别是在粤港澳大湾区这样跨境金融业务活跃的环境中,实现数据的安全互联与合规共享,无疑是一项巨大的挑战。在此背景下,汇丰银行积极响应国家数字化转型的发展战略,并结合自身发展需要,启动了"粤港澳大湾区数据平台"项目。该项目致力于利用隐私计算中的多方安全计算技术。粤港澳大湾区数据平台是汇丰集团内部使用的创新型数据平台,主要用于解决汇丰在大湾区业务中所涉的跨境金融数据隐私安全问题,确保在合法合规的前提下实现数据的互联互通。

关键词:粤港澳大湾区,跨境金融,隐私计算,多方安全计算

一、背景介绍

2019 年 2 月,中共中央、国务院发布了《粤港澳大湾区发展规划纲要》。汇丰集团积极开展珠三角经济区及香港、澳门两个特别行政区的相关金融业务,致力于加强大湾区内的金融市场联动,推动区域内的金融互联互通,以促进大湾区整体经济繁荣和金融创新。

从业务层面来看,数据的互联互通对业务发展具有很强的指导作用。然而,数据在为人们提供便捷生活的同时,个人隐私与数据安全的问题也随之而来,这已成为一个全球性的挑战。随着粤港澳大湾区法律法规(如我国内地的《网络安全法》《数据安全法》《个人信息保护法》《数据出境安全评估办法》以及我国香港特区的《个人资料(隐私)条例》等)的陆续出台和不断完善,包括汇丰银行在内的许多金融机构在粤港澳大湾区内进行跨境数据存储、传输和使用面临前所未有的挑战。在合法合规的前提下,如何支持和开展跨境金融业务,尤其是在数据领域如何实现数据价值,成为一个重要问题。作为国际领先的金融机构,汇丰

亟须开拓创新性的解决方案。

在遵循法规的前提下，如何既能充分发挥数据的价值，又能保障用户数据隐私与安全不受损害？如何在无法看到原始数据且避免数据泄露的前提下，还能得到相应的结果或者打造所需的模型？近年来，隐私计算技术发展迅速，作为赋能数据利用流程的核心技术之一，它将成为数据流通服务的底层基础设施，为数据流通创造条件并守护数据隐私和安全。

隐私计算技术是一种涵盖众多学科的交叉融合技术，它包含了安全多方计算、同态加密、差分隐私、零知识证明、联邦学习以及可信执行环境等主流技术。由于隐私计算技术和方案种类繁多，为便于理解和分类，业界通常将其落地路径分为三大类：以多方安全计算为代表的密码学路径、以可信任执行环境为代表的硬件路径和以联邦学习为代表的人工智能路径。

本案例介绍的粤港澳大湾区数据平台项目采用了隐私计算领域的多方安全计算技术，为汇丰集团内部打造了一款创新数据平台。该平台主要用于解决汇丰在粤港澳大湾区业务中涉及跨境数据隐私安全的问题，目标是在合法合规的前提下实现跨境数据的互联互通。

二、建设内容

粤港澳大湾区数据平台（下文简称"本平台"）作为支撑集团内部粤港澳大湾区业务往来的新型数据平台，对提升业务能力、降低运营成本、符合监管要求以及辅助内部决策等实现了全覆盖。

本平台采用的主要是隐私计算中的多方安全计算技术。安全多方计算（Secure Multi-Party Computation，SMPC）是在无可信第三方的情况下，多个参与方协同完成计算目标，并保证每个参与者除计算结果外，不能得到其他参与实体的任何输入信息。多方安全计算技术起源于1982年姚期智院士提出的百万富翁问题，经过多年发展，目前成为密码学的一个重要分支。多方安全计算技术是基于密码学的算法协议实现隐私保护的，可以在获取数据使用价值的同时不泄露原始数据内容，从而实现隐私保护。该技术适用于多方联合数据分析、数据安全查询（Private Information Retrieval，PIR）、隐私求交（Private Set Intersection，PSI）、数据可信交换等应用场景。

本平台主要包含计算引擎提供方、数据提供方、算法提供方以及结果接收方，涵盖了隐私计算技术的核心功能（如SQL查询模块、AI计算模块、缓存模块、辅助研发模块、协同计算模块和证书管理模块等）。本平台采用前后端分离架构，主要基于 Spring Boot 框架进行技术实现，并提供 Restful 风格的 API 接口。在前端的用户可视化界面中，可以进行任务与报表相关功能的操作；后端负责处理用户请求、数据（预）处理及业务逻辑等，为用户提供了一站式的计算、任务监控和自助报表展示等服务。

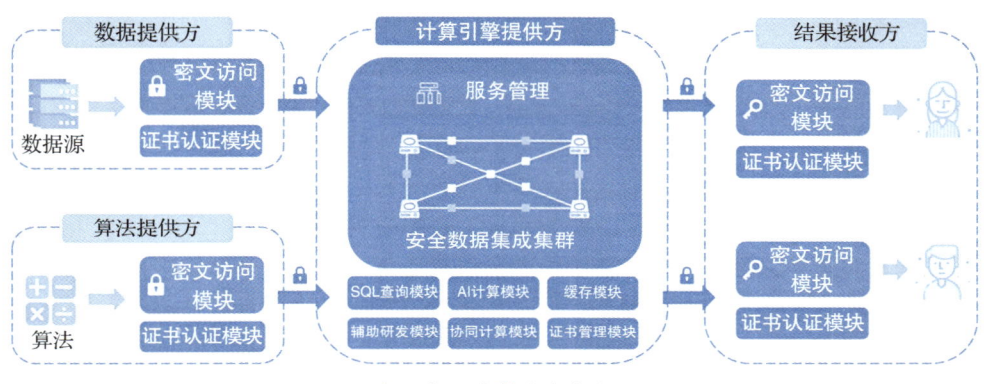

多方安全计算技术架构

本平台涉及内地和香港特区两部分部署，分别在汇丰的私有云和公有云环境落地，通过汇丰内部的专有网关进行转接。

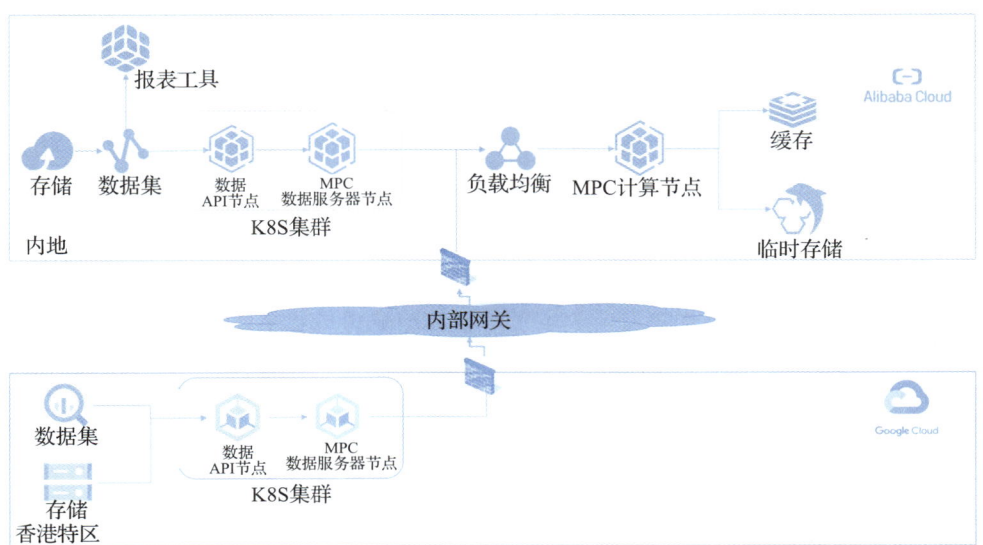

大湾区数据平台物理架构

本平台具有如下特点。
- **在数据保护方面**：本数据平台基于多方安全计算理论，在指令集和编译器层面用密文运算替代了明文运算，建立了密文运算体系。汇丰集团在内地和香港特区的两地银行实体间的客户隐私数据，在秘密分享和不经意传输等密码学协议的加持下，直接在密文状态下完成计算，并得出与明文运算一致的结果。在整个数据计算过程中不需要可信第三方。客户个人隐私信息在计算过程中无须解密且不可逆，从而保证了两地银行客户的个人隐私信息不会在计算过程中被泄露，真正做到了对数据的"可用不可见"。
- **在数据融合方面**：通过运用多方安全计算技术，可以促进多方数据源的融合应用，打破数据壁垒，从而充分发挥数据的联动价值。这一技术用于解决粤港澳大湾区跨境、跨实体的信息流通与分享的业务难点。
- **在平台兼容性方面**：平台基于容器化的部署方案（Kubernetes）设计。平台部署简单、可移植性高，能够轻松快捷地部署到集团两地不同的云环境，从而提升了整个解决方案的易用性、可维护性以及兼容性。平台能够快速适配两地不同的数据和系统架构，兼容不同的隐私计算技术（包括联邦学习技术），在合法合规的前提下，能快速响应和满足监管与业务在大湾区不同的数据分析与报送需求。
- **在银行内部效率方面**：平台实现了集团内部跨境自动化报表生成，这相较过去的人工处理，提升了效率。

三、创新应用

作为跨境数据业务的首次尝试，汇丰通过集团技术服务项目——"基于隐私计算平台的跨境理财通监管报告服务"正式加入了香港金融管理局的金融科技监管沙盒，并对接中国人民银行的金融科技创新监管工具。该沙盒有助于银行更快推出金融科技项目。作为合规科技的重要组成部分，可以使大湾区理财通的监管报告在不涉及客户隐私数据跨境的前提下得以自动化生成。"基于隐私计算平台的跨境理财通监管报告服务"项目具体内容如下：在"粤港澳大湾区"这一概念下，汇丰将对内地和香港特区两地的客户进行统一服务。两地的客户账户信息在开户期间即确定了绑定关系。按照原银保监会等监管部门的要求，需要了解南向通的账户在香港特区的实际资金业务分布。然而，在新的法律法规体系下，内地和香港特区的客户信息以及理财账户信息不能直接传输。因此，项目团队采用了创新型的多方安全计算技术，在不共享客户信息原始数据的前提下，对两地的客户数据进行加密处理和匹配。这样可以最大限度缩小数据范围，并将香港特区端匹配后的客户数据传输至内地的汇丰私有云服务器，进行不落地式处理，直接生成可用于监管报送的报告。

本平台的应用特点如下。

- 基于多方安全计算技术，在客户授权的前提下，汇丰对加密后的内地与香港特区在粤港澳大湾区客户跨境理财通账号信息进行随机切片，并传输至内地的数据计算平台进行隐私集合求交。在保护隐私的前提下，实现两地跨境理财通客户的准确识别，提升了汇丰金融服务的安全性。
- 运用秘密分享技术，在不泄露各方原始信息的基础上，对关联跨境理财通账号所对应的非敏感数据进行分享，从而在保护客户隐私信息的同时，完善跨境理财通相关的监管报告，促进了粤港澳大湾区多方数据的安全融合和应用。
- 本平台采用容器化部署方案，以 Kubernetes 作为容器和集群的管理工具。硬件方面，配置了冗余资源，并通过负载均衡来实现资源调度，从而实现了整个平台的高适配性、高可用性及自动化资源管理等。此外，整个架构设计还具备易发布、易回退、易迁移、易扩展等优势，保证了平台整体的健壮性。

四、取得成效

汇丰集团作为业内先行者，随着本数据平台的建设，在合法合规的基础上促进了粤港澳大湾区跨境金融业务的顺利开展，推动了两地金融科技的技术创新，丰富了跨境数据的使用场景，提高了大湾区客户的用户体验，不仅保护了客户的数据隐私，还提高了银行的运营效率。

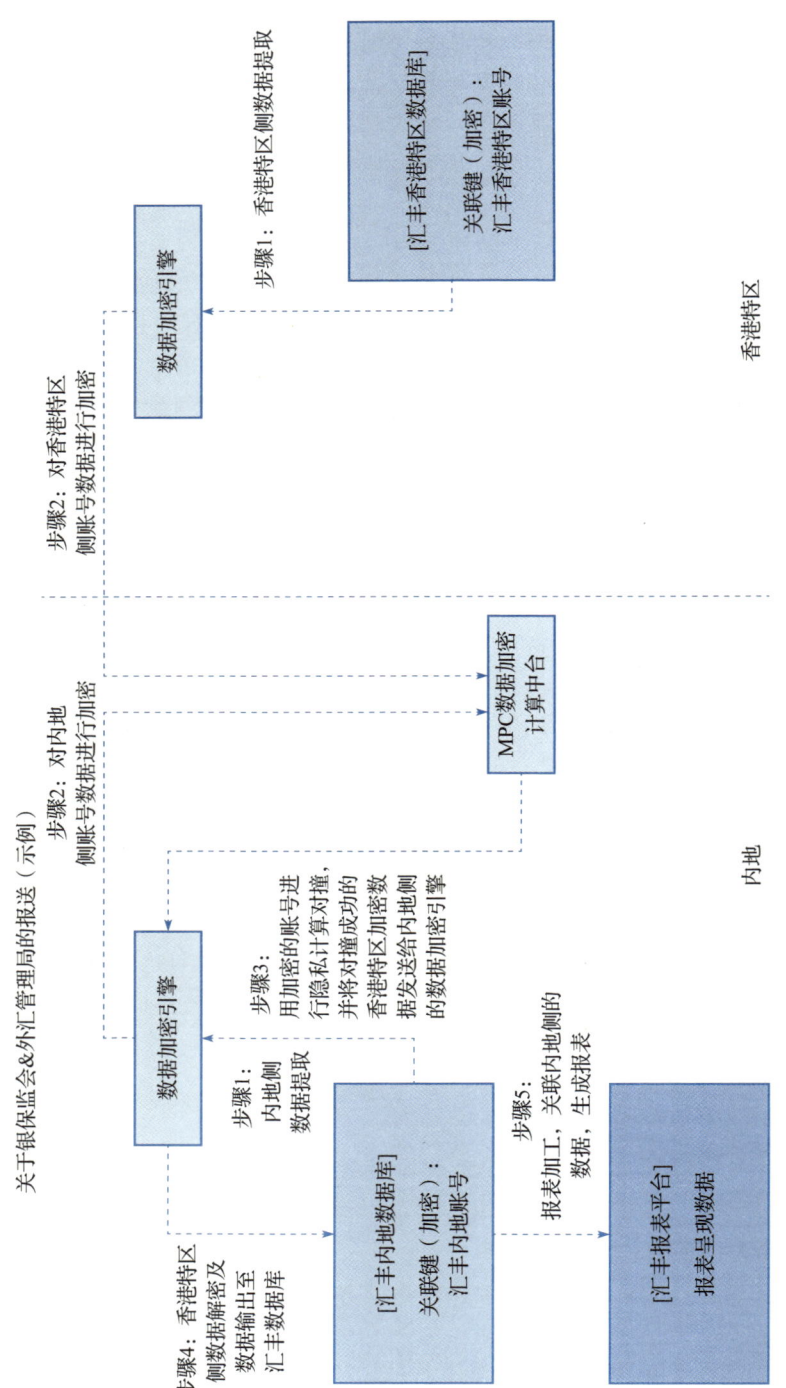

粤港澳大湾区跨境理财通具体实施方案

对于集团内部，本项目提高了汇丰集团在行业内专业领域中的影响力，助力培养隐私计算领域的专业人才，加速了其他隐私计算应用场景的落地，从而高效地支撑了银行业务的发展和创新。

完成人：
陈少艳　汇丰软件开发（广东）有限公司集团数据技术总监
张锐飞　汇丰软件开发（广东）有限公司集团数据技术资深经理
毛中旻　汇丰软件开发（广东）有限公司集团数据技术经理
李礼波　汇丰软件开发（广东）有限公司集团数据技术架构师
张东阳　汇丰软件开发（广东）有限公司集团数据技术技术组长

案例 20 基于货代"拼柜"双模型的小微企业出口押汇业务系统

小微外贸企业在我国进出口总值中占比超过 50%，是我国外贸稳增长的主力军。然而，这些企业普遍面临融资难、贵、慢的问题。由于经常涉及小批量出口和高成本的整柜货物出口，许多小微外贸企业选择委托货代公司进行"拼柜"发货。"拼柜"涉及多种出口单据和货代公司的中转流程，信息流、物流、资金流匹配难度大，这加大了小微外贸企业从银行获得融资的难度。为了解决小微外贸企业的融资问题，澳门国际银行（以下简称"本行"）通过与国家外汇管理局合作，实时接入企业收汇数据，实现了"大数据"与"出口单据"的自动化交叉验证、串联，简化了传统出口押汇业务的审单材料，建立了"拼柜"模式审单标准，成功推出专属小微外贸企业"拼柜"场景定制化"外贸云贷"产品。该产品首次采用"双模型"（即单据交叉核验模型与大数据自动审批模型），完整解决了小微企业出口的押汇业务数智化评估，成为小微企业出口融资的便利化工具。

关键词： 出口押汇融资，小微企业，数智金融科技，拼柜出口

一、背景介绍

随着进出口贸易的快速发展，大量小微外贸企业涌入贸易赛道。融资难、融资贵，成为大多数中小微外贸企业在经营发展过程中不可忽视的一道难关。在传统贸易融资模式下，小微外贸企业在进行跨境应收账款质押融资时面临诸多障碍。受成本及其他因素的限制，小微外贸企业通常会委托报关公司进行出口，或者委托船代、货代公司拼柜出海。当单据分散且难以核验时，这些企业往往难以从金融机构获取融资。

银行方面一直以来都对众多中小微外贸企业的跨境融资持谨慎态度。这主要因为小微外贸企业规模较小、资金有限、管理规范程度不高，且信用信息匮乏。

个别资信较差的企业通过单据造假或重复使用来"套取"融资，导致银行难以采信企业自行提供的质押物凭证等信用资料。此外，银行也缺少核查贸易质押物真实性的有效渠道。多数情况下，为了查验重要单据的真实性，银行只能派遣员工到企业现场逐单核查。为了防范重复融资，银行还需将企业融资情况与外汇局收付汇、海关进出口数据进行反复比较，以分析其融资合理性。然而，由于银行之间缺乏质押物使用情况的信息共享机制，许多银行难以获知企业在同行融资中的具体情况，从而导致相关的跨境应收账款质押融资过程变得烦琐且效率低下。

本行积极落实党中央、国务院"六稳""六保"决策部署，充分发挥华侨基因和国际化优势，认真做好"稳外贸、稳外资"工作，致力于打造数智贸融，以助力外贸企业行稳致远。结合贸易融资客群的业务诉求及金融科技手段的精准适用，在国家外汇管理局广东分局的指导下，本行于2023年5月9日成功推出直联国家外汇管理局的跨境金融平台的小微企业出口数智化创新产品"外贸云贷"业务。该业务采用双模型实现了"大数据"与"出口单据"的自动化交叉验证、串联，简化了传统出口押汇业务审单材料要求，建立了"拼柜"模式审单标准，完整解决了小微企业出口的押汇业务数智化评估，成为小微企业出口融资的"便利化工具"。

二、建设内容

（一）总体架构

本行的"外贸云贷"业务可基于国家外汇管理局跨境金融服务平台（ASone平台）提供的客户出口经营情况，包括出口货物贸易项下收汇数据与出口货物报关数据匹配情况、全年出口交易量、人行征信等数据，结合客户经理对借款人的现场实地走访调查，并运用本行"双模型"为小微外贸企业提供小额出口押汇融资服务。

外贸云贷的技术架构以分布式开发平台、大数据应用平台、智能决策平台和云计算平台等基础技术平台为支撑，并结合机器学习、智能识别等前沿技术应用。以数字为驱动，构筑贷前风险态势感知、贷中实时智能决策、贷后风险动态预警的大数据风控大脑，打造数字化、平台化、开放型的线上融资产品服务。基于此技术体系，能够为转型升级提供持续驱动力，实现客户线上申请、额度模型审批、线上签约、线上提供支用材料、线上材料审核、线上提款等功能，使客户足不出户即可轻松融资。

外贸云贷系统技术应用架构

渠道	行内渠道：企业网银、企业前端、……；外部合作：外汇管理局跨境金融区块链服务平台
互联网金融服务平台	外贸云贷基础体系：授信申请（身份证识别、活体认证、授信模型……）、合同签约（企业划型、电子合同签订……）、融资申请（电子单证、关单核验、放款模型……）、贷后管理（材料管理、定期筛查、风险预警……）、……
数智信贷平台	基础支持：用户体系、账户体系、产品体系、营销体系、交易体系；产品配置、模板管理、系统管理、用户管理、权限管理；客户管理（基本信息、关联信息……）、流程管理（授权材料核实、区块链账号开通……）、场景服务（订单管理、线上征信授权……）、渠道管理（合作方管理、渠道清算……）、贷款管理（授信、生效、支用、还款……）、任务管理、……
业务支撑	核心系统、柜面系统、信贷管理系统、客户关系管理
风控大脑	贷前-风险态势感知、贷中-实时智能决策、贷后-风险动态预警；反欺诈模型、授信准入模型、贷后预警模型、反洗钱模型
数字中台	工商数据、司法数据、征信数据、舆情数据、中标数据、履约数据、……；数据采集、数据整合、数据分析、数据挖掘
技术平台	技术体系：分布式开发平台、私有云、分布式、微服务、机器学习平台、大数据应用平台、图像智能识别平台、人工智能、OCR识别

图 外贸云贷系统技术应用架构

另外，外贸云贷首次采用双模型完整解决小微企业出口的押汇业务数智化评估。利用单据交叉核验模型验证和核对贸易单据，可以自动识别单据中的错误、欺诈或违规行为。该模型可以分析交易单据中的文本、数字和图像信息，并与已知的规则和模式进行比对，以快速发现单据是否存在异常交易，从而降低风险和损失。

大数据自动审批模型是一种利用大数据分析来自动审批金融业务的模型。它可以处理大量数据，包括客户信息、信用评分等，以预测和评估申请人的信用风险和还款能力。该模型能够根据历史数据和模式识别，快速准确地判断申请人的信用状况，并根据预设的规则和策略，自动决策是否批准贷款或其他金融交易。大数据自动审批模型和单据交叉核验模型在服务拼柜企业中起到了重要作用，是优化金融业务流程的重要工具，能够帮助本行更好地管理风险、提高效率，并提供更好的客户服务。

（二）系统和平台功能

本行通过自主设计和研发，基于交易银行数智信贷中台，建设企业数智信贷平台，实现以客户为中心，以"自动化、数字化、智能化"为方向，从业务流程、产品管理和业务运营3个维度全面建设企业数字融资体系，加快了本行数字化转型，技术上赋能企业，以及小微普惠产品的快速复制和迭代。平台通过构建数智产品、数智申请、数智风控和数智运营四大数智化能力，支持企业数字融资产品"乐高式"快速搭建、统一产品运营管理，以及赋能机构本地化特色产品快速构建。

- **数智产品**：通过超过 30 项数字融资基础要素配置和 17 个流程审批节点的组合，实现企业场景化订单融资、数字化信用融资产品配置上线。通过参数调整，实现智能、动态升级产品，并支持分行自定义特色产品。
- **数智申请**：以客户为中心，所有企业数字融资产品，统一入口、统一流程、统一验证、批量申请、自动推荐。
- **数智风控**：结合统一风险引擎服务中台和大数据应用平台，运用线上线下的数字化和智能化手段进行额度评估、授信准入和生效支用。
- **数智运营**：支持实时数字化在线查看客户申请进度，以及撤销无效申请、数据修正重发。系统基于产品维度和分支机构维度进行业务统计。

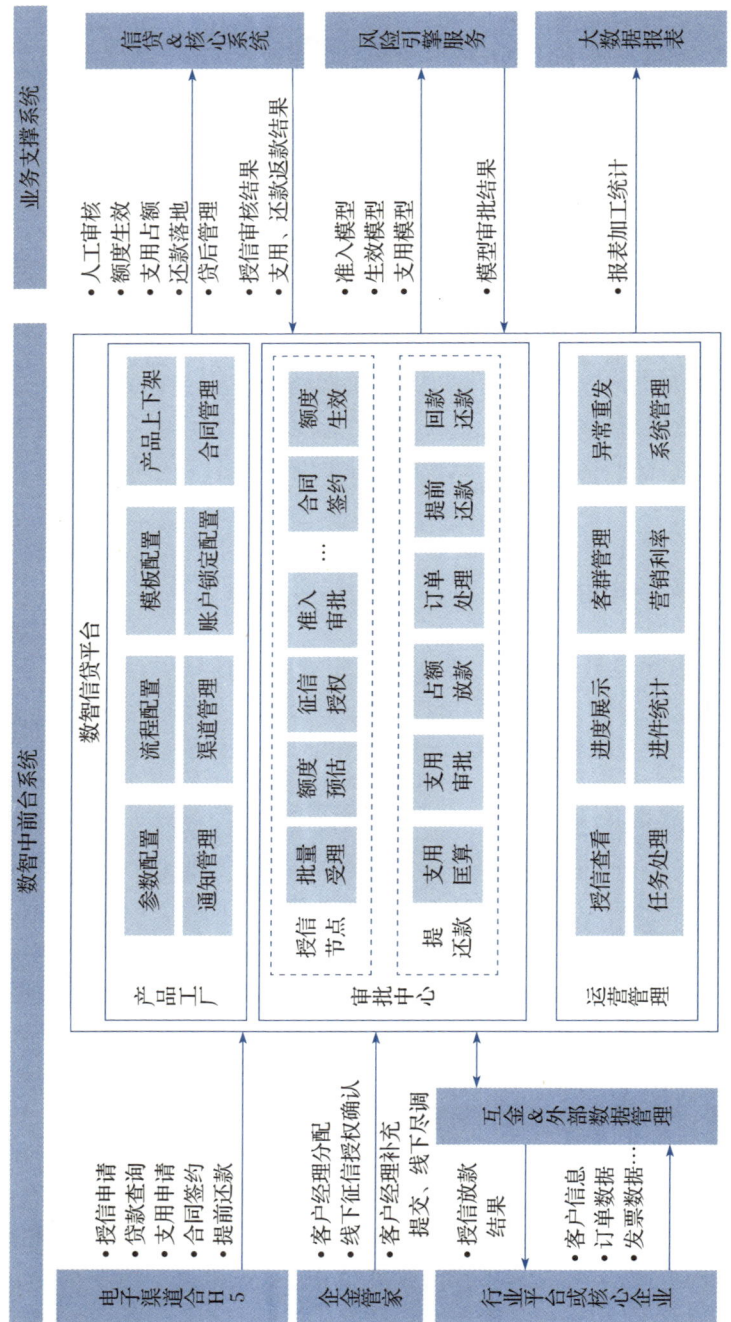

企业数智信贷平台系统功能架构

（三）应用场景

外贸云贷通过 API 方式与外汇管理局进行数据联通，包括出口货物贸易项下收汇数据与出口货物报关数据的匹配情况、全年出口交易量等数据。运用本行的单据交叉核验模型和大数据自动化审批模型，为小微企业出口提供数智小额出口押汇融资服务。

外贸云贷业务流程

环节	环节描述
贷款申请	借款企业法定代表人扫码进入本行电子渠道，输入企业信息及法定代表人/实控人信息等，发起贷款申请
贷款初审	本行根据准入规则及额度模型自动审查借款人是否满足本行准入要求，并为借款人核定预审额度
贷款终审	（1）客户经理需到借款人经营现场开展实地走访调查，重点了解借款人申请意愿、实际经营情况等； （2）结合客户经理贷前尽调走访情况，最终确定授信额度
贷款签约	（1）借款企业前往本行营业网点开立对公结算账户； （2）客户在本行企业网银线上完成签订借款合同
贷款提用	（1）借款企业可登录企业网银发起国行外贸云贷贷款支用申请，上传电子单证、报关单等材料； （2）本行调用外管局数据对企业提交单据进行自动化交叉核验； （3）审核通过后，实时放款

三、创新应用

（一）构建小微企业拼柜贸融新场景

对于小微企业的融资而言，境外风险因素的不可控性制约了银行办理出口应收账款融资的积极性。外贸云贷产品借助接入外汇管理局数据，有效缓解了银企信息不对称导致的银行风控难题，并通过多种创新服务模式，破解了小微外贸企业的融资困境。另外，部分小微外贸企业会选择委托货代公司进行"拼柜"发货，由于这会涉及出口单据种类多以及货代公司中转流程复杂，导致贸易背景真实性审查困难，因此此类客户在其他行难以获得融资。

"外贸云贷"根据业务逻辑，建立了标准的单据交叉核验模式，通过交叉核定确保贸易背景属实且交易已出港，从而优化了大量冗杂单据。利用双模型快速核实贸易真实性，再结合外贸云贷产品本身高效的审批流程，这类"拼柜"企业均可便捷地获得融资。

（二）注入华侨金融数智贸融新活力

外贸云贷是本行华侨金融与数智金融创新融合的典型产品，该产品旨在通过智能便捷的金融服务，解决中小微外贸企业在传统信贷评估中的难题及烦琐的融资手续问题，同时为本行潜在的华侨客户注入金融活力，增强本行华侨金融的内在动能。

四、取得成效

（一）挖掘市场需求，助力小微贸易企业发展

小微客户选择以拼柜形式出口，可能会出现提单的收发货人、地址资料与其他资料不匹配的情况。外贸云贷在双模型评估下展现出的灵活、便利的优势恰好契合此类客户的需求。外贸云贷业务模式结合客户经营特色，聚焦服务本地拼柜小微企业贸易融资需求，得到了获贷公司负责人的高度认可，并向园区内同类外贸企业推荐该产品。本行因此能够协助更多小微企业客户融资，做好"稳外资、稳外贸"工作，为外贸企业"拼柜出海"输送金融活水。

（二）融入数字化转型大局，服务普惠金融客群

产品在试运行期间已接收约 70 份客户申请，放款约 50 笔，目前产品试运行稳定、良好。外贸云贷为澳门国际银行转型注入了"数智化"新动力，也为本行继续加强对科技创新、普惠金融的转型夯实了基础。通过自主设计和研发，建设基于货代"拼柜"双模型的小微企业出口押汇系统，实现以客户为中心，以"自动化、数字化、智能化"为方向，在技术上赋能小微企业的贸易融资。未来我行将持续为客户提供更高效、更优质的金融服务，践行服务实体社会责任。

完成人：
郑文阔　澳门国际银行股份有限公司数字金融部助理总经理
马　骥　澳门国际银行股份有限公司资讯科技部经理
高　帅　澳门国际银行股份有限公司资讯科技部境内中心经理
闫柏林　澳门国际银行股份有限公司数字金融部经理
黄文俊　澳门国际银行股份有限公司数字金融部文员

数字营销篇

案例 21 工银智慧外拓系统

中国工商银行广东省分行积极实施"走出去"战略，应用数字化技术、打破数据壁垒、构建数字中台，打造线上线下一体化的工银智慧外拓体系，实现了外拓营销事前、事中、事后全流程管理和线上线下全方位的数字化运营转型。具体为：外拓前，基于数据分析为网点提供营销目标的线索和方案，并提供一站式申请工具和线上活动预热工具，帮助网点"做到外拓"；外拓中，为网点提供客户画像工具、线上导流工具和实时业绩数据，帮助网点"做好外拓"；外拓后，为网点提供线上持续运营工具和体系支持，帮助网点"做深外拓"。

关键词：外拓营销，线上运营，数字化转型

一、背景介绍

随着互联网金融的高速发展，客户离店趋势越发明显，网点通过零售进行获客逐渐变得困难。在此背景下，通过对客户提供上门金融服务的"外拓营销"批量化获客模式，已然成为银行提升获客效率的新趋势。2022年，省分行的外拓发卡量占线下发卡量的57%，成为提质外拓的重要增长点。

然而，外拓业务在原有的流程管理、客户运营和工具支持等各环节仍存在诸多痛点，无法满足业务发展的需求，这主要体现在以下几个方面。

- 缺乏一体化管理，业务支持系统分散且缺乏联动，审批流程冗杂。
- 缺乏客户分析手段，不知道应该在什么时候去什么地点给哪位客户营销什么产品。
- 缺乏体系化营销，现场营销"万码奔腾"，客户体验差、业绩无法灵活归属。
- 缺乏客群深耕，外拓活动结束后便与客户断开联系，无法持续开展产品渗透。

针对上述问题，系统聚焦补缺口、增动能，运用数据驱动、客群深耕、数智赋能等理念，实现外拓营销事前、事中、事后全流程管理和线上线下全方位的数字化运营转型，这涉及如下几个方面。

- 重塑业务流程，建设一体化外拓管理系统。
- 强化数据底座建设，用"数智"赋能外拓全流程。
- 开发整合数字化工具，提升外拓能力和效率。
- 打通数据、渠道的时空壁垒，构建线上线下一体化运营体系。

二、建设内容

系统以总行大数据平台和分行数据底座为支撑，以分行云平台和微服务架构为基础环境，分为外拓管理系统、线上运营平台、大现场触客工具箱和全域驾驶舱4个子系统。

工银智慧外拓架构图

外拓业务分为4个阶段，工银智慧外拓系统提供全流程的系统功能支持，实现流程整合和全面客户服务。

（1）**活动规划阶段**。系统依托数据底座的外拓AI模型库、活动案例库和客户画像库，定期为网点生成不同客群的外拓推荐策划案。例如，开学季为校园客群生

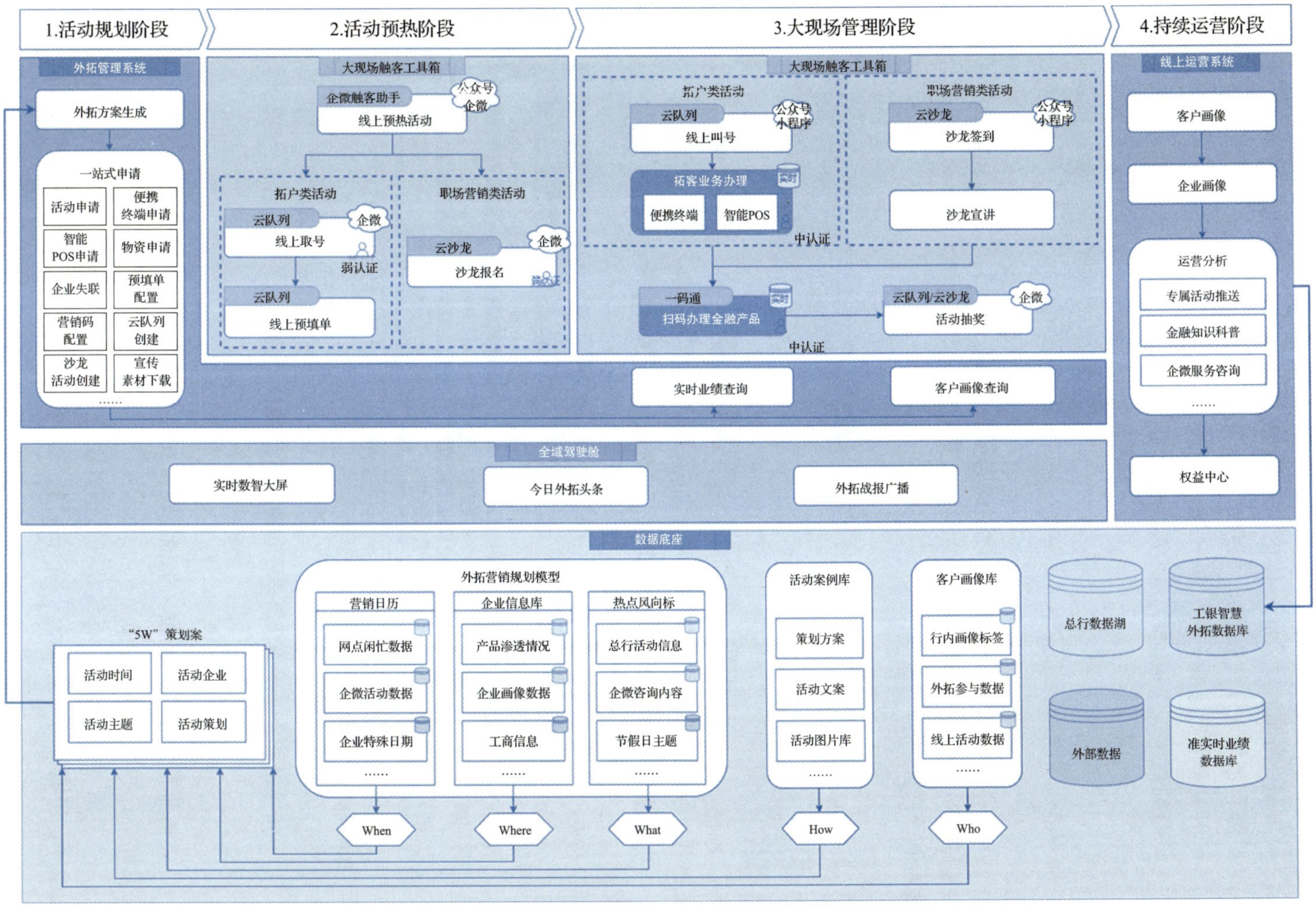

成拓户方案，年末为代发企业生成个人养老金营销方案，以解决网点"不知何时、何地、以何主题、以何方式外拓"的痛点。网点只需要登录内嵌于"工银网点通"的外拓管理系统，查阅策划方案，并通过"一站式申请"菜单输入活动基本信息及相关资源需求，即可一键完成活动的业务、设备、物资、人员、工具申请。

本阶段引入 AI 模型解答外拓营销的 When（什么时候）、Where（什么地方）、What（做什么）、How（怎么做）、Who（谁来做）的 5W 关键问题。通过提供营销日历功能，在支持网点开展外拓规划的同时，系统还会根据网点的计划安排规律、外拓申请历史、外拓企业信息等维度数据生成营销日程建议，帮助网点踩准营销节奏——"知时而拓"；通过企业画像分析功能，不仅能展示企业的基本情况、产品渗透状态、外拓历史记录等数据，还能生成企业营销潜力报告，帮助网点找准营销对象——"知地而拓"；对企微运营记录、活动埋点等个性化内容及节假日主题等通用化内容进行大数据分析，敲定外拓营销主题——"知何而拓"；组织专职的跨部门运营团队，打造上通省级部室、下连业务一线的外拓营销尖子队伍，通过整理优秀线上线下外拓营销策划案、文案、图片资源，进行数据清理、结构化和入库，建立活动案例库为模型提供策划素材——"知如何拓"；对行内、行外的线上、线下客户的金融数据和行为开展画像分析，结合智能推荐算法生产客户画像摘要和产品推荐清单——"知谁而拓"。

（2）**活动预热阶段**。网点将按照活动策划方案开展预热工作。一方面通过企微触客助手向客户推送活动预告；另一方面通过分行公众号向外拓目标单位发布活动信息，在为活动积攒人气的同时，还能通过提供线上取号、预填单、报名等"云队列""云沙龙"的便民服务链接，吸引客户添加企微，为后续的持续运营奠定关键基础。客户在使用"云队列""云沙龙"等工具获取便民服务的同时，系统可以基于用户的手机号信息完成企微的无感弱认证，实现客户和银行的双赢。

（3）**大现场管理阶段**。网点人员到达企业现场后，对于职场沙龙类活动，可通过"云沙龙"的签到功能通知客户参与。对于启卡拓户类活动，可利用"云队列"的线上叫号功能通知已提前取号的客户前来办理业务，并使用便携终端或我行自行开发的特色智能 POS 为客户办理即时开卡、批量卡启用、社保卡启用等拓户类业务。在客户通过终端办理业务的同时，系统通过匹配"云队列"侧的客户行外企微信息和业务终端侧的客户行内金融信息，打通客户的行内外身份，精准识别企微用户的行内身份，为后续的线上持续运营奠定坚实基础。

通过"一码通"向客户一站式推荐产品，引导客户跳转至手机银行一键开通服务或购买产品，无须客户重复扫码办理业务。在活动收尾环节，策划案将引导网点人员通过奖品权益吸引客户添加企微，并引流至"云队列""云沙龙"生态工具完成线上抽奖，进一步提升活动参与率。活动结束时，网点通过上传活动现场图片即可实现"一键闭环",无须手工完成线上的活动结束、设备归还、活动汇报等工作,为网点减负减压。在获客全流程中,网点均可获取基于企微认证的客户画像和查询准实时业绩,以便向重点客户开展针对性精准营销并根据业绩情况调整营销策略。

(4)**持续运营阶段**。线上运营系统基于企微承接外拓过程中导入的客户数据,根据准实时业绩数据更新个人客户画像及外拓企业画像,并开展企业粒度的线上运营分析:通过提供金融知识科普、企微服务咨询、专属推送活动等手段开展持续陪伴,不断完善客户画像。这些画像信息进一步充实外拓 AI 模型的数据库,形成良性循环,为下一次开展外拓活动提供数据支持。

在外拓全流程中,省、分、支行管理层均可通过全域驾驶舱实时掌握辖区内外拓活动的最新动态,以便挖掘督导方向,带动业务高质量发展。

三、创新应用

本系统的技术创新主要体现在如下几个方面。

- **整合优化外拓业务流程和业务系统,完成一体化营销管理平台建设,全面实现外拓数字化管理**。研发外拓审批管理系统,实现总、分行多个管理系统的整合连接,通过"工银网点通"的分行特色页面对接总行自助设备管理平台,实现申请审批流程的整合。推动外拓设备的升级优化,首创开发了智能 POS 特色借记卡和社保卡启用功能,仅需 1 分半钟即可完成一笔启卡业务,单台设备的日均业务量可超过百笔。

- **完善客户标签体系,聚合行内外多数据源,进行流批一体建设,搭建数据平台,实现"数据驱动"**。整合总省行客户标签体系,基于总行衍生标签架构,开发多个特色模型标签;建设"法人+个人"画像全景视图,突破专业隔阂,在专业之间形成互联共享;对接总行 14 个应用的流数据,实现全行首个对接智能终端、智能 POS 机、码上赢三个业绩渠道,数字人民币、个人养老金、手机银行等 9 种外拓营销重点产品准实时业绩的应用,以提升外拓业绩及外拓管理的时效。

- **打造线上运营体系,服务客群营销,打通线上线下的时空壁垒和数据屏障,通过多维触客链实现"全域触达"**。建设特色数字化运营平台,服务外拓客群。通过数据底座,全流程支持外拓客户信息管理。对接手机银行、总行企微、公众号以及分行小程序,实现客户的持续运营。开发企微弱认证模式,快速识别客户,并向企微输出客户运营标签,支持大现场精准服务。

- **通过大数据分析和 AI 模型洞悉客户需求，以客户为中心形成专属运营策略，实现"板块运营"**。引入 AI 模型智能分析，挖掘外拓客群客户，生成外拓规划日历、外拓策略方案、持续运营方案等。对接总行 EIOP 互联网数字化运营平台，将外拓客群导入该平台中，实现外拓客群的批量触达。

本系统的业务创新主要体现在如下几个方面。

- **整合优化，一码通办**。整合、优化"一码通"营销二维码，通过一个二维码即可办理所有重点业务，且二维码可按不同客群灵活配置。在校园外拓中，营销海报只呈现手机银行、数字人民币、工银信使等契合学生需求的产品；在企业外拓中，强调信用卡、个人养老金等产品信息，支持全产品业绩按策略归属营销人员。
- **低成本引流，高效率认证**。融合"云队列"和"云沙龙"等数字化工具，将取号排队、沙龙报名、业务预填单和企微添加动作有机结合，实现客户无感添加企微，同步完成无感弱认证。
- **策划案例库，积累数字资产**。系统提供"云策划"智库工具，省行组建专业团队，结合行内营销需求，制定现场引流类活动策划案并发布至系统中。网点可根据客群类型和活动主题挑选合适的策划资料包并以"按图索骥"的形式执行活动，以提升营销转化效果。

四、取得成效

项目自 2023 年 8 月投产以来，在"拓面提质"和"基层减负"方面取得了显著成效：2023 年第四季度，在试点分行累计推动 1 200 余场外拓活动，实现借记卡拓客 4 万余户，综合产品（数字人民币、个人养老金、工银信使等）渗透增加近 28 万项，存量客户资产提升了 28%。通过整合系统、精简流程，将外拓营销申请涉及的 3 个系统和 7 个流程合并为 1 个系统和 1 个流程，外拓申请周期实现从 3 天缩短至 30 分钟，大大减少了网点的事务性工作，快速推动"走出去"战略发展。

完成人：
吴　峰　中国工商银行股份有限公司广东省分行金融科技部总经理
黄海瑛　中国工商银行股份有限公司广东省分行金融科技部副总经理
朱　靖　中国工商银行股份有限公司广东省分行金融科技部副主管
苏泽华　中国工商银行股份有限公司广东省分行金融科技部经理
梁德恒　中国工商银行股份有限公司广东省分行金融科技部经理

案例 22 企微随身管家服务模式

提供高质量金融服务一直是平安银行零售业务的核心任务。大众客户群体庞大，对金融产品的认知及需求各异，传统的线下网点服务模式难以满足其多样化的金融需求。为此，平安银行远程银行部创新推出"企微随身管家"服务模式，通过企业微信（下称"企微"）连接客户，将远程银行的服务及业务能力以场景化的方式整合到客户服务流程中，满足客户全方位的金融需求。这种集约化陪伴式服务的应用，不仅极大地提升了客户的服务体验，同时也成为平安银行零售业务增长的新动能。

关键词：平安银行，远程银行，普惠金融，数字化金融，企微

一、背景介绍

平安银行拥有上亿零售客户，这些客户来自不同行业，对金融产品的认知和需求也各不相同。因此，这些客户需要专业的服务经理长期陪伴，以解决他们在金融方面的困惑和诉求。然而，在传统的线下网点理财顾问式服务模式中，能够享受到专属理财顾问提供持续服务的客户不足3%，大量的长尾大众客户因专人服务经营不到位，面临众多问题，如平安银行的APP使用率不高，银行的优质服务和产品权益无法及时通知客户；客户在办理贷款、理财等业务后缺乏个性化的持续服务；当客户遇到问题或有特定需求时，很难及时联系到专业人士等。

为了解决广大客户上述金融痛点，平安银行推出了"企微随身管家"服务模式，这是一种创新的服务模式。该模式通过企微与客户建立联系，并协同电话、线上等多种渠道，为全行零售客户提供既省心又省时、省钱的普惠金融服务。

二、建设内容

企微随身管家通过企微这一站外连接工具,在客户的线上线下全金融生命周期中提供智能连接到远程银行的综合金融服务经理的服务,这可以广泛覆盖大众客户群体。在平安银行智能营销平台"策略大脑"的赋能下,远程银行的综合服务经理主要利用企微平台向客户提供综合化陪伴服务。该模式还串联了平安银行APP、电话、线下网点等全服务触点,实现了客户金融需求的一站式解决,显著提升了服务体验。

目前,企微随身管家已成为平安银行除APP之外的第二个重要的私域流量载体,专注于解决长尾客户的无人服务问题。此外,它还能为银行带来活跃度以及带动理财交易、信用卡业务,为平安银行的零售业务提供新的业绩增长动能。

(1)**将企微以插件的方式植入客户服务流程**。客户在平安银行的金融旅程各环节均可通过场景化的方式连接企微随身管家,享受平安银行线上线下一致体验的即时、持续的经营服务。在获客环节(Acquisition),通过将微信接口置于银行开户前,客户能够在线使用企微随身管家预先填写资料,从而缩短现场开户的等待时间。在陪伴环节(Activation),客户在购买理财或办理贷款后,企微随身管家将提供长期的陪伴服务,及时处理客户的咨询。在经营环节(Revenue),平安银行依托综合金融服务的优势,可根据客户需求及时提供资金周转、保险、养老等综合金融服务。

目前,企微随身管家已经整合了全行200多个金融服务的场景,月服务客户量超过1 600万。而且,通过企微随身管家的服务,每个客户经理的服务半径已从线下传统的200~300人提升到了超过1万人。

(2)**总分联动策略及AI赋能企微随身管家,为客户提供精细化综合化服务**。客户连接到平安银行企微随身管家后,相当于获得了多位专家的贴心服务。无论客户对我行的产品和服务有何种疑问,都可以将企微随身管家视为"客服专家"。客户能随时与专属客户经理进行交流。在AI知识库的支持下,客户经理能够及时解答客户的疑惑或满足其需求。当客户面临投资、贷款等金融问题时,企微随身管家可成为"综合金融顾问",为客户提供一站式的金融解决方案。除了金融服务外,企微随身管家还兼职"生活小助手"和"优惠福利官",不仅关心客户的日常生活,还提供各种优惠福利。

企微随身管家身兼的"多重角色",是依托平安银行统一的智能化营销"策略大脑"打造的。整个系统通过总分行联动,共同为客户定制每月超过2 000条的服务策略。总行为广大客户提供普适性服务策略,比如还款提醒、生日祝福等;分行则聚焦于本地特色,提供差异化服务,如本地优惠商户、特殊天气提醒等。

这种全方位的策略布局旨在打造以客户为核心的策略旅程，同时也为银行带来活跃用户数量、资产及信用卡业务的增长。

■ **企微随身管家**：通过企微为连接整合多平台能力，赋予远程服销队伍"客服专家+综合金融顾问+福利官+生活小助手"等多角色能力，为客户提供综合化服务

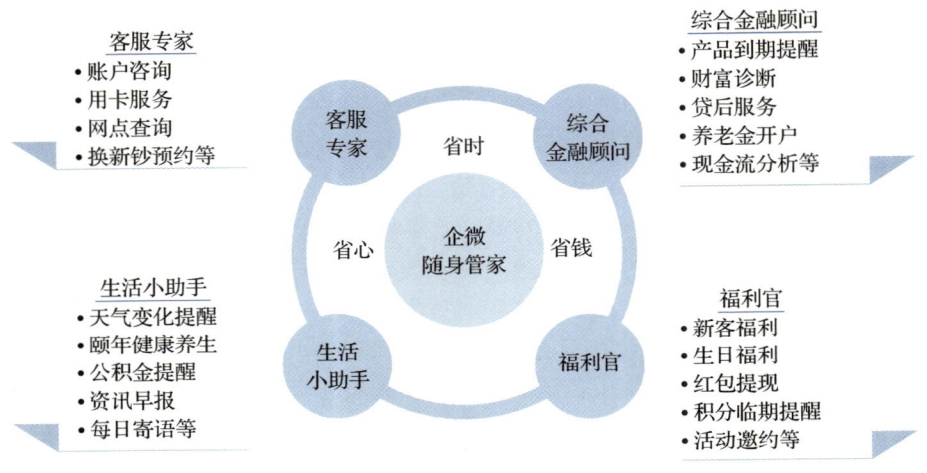

企微随身管家的多重角色

（3）**科技赋能全渠道闭环，提升客户体验**。企微随身管家用企微作为为客户服务的主要联系节点，它充分利用远程银行团队可提供的电话、线上等多种渠道的服务能力，致力于为客户打造多平台协同的服务体验。无论客户是通过微信、APP获取线上服务，还是通过电话获取服务，均由同一名服务经理进行统一对接，实现无缝连接，以求高效解决客户的各项需求，有效解除客户在寻找服务人员或无法解决问题等方面的困扰。

此外，为了提供更加精准的服务并提高客户体验，企微随身管家制定了一套严格的策略评价体系，并实施了事前、事中及事后全流程的消保质量监管措施：通过策略红黑榜及时优化服务策略，自动下线客户满意度较低的服务策略；对于对营销较敏感的客户，系统自动为其设置免打扰标签，以保障其服务体验；同时，针对服务的全流程质量，制定详尽的消保质量监控机制，并建立客户满意度评价系统，将客户的满意度作为改进服务的重要依据。

（4）**企微随身管家模式所需的支撑能力**。企微随身管家服务模式将平安银行企微中台作为核心系统平台，借助企微社交特色串联内部核心平台资源，并开发智能活码、企微策略大脑等工具，形成了全流程数字化的经营管理能力。

案例22 企微随身管家服务模式

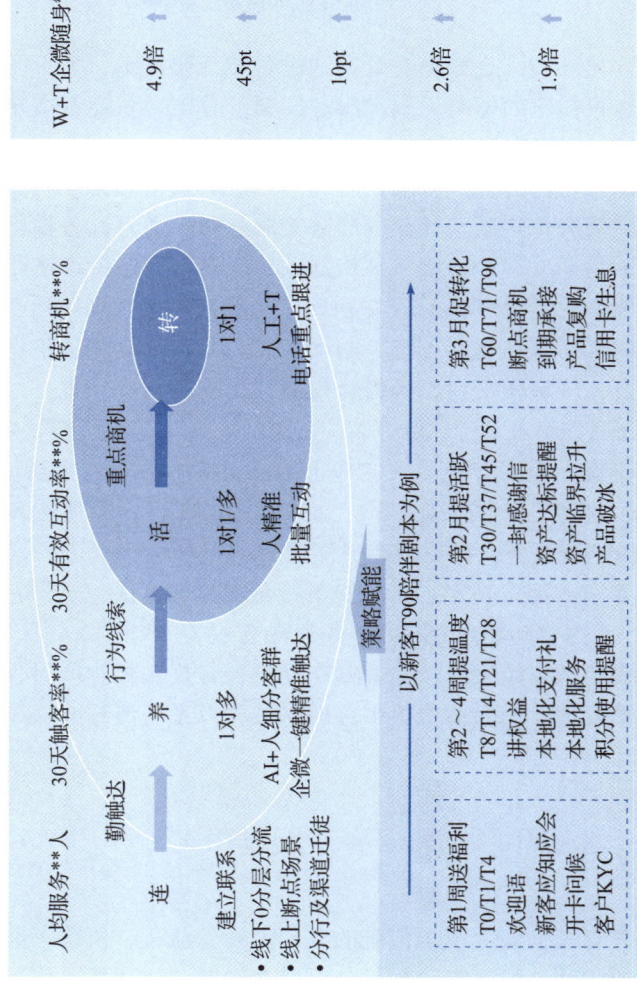

大数据洞察	策略精准分发	消保/质检平台	客户满意度评价
大数据赋能企微以洞察客户需求	基于客户需求精准下发策略	事前、事中及事后全流程管理	基于企业渠道特性建立客户满意度指标
• 客户来源细分 • 客户阅读喜好 • 客群宫格分类	• 经营剧本：旅程化编排 • 策略频控：基于不同分类设计频控规则 • 防骚扰：对营销敏感型客户设置免打扰 • 策略红黑榜：自动评价，满意度低的策略自动下线	• 事前：物料库合规上架 • 事中：企微敏感词过滤 • 事后：会话质检，消保管理规范	• 客户与企微队伍亲密度模型 • 客户情绪识别 • 客户意图识别

策略评价体系

在客户连接环节，企微随身管家通过智能活码技术，为不同场景配置专用活码，实现了客户扫码的即时识别和服务的精准分配。目前企微随身管家已广泛应用于平安银行的在线和线下场景，每月连接近百万客户。

在客户陪伴服务方面，开发旅程化客户服务策略编排能力，结合人工智能和大数据技术，为客户定制个性化的服务策略旅程。通过远程银行综合服务经理群发助手实现一键通知客户，引入 AB 测试功能进行策略持续优化。此外，我们还建立了全行统一的企微专属 1+N 物料库，为客户经理及策略运营师赋能，汇总全行各业务线的优质服务物料，统一归纳各类产品和活动相关信息，打通行内合规消保机器人及人工审核平台，确保合规经营。支持客户经理一站式发送或发布企微朋友圈，每月服务量达 1 600 万客户。

在经营流程方面，实现了 ATOW（APP/电话/线下专家队伍/企微）全渠道的无缝对接，确保客户能够在站内（APP 上由 AI 客户经理转人工）及站外通过企微接受统一远程服务，以保障客户体验。

在平台管理方面，制定了《平安银行企微管理办法》及一系列指引，如《加微迁徙指引》《内容运营指引》《企微消保合规安全指引》《企微账号使用规范》等，确保客户经理有序服务，并遵循制度进行合规服务。同时，企微中台还实现了与行内人员管理、消保质检等平台的对接，以系统流程确保制度的执行和数字化管理。

三、创新应用

企微随身管家彻底改革了传统的开户及经营流程，解决了客户开户时现场等待时间过长的问题。以平安银行某分行获客经营一体化场景为例，市场经理会提企微随身管家赋能获客经营一体化效能提升：通过企微智能活码，将远程银行服务及业务能力以场景化方式插入获客经营服务全流程，让客户有专人陪伴，大幅提升开户时效、客户服务覆盖率及经营效率

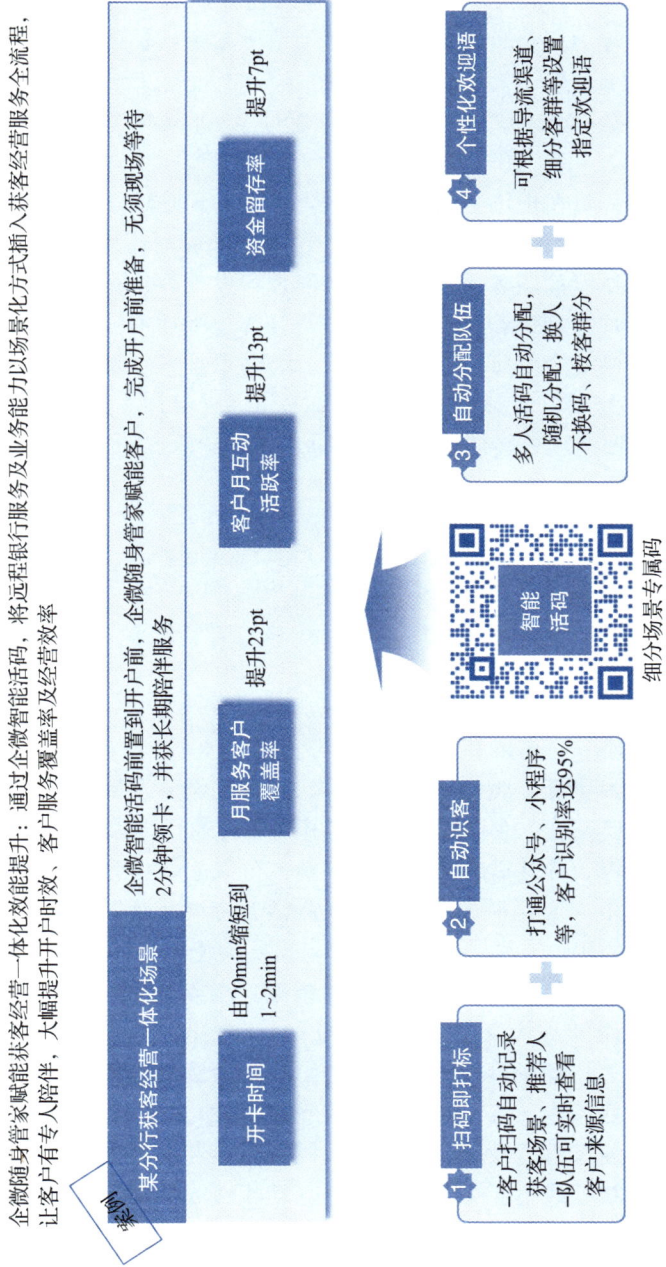

案例：某分行获客经营一体化场景

前将植入远程综合服务经理的企微智能活码发送给企业客户，引导客户在开户前通过企微添加远程综合服务经理为好友，以求在开户前超过 90% 的信息完成填写和确认。在此过程中，企微随身管家提供预填单和审核辅助功能，后续则由网点人员安排统一的现场开户时间，将客户的开户时间从 20min 降至 1～2min，极大地提高了开户效率和用户体验。此外，通过 W+T 陪伴经营模式，新客的资金留存率提升了 7%。

同时，网点人员在现场上门开户时，会基于线下与客户的沟通进行 KYC（了解客户的行为），并由系统实时推送 KYC 结果，此后由远程服务经理专门负责跟进客户需求。在持续的服务中，远程服务经理若发现客户对金融产品有需求，可及时在线上为客户办理；若网点计划举办符合客户兴趣的沙龙活动，需提前确认客户参与意愿，同时介绍客户给网点人员，与网点理财经理配合跟进，通过企业微信（W 端）连接客户，以及 APP（A 端）和远程电话（T 端）持续陪伴经营，并根据客户的需要将服务转向网点（O 端），实现全流程的无缝连接。

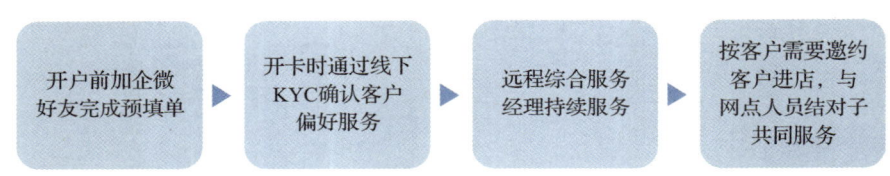

服务流程

总体来说，本项目的创新点如下。

（1）**平台工具创新，赋能数字化运营、数字化经营及数字化管理**。基于企微接口，企业自行研发建立企微智能活码，并串联打通行内大数据、AI 平台、策略大脑、质检平台等，构建以客户为核心的精准分发企微中台能力。企微智能活码以插件方式灵活植入流程中，实现获客、激活、持续经营等全周期经营链路的各个业务流程节点的接入，真正做到了"哪里需要，连哪里"。

（2）**客户开户流程及经营服务流程的创新，全渠道一站式满足客户的综合化金融需求**。将企微随身管家植入开户前流程，彻底改变了传统开户及经营流程，有效解决了开户客户现场等待时间长的痛点。在后续的服务过程中，客户可随时通过企微或电话联系专属客户经理，远程满足个性化的综合金融需求，实现"简单事情一人办，复杂事情专家办，中间协同有热转"的服务模式。企微随身管家串联平安银行的线上线下业务流程，通过自动流转或群聊方式与线下团队协同服务客户，践行以客户为中心的服务理念。

四、取得成效

本项目取得的主要成效如下。

- **客户有专人服务，大幅提升专属服务覆盖率**。以新客户为例，在平安银行申请借记卡、信用卡或贷款后，90天内即可享有一名专属企微随身管家。这种模式通过企微和智能化营销平台的支持，使远程综合服务经理的人均服务可触及2万人，新客户享受专人服务的比例从传统的不到3%提升至如今近70%。全行每月通过企微随身管家服务数千万客户。
- **实现服务无间断，极大地丰富了客户体验**。客户无须亲访网点或拨打客服电话，通过企微即可联系专属远程综合服务经理及时解决金融服务需求或问题，非工作时间亦可通过企微留言。通过企微建立连接，更多客户得以享受专属服务来解决问题，并持续受到关照与支持，这种持续的服务体验极大地增强了客户信任。2023年，远程银行电话客户投诉量环比下降15%。
- **一站式满足客户综合性金融服务需求，助推零售业务增长**。无论是理财投资、消费贷款，还是保险和养老等综合性金融需求，客户都可通过企微联系企微随身管家。线上可以完成理财、贷款、分期等业务，而对于保险、信托等较为复杂的业务，通过大数据和平台赋能，企微服务管家将协助客户联系附近网点的专业服务团队，与线下队伍结对，共同完成客户服务，一站式满足客户金融需求。每月通过企微随身管服务办结的交易量约占全行8%。企微随身管家已形成平安银行远程银行零售业务增长的新商业模式。

完成人：
陶　然　平安银行股份有限公司基础零售部总经理
王　伟　平安银行股份有限公司基础零售部远程银行部业务负责人
陈　斐　平安银行股份有限公司基础零售部远程银行部客群经营团队负责人
魏丽娟　平安银行股份有限公司基础零售部远程银行部客群经营团队产品经理

案例 23 "润秒贴"跨行贴现项目

"润秒贴"跨行贴现项目是华润银行通过综合运用人工智能、大数据和移动互联等金融科技技术,为瞄准的底层客户,提供极致客户体验而创新打造的票据贴现产品。该产品支持企业客户无须在本行开户,即可通过微信小程序实现在线注册、认证和签约,实现了全线上操作、自动授信和一键贴现,解决了贴现流程烦琐及小微企业客户贴现融资困难等问题。润秒贴作为全线上化运营和数字化产品为客户经理的数字营销获客提供了支持,提高了华润银行的业务办理效率,扩大了银行服务半径。

关键词: 数字营销,全线上化,线上运营,小程序,票据贴现

一、背景介绍

如今以数字化、智能化为特征的数字化转型是银行业的革命浪潮。对于华润银行来说,数字化转型已不再是可选项,而是在激烈竞争的市场中得以生存的必选项。华润银行围绕"央企特色数字化产业银行"战略,立足于"服务实体经济和产业金融",打破了传统的银行理念和服务模式,更好地利用互联网流量入口接入各类场景,进行批量营销和精准营销,以获得优质客户。同时,其中采用的全线上化、人工智能、大数据分析等方法能够减少各类流程中的人工操作,进而大幅降低客户和银行的时间成本和经济成本。

随着票据市场规模不断扩大,中小微企业的票据融资需求日益增长。由于国有商业银行无法及时满足客户需求,以及小银行贴现价格高,导致小票存在贴现难且成本高的痛点。华润银行在进行产品研发时,充分考虑了客户的需求和痛点,基于小微企业票据贴现"短、小、频、急"的需求特点,将目标客户群定位于数量庞大但大行未能有效服务的小企业和小票"长尾"客户,提出了全线上化方案,允许客户自主询价,能够最快在 5 分钟内完成签约及自动授信,实现了 1 元也可一键贴现,解决了企业客户在票据贴现方面的痛点。

不同于以往其他银行基于贴现人角度设计产品，华润银行基于产业视角设计了线上化票据贴现 2.0 产品——润秒贴，再配合三方付息，满足了产业链客户的贴现需求，扩大了企业使用票据的意愿，提升了产业票据的社会价值和经济效益。

作为中小城商行，华润银行在地域和资金价格方面没有天然优势。润秒贴无须开户，有效解决了华润银行网点少的痛点。依托小程序这一线上化流量入口，通过无接触式的远程服务，培育了线上化客群，构建了全新的客户服务场景，打破了地域限制，有效扩大了服务半径。同时，润秒贴将用户定位于企业主（法定代表人）与经办人（财务人员），以零售视角设计产品与流程，呈现出"小 B 大 C"的特征。全程基于个人端操作，无须加入任何企业端操作，因而客户经理能够通过数字化营销，随手转发专属二维码完成线上获客。

二、建设内容

润秒贴通过金融科技的综合应用，结合 OCR 识别、RPA 自动查询、大数据联网核查等技术，以工商、企业征信、反洗钱、反欺诈、黑名单等数据为基础，自动进行客户准入判断和分层，可实现风险探测、自动授信和自动核定额度。

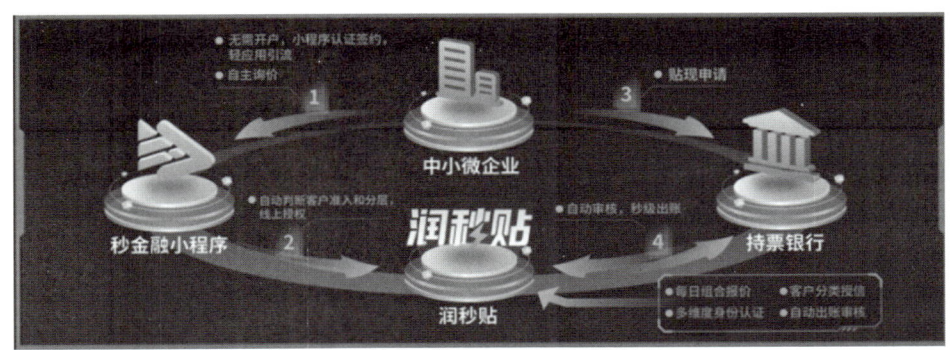

润秒贴业务流程

（一）数字化转型历程

华润银行票据业务的数字化转型目前分为 4 个阶段。

第一个阶段是从线下到线上，支持银票贴现自动授信，实现了全线上放款，提高了业务效率。

第二个阶段是对传统票据贴现进行变革。站在贴现申请人的视角，以客户体验为中心设计产品，解决"小、短、频、急"的票据贴现难题。聚焦小微企业和长尾客群，华润银行于 2021 年 7 月上线了润秒贴。润秒贴综合运用人工智能、大数据和移动互联等金融科技技术，瞄准底层客户，提供极致客户体验，打造了"520"体系，即最快 5 分钟完成签约，最多 2 人操作，全自动化 0 人工介入。支持企业客户无须在本行开户，通过微信小程序在线注册、认证、签约，签约成功后，即可从他行企业网银向华润银行发起跨行贴现业务申请。实现了全线上化操作、自动授信、不限制最低票面金额、一键贴现，真正意义上实现了"足不出户、全线上化、秒级出账"的票据贴现体验。票据业务数字化转型综合应用大数据分析、金融科技、技术创新和预测模型等技术，释放了人力，预测了利率走向，实现了降本增效。

华润银行资金运营中心于 2020 年启动人工智能预测利率项目，通过对票据利率的日预测分析，发现了票据利率走势具有一定的规律性和可预测性。尽管基于选定的特征值，以 LSTM 和 Transformer 为主的神经网络模型测试已经给出了较为理想的预测结果，但是 SARIMAX 模型能够进一步根据票据利率的波动规律进行修正，得到在 3BP 内 86% 以上的预测准确率，具有较好的实用价值。该模型在 2022 年申请并获得了国家专利，并正式投入使用。华润银行在 2022 年将票据利率预测作为银票贴现定价指引，根据预设的相关阈值范围和原始特征的相关系数，从原始特征中筛选出关键特征，判断票据转贴现价格的上升或下降趋势，使华润银行的票据贴现价格贴近市场，让利实体。

第三个阶段是实现数字化转型的可复制性。从银票产品延伸至商票、财票，实现票据类型全线上化与全覆盖。在 2022 年和 2023 年，华润银行分别推出了央票通和财票通产品，实现了商票贴现和财票贴现的足不出户操作流程。同时，华润银行上线了数字可视化大屏，能够实时监测业务情况、客户签约情况和运营情况等，及时解决了客户的线上化操作问题。

第四个阶段是目前正在经历的阶段，流程、产品及服务进入转型进阶。华润银行正在设计 2.0 时代产业票据数字化产品。华润银行的资金运营中心基于产业视角，聚焦产业供应链，设计了润秒贴和三方付息产品，解决了大消费、大健康、能源服务、航空航天、农牧业等多个行业的产业链贴现难题。例如，广东海大集团股份有限公司作为农业产业化国家重点龙头企业，业务涵盖饲料、种苗、生物制药、智慧养殖、食品流通等养殖全产业链，通过润秒贴和三方付息产品，解决了产业链贴现难题，减少了海大集团的经营性现金流支出，为供应商提供了足不出户的贴现服务，并建立了双赢的长远合作关系。

（二）产品风险控制

票据的载体为他行的企业网银，这种票据在电票时代具有标准统一、安全性高等特点。客户从他行网银提票，具有典型的"客户真实意愿"特征。票据除了具有客户提供的信息之外，还有票据系统提供的用于校验的票面信息，因此，票据业务具有典型的"交叉验证"特征，可以满足对客户信息真实性、反欺诈等要求。

票据业务的出发点是认可该票据，在此前提下，基于此票据提供各类金融服务。相应地，票据业务风险控制应首先基于对"票的风险"的控制，而非对"人的风险"的控制。因此，票据业务具有典型的"先票后人"特征，这一点显著区别于传统的贷款业务。

"润秒贴"产品基于KYC、反洗钱等要求，主要从以下几个方面进行风险防控。

- 个人实名认证：人脸识别。
- 企业认证：营业执照及法人身份证4要素联网核查。非法人操作的还需通过法人授权或对公账户打款的方式完成企业认证。
- 进行反洗钱、黑名单等校验。
- 分层授信：首次签约最高500万授信额度。支持在线提供财务报表及发票合同进行提额，系统根据财务报表数据自动核额，最快5分钟完成提额流程。
- 征信校验。
- 企业信息预警。
- 贷后自动识别跟踪。

三、创新应用

自2021年7月产品推出以来，截至2023年10月，"润秒贴"累计注册客户数已超2万户，覆盖了17个行业，遍布全国31个省市自治区，其中小微客户占比超过60%。累计出账客户超过1万户，首贷客户超过千户；累计贴现量超千亿元，最小票面金额为34.73元（非等分化），平均每张票据金额40余万元，每户平均贴现金额800余万元。体现了华润银行在解决小票贴现痛点方面的优势。2022年和2023年，华润银行连续两年荣获票交所优秀专项业务机构（贴现业务类），这标志着华润银行票据业务迈入全国第一梯队。

1. 解决小票、短票"贴现难题"

传统的票据贴现，需要客户到银行开立结算账户，客户经理还需收集资料并办理授信等手续，整个贴现流程至少需一周时间。许多客户"短、频、急"的票据贴现需求无法得到满足，转而寻求票据中介的帮助，以高价进行票据融资。同时，由于贴现流程烦琐且耗时较长，企业通常不愿意将票据作为结算方式。

重庆某医疗科技公司因持有 50 万元仅有半年期的小票而难以融资。华润银行通过润秒贴产品自动给予该公司低风险授信额度，全程线上办理签约、询价、票据系统实时贴现签收放款，快速解决了客户的困难。

2. 助力专精特新企业解决贴现难题

某机器人股份有限公司是国家级"专精特新"小巨人企业，作为细分产业的龙头，在上下游产业链中存在一定的资金压力，面临收票多、付票难、贴现难等痛点。"润秒贴"凭借差异化的竞争优势，高效解决了客户的这些痛点。通过"润秒贴"获得的贴现资金，客户能够第一时间用于采购原材料和支付工资等支出。目前，签约"润秒贴"的"专精特新"企业已超过百家。

3. 创新业务模式、服务产业链客户

华润万家作为中国零售龙头企业，其供应商分散在全国各地，无法全部做到临柜台开户，因此只能通过跨行贴现的模式办理。同时，华润万家的采购模式为订单采购，采购金额小且分散，无法要求供应商集中办理贴现业务。针对客户复杂难解的需求，华润银行为华润万家制定了"润秒贴+跨行第三方付息"组合业务模式，这吸引了大量供应商来华润银行贴现，其中有蒙牛乳业、中粮食品、光明乳业、苏泊尔等知名品牌企业。此外，该业务模式还推广至苏果超市、华润电力、江中医药、海大集团等 12 家产业客户，为大消费、大健康、能源服务、农牧业产业链等近 700 户供应商办理了线上票据贴现业务。

四、取得成效

票据业务自数字化转型以来，累计授信客户超过 2 万。通过全线上化操作和数字化营销，银行显著节约了获客成本，并提升了企业效率。根据对柜面成本、时间成本、纸张成本和客户经理获客成本等的计算，为银行及客户节省了约 600 万元。

本项目还取得了如下成效。

（1）**解决企业融资贵等问题，降低企业融资成本**。根据利率预测模型，华润银行实现了以贴近市场的价格进行利率报价，让利于企业客户。同时推出"润秒贴＋跨行第三方付息"组合拳产品，服务华润万家等核心企业，降低了核心企业融资成本，提高了财务管理效率。新冠疫情期间，润秒贴连续三周推出助企纾困活动，贴现利息直减优惠，服务超 270 家实体企业，贴现金额超 1 亿元，为客户提供了约 27 万的优惠支持。

（2）**减少客户开户成本及时间成本**。传统票据贴现需要企业客户到银行网点开户并开通网银，通常至少需要一天时间。"润秒贴"通过全线上化操作流程，帮助无法临柜开户的客户，尤其是小票、短期票和急票客户，解决了开户成本及时间成本等问题。

（3）**解决产业链客户贴现问题**。1.0 时代的线上秒贴基于贴现人的视角设计产品，往往忽略了上游企业的用票诉求。例如，华润万家、广东海大集团、华润电力等公司都有减少经营性现金流支出和降低融资成本的需求，同时其供应商遍布全国各地。传统的秒贴产品无法满足统一支付、统一管理的需求。华润银行基于产业客户的视角，推出了"润秒贴＋三方付息"业务模式，解决了产业链客户的贴现问题，开创了 2.0 产业票据贴现时代。

完成人：

王　彬　　珠海华润银行股份有限公司资金运营中心总经理
王绪刚　　珠海华润银行股份有限公司资金运营中心票据中心总经理
周　晔　　珠海华润银行股份有限公司智能科技部研发三部总经理
唐天月　　珠海华润银行股份有限公司资金运营中心票据中心产品经理
唐　悦　　珠海华润银行股份有限公司资金运营中心票据中心产品经理

案例 24 数智化经营管理一站式平台

为落实以客户为中心、以价值为导向的目标,加快产业数字金融发展,加强场景聚合、生态对接,广发银行打造了数智化管理一体化平台 E 掌柜,以实现客户服务在线、经营管理在线的"双在线"效果,推动业务、科技、运营融合,提升五大能力,推进经营管理体系化、线上化、数据化、智能化、平台化和生态化,推进零售经营模式转型。

关键词: 数字化,零售转型,经营管理升级

一、背景介绍

高质量发展是全面建设社会主义现代化国家的首要任务,金融要为经济社会发展提供高质量服务。基于国家对数字经济发展的高度重视,为实现数字金融新格局,广发银行积极响应号召,坚持贯彻中央金融会议精神,落实国家重大战略部署,致力于推动商业模式变革,助力业务创新发展,并以数字平台生态作为第二发展曲线,紧紧依托金融科技,深入推进零售业务转型升级。广发银行不断提高金融服务实体经济的能力和水平,有效防范、化解了金融风险,全面推动了金融基础设施与能力体系、客户与渠道、业务与产品、管理与决策的数字化重塑。

在我国经济增速放缓、银行业整体收入增速下降的背景下,零售业务因具有风险分散、资本节约、综合收益高、创新空间大等优势,正逐步成为银行利润增长的重要支撑。因此,广发银行在分析行内营销、服务、管理平台的发展历程与调研同业发展趋势后,建立了"E 掌柜"这个数智化经营管理一站式平台,有效支撑了客户精准营销、智能风控、个性化服务和跨条线渠道协同等经营服务场景。

二、建设内容

E 掌柜是为零售板块员工搭建的经营辅助工具，是实现数智化经营管理的一站式平台。该平台从系统层面实现了客户经理作业流程标准化的目标，并为各级管理者及营销队伍提供了展业、业绩、资讯和智能决策等多元化支持。E 掌柜平台项目建设主要包括经营模式重塑和管理机制升级两大方面，通过实现客户经营差异化、营销内容精准化、触客动作系统化、队伍管理智能化，在系统及技术层面达到了零售客户服务在线、经营管理在线的"双在线"效果。

（一）有的放矢，差异化存量池经营

挖掘存量池，推进客户分层分类差异化运营。E 掌柜为客户经理及各层级管理者提供客户分层分布的概览，帮助相关人员捕捉各资产层级存量客户新增、流失轨迹及资产规模变化情况。具体为：基于客户生命周期，通过存量客户池的客户行为轨迹及风险偏好等数据，搭建大数据营销模型，洞察客户生命旅程所处阶段；定位目标相关场景，在识别产品到期、大额资金进出、临界提升/降级、客户生日等关键事件的营销机会时，提供精细经营策略支撑；结合客户价值等级，遵循高价值客户精细化、中低价值客户批量化的管理原则，搭配营销日历实现全量客群的多波段触达；基于客户渠道偏好，精准匹配触达方式，线上线下定向触客，实现渠道及内容的精准营销，并配套金融产品支撑；监测结果调优，通过客户盘子管理覆盖率、健康度等多维度的评价，强化一线员工每日客户联络覆盖度，搭建动态闭环运营机制，实现对存量客户池的定向差异化经营，从而提升客户运营成效。

（二）赋能一线，降低线下拓新成本

强化线下展业支持，降低拓新、获客成本。E 掌柜为一线营销人员提供展业经营策略支撑，同时使线下触客营销活动轻量化，为线下展业前、中、后全流程提供触客线上数据的留痕追溯服务。具体为：通过标准化的日程规划，以规范化、标准化的步骤为指引，为传统金融业务线下展业过程提供线上化经营支持；线下拓新前，接入社交链路识别潜在价值客户、沙龙模块快速生成活动页面、LBS 定位潜在合作商户等功能，实现公域流量引流至私域经营的目标；线下展业中，利用实时数据为管理者提供过程管理的有力抓手，为一线营销人员提供话术知识库、活动库等触客专业素材；线下获客后，定期维持触客热度，通过新客经营策略提高客户黏性及忠诚度。

（三）纵向挖掘，深耕单客价值

聚焦单客综合经营，深化客户价值挖掘。E 掌柜推出集客户信息、业务信息、资产状况、营销偏好于一体的 360° 统一客户视图。具体为：提供信用卡、信贷等大数据标签，打通公私线索，进一步推动交叉营销的落地，深化公私、双卡联动经营；上新客户收益中心，提供多维度、多品类的实时客户收益明细，帮助一线人员为客户提供从投前到投后全过程的高品质财富陪伴服务；全面接入企业微信、云销外呼、面访等触客渠道，强化营销触达的针对性，为客户提供优质的营销服务体验。

（四）减量增效，重构营销体系

重构营销线索体系，强化数字化营销中枢效应。E 掌柜整合各营销体系下的关键任务节点，将线索按执行必要性划分为任务、商机、消息，控制任务下发总量，甄选优质商机，减轻一线负担，实现客户经理每日少而精的高效任务目标。同时，强化业绩归因，KPI 指标自动关联商机，客户经理可随时针对业绩缺口开展名单营销。

（五）经营在线，业绩数据归因分析

通过一级分行考核、条线考核、督办指标和经营概览等多层次业绩数据看板，全面真实地反映全行的经营现状。队伍 KPI 达成情况、线索执行情况、客户营销维护任务和活动量等线上经营全面留痕，并可视化执行成效漏斗，逐级下钻至一线客户经理。每位一线员工的工作内容及其效果一目了然，实现了整体经营的可见、可管、可控。

（六）三比三看，经营质效随时诊断

全面化经营分析，提供跟自己比、跟机构比、跟对手比的多维数据，进而可视化业绩目标差距。建设覆盖"总行—分行—支行—客户经理"经营管理全过程效能度量的量质果指标体系，以数据分析赋能客户经营与业绩管理。从机构维度到个人维度，从考核 KPI 到过程经营数据，横向全量覆盖机构各岗位团队队伍产能，标准量化各级机构的经营行为、经营质量和经营效果。

（七）管理在线，扩大产能管理半径

强化一线每日产能的动态化管理，E 掌柜推出晨夕会、销售日报、产品经营等板块，实现经营执行、活动量、业绩统计闭环，能够追踪线上场景客户接触及赢单状态，提升零售经营的组织性。此外，该平台提供阶段目标下发、龙虎榜、战报等过程管理工具库，支持机构及客户经理发起 1 对 1 业绩 PK；提供穿透式业绩督导能力、实时排行及海报分享能力，追踪每日活动量达标情况，持续挖掘一线产能的提升潜力。

三、创新应用

E 掌柜项目通过构建集营销、管理、决策于一体的智能服务决策平台，全方位经营触客渠道，提升精准营销能力、客户洞察及产品运营能力、智能风控决策能力和数字化经营能力。E 掌柜依托数据挖掘、归因分析及基于机器学习的智能数据分析，生成由画像标签、指标库和营销数据构建的数据服务体系，从而实现客户服务在线、经营管理在线的"双在线"目标。

（一）千人千面，量身打造

E 掌柜提供定制化的个性视图，全方位覆盖行内各类岗位，聚合多模块功能。面向全行多个角色，从总行到一线，基于不同角色权限，智能展示关联视图及核心指标，打造从用户维度出发的综合经营工具。根据客户的使用习惯及银行主营业务特点，明确展示关联业务经营模块，使其一目了然。同时接入各业务信息来源渠道，展示实时准确的业务数据，实现业务办理提速增效的目标。

（二）全程线上，时刻把控

不论是一线触客经营，还是管理者过程监测，均可线上完成。经营场景全流程线上化，如到期承接、客户升降级功能，通过接入云店、企微、云销等线上触客渠道，实现触客在线化、服务内容素材在线化、策略体系数字化。针对经营管理，提供全面经营管理数据对比，进行全流程过程管理展示，实现总行"端到端""穿透式"管理。

（三）量化标准，规范营销

E 掌柜为一线触客提供场景化、流程化和标准化的经营动作，提供配套的话术和物料经营支持，规范一线触客流程，为一线营销客户提供有力的抓手，有效提高触客营销效率。同时，向管理者提供指标化经营管理的"量、质、果"数据，建立统一标准，实现海量数据存储。通过集群资源管理调度作业等技术栈，实现批量数据的加工计算，管理者可准实时地看到自身规模、质量和行为的指标变化，并横向对比排名，结合考核积分的变化进行管理。

（四）捕获实时数据，智能识别偏好

E 掌柜通过实时在线高效捕捉客户交易、浏览、签约等行为，完善客户行为网络；接入海量零售客户画像标签，从渠道触达、资产配置偏好、风险信用、健康度等多维度构建客户 360° 视图，全面展示并实时更新客户偏好，洞察客户需求，进而全面展示客户立体画像，深度了解客户；基于客户画像智能下发商机线索，精准识别客户诉求，调用机器人智能外呼，获取定向客群并进行多波次营销，有效节约营销成本，提高触达效率。

四、取得成效

E 掌柜的搭建，形成了"知目标、找商机、识客户、善经营、易触达"的完整闭环，在助力一线营销触客、实现经营和管理一体化等方面取得了显著成效。

在"管理在线"方面，一是支持全面化业绩管理，实现了指标可视化，聚焦关键指标，管理者指标监测效率提升了 12%，个人业绩缺口一目了然。二是支持多维度业绩诊断，解决了业绩分析依赖排期的问题。三是支持业绩过程管理，建立指标督导体系，有效推进了总分行对网点的标准化、点对点、垂直化管理，并实现了实时自动指标督导，低于预设数据范围将自动触发督导提醒，人力支出节省达到 100%。

在"经营在线"方面，一是帮助客户经理跟进个人绩效表现、机构经营重点和关键经营指标，快速定位业绩短板并做出归因分析。例如，某分行熟客率指标长期不达标，通过 E 掌柜的"客户覆盖率"功能，定期盘点长期未联系客户，使一线客户经理活动量完成率逐月提升，从 2023 年 7 月的 13.20%、2023 年 8 月的 46.80%、2023 年 9 月的 64.12% 逐步提升到 2023 年 10 月 24 日的 92.25%。二是完成线索体系重构，上线商机成功准则，强化商机目标导向，解决了一线痛点。三是提供客户分层经营盘点、典型场景盘点和全量客户列表，使一线营销人员可实时跟进每一位大额动账客户的资金走向，及时挽留流失资金，挽留有效率提升了23%。

完成人：
赵宏鑫　广发银行股份有限公司研发中心总经理
曾立环　广发银行股份有限公司零售业务管理部副总经理
阮文杰　广发银行股份有限公司研发中心工程师
梁瑾欢　广发银行股份有限公司零售业务管理部高级主管
崔　丽　广发银行股份有限公司零售业务管理部高级主管

案例 25 广发信用卡金融"骑手"——外勤作业平台项目

随着核心服务环节数字化能力的不断提升，银行自身的核心竞争力构建逐渐从人海肉搏获客转向提高用户消费和服务体验，以提升信用卡业务的营收及盈利能力。本项目致力于打造基于信用卡全生命周期的面向综合金融服务的移动"外勤作业平台"，涵盖发卡、促活、汽车分期、资产管理等场景，并拓展营销员的服务赛道，由"一专"向"多能"发展，实现资源复用最大化，为"零售协同"业务输送更多价值。项目结合统一任务调度中心，将各业务的作业后台打通，形成"数据统筹—路由分配—指派人员"的自动化配置流程，实现线上线下一体化，以数字化、智能化方式实现营销线索快速联动，助力营销员化身广发信用卡金融"骑手"，提供最快的实时上门金融服务，全面提升展业速度和经营质量。

关键词： 数字化，综合化金融，智能营销

一、背景介绍

2023 年是全面贯彻信用卡行业新规的一年，"信用卡新规"规范了行业在调整阶段的发展方向和路径。广发信用卡中心意识到，在全球经济形势存在诸多不确定性、行业逆周期的大环境下，相较于过往单纯追求发卡规模，提升整体经营能力更能为业务持续高质量发展注入强劲动能。广发信用卡直销渠道拥有数千名营销员，是肩负发卡任务的主力渠道之一。依靠人员规模来提升产能的时代已过去，如何应对销售渠道转型的挑战，如何积极把握数字科技带来的机遇，并以更便捷接触客户、更高效服务客户为切入点，推进信用卡业务的全面数字化转型成为当下工作重心。广发银行建设信用卡外勤作业平台，打造集业务办理、线索获取、客户经营、技能提升于一体的智能化综合作业工具，为一线人员提供更高

效、精准的作业支持。此举实现了业务融合，拓展了渠道策略部直接管理或者间接管理的展业团队的业务办理范围，包括但不限于发卡、激活、清收、商拓、一表双卡等业务，提升了人员综合效能。

二、建设内容

（一）主要实现内容

1. 信用卡业务数字发展的新平台

广发信用卡前端业务主要包括线下营销、资产管理、商户拓展等，外勤作业平台已搭载统一任务调度、统一视图等工具，打通了各业务的作业后台，覆盖发卡、促活、汽车分期、资产管理等客户全生命周期服务，并将它们收纳在可以随身携带的营销机具中。同时建立业务管理"驾驶舱"，可以实时查看营销员展业轨迹、数据流转积压情况等，能够进行人工干预调配，提高渠道现场管理能力。以技术服务为基础，数据驱动，建立营销员、管理员工作台，灵活支撑发卡、激活、一表双卡、清收、商拓等不同业务的展业办理，提升营销展业团队的综合人效。

外勤作业平台主要利用流式计算的技术手段，将以发卡业务为主的营销工具升级为基于信用卡全生命周期的综合金融服务移动作业平台。数字化升级后的外勤作业平台可帮助主要负责发卡业务的营销员转变为综合金融服务官，为前端营销效能的集中释放构筑科技底座，帮助企业从"强发卡"向"强经营"快速迈进。

2. 信用卡业务创新发展的新手段

外勤作业平台通过大数据流式计算引擎，实现了线上线索和线下线索的实时联动，为团队领导人提供了精确的作业进展。基于GPS实时定位技术以及地图实时渲染，可以实时展示团队营销员的定位信息以及历史轨迹。基于信创容器云技术，可以实现快速动态伸缩。

同时整合智能音视频分析系统，实现语音识别、语音分析、人像智能匹配等智能化分析功能，对上门作业的录屏进行影像人脸质检，精准识别客户身份。使用深度算法对录音进行智能质检，基于员工服务风控模型可快速识别营销员在营销过程中的违规以及风险事项，有助于提高服务质量，提升银行品牌形象。

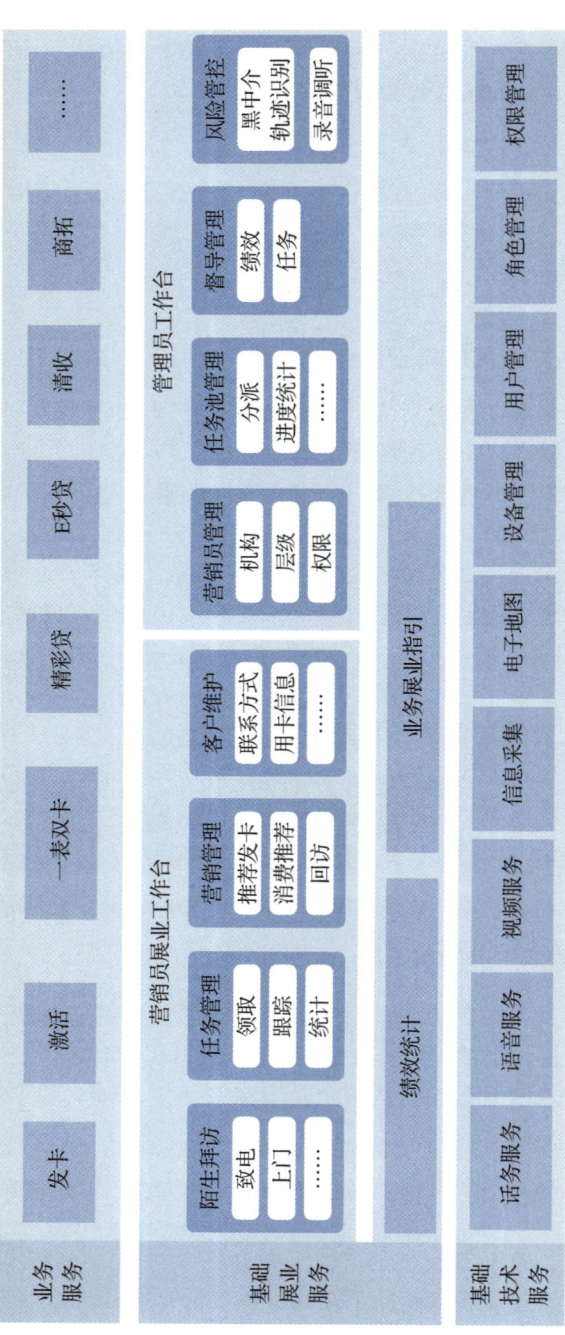

外勤作业平台整体业务架构

定制化的规则引擎，根据客户信息构建客户标签，打造客户精准标签体系。根据客户标签、项目特点和营销员特征实现强化学习智能派单调度算法，该算法提高了办卡成功率。定制化的规则引擎让营销活动更有吸引力，增强了客户活跃度和黏性。

3. 信用卡业务全面发展的新战略

信用卡行业从"卖方市场"向"买方市场"快速迁移的趋势，决定了银行必须更加敏捷、准确地挖掘和感知客户的需求，并及时根据客户需求进行产品和服务的优化升级，必须积极挖掘数字金融科技价值，充分利用数字金融科技促进信用卡业务的创新发展。一方面，银行要充分挖掘大数据价值，持续完善分析逻辑、指标体系、模型规则并有效应用，提升识别客户需求的能力，形成银行在客户需求识别、预判方面的市场竞争优势。另一方面，银行也要充分发挥生物识别、人工智能、云计算等数字金融科技的价值，根据分析、识别、发现的客户需求及其变化，及时、高效地研发并推出契合客户需求的产品和服务，持续增强信用卡获客、黏客和活客的能力。

（二）技术方案

1. 基于大数据和规则引擎建立智能调度中心服务

基于大数据建立名单资源库，使用 Flink+Kafka 实现名单流式处理，对多种渠道的名单进行汇总、统计分析，实时高效地整合处理数据。对于重复申请的名单、被拒绝过的名单等通过清洗规则进行数据清洗，提高名单有效性。并且基于大数据技术，利用客户资料，基于 HDFS+Spark+ElasticSearch 和算法分析生成用户画像，采用智能分析基础计算服务，构建客户精准标签体系。根据客户标签和营销员特征实现强化学习智能调度算法，有效提高订单办结成功率。采用开源规则引擎 aviator 进行规则编排、数据清洗、规则智能匹配，满足业务人员灵活调整业务规则的要求。使用 Hive+UDF+Azkaban+ELK 构建报表统计分析模型，丰富名单，便于营销员跟进数据管理及监控。

调度中心不仅能把名单简单地分派到营销员，还能基于人员融合，充分根据名单类型（新发卡、激活、商拓）以及营销员能处理的名单类型进行匹配分派，以及根据营销员的饱和度、营销员当天的名单情况进行智能派单，让营销员少走动就能多完成任务，并且可以根据营销员当前定位，推送优质名单信息给附近营销员，以进行抢单。

外勤作业平台应用架构

渠道终端服务

- 信用卡发卡业务
  - 信用卡申请
  - 信用卡激活
  - 商城、保险、理财
  - 汽车分期
  - 发卡参数配置
  - 活动管理
  - 机构管理
  - 名单管理

- 渠风业务
  - 案件外调

- 零售业务
  - 二类户开立
  - 风险测评
  - 综合金融转介

- 清收业务
  - 清收外访
  - 清收诉讼
  - 清收辅助工具
  - 清收外呼
  - 案件查询更新

- 授信审批业务
  - 贷前授信审批
  - 贷中授信审批
  - 贷后授信审批

- 智能抢派单业务
  - 任务导入
  - 任务查询
  - 抢单

APP基础平台

- 定位
- 拍照
- 录音
- 地图
- 外呼
- 附件
- 消息提醒

渠道后台

- 用户管理
  - 登录
  - 角色配置
  - 菜单配置

- 会话管理
  - 超时时间配置
  - 会话保存

- 抢派单管理
  - 任务导入
  - 任务查询
  - 任务撮合

- 授信审批管理
  - 列表查询
  - 详情查询
  - 审批

- 参数管理
  - 服务路由
  - 渠道监控
  - 批次管理

- 数据统计
  - 营销业绩统计

2. 基于人工智能技术打造多层级全方位质检体系

智能音视频分析系统提供的语音识别、语音分析、人像智能匹配等智能化分析功能，可对营销员上门作业的录屏进行影像人脸质检，精准识别客户身份。对录音进行智能质检，基于营销员服务风控模型可快速识别营销员在营销过程中的违规以及风险事项，有助于提高服务质量，提升银行品牌形象。

不管是营销员管理模块还是智能抢派单模块，都全面应用 LBS（基于位置的服务）技术，从而实现更精准的营销员定位管理、智能派抢单，进而提升营销员业绩，降低营销员空跑率。在进件时融入 LBS 技术，对进件的定位信息和当时营销员的定位信息进行比较，有效防止刷单、骗单。

3. 基于全栈信创打造高可用微服务架构

基于金融业信创要求，从数据库、操作系统到容器云，都采用信创技术栈中的技术，以保证信息的安全可靠。并且采用微服务架构拆分各个领域，保证领域间互相独立、隔离。采用云原生部署架构，当系统性能不足时，可以自动实现横向扩展，从而达到秒级伸缩效果。

基于行内统一的开发平台，实现技术框架、基础组件的统一。采用微服务架构，使用 Spring Cloud Gateway 作为 APP 统一网关入口，实现鉴权管理、限流熔断等。采用信创容器云平台，实现容器化部署，动态扩展、弹性伸缩。全栈都采用信创技术，保证了技术自主可控。

三、创新应用

利用大数据分析和人工智能技术，外勤作业平台可以对客户行为进行分析，预测客户需求，为营销员作业提供数据驱动的决策支持。外勤作业平台通过大数据流式计算引擎，实现线上线索和线下线索的实时联动，同时可以通过定制化的规则引擎，根据客户信息构建客户标签，打造客户精准标签体系。根据客户标签、项目特点和营销员特征，实现智能派单调度算法强化学习，提高办卡成功率。让营销活动更有吸引力，增强客户活跃度和黏性。外勤作业平台在业务方向上主要从以下几方面推进。

（一）形成快速服务

在"数字广发"的全行核心战略下，广发信用卡加快数字化转型步伐，在前端营销工具外勤作业平台中引入 LBS、流式计算等技术，帮助营销员为客户快速提供线下金融服务。以发卡业务为例，若客户在线上渠道扫码填写了申卡信息，相关信息会实时流转到外勤作业平台后台。基于营销员的 LBS，外勤作业平台将根据客户所填写的联系地址自动派发相关申卡信息给所在区域附近的营销员，指引营销员在最短时间内上门服务。

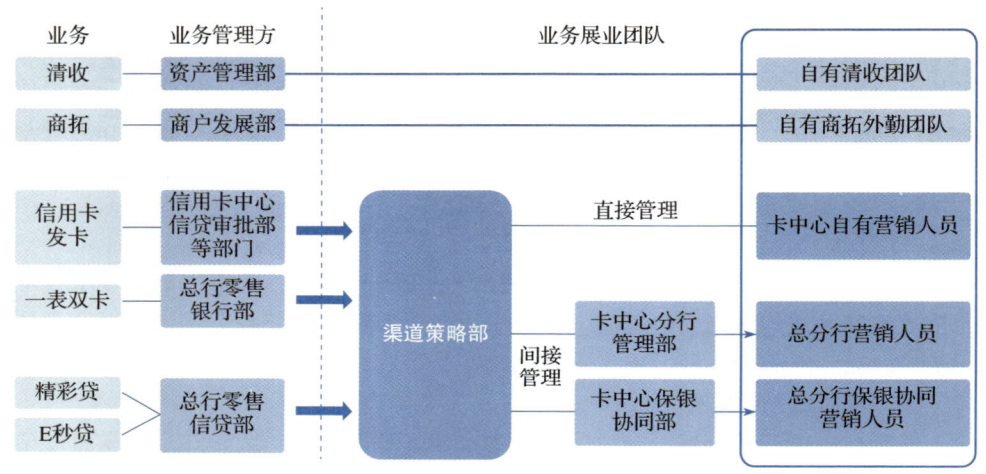

外勤作业平台业务目标

（二）建设统一调度

外勤作业平台建立了统一任务调度中心，将各业务的作业后台打通，能够根据客户需求统一分配服务，形成"数据统筹—路由分配—指派人员"的自动化配置流程。对于有能力的营销员而言，他们可通过升级后的外勤作业平台逐渐接触到理财产品推介、洽谈商户、资产清收等除产品营销之外的综合化金融业务。拓宽作业模式的外勤作业平台通过线上线下一体化，也将实现资源复用最大化，为广发银行"零售协同"业务输送更多价值。

（三）助力一线转型

怀揣着智能营销工具——外勤作业平台，广发信用卡的营销员化身"骑手"，及时向客户送达金融服务。这也成了他们区别于同业营销员的显著特征。有调研结果表明，在客户产生办理信用卡的金融消费需求时，越早触达客户，就越能塑造优质体验，客户后续用卡也会更加活跃。反之，如果客户的办卡需求没有得到及时响应，意愿也会逐渐消退，后续用卡活跃度也会随之受影响。基于"外勤作业平台"的技术支持，由原来仅人工分配模式转变为系统自动指派，最快实时上门服务的广发信用卡金融"骑手"，能够持续积累客户"好评"，促进数据分配模式转变，目前已在发卡、激活预约类业务场景初具成效，比普通营销员人均产出提升 15% 以上。

四、取得成效

通过外勤作业平台，广发实现了发卡到客户服务全生命周期管理，打造出线上线下一体化的服务体系。在广发信用卡新发卡、存量客户经营等场景取得了较好的业务效益。自 2023 年 5 月底开始全国推广以来，通过该平台的新增卡量超 12 万张，汽车分期业务累计放款 34 亿元，促活客户量超 1 000 且卡均消费超过 5 000；完成资管查访送函业务共计 5 000 单，累计回款超过 2 亿元。

外勤作业平台实现的社会效益如下。

- **客户体验提升**。提高了客户满意度及忠诚度，增加了客户黏性与活跃率；提高了服务水平及客户申卡体验，满足了客户的多样化用卡服务需求；提高了产品竞争力，拓展了信用卡客户量，进一步提升了信用卡收益。
- **实现营销业绩提升**。以名单为线索上门延伸＋综金产品远程销售的数据营销模式，提升了营销效率，发卡量和激活率均得到提升，实现了为信用卡中心增加营收。
- **实现风险管控提升**。信用卡授信审批业务涉及新发卡、分期、调额、大额授权等多种业务类型，超过一定额度的授信，可支持移动审批，并留下系统审批记录，使管理有迹可循，降低了金融风险。
- **实现内部管理效益提升**。通过系统全流程信息管理，节约了客户服务方面的人力成本；通过系统组件化、模板化设计，节省了系统开发成本以及时间成本。

完成人：
崔日晖　广发银行股份有限公司信用卡中心副总经理
王　立　广发银行股份有限公司研发二部副总工程师
徐　锋　广发银行股份有限公司研发中心工程师
赖云青　广发银行股份有限公司研发中心工程师
侯武庆　广发银行股份有限公司信用卡中心系统部项目经理
梁颖川　广发银行股份有限公司信用卡中心渠道策略部项目经理

案例 26 "数字化赋能营销"——新一代对公 CRM 系统

近年来,随着我国经济结构、产业结构的转型升级以及利率市场化改革的不断深入,商业银行赖以生存的环境发生了巨大的变化。在互联网金融迅速发展的背景下,差异化营销和个性化服务逐渐成为银行长期客户维系的重要方面,客户关系管理系统已经成为影响银行业务发展的核心系统。在此背景下,我行结合自身的发展需要,启动"新一代对公 CRM 系统"项目,重点打造一款综合经营管理系统,目的是输出客户洞察能力、数字化营销管理能力、产品管理与销售能力、垂直化管理与经营分析能力、渠道协同能力,释放管理效能。

关键词:客户关系管理,数字化营销,管理系统

一、背景介绍

受当前宏观经济放缓影响,同业竞争日益激烈,加之金融行业监管环境趋严、趋紧,我行对公业务发展面临以下困难与挑战。

(1)头部客户融资规模受监管限制,亟须批量拓客,壮大基础客群。

(2)同业竞争激烈,亟须深耕存量客户,捍卫市场份额。

(3)客户营销效能较低,营销模式亟须向自动化、批量化、智能化转变。

整体而言,对公业务的发展转型需要一个功能强大的营销管理系统作为支撑。

随着数字化的高速发展,传统经营客户模式逐渐被大数据所迭代,银行不仅要关注客户内部数据,更要想办法把外部数据整合并利用起来。通过多种渠道获取大量潜在价值客户信息,获取更多的销售商机和线索,充分了解客户的个性需求并提供差异化的服务和解决方案,拓展传统销售渠道,开展精准营销,提高营销环节的投入产出比。对标同业,我行 CRM 系统中的对公营销模块存在较大的

优化空间，这表现在如下几个方面。

（1）**客户基础信息较为薄弱**。缺乏具体的产品信息、客户定价、效益指标等数据，同时未能与外部数据联通。

（2）**缺乏数据分析功能，未能形成客户整体特征的画像**。目前只有查询功能，缺乏客户关系网络、价值分析、生命周期、行为偏好等方面的分析。

（3）**营销管理流程较为粗糙**。商机模型比较单一。目前CRM系统功能未能匹配当前对公业务转型发展的需求。

顺德农商聚焦分支行实际需求与痛点，以客户为中心，围绕"客户、营销、产品和经营分析"四大板块，打造新一代对公CRM系统，为总分支行做好工具支撑。

二、建设内容

（一）系统功能结构

新一代对公CRM系统输出的能力包括客户洞察、数字化营销管理、产品管理与销售、垂直化管理与经营分析、渠道协调。

1. 客户洞察能力

客户洞察能力涉及的主要工作包括做深客户、展示客户全貌、洞察客户需求等。这些工作主要通过系统中的如下功能来实现。

（1）**客户信息**：一是打通内外部系统，实现信息联动，构建全面的客户视图，反映整体，解析细节，全面掌握客户信息；二是自动识别行内外客户，描绘客户画像，包含个体视图及客群视图，按照"客群—客户—EVA（经济增加值）—FTP（内部资金转移定价）—规模—产品—账户—明细"递进，勾勒客户标签，深入剖析客户在我行的业务往来及变动趋势，帮助营销人员充分了解客户，回归客户经营本质。

（2）**关系图谱**：挖掘企业的内外部关系，内部关系包括股权关系、治理关系、企业员工间的关系、员工和企业的关系等，外部关系包括行业关系、产业关系、行政关系、商会协会、园区、交易关系、金融机构合作关系等。自动化识别客户关系，生成可视化客户关系图谱，为定位营销关键人、拓展企业上下游、批量拓客等输出价值线索。

能力输出	设计方向	功能设计			
客户洞察能力 展示客户全貌，洞察客户需求	客户做深	客户信息	客户视图	客群视图	账户视图	客户标签
		关系图谱	行业关系	股权关系	产业关系	交易关系
数字化营销管理能力 线索名单生成，下发执行到效果评估闭环	营销做精	线索营销	线索分发	线索执行	线索监测	成效看板
		事件营销	营销机会	风险提示	规则配置	消息订阅
产品管理与销售能力 统一产品目录，按属性灵活筛选，便捷推送	产品做高	营销知识库	产品树	优选产品	营销案例	同业资讯
		产品视图	产品偏好	在售产品	营销热板	
垂直化管理与经营分析能力 线上化业绩管理及经营指标分析能力	管理做细	内部管理	团队管理	挂靠归属	流程审批	授信集团
		经营分析	机构视图	条线视角	客群视角	短信
渠道协调能力 各渠道一体化、移动作业	渠道做全	渠道互通	客户经理	营销机构	营业视角	外呼
		移动作业	移动版CRM端			

新一代对公 CRM 系统能力输出和功能设计

2. 数字化营销管理能力

数字化营销管理能力涉及的主要工作包括做精营销、建立数字化营销管理体系、实现闭环管理等。这些工作主要通过系统中的如下功能来实现。

（1）**线索营销**：以线索为中心，构建数字化营销全流程，支持营销活动的创建以及线索的分发、执行、监测等各环节管理，实现线索营销的全链路自动化，推动线上化进程。

（2）**事件营销**：支持自动化、线上化的事件提醒功能，包括营销机会及风险提示，如产品到期、大额资金变动、还款提醒、贷款欠供与逾期提醒等。帮助营销人员及时了解客户动态，把握事件营销时机。

3. 产品管理与销售能力

产品管理与销售能力涉及的主要工作包括产品做简、建立体系化产品信息、提升产品销售能力等。这些工作主要通过系统中的如下功能来实现。

（1）**营销知识库**：建立体系化的营销产品目录，线上化展示全产品信息、成功案例等营销信息，强化总行服务能力，打造公司产品树，通过产品特征匹配目标客群，提高营销成功率，形成客户经理业务营销的"武器库"。设计非结构化搜索引擎，支持搜索数据库、Word、PDF、Execl、PPT、txt，加速知识的转移和传播。

（2）**产品视图**：一是从客户角度出发，了解客户的产品偏好；二是展示对客渠道在售产品，与客户视角保持同频，高效帮助客户解决问题；三是增加营销垫板，重点设计营销对客策略，为营销人员提供利剑。

4. 垂直化管理与经营分析能力

垂直化管理与经营分析能力涉及的主要工作包括管理做细、打造垂直管理模式、形成全局经营分析体系等，这些工作主要通过系统中的如下功能来实现。

（1）**内部管理**：支持多法人、多条线、总分支的垂直管理体系；将日常使用的辖内客户分析、客户挂靠管理、营销团队管理、信息上传等功能进行集成，搭建高效便捷的管理人员工作台。

（2）**经营分析**：从经营目标出发，基于管理的核心需求逐层深入，搭建自上而下的全局经营分析体系，为管理者提供经营分析的驾驶舱。将目标层层拆解，分析客群基本信息、标签、机构、条线、行业、规模、产品，聚焦重点行业和客群，帮助使用者聚焦战略和业务发展重点，为营销决策提供信息依据。

5. 渠道协调能力

渠道协调能力涉及的主要工作包括做全渠道、打通行内线上线下渠道、实现全渠道对接等。这些工作主要通过系统中的如下功能来实现。

（1）**渠道互通**：扩大渠道覆盖面，打通行内线上线下渠道，分批对接手机银行、网上银行等线上渠道及外呼等人工渠道，充分释放全渠道营销效能。

（2）**移动作业**：配置移动版 CRM 终端，一是可以灵活掌握客户情况、营销情况和进件进度，提升营销人员工作便捷性；二是可以打造移动终端特有的地图拓客功能，便于随时随地进行新客拓展和客户维系。

（二）技术架构

新一代对公 CRM 系统基于行内自研的 NGDB（New Generation Digital Bank，新一代数字银行）、NGFE（New Generation Front End，新一代前端）技术，配合移动端 mPASS 三大服务框架基座进行架构设计。NGDB 既是行内业务和阿里技术平滑对接的最后一公里，也是其他新金融融合的"脚手架"，使领先的分布式云架构基础技术平台落地使用，其微服务框架涵盖了服务注册与调用、配置管理、熔断降级、限流、链路追踪、性能监控、日志分析等。NGFE 不是单纯的前端框架，而是整合了技术、策略和方法，由脚手架、辅助插件、组件和规范组成的前端生态。

（三）数据架构

新一代对公 CRM 系统数据框架采用混搭架构，MAXCOMPUTE 数据库作为基础数据加工库，OceanBase 数据库作为业务逻辑加工库及应用库。其中 Vertica 使用 ETL 统一调度平台（GDF）实现 ODS 数据对接，整合加工基础维度数据并推送到 OceanBase；OceanBase 主要与应用端数据交互，使用 Sofa 中间件加工业务逻辑数据。

三、创新应用

目前，我行正在积极推广新一代对公 CRM 系统的应用，通过平台赋能，在营销效能、管理效能、数据整合、营销一体化、产品整合等场景产出了巨大的应用价值，在加快营销效率、释放手工作业、提升客户体验等方面具有重要意义。

案例26 "数字化赋能营销"——新一代对公CRM系统 • 223

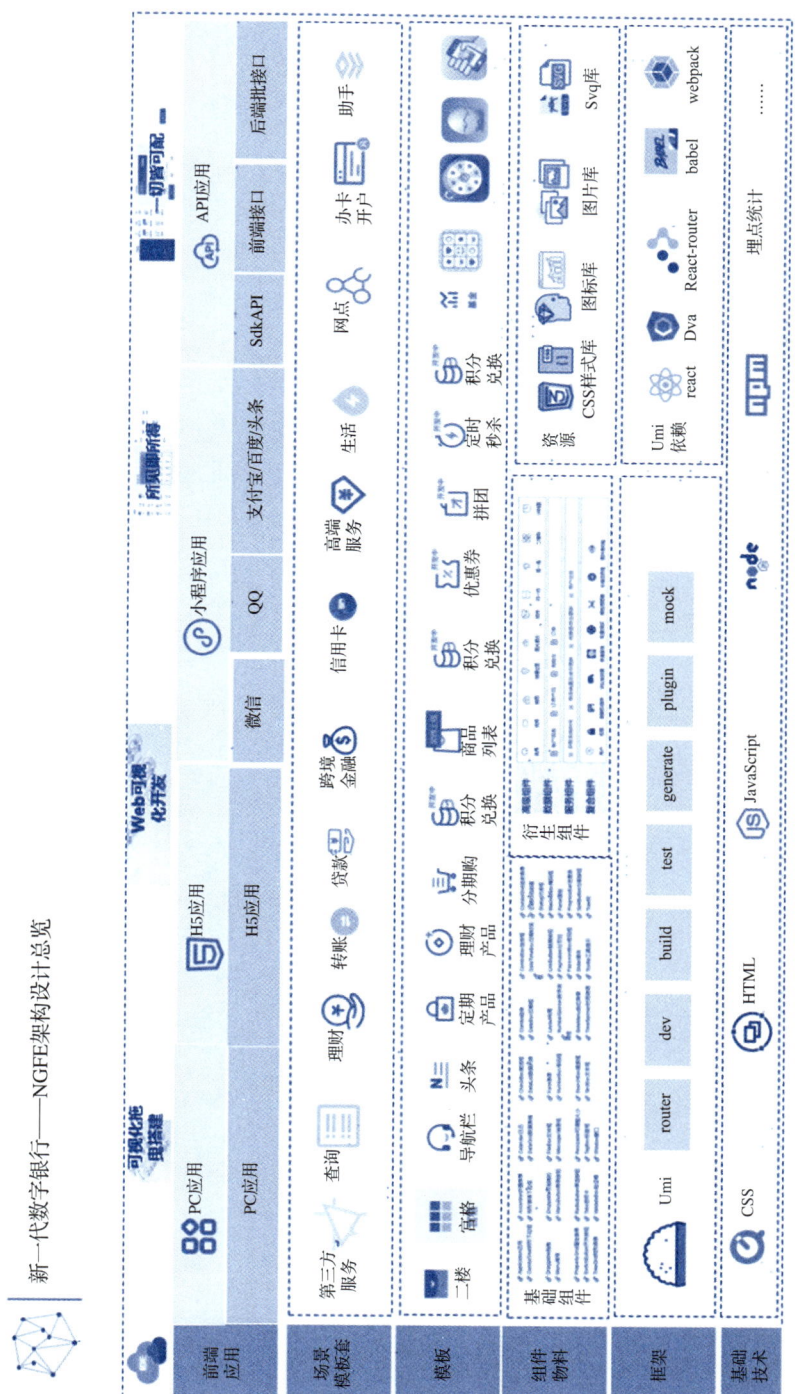

NGFE架构图

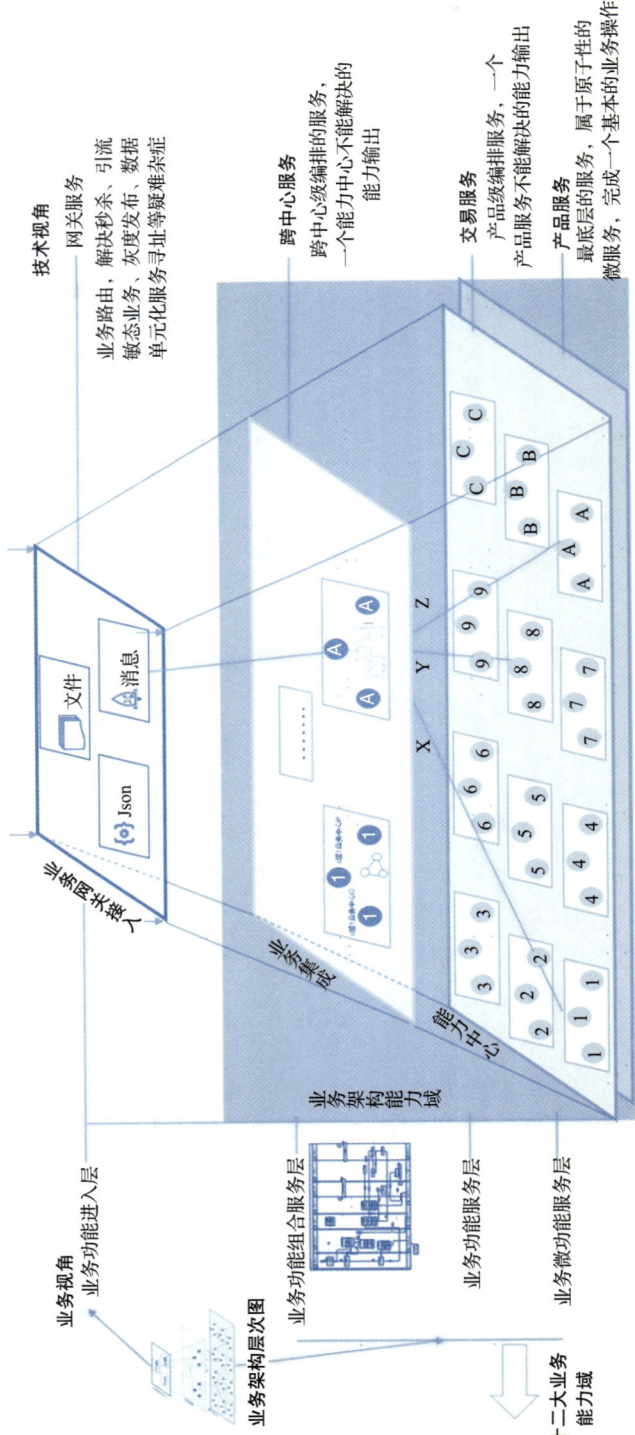

新一代对公 CRM 系统应用架构层关系图

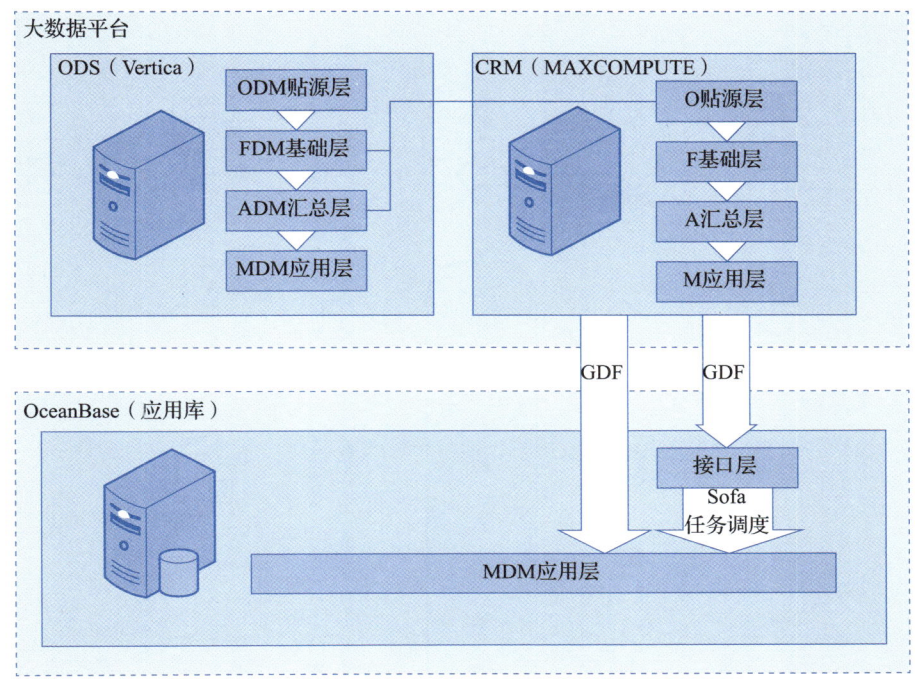

数据架构图

（1）**充分释放营销效能，实现全线上化的线索营销管理闭环**。以客户为中心，构建营销全流程。围绕这个目标，我行实现了线索管理 8 个流程的全线上化，包括创建营销活动、筛选名单客户、配套营销策略、营销活动审批、营销线索下发、营销线索执行、营销线索过程监控、营销效能评估。营销活动支持总行及支行创建；营销策略包括客群策略、产品策略、权益策略；渠道方面支持客经渠道、网点渠道、短信渠道等全自动线索分发。分配规则支持系统自动分发、系统加人工和手工分发；过程监控覆盖全过程，包括执行情况监控和业绩监控。

（2）**实现全自动化的事件营销推送**。实现全自动化事件营销线索识别，不依赖人工，效率更高，能主动推送线索至管理者和客户经理。事件营销分成两部分，一是营销机会，二是风险提示。营销机会包括到期类、信息类、变动类及还款提醒。到期类营销机会包含存款到期、签约到期、理财到期、借据到期等；信息类营销机会包括客户信息变更、信用评级变更、企业干系人生日提醒、同业资讯等；变动类营销机会包括大额资金的存入与转出、结算量的异常变动等；风险提示包括贷款五级分类变动预警、贷款欠供与逾期的提醒等。灵活的配置能力，

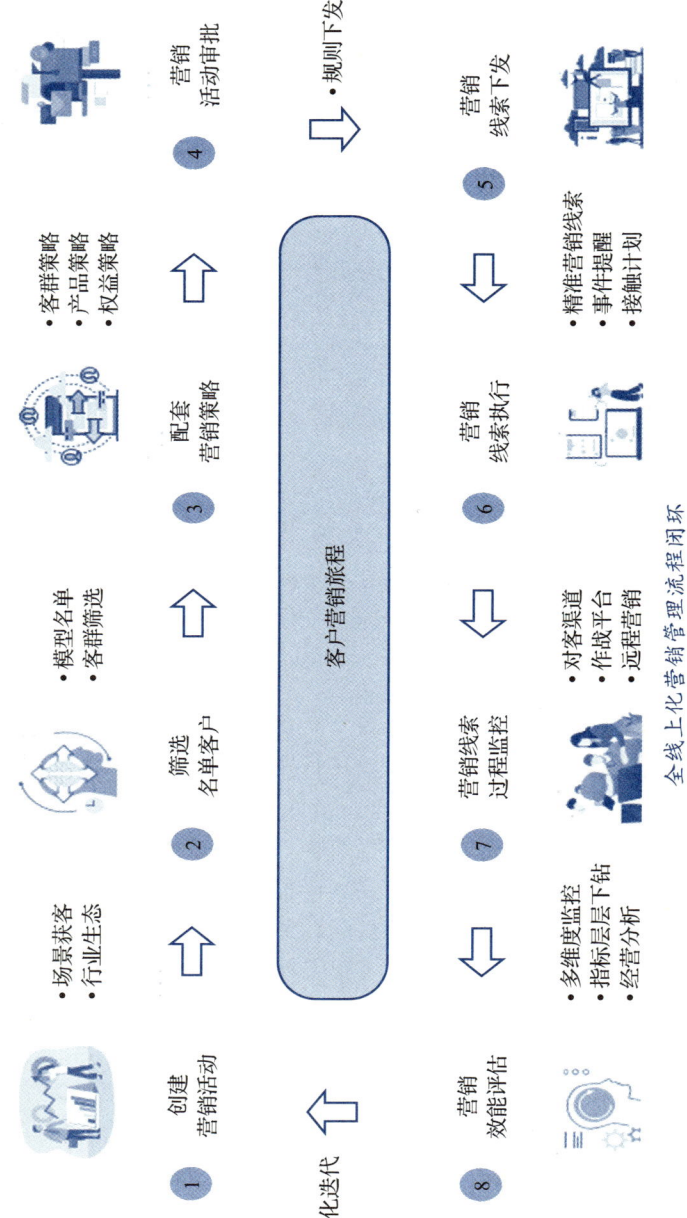

支持总行、支行、客户经理、网点四大维度，规则配置以及特殊名单设置，实现了阈值的梯度管理，同时支持订阅与取消订阅操作。

（3）**充分释放管理效能**。围绕客户做深、营销做精、产品做简、管理做细、渠道做全，全方位推进管理的精细化、线上化、智能化。

（4）**打造客户信息搜索引擎，自动识别行内外客户，打通内外部数据系统，实现数据整合**。

（5）**打造全线上化的产品检索体系，实现知识快速转移和传播**。首次实现基于文档的智能搜索引擎。

四、取得成效

本系统在推广的过程中取得了一定的成效，包括经济效益和社会效益两部分。

截至2023年末，新一代对公CRM系统已在全行推广使用，覆盖全行公司条线、普惠条线用户及营业机构用户，使用超30万次。在线索营销及客户结算拓展场景有较好的业务效益。在线索营销部分，为稳步推进数字化营销赋能，自本系统上线以来，下发营销线索超5 000条，覆盖顺德高新区优质客户、工业园流资挖潜、项目机会挖掘等定向名单。截至2023年12月末，名单内企业贷款额超3亿元。在客户结算场景部分，为拓展基础客户存款，积极推进客群经营，做实基础客群获客及存客提升，上线对公结算提升功能，有效唤醒沉睡客户并直观监控对公考核指标的完成情况，促活存量客户，自2023年9月功能上线以来，截至2023年12月末，对公新增达标客户提升1 200户，增幅43%，存量提升客户数提升648户，增幅98%。

通过本系统赋能，重塑管理模式，并通过以下5个方面对我行产生影响。

（1）**营销人员管理**：规范营销人员的管理，提供全线上化营销管理，推动多法人、多条线、总分支的垂直管理体系，形成自上而下的全局经营分析体系，规范营销人员。

（2）**经营目标管理**：在总行层面，设立对应的业绩指标；指导营销线索下发；配置事件触发规则。在支行层面，对本支行客户挂靠客户经理情况进行维护，维护营销团队。

（3）**营销过程督导**：对营销活动执行情况进行监测，对营销活动进行督导，可视化全流程，总结提炼经验，迭代优化营销流程。

（4）**产品支撑**：通过对产品的解耦，建立营销知识库，支持产品线上查询、对客分享、销售垫板等,为产品营销赋能,以提升一线人员的产品销售能力。

(5)**经营分析**:将客群基本信息、标签、机构、条线、行业、规模、产品,层层下钻分析,帮助使用者聚焦战略和业务发展重点。

完成人:
张　弛　广东顺德农村商业银行股份有限公司总行公司银行部总经理
王纪华　广东顺德农村商业银行股份有限公司总行科技信息部总经理
李金刚　广东顺德农村商业银行股份有限公司总行公司银行部副总经理
余凯枫　广东顺德农村商业银行股份有限公司总行信息科技部副总经理
廖泳楠　广东顺德农村商业银行股份有限公司总行公司银行部营销管理岗

数据治理与数据平台篇

案例 27 零售金融数智化决策分析平台

招商银行为提升零售金融业务管理与决策的数字化能力，着力打造了零售金融数智化决策分析平台。该平台依托自主研发的混合数据查询引擎、低代码内容生产、全链路数据监控、金融级数据安全管控、多维度开放与集成、智能报告性能加速、智能化数据诊断与洞察等关键技术与能力，以高效、开放、移动化、人机协同为核心理念，为不同岗位用户提供了全产品、全客群、全渠道的数据服务，构建了零售金融数字化经营核心能力，是经营力和数据力借助金融科技向业务生产力转化的重要探索。自 2022 年第二季度正式上线推广以来，平台服务已覆盖总行条线及 44 家分行机构，累计登录用户数达 3 万，登录量超 255 万人次，报告访问超 391 万人次。

关键词：数字化转型，零售金融，决策分析

一、背景介绍

随着互联网、大数据、人工智能等技术的不断发展，金融行业的数字化转型已成为必然趋势。银行、保险、证券等金融机构正积极推动数字化转型，通过科技手段提升服务质量、降低运营成本、提高风险控制能力，并且在这些方面均取得了显著成效。

招商银行的数字化运营模式是其数字化转型的重要战略方向之一。零售金融数智化决策分析平台（以下简称"数智零售"）是其中的重要组成部分。该平台基于大数据、低代码及人工智能等技术，以高效、开放、移动化、人机协同为核心理念，将行内零售业务数据化、中台化、服务化、智能化，涵盖产品销售、客群、中收、资产、配置等数据内容，实现了"全产品、全客群、全渠道"的数据服务。平台为总行、分行、支行的不同岗位用户提供了数据查看、数据分析、数据诊断、策略执行、反馈等经营管理全链路数据支持，将经营分析及数据管理服务一体化、智能化、场景化，构建了零售金融数字化经营核心能力，成为赋能大

财富管理业务发展的数字化经营管理平台。这也是招商银行加强金融科技建设的重要探索之一。

二、建设内容

数智零售主要由**数据层、集市层、引擎层、中台能力层、服务层和应用层**组成，并最终向渠道层进行数据与服务输出。

数据层、集市层与引擎层不仅沉淀了批流一体、高质量的基础数据能力，还构建了混合式的数据存储架构体系及高性能查询引擎，为上层服务提供了基础。中台能力层和服务层涵盖了技术底座、权限中心、报告制作中心、数据中心等可复用能力及开放式门户，打造了极致且一致的用户体验。从应用场景角度整个平台又可以分为 7 个子系统，分别是报告中心子系统、制作中心子系统、名单画像子系统、敏捷探索子系统、数据播报子系统、数智问答子系统和运营管理子系统。

- **报告中心子系统**：报告中心采用统一、开放式的平台能力，探索基于岗位的全流程、场景化、智能化的数据服务。全面支持财富 W+、网点云图、财富 Alpha+、CMS 作业平台、财富一站通视图建设；加快推进分行圆方体系融合，构建与分行共建专区能力，实现合作共创，零售数据平台服务生态初步形成。
- **制作中心子系统**：以"人人都是数据分析师"为能力目标，为不同用户提供一键配置式的数据集注册、发布和管理能力，支持业务分析用户在 30 分钟内完成数据集在数智零售上的发布。根据用户的不同使用习惯，提供 Tableau 设计器、BIX 设计器、智能文档、圆方设计器等多种分析和可视化工具，协助用户简单快捷地完成数据分析。场景中心通过沉淀和抽象通用、优秀的分析场景，支持不同分行或者用户快速复制和配置，满足其个性化的分析需求。
- **名单画像子系统**：基于名单制经营的重要场景，抽象建立了一套从数据分析、名单圈选、名单画像、任务执行到效果回检为一体的全流程的分析决策方案。支持用户基于多种筛选条件快速创建需要交叉分析的目标客群，一键投递到智像系统进行画像计算，快速了解和掌握用户画像；也可以投递到 W+、先机等系统进行后续的客户营销等经营流程。
- **敏捷探索子系统**：该系统依赖高斯分析集群和离线分析等平台底层的数据分析、存储和计算服务，负责将数据层出湖的数据进行加工转换，并传送给应用层，覆盖了总分行营销数据的分析、加工、出湖等环节。为用户提

零售金融数智化决策分析平台整体架构

渠道层	收藏、财富W+、私行W+、市场W+、CMS集中作业平台、对公CRM
应用层	数智零售、私行天璇、代发灯塔、网点云图
服务层	订阅、通知、统一搜索、频道支持、专区支持、报告评论（开放门户）
中台能力层	权限中心（用户管理、机构管理、角色管理、权限管理）；报告制作中心（Tableau制作、图方制作、异步报告、外链报告、场景报告）；数据中心（数据集管理、数据集制作、数据衍生、资产管理）；公共产品能力（自助取数、名单画像、财富播报）；运营管理中心（运营、报告、专区、场景管理、参数配置管理）；技术底座；报告智能加速；报告监控体系；报告运维体系；数据时效保障体系；报告埋点与价值度量
引擎层	报表可视化引擎、BIX设计器、图方设计器、BIX数据引擎、敏捷数据加工、AirEngine
集市层	自定义查询场景—批量Gauss；高频更新场景—实时Gauss；高响应、低并发场景—Clickhouse；稳定多维分析场景—Kylin、ElasticSearch；总分数据融合场景—ECS、CDP
数据层	批量数据（财富Amart、私行Amart、代发Amart、零售BRTL、数仓数据、对公数据）；实时数据（实时AUM、实时交易、实时用户行为、实时数据）；数据源（零售批量、实时数据；批发批量、实时数据）

说明要点：
- 通过页面共享、数据集共享等方式实现数据应用间和渠道系统对数据报表的复用与场景融合
- 为用户提供零售客户数据看数的统一入口
- 沉淀共性能力，为零售领域或用户构建报表应用提供可复用能力，聚焦每一专项，打造极致且一致的用户体验
- 与BIX深度融合，零售领域成为面向用户构建一站式用数、看数的平台
- 构建混合式数据存储架构体系，充分发挥各种数据引擎优势，提升报表查询性能
- 沉淀零售高质、高时效的批量与准实时基础数据，支撑上层业务及分行敏捷数据加工与应用

供数据和功能服务，支持用户下载、查看结果数据，传送数据给其他业务系统，制作数据集和报告等。
- **数据播报子系统**：该系统支持总分行中台人员使用系统数据源或引入自建数据进行个性化推送内容配置，例如实时基金销量喜报、分行销量榜单等。系统从数据接入和实例配置两个方面为用户提供了可视化配置能力，大大减轻了总分行中台人员的工作任务，更加及时准确地激励了一线员工的工作热情，有效促进了分行和支行之间的良性竞争。同时，该系统也打破了传统报表平台建设的思维模式，从"人找数"转变为"数找人"，提升了业务人员的看数效率。
- **数智问答子系统**：该系统支持总分行中台人员通过指令或运营管理页面添加预置好的问题及答案，形成封闭域运营内容，供用户在移动端和 PC 端进行提问。开放域的模型建设分为系统自建和外部引入两种方式，从而可快速满足各种场景的问答模型对接和使用。
- **运营管理子系统**：该系统基于产品运营数据进行深入分析和挖掘，精准、有效地反映产品价值和短板，以数据驱动产品优化。

三、创新应用

（一）业务创新

数智零售以高效、开放、移动化、人机协同为核心理念，将银行内部的零售业务统一化、场景化、体系化、开放化、工具化、智能化和移动化，构建了零售金融数字化经营的核心能力，成为赋能大财富管理业务发展的数字化经营管理平台。

- **在统一化方面**，依托数智零售，我行融合多个业务专营数据平台，统一看数入口，解决了平台多、口径多、不协同的问题。
- **在场景化方面**，按用户角色（包括总行、分行、支行管理者和一线客户经理）量身定制数据视图，方便用户在一个入口查看全部经营及考核数据，提升了用户体验。以"管理者视图"为例，站在分行管理者角度，突出"看经营结果、看重点业务、分析业务动因"这 3 个功能，同时，按照角色的使用习惯组织用数旅程。
- **在体系化方面**，数智零售以业务主题为纵深，涵盖客群、资产管理（AUM）、中收、获客、线上经营、公私融合、信贷、收支、营销等 20 多个业务主题，积累了总行和分行超过 7 000 份的看板，满足了总行、分行和支行的数据需求。
- **在开放化方面**，打通工作平台数据流断点，开放数据能力，避免重复建设。将报告同步至一线工作流操作平台，满足了一线员工的看数需求。
- **在工具化方面**，提供"拖拉拽"灵活分析工具和"参数式"自助取数工具，满足了个性化、精细化的分析取数需求。
- **在智能化和移动化方面**，通过机器人主动推送或用户主动与机器人交互问答的方式，帮助用户摆脱了时间和空间的限制，可以随时随地获取所需的业务数据。

（二）技术创新

（1）**高效敏捷的混合数据查询引擎**。随着业务数据量井喷式增长，业务需求变化迅速，分析需求愈加复杂，我们研发了混合查询引擎。该引擎提供统一的查询范式，屏蔽底层异构数据源和操作细节，从而提高了使用人员和上层应用的效率，并且控制了成本。它为名单圈选、智能文档、数据预警等非报表查询和计算能力提供了统一服务。

（2）**低代码内容生产能力**。这主要包括一站式的数据集发布能力、基于可插拔组件的报告制作和场景配置能力、灵活自助的探索模板设计能力。

（3）**全链路的数据监控**。通过建立全链路血缘关系和自动化异常处理机制，实现了时效实时查询、异常告警和自动化异常处理等目的。目前，已支持数智零售实现 3 000 余个经营分析报告的时效实时查询，同时异常告警通知率达到 100%，自动化异常处理率达到 80% 以上。

（4）**金融级跨网段多层次数据安全管控**。在提供用户敏捷探索自由度的同时，也带来了数据安全风险。系统通过多层的数据安全管控策略，降低了人为因素带来的安全风险。数智零售通过数据层面、服务层面、系统层面和管理层面的分层组合管理，确保了数据安全。

（5）**多维度开放与集成能力**。这包括如下几个方面。
- 基于 qiankun+iframe 结合的微前端架构搭建统一开放门户。
- 基于 RBAC（Role-Based Access Control）模型的统一权限中心。
- 多层次的数据服务提供多层次的服务数据。数据服务包括数据表服务、数据界面服务、数据接口服务、频道服务等，支持零售客户经营生态下灵活使用的需要。

案例 27　零售金融数智化决策分析平台

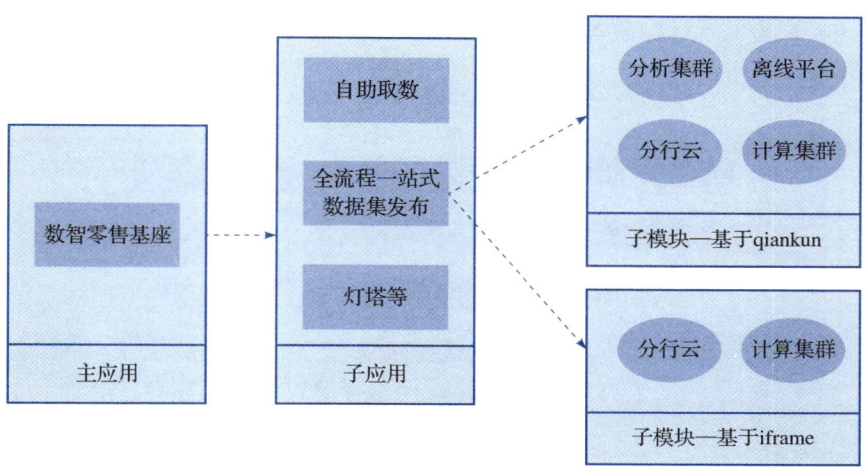

微前端架构图

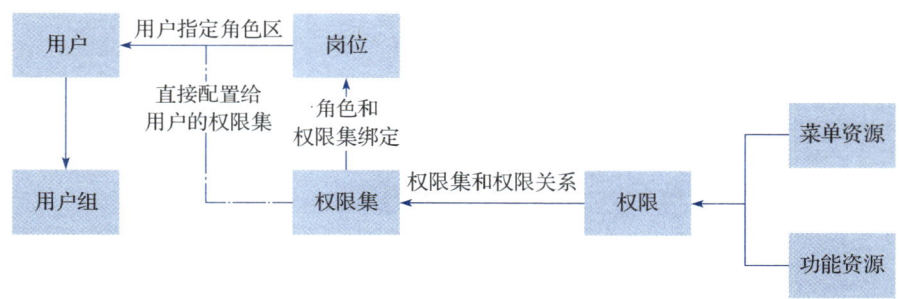

统一权限体系图

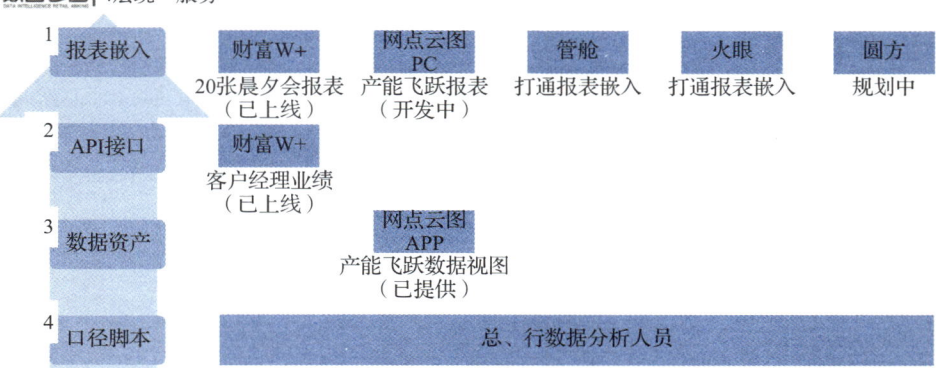

多层次数据服务

（6）**智能报告性能加速方案**。数智零售结合 Tableau 报告的特点，探索与实践出利用爬虫+"预登录"来实现报告静态化缓存的方法，并支持缓存报告交互。
- 基于爬虫技术的缓存报告生成引擎。

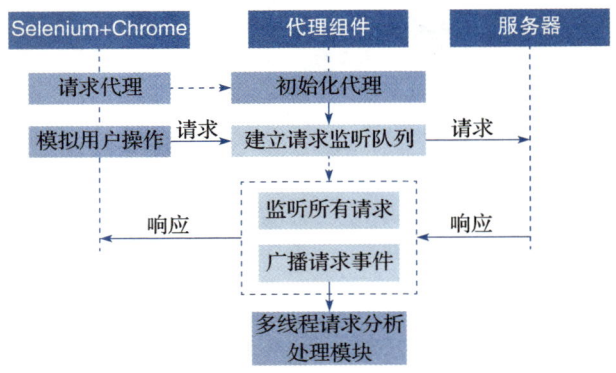

报告资源并行存储机制

- 基于"预登录"机制获取有效 session。

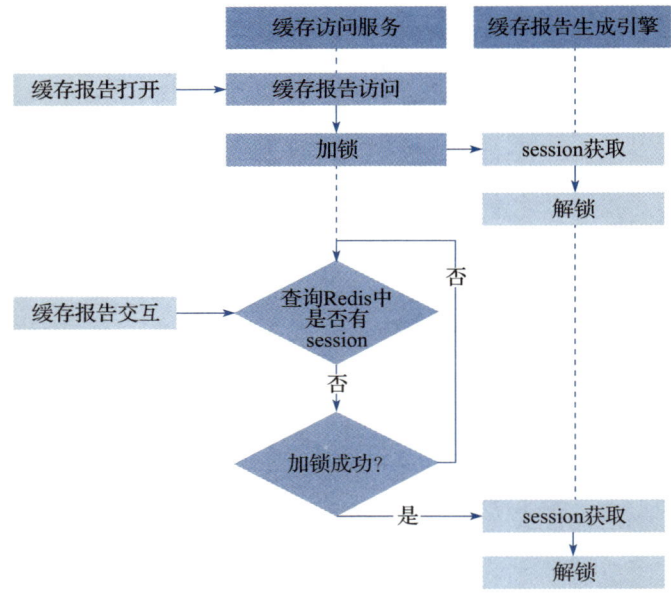

预登录机制流程图

（7）**智能化数据诊断与洞察**。建设基于规则与模型的自研数据诊断能力，实现报表看数、数据问答的同时，能够获取数据结论，提取数据价值。辅助中台人员制定更加合理的策略。具体实现能力如下。
- 基于预置规则的数据结论生成能力。
- 场景化数据分析能力。
- 基于槽位及实体连接的自然语言意图分析能力。
- 基于大语言模型实现 AIGC 能力。

四、取得成效

本项目取得的成效主要体现在如下几个方面。

- **聚焦金融行业数字化转型，统筹行内零售条线场景化数据平台蓝图**。数智零售平台聚焦金融行业数字化转型，统筹行内零售金融板块数据资源，涵盖经营、考核等多种类型数据指标，实时跟踪监测业务进展，完成了行内经营分析成果及数据分析框架沉淀。平台提供多维报告及指标体系，深度洞察零售金融业务发展变化，挖掘发展机会，开放共享数据集市，落实数字化转型技术支持。
- **面向全场景用户输出数据应用服务能力，让数据之力融入经营点滴**。多措并举，切实将平台建设成果转化为综合业务效益。将数据内容投射到各个业务版图，构建强大的数据导航体系，与业务经营逻辑紧密结合，形成易上手的平台外壳。通过"管理者视图"模块，落地首个基于用户旅程建设看数用数场景、组织业务数据内容的通道，形成易解读的平台内核。通过"机构专区"的布局，在统一化规范化的体系中，结合个性化经营逻辑，孕育出定制化、灵活性的专区服务。依托"制作中心"模块，打通平台数据源开源路径，开放数据资源，最大化实现报表建设能力。
- **用户使用效益**。在用户使用方面，平台自 2022 年第二季度正式上线推广以来，已覆盖全行 44 家分行，累计登录用户数达 3 万，登录量超过 255 万人次，报告访问超过 391 万人次。

完成人：
赵婷婷　招商银行股份有限公司零售客群部财富顾问
谢鹏程　招商银行股份有限公司财富平台部数据分析策略岗
郭晓睿　招商银行股份有限公司财富平台部数据产品平台岗
钱国红　招商银行股份有限公司信息技术部室经理
唐叔强　招商银行股份有限公司信息技术部组长

案例 28　云海智慧生态圈——银行大数据云平台

中国工商银行广东省分行以"一个集约化的数据平台底座""一个智能化的分析中台"和"一套常态化的精益治理体系"为一体的理念为导向，通过集成大数据底座、人工智能基础平台和智能分析工具，运用统一的技术架构，成功实现了大数据平台与各垂直领域人工智能平台的融合，构建了银行大数据云平台。该平台为上层应用提供了"数据+智能"的服务能力，实现了业务场景化、轻量级落地。同时，该平台着力打造智慧型服务生态圈——"云海智慧生态圈"，进而促进大数据和人工智能复合技术与行内业务深度融合，为数字资产转化为生产效益赋能。

关键词： 大数据云平台，多模统一，数据治理

一、背景介绍

根据央行对金融科技发展规划的要求，金融企业需要完善数字基础设施，促进金融与科技更深度融合、更持续发展，以更好地满足数字经济时代提出的新要求、新任务。广东省"十四五"金融改革规划明确提出要加强金融科技的技术探索：以大数据、区块链、云计算、人工智能为基础，全面提升金融科技发展水平，打造金融高质量发展的"新引擎"。

银行大数据云平台通过将企业数据转化为数据资产，并提供数据能力组件和运行机制，实现对聚合数据的接入、集成、清洗加工、建模处理和挖掘分析，并以共享服务的方式将数据提供给业务端使用，从而实现了与业务的联动。结合业务系统的数据生产能力，该平台最终能够快速响应业务需求，支撑数据的融通共享、分析挖掘和数据运营，创造业务价值，从"成本""速度"和"创新"三方面推动企业的数字化转型。

中国工商银行广东省分行（下简称"我行"）成立于1984年，是工商银行系统内最大的省级分行，在广东区域经济发展中起着重要的促进作用。我行以"一

个集约化的数据平台底座""一个智能化的分析中台"和"一套常态化的精益治理体系"为一体的理念为导向，构建大数据云平台，为数字资产转化为生产效益赋能。本案例将介绍我行在大数据云平台建设上的实践成果。

二、建设内容

（一）大数据云平台建设探索

自2014年大数据首次作为国家战略被写入政府工作报告以来，金融机构不断构建包括大数据云平台在内的大数据体系。我行经过探索，从同业经验中提炼出大数据云平台在金融领域需主要解决的问题。

- **复杂异构的技术栈引发的数据冗余和沉重的人力成本**。金融业复杂异构的技术栈导致不同数据库之间难以共享数据，造成空间冗余、数据冗余、服务器资源使用不合理以及人力运维成本较高等问题。
- **智能化应用未形成合力，缺乏体系支撑**。同业在智能化方面主要以独立建设为主，大数据平台负责对数据进行汇集，人工智能平台使用数据完成业务的智能化提升，二者未打通，数据无法自由流转，阻碍了数据资产快速应用。
- **打通数据孤岛，快速响应业务需求**。银行海量数据由于标准不统一，无法形成有效、快速共享的数据资产，迫切需要提供从数据采集到数据处理、数据建模、数据服务的一站式全链路构建能力，并提供丰富的数据分析工具。

基于以上探索，我行实现了大数据平台与各垂直领域人工智能平台的融合，构建了银行大数据云平台，为上层应用提供"数据+智能"的服务能力，打造智慧大脑，实现了业务场景化、轻量级落地，进而形成了智慧服务生态圈。

（二）大数据云平台建设

1. 大数据云平台顶层设计

我行在进行大数据云平台建设中，采用"一次规划、重点切入、以点带面、分步实施"的战略方针，稳步分阶段推进平台落地。

在准备阶段，首先进行建设方案和组织架构的规划。随后，将数据汇集到云平台，形成标准的数据资产管理规范，构建统一的数据加工和共享能力。通过数据分析能力，对 BI 等应用进行支撑，并在选定的场景中进行试点，以验证建设方案。接着，优化和完善数据资产管理能力，向数据运营转型，通过引入人工智能和数据挖掘技术来提升数据的价值能力。最后，通过持续运营大数据云平台的服务能力，形成生态圈产品，并通过构建智能化数据分析场景体系，让数据产生价值。

依照规划，我行构建了以下 6 个子任务。

- **数据接入**：主要完成数据采集接入能力的建设，接入我行各业务板块的经营管理数据以及必要的外部数据。
- **数据整合**：构建一体化逻辑数据模型，管理全行高价值数据，从而实现全域数据融会贯通。
- **提纯沉淀**：对接入整合的数据进行提纯沉淀，共建数据产品，提升数据价值能力。
- **数据资产管理**：构建完整的数据资产管理体系，细化各项管理活动，并持续执行，以提升我行数据资产质量，保证数据安全。
- **算法模型**：构建数据分析模型，持续满足我行战略分析、经营发展、管理决策的需要，形成模型迭代及共享机制。
- **数据运营**：提供标准统一、形式多样的和数据服务，构建数据开放共享生态体系，持续对业务进行数据运营。

2. 一个集约化的数据平台底座

大数据云平台以 Web 服务为主，技术框架主要采用 J2EE 框架。该平台以容器操作系统作为底层框架，同时包括存储管理、网络管理、高可用、容器编排、API 网关、多租户管理、服务发现与治理等技术框架。

该平台基于统一的资源管理架构、统一的分布式文件系统、统一的分布式数据管理系统等，实现了统一的多模态架构及统一入口，支持多模态。

该平台可以进行海量数据查询和分析，支持结构化、非结构化及半结构化的数据处理。提供数据查询、全文检索、数据离线批处理分析、交互式分析、图分析、数据挖掘及机器学习等多种数据处理模式。基于平台提供的实时流处理集群，可以满足实时数据研判分析服务的需求。平台提供完整的多租户功能，对计算资源、存储资源及数据访问资源进行统一控制管理；对计算资源进行高效调度和使用控制；对存储资源进行配额管理；对数据访问权限进行严格管理。平台具备配置、监控、告警的一站式管理能力。

案例 28 云海智慧生态圈——银行大数据云平台 · 241

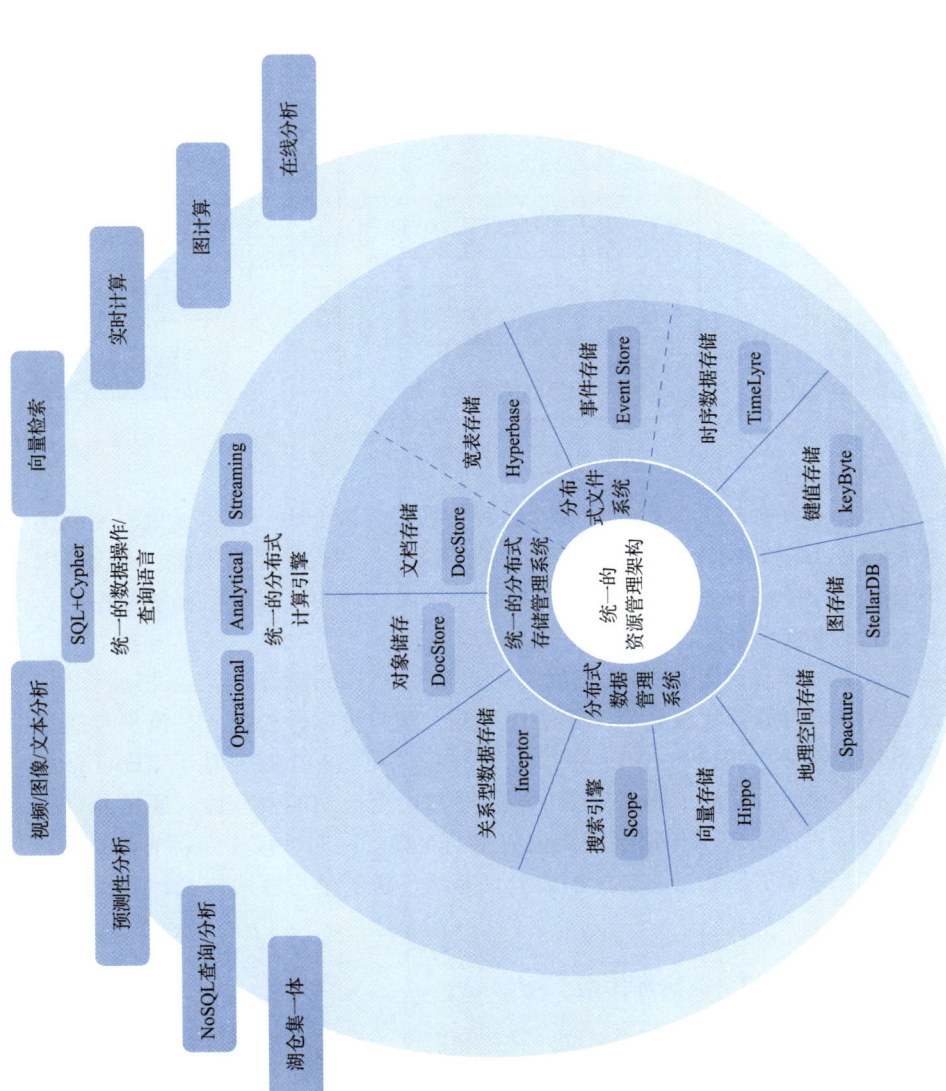

3. 一个智能化的分析中台

该平台将子平台互联互通,实现了数据资产快速的业务分析能力,避免了在数据流转过程中的数据安全、丢失、格式转换等问题,提升了整体效率。

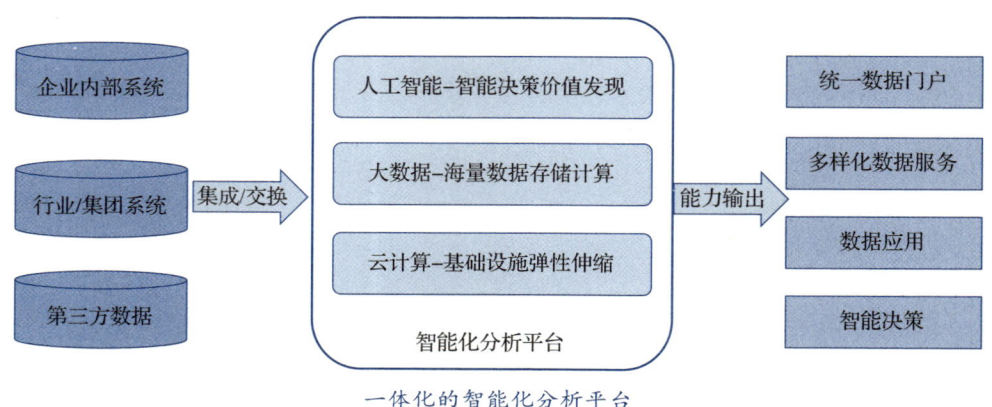

一体化的智能化分析平台

该平台具备数据 ETL 及数据建模全流程拖拽式实现能力,可以无代码完成建模。强大的 ETL 处理功能、大量的高性能算子以及一站式的界面操作,不仅可以确保普通数据分析师和业务人员迅速掌握机器学习,还为资深数据科学家提供了高效的交互式体验,缩短了模型精度提升的周期。

该平台具有丰富的可扩展性。用户可以通过 Python 等语言轻松扩展算法。该平台提供了通用的算法框架层和算法接口层,用户可以轻松接入。该平台还支持将模型流程部署为 REST API,供第三方服务调用。API 服务基于 Kubernetes 的微服务模式实现,保证了服务质量,降低了对已有应用的侵入性,通过简单的 Restful 接口接入,实现了与顶层智能化应用的对接。同时,该平台拥有超过 200 种算法,包括深度学习算法、自然语言处理算法、机器学习算法以及计算机视觉相关算法。

4. 一套常态化的精益治理体系

该平台的实现使数据治理工作得以高效开展,为数据标准和数据质量奠定了基础。云平台掌控数据资源的入口,通过元数据采集实现统一数据盘点。在数据资产管理中,首先对逻辑模型进行登记,对数据标准进行归纳并维护标准映射,梳理质量模板,编写质量规则,然后执行落标检查,最终建设标准数据,以统一数据规范。

统一的数据治理

战略	数据战略
	愿景与规划 / 目标与原则

机制	组织架构
	数据治理组织 / 角色与职责 / 数据认责
	制度建设
	管理办法 / 考核机制 / 运营规范/监督 / 成熟度评估

专题	数据管理领域
	数据标准管理 / 数据质量管理 / 元数据管理 / 数据架构&模型
	主数据管理 / 数据服务管理 / 数据安全&隐私 / 数据生命周期

技术	平台工具
	数据一体化开发工具 / 数据智能管控工具 / 数据建模管理工具 / 大数据智能分析平台

统一的数据治理

在大数据云平台建设中，我行数据治理达成了如下 10 个维度的目标。

- 数据有明确和准确的定义与说明，包含业务定义和技术定义。
- 数据用户对数据负有明确的责任，包括数据拥有者、数据管理者、数据使用者。数据用户的不同责任对应数据治理的不同职能。
- 数据符合数据标准化的规则和要求。
- 数据满足数据用户对数据的质量要求。
- 数据的成本和业务价值可计量。
- 避免数据分散，减少冗余，提高集中度。建立数据集中管理的组织与机制，从根本上减少数据治理的难度与复杂度。
- 明确数据存储期限，根据数据的价值和访问情况，采取不同的存储方式。
- 数据采用统一的加工规则和工具进行处理，以达到数据的标准和质量要求。
- 数据易访问。
- 用户对数据的访问有安全控制，访问的安全控制是可靠、一致的。

三、创新应用

我行基于"数据底座+智能中台+精益体系"三位一体构建大数据云平台，并基于该平台打造云海智慧生态圈，为数字资产转化为生产效益赋能。

生态圈提出并实践了先进的大数据、智能中台的统一架构，加快了我行金融科技的发展。通过统一的技术架构，实现了大数据平台和人工智能平台的融合，促进了数据中台的场景化、轻量级落地，显著提升了传统金融业务的效率。这是一项较为先进的技术探索与融合。

生态圈建设了一个从数据 ETL 到人工智能应用一体化的全流程数据资产沉淀与应用系统。云平台作为智能化的服务集成者，具有统一规范的服务接口，提供模型预测服务和多种接入方式，能够实现模型的统一监控与管理，帮助企业沉淀建模数据，减少因重复数据加工而导致的资源浪费，从而快速响应业务需求，支撑数据融通共享、分析挖掘和数据运营，创造业务价值，从"成本""速度""创新"三方面推动企业的数字化转型。

综上所述，大数据技术在各场景下提供了海量数据的集成、交换、存储、计算和服务应用的能力；人工智能技术则通过构建智能算法、深度网络和进行挖掘分析等前沿方法，发现数据潜在价值，为企业战略决策提供支持。生态圈通过工具和标准，最大化利用数据资产，为前台业务提供快速灵活的数据服务，以支持我行数据资产的日常运营。同时，围绕风控、营销和运营领域孵化出"AI 审贷""信用卡逾期与不良预测"等高价值场景，实现了效益转化和效能提升，完成了人工智能技术在行内的深度应用。

四、取得成效

目前，生态圈已在广东省内得到推广，服务范围涵盖省行公司金融业务部、个人金融业务部等 15 个部室，以及广州、佛山等 7 家二级分行。其落地效果主要体现在以下几个维度。

- **智能风控**：完成授信审批专业"AI 审贷"场景研发，创新应用自然语言处理技术，对信贷审查报告等非结构化数据进行语义分析和关键信息提取，形成会议纪要；完成"逾期及不良预测"模型，强化信用卡贷中、贷后风险防控，助力信用卡业务全面风险管理。
- **精准营销**：完成私人银行专业"私银图谱圈层营销"场景，多维度构建私人银行客户全景报告；完成"客群运营平台"建设，通过形成大零售、大对公数据矩阵,搭建大对公及大零售客群管理体系;通过建立智能推荐模型,精准定位"房抵贷"潜力客户,预测目标客群在下月申请经营贷的概率。

- **提质增效**:完成"E 慧报"工程,深度整合行内多源数据渠道,依托生态圈和 RPA 机器人实现数据自动归集,解决各专业线报表繁杂、人工耗时大的问题,将自动化报表在前端门户集中展示。
- **商业智能(BI)应用**:聚焦重点业务领域建立驾驶舱,并将 BI 可视化能力嵌入特色应用系统。目前已有 10 个系统嵌入了 BI 可视化能力。

完成人:
吴　峰　中国工商银行股份有限公司广东省分行金融科技部总经理
梁映秀　中国工商银行股份有限公司广东省分行金融科技部总经理助理
杨　璐　中国工商银行股份有限公司广东省分行金融科技部副主管
许伯臻　中国工商银行股份有限公司广东省分行金融科技部副主管
吴　杰　中国工商银行股份有限公司广东省分行金融科技部经理

案例 29 基于云原生技术体系的新一代湖仓一体大数据平台

辽宁农村商业银行股份有限公司（简称辽宁农商银行）通过湖仓一体大数据平台项目，展现了金融科技应用的创新与远见。该项目采用云原生存算分离技术的新兴分布式数据库软件，成功解决了数据存储孤岛、资源分散、准实时数据应用和数据加工效率低下等行业痛点，为金融运营提供了革新之道。在此基础上，辽宁农商银行致力于加强数据调度能力建设，快速发挥数据价值，驱动提高决策的准确性，全方位强化了风险管控与数据安全，并通过多源异构数据归集通联和租户资源按需使用，确保了数据治理与安全。在深度融合数字技术与实体经济的趋势下，该项目推进了乡村振兴与数字金融的结合，进而打造出符合产业金融特色的服务模式，为辽宁农商银行构建了统一数据应用基准。此举不仅优化了业务流程，更显著提升了金融服务品质与效率，为金融行业创新发展注入了强大动力。

关键词：湖仓一体，数字金融，金融创新

一、背景介绍

2016 年辽宁农商银行上线了基于关系型数据库的数据仓库平台，实现了各源系统的数据汇集。与此同时，基于传统的大数据技术，同步上线了大数据平台，满足了数仓、报表、审计等多个数据类系统对各源系统贴源层数据的存储、整合、查询的相关需求，进而形成了辽宁农信数据湖的雏形。但随着辽宁农商银行业务的拓展以及各类业务系统的不断建设，各源系统的数据量激增，对数据的需求也呈现出多样化、复杂化、明细化的特点，大数据平台整体批量调度时间已超过 20 小时，对数据的查询效率、数据的时效、供给时间也提出了更高的要求，导致现有关系型数仓和大数据平台已无法满足辽宁农商银行的业务发展需要。

基于以上问题与信创的要求，辽宁农商银行规划了湖仓一体大数据平台项目，基于业内的国产化新技术、新理念，统一建设数据湖与数据仓库，实现湖内建仓的规划，整体建设辽宁农商银行数据平台，整体降低数据冗余度，提升数据整体查询、分析、加工效率，提供及时高效的数据查询接口，拓展模型的整体应用能力，增加准实时数据应用能力，实现全行数据的整体汇聚、加工、下发与应用。

辽宁农商银行全面顺应数字经济发展的趋势，借助全量数据用于经营管理的契机，通过数字化手段切入金融业务场景进而识别业务创新点，推动数据与应用的高质量融合，充分释放数据要素价值，反哺数据质量，从而更好地实现以客户为核心，赋能业务产品创新，进一步完善智能营销与风控能力，实现运营服务数智化，构建安全高效、合作共赢的金融服务生态，稳步推进数据业务应用创新工作，为数字化建设赋能。

二、建设内容

（一）总体思路

湖仓一体大数据平台按照"13343"的综合性数据平台蓝图进行设计，并遵循科学、完整、可行的演进策略推进建设。其中，"1"个门户，是数据统一门户，为数据应用人员和外部系统对接数据、运用数据提供统一入口；"3"个能力，是数据汇聚能力、存储计算能力、数据处理能力；"3"个平台，是数据治理平台、数据分析平台、数据共享开放平台；"4"个中心，是数据资源中心、数据服务中心、数据运营中心和人工智能（AI）中心；"3"个保障体系，是标准规范体系、运维保障体系、安全保障体系。

（二）技术路线

湖仓一体大数据平台是新一代的数据基础设施，它能够依托云原生特性、计算存储分离架构、强 ACID（原子性、一致性、隔离性、持久性）特性、强 SQL 标准支持、Hadoop 原生支持、高性能并行执行能力等一系列底层技术的变革，实现高弹性、强扩展性、强共享性、强兼容性、强复杂查询能力、自动化机器学习支持等上层技术能力的变革，最终帮助企业有效应对大规模、强敏态、高时效、智能化等数字化趋势。

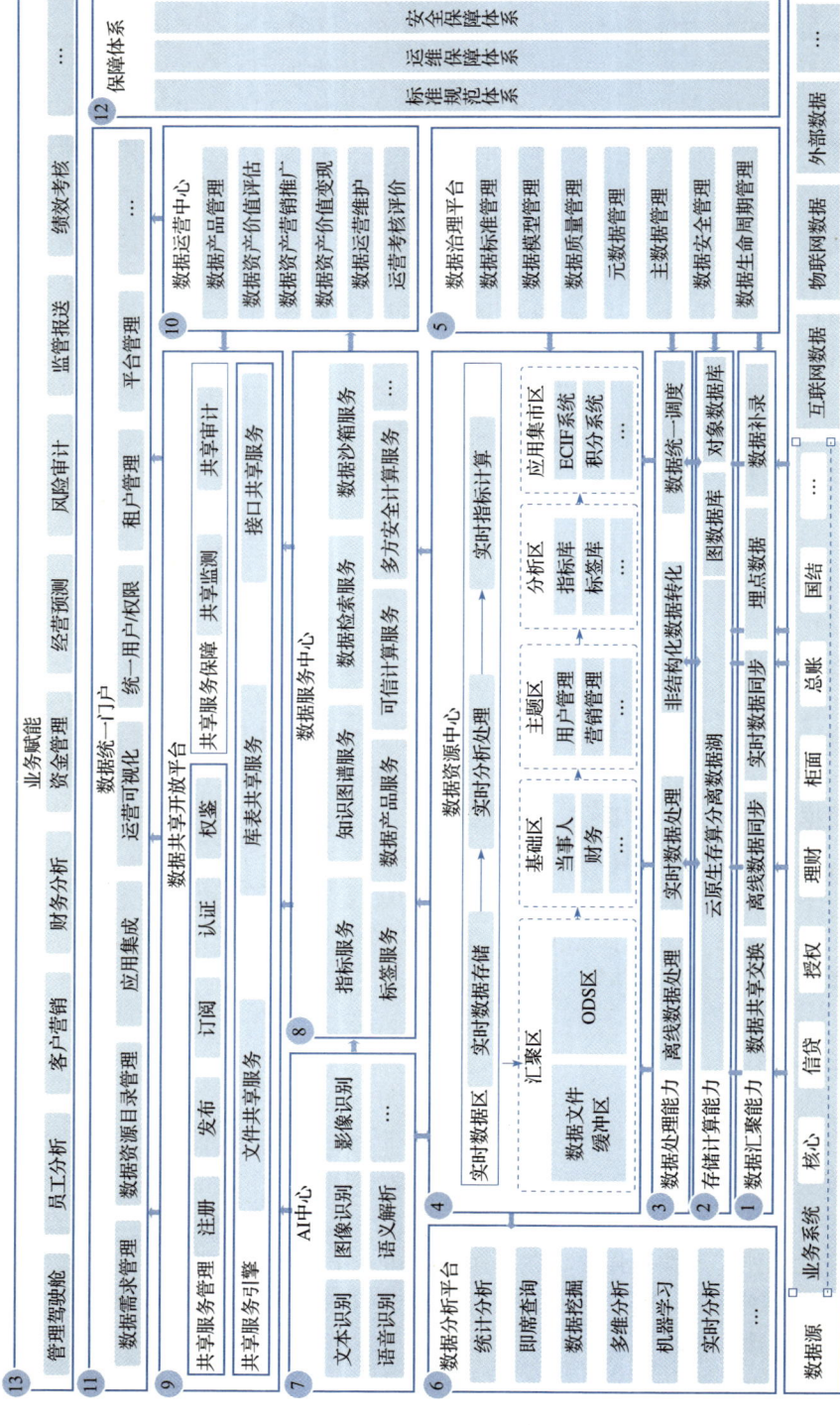

系统应用架构

案例29 基于云原生技术体系的新一代湖仓一体大数据平台

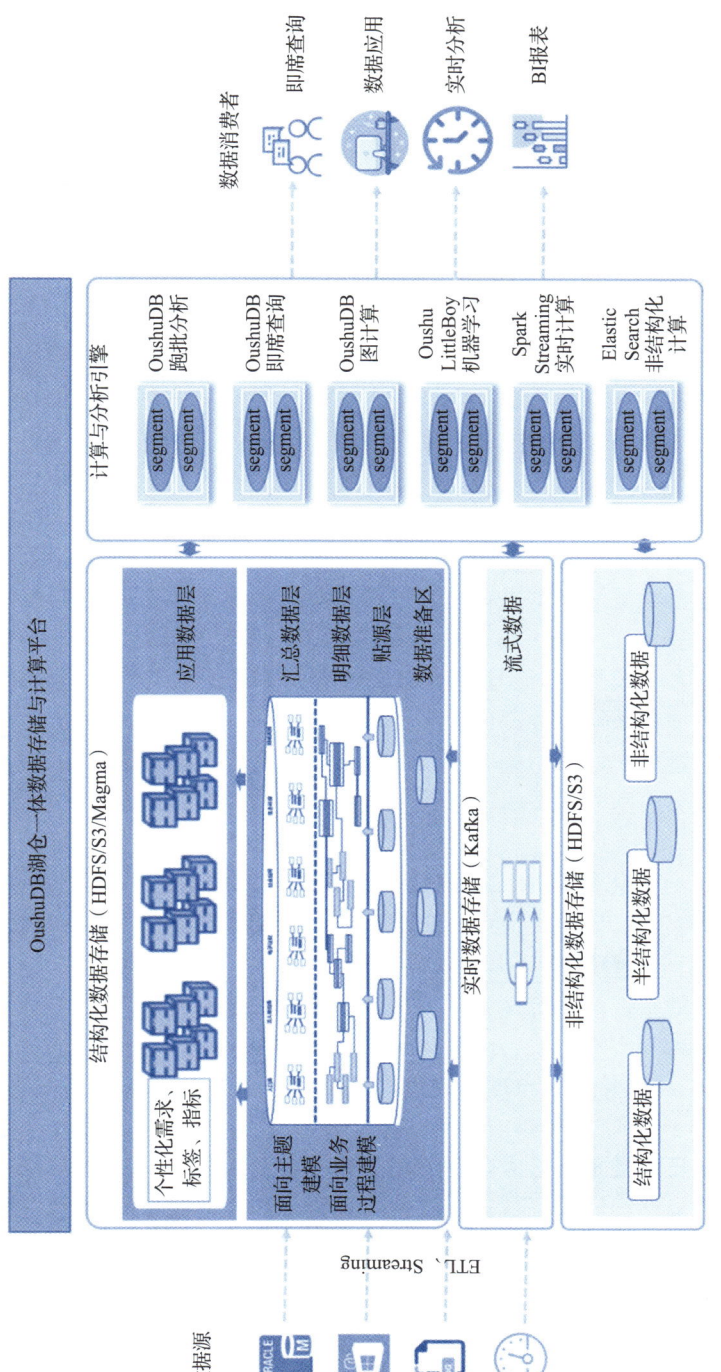

系统技术架构

湖仓一体大数据平台是一个拥有海量数据存储、计算、分析、应用和 AI 能力的实时湖仓数据平台，能够帮助用户实现批流一体、实时数据处理、自动化机器学习、自助可视化分析和数据资产管理。依托 Skylab 实时湖仓数据平台，用户还可以实现智慧营销、智能风控、智慧审计、智慧监管等数据应用场景。

（三）功能目标

（1）**实现一份数据，有效降低数据存储空间**。随着湖仓一体大数据平台的上线，辽宁农商银行将报表系统、监管报送系统、审计系统等中将近 30 TB 的数据与原有的数据仓库、大数据平台中的数据进行了整合，共计迁移数据 120 TB，为各数据应用类系统节省了共计 22 TB 的历史数据存储空间。

（2）**实现数据一致性，对数据应用的全流程实施统一管控**。一是统一管控数据类系统上线工作，利用数据管控平台，根据辽宁农商银行制定的数据存储、加工规范，对各系统上线脚本进行核查，并由湖仓一体运维人员实现统一上线。二是统一管控数据加工口径，整合各系统的集市模型，并设计存款、贷款、客户、交易、渠道等多类模型，对于迁移至湖仓一体大数据平台的系统进行统一数据源及加工口径，增强不同业务部门不同需求的数据的一致性与准确性。三是统一批量调度管理，统一设计数据类应用系统批量调度流程，根据各数据类应用系统的依赖关系和数据需求时间要求，进行整体流程的调度，以规避"一份数据多次加工"的问题。

（3）**实现一体化数据加工，建设统一数据加工服务能力**。随着各厂商产品化建设思路的实施，数据类应用系统都是有自己的一套集市，银行方需要针对不同的系统、不同的数据模型提供各类数据。通过一体化数据加工，可把不同厂商、不同集市的数据统一定义为几大类数据模型后统一对外提供，这可将原有针对关系型数据库和大数据平台的整体加工时间从 30 小时以上降低至 8 小时以内。这既节省了整体数据加工和推送时间，又节省了服务器资源，降低了系统建设成本。

（4）**实现日结批量运行时效压缩**。为解决数据访问并发受限、非结构化数据无法整合、建模路径冗长、数据一致性弱、性能和时效瓶颈等问题，彻底规避数据孤岛，辽宁农商银行数字化人才团队，将所有数据归集一处存储、优化加工链路、提升数据处理能效，重新按照原有数据接口对外提供服务。

经测试，同一数据时点，新平台数据处理效率比原数据处理效率加快 3 倍以上，如果不断对数据处理模型以及链路进行优化，或许可以继续提升这项能力；

案例 29 基于云原生技术体系的新一代湖仓一体大数据平台 • 251

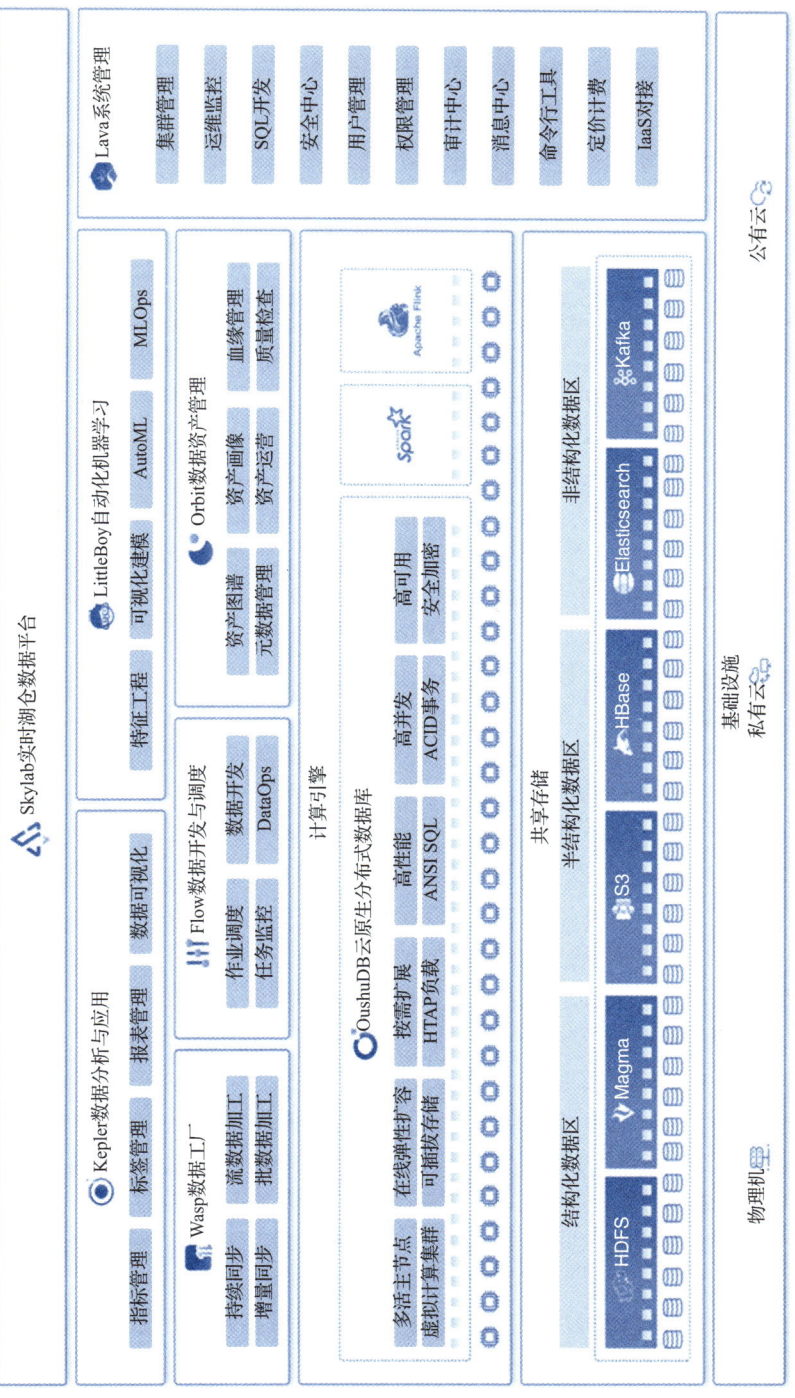

在新平台数据处理过程中，应用系统对于已有数据结果可正常访问；除特殊应用场景外，所有的日结批量均可在"T+1"后 8 小时内完成，其中上游入库主批量平均在 3 个小时内完成；随着后续规划集群资源的扩展，以及实时数仓架构的逐渐落地，微批量的概念也将逐步补入辽宁农商银行的批量运行体系中，批量运行滞后时效还可以进一步在小时级进行再压缩。

（5）**升级数据治理与合规共享，推动数据价值提升**。辽宁农商银行基于湖仓一体大数据平台的一份数据以及多租户应用特性，在数据治理框架、数据协同方案、数据安全机制等方面进行了再次升级。在数据权限控制、存算资源隔离、数据分发共享等传统数据应用处理方案的基础上，进一步探索创新技术应用。同时，积极探索联邦学习、零容忍等隐私计算技术，试图实现客户价值深度挖掘，当前在存款、贷款、网银等取得了良好的效果。此外，结合行内、外部数据进行风险联合建模，根据风险评价辅助判断以提升风险管控能力，保障数据安全，赋能数据价值提升，助力辽宁农商银行金融科技高质量发展。

最终实现了覆盖 10 个数据类应用系统、40 个业务系统、1 个数据平台的数据治理全图，较好的规避了源不统一、多头取数的风险，解决了口径不统一、各自定义的问题，进一步规范了开发工艺和标准，解决了循环依赖导致的数据处理时效问题，实现了全行级数据血缘统一溯源的目标。该平台为全行安全、统一应用数据夯实了基础。

（6）**优化数据模型，赋能多场景应用，助力业务模式审慎合规发展**。在一份数据以及超高算力的前提下，辽宁农商银行融合过往多年的数据应用经验，依循按照业务本质及监管对业务的理解设计的、能够有效屏蔽业务复杂度的、提升数据易懂易用性的监管数据模型进行横向扩展、优化并加以深度应用，实现了两种建模方式各自规范的结合。混合建模过程按照"松耦合、层次化"的基本架构原则实施。混合数据建模方法主要包含 4 个关键步骤：业务需求分步构建、分层次保存数据、整合原子级的数据标准和维护一致性维度。

通过这一模型优化手段，辽宁农商银行释放了超 22 TB 的冗余数据存储空间，减少了近 3 小时的链路加工耗时，减少了三分之一的业务歧义口径。

（7）**数据标准赋能银行数字化转型，助力业务发展**。在实践过程中，辽宁农商银行采用自下而上归纳与由上而下演绎相结合的方法：一是数据标准梳理，首先梳理内外部需求，细化形成对业务属性、技术属性的要求；二是自下而上整理信息系统中的数据情况，同时也自上而下定义数据主题、细化分类。两者融合构建了全面整体的数据视图，形成了有效的数据规范要求。

最终，辽宁农商银行将数据标准分为基础类数据标准以及指标类数据标准。

基础类数据标准是针对业务开展过程中直接产生的数据制定的标准化规范；指标类数据标准是针对为满足内部分析管理需要以及外部监管需求对基础类数据加工产生的数据制定的标准化规范。

三、创新应用

项目创新性及核心价值如下。
- **运维扩展简便**：自动化的资源伸缩，提高了运维效率。
- **一份数据**：解决了数据冗余和一致性问题，提高了存储资源的效率。
- **高兼容性**：能与各种现有的数据处理工具和平台无缝对接，为金融机构提供了一站式的数据解决方案。
- **存算分离**：提高系统灵活性，确保了业务的稳定性。
- **一体化加工**：统一的数据处理平台，提升了数据处理效率。
- **实时数据应用**：实现了数据的实时更新和分析，支持实时业务需求。

项目主要基于自主创新，解决传统金融行业中的问题。项目还积极引入了先进的国产信创技术，采用联合创新的策略，提高了平台的综合性能和稳定性。

本项目采用了由国产整机厂商提供的信创整机、国产信创飞腾芯片、国产信创操作系统、国产信创云原生分布式数据库。

四、取得成效

辽宁农商银行通过努力激发金融科技创新活力、构筑自主可控能力，探索了一条领先、灵活、有特色的金融科技创新型发展路径。在这个过程中，重新审视了"数字金融"的业务价值属性，着重调整了"数据"的业务服务本性定位与管理视角，构建了全量数据思维下的新型管理思想。辽宁农商银行进一步加快了特色数字金融的探索步伐，为数字金融的发展壮大献策献计，产出更为丰硕的成果。该项目推动了辽宁农商银行数字化进程，助其以农村金融主力军的姿态服务乡村振兴。

辽宁农商银行上线湖仓一体大数据平台后，将数据仓库和大数据平台中存储的数据全部归集到数据湖中，实现了"一份数据"的存储模式，有效节省了关系型数据库和大数据平台同时存储数据的问题。同时，为后续统一数据加工服务，持续接入各系统历史数据存储提供了基础平台。该平台有效减少了存储数据需要的服务器及磁盘阵列资源，提高了各数据应用系统的批量调度效率，节省了数据应用的时间。

完成人：
刘世哲　辽宁农村商业银行资深专业经理
王忠革　辽宁农村商业银行信息科技部总经理
邵　川　辽宁农村商业银行信息科技部副总经理
郑　伟　辽宁农村商业银行数字金融部总经理
陈洪波　辽宁农村商业银行信息科技部数据应用服务中心总经理

案例 30: 元数据驱动的智能化数据治理及数据资产管理平台

有效的数据治理是银行实现数据资产经营的重要前提和保障。南海农商银行以建设元数据驱动的智能化的数据治理及资产管理平台为抓手，用元数据串联生产端和消费端，让数据治理成为与数据生产和消费强关联的活动，解决了数据治理落地难的问题。

通过"元数据网"构筑数据地图，降低数据运转门槛，全面支撑数据资产运营。构建数据资产价值评估模型，推动价值充分挖掘，为数据入表做前置探索。运用大模型实现智能化定标贯标，极大提升数据标准管理的质效。

关键词： 元数据驱动，智能化数据治理，数据资产运营，数据价值评估

一、背景介绍

数字经济已深入企业生产和个人生活的方方面面，其中的关键要素——"数据"，正成为战略性资源。而发挥数据要素价值的基础和前提则是数据治理，由于数据在银行业务流程中扮演关键角色，加之监管机构对数据治理的强监管，银行对数据治理工作的要求越来越高。

长久来看，数据治理一直面临着单纯以组织架构、制度流程、标准制定等为主要手段的治理方式与实际落地执行之间存在差距的问题。尤其是在IT系统建设和应用过程中，没有行之有效的手段让数据治理发挥应有的管控作用，数据治理常常流于形式，数据生产与消费脱节，使得"两张皮"的问题愈发严重，极大地掣肘着数据价值的发挥。

南海农商银行在多年的数据建设实践当中，对数据治理的痛点和难点体会非常深刻，基于自身积累的经验，经过充分的思考，于2022年提出建设以元数据驱动的智能化数据治理及数据资产管理平台，致力于解决数据治理的"老大难"问题。同时，我们期望运用最新的智能化技术，提升数据治理的效率和质量。更

希望通过该平台降低数据采集、加工和应用的门槛，全面支撑数据资产运营，充分挖掘数据价值，助力南海农商银行在数字化时代的高质量发展。

二、建设内容

（一）定位及核心思想

本平台建设的主要思想是从数据资产管理意识形态、体系运营的角度入手，结合企业自身实践，建立一套科学、合理的长效机制，循序渐进地实现数据资产的管理、优化、升级和运营。

因此，我们在数据治理及数据资产管理平台启动之时，已经把它明确定位为：一个集数据治理和数据资产管理于一身的平台。该平台既能满足监管"数据治理工作系统化、自动化和智能化"的要求，更能实现数据资产全面管理和应用，提升数据价值变现能力，也能一个从资源、资产、治理、管控以及安全等多视角切入进行管理过程。

"元数据驱动"是本平台建设的核心思想。一切以元数据为基础，通过元数据串联所有数据活动，从技术层面把数据治理嵌入系统中，让数据与消费形成强关联，保障治理工作的有效性。在元数据驱动的基础上，运用AI大模型实现"智能定标贯标"和"数据资产智能盘点"，降低人工操作风险，提升数据标准、资产识别能力以及管理能力，强化自动化和智能化的建设目标。通过元数据构建的"元数据网"，让所有参与数据活动的人员以同一视角更好地理解数据、掌握数据、运用数据，配以从南海农商银行自身出发的数据资产价值评估，促进数据有效良好运转和真正的资产化运营。

（二）总体架构

遵循上述平台的定位和核心思想，本平台确定了总体架构。首先以元数据作为整个平台的基础底座，贯穿始终；然后构建全平台共享使用的基础能力，如采集组件、通知组件等；在此之上则是元数据支撑起来的数据治理模块，主要包括元数据、数据标准、数据质量、数据安全几个核心治理领域；在治理模块之上，是同样充分利用元数据实现定义、识别、分类、管理的数据资产模块，最后，在有效的数据治理和数据资产管理的加持下，完成数据资产赋能业务的最终目标和其价值的评估。

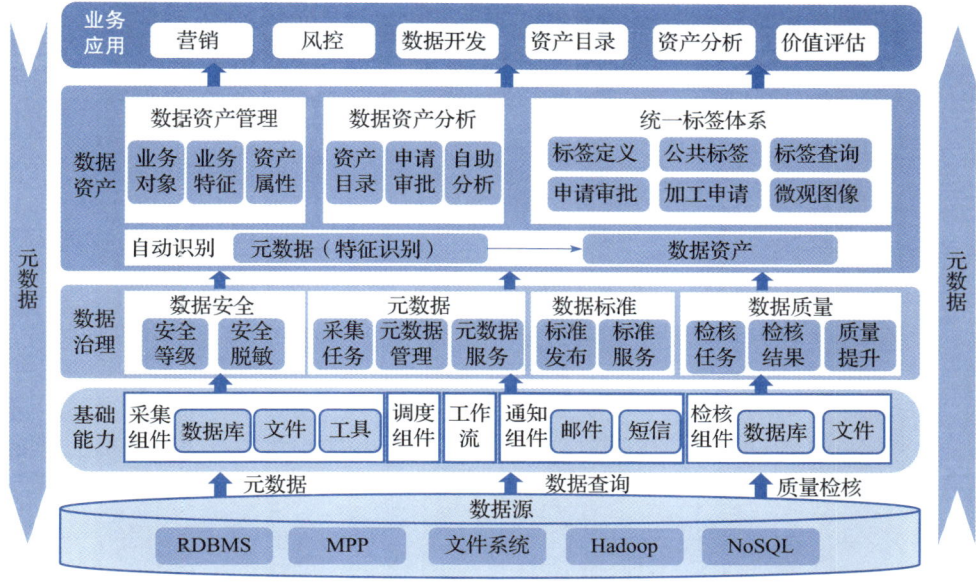

总体架构

（三）平台主要功能模块

本平台包含的功能模块主要分为如下 3 个。

1. 数据治理模块

数据治理模块是平台极为重要的组成部分，它主要包含数据安全、元数据、数据标准、数据质量等几个子模块。其以元数据作为底座支撑，以从业务侧出发制定并已明确责权的数据标准为规范指引，把整个数据管控串联起来，形成数据管控闭环和数据应用闭环，以此不断提升数据资产质量。同时合理引进先进技术，进一步提升数据资产管理的智能化水平，及时响应业务需求。

数据治理模块完成了对南海农商银行数据治理体系的全面支撑，满足了数据治理工作系统化、自动化和智能化的要求，为数据资产应用提供了保障基础，同时在数据资产应用过程中真正实现了"以用带治，以治促用"的业务闭环，提升了数据服务能力，加速了数据价值变现过程。

2. 数据资产化模块

数据资产体系建设过程分为数据资源化和数据资产化两个环节：数据资源化

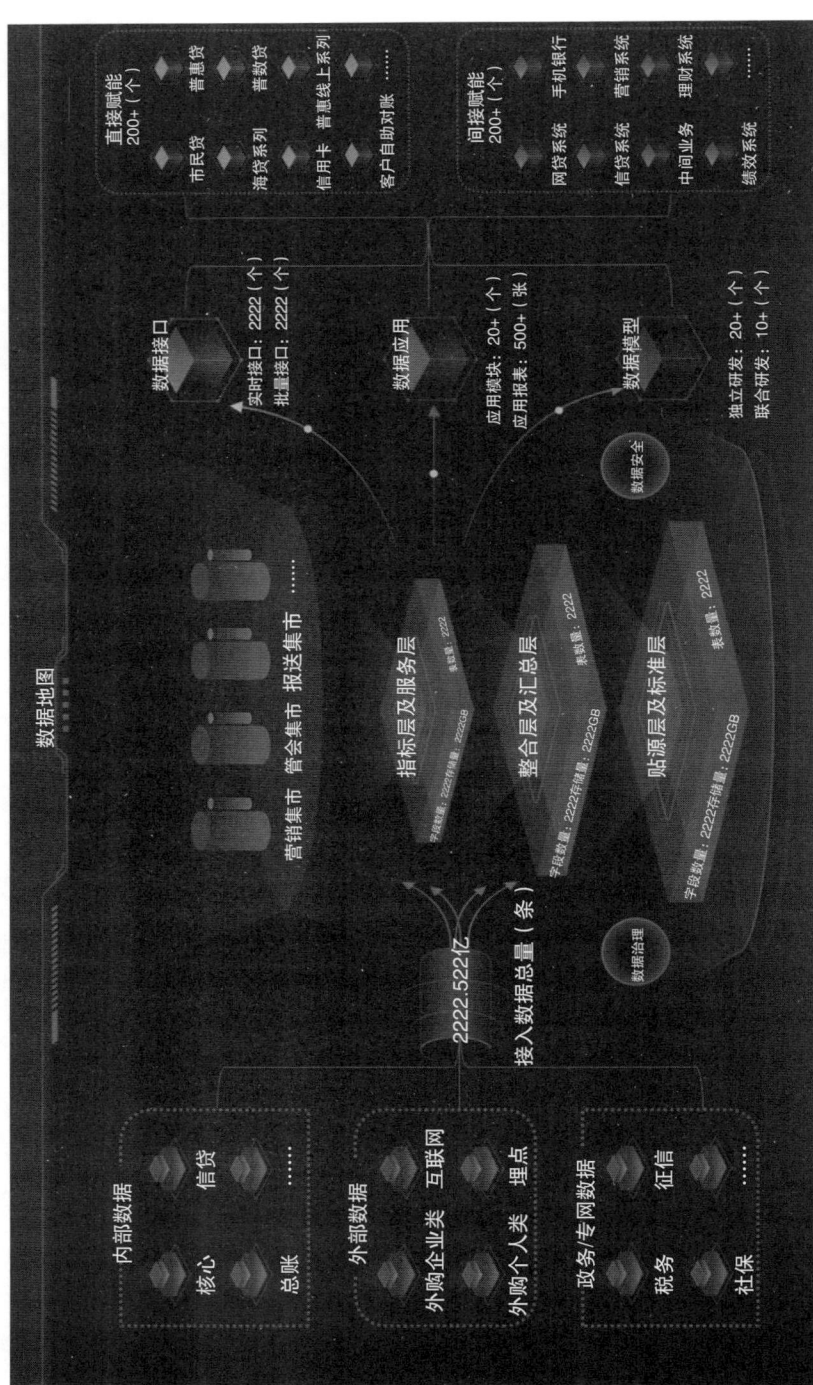
数据地图

是将"无序"的原始数据转变为"有序"的数据资源的业务数据化过程；数据资产化则是将数据资源整合提炼，并赋能运营及服务，使之成为能够直接产生价值的数据资产的过程，对内辅助企业管理，对外促进业务创新。

本次项目实施围绕着数据资源化到数据资产化的进程开展，同时以数据管控为基石，完成了基础能力以及业务应用能力两大方面的建设工作。

（1）**基础能力方面**：通过整合业务能力统筹平台建设，以行业先进经验为依托，以南海农商银行特色为抓手，并结合全行数据治理"以用带治，以治促用"的指导纲领，从数据资源化梳理、数据资产盘点、资产目录规划设计、资产归属确认、资产分类分级、数据资产地图、数据资产应用、数据资产运营、数据资产价值评估等功能入手，完成平台基础能力建设，实现数据资产"聚""管""用"的串联效果，打通数据到业务的通道。

（2）**业务应用能力方面**：以业务场景为触点，依托平台能力，推动业务和技术的深度融合，提供了以业务视角为主的数据资产分类、资产对象管理，以及资产搜索、展现和应用等功能，既可以实现该类数据资产的可查、可见和可用，又可以以业务场景为导向，从业务、产品及用户出发，发现数据可应用的场景，基于这些场景选用数据、净化数据以解决特定的业务问题，还可以辅助业务创新为数据资产要素市场化提供保障，进一步加强数据资产化能力，降低数据使用门槛，提升数据服务能力，加速企业数据价值变现。

3. 数据资产运营模块

数据资产运营模块可对数据资产进行有效的管理和利用，以提高决策效率和风险管理能力。该模块实现了数据价值评估和运营指标量化两方面的工作。评估模型是基于资产的构建和应用过程，结合行内实际构建的数据资产价值评估模型；运营指标则包括数据资产总量、资产分布、发布量、订阅量、收藏量、服务量、资产价值度等。该模块既可以科学评估数据的全生命周期状态，又能为后续数据成本分摊、数据市场化等环节做准备。该模块还通过数据地图等方式直观地展现了数据资产端到端的流程脉络。

三、创新应用

南海农商银行建设的元数据驱动的智能化数据治理及资产管理平台，创新性地用元数据串联起数据全生命周期，并运用最新的智能技术在数据治理管控、数据资产管理、数据资产应用等模块落实"全面元数据驱动"的设计理念，解决了数据治理工作落地难的难题，完成了数据资产运营核心能力的构建，同时开启了南海农商银化数据资产化的进程，为即将到来的数据资产入表提供了坚实的基础。

（1）"**全面元数据驱动**"**设计理念的落地，很大程度上解决了数据治理、数据开发和数据应用等难题。**

所有模块均以元数据为基础，完整的元数据体系为数据活动提供统一的数据结构、数据释义以及数据参考，保障资产应用流程的一致性、血缘及影响分析的完整性，并解决信息孤岛。

从技术层面保证治理活动是整个数据流程能够运转起来的支撑，即从数据的产生源头开始，元数据便被定义，而中间整个加工过程和最后的消费环节，也由元数据引导，让数据治理成为与数据生产和消费强关联的活动，颠覆了传统数据建设过程中，数据治理的监工角色，而转换为引导员角色。

数据资产运营模块与数据开发平台、数据调度平台、数据门户对接，实现了开发可视化、运营可视化、消费可视化，并以此引导技术和业务人员可视化、流程化地建设和使用数据，使得技术、业务能够站在同一个视角来看待数据本身（是什么、在哪里、如何取、怎么用）、数据的运营情况和使用情况。解决了"设计开发两张皮""生产消费两张皮"这两个数据领域的痼疾，极大提升了数据开发的效率和质量，降低了数据消费的门槛。

全面元数据驱动的设计，在降低数据使用门槛的同时，还因在系统内固化了流程，使任何人接手同一个岗位后所执行的流程都是同样的，得出的结果都是同样的，避免了人员流动对数据应用的影响，极大降低了数据应用对个人能力的依赖。

（2）**实现智能定标贯标，支持智能数据资产盘点。**

引入大模型，完成了行内 16 万个字段的机器学习过程，辅以自然语言解析、词频、权重定义、业务标注等手段，实现了拥有 4 万多个标准词的标准库的生成，并形成了数据服务。给平台配以数据标准管理流程，实现了系统建设过程中的快速贯标检查和智能定标，以及数据建模过程中词根的最佳推荐，使系统能够从底层建模开始即开展数据治理的管控，让大规模系统建设过程中的数据标准管理成为可能。同时该标准库能够在每次的定标贯标中学习成长，不断丰富完善，真正落实"以用带治，以治促用"的建设思想。

在上述智能化成果基础上，以元数据为依托，探索智能数据资产盘点，尝试自动化地完成资产对象的归属、属性补充、资产安全分级分类等工作，降低人工操作风险，提升资产处理效能。

（3）**全面多维度的数据订阅功能，打通数据应用**"**最后一公里**"**。**

基于全面的元数据定义，并通过完成全新的全面多维度数据订阅，打破了当前数据订阅功能基本停留在数据静态订阅的层面，打通了与行内已有的报表和分析工具的连接，不单提供字段、表、报表、指标、标签、画像等多种数据资产的订阅，更实现了业务用户对订阅的数据结果进行自助、多样式的再加工、再分析、再展现，还实现了从"有数"到"用数"的跃进，提升了数据服务能力，加速了数据价值变现过程。

（4）**前瞻性探索数据资产价值评估，为资产入表做铺垫。**

依托数据资产运营模块，结合南海农商银行自身实际，以数据流动为核心，从数据成本以及数据收益两大方面考虑，我行探索构建了多个维度和指标的数据价值评估模型，同时开发了多个数据资产运营的量化指标，如资产总量、资产服务量、资产价值度等，客观反映了数据资产的全方位情况，为良性的数据运营提供了科学、客观的依据，对行内数字化能力量化评价起到了较好的辅助作用，也为数据资产入表做了有价值的探索和基础铺垫。

四、取得成效

南海农商银行的数据资产管理平台作为行内数据底座和支撑数字化生产力的重要工具，其自动化和智能化的数据治理手段扭转了治理工作大量"铺人"的困境，极大地降低了数据治理的成本并提升了治理的效能。与此同时，平台自动、智能和灵活集成的特性，让南海农商银行实现了大规模系统建设的数据质量保证。准确可靠、可快速共享和应用的数据助力南海农商银行做出更明智的决策，优化业务流程，提升运营效率。依托平台作为入口的低门槛、场景化数据分析和挖掘，帮助南海农商银行更好地了解市场和用户需求，发现新的业务机会及商业模式，优化产品、服务和过程中的资源配置，以及提高市场竞争力，进而让南海农商银行更好地服务地方产业、企业和个人。

数据资产管理平台以高效、高质量的数据和快速、低门槛的应用能力，释放数据的潜在价值，驱动业务持续创新与发展。助力作为地方银行的南海农商银行在自身高质量发展的同时深耕本地，以更精准、更优质的服务普惠企业和市民，有效地促进产业升级，更好地履行普惠金融的社会责任和成为地方经济发展的助推器。

完成人：
林俊浩　广东南海农商银行数字银行部副总经理
吕妙玲　广东南海农商银行数字银行部数据架构师
陈　婷　广东南海农商银行数字银行部数据治理负责人
麦建青　广东南海农商银行数字银行部项目经理

案例 31 数据管控平台及数据质量提升项目

我国"十四五"规划和 2035 年远景目标纲要中提出要加快数字化发展的总体要求。数据作为一种新型生产要素，是影响各行业数字化转型成败的关键。广州银行通过建设数据管控平台，在元数据、数据标准、数据质量等方面实现了数据管控的线上化与自动化。该平台通过构建元数据统一视图、提高数据标准落标效率、实现数据质量全流程管理，初步形成了数据资产，并在个人客户信息治理、监管报送数据治理、反洗钱数据治理等领域实现了数据质量的显著提升。

关键词： 数据治理，数据质量提升，数据管控平台

一、背景介绍

随着大数据时代信息技术的迅猛发展，银行业面临的挑战日益增多。数据作为银行业的核心资产之一，在银行的经营决策、风险控制和客户服务等方面起着至关重要的作用。然而，由于银行业内部数据管理和应用水平参差不齐、数据质量不高，银行在利用数据进行精细化经营和智能化决策方面存在一定的困难和阻碍。同时，监管部门对银行的数据管理要求也日益严格，要求银行业务数据在准确、完整、及时、一致等方面达到更高的标准，这也促使银行更加重视数据质量的提升。

中小城市商业银行（以下简称中小城商行）作为银行金融业中的新生力量之一，对数据管理和质量提升有迫切需求。一方面，中小城商行正面临多样化的挑战，包括客户服务、营销风控、反洗钱、反欺诈、运营管理和经营决策等方面，急需建立有效的数据管理体系，提升数据质量，以提高决策能力和业务运营效率。而良好的数据质量能够为机构提供准确的信息，帮助管理者做出正确的决策、洞察市场趋势，从而提高运营效率并降低风险。另一方面，中小城商行需要通过数据管理和质量提升来满足监管部门的要求。金融监管日益严格，对银行业务数据的准确性和合规性提出了更高的要求。

二、建设内容

（一）数据管理的难点

随着业务和信息科技的发展，我行（广州银行）信息系统数量逐渐增加，产生和管理的各类数据资产越来越多，在数据管理方面存在以下难点。

- **数据管控工作的信息化程度有待提升**。部分基础数据资产的管理依靠手工维护，缺少技术管控手段。缺乏统一的数据资产视图，无法通过统一的入口快速检索查询，业务系统间难以实现数据共享，资源利用率及数据可得性受限。
- **行业内数据标准落地的自动化不足**。信息系统与数据标准的差异分析、字段级代码级映射、落地情况检核等工作量大且依赖人工处理，自动化不足，导致效率较低且准确性难以保证。
- **信息系统数据字典变更的技术管控手段缺失**。数据字典变更的管控流程不完善，使信息系统数据字典的完备性和时效性受到影响，进而影响了下游系统运行和业务数据准确性。
- **数据质量问题的发现滞后，管理分散**。数据质量问题通常通过监管报送端反映，存在一定的滞后性，缺乏事前和事中的检核机制。数据质量问题的整改依赖于问题的发现，缺少全流程的衔接，无法对质量问题进行及时预警。

（二）模块建设

广州银行建设的数据管控平台，为全行数据治理工作提供技术支撑，实现了数据管控的线上化、自动化和可视化。平台包含数据标准管理、元数据管理、数据质量管理等模块以及统一数据管控门户。

1. 数据质量管理

通过数据管控平台管理数据质量问题1 000余项，技术规则200余项，推进约44亿条问题数据的解决。同时，还实现了数据质量问题的统一登记和跟踪。

- **数据质量问题管理**：提供线上问题提交、流转等功能，对数据质量问题的停留时间、处理时效进行有效监控并提供问题的上升仲裁机制。
- **数据质量规则管理**：实现数据质量业务规则及技术规则管理，通过技术规则对数据进行定期自动检查，形成质量分析报告。

2. 数据标准管理

通过数据管控平台实现行内数据标准的维护管理和统一发布，并通过全自动化和半自动化的数据标准映射，减少数据标准落地中的人工分析工作。管理基础标准 1 300 余项，指标 700 余项。

- **数据标准管理**：进行基础数据标准、指标数据标准的线上维护、查询、版本管理等。
- **数据标准与元数据、数据质量管理联动**：通过在数据标准与元数据之间建立映射关系，实现数据标准的落地和检查；通过数据标准与数据质量规则的映射，将数据标准的校验规则和数据要求等落实为质量规则，并进行定期检查。

3. 元数据管理

自动采集各业务系统的元数据变更情况，确保数据字典的完备性和及时性，与数据标准进行映射和规则比对，检核数据标准的落地情况。

（1）**元数据采集**。元数据采集是指从各种数据源中收集和提取元数据信息的过程，包括采集表、字段、接口、文件等各种数据元素的定义、属性、结构和关系信息。通过元数据采集，可建立元数据仓库或数据目录，从而为数据管理和分析提供基础和支持。采集支持自动和手动两种方式。自动采集是使用自动化工具和脚本从数据系统中提取元数据信息。通过扫描数据库、数据仓库或其他数据存储系统，自动识别并提取元数据。对于无法自动采集的情况，使用手动采集方式，数据管理人员通过手动填写表格或记录单，收集和记录有关元数据的信息。通过元数据采集技术，可以收集和整理数据系统中的元数据信息，这些元数据信息有助于更好地了解和管理数据资产，还可以用于数据血缘追踪、数据质量管理、数据安全和合规性等方面，为数据管理和数据分析提供基础支持。

（2）**物理模型管理**。物理模型管理是指对物理数据模型的设计、落地和变更进行管理和控制。物理数据模型描述了数据的具体存储方式和结构，包括表、字段、键、索引等元素的定义和关系。通过对物理模型的设计、变更审批进行控制和记录，可以确保元数据存储的准确性和一致性。物理模型管理属于元数据事前管理的重要部分，包括以下内容。

- **遵循数据标准设计**。使表结构按照数据标准进行设计，以确保数据模型的规范性。
- **模型设计审核**。审核人员包括技术经理、数据管理员等，对模型表、字段进行合理性、规范性检查，以确保表结构和设计满足要求。

- **变更管理**。在物理模型设计之后,对表结构的变更进行管理和记录(同时要记录变更的背景和理由),以确保变更与计划一致。
- **一致性检查**。在上线后,通过比较生产环境中的表结构与事前设计的元数据,进行一致性检查,以便发现任何未经授权的表结构变更或错误,保证生产环境的数据结构与预期一致。

(3)**元数据分析**。元数据分析是指通过对元数据的分析和挖掘,获取有关数据的相关信息和洞察,其中包括血缘分析、差异分析和变更影响分析等。血缘分析即追踪和分析数据的来源和去向,以便了解数据的流动和变化过程。差异分析即比较不同版本或不同环境中的元数据差异,找出变更和冲突等问题。变更影响分析即评估数据变更对相关对象和业务的影响,有助于决策和规划。

三、创新应用

通过元数据管理,一是形成了元数据统一视图,让业务人员知道哪里有数、有什么数;二是建立了元数据的事前、事中、事后管理机制,保障元数据的准确性、标准化;三是通过血缘分析,为数据分析、数据质量问题解决等提供了数据支撑。数据管控平台通过以下技术、功能实现元数据统一管理。

(一)提高数据标准落标效率

数据管控平台通过管理数据标准,与元数据管理形成联动,实现了数据标准落标自动检核的流程,并提高了数据标准检核的效率。平台中的关联映射功能建立了数据标准与元数据之间的映射关系。落标分析包括检查系统数据库字段与标准字段的中文名称、英文名称、数据类型和数据长度的对标关系,并检核码值的落标范围情况,自动出具落标分析报告。

(二)数据质量的全流程管理

数据管控平台为数据质量管理提供线上化、自动化的管理和监控功能,包括事前的规则梳理和自动检查,以及事后的质量问题登记和处理。通过事前管理,可以在数据使用之前就发现潜在的质量问题,并采取相应措施进行修复和纠正。事后管理则主要对实际使用中发现的问题进行处理和跟踪,确保问题及时解决,并提供经验教训以避免未来类似的问题。

在事前数据质量管理方面，一是形成业务规则和技术规则，包括定义和设计适用于特定数据集的规则，如完整性、准确性和一致性等方面。规则可以基于行业标准、监管要求或业务规定。二是进行自动检查，一旦规则被定义和设计好，可以利用自动化的方式进行数据质量检查，及时发现和解决数据质量问题。

事后数据质量管理则涉及以下几个方面。

（1）质量问题指在实际的数据使用过程中可能出现的数据质量问题。当发现问题时，由发现人对问题进行登记，登记内容包括问题描述、影响程度和数据量等，这有助于跟踪问题并进行后续处理。同时，可以通过数据质量规则监控结果，对发现的异常数据进行记录和追踪，这由数据管理人员手动发起。

（2）通过数据管控平台进行数据质量问题的线上管理，包括以数据治理专员作为数据质量问题管理的抓手，负责接收和处理数据质量问题，当接收到用户发现的数据质量问题时，按部门分发至数据治理专员进行处理；还包括问题仲裁，对于争议问题由相关方提交仲裁至数据管理人员。在仲裁过程中，由数据管理人员进行协调或上升至高级委员会进行决议，以确保问题得到适当的处理。

（3）监控问题处理情况并形成相应指标，包括监控问题停留时间、响应率和解决率。其中，停留时间反映问题的处理效率，停留时间过长意味着问题未能及时处理，需要采取措施推动解决进程。针对长期停留的问题，形成了响应率指标。响应率即及时响应问题的比例，该指标用于衡量团队的效率和响应能力。解决率指标则衡量实际解决的问题占总问题的比例，用于评估数据质量问题管理的效果和团队的绩效。通过以上流程和指标，可以为数据质量问题管理提供量化支持和指导。

（4）对数据质量问题进行跟踪和记录，有助于形成知识库和经验教训，为数据管理提供指标支撑，并推动数据质量的持续改进。

四、取得成效

本项目通过元数据形成数据资产基础，用户可以更便捷地找到和理解所需的数据资产，同时通过指标管理，增强数据分析和决策能力。

（1）通过采集生产元数据，包括来自大数据服务平台、数据仓库等关键数据应用的数据，提供元数据接口服务和查询功能，帮助组织和理解数据资产，提高数据的可发现性、可理解性和可信度。

（2）通过指标资产管理，明确指标的口径、定义和来源，有助于评估数据的有效性、完整性和准确性，并支持决策和规划过程。

本项目提升了监管报送、反洗钱、交易对手信息、客户信息等方面的数据质量，具体如下：

（1）**反洗钱数据质量提升**。对数据的准确性和完整性进行治理，大幅减少交易对手信息缺失（例如，证件号码、交易对手账号、电话号码、联系地址等信息无效或为空）、大额交易客户信息缺失及客户信息不一致的问题。通过更改取数系统、增加源系统信息上送、根据业务类型确认默认值等方式实现信息补全；通过批量补录和名单管控，如控制账户交易、限制非柜面出金交易等方式解决数据完整性不足的问题；通过完善企业客户信息文件（ECIF）同步机制，包括建立信用卡统一客户信息中心、完善系统校验规则，解决客户信息不一致或同一客户存在多套信息的问题。

（2）**监管报送数据质量提升**。从业务流程、系统建设、取数规则和源数据质量等方面进行全面梳理，挖掘问题根源。根据问题分析结果制定整改工作方案，完善数据质量管理机制。开展业务补录和系统优化等工作，整改完成率达99%。

（3）**个人客户信息数据质量提升**。通过系统优化（如名单控制、完善ECIF同步机制、增加信息校验等）、第三方数据补充、关联数据补充等方式，提升数据的及时性和完整性。

完成人：
赵志东　广州银行股份有限公司金融科技部总经理
丘增旺　广州银行股份有限公司金融科技部总经理助理
阚建国　广州银行股份有限公司金融科技部高级经理
罗　明　广州银行股份有限公司金融科技部主管
邓景熹　广州银行股份有限公司金融科技部行员

案例 32 数据中台系统

随着公募资产管理规模的持续增长，国家积极倡导借助金融科技的力量推动金融业务变革，以促进金融业务的快速发展。与此同时，金融机构对数据治理的需求日益显著，基金行业的金融科技数字化转型工作已成为金融业务竞争的关键驱动力。通过有序推进基金行业的数据治理工作，不断提升可视化应用的数据质量和稳定性，持续加大数据治理的投入力度，最终将全面实现公司各条业务线的数字化赋能，提升公司的整体竞争力和创新能力。数字化不仅有助于提高业务效率、降低运营成本，还能为客户提供更优质、便捷的金融服务，推动金融行业的高质量发展。

关键词：数据中台，数据治理，营销绩效，风险绩效，监管报送

一、背景介绍

基金行业协会数据显示，截至 2023 年 12 月底，我国境内共有基金管理公司 145 家，管理的公募基金资产净值合计 27.6 万亿元。整体来看，2023 年基金行业整体发展良好，金融机构的总体营收和利润水平持续稳定增长。

监管政策方面，2022 年，中国人民银行印发了《金融科技发展规划（2022—2025 年）》。该规划提出了新时期金融科技发展的指导意见，为各资管公司数字化转型和数据治理工作的开展指明了方向。

同业竞争方面，自 2018 年资管新规出台以来，国内资管行业迎来了新一轮的洗牌，金融机构混业经营趋势加强。而传统的管理方式存在运作成本高、效率低、风险大等问题，因此需要通过信息化、数字化的技术手段来加强投研能力的建设，以提高行业竞争力。

外部风险方面，当前不断趋严的政策法规、委托人合约及内控条款要求，都促使金融机构加快数字化建设和创新步伐，利用数字化、人工智能等技术，进一步提升投研、合规和运营的水平，加强全面风险管理，对内加强风险管控，对外满足监管法规要求，从而有效应对市场风险。

信息技术方面，金融资管行业经过20多年的发展历程，其核心业务系统存在数据孤岛化、数据管理体系缺失、数据标准不统一、部分领域业务系统建设不完善、无法形成系统化的主数据管理、业务处理手工参与程度较高等问题，极大地限制了金融创新发展。数字化转型首先要解决这些问题。

数据中台的出现，是为了解决数据后台开发无法快速适应前台业务需求变化、业务系统数据孤岛、数据繁杂、数据隔离等难题。数据中台是在前台业务和后台数据之间搭建的一座桥梁，以提升前台业务运转效率，提高后台数据的可用性和灵活性，帮助企业从数据中学习改进，及时调整发展方向。

二、建设内容

数据中台系统可基于证券期货行业数据模型（SDOM），将所有结构化、非结构化数据进行全面梳理和归集存储。借鉴数据建模方法论，统一数据模型的定义，实现对主数据、元数据的统一管理，并建立金融数据资产目录与数据集市。此外，建立营销数据中心、投研数据中心和资讯数据中心，为前台业务系统和数据可视化应用提供有力的数据支持。

（一）总体思路

建设基于证券期货业数据模型的公司级数据中台，需遵循"降风险、提效率、促创新"的指导思想。具体而言，要结合公司发展战略与监管报送等场景，积极构建全面、科学、有效的金融数据治理管理流程，实现市场、投研、资讯、产品等不同数据主题的相关指标的统一管理。同时建立数据管理机制，确保公司从数据模型、数据资产目录、数据清洗加工、数据校验、数据审核到数据服务的全生命周期一体化数据治理工作。此外，采用大数据技术及微服务平台作为数据中台的技术支撑。在综合考虑成本与收益的前提下，分阶段实施数据中台项目，为公司各类业务场景提供数据服务，助力公司数字化转型，促进公司业务健康发展。

（二）技术路线

数据中台系统以星环大数据平台作为计算和存储的基础数据底座，结合数据管控平台，按需迭代数据模型，对数据进行专项治理。整体技术框架涵盖从采集到应用数据全生命周期管控内容。

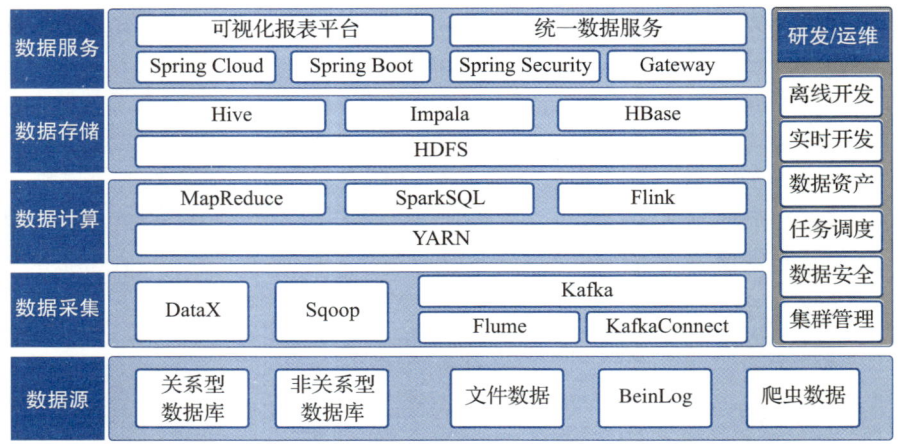

数据管控平台的技术架构

数据采集通过数据采集工具 ETL 和机器人流程自动化（RPA）相结合，实现了智能化数据采集。数据中台分层架构如下。

- 贴源层（ODS）：外部业务系统数据统一接入。
- 明细层（DWD）：按照逻辑模型进行设计，存储明细业务数据。
- 汇总层（DWS）：基于明细层的数据进行维度汇总，生成指标数据，为集市层提供数据支持。
- 集市层（DM）：根据数仓数据生成应用层所需要的数据指标。

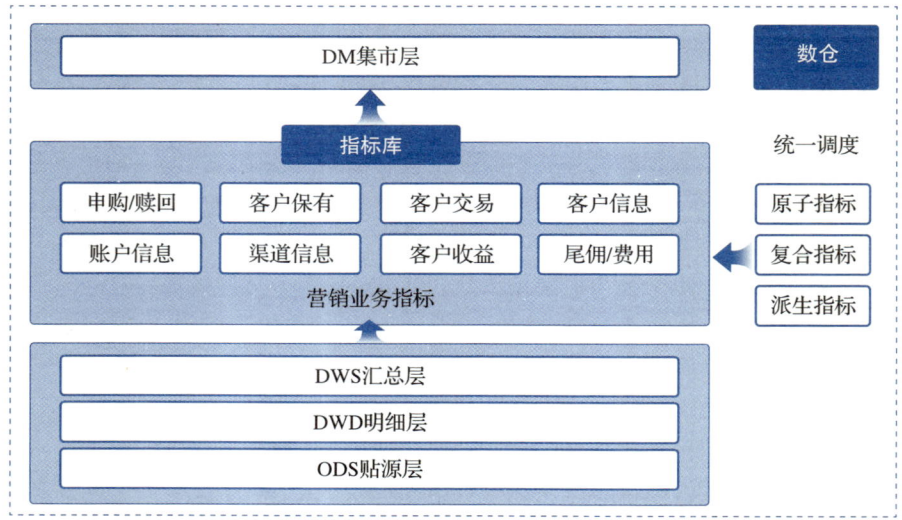

数据中台分层架构

（三）关键技术

数据中台系统项目在技术框架、应用设计和业务模式改进等方面都与传统数据治理及应用平台建设有较大差异，并伴有多项技术创新。

（1）**构建全面明晰的公司级数据资产目录，打造多主题数据集市。**

基于证券期货业数据模型，建立基金公司数据资产目录，并形成不同监管主体、不同主题、不同应用的数据集市，对机构的业务数据按照不同应用主题进行整合。数据中台系统能全面、立体地展示数据资产目录，同时可以实现由总到分、逐层穿透的应用展示。从数据模型穿透到数据应用，能够支持数据指标在相同维度进行对比分析，全方位实现数据来源分析、数据口径对比、数据血缘分析等功能，让数据治理及可视化应用平台建设工作由被动变为主动。

（2）**构建业务与监管数据治理要求适应的数据模型，分层分类落地应用。**

基于证券期货业数据模型方法论，建立独立的公司级监管数据分析与建模方法，对每一个公司级监管数据指标项进行分析，梳理其在产品全生命周期业务中的产生源头及应用环节，分析其与其他数据的关联关系，构建统一的监管数据模型，从而与数据资产目录及数据字典进行对应，为数据校验和可视化应用提供数据基础。数据模型进行主题分类与分层管理，汇总层采用星形建模方式，实现数据实体和业务场景维度分离，能够满足公司各类可视化应用和维度差异需求，并快速适配公司新增和变更的需求。

（3）**构建公司级监管数据字典，探索主数据及数据元标准管理。**

针对公司级营销、投研、风控、监管、运营等数据需求进行全面梳理，在监管数据资产目录的基础上，对营销数据中心、资讯中心等的主数据进行分析和标注，明确数据的基础定义与属性、业务属性、技术属性、管理属性、数据来源、数据校验规则、数据模型、约束条件等，形成数据字典，进而生成数据术语定义、编码、数据元等标准，目前已梳理完成相关数据指标1 500余项，为公司级监管数据的主数据管理、元数据等标准的制定提供依据。

（4）**基于逻辑模型的多维校验规则，提升数据质量。**

利用数据管控平台建立数据质量管控体系，为各类主题数据创建数据指标校验规则，实现市场类、投研类、资讯类、产品类数据全自动校验，已形成2 000多条勾稽规则，并支持个性化定制校验规则，有力保障数据治理的数据质量，满足数据准确性和合规性要求，为后续探索建立数据质量评价标准提供参考。

三、创新应用

目前，我司正在积极推广数据中台在公司各业务条线中的应用。通过数据中台，为营销、投研、风控等场景提供数据服务，持续挖掘数据价值，全面提升公司的数字化运营效率，有效控制业务风险，提升公司内部管理能力，推动业务创新，从而促进公司业务健康发展。

（1）**稳定且智能的数据采集，是公司级数据治理的基础**。数据中台项目针对不同业务场景数据，通过智能化的数据集成方案，实现了结构化、非结构化的数据采集。通过大数据平台完成各业务数据、外部数据的加工，建成了公司级数据底座，为公司级数据治理提供了基础保障。

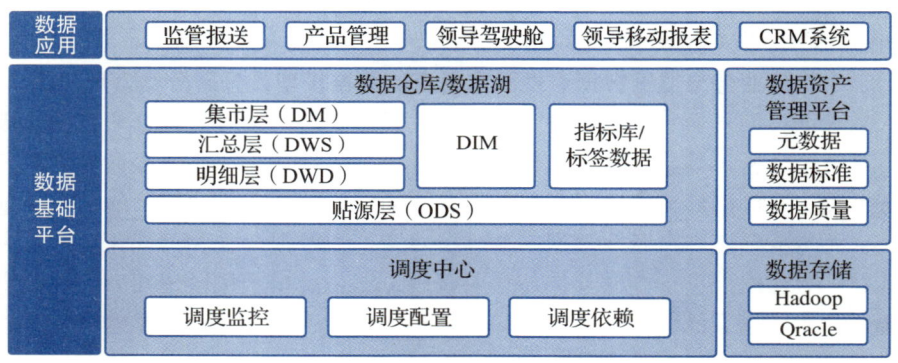

数据中台整体架构

数据中台界面

（2）**易用的数据主题模型，是公司级数据治理对外输出的成果**。以公司数据治理成果为基础,根据业务需求快速提供高效、准确的数据服务,为公司的数字化建设提供 360 度全方位的数据支撑。大成基金数据中台实现了公司营销数据、投研数据、产品数据以及外部资讯数据的全面整合。目前已在营销、监管、风控等主题上提供了完整的数据服务支持,比如在营销领域构建营销数据模型。

dm_交易机构汇总	dm_份额机构汇总	dm_客户数统计	dm_客户变化情况	dm_ALM目标预测表
确认日期	持有日期	日期	确认日期	年度
申请日期	基金代码	产品大类	产品大类	产品大类
基金代码	销售商代码	销售商	销售商	产品类别
销售商代码	客户类型	客户类型	客户类型	销售条线
客户类型	份额类别	客户数	变更方式	ALM预测规模
份额类别	**产品类型**	持仓客户数	日期基准	源系统
交易类型代理键	**销售条线**	有效客户数	客户数	跑批起始时间
对方基金代码	持有份额	数据日期	持仓客户	创建人
销售条线	单位净值	源系统	有效客户	数据创建时间
申请金额	持有市值	跑批起始时间	数据日期	数据更新时间
申请份额	场内份额	创建人	源系统	
确认金额	场内市值	数据创建时间	跑批起始时间	
确认份额	场外份额	数据更新时间	创建人	
总费用	场外市值		数据创建时间	
手续费	累计未付收益		数据更新时间	
后端申购费	新增未付收益			
业绩报酬	数据日期			
利息	源系统		dm_市值结构	dm_年龄结构
利息转份额	跑批起始时间		日期	日期
归属销售机构费用	创建人		客户类型	客户类型
归属登记人费用	数据创建时间		市值分段	年龄分段
归属基金资产费用	数据更新时间		销售商	销售商
数据日期			客户数	有持仓客户数
源系统			持有份额	有效客户数
跑批起始时间			持有市值	持有份额
创建人			数据日期	持有市值
数据创建时间			源系统	数据日期
数据更新时间			跑批起始时间	源系统
			创建人	跑批起始时间
			数据创建时间	创建人
			数据更新时间	数据创建时间
				数据更新时间

DM_销售商服务费	DM_尾随佣金	DM_费用拆分汇总表
基金代码	基金代码	基金代码
销售商代码	销售商代码	销售商代码
费用日期	客户类型	客户类型
持有份额	费用日期	费用日期
持有金额	持有份额	销售条线
销售商服务费率	持有金额	持有份额
销售商服务费	尾随佣金费率	持有金额
源系统	尾随佣金	管理费
数据日期	源系统	销售服务费
跑批起始时间	**数据日期**	尾随佣金
创建人	跑批起始时间	源系统
数据创建时间	创建人	**数据日期**
数据更新时间	数据创建时间	跑批起始时间
	数据更新时间	创建人
		数据创建时间
		数据更新时间

营销数据模型

(3)**营销数据治理的成果为智能营销提供了数据保障**。营销主题数据治理成果结合新一代客户关系管理系统（CRM）的渠道归属、客户归属等数字化标签，可快速、准确地计算并实时反馈营销团队业绩，为一线销售和销售中台及时提供营销数据支持和营销业绩统计功能。

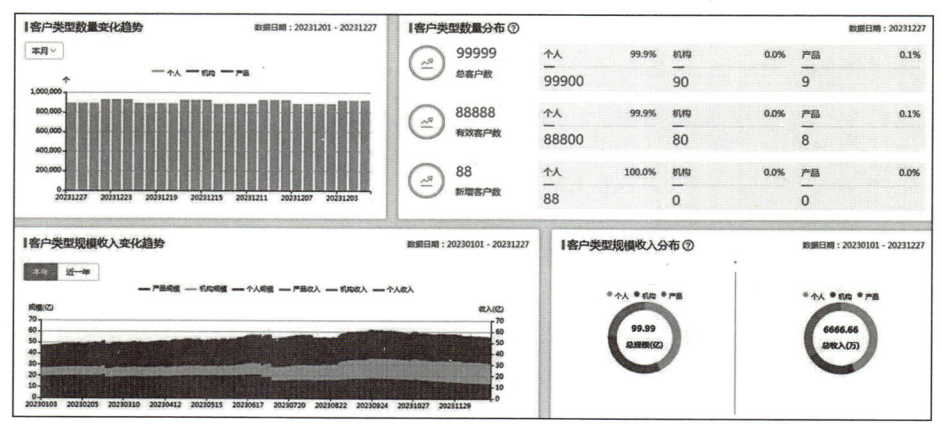

营销数据（节选）

（4）**投研数据治理的成果为风险绩效指标提供数据支撑**。投研主题数据治理成果结合指标中心的建设，可针对风险绩效基础业绩指标、归因类指标、持仓个券分析指标、行业分析指标、组合分析指标等提供完备风险绩效指标库，建立风险绩效数据集市及相应的数据治理制度、流程，有力支撑风险绩效指标系统的建设。

（5）**统一的数据标准，是监管报送实现全自动化的基础**。在满足监管报送标准的前提下，进行监管主题的数据治理。数据中台和监管报送系统协同建设和优化，以支持统一的数据标准，提供完整且智能的报送勾稽监控和提前校验预警，实现了对报送过程的智能化监控，减少了人工参与审批，从而实现了监管报送自动化。

四、取得成效

（一）经济效益

本系统的经济效益主要体现在节约资金和人力成本两方面。

（1）数据中台的搭建，通过程序化地采集各业务系统的数据，对结构化、非结构化数据进行全面整合，建立营销、风控、投研等不同主题的数据集市，可快速支撑上层应用的数据需求，从根本上规避系统的业务升级、功能改造和运维管理所带来的人力成本高和资金投入大等问题，节省了重复建设的投入，将公司"降本增效"真正落到了实处。

（2）通过数据中台实现的营销、风控、投研的数据治理，改变了营销部门手工统计团队业绩的模式和业务需求从业务系统源头直接取数的习惯。同时，建立营销、风控、监管等集市，降低了数据开发成本，灵活支持上层应用，也保障了数据质量、确保了数据来源的统一性。

（二）社会效益

本系统的社会效益体现在能够助力行业监管的科技生态建设。

我司始终秉承"合作开放、生态共享、互利共赢"的理念，积极与同行业交流分享，先后接待了多家行业机构，帮其现场学习，与其进行充分沟通，以助力行业监管科技生态建设。

通过数据中台系统的建设，积极建立资管行业监管数据校验标准规范，并基于证券期货业数据模型，推进公司及行业的数据治理工作，将全面提升公司品牌效益，进一步增强公司在监管科技建设方面的实力。

（三）推广价值

在公司内部推广应用方面，公司市场、风控、运营等10余个一级部门都在使用数据中台生产的可靠数据。经过数据中台的数据治理，改变了各部门原有的人工处理模式，极大地提升了工作效率，降低了操作风险，保障了数据质量。以获取10个数据指标为例，过往需要不同部门不同岗位人工收集、校验和跨部门复核，这至少需要一天甚至更长时间，现在系统自动处理，一键校验，人工只需要简单检查系统处理结果，就可以将数据推送到前端应用了。

接下来，我们将在充分应用的基础上，利用图像识别、AI等先进技术推进系统智能化建设，加强数据的统计分析应用，为公司业务发展提供更高价值；同时，积极建立资管行业监管数据校验标准规范，推进公司及行业的数据治理工作更好发展。本系统作为中小型机构金融科技发展和数据治理的探索和实践，对推动金融监管科技发展具有较大的行业推广和示范价值。

完成人：
郑　　刚　　大成基金管理有限公司信息技术部总监
姚玉华　　大成基金管理有限公司信息技术部总监助理
陈迪骏　　大成基金管理有限公司信息技术部项目经理
黎仲焕　　大成基金管理有限公司信息技术部技术经理

案例 33

HashData 云原生金融信创数据仓库

面对飞速发展的金融业务，如何通过分析和挖掘数据价值为金融机构的发展提供商业决策支持，已成为困扰金融机构的一大难题。虽然近年来大数据处理工具和产品不断涌现，但由于存在一些局限性，金融机构进行大数据分析的门槛依然很高。随着新 IT 技术和数据仓库架构的演进，以数据价值为驱动的需求需要新的创新技术来满足。鉴于此，行业内涌现出诸多创新技术理念，例如云计算、大规模并行处理和分布式存储等，为云原生数据仓库的萌发奠定了基础。HashData 云原生金融信创数据仓库是北京酷克数据科技有限公司研发的一款弹性并行处理（Elastic Parallel Processing，EPP）架构数据库。这款金融信创数据库可以通过先进的架构，帮助金融机构构建低成本的数据仓库，降低大数据分析的门槛，推动数据民主化。

关键词：云原生，HashData，信创，数据仓库，低成本

一、背景介绍

（一）传统金融数据仓库解决方案的困境

随着信息技术的迅速发展，各行各业的数据量呈爆炸式增长，传统的金融数据仓库解决方案已无法满足金融机构飞速发展的业务需求，其面临如下挑战。

（1）传统数据仓库存储与计算紧耦合、数据跨节点分布，无法提供适应业务需求、灵活变化的快速弹性伸缩能力。

（2）传统数据仓库规模有限，无法提供近乎无限的存储能力。而通过分库、分表多集群的部署模式又将导致数据冗余、一数多源，这不仅难以形成统一、可信的企业级数据视图，还增加了金融机构数据管理的难度。

（3）传统数据仓库的部署、管理复杂，扩容和升级过程操作烦琐、耗时费力且成本高昂，不仅严重影响了数据分析与应用的时效性，还导致了金融机构成本上升。

（二）现有金融大数据分析平台的局限性

针对传统金融数据仓库解决方案存在的问题，近年来行业内出现了许多替代方案。绝大多数现有的金融大数据平台架构都相对复杂，不仅数据库本身需要大量调优配置，相关人员也需要具备一定的专业技能。因此，无论是从商业角度还是技术角度来看，金融机构都需要跨越较高的门槛。当数据源、用户和查询的数量持续增长时，这种矛盾将更加突出。

金融大数据平台在商业方面的门槛主要体现在以下 3 个方面。

（1）高昂的软硬件成本。

（2）漫长的项目实施周期，纷繁复杂的系统运维流程。

（3）金融机构发展不确定性强，难以准确制定 IT 资源规划。

目前市场上的 MPP 数据库产品大多采用经典的 shared-nothing 架构，计算和存储紧耦合。这种架构面临高可用性、高并发性、可扩展性以及弹性能力等方面的问题。

从技术角度来看，以 Hadoop 为代表的分布式大数据分析平台和以存算一体为代表的分布式 MPP 数据库，都是构建在分布式集群技术上的，二者本质上都只是一种过渡性技术。

（三）新一代金融云原生数据仓库的出现

基于传统金融数据仓库解决方案面临的困境以及现有金融大数据平台的局限性，行业内出现了新的技术，这也促使金融数据仓库解决方案进入了新的阶段。这些技术包括如下几项。

（1）**云计算**：推动现代数据仓库发展的一个关键因素。云计算提供了低成本存储以及更好的扩展性。金融机构既可以采用公有云，将数据仓库管理和安全托管给云供应商，只需要支付实际使用存储和计算资源产生的费用，也可以采用私有云，充分利用虚拟化技术带来的便利。对金融机构而言，这不仅降低了成本，还提高了数据处理能力。

（2）**大规模并行处理（MPP）**：MPP 技术在过去二十年逐步成熟，其基本原理是将多个单独的计算操作分布到大量独立的计算机处理器上同时执行。以这种方式构建软件时，能够非常高效地存储和分析数据。

（3）**固态硬盘（SSD）**：与机械硬盘（HDD）不同，SSD 将数据存储在闪存芯片上，从而加速了数据的存储、检索和分析。基于 SSD 的解决方案也可以提供更好的性能。

（4）**对象存储**：随着数字化、智能化在各行各业的迅速推进，数据量呈爆炸式增长，非结构化数据的占比显著增加。对象存储的出现为满足数据需求提供了一种更具成本效益、更可靠的替代解决方案，其具有存储空间无上限、按需弹性伸缩、纠删码存储、跨数据中心的副本冗余、支持 RESTFUL API 等优良特性，为用户带来了更多的便利性和业务灵活性。

新一代金融云原生数据仓库正是基于这些新技术和解决方案产生的，它将数据仓库和云计算技术进行了更深入的结合，通过云原生架构、分布式存储、实时数据计算和分析等特点，提高了金融数据仓库的可扩展性、灵活性和性能，能够更好地适应新时代的云计算和大数据场景。

（四）HashData 云原生金融信创数据仓库

北京酷克数据科技有限公司成立于 2016 年初，专注于自主研发 HashData 云原生金融信创数据仓库（以下简称"HashData 云数仓"）。公司的核心成员主要来自 Pivotal、IBM、Teradata、雅虎以及华为等公司，它们都是资深的云计算和分布式数据库专家。

HashData 云数仓是一款新一代弹性并行处理架构（Elastic Parallel Process，EPP）产品，适配于信创环境。针对金融行业业务场景，HashData 云数仓能整合内部的数据孤岛，轻松共享受监管的数据，并执行各种数据分析负载。依托 HashData 自身的高可用性和近乎无限的可扩展性，大大简化了金融机构的数据仓库故障恢复、多维度扩缩容和数据共享等流程。根据实际测试，随着计算和存储资源的增加，系统性能可以实现线性增长。

HashData 云数仓采用业界领先的技术，消除了规划、购买和运维大量基础设施给金融机构带来的负担，让金融机构可以专注于自己的核心业务。目前，HashData 云数仓服务于诸多金融客户，包括大型国有银行、政策性银行、金融监管机构、股份制商业银行等。HashData 云数仓最大的一个客户集群规模已经达到数万个节点（数千台物理服务器），这是国内乃至全球金融行业中 MPP 数据仓库的最大规模。

二、建设内容

（一）总体架构

完整的 HashData 云数仓分为两个大模块：用户模块及管理模块。其中用户模块最上层是独立的元数据服务层，中间是无状态计算层，最下层是共享存储层。管理模块指管理控制台。

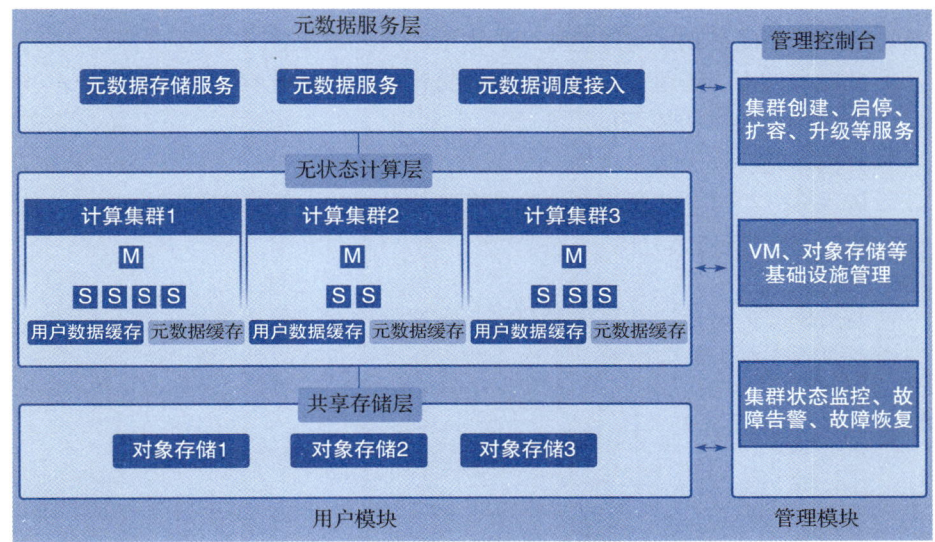

HashData 云数仓的技术架构

1. 用户模块

在用户模块中，HashData 云数仓采用多集群、共享数据（multi-cluster、shared-data）的新型架构模式。将元数据、计算和存储三者分离。

- **元数据服务层**：负责整体集群的元数据管理和事务管理。该层中存储了数据库的元数据信息，包括数据字典、表到数据文件的映射、统计信息、数据库事务日志等。元数据服务层主要分为元数据调度接入、元数据服务和元数据存储服务。

- **无状态计算层**：主要负责接收用户查询请求、查询协调、查询调优和计算等工作。计算层包含多个独立的计算集群，这些集群共享存储服务和元数据服务，但计算集群本身不存储用户数据和元数据，这使计算层彻底实现无状态。计算集群由一个主节点（Master，M）和多个计算节点（Segment，S）组成，计算节点数可以在 2～1 024 个之间任意伸缩，部署方式可以使用物理裸机、虚拟机或容器。HashData 云数仓的计算集群内，集群间性能相互隔离，资源和操作相互独立，不会产生竞争 CPU、内存和输入/输出接口的情况，从而可以实现高度的敏捷性。为提高计算集群的运行效率，HashData 云数仓使用本地硬盘作为对象存储服务的缓存以保存用户热点数据，采用自研 Gopher 技术，减少了直接访问对象存储带来的延迟和 API 调用开销，从而提升了系统整体的 I/O 性能。此外，通过合理配置本地缓存容量、采用 LRU 算法、优化 SQL 执行策略等多种技术手段，使集群查询性能与完全使用本地硬盘接近。
- **共享存储层**：采用对象存储实现，提供统一的用户数据持久化服务，计算集群的所有节点都可以访问共享存储层。自公司创立之初，我们就坚信对象存储将成为未来大数据的基础。HashData 云数仓围绕对象存储构建，采用标准的对象存储访问协议，可以对接各类对象存储产品。

2. 管理模块

管理模块负责所有元数据集群和计算集群的管理，包括集群创建、启停、基础设施管理、监控告警等功能。作为云数据仓库的重要组件，管理控制台能够对各类云平台资源进行统一管理，整合数据库集群的监控、运维、管理等功能，从而构建统一的数字化管理和运维平台。

（二）系统和平台功能

酷克数据公司依托成熟的开源数据库生态，并充分利用云原生架构的强大功能，研发了 HashData 云原生金融信创数据仓库——一个能够提供近乎无限规模、具有并发性和高可用性的分析型数据库。其功能大体如下。

- **支持海量数据分析**：HashData 云数仓作为一款云原生、现代化、面向多种数据分析场景的高性能分布式关系型分析数据库，支持超大规模的集群架构，在为金融机构提供高性能数据仓库业务的同时，还拥有更好的资源配置能力。此外，通过元数据的分离和共享，确保了金融机构所有的数据集群系统中数据的一致性。
- **管理控制台**：HashData 云数仓的设计初衷是为用户提供完全托管的数据分析服务。通过功能完善的管理控制台，金融机构可以轻松部署包含几十个甚至上百个节点的数据仓库集群。用户在加载数据后，能迅速开始数据分析任务。而集群资源配置、数据备份、监控审计、错误恢复、高可用性和升级等复杂且容易出错的运维工作则由产品自身完成，实现了"零运维"。
- **完善数据分析能力**：作为企业级的数据库和数据仓库产品，PostgreSQL 和 Greenplum Database 提供了丰富的分析功能，HashData 云数仓在继承这些功能的同时，结合云平台的特性进行了调整和改进，实现了 ANSI SQL 2008 标准和 2003 OLAP 扩展，支持标准的 JDBC 和 ODBC 接口，业界常用的 ETL 和 BI 工具都可以以 HashData 云数仓作为分析引擎。同时，基于自研的 HashML，通过机器学习、深度学习以及大模型微调等方式，最大限度地提高了数据仓库数据分析能力。
- **生态开发性**：HashData 云数仓构建了数据联邦，无须搬迁数据，通过规范 SQL 就可以实现多数据源联邦查询，连贯各类数据源，实现数据采集，并满足金融机构批量和实时的时效性要求。HashData 云数据仓库还能够帮助金融机构实现 Data Fabric 架构，动态管理不同的数据源，并基于 MPP 引擎进行并行、高速的数据访问，实现与企业混合数据生态的无缝集成。此外，HashData 湖仓一体解决方案，可以助力金融机构构建低成本、高可用、易拓展的湖仓一体架构。

（三）信创之道

作为国内领先的数据库研发企业，早在 2020 年底，HashData 便参与了信创工作。随着客户在信创环境下的产品需求逐渐增多，HashData 陆续完成了麒麟操作系统认证、飞腾芯片兼容性认证和统信操作系统认证。

HashData 坚持"信创之道"，可以更好地满足金融机构在信创环境下对数据仓库弹性的高标准要求，支持其他配套产品的国产化适配以及政企客户信息系统的国产化。HashData 还携手上下游生态合作伙伴，拥抱国产化进程，推动了国产软件的创新发展。

（四）应用场景

HashData 的应用场景主要包括如下几个。

（1）**超大规模数据仓库建设**：支持千万级的数据库对象、超过 100PB 的数据量、高并发、数据共享，以及自动化运维。

（2）**高性能复杂分析型查询**：支持海量数据快速查询、多表关联的复杂查询、大量聚集操作运算、复杂嵌套查询，以及每日 1 亿 + 复杂 SQL 查询。

（3）**高并发作业需求**：支持高作业并发，能够快速提高数据库并发能力，在提高并发能力的同时，保持集群数据一致性。

（4）**低延迟即席查询**：支持快速查询、低延迟、标准 SQL、标准函数，以及自定义函数。

（5）**支撑数据中台建设**：作为数据处理和存储平台，支持金融机构数据中台建设。

（6）**国产化替代**：可以实现金融机构分析型数据库国产化替代。

（7）**基于 AI 平台的数据分析**：将 AI 算法与应用场景及自有数据结合，提供更广泛的业务支撑。

三、创新应用

1. 采用云原生系统架构

HashData 云数仓采用云原生的系统架构，充分融合云计算，在设计之初就利用云的优势，实现了存储、计算、元数据分离，从而获得了出色的弹性扩展能力和高可用性，摆脱了传统 MPP 数据库的各种架构限制，为客户提供了成熟稳定的大数据平台，最大限度地释放了数据价值。

2. 实现 OneData，多种数据平台数据统一

HashData 云数仓真正实现了结构化数据的 OneData，避免了数据冗余和数据孤岛，提供了全局视图，提升了业务使用数据的敏捷性。它融合了各种数据平台、数据仓库与数据集市，大幅降低了数据治理的复杂度，并缩短了数据加工链路。

3. 多维度的弹性扩展能力

HashData 云数仓可以独立地扩展计算和存储资源，实现横向的吞吐量、纵向的响应时间和数据存储容量这三个维度上的完全弹性调整。

（1）**横向**：可以在用户数量增加时，通过增加计算集群的数量实现高吞吐量，并提高并发处理能力。

（2）**纵向**：可以通过增加计算节点数量实现快速响应，有效缩短响应时间。

（3）**存储**：可以通过扩展存储保存日益增长的数据量。

4. 灵活高效的业务支持

HashData 云数仓实现了资源和应用的解耦，可以根据计算集群的工作负载变化，灵活、动态地调配计算集群，使用户从容应对纷繁复杂的数据应用场景。

HashData 云数仓可以为每类工作负载或单独的数据应用启动独立的计算集群。一方面，能够满足不同工作负载对计算节点配置需求不同的要求；另一方面，也能够解决不同工作负载间由于资源竞争而产生的性能影响问题。在统一数据视图的基础上，同时满足了不同部门、不同用户的各种数据应用需求。

5. 全天候的持续可用性

HashData 云数仓从整体架构设计、故障自愈能力等方面保证了整个数仓服务实现高可用、高容错，满足了业务用户对持续可用性的预期。

（1）**无单点故障设计**：HashData 云数仓的整体架构设计思想是在物理上解耦、在逻辑上集成。所有功能组件均采用无单点故障设计，包括管理控制台、元数据服务层、无状态计算层和共享存储层，都实现了无单点故障。

（2）**故障自愈恢复**：当 HashData 云数仓集群中的一个工作节点出现故障时，能够被管理组件感知到，用户可以通过管理控制台配置不同的故障恢复策略，也可以立即替换该节点，还可以暂时减少节点数。

此外，由于 HashData 云数仓采用了共享数据存储的架构设计和一致性 Hash 分布方案，因此能够在新建计算集群或者对单个集群进行扩容、缩容操作时，避免数据迁移的发生。

6. 多元化的成本控制模式

HashData 云数仓支持用户按需配置、按需付费和集中管理，为用户提供了更加灵活的全新数据基础设施建设投入模式，有效降低了 IT 基础设施成本，提高了用户长期投资回报。

HashData 云数仓是纯软件方案，不会被专有平台锁定，既可以部署在普通 X86 架构的上服务器，也可以部署在基于 ARM 芯片的服务器上。它采用高性价比对象存储，提供无限扩展能力，不仅简化了运维，还保证了数据基础设施系统建设和运维全生命周期多层次、多元化的成本控制模式。

7. 一站式 AI 能力

HashML 作为一款新一代高级分析和数据科学工具箱，提供了从数据查询处理、高级分析到机器学习、深度学习的一站式多层次数据分析及 AI 能力。针对市场高度关注的大语言模型，HashML 也提供了从高质量数据挖掘、向量知识库的构建和检索、模型微调到模型部署和推理的全流程支持，使得知识增强的大语言模型应用开发变得更加简单。

四、取得成效

（1）**中国建设银行**：建行龙跃 MPP DB 是基于 HashData 云数仓架构打造的私有云版本，它采用云原生和存算分离的架构设计，具备高可用、高并发、弹性伸缩和高扩展性等优势。在成本方面，建行龙跃 MPP DB 大幅降低了数据冗余，减少了数据存储需求 30%，节省了硬件资源 30% 以上；在运维方面，建行龙跃 MPP DB 实现了传统 MPP 数据库无法做到的动态扩缩容、故障自愈等功能，运维效率提升了 10 倍以上。

（2）**恒丰银行**：历时两年打造的"恒心系统"，是全国首个实现业务和系统一次性整体升级的股份制商业银行核心系统。相比旧系统，恒心系统在多个方面实现了能力提升：卡业务交易的每秒处理能力提升了 23.8 倍，线上支付业务交易的每秒处理能力提升了 17.7 倍。智能化、自动化处理能力也得到了提升，从而减少了 17% 的柜面操作人员。作为恒心系统的核心数仓提供商，HashData 为监管报送、财务会计、信用卡、反洗钱等十余个应用部署了独立的计算集群，每个计算集群包含 64 个计算单元，所有计算集群共用一份元数据和数据，为恒心系统乃至整个恒丰银行构建了统一的企业级数据视图，维护了权威、一致、高质量的数据。同时，因为不同的计算集群由不同的计算单元组成，所以集群间的性能完全隔离，不会发生资源竞争的情况，真正实现了应用与数据的解耦。

完成人：
简丽荣　北京酷克数据科技有限公司 CEO
黄立彬　北京酷克数据科技有限公司售前部解决方案架构师
任　凯　北京酷克数据科技有限公司华南区域销售经理

案例 34　嬴图 XAI 实时资金流向图智能分析平台

嬴图 XAI 实时资金流向图智能分析平台是以实时图数据库和高性能图计算为基础架构的 Graph XAI 系统，是一套"架构变革+算力提升"的端到端解决方案。Graph XAI 系统对现有的 AI/ML 及 LLM 大模型架构具有模型增效、加速，以及大幅提高预测准确率及可解释性的特点。平台通过超级节点穿透、高密度并发、动态剪枝、多级存储计算加速等创新性专利技术，实现了对动态、海量数据的深度钻取、科学计量和多维度归因分析。相比于传统的关系型数据库、非实时 NoSQL 数据库或批处理式大数据框架等，Graph XAI 系统具有绝对优势，其出色的数据关联建模和查询能力使其成为处理那些需要深度理解和分析数据关系的应用场景的理想选择。这些应用场景包括风险识别、反洗钱交易跟踪、担保环链识别、金融欺诈检测、资金追踪和异常检测等。平台提供的高度定制化的监管方案，已在金融行业取得了颠覆性技术与产品的应用创新与深度应用。

关键词：实时图数据库技术，图算法，监管智能化，实时风险监控，资金流向分析，客户实时资产

一、背景介绍

未来十年将是数字化进入场景大爆发的时期，因此会对 IT 底层的技术产生巨大的需求，即需要工厂底层技术为上层应用的多维组合、交付集成、运维和及时服务提供支撑。

（一）金融行业面对的困境及传统金融分析工具的局限性

在数字化转型过程中，金融作为数据密集型行业，无论是业务场景化、服务智能化，还是渠道一体化，都依赖于对数据进行灵活的"存、通、用"。尤其是近几年，随着宏观经济形势、金融监管政策、资金成本和竞争压力等多方面因素

的影响，银行业面临着资金流向管理和监管的一系列挑战，包括但不限于以下几个方面。

（1）**监管效率低、响应速度慢**。传统方法下，监管人员需要手动处理数据，无法实现数据的实时监管，因此容易错过异常情况或风险信号。

（2）**缺乏实时性和预测性**。传统方法下，银行通常在问题或违规情况发生后才被动响应，而不是主动发现或预防问题，更无法进行实时地预警或预测资金流向的变化和潜在风险。

（3）**数据分析存在困难**。面对大量交易数据，传统数据库难以有效分析和理解这些数据的关联性和复杂性。这不仅使监管人员难以从海量数据中提取有用信息，也难以捕捉复杂的交易关联和潜在的如洗钱、欺诈等风险行为。

（4）**监管工具的局限性**。传统系统的监管工具功能有限，难以应对日益复杂的资金流动情况，并且无法灵活定制监管方案以满足不同的监管需求。此外，由于监管不到位或监管手段滞后，银行可能面临更大的潜在风险和更高的监管成本等问题，因此迫切需要一套更加精准、实时、高效的端到端解决方案。

（二）赢图 XAI 实时资金流向图智能分析平台概述

赢图 XAI 实时资金流向图智能分析平台是一款全方位、多维度、深度追踪和管理资金流向的图智能分析平台。该平台基于赢图实时图数据库和高性能图计算的基础架构实现，搭载了 Graph XAI 图增强智能引擎，可从多个维度（包括交易、地址、用户、行业以及资金流动、资金分布等）对数据进行创新性分析。平台通过高可视化技术，为用户提供不同维度和角度的具有高准确率的追踪分析结果，以及可追溯的资金流通链。利用图技术和赢图 100+ 图算法包，平台还提供高效、精准、实时的资金流向图智能监管解决方案，这有助于更好地应对金融行业的监管挑战。

二、建设内容

赢图 XAI 实时资金流向图智能分析平台是科技创研专家与传统金融专家高效融合的标杆案例。深谱智能公司特别组建了"实时资金流向图智能项目组"，旨在研究并探索一套科学可行的高性能计算方案，为银行资金流向的风控与监管业务提供技术支持。截至目前，该项目已成功在多家监管单位上线运营并实际使用。

（一）技术原理、特点

本项目在实施过程中使用了赢图实时图数据库的多项技术与产品，具体如下。

（1）**分布式 HTAP 图数据库**：该产品的高密度并行图计算引擎技术，为实时资金流向应用与监测模型提供了强大的数据处理能力。赢图数据库可以实时遍历和查询任何大小的数据图，包括交易网络和关联方信息。同时还支持高性能图算法，如排序、聚合、路径分析、K 近邻查询等，这些功能对于资金流向应用与监测模型的构建和优化非常关键。此外，HTAP 高可用性集群部署的特性，能够确保即使在部分集群离线的情况下，资金流向业务仍然保持在线和可用，从而提高了系统的稳定性和可靠性。

（2）**高性能可扩展图算法包**：赢图数据库提供的百余种高性能可扩展图算法包，全部经过高并发和高性能的改造，能够快速且准确地分析大规模数据。这些算法覆盖了绝大多数数字化风控场景。用户也可以根据新场景定制新的算法。工作人员在面对不同场景时，可以调用不同模式来运行模型，从而实现业务目的。系统通过算法、模型和模型群组的组合，能够应对复杂的业务应用情况。

（3）**Manager 可视化管理平台**：赢图 XAI 实时资金流向图智能分析平台提供的可视化平台 Manager，拥有直观的 2D 和 3D 界面，工作人员通过在线编辑和自定义样式，能够更好地理解和分析数据。该平台还支持各种查询操作，如点查询、边查询、路径查询和 K 近邻查询等，使资金流向分析更加灵活和直观。它还提供了数据库集群管理功能，有助于从业者实现各类业务、模型探索、数据管理以及 XAI 建设。在赢图 Manager 的登录页面，用户一旦登录，即可进行各种操作并获得高可视化呈现。

（4）**构图工具 Maker**：数据构图是实时资金流向图智能分析平台中的关键步骤之一。赢图数据库的构图工具 Maker 具有高度可视化的操作界面，能够轻松对接不同数据源，包括第三方大数据平台和多维、多模态数据源。这使得业务人员能够快速进行数据迁移和入图操作，为数据分析做好准备。

（5）**低代码图增强 AI 平台**：资金流向分析通常需要多种任务管理和复杂的查询操作。赢图 XAI 实时资金流向图智能分析平台的低代码图增强 AI 平台，使得这些任务变得更加容易。该平台支持多种可视化模式，如 2D、3D、列表、表格等，并提供简洁易读的图查询语言，业务人员能够高效地进行查询、删除、修改、添加、图遍历、子图匹配等各种操作。此外，赢图还实现了 Graph RAG（基于图的检索增强生成），其基于实时、深度下钻与动态剪枝的图检索及图模型，与 LLM（大语言模型）相结合，赋能业务人员高效自动提取数据并将其转换为图关系。

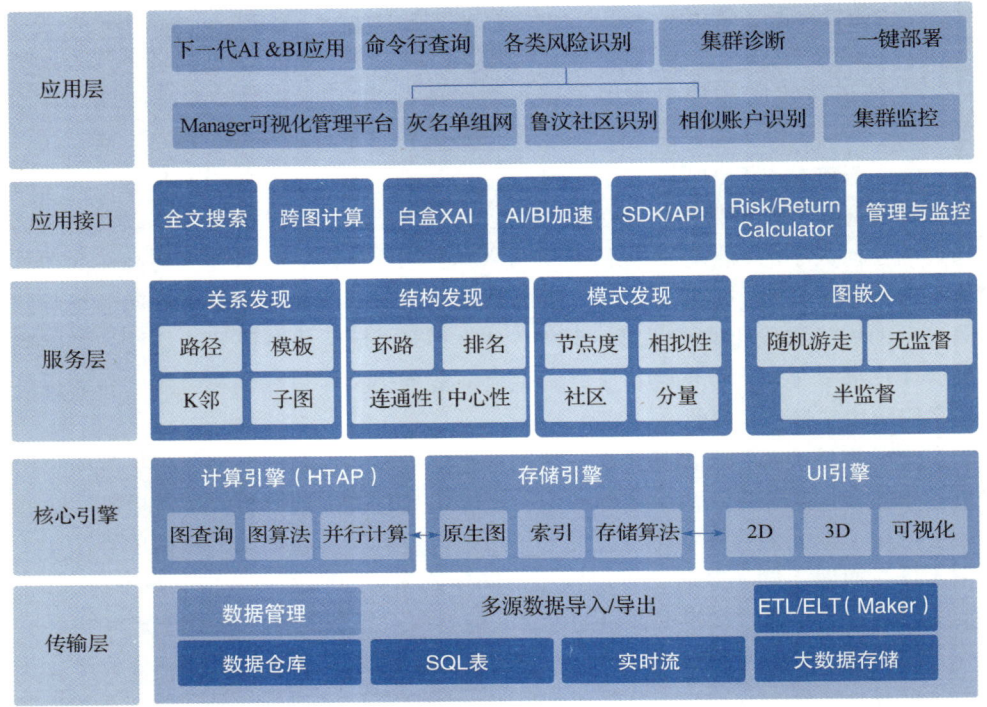

应用技术架构图

（二）具体场景技术应用与实现

赢图 XAI 实时资金流向图智能分析平台的具体应用场景包括但不限于贷款资金流向监测、贷后实时监控预警、跨境资金监管、金融欺诈检测、大额交易追踪、企业关系图谱识别、企业担保权贷款风险识别防范以及供应链金融风险客群洞察等。以下仅以贷款资金流向监测这一具体应用场景的实现为例加以说明。

信贷资金流向始终是监管重点，尤其是信贷资金违规进入股市、楼市等领域。监管部门要求银行监控信贷资金的真实流向。贷款资金用途的跟踪和资金挪用一直是处罚最集中、罚款最多的案由。信贷资金流向用途追踪的难点主要在于以下方面。

（1）**资金流向复杂**。在短时间内通过多个渠道进行转移的贷款资金，其具体流向非常难追踪。现实中，授信企业违规将贷款资金用于固定资产建设，或将贷款资金投入权益性投资、房地产、股市、期市等高风险领域，导致贷款资金存在被挪用的情况，这就增加了银行对贷款资金的连续性监测难度。由于大部分企业

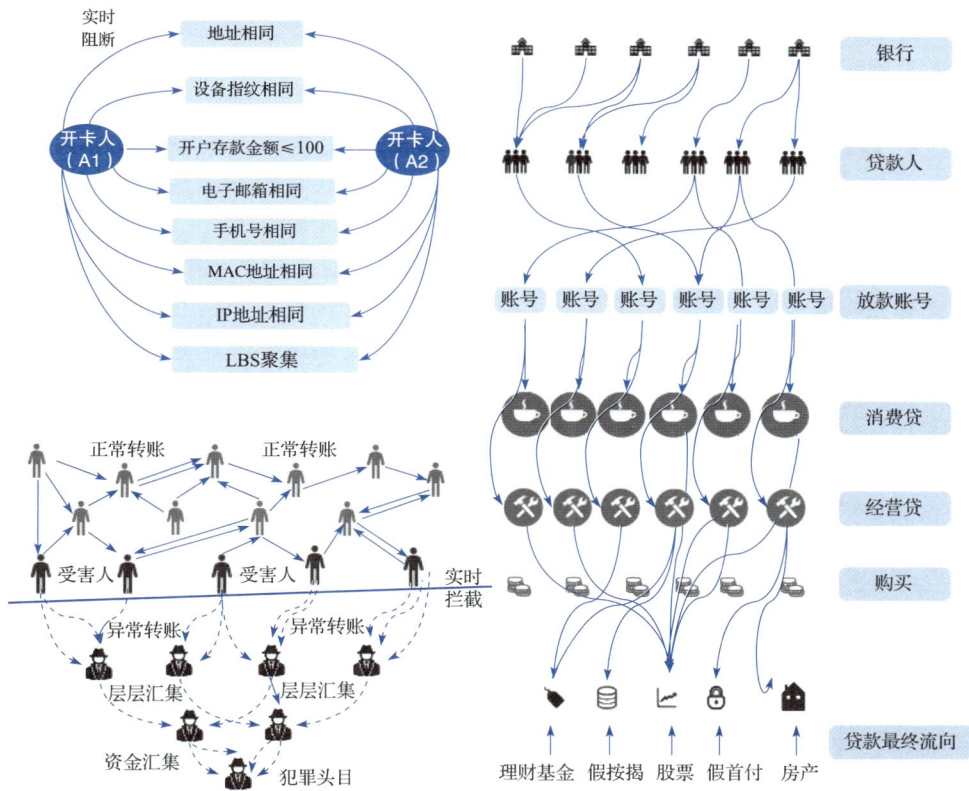

案例场景列举

的资金收付结算量较大,贷款资金的支付通常涉及不同客户、不同账户和不同银行,这给监测工作带来了很大困难。

（2）**资金混淆**。企业采用多种手段混淆资金流向,如多次转账、资金洗钱等,使资金追踪变得复杂。

（3）**技术手段落后**。技术手段落后也增大了贷款资金用途追踪的难度。传统系统无法满足大数据分析和复杂算法的需求,存在数据收集不完整和数据分析能力欠缺等问题。

赢图 XAI 实时资金流向图智能分析平台技术实现概要如下。

（1）**数据模型设计概要如下。**
- 节点设计：节点用于表示贷款账户、银行、客户等实体,在节点上标记关键属性,如账户号、贷款金额、账户状态等。
- 边设计：边用于表示资金流动、关系连接等。

（2）**数据导入**。将已有的贷款数据（贷款账户、客户、银行、资金、关系）导入嬴图实时资金流向图智能分析平台。

（3）**资金流向分析概要如下**。
- 利用图数据库的查询和遍历功能，轻松追踪和分析贷款资金的流向。
- 通过指定起始节点和遍历规则，找到特定贷款账户的所有关联节点，形成资金流向路径。

（4）**异常检测**。在嬴图 XAI 实时资金流向图智能分析平台中，可以使用图算法和图查询语言（嬴图 GQL）来识别异常的资金流向路径。利用标签传播、度中心性等算法，可以识别出异常的流动模式及潜在的挪用行为。通过风险预警图谱，可以建立授信客户的实时风险预警体系，以聚焦关键环节和重点领域，从而比市场早发现、比同业早行动，实现银行全流程的信用风险管控。

三、创新应用

银行业面临的资金流向管理和监管挑战，要求银行具有高效、精准的解决方案。我们深入了解业务需求后，研发了智能分析平台，提供一站式实时数据智能解决方案，旨在解决传统数据库和大数据系统建设的局限性。具体创新点如下。

（1）**复杂关系建模**。嬴图 XAI 实时资金流向图智能分析平台能够天然地建模和存储复杂的数据关系，包括多对多、多层级和交叉关系。这特别适用于资金流向应用中需要分析的账户间交易网络，使其更容易识别潜在的各类风险。

（2）**实时高效查询关系**。嬴图 XAI 实时资金流向图智能分析平台基于原生图存储进行实时查询和分析，同时兼顾事务处理和分析处理的需求。在大规模图中，仍然可以实现微秒级的纯实时计算，且能够高效地查询和遍历数据之间的关系，即使在千亿级数据量的大图中，也能实现超过 30 层的深度搜索和查询。

（3）**高并发算力**。嬴图 XAI 实时资金流向图智能分析平台能够高密度地利用底层硬件资源，支持 X86—64 位和 ARM—64 位 CPU 的高并发执行，并在软件层面实现内核级别的高并发处理，从而能够计算风控领域数亿乃至数百亿计的海量数据。该平台提供的稳定而强大的计算基础和算力保障，确保了数据的高效处理和应用的可靠性。

（4）**灵活性**。嬴图 XAI 实时资金流向图智能分析平台的系统架构非常灵活，不依赖于固定的数据模式，能够动态扩展和调整数据模型，以适应不断变化的数据需求。

（5）**线性可扩展，集群规模更小，银行总拥有成本大幅度降低**。嬴图 XAI 实时资金流向图智能分析平台的图计算、图存储、图查询语言、索引以及全文搜索等引擎可以在最小规模的 3 实例集群内部署。这一设计避免了传统大数据和数据仓库集群需要大规模部署的情况，不再需要数十台甚至上百台的机器，这也避免了效率低下和复杂的运维问题。

（6）可视化低代码图谱管理与 BI 分析能力。集成 2D、3D 交互图谱，并通过低代码、表单化，以所见即所得的方式实现了上层业务到底层技术的全贯通，提供了直观的高可视化界面，将复杂的资金流向关系以图方式展现，使监管人员能够更直观、更快速地理解和分析数据。同时，原生高性能图数据库对于建设知识图谱的意义在于，它颠覆了传统基于 SQL 或 NoSQL（如文档数据库）构建图谱时的低算力、低时效性等缺陷，具备计算高效实时、数据建模灵活、查询（计算）过程与结果可解释性（白盒化）等优势。

（7）复杂分析。嬴图 XAI 实时资金流向图智能分析平台系统支持多种复杂的图分析算法，包括节点中心性计算、节点相似度分析、社区识别、路径分析、连通性分析和聚类分析。这些算法有助于工作人员发现隐藏在数据中的重要信息。近些年，我们在基于图的算法研发和深度学习挖掘方面进行了许多探索，这些技术能够发现一些人工难以归纳的特征和结构，结合业务人员的经验，能够得出更多有用的结论。基于此，嬴图将多年在算法领域的研究与成果，于今年 5 月集结成册，出版了《图算法：行业应用与实践》一书。

（8）嬴图 GQL 查询语言。我们自研的面向业务层的嬴图 GQL 查询语言，支持混合模式（demi-schema）的图查询语言与管理语言，具备递归性、完备性、易读性、直观性，所见即所得。其目的是实现具有最大灵活性的、直观的数据建模以及高级和更深入的查询优化，能够加速杀手级应用程序开发和高级数据分析，提升了人工智能应用的深度和广度，增强了 GPT 类自然语言处理大模型的建设能力。嬴图 GQL 查询语言无须编程，它通过"零门槛、低代码"的方式，让任何人都可以快速掌握并操作复杂的业务场景，打造智能化时代的智慧风控引擎。

（9）定制化监管方案。嬴图 XAI 实时资金流向图智能分析平台可以根据银行的具体需求提供定制化的监管方案和分析报告。不同银行可以根据自身业务特点和监管需求定制相应的解决方案。

（10）协同性和智能化。海量的数据处理量使得银行业管理场景难以实现统一视图，这导致银行业务人员和监管人员很难在同一个"频道"对话。平台的智能化和协同性，使得不同部门的人员能够更有效地协作，共同应对监管挑战，提升整体监管水平。

（11）安全性。嬴图数据库提供细粒度的访问控制和安全监控，可以确保敏感数据的安全。同时，采用 Shared-Nothing 架构，使得任意集群节点的下线都不会影响整个集群的运行，提高了系统的稳定性和可靠性。

（12）**支持全流程管理与服务**。赢图的社会效益不仅是能在图 AI 增强智能技术的赋能下为各行各业的计算密集型业务应用场景提供强大的"芯"算力，它还拥有易学易用、成本更低、易于扩展、技术支持和认证培训等全维度的全流程管理与服务，为企业在银行资金流向监管方面带来了全新的解决方案和价值，提高了监管的精准性、实时性和智能化水平。

四、取得成效

赢图 XAI 实时资金流向图智能分析平台为银行带来了显著增益。

在社会效益方面，传统的关系型数据库系统或围绕批处理理念设计的数仓、数湖产品，抗风险模式相对滞后，快速转型和适配体系的难度也较大。甚至许多金融机构虽然拥有可以发现非法活动的数据，但无法对数据进行有效关联和有效挖掘分析。也就是说，如果监管机构的技术仍停留在传统数据库或浅层图计算的时代，那么通过更深层伪装的各种风险路径将无法被识别。赢图 XAI 实时资金流向图智能平台系统提升了金融系统的稳健性，有效解决了贷款资金流向不合规、难以追踪的问题，提供了更全面、准确和实时的分析能力，帮助监管机构和银行更好地管理贷款资金流动，并防范各类金融欺诈风险。

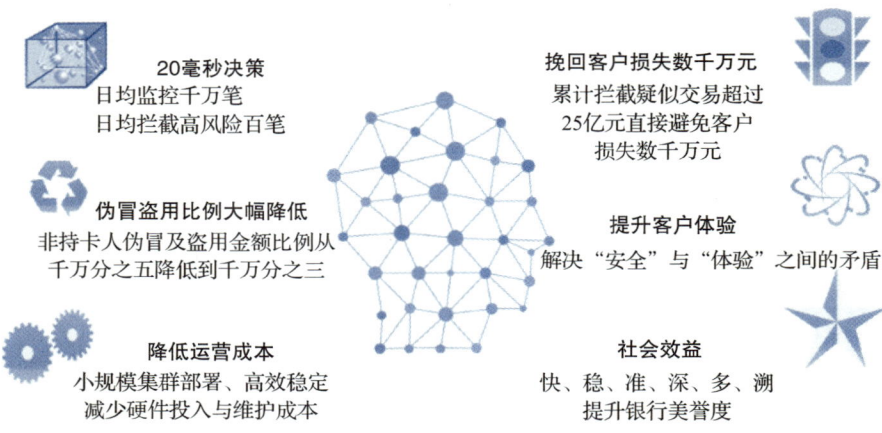

赢图 XAI 实时资金流向图智能分析平台创建的效益

面对以 AI 大模型技术为代表的新一轮产业革命，赢图 XAI 实时资金流向图智能分析平台搭载赢图 Graph XAI 底层深度算力引擎，能够对现有的 AI 多模态、大语言模型和机器学习的发展进行多角度、多阶段的增效，同时增强模型的精准性、快捷性，以及白盒化和可解释性，帮助金融机构实现降成本、控风险、优体验、降本增效的目标。在经济效益方面，该平台提高了监管效率，降低了违规风险成本，为银行业创造了经济价值。

完成人：

孙宇熙　北京同心尚科技发展有限公司创始人兼 CEO，四川深谱智能技术有限公司董事

张天赫　四川深谱智能技术有限公司 CEO，北京同心尚科技发展有限公司合伙人

刘思燕　北京同心尚科技发展有限公司联合创始人兼 COO

黄　超　北京同心尚科技发展有限公司高级产品经理

业务系统与平台建设篇

案例 35

基于金融科技的综合信贷管理系统创新与实践

基于金融科技提升战略规划，是为了更好地支撑日趋严格的监管态势下的信贷领域业务发展，广东华兴银行根据全行新一代信息系统工程实施规划，建设基于微服务、分布式、大数据、多视图架构特点的新一代综合信贷管理系统，规划了"123456"数字化战略布局，即在全行采用"1"个信贷系统，其中集成业务流程、风险决策"2"个核心引擎，实现信贷业务全流程的线上化、智能化、数字化"3"步走，能够满足全行企业贷、同业贷、小微贷、零售贷"4"类贷款业务集中管理，同时合并原对公信贷、零售信贷、微贷工厂、网贷平台、同业授信"5"个信贷系统功能，通过统一数据标准、统一客户视图、统一产品系统、统一授信管理、统一风险管理、统一贷后管理"6"个统一，实现全行信贷业务的统一管理。

关键词：综合信贷，统一额度，统一产品，统一数据标准，风险决策引擎

一、背景介绍

随着全球金融市场的快速发展，金融科技（FinTech）已成为推动银行业创新和服务模式转型的关键力量。在数字化浪潮的推动下，银行业务的线上化、智能化、数字化转型不再是可选项，而是必选项。广东华兴银行作为积极响应金融科技趋势的先行者，面临着原信贷系统架构陈旧、业务办理方式落后以及监管要求日益严格的挑战。为了提升服务效率、增强风险管理能力、并满足日益增长的客户需求，我行启动了新一代综合信贷管理系统的建设工作。通过这一系统的实施，广东华兴银行不仅能够应对当前的业务挑战，更能在未来的竞争中占据有利地位。本案例旨在深入分析我行如何利用金融科技，特别是微服务、分布式计算、大数据分析等技术，构建起一个全面、高效、安全的信贷管理系统。

通过本案例，我们期望为银行业提供信贷管理系统数字化转型的参考，并对金融科技在信贷领域的应用提供实证分析。基于以下三大原因，我行于 2021 年规划了综合信贷管理系统建设。

- 金融科技能力提升战略规划。本行致力于实施数字化转型战略，旨在通过整合尖端技术资源、优化业务流程以及创新金融产品，全面提升运营效率与客户服务品质。我们专注于强化数据资产管理，确保数据标准化，以更有效地支撑决策制定。同时，我们积极探索金融科技的应用，希望利用人工智能、大数据分析等先进技术，提升风险管理、客户服务及内部运营的智能化水平，为客户提供更加安全、便捷、个性化的服务。
- 原信贷系统业务痛点突出。我行原信贷系统至今已使用超过十年，且对公信贷、零售信贷分散的系统架构已逐渐无法很好地支撑业务，存在一系列痛点：一是信贷业务办理方式线上化、智能化、数字化程度不足；二是信贷系统架构相对陈旧，改造难度较大、迭代速度慢；三是行内对公、零售等 5 个信贷系统并行，未实现统一运营监控、统一额度管理等；四是智能贷后、资产保全、电子档案等子功能需要加强。
- 监管要求及未来业务发展需要。监管态势日趋严格以及我行业务的不断发展，对全口径资产的客户关系管理、统一授信、投贷后管理、资产保全、档案管理等重点领域提出了更高的要求。同时，随着业务的高速发展，对系统的配置化能力、智能化程度，以及需求的快速迭代能力均提出了更高的要求。

二、建设内容

（一）综述

通过全面整合并替代原有的 5 个信贷系统，广东华兴银行成功构建了一个统一的授信业务管理系统。该新一代综合信贷管理系统不仅覆盖了广泛的资产类业务，如传统对公贷款、同业投资、代客理财投资及零售/小微贷款等，还涵盖了表外资产业务，实现了从授信申请到审查审批、合同管理乃至贷后管理的全流程数字化处理。此外，系统的功能范围广泛，包括单一和集团客户管理、额度管控、资产保全、信贷档案管理、产品管理等关键环节，以及格式化报告、系统管理和统计查询等辅助工具，极大地提升了银行的业务处理效率和风险管理能力，为银行的未来发展奠定了坚实的技术基础。

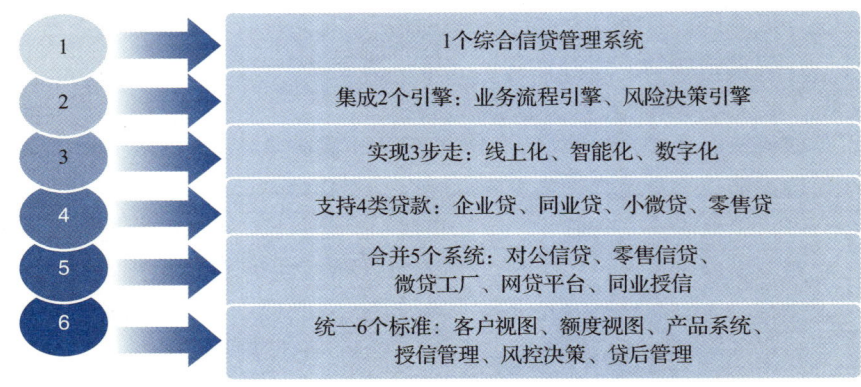

综合信贷"123456"数字化战略布局

新一代综合信贷管理系统的业务目标是涵盖对公、同业、零售条线,搭建全行统一授信业务管理系统架构,通过统一数据标准、统一客户视图、统一产品系统、统一授信管理、统一风险管理、统一贷后管理实现全行信贷业务的统一管理。同时,借助大数据技术,全面提升产品配置化能力、系统快速迭代能力、底层数据质量,并提升全行授信业务的线上化、智能化、数字化水平。

新一代综合信贷管理系统的技术目标是实现系统的高可用,并提高系统延展性,以更好地支持业务未来信息化建设。通过系统架构支持的标准化接口扩展能力,实现性能可快速扩展,以满足未来十年的业务发展;通过原型产品的功能改造,实现系统部署方式自动化、日志生成规范化等,满足我行自动化部署、运营监控要求;通过分布式微服务架构建设,简化系统性能横向扩展,提升业务办理效率;通过统一信贷领域的技术架构,为信贷领域自主研发准备条件;通过提高产品模块、业务流程等配置化程度,减少业务运维对投产的依赖。

新一代综合信贷系统建设充分考虑不同的客户属性、产业性质,兼顾对公、同业、零售信贷解决方案。

在非零售业务方面,整合内外数据建设智能工具,如智能化的报告、报表分析工具等,对企业进行客观、全面的"风险扫描",定位关键点,辅助决策,提升工作质效。将业务人员、审批及管理人员从大量而分散的信息中解放出来。

在普惠金融、零售业务方面,打造"数据+模型+策略"的决策模式。聚焦特定客群,通过融合产业数据、政务数据、商务数据和金融征信数据,从反欺诈、产品、押品、征信、额度、定价等维度建立起了场景金融下小微企业和个体工商户的全自动线上审批。

综合信贷管理系统内部功能包括渠道服务、流程服务、业务管理应用、批量应用、核算发起等众多模块。系统与外部机构和服务方进行深度交互,串联起了

案例 35 基于金融科技的综合信贷管理系统创新与实践 • 299

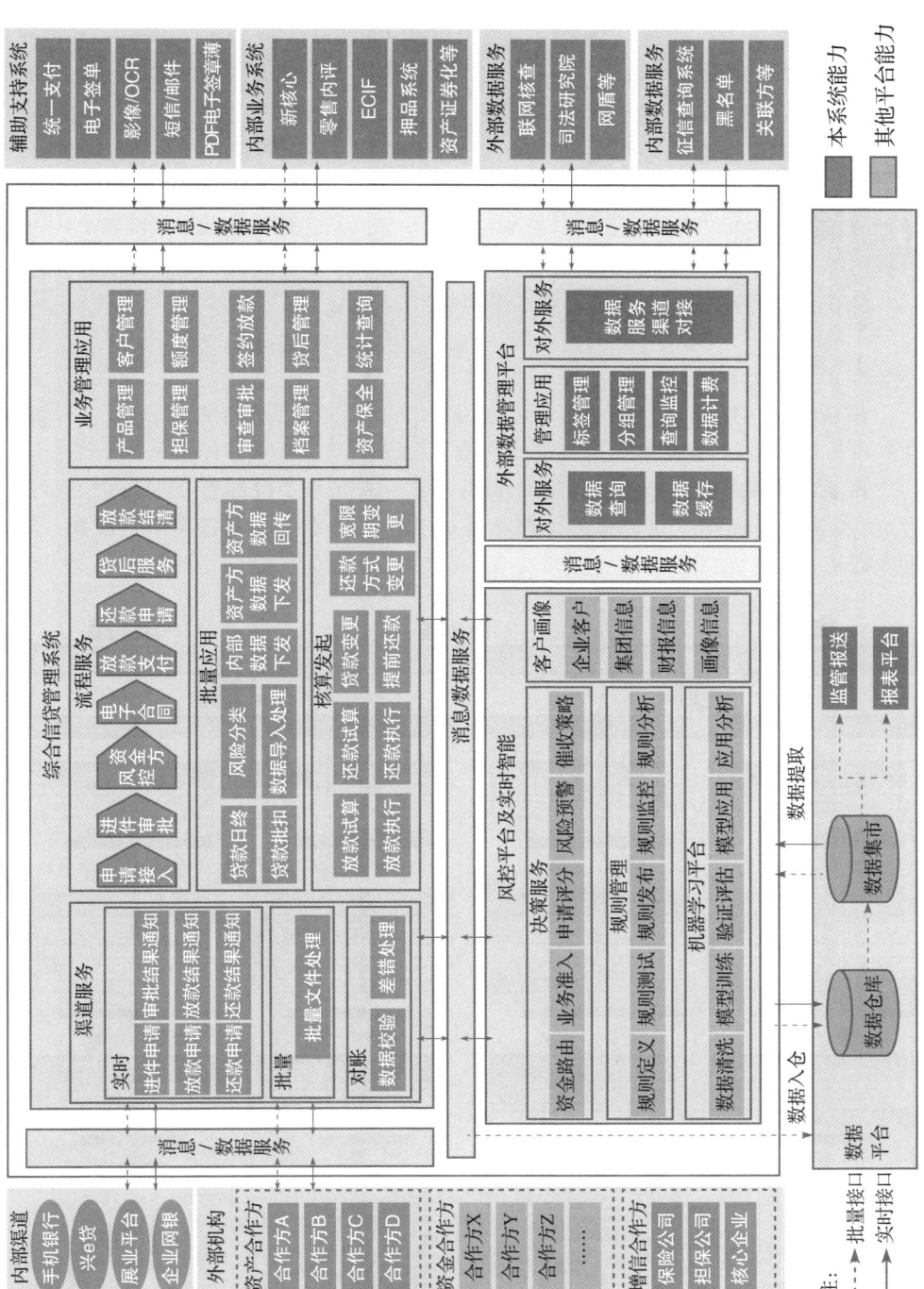

综合信贷功能架构图

整改信贷业务的办理过程。其中内部渠道包括手机银行、兴 e 贷、展业平台、企业网银等；外部机构包括资产合作方、资金合作方、增信合作方；业务系统包括风控平台及实时智能、外部数据管理平台、新核心、零售内评、ECIF、押品系统、资产证券化系统等。

（二）具体实现

综合信贷管理系统实现了以下 5 个目标。

1. 架构模块化

该系统架构被划分为独立的、可重用的组件，以实现更高的灵活性、可维护性和可扩展性。21 个技术专题方案的落地，全面提升了架构管控与架构水平。

该系统架构包括 4 台服务器：2 台部署在主中心，2 台部署在灾备中心，通过 F5 负载均衡实现。每台服务器包括额度、对公、零售、前置 4 个子应用。通过全行统一服务治理平台进行接口交互。

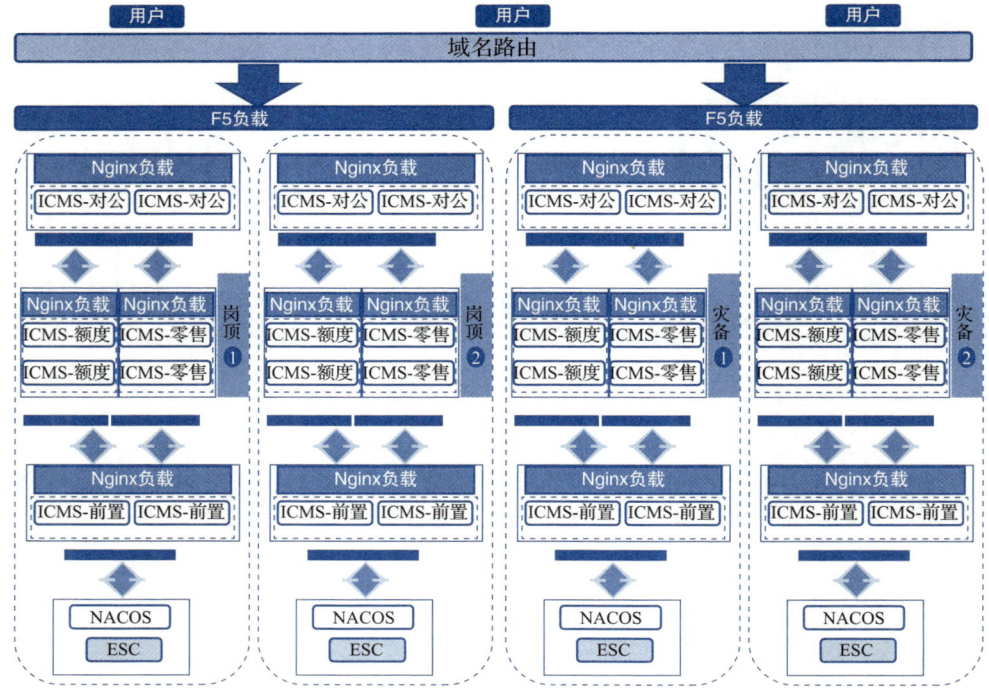

系统架构图

2. 数据标准化

实现了全面的数据落标，拥有基础标准754项，统一了数据规范，提升了全行数据质量；开展了企业级主数据架构管控，明确了客户、机构、产品、财务、渠道、押品和事件等7个主题数据的规范要求，从源头解决了数据不一致问题。

数据落标过程全面梳理了数据库的表和字段信息，并对名称、字段类型、长度、精度进行了详细落标处理。

3. 服务规范化

规范服务治理，夯实架构管控。该系统完成了539个接口的服务治理，统一了交易的服务入口，为后续对各系统接口进行统一管理和维护提供了方便。

服务治理过程明确了服务名称、场景名称、交易码、调用方和提供方、状态和版本号，其中调用方可以存在多个。

4. 风控智能化

该系统集中了全行信贷风控规则，强化了智能化风险防控能力，建立了规则策略＋模型策略＋图策略的三核协同智能决策体系，创新了风险管理工具及风控手段、优化了风险管控流程及风险管理指标体系，累计研发指标超过2万个，拥有3万余条风险规则，组合成近百条贷前、贷中、贷后决策流。部署了多个机器学习模型，并建立了数十亿级节点、数百亿级关系的信贷基础图谱，做到了信贷风险决策实时响应、全流程可视化探析和机器自动化调优，全面提升了风险管理数字化、智能化水平。

系统通过专家经验规则库、机器学习和图算法模型库，并结合专家规则和图谱分析，实现了对客户信息、交易数据等的高效处理和风险监控。整合了行内外数据，利用自动化工具和黑名单资源，构建了一个多层次、数据驱动的风控网络，提升了金融安全和合规性。

机器学习模型与知识图谱融合，通过分析近30天内的交易数据来识别潜在的风险团伙。系统利用机器学习和知识图谱处理技术，对夜间交易的笔数、出账笔数、金额占比等指标进行监控。通过算法对用户节点进行标注，系统能够识别出异常的交易模式，如夜间交易的异常活跃度，从而能够标记出预警团伙。这些团伙可能涉及高风险交易行为，需要进一步的审查和监控。整个处理过程通过自动化的数据分析，提高了对金融欺诈和洗钱活动的检测效率。

数据标准化清单

服务代码	服务名称	场景代码	场景名称	交易码	调用方	提供方	状态	版本号
30230063	综合信贷黑白…	06	综合信贷名单…	ICMS0375	开放式服务总…	综合信贷管理…	已发布	1.0.1
30220070	信贷额度查…	11	综合信用申…	ICMS0378	开放式服务总…	综合信贷管理…	已发布	1.0.3
30220099	信贷额度申…	04	综合信用申…	ICMS0381		综合信贷管理…	已发布	1.0.2
30220046	综合信贷额…	20	综合额度授…	ICMS0382	开放式服务总…	综合信贷管理…	已发布	1.0.2
30230059	综合信贷额…	08	综合额度调方…	ICMS0376	开放式服务总…	综合信贷管理…	已发布	1.0.2
30230047	综合信贷额…	12	综合合同查询	ICMS0377	抵押评估管理	综合信贷管理…	已发布	1.2.6
30230046	综合信贷合…	01	国家合同查询	ICMS0001	开放式服务总…	综合信贷管理…	已发布	1.0.0
30220061	综合信贷签约	06	综合签合同…	ICMS0383	开放式服务总…	综合信贷管理…	已发布	1.0.1
30230074	综合信贷查询	04	综合查询利…	ICMS0379	开放式服务总…	综合信贷管理…	已发布	1.0.1
30230105	信贷交易务…	01	风险监管中心…	ICMS0380	零售风险监控…	综合信贷管理…	已发布	1.0.0

服务治理清单

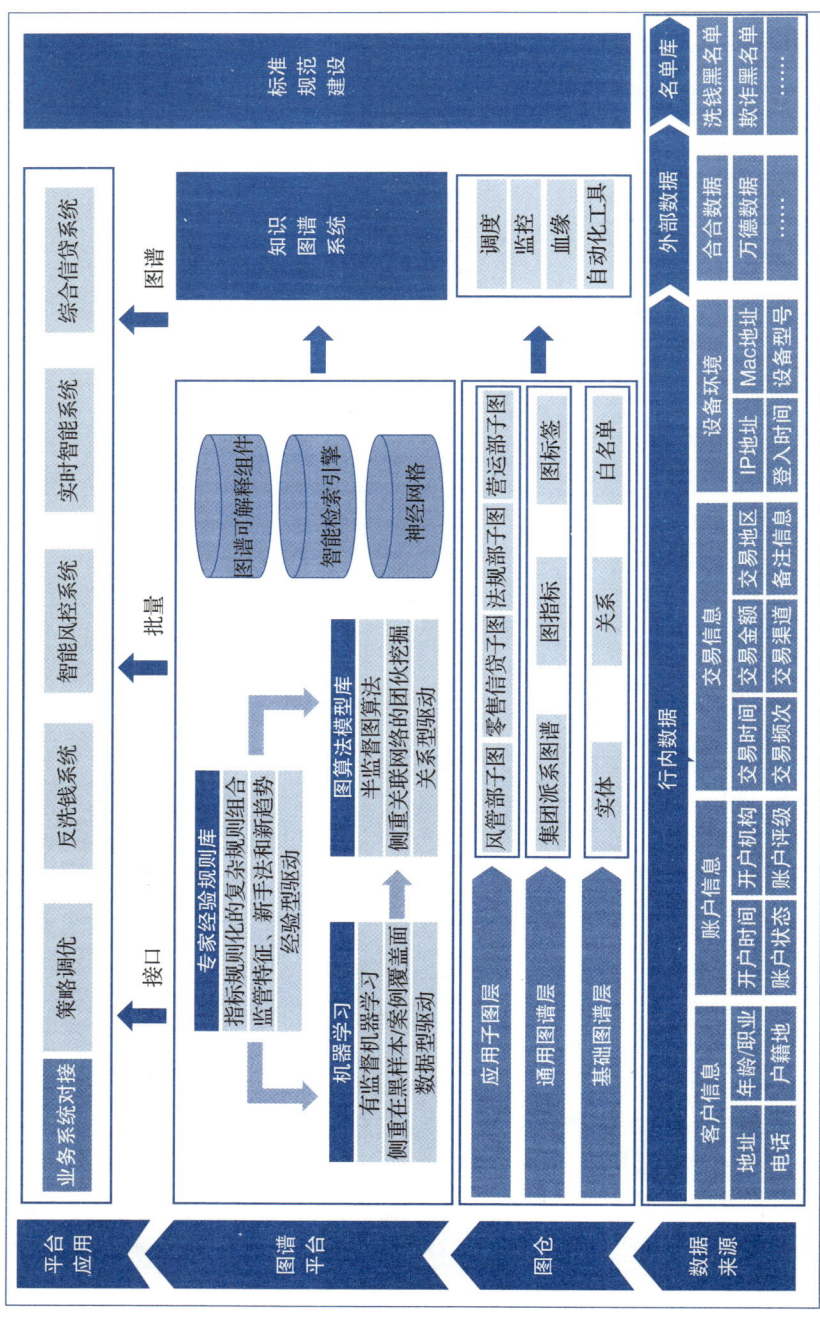

规则策略＋模型策略＋图策略的三核协同智能决策体系技术架构图

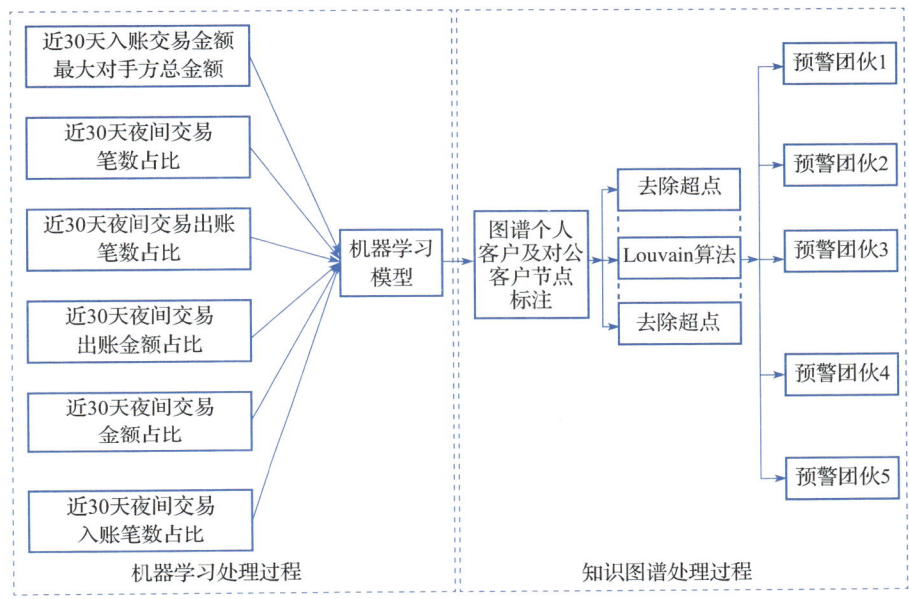

机器学习模型与知识图谱融合算法示例

知识图谱本体设计模型体现了我行在风险管理和客户服务方面的前瞻性思维。该模型通过一个统一、全面的图谱架构，构建了个人客户、对公客户、账户、IP、借据等10余种实体，以及转账、账户持有、登录IP等数十种关系。统一架构设计不仅优化了数据管理和查询效率，还为我行提供了深入洞察客户行为、识别潜在风险、提升服务质量的能力。实现了对复杂金融网络的可视化分析，使我行在防范金融欺诈、提高合规水平和增强客户体验方面取得显著成效。

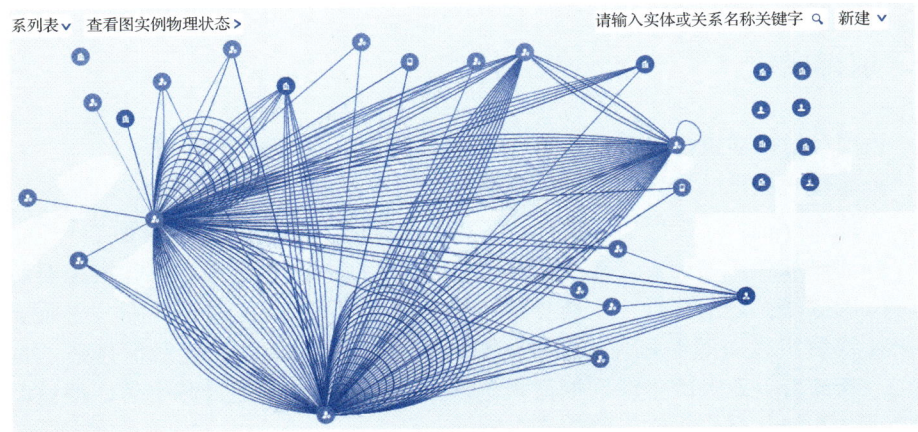

知识图谱本体设计模型

5. 运维自动化

该系统实现了开发运维一体化平台和运维标准化的落地，提升了运维自动化系统的覆盖率，极大地提高了运维部署效率。

三、创新应用

该项目的创新点如下。
- **智风控**：建立"规则策略＋模型策略＋图策略"的三核协同智能决策体系，创新风险管理工具及风控手段、优化风险管控流程及风险管理指标体系，全面提升了风险管理数字化、智能化水平。
- **高管控**：采用企业级产品建模方式，建设从统一授信管理角度出发的客户额度管控层级，完善额度分类体系，全面覆盖授信业务。涵盖了 15 个额度品种，206 个业务产品。
- **广融合**：该系统支持全行 149 个信贷业务的审批流程，管理 340 个信贷产品，支持全行 1 664 个用户使用，系统上线后能够满足本行八到十年的业务发展要求。
- **强整合**：信贷类业务原本分散在对公信贷、同业授信、零售信贷、网贷平台、微贷工厂 5 个系统中，整合后打通了底层数据，建立了统一额度、统一作业、统一运营监控。
- **优体验**：扁平化的 UI 设计，使界面更整洁；千人千面的工作台，满足个性化需求，使信贷业务办理更加灵活和高效。

四、取得成效

该项目对推动机构提升服务能力的作用体现在如下几个方面。
- 系统上线前，行内五大原信贷系统均采用烟囱式进行重复建设。新系统上线后，整合了全行信贷业务，实现了全行信贷业务的统一管理。
- 通过加强产品配置化能力和智能化程度，加快了创建新产品和实施新需求的效率。以前我行一个新贷款产品实施至少需要 2 个月的周期，新系统上线后实施周期得到大幅缩减。某新产品 17 天完成快速上线，打破了我行新的贷款业务的上线周期记录。该产品已累计放款超过数十亿，得到了业务部门及合作方充分的认可。

- 完成审批自动化、出账自动化、贷后自动化、催收自动化，成功减少了对大量低效人工劳动力的依赖，年节省人力近百万，提高了工作效率和准确性，同时为客户提供了更快速、便捷和可靠的服务体验。

社会及经济效益体现在如下方面。

- 该系统上线后支持全行 1 664 个用户使用。支持全行 149 个信贷业务审批流程，管理 340 个信贷产品。全面覆盖授信业务，涵盖 15 个额度品种，206 个业务产品。
- 自系统上线后，在综合信贷管理系统上累计新增实施 3 个新产品，新产品的实施更加高效；在新平台上累计新增客户 15 万户，放款 1 575 亿，对信贷业务的办理流程有显著的推进作用。
- 风控规则集中管理后，累计研发指标超过 2 万个，拥有 3 万余条风险规则，组合了近百条贷前、贷中、贷后决策流。通过部署多个机器学习模型，并建立数十亿级节点、数百亿级关系的信贷基础图谱，做到了信贷风险决策毫秒级响应、全流程可视化探析、自动化调优，使三大核心技术协同风控决策应用实际落地。

完成人：
赵泽栋　广东华兴银行信息科技部首席信息官
李　燕　广东华兴银行信息科技部副总经理
杨春明　广东华兴银行信息科技部室主管
丁　正　广东华兴银行信息科技部高级经理
贾欢欢　广东华兴银行信息科技部经理

案例 36　财富管理一体化核心交易柜台系统

为推动公司财富管理业务整合及转型升级，中金财富证券自2020年起启动了财富管理核心交易柜台和OTC柜台的整合工作。在众多团队及外部机构（如银行、基金公司等）的协助下，2021年12月，中金财富证券顺利建成了财富管理一体化核心交易柜台系统。该系统基于原有的206家营业部和300万客户，成功整合了中金公司财富管理相关的24家营业部和21万客户的数据、业务及系统。系统上线首日，开展了27类场内外业务，实现了665亿元的成交额和9.98亿元的场外清算成交额。此举不仅实现了柜台和交易终端的统一、业务规则与管理体系的统一及客户体验的统一，还创造了行业内首个"一步式"完成法人切换与系统整合的案例。

关键词： 财富管理，交易柜台，一步式整合，反向适配

一、背景介绍

中国国际金融股份有限公司（以下简称"中金公司"）于2017年3月成功收购了中国中投证券有限责任公司100%的股权，并将其更名为中国中金财富证券有限公司（以下简称"中金财富证券"）。到2019年，中金公司将原有的"中金公司财富管理"及中金财富证券相关的财富管理与经纪业务整合为"中金财富"，成功实现了财富管理品牌的整合落地。2020年2月，在中金公司IT战略讨论会上，公司决定整合财富管理核心交易技术系统，力求将中金财富管理相关的系统、数据和业务整合到中金财富证券，以构建统一的客户管理及交易平台，从而实现运营的统一性并提高用户体验。

中金公司和中金财富证券在经纪业务领域经过长期的深耕细作，无论是业务规模还是服务范围，均已位居行业前列。虽然目前开展的业务覆盖范围已经十分广泛，但在一些新业务领域，如股权激励、H股全流通等，中金财富证券的柜台及客户端尚未完全就绪。

技术架构方面，中金公司拥有多个自主研发和外购的异构交易订单柜台，每个柜台都能支持全面的场内、场外业务。例如，在场外产品代销领域，中金以及中金财富证券的订单柜台均已开展相关业务。然而，客户交易终端存在多个版本，且差异显著，尤其是在中金公司与中金财富证券之间，业务和前端的功能也存在差异。技术系统的通信接口协议，不仅来自第三方，还有自研版本，关联的终端改造难度较大。

本项目中，核心交易系统作为财富管理业务的重要基石，如何在保障交易安全的前提下，平滑高效地完成迁移、整合，是行业内最大挑战之一。

二、建设内容

（一）整合前的架构

中金公司的系统主要分为四大类：自研系统（包括 OMS、IMS、gWMS、统一开户系统、法人清算系统、数据中台）、恒生柜台（包含 06 版和 UF2.0）、外围接入（如通达信网上交易终端），以及其他第三方系统（如财务系统）。

中金财富证券的系统则主要由外围接入、金证交易柜台（涵盖现货、两融、期权、转融通、OTC）、重客系统、集中运营平台、交易实时风控及周边支撑系统等构成。为了提供统一的客户体验，公司还部署了中金财富证券版的 IMS、gWMS 平台，并对接了集中、两融等柜台，以便服务于财富管理领域的机构客户及普通客户的场外业务。

在业务覆盖范围方面，中金公司已支持股票交易、融资融券、股票质押、约定购回等资本金业务，以及场外产品代销业务、转融通业务、股票期权业务、代理中登业务、股转做市、自营业务、财富资产管理、中国 50 资产管理、基金投顾等众多监管业务。

（二）整合后的架构

本项目分为两个阶段进行整合，第一阶段为核心交易柜台整合，第二阶段为 OTC 柜台整合。

本项目在第一阶段整合完成后，在外围接入方面，中金公司财富管理客户端接入将从原中金柜台调整为通过中金财富证券柜台的统一接入系统进行对接；中金财富证券系统的外围接入方式维持原状。整体的财富管理交易柜台包括集中交

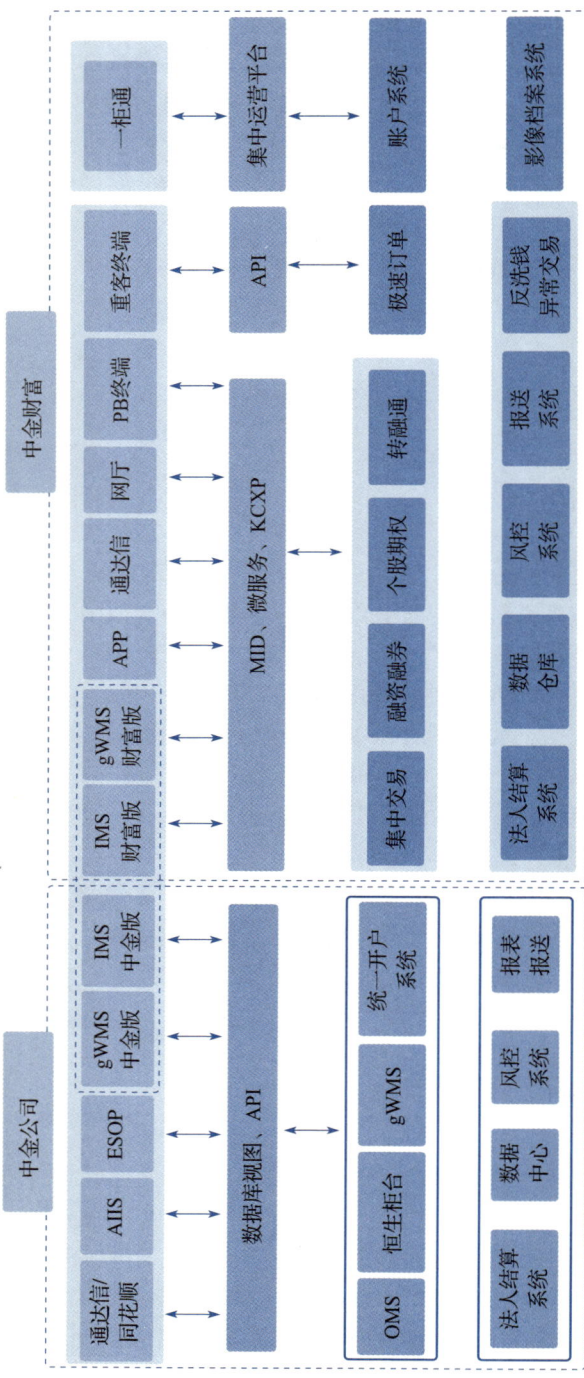

案例36 财富管理一体化核心交易柜台系统 • 311

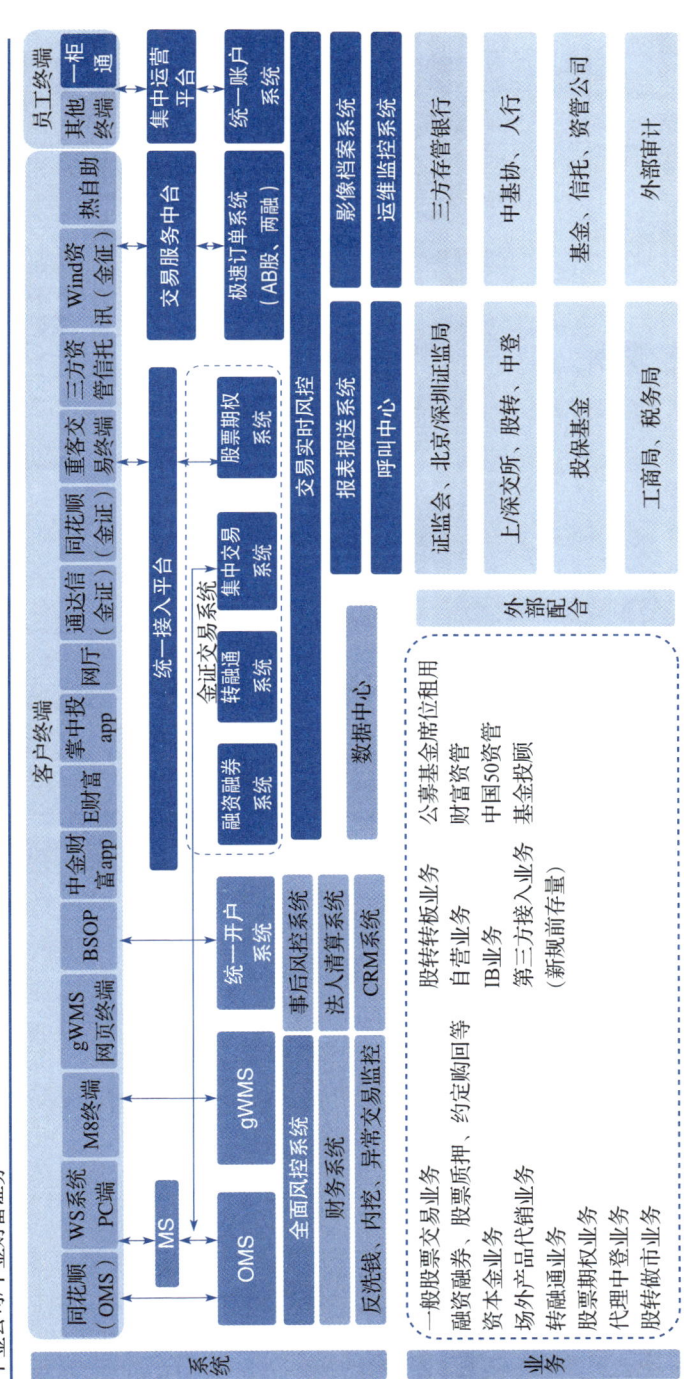

第一阶段整合后的架构图

易系统、融资融券系统、转融通系统、股票期权系统、重客系统、gWMS 系统等，结构变得更为明确。

在账户系统方面，OMS 系统和 gWMS 系统的原有账户体系保持不变，所有原中金财富证券的客户以及迁移后的中金公司财富管理客户，将由中金财富证券的统一账户系统及综合运营系统承接。

在周边系统方面，法人清算系统、财务系统和报表报送系统将与交易系统同步完成整合，统一与各交易系统进行对接，其他周边系统保持现有状态。

第二阶段整合完成后，中金公司的 gWMS 系统业务将迁移至中金财富证券 OTC 柜台，由该柜台承接全部场外业务，包括私募产品、收益凭证、资讯产品和公募基金等。同时，原本与 gWMS 系统对接的客户终端系统，如商城、高端理财专区、AIIS 等，也将调整为与 OTC 柜台对接。

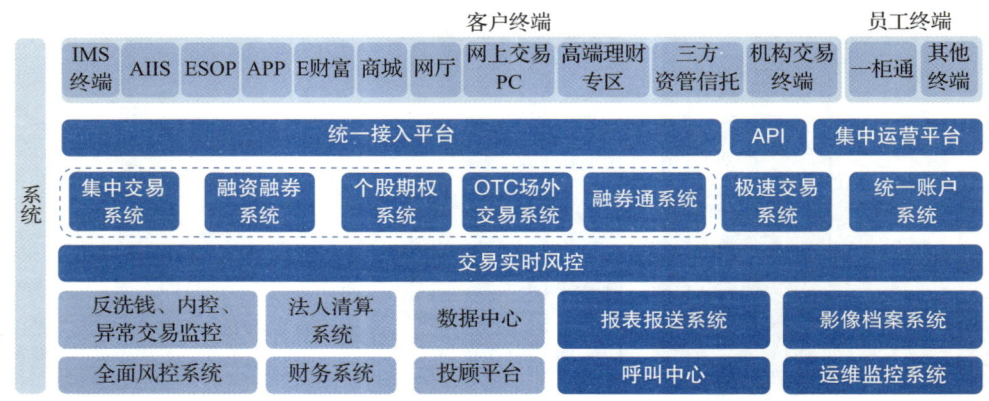

第二阶段整合后的架构图

（三）项目整合的难点

项目整合的难点包括如下几个。

（1）**范围广**：财富管理核心系统的外围系统众多，是所有系统的基石，同时需要银行、交易所、登记公司、证金、基金公司的通力配合，影响范围广。

（2）**业务多**：涉及场内、场外、普通、信用、跨期等合计 27 类业务，尤其对基金投顾、FOF 等财富特色业务影响较大。

（3）**差异大**：两侧技术系统架构不同，交易终端版本和接口多，特别是两侧的核心交易柜台，在业务范围、系统业务处理逻辑和数据结构等方面有很大的差异，这增加了业务整合及数据迁移的实施难度。两侧终端接入柜台的方式不同，对客户端的版本发布有较大的挑战。

（4）**周期长**：跨法人、跨团队、跨区域，客户数量庞大，业务跨度广泛，迁移复杂、整合难度高，周期长，对新业务上线有影响。

（5）**回退难**：涉及交易所、登记公司、存管银行、基金公司等外部机构的业务及数据迁移，对上线方案及应急回退方案的要求更加细致。

（6）**要求高**：为保障客户的体验，对核心交易系统及周边交易终端的切换提出了无感切换的要求。

（四）项目实施方案

随着法人注资整合方案的确立，为加快财富管理业务的整合，项目组在综合了新业务展业、项目周期及人力资源等多方面因素后，确立了"一步式"整合目标，并针对项目难点制定了以下 4 个解决策略。

1. 业务和渠道兼容

通过对两侧柜台及其客户端功能的差异梳理，在前期通过推出大版本迭代来进行整合。集中在"集中、两融、期权、账户"为核心的柜台，目标锁定于 OMS（订单管理系统）、恒生柜台、统一开户系统、gWMS（全球财富管理系统），细致梳理双方业务系统的差异（例如佣金、交易单元、新业务–融资行权、H股全流通等），随后开展相关开发工作，并将中金的客户数据及业务数据迁移到财富交易系统中，确保业务的连续性。在整合过程中，通过 7 个批次成功迁移了超过 1 400 个功能菜单。

在监管报送类系统方面，如投保、证金、CISP（机构监管综合信息系统）报送等，通过补全系统功能，在保持现有计算逻辑不变的前提下，将迁移的客户统一按照新开客户方式处理，确保报送的完整性和准确性。

在法人结算系统方面，补全了法人系统功能，并导入了中金客户的日终结算数据。通过在测试环境下进行并行清算的验证和调整，确保系统功能充分支持验证和转换日所需的数据同步准确性。

在外围终端方面，逐步统一第三方终端的客户端版本，根据柜台识别出的不同客户需求，提供差异化服务。对于相同的菜单项，基于财富侧的版本进行合并。对于个性化菜单，一般先尝试业务合并；如合并不可行，则根据不同客户端展示不同内容。

2. 柜台核心数据迁移

通过对双方交易柜台的数据和业务进行深入分析后，编制了数据迁移脚本，并对迁移结果进行了多维度的验证。这包括数据核对、两边系统菜单比对，以及多轮并行清算验证等环节。迁移内容涵盖了系统基本参数、数据字典、客户资金、股份交易、历史数据、客户基本资料、三方存管、客户资金密码、交易密码、港股通和个股期权业务、开放式基金、股票质押、约定购回等信息以及柜员的基本资料等。对于迁移过程中出现的某些问题，如柜员信息冲突、资金账号冲突等，在项目过程中采取相应的合并处理措施。

3. 自研终端反向适配

gWMS、IMS（中金公司的量化交易系统）、AIIS（中金公司的财富管理业务核心系统）等自研终端采用了反向适配方案，即在终端与柜台接口不变的前提下，由柜台对接口进行反向适配，确保终端的原接口及通讯方式保持不变。柜台负责统一接入，对应答和业务处理进行适配，从而减少了改造的影响。各终端可以仅关注现有业务的影响及新业务的上线，同时减少人力资源的投入。

在接口的反向适配处理中，结合原有的架构，在财富侧部署了一套中金公司接入网关，用以接收来自中金自研终端的原始请求。在网关后端部署了统一接入网关，负责协议适配，解析上层应用通讯的消息数据并进行转换，之后将其转发至底层柜台，对柜台返回的数据按照原有的格式进行模拟封装后，发送回终端。

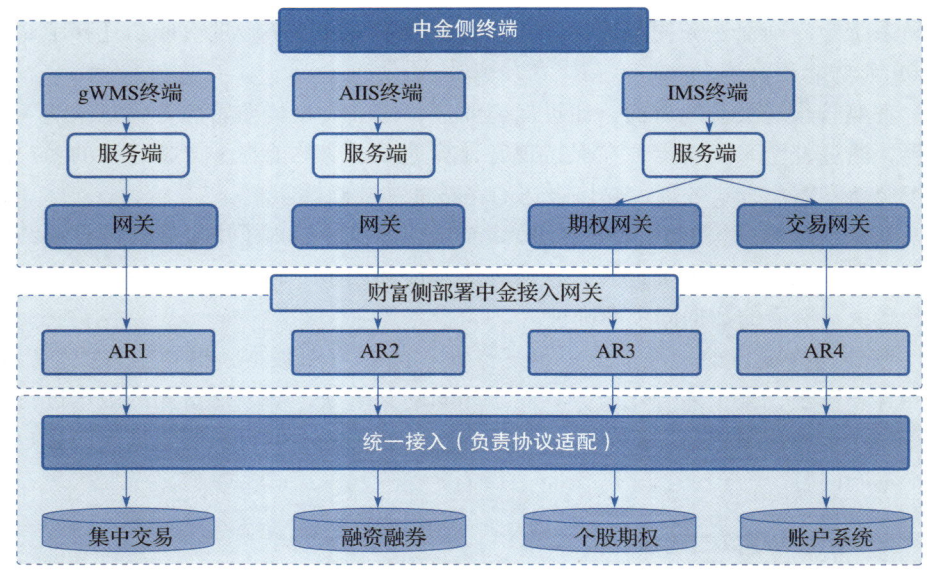

接口反向适配

视图的反向适配是在财富侧部署视图中间服务器。按照中金侧现有的视图结构和数据字段的配置，采用1∶1的方式在视图中间服务器上构建新视图，其底层逻辑则是通过DBLINK访问财富侧的柜台数据库。这两种适配方案极大地简化了底层技术的复杂性。对于自研终端来说，无须进行改造切换，仅需确保终端功能的完整性和准确性即可。

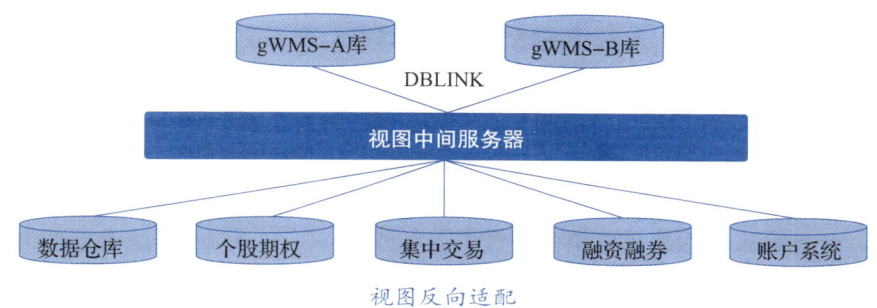

视图反向适配

在适配的过程中，集中交易完成了接口158个，账户129个，融资融券42个，集中运营16个，期权5个，同时完成了221个视图的适配工作。

4. 业务迁移整合验证

项目组根据中金公司制定的注资整合方案，明确了迁移的业务方案，并与上交所、深交所、股转公司、登记结算公司及投保、证金公司进行了多次的技术方案沟通和调整，最终确定了多方联测和业务验证的目标，包括系统数据与配置修改的准确性与完整性、日终登记结算路径更新后的验证数据接收及清算交收的准确性，特别是跨期清算数据的完整性、资金账户变更、法人迁移和新账户开立、持仓准确性等。此外，公司还特别关注了跨期业务，如新股申购、港股通、债券回售、红利税申报、场内基金等。中登业务包括开户机构管理、信息申报、适当性变更等。在公司的配合下，项目组组织了多场仿真测试、全网测试及通关测试。另外，在存管银行和基金公司业务方面，项目组内部进行了数据迁移的模拟演练及并行清算，并与各银行、基金公司协调进行了专项联测。根据测试结果，提前完成了银行法人迁移报送、基金公司批量开户和转托管工作。

三、创新应用

在早期提出的两步式整合方案中，首先对交易柜台、交易终端、结算系统、三方存管、风控系统、账户系统、监管报送系统等进行双法人改造。改造完成后，再对业务功能进行整合及数据迁移，随后实现双法人到单法人的整合。整个过程预计需 3 至 5 年，将显著增加此期间新增业务改造的成本。考虑到工期、人力与成本因素，项目最终决定执行一步式整合方案，统一在同一时间点完成系统整合与法人整合两项重大工程。

相较于两步式整合，一步式方案无须分步执行系统整合与法人整合，避免了多次系统升级与部署，从而在硬件、软件、周边系统适配及人力投入等方面节省了大量成本，大幅缩短了整合时间。该方案采用客户无感切换模式，切换中无须频繁打扰客户，有效解决了传统方案在实施期间可能出现的客户体验不佳、客户流失、业务开展困难等问题。

技术层面上，该方案展现出强大的创新性，通过建立核心交易系统的统一接入口及数据视图服务，反向适配所有周边系统，实现了 30 余套周边系统的无感切换。同时，率先实现了包括交易所、中国结算、各大三方存管银行、基金公司、证通公司、中证信息、投保基金等多个外部机构的系统对接，技术方案具有行业领先优势，为行业未来的推广与应用提供了良好示范和基础。

同时，在确保风险可控的方面也具有创新性。通过设计统一的安全架构，并采用安全的软硬件产品构建了覆盖身份与信任管理、访问控制、机密性、完整性及安全审计的综合安全体系，满足了系统安全的要求。此外，通过集成测试、UAT（用户验收测试）、仿真测试、全网测试、通关测试、银行绿灯测试、应急演练等多轮模拟上线场景，成功地发现并排除了潜在风险点，确保了客户迁移上线后业务的正常运作。

四、取得成效

核心交易柜台系统在中金财富证券的 206 家营业部、300 万客户的基础上，完成了与中金公司 24 家营业部、21 万客户的整合。系统切换运行平稳，共生成委托 575 万笔，成交 489 万笔，成交金额达到 665 亿元。OTC（场外交易市场）自整合上线首日便产生委托 1.13 万笔，总额达 14.12 亿元。性能方面表现突出，6 000 万的产品销售额度在 39 秒内售罄，2 亿额度仅用 1 分钟售罄。清算效率由原来的 5 小时提高至 70 分钟。本次整合统一了业务规则与管理体系，显著降低了公司的管理成本，并实现了客户体验的统一。此外，也实现了数据标准、客户资产视图、客户画像及精准服务的统一，为中金财富证券进一步推进业务战略发展及数字化转型奠定了坚实基础。

在经济效益方面体现如下。
- 优化了成本结构，减少了重复性建设投资。核心交易系统整合后，包括软硬件设施，以及开发、运维及管理人员在内的成本得到了有效优化，预计每年可节省约 4 000 万元。
- 财富管理打破业绩"天花板"。凭借核心交易系统的整合，中金财富证券在产品配置、投顾团队影响力、客群扩展及组织架构等方面实现了跨越式转变。买方投顾资产近人民币 800 亿元，同比增幅超 180%。财富管理客户数达 453.51 万户，年增长 22.9%，客户账户资产总值年增长 16.2%。其中，高净值个人客户数为 3.49 万户，年增长 36.2%。2021 年度，中金财富证券营业收入同比增长 23.33%。

在社会效益方面，一步式整合方案实现了系统、客户、业务及数据向中金财富证券系统的迁移。通过有效的项目管理、关键问题与事项的控制、有序的外部协调等手段，实现了风险可控，加快了整合进程，成为行业内异构系统一步式迁移的成功典范。

完成人：
谢碧松　中国中金财富证券有限公司董事总经理兼信息技术部负责人
钱　磊　中国中金财富证券有限公司执行总经理兼信息技术部执行负责人
戴先宇　中国中金财富证券有限公司副总经理兼信息技术部职能队长
蔡　坤　中国中金财富证券有限公司副总经理兼信息技术部职能队长

案例 37　新一代新核心项目群

本案例中，新核心系统是围绕分布式微服务的新型技术架构体系、以产品＋服务为中心构建的银行核心业务系统，它对现有核心系统的数据架构、业务架构和技术架构进行了革新升级替换。智能网点系统紧密围绕客户服务，在满足现有业务功能的基础上，高度整合现有交易，实现了以客户为中心的引导式服务流程，支持统一客户服务模式如购物车等主流功能的适配，同时支持多维度整合业务入口，实现了多渠道整合和协同，能够为客户提供多样化的服务模式。后援中心平台以营运业务"智能化、集中化、移动化、线上化、无纸化、数字化"的六化要求为标准，重塑业务流程，实现了"前台受理、中台风控、后台作业"的营运服务体系。前台网点与各业务渠道在业务集中处理模式下，由业务操作平台逐步调整为业务受理与服务平台，工作重心转向受理业务、服务客户，与此同时，可以通过不同渠道进行产品推介与营销。

关键词：交易与核算分离，渠道协同，企业级跟账

一、背景介绍

近年来，监管部门在金融科技、数据治理、应用安全可控等方面对银行业提出了新的要求，包括原银监会发布的《关于应用安全可控信息技术加强银行业网络安全和信息化建设的指导意见》、原银保监会发布的《中国银保监会银行业金融机构监管数据标准化规范》《银行业金融机构数据治理指引》、中国人民银行发布的《金融科技发展规划2022—2025年》、原银保监会发布的《关于银行业保险业数字化转型的指导意见》文件对银行业的信息系统建设提出了更高的要求。

广东华兴银行资产规模已超过4 000亿，即将踏入大型银行行列（一般而言资产规模超过5 000亿元即认为是大型银行），而全行人员仅有2 500人，人均创收在同业中属于较高水平。在自身迅猛发展和市场快速变化过程中，我行不可避免地出现了"烟囱式"系统，例如贷款业务涉及对公信贷、零售信贷、微贷工

厂、网贷平台、同业授信等 5 个系统，对内部管理成本、特别是后续系统开发成本造成了一定的负担，同时也会影响对市场机遇、客户需求、监管要求的反应速度。全行上下对于建设稳定且灵活的强有力的中后台来沉淀能力复用资产以降低产品创新成本、集中管理统一规范以提高风险控制能力、治理数据营造环境以奠定数字驱动基础逐渐达成共识，并形成战略方向。

在此背景下，我行提出了"科技华兴"战略目标：构建科技业务协同体系，实现"研发敏捷化"；提升数据资产管理能力，实现"数据标准化"；推动金融科技赋能业务，实现"治理智能化"。同时，明确了以"打造一流城商行金融科技"为目标，坚持"新旧同轨、平稳有序"，正式启动了广东华兴银行新一代新核心项目群的建设。

二、建设内容

围绕"需求要细致、开发要敏捷、测试要充分、演练要全面"的整体策略，在保障我行业务发展的同时，项目团队采用"新旧"并行的方式，逐步收紧需求管控，对需求进行科学分析、有序管理，确保有价值的需求既能在旧系统中快速落地，又能在新项目中有序统筹，在没有影响行内业务发展的同时，利用 18 个月完成了新核心系统建设工作。

新核心系统聚合华兴银行原来的旧核心系统、贷款产品系统、储蓄产品系统、电子账户系统、综合账户体系等分散的核心业务功能，搭建统一的产品工厂模型，实现产品快速创新。同时，采用统一计价模型，实现差异化计价，并基于产品工厂和计价工厂支持运营、存款、贷款、支付结算、资金清算等业务功能，实现交易与核算分离。我行面向分层的架构体系，采用分布式微服务架构，按照业务领域将核心业务系统划分为存款、贷款、公共运营、产品中心、定价中心、参数平台、客户中心、聚合中心等微服务，从应用架构、产品与定价、账户管理、业务流程等多维度实现快速需求响应；新核心系统具备国产化软硬件适配能力，支持性能的快速横向扩展，并提供完善的开发平台、运维平台，可以实现系统的高扩展性和易维护性。

智能网点系统通过渠道整合搭建渠道协同平台。该平台拥有新增渠道的快速接入能力，可以保证不同渠道、不同设备间顺畅协作，实现全渠道协同融合。该项目一方面完成了柜面、移动柜面、智慧柜台、智能排队等对客渠道系统的技术整合；另一方面完成了手机银行、网银、官网等电子渠道预约的预受理业务的接入。整合银行网点金融外设，如叫号机、印控机、柜外清、柜内清、打印机、智

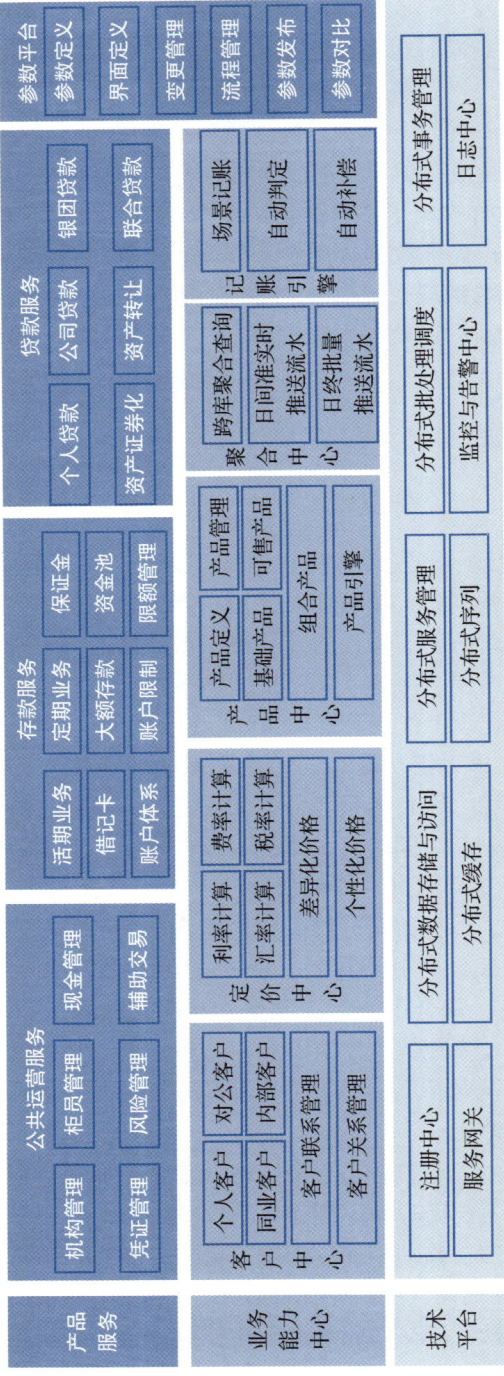

新核心系统内部逻辑架构图

案例 37　新一代新核心项目群 • 321

智能网点系统内部逻辑架构图

渠道层

柜面
- 视图管理
- 机构管理
- 内部户管理
- 个人存款
- 存款公共查询维护
- 贷款产品
- 用户管理
- 凭箱管理
- 公共交易
- 对公存款
- 现金管理
- 结售汇
- 贷款放款
- 贷款查询
- 凭证管理
- 集中作业
- 财富业务
- 凭证管理
- 保证金
- 贷款变更
- 中间业务
- 支付结算

移动柜面
- 移动柜面登录视图
- 内部管理
- 预受理
- 厅堂管理
- 个人开卡
- 对公开户
- 综合签约
- 对公变更
- 升降级
- 交易续传
- 挂失
- ……

智慧柜台
- 无纸化服务
- 转账业务
- 中间业务
- 账户管理
- 查询打印
- 财富管理
- 电子印章
- 外汇业务
- 对公业务
- 还款业务
- 签约管理
- 内部管理
- ……

运营管理
- 无纸化服务
- 电子印章
- 基础管理
- 实体印章
- 设备监控
- 视图报表

印控机
- 登录登出
- 联机用印
- 用印异常处理
- 单机用印
- 装章
- 取章

考试培训
- 考试模块
- 自测模块
- 考试管理
- 考试查询
- 培训模块
- 仿真模块
- 视图模块
- 用户管理

协同服务

预约填单
- 预受理组
- 填单子组
- 预约子组

柜面服务
- 客户视图组
- 消息管理组
- 黑名单组
- 参数管理
- 便签管理
- 日志管理
- 综合签约
- 代办任务
- 其他管理

智能排队
- 叫号组
- 取号组
- 参数管理组
- 队列管理组
- 设备管理组
- 其他分组

自助
- 现金管理组
- 报文组
- 数据库组
- 其他分组
- 流水组
- 公共服务组
- 业务交易组
- 设备管理组
- 卡管理组

运营管理
- 机构管理
- 消息管理
- 业务分析

无纸化
- 电子印章组
- 电子凭证组
- 定时调度
- 印控机组
- 回单管理
- 实体印章
- 影像服务
- 数据库

慧柜台等,通过制定并发布统一的标准,完成了不同类型、不同品牌的外设统一管理,并通过设备状态可视化设置及监控,支持外设连接及状态检查。此外,该平台还构建了智能网点系统数据分析框架,在各个交易进行了必要埋点处理,便于后台采集各交易节点数据,为地域画像、机构画像、客户画像提供了数据支撑,同时,可以根据交易节点耗时,为交易流程优化提供数据锚点。

智能网点系统中的后援中心平台结合集中营运前后台分离总体思路,围绕提升效率、降低成本和化解风险的目标,从业务角度设计,并从柜面端、智慧柜台、移动作业平台、手机APP端等多渠道业务集中处理的通用性出发,为纳入平台的交易提供了统一的服务支持和基础服务模式。该平台主要基于J2EE等主流企业级技术研发。在设计上按照功能进行拆分成互相独立的模块,每个模块只包含与其功能相关的内容,模块之间通过接口调用。主要拆分成集中作业系统、碎片录入系统、流程总线、工作流引擎、脚本引擎、定时服务、报表服务等模块。

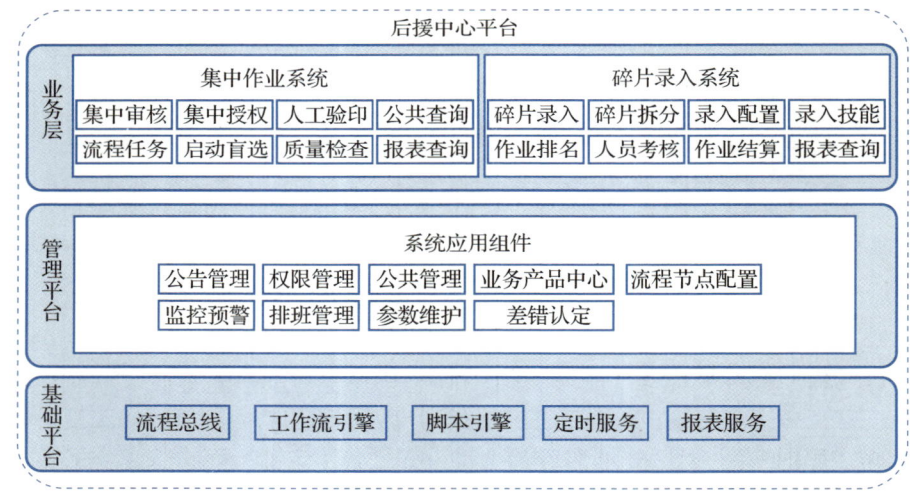

后援中心平台内部逻辑架构图

在本案例的数据迁移工作中,我行通过引入企业级机器人流程自动化平台(RPA)工具,解决了人工核对在有限时间内(投产日核对时长为2小时)无法大批量核对数据的痛点,完成了相关报表的数据全覆盖核对。另外主要通过以下几方面举措来验证数据准确性。

(1)各分支行业务人员通过白名单对新旧报表、辅助各分支行准备的业务数据进行核对。

(2)总行业务人员重点对各业务板块汇总报表的新旧报表进行核对。

（3）各业务板块的重点明细报表通过 RPA 对新旧报表进行自动化核对。

在整个核对过程中，各类报表均通过存储过程生成，使用专门的 Excel 报表生成工具进行报表导出，再分发给相应核对人员或 RPA。

在本案例的测试工作中，新核心项目推出了"企业级跟账"，组织全行通过每日跟账或演练环境与实际业务并行，将生产系统中实际发生的业务，通过人工方式补录于跟账或演练系统中，以验证系统对实际业务的支撑能力；并使参加的业务操作人员熟练掌握新系统的操作方式。跟账工作配合用户验收测试工作全面验证系统功能，以便后续更好地支持投产后的业务运营，同时确保顺利投产及后续生产稳定运行。

三、创新应用

（1）**形成了一套可供金融行业参考的新核心系统信创双轨运行落地方案**。本案例中，新核心系统包含 13 个业务微服务，都运行在满足信创要求的国产硬件服务器上，采用虚拟化方式和信创虚拟化方式混合部署。在虚拟化部署方式下，设备一般采用高配服务器，服务器之间通过 VMware 或云宏做虚拟化，操作系统层建立在虚拟机层上，每个操作系统可以部署多个应用。操作系统与硬件层没有直接联系，通过虚拟机层实现资源的灵活分配，提高资源的合理利用，便于系统横向扩展。系统维护工作量小，方便系统迁移及灾备。

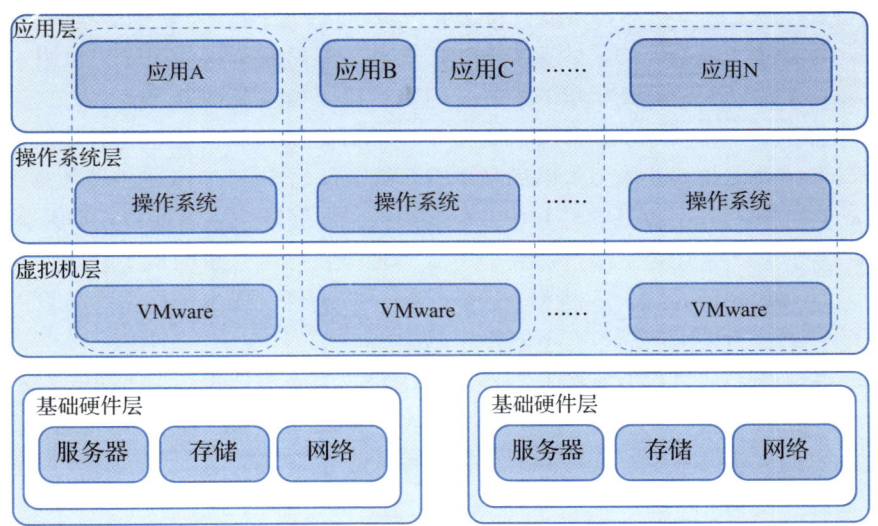

新核心系统虚拟化部署架构图

（2）建设多中心、集中化能力输出，进一步加强了业务科技价值的赋能。
- **统一的客户中心**：实现了智能网点多渠道协同以及客户信息管理，夯实了以客户为中心的服务理念；重塑了我行柜面业务流程，打造出场景式、智能化、数字化的柜面系统；从 1 200 个交易数量大幅压降为 800 余个，解决了交易数量多且零散，不易检索，柜员操作体验差等问题；多渠道协同，全面支持"柜台服务、自助服务、移动服务、远程服务"相结合的线上线下服务渠道联动和协同。
- **统一的产品中心**：实现了客户信息管理、参数配置、差异化定价、产品工厂、精细化数据支持等功能，提高了科技对业务的支撑能力；建立了产品工厂，不仅支持将全行约 300 个可售产品进行统一管理，还支持对 100 多个存贷产品进行参数化灵活配置与发售。
- **统一的后援中心**：强大的后台集中处理中心实现了后援中心的统一，对前台业务的开拓提供了强有力的服务支撑，构建了多渠道——前台受理、中台风控、后台操作——数字化集中作业操作管理模式，实现了营运各系统（对账系统、后督系统、风险监控、账户管理）的整合对接，为数字化、智能化运营夯实了基础。
- **统一的账务中心**：实现了产品与核算的分离，以及账务的统一管理；完成了科目体系优化，将科目层级从 5 级调整为 3 级，科目数量从 3 200 余个"瘦身"为 1 200 个左右；治理内部账户，将生产系统中的 3 万多内部账户精简为 3 000 余个，提升内部账户管理效率。

（3）打造了五大核心技术能力，为我行数字化转型夯实了基础。
- **高质量**：各系统均采购业界先进、成熟、最适合华兴的产品，采用主流的技术体系，建设高质量的系统、应用、数据和运维架构。
- **高性能**：支持 5 000 万级活跃账户、千万级日均交易量、每秒 2 000 笔并发，并发和吞吐能力能够满足本行系统上线后 5～10 年的业务发展要求。
- **高可用**：采用微服务与分布式全新架构，各服务独立运行，互不影响。
- **高扩展**：采用企业级产品建模方式实现全行产品目录的集中管理，支持通过参数配置方式，定制和开通新产品，减少研发成本，提高产品投入产出效率，为未来产品组合创新奠定基础。
- **低风险**：通过提升智能风控体系，优化风险管控流程，完善风险管理指标体系等手段，切实提升全行在渠道、产品、客户等方面的风险管理能力，实现事前、事中、事后的全交易过程风险控制。

四、取得成效

广东华兴银行新一代新核心项目群取得的成效如下。

（1）项目投产后运行稳定，各项主要交易处理效率得到较大提升，其中新核心系统日终批量效率提升7.5倍左右、对公开户效率提升1倍左右、个人开户效率提升6倍左右、加盖印章效率提升20倍左右、个人签约及密码管理类交易效率提升5倍左右、快捷支付交易效率提升1.5倍左右，极大提升了用户操作体验。同时在本项目中彻底实现了交易与核算分离、搭建了企业级产品中心和服务能力输出中心、内部账户精简到原来的1/10左右、交易整合后数量大幅压降至原来的2/3左右等一系列升级和优化，极大提升了管理效益和服务能力。

（2）通过数字化、场景化的建设思路，着眼于以客户服务场景为核心的流程再造，通过"柜台服务、自助服务、移动服务、远程服务"相结合的线上线下服务渠道联动和协同，以及智能化数据采集与分析，运用客户旅程、断点续作等技术，真正实现了以"数字+场景"为核心技术的智能化网点服务系统。

（3）通过标准化、流程化业务的集中后台处理模式，充分利用OCR识别、RPA等科技手段，实现了业务系统处理的智能化，减少了人工参与节点和环节。全面支持"柜台服务、自助服务、移动服务、远程服务"等多渠道系统，初步搭建了全行横向与纵向相结合的现代化运营管理格局。

完成人：
赵泽栋　广东华兴银行股份有限公司首席信息官
李　燕　广东华兴银行股份有限公司信息科技部副总经理
张　谦　广东华兴银行股份有限公司信息科技部室主管
尹　京　广东华兴银行股份有限公司信息科技部经理
商晓雨　广东华兴银行股份有限公司信息科技部经理
刘和秒　广东华兴银行股份有限公司信息科技部行员

案例 38 太平财险团财险理赔新核心业务系统

近年来，保险金融科技的迅速发展与行业线上化步伐的加快，都对团财产险理赔在运营管理和风险管控等业务方面提出了更高的要求；同时，在系统性能、服务扩展、快速迭代等技术方面也提出了新的挑战。为了支持公司业务的持续创新与高质量发展，积极响应业务前端科技赋能的要求，太平财险启动了"团财险理赔新核心业务系统"的建设项目。该项目坚持以客户为中心的经营策略，以数据为驱动力，以科技为支撑，关注线上化、自动化、数字化及智能化，全面提升了客户群体的差异化服务，以及企业的敏捷化作业、精细化管理和智能化风控能力，构建了一个数据+引擎驱动、作业模式与系统建设双先进的数字化科技平台。

关键词：管理灵活性，智能风控，系统扩展性，数据标准化，系统易用性

一、背景介绍

太平财险目前的业务系统虽然在过去十年保证了理赔的基本业务的正常运营，但也面临着系统架构老化以及不适应新发展需求的挑战，同时集团的赋能提升规划也对其提出了更高的要求。为应对这些挑战，满足公司的信息化规划和业务的实际需求，我们启动了新的团财险理赔核心业务系统项目。项目首先从梳理太平财险团财险理赔业务的现状开始，通过市场及内部的调研分析，归纳出以下3个主要痛点。

- 业务功能方面，运营作业效率不高、客户经营支持待提升；未实现系统化风险管控、第三方对接慢、缺乏事中过程管理、精细化管理水平待提高、线上化自动化水平低。
- 技术支撑方面，应用架构耦合度高、扩展性差；数据架构模型老化、数据质量差、可用性有限；技术架构框架落后，可维护性不足。

- 配套管理方面，业务流程双线交叉、角色切分不清晰；流程重复、衔接差、效率低，分类管理能力弱；过程管控、事中管理、事后质检等方面的要求有待细化提升；管理制度的落地支撑能力需要加强。

基于综合现状调研的关键成果，我们对团财险理赔业务的高阶功能需求进行了精细梳理，并对业务系统的关键能力进行了创新设计，旨在全面促进团财险业务的高质量增长。此次建设以客户为核心，采用差异化、线上化的运营模式，整合图文识别、技术引擎、大数据等数字化技术，着力打造行业领先的数智化运营平台。新系统涵盖 6 个核心功能：分客群差异化理赔服务通道、统一作业门户、巨灾管理、视频查勘、作业规则可视化配置及任务仪表盘。在提高团体财产险智能运营能力的基础上，系统内外的专业风控模型与工具，通过智能化"外脑"加强了理赔管理的每一个环节，实现了事前、事中、事后全链条闭环式的理赔风险管理。此外，系统还提供了敏捷、精细、差异化和智能化的多维度作业能力，全方位提升了团财理赔服务的效率和质量。

二、建设内容

围绕客户经营管理，聚焦线上化、自动化、数字化与智能化，本系统全面提升了针对不同客群的差异化服务能力、敏捷化作业能力、精细化管理能力以及智能化风控能力，建设了以智能运营为核心、以高品质业务发展为目标的团财险一站式数字化理赔运营和业务管理平台。

（一）业务建设内容

团财险理赔新核心业务系统作为以智能运营为抓手、高质量业务发展为目标的一站式数字化运营平台和业务管理平台，业务方面主要包含以下几项。

- **差异化理赔服务**：通过流程引擎，支持理赔任务的驱动、流程与事件引擎协同工作，灵活调整业务和实施管控策略。针对不同业务场景的客户或客群，多维度设计差异化的理赔服务通道，提供定制化的理赔服务，包括客户自助服务、巨灾项目化管理等。
- **敏捷作业支撑**：通过案件的标签化、智能化任务分派及灵活的流程配置，提供案件与客户的全景视图和案例库，从而满足敏捷理赔作业的需求。
- **平台集成作业**：通过统一的工作台机制，全面集成必要的功能、任务和作业支持工具，实现任务的集中管理、跟踪与提醒，为用户提供全面且便捷的作业支持。

- **资源全面管理**：对理赔资源的技能与角色进行全面统一管理，支持虚拟化组织，以满足不同理赔场景下的资源需求，并对第三方服务资源实施全流程闭环管理。
- **智能风控**：建立自动化和智能化的全面风控支持体系，实现全流程的风险管理。从事后管控逐步向全流程或事中管控模式转变，将风控和反欺诈模型嵌入各流程环节，包括事中风险调查和质量检验，以实时控制案件过程中的风险。
- **精细化管理**：以标准化管理为基础，对追偿、诉讼等专项案件进行全程跟踪和管控，以减少赔付和损失。利用"驾驶舱"等数据统计展示工具，提供理赔业务管理的精准数据支持。
- **新技术应用**：通过采用流程引擎、规则引擎、视频查勘、OCR 等先进技术，支持理赔作业流程向线上化、自动化和智能化的转变，从而全面提升理赔服务的能力。

（二）技术建设内容

系统建设过程中，我们始终关注新兴技术，将大数据驱动与策略引擎、流程引擎等技术深度融入业务场景。结合最新的技术架构演变及行业内的先进实践，我们开展了系统建设，主要技术建设内容如下：

- **微服务技术架构**：本系统采用业界成熟的微服务技术框架，以"瘦核心、能力中台"作为架构转型的高阶指导原则，实现业务功能的共享与复用，并能灵活设置服务标准。
- **云计算**：系统部署在"太平集团的私有信创云"之上，利用云计算技术，显著提高应用的扩展性、弹性、安全性和可靠性。
- **分布式数据库**：采用原生分布式数据库，支持海量数据存储和优化数据存储空间。可以灵活应对移动互联网场景下的高并发、高频次、碎片化交易挑战。
- **大数据技术**：应用包括用户画像、策略引擎、黑名单风控、健康卫士模型在内的大数据数字化技术。这些技术整合了业务模块的核心功能、数据信息和流程标签，显著提升了数字化风控能力，能够为风控减损赋能。
- **工作流程引擎**：引入可以个性化显示用户作业数据的工作台，提升用户的作业效率和体验。基于流程引擎，提供支持差异化的理赔服务通道及自动任务派工流转。根据案件标签，提供快赔、标准、复杂等不同理赔服务流程通道。

三、创新应用

（一）技术架构创新

团财险理赔新核心业务系统是一个集多种技术于一体的业务系统，采用行业内成熟的微服务技术框架。系统实现了业务功能的共享与重复利用，并向服务提供标准的灵活配置能力。通过利用云计算技术，系统提升了应用的扩展性与弹性、安全性与可靠性；同时，使用原生分布式数据库，既能够支持海量数据的存储，又优化了数据存储空间的需求。

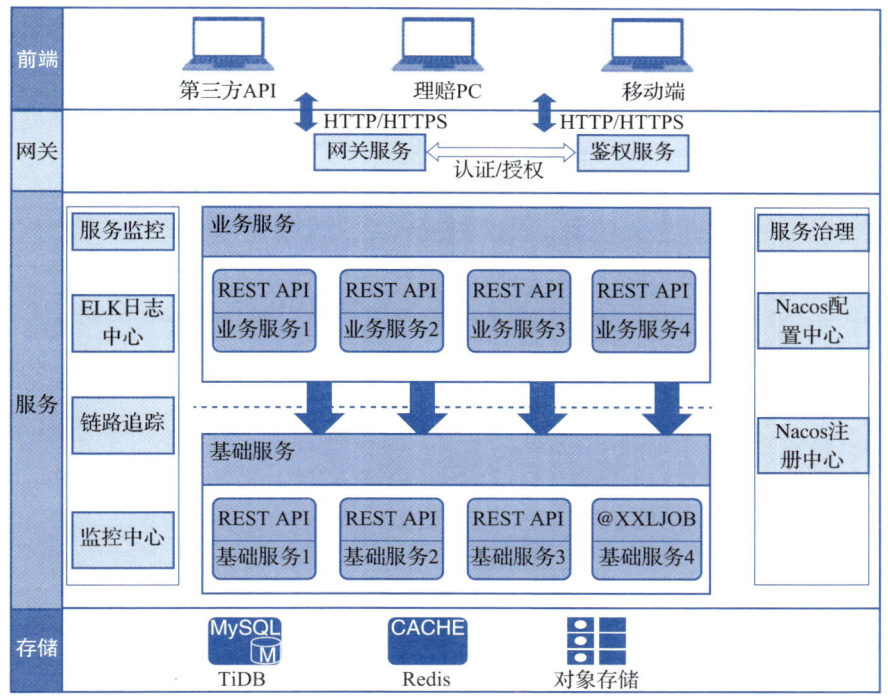

系统技术架构

（二）新技术赋能业务创新

集成大数据应用、视频查勘、OCR 识别、图片识别等数字化技术，将各业务模块的核心功能、数据信息和流程标签等进行整合打通，实现了业务功能的共享复用以及服务标准的灵活调整，满足了业务快速创新和产品高频迭代的需求。

设计特点

边界清晰
正确定义业务边界，确定每个微服务之间的职能边界是清晰的，功能内聚，减少耦合。

六大设计原则
单一职责原则、开放封闭原则、里氏替换原则、最少知识原则、接口隔离原则、依赖倒置原则

标准化
采用业界成熟的微服务技术框架标准，降低实施和管理复杂度

轻量级对接
拆分后的微服务之间采用轻量级HTTP+RESTFUL的对接方式

灵活性
基于微服务架构，系统具有相当灵活性，以便适应外界环境的不断变化，各个微服务独立性强，容易进行变动，更好支持可扩展架构（AKF）的方法论

架构特点

架构优势

高性能	高弹性	高可用性	高规范性	高可维护性	低成本	低风险
新核心业务系统IT架构的处理能力应当能线性扩展，支撑日均百万级交易量	依托微服务分布式架构设计理念，可以更加有针对性地解决扩展性问题，解耦纵向和横向两个扩展维度，做到当存量业务出现性能瓶颈时，则通过存量节点的纵向扩展来解决	在满足监管对于RPO、RTO要求的基本前提下，面向社会提供7×24小时不间断的服务	在满足行业所有的监管标准前提下，做到架构标准化、技术标准化、应用标准化	通过引入Devops+容器化方案，实现自动化发布、自动化监控告警、统一日志及配置管理，构建智能运维体系，提高应用整体可维护性	通过使用低端硬件设备和开源技术，有效降低了初始建设成本及持续运维成本	充分利用分布式架构资源可充分隔离的特性以及架构整体的高可用性，使系统维持一个非常低的风险水平，使风险发生的概率降低，确保单点故障的影响范围可控，依托智能运维体系，快速恢复故障

新技术亮点

OCR识别
- 技术能力：证件识别、票据识别等
- 应用场景：常见证件（身份证/银行/营业执照）及常规发票信息辅助录入，单证自动分类等

视频查勘
- 技术能力：支持远程视频
- 应用场景：视频查勘工具，包括代勘模块、客户自助查勘模块

技术引擎
- 技术能力：流程引擎/规则引擎
- 应用场景：支持业务流程和规则的灵活设计及配置

图片识别
- 技术能力：PS识别、重复图片识别
- 应用场景：反欺诈和反渗漏-PS图片、重复图片识别等

大数据应用
- 技术能力：大数据计算能力、反欺诈模型
- 应用场景：基于案件历史赔付信息梳理风险或业务规则，用于案件处理过程中的风险及业务管理

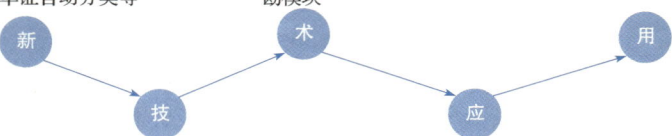

新技术亮点

未来，我们将持续探索、研究、应用高新技术，推进技术革新，夯实科技堡垒。通过科技赋能加速企业数字化转型，以应对科技发展带来的挑战和机遇。

四、取得成效

取得的成效分经济和社会两个层面。

经济成效如下。

- 系统性能、开发和运维时效提升。可灵活适应移动互联网场景下的高并发、高频次和碎片化交易挑战，自如应对未来 5～10 年因业务发展带来的系统压力。系统单个应用的部署效率提升了近 10 倍，有效提升了系统开发和运维的效率，降低了部署与运维的人力成本。
- 提高理赔案件处理的时效性，降低人工成本。通过构建差异化理赔通道，集成智能派工、规则引擎、图像识别和智能审核等功能，大幅提高了案件流转的效率，减少了人工录入和审核的工作量。
- 强化数字化风控和精细化管理能力，赋能风控减损。通过整合并打通各业务模块的核心功能、数据信息和流程标签，进一步揭示风控盲点，实现了精准风控，并依托数据积累与分析预测业务风险，支持业务提前感知，并能够应对风险变化。

社会成效如下。

- 践行数字化转型战略，构建开放保险生态圈。团财险理赔新核心业务系统实现了理赔一站式服务，促进了保险服务的数字化升级，成为推动团财险客户理赔服务的中枢大脑。未来，该系统会将服务价值链延伸至上下游企业生态链及各类生活服务场景，以构建多元互联网生态圈，全面支持业务的高质量发展和战略转型。
- 进一步深耕行业推广，助力保险行业的数字化转型升级。团财险理赔新核心业务系统建设秉持"开放、合作、共振"的理念，坚持与合作伙伴深入交流，在新技术应用、业务流程优化等方面，持续挖掘潜在业务价值。
- 全面推进全流程无纸化，践行环保理念。团财险理赔新核心业务系统支持精细化、差异化的理赔管理，全面覆盖电子合同、电子单证、电子签章等功能，为全面推进全流程无纸化奠定了坚实的基础，同时产生了显著的经济效益和社会效益。

完成人：
刘秀英　太平财产保险有限公司团体财产险部理赔风控室经理
任　平　太平财产保险有限公司团体财产险部项目经理
栗庆波　太平财产保险有限公司科技信息部非车险运营管理室经理
赵志君　太平财产保险有限公司科技信息部项目经理
刘小东　太平财产保险有限公司财险应用系统开发部开发一室主要负责人
刘述阳　太平财产保险有限公司财险应用系统开发部项目经理

案例 39　汇丰工商金融电子信贷平台

近年来，随着全球竞争日益加剧，数据化和自动化成为未来工作的必然趋势。汇丰银行的对公信贷业务横跨多国，面临严格的合规监控挑战，业务流程烦琐且维护老旧系统的成本极高。在此背景下，汇丰银行积极构建了"工商金融电子信贷平台"，通过构建 Power Platform 的低代码平台，整合了对公信贷业务流程的各个环节，显著提升了业务人员的沟通效率和响应速度，缩短了信贷审批与放款的时间。此外，我们构建的公民开发模型，也为业务与技术之间的协作与交付带来了新的机遇，进一步提高了交付效率。

关键词：信贷平台，低代码，公民开发

一、背景介绍

汇丰集团的全球对公信贷业务涉及 6 大洲的 50 多个国家和地区。因其部门协作和沟通交流效率有待提升，内部系统众多，而且风险管理主要依赖于人工操作，导致对公信贷中的申请、审批、抵押品管理、信用限度管理、贷款发放及信贷展期等业务流程孤立且复杂，客户获得贷款的等待时间较长。为了解决这些问题，汇丰集团全球对公信贷业务部门一直在寻求一种能够高效整合相关业务的解决方案。在这种需求推动下，工商金融电子信贷平台解决方案应运而生。该解决方案是汇丰软件开发（广东）有限公司与汇丰集团全球对公信贷业务部门合作开发的集成应用系统。它通过整合信贷业务的各个环节，对依赖人力的业务流程进行了数字化改造，实现了风险管理的自动化，有效地提升了集团内部的信贷审批效率和响应速度，为客户带来了更优质、更具竞争力的服务体验。

二、建设内容

工商金融电子信贷平台是一套基于 Power Platform 云服务的应用系统集。它通过云 API 平台与汇丰银行的其他系统连接,并通过对传统较为孤立的对公信贷业务流程进行数字化整合,打造端到端的信贷与贷款客户处理流程。在合规和风险管控下,此平台能显著提高业务、服务及审批等部门同事的协作效率,缩短信贷审批及放款所需时间。此外,该平台还创建了公民开发模型,通过合适的 IT 治理与控制,有效保障解决方案的安全性与弹性,从而在提升客户体验和增强银行竞争力方面取得显著成效。

该平台使用云计算技术,以及传统代码开发与低代码开发的组合。在技术方面该平台具有如下特点。

(1)**特定垂直领域**:使用自建平台和解决方案,不具备通用性。

(2)**业务领域**(企业资源计划、客户关系管理、流程管理):工作流等偏向于软件即服务模式(SaaS),需要供应商具有一定的定制化开发能力。

(3)**通用领域**:采用云原生平台,定制化能力强,需要一定的开发能力。

无代码和低代码平台具有完全不同的定位:无代码平台面向业务人员,而低代码平台则面向开发人员;无代码平台泛指适用于多种开发细分领域的工具,而低代码平台特指某种被国际领先分析机构广泛认可的通用开发工具。

为了避免再次引入新的编码问题(如 EUC),我们在引入低代码平台之初,即开始建立卓越中心 COE,制定平台的治理框架。该框架确保了信息安全、权限控制、合规及审计日志等基本要求能够得到严格守护。

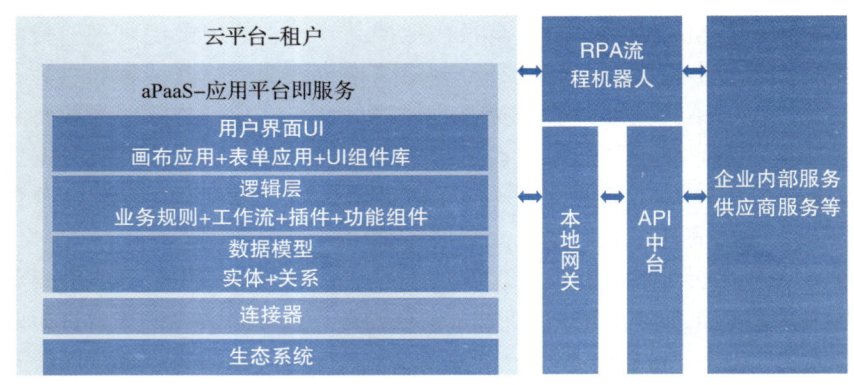

平台技术架构

银行前线人员通过汇丰银行自建的协作系统 Connecto,能够执行端到端的借贷旅程，实时跟踪进展，并与银行内部参与此过程的不同部门进行有效沟通。另一方面，银行运营部门通过该系统捕获的数据包括银行前线人员指示的任务类型、客户名称及编号、紧急程度、具体任务描述，以及参与各流程的制作人/检查员的姓名、任务完成日期、返工原因、运营部门的评论等细节信息。该系统不仅有效提高了业务部门、服务部门和审批部门同事之间的沟通效率，还确保了对公信贷业务在各个环节间能够有序流转。

该平台的核心模块如下。

（1）**信贷申请与审批模块**：一个结构化且标准化的数字化信贷申请模块，旨在帮助银行实现商业与运营流程的端到端全自动化申请。模块中输入的数据包括公司客户的详细信息（如公司名称、客户编号、所属行业等）、贷款建议、申请产品、信贷条件、申请额度及提供的抵押品等。

（2）**授信合同模块**：该模块是信贷申请及审批流程的下游系统，该模块数据从信贷申请系统以结构化格式导入，用户可以查看与自己相关的全部数据点。授信合同应用系统显示的信息包括客户编号、设施结构、相应产品、安全措施与抵押品、合同条款与条件等。DCP（决策评审流程）授信合同应用系统将目前全人工操作的按揭贷款信件流程数字化处理，并缩短信件生成时间至数秒，可以快速发送给客户签署。

（3）**抵押品管理模块**：该模块简化了贷款抵押品的信息保管、审核与跟踪，旨在提升文件可见性。其中抵押品和安全文件的信息可在该工具上进行跟踪，涵盖的数据包括文档类型、到期日期、文档状态及客户经理姓名。抵押品管理应用系统通过系统自动跟踪提醒，大幅降低了引入人为错误的可能，减少了人力成本，同时进一步加强了数据处理过程自动化，替代了传统的电子表格管理模式，优化了系统风险控制。

（4）**贷款展期模块**：该模块处理及审批银行客户的贷款展期服务请求。贷款展期应用系统中显示的信息包括有展期需求的即将到来的客户、已发起的客户请求、贷款到期日期及参与服务的人员等。该系统实现了需要大量人工审批的贷款展期业务的自动处理，审批结果将直接在核心银行系统中实施，以节约人力成本。

（5）**契约和条件管理模块**：该模块简化了跟踪契约和条件信息的过程。显示的数据包括契约条件、跟踪频率、契约状态及客户经理姓名等。

（6）**贷款放款模块**：此模块简化了放款流程和数据结构，最终指令将被传递至银行核心系统，用于执行释放额度及放款操作。其中涉及的数据包括提款类型、到期日期、额度及放款状态、客户经理姓名等。

（7）**信贷报告仪表盘模块**：提供实时的管理报表和日志，帮助管理人员汇总不同环节的数据，了解团队状况与生产力。显示的数据包括请求流转时间、服务规定时间、任务状态及各状态的时间节点、操作员与客户经理姓名等。

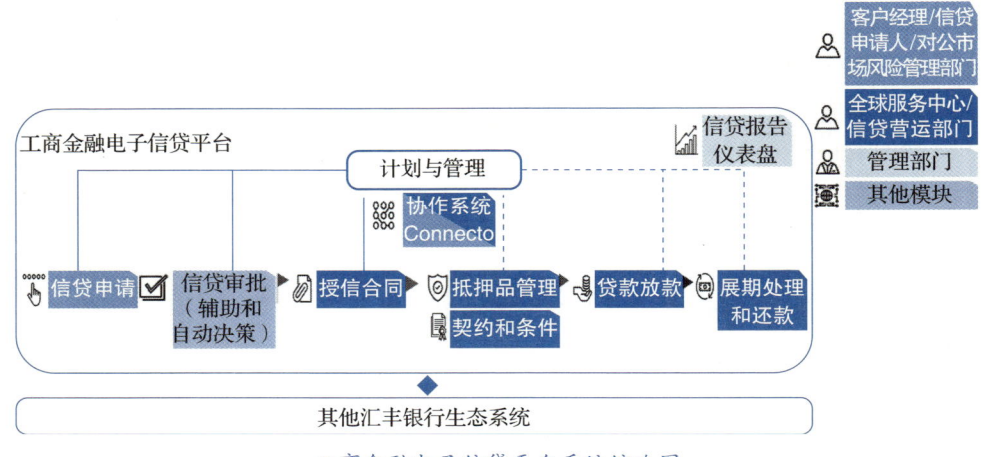

工商金融电子信贷平台系统缩略图

三、创新应用

工商金融电子信贷平台具备全面的贷前与贷后功能，涵盖客户管理、财务平衡、信贷风险评估、信贷申请、担保管理、契约与条款、抵押品管理、授信额度管理、通知书制作、额度授权、贷款展期、贷款拨款等多项服务。

本平台将低代码技术作为研发工具，虽然没有改变软件工程的本质，但相比传统技术交付方式，此方法将系统化、规范化、可量化的因素应用于软件的开发、运行及维护过程中。不仅使团队能够可预测、可重复操作、高质量地交付软件产品和服务，还具备可追溯、易回滚等特性，极大地提升了开发效率和系统性能，固化了最佳实践。此外，结合 DevSecOps 的应用，提高了研发过程的敏捷性和效率。自动化测试在维护完整的质量控制和保持发布速度方面起着至关重要的作用，持续集成和持续交付（CI/CD）对自动化测试的依赖是不可或缺的。有别于传统云服务平台和现有工具，低代码平台不仅作为工具使用，还需构建整个工程框架。

在本案例中，汇丰银行采用了低代码和公民开发的模式，通过可视化方式开发解决方案和工作流，加快了工商金融信贷业务的数字化和自动化变革进程。

低代码平台使开发人员在短时间学习后，便可通过可视化方式快速搭建应用程序和工作流。相较于传统技术项目的交付，这种方式简化了业务流程，使数据处理更精准，界面设计更友好。它极大地缩短了业务与技术之间在需求与交付过程中的沟通及流转的时间成本，从而提升了项目交付的效率。此外，低代码平台让专业研发人员能专注于业务逻辑，将烦琐且枯燥的工作交由框架或平台处理，减少了编码量，使开发更加高效。

低代码甚至采用零代码的软件开发模式，使业务人员或非技术背景的人员也能参与到开发过程中，从而在一定程度上打破了技术壁垒。例如，由技术部门建设的工商金融电子信贷平台，不仅易用、可扩展，还允许业务部门在一个受控的环境和基础架构中访问数据，不仅可以根据业务需求快速添加新功能并进行快速迭代（低代码带来的高灵活性），还能批量处理复杂的任务（部署在云平台上的定制批量复杂逻辑处理接口），全程遵循行业标准进行发布部署，实现了迭代及服务监控。

我们将业务部门与技术部门共同协作交付的模式称为"共建模式"。这一模式下为业务部门赋能的同时也降低了技术人员的语言沟通障碍，提高了双方的沟通效率和理解能力，缩短了内部流转时间。这为汇丰银行提供了更快、更优质的敏捷开发，有效地提升了交付效率。

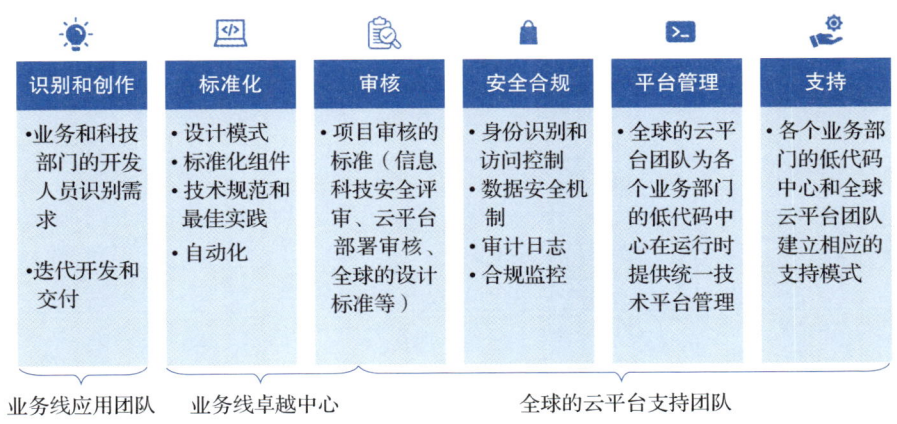

低代码平台治理框架

四、取得成效

工商金融电子信贷平台相较于汇丰银行以往的老旧复杂系统，显著提升了信贷系统与流程的模块化和结构化。自投产以来，文档上传数量减少了 75%，前线业务人员处理单个信贷业务的平均时间缩短了 4 小时。平台标准化了信贷申请模板，实现了低风险信贷业务的自动化决策管理，使信贷审批时效提升了 60%；增强了信贷服务中不同部门之间的协作与沟通，授信合同的准备时间缩短了 1/3，累计在系统维护方面节约了超过两百万美元的费用。行内用户的满意度（5 分制）也普遍达到了 3.6 分以上。

此外，通过流程和数据的自动化改造，降低了因人为重复输入带来的数据错误，同时为前线业务人员提供了合同到期的自动提醒功能，确保了审计路径的完整性，提升了数据质量，加强了数据的有效管控与合规性。这为信贷业务未来在大数据和人工智能应用方面奠定了更加坚实的基础，有效提高了汇丰集团在全球市场的竞争力。

完成人：
高明智　　汇丰软件开发（广东）有限公司工商金融信息科技部资深总监
谢　坤　　汇丰软件开发（广东）有限公司工商金融信息科技部交付总监
唐贤达　　汇丰软件开发（广东）有限公司工商金融信息科技部高级经理
徐　硕　　汇丰软件开发（广东）有限公司工商金融信息科技部高级架构师
郑　熙　　汇丰软件开发（广东）有限公司工商金融信息科技部高级业务分析师

案例 40　润 E 企平台

为贯彻落实党的十九大报告和全国金融工作会议的指导精神,为构建完善的普惠金融体系,并加强对小微企业的扶持,也为紧随产业链、供应链上的创新链,持续增强科技支撑能力,从而提高金融服务的覆盖范围、可得性和用户满意度为目标,实现"强链、补链、固链、延链",华润银行自 2020 年起,以移动金融为突破口,自主研发了移动端企业银行服务平台——"润 E 企",旨在推动金融智能化服务,推进"小银行、大网络"的发展战略。

关键词：数字化,智能化,平台化,普惠金融体系

一、背景介绍

近年来,华润银行面对经营环境新的重大变革,积极抓住产业数字化和数字产业化所带来的历史性机遇,深刻领悟并贯彻落实《中共中央关于制定国民经济和社会发展第十四个五年规划和二〇三五年远景目标的建议》中党的十九届五中全会的要求,致力于在有效履行支持实体经济的使命的同时,实现自身高质量、高效率、数字化、可持续及安全的发展。自 2020 年起,华润银行以移动金融为突破口,自主研发并构建了移动端企业银行服务平台——润 E 企。

润 E 企平台立足于华润银行"中央企业特色数字化产业银行"的战略定位,是我行"智能化"战略的积极实践。该平台利用移动端的优势,致力于打造一个新型、便捷的线上供应链金融服务平台,通过扩展移动能力,有效服务于全国各地的供应链上下游客户,克服了网点和时间的限制,成功探索出了智能化转型的路径。润 E 企平台可提供"零临柜、零接触、全线上、全天候"的金融服务,确保业务持续开展和金融服务不中断。同时,润 E 企平台坚持开放银行的理念,以"用户思维、移动优先"的原则拓展客户,采用"低延时＋新技术",满足实时控制的需求,确保了业务处理迅速、安全可控、客户信息触手可及。同时,实现了

内部业务管理在组织、用户、数据、服务、业务、运营方面的全面在线化，从而有效推进了开放银行战略目标的实现。

二、建设内容

（一）平台架构

依据全局规划，通过我行对公互联网渠道中台，将银行金融服务能力赋能于润E企平台，使润E企成为有效的客户助手，进而逐步助我行实现向开放银行的转变。

开放银行业务可以呈现为产品供应商、平台管理者、分销销售者或传统的集成整合者等多种形态。通过对公互联网渠道中台，我行能够迅速且高质量地向用户提供金融服务，全面满足用户需求，进而打造出一款符合用户思维、易用且受欢迎的企业移动办公助理。

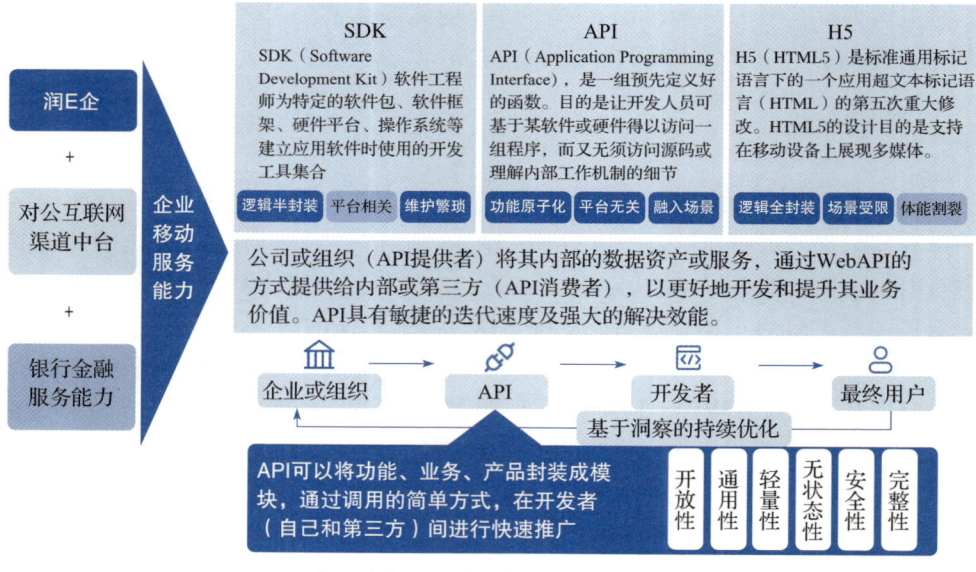

移动端企业银行服务平台设计概览

润E企的技术架构基于对公互联网渠道中台，融入了iOS和Android客户端的前端技术以及分布式微服务架构的后端设计，从而确保了系统的高效运行与卓越的扩展性。通过与ESB（企业服务总线）的紧密整合，润E企能够无缝对接行内系统，并依靠华润银行的 OpenAPI 服务，实现与第三方渠道的顺畅互动。

润 E 企技术架构概览

这一架构的核心优势在于其开放性和服务导向，结合模块化和参数化设计，可以使系统层次清晰及封装性卓越。这不仅便于系统功能的快速扩展，还提高了维护的灵活性。同时，润 E 企采用了成熟的中间件技术，如 Redis、Zookeeper、FastDFS 和 Disconf 等，进一步增强了交易的稳定性和可靠性。

基于对公互联网渠道平台开发技术，润 E 企在保持系统稳定性的同时，展现了出色的灵活性和可扩展性。此外，系统还配备了完善的安全控制体系，通过前后端分离和前端请求加密等手段，确保了系统的安全性和可靠性。

在技术层面，润 E 企采用了前沿的 Spring Boot 和 Dubbo 微服务架构，进一步提升了系统的灵活性和可扩展性。同时，系统的高可靠性和可用性也得到了充分展现，支持 7×24 小时不间断运行，数据库和 Redis 均采用冗余备份技术，确保了数据的完整性和安全性。

润 E 企在处理能力上表现出色，可以轻松满足各种技术指标要求，并具备强大的批量处理能力，能够确保在规定时间内完成批处理任务。此外，系统能够与硬件同步升级，实现了处理能力的线性提升。

在系统扩展方面，润 E 企支持计算机系统的横向和纵向伸缩，以应对业务量和数据量的快速增长。其出色的应用层次结构为未来的扩展和维护提供了便利。

最后，润 E 企平台的可维护性同样出色，它采用的分布式部署架构使得系统管理和维护变得更为便捷。这一精心设计的架构不仅保证了系统的稳定运行，还为未来的升级和发展奠定了坚实的基础。

（二）建设理念

润E企平台的建设理念如下。

- **以用户为中心**。以用户为中心提供全生命周期的服务。服务客户外延，涵盖企业、员工、合作伙伴等多个维度，扩展服务群体，创新服务场景。
- **多渠道协同**。打通渠道壁垒，实现全渠道协同化，为客户提供无断点服务。多渠道协同，为用户提供一流、统一用户体验的服务。同时，功能服务多端、多渠道投放，如PC、微信、APP等。
- **产品服务定制化**。针对延伸的用户群体及其特征，提供金融、场景、管理等定制化服务。
- **开放融合**。我行对公服务能力外输，将金融服务融入企业及合作伙伴的场景之中。并引入高频服务能力，将企业经营过程中的服务嵌入我行的对公服务体系。
- **用户体验**。注重打造独特的对公服务品牌，注重用户体验，为客户提供更直观、更便捷的服务，且提供交互体验设计以及舒适的情感关怀。
- **数字运营**。为客户经理提供运营分析和办事平台，协助客户经理与客户进行友好、紧密及高效互动。依托互联网技术，在展示、推荐、客服、风控等层面做到千人千面，并实现从业务不交互、数据不通，向数据打通、数据驱动业务的转变。

（三）平台功能及服务场景

润E企平台充分利用互联网、大数据和生物识别等技术，秉持"数字、平台、生态、赋能"四大发展理念，构建了以数据化经营为基础、以智能化科技为支撑、以平台化经营为核心的移动端企业银行服务体系。

润E企平台的功能模块主要分为金融结算和企业增值两大类。金融结算模块主要提供本行各类金融服务，按平台建设计划逐步丰富其功能，并采用微服务方式进行构建，这赋予了平台更强的灵活性和快速响应的能力，有效促进了业务创新。企业增值模块旨在将服务对象从"企业财务"扩展至"企业所有员工"，构建"金融+生活+企业管理"相结合的综合服务场景。按照经营及生活场景逐步引入成熟的产品模块，统一服务输出的标准，持续增强模块功能。

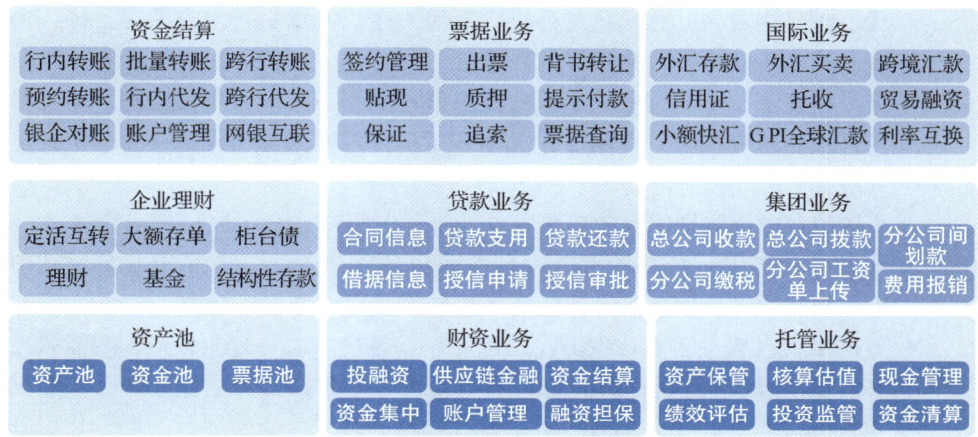

润 E 企平台金融结算模块

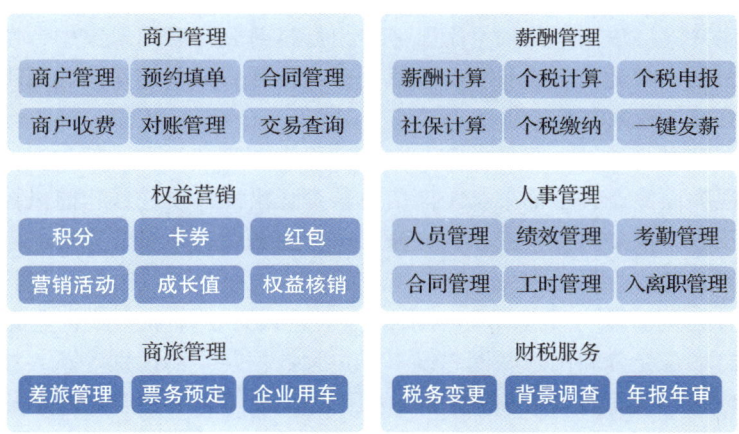

润 E 企平台企业增值模块

三、创新应用

大多数银行同业直接从市场购买相关产品或服务，而我行润 E 企平台则采用自主研发的主流开源技术，实现了自主化信创，总体上满足了系统技术在可控、可扩展方面的需求。

- **技术上**：采用自主设计研发、技术可控的分布式微服务框架，同时在安全层面采用多种先进技术手段。技术先进性处于同业领先。
- **产品理念上**：银行同业对于企业移动产品定位仅限于企业网银的移动化，

无法满足客户多元化角色的诉求，而润 E 企以开放银行生态圈为目标，实现了千人千面、平台化发展的理念。
- **产品研发上**：银行同业大多采用项目外包及瀑布式项目研发管理，研发费用高，实施周期长；而润 E 企则采用敏捷开发模式，实现了快速响应且整体可控。

在业务中台以及数据中台的应用上也处于国内领先。
- **业务中台**：银行统一的业务中台体系包括客户中心、产品中心及资产中心，可提供"前店后厂"的快速敏捷的平台化业务工厂能力。
- **数据中台**：提供智能化数据应用能力，如客户画像、智能营销、智能风控和智能客服，提供智能化、"精确制导式"的数据支持。业务中台和数据中台能力共享、专业赋能、质量稳定、开放共建，支持前台的场景化服务和开放式银行平台的建设。

润 E 企平台的关键技术及创新点如下。
- **架构开放**：华润银行的金融服务能力通过对公互联网渠道中台，从客户视角出发，赋能润 E 企平台，使其充分发挥客户助手的作用，逐步助我行向开放银行模式转型。
- **安全可靠**：通过在服务端和移动端运用多项高端技术，例如活体检测、智能视频面签、数字证书、工商信息核查、反欺诈反洗钱智能风控、电子签章及数据报文国密加密等，确保"润 E 企平台"的安全与稳定运行。
- **创新服务**：为助力中央企业打造有特色的数字化产业银行，"润 E 企平台"以金融创新服务满足市场需求，特别是致力于探索小微企业融资的新途径。平台充分利用互联网思维、客户大数据及生物识别等新兴技术进行产品创新，从而实现了额度测算、线上办理、多渠道融合与自动化获客等服务，拓宽了客户的申贷渠道，提升了客户融资体验，并实现了精准对接客户需求。同时，"润 E 企平台"针对细分客群进行深入分析，梳理识别覆盖广泛、业务规模大、数据质量高、推广价值突出的场景，以推进普惠金融服务场景的应用与拓展。

润 E 企平台主要从以下 4 个方面创新技术服务手段。
- "秒"，通过简化申贷流程，引导客户自主完成授权、申贷，全流程实现线上操作，真正做到秒申、秒批、秒贷。
- "便"，支持线上开户，客户无须临柜，远程便可申请开立对公结算账户，方便有效。
- "准"，通过自动获取企业及个人征信、税务、资产等数据，实时精准测算出企业可贷额度。

- "广",丰富产品体系,聚焦场景应用,拓宽服务范围。

润E企可为中小企业客户提供全线上融资服务,助力我行普惠金融(如润金池、润科贷、票e贷、廷融易、税抵贷等全线上化授信产品)落地。

四、取得成效

润E企平台自推出以来,已累计获客超7万,提交的移动审批转账达到39万笔,交易总额约为206.5亿元,提交的转账交易达到了13万笔,交易总额约为47.38亿元,线上投放贷款约80亿元(其中普惠贷款约30亿元),不仅节约了线下业务运营的人力成本,也为中小企业节省了各项手续费。根据我行产业金融及供应链金融的特点,创新研发了线上开户申请功能,不仅拓展了获客渠道,而且构建了"用户体系+数字账户+业务场景"的新模式,赋能企业发展,为企业及企业主提供便捷的跨界金融服务。

在特殊环境下,通过润E企平台的移动优势,有效地保证了我行业务的连续性和服务的不间断。无论是本地还是外地客户,平台均可提供"无接触""零跑腿""全线上"的金融服务,获得了客户的广泛认可。

润E企平台积极响应国家提出大力扶持中小企业的号召,连续3年免除中小企业移动审批的相关手续费、年费、工本费等,并严格执行《中国银行业自律公约》与《关于降低小微企业和个体工商户支付手续费的倡议书》,全面落实并强化行业基础经营管理与自律规范体系,致力于打造一个稳健发展的金融生态环境。

完成人:
黄　　敏　珠海华润银行股份有限公司网络与交易银行部总经理
马敏杰　珠海华润银行股份有限公司智能科技部副总经理
潘晓华　珠海华润银行股份有限公司公司金融部副总经理
石　　柱　珠海华润银行股份有限公司运营管理部资深专家二级
刘海生　珠海华润银行股份有限公司智能科技部电子银行部副总经理

案例 41　智能运营管理系统

随着期货业务的多元化发展，尤其是近年来移动互联网和大数据技术在金融领域迅速崛起，构建能够支撑多业务一站式服务、多业务协同发展和多业务集合式管理的系统已成为行业发展趋势。招商期货"智能运营管理系统"便是期货行业中首个集统一数据、统一运营、统一服务、统一管理于一体，且多渠道（包括客户APP、员工APP、呼叫中心和临柜服务）全面覆盖的业务系统。该系统秉持"以客户为中心"的核心理念，旨在提高公司的整体运营管理水平，满足业务发展需求，增强客户体验，提升工作效率，同时降低业务风险。

关键词：数据统一，运营统一，服务统一，管理统一

一、背景介绍

由于期货行业的系统特性及历史背景，目前公司管理系统的结构存在明显不足，主要问题包括：系统对业务的支持能力不足，业务数据分散，难以实现信息整合；业务场景的合规能力不足，业务审批和处理环节过度依赖人工判断，不利于风险管理；客户服务渠道单一，缺乏线上化服务功能，导致客户体验偏差。

为应对现有业务运营中的挑战，同时为公司未来发展奠定坚实的系统框架基础，招商期货计划建设一套具备统一管理功能的招商期货智能运营管理系统。此系统将以多种业务类型的统一运营为目标，集中管理客户业务数据，包括账户信息、经营数据、业务数据、交易数据、资金数据等，构建公司核心数据库。在此基础上，整合各业务模块，全面覆盖公司所有业务场景，形成有机整体，从而实现数据、运营、服务和管理的统一运营。

二、建设内容

面对互联网金融的冲击，公司需要勇于直面业务痛点，创新变革，构建一个高效、统一的运营管理系统，以此为公司的中长期发展奠定坚实基础。智能运营管理系统利用大数据和人工智能技术，建立两个中台——运营中台和数据中台，并开发 4 个渠道——客户 APP、员工 APP、临柜业务端和对接呼叫中心。系统将实现数据统一、运营统一、服务统一、管理统一，从而显著提升管理水平，降低操作风险，提高工作效率，并增强客户满意度。

（一）数据统一

数据统一为"整合＋对接"奠定了发展基础。该系统能便捷地完成数据处理、存储、使用、备份及恢复等全程管理工作，并提供自动化处理管理机制，有效管理任务调度和查询日志。此外，我们明确了数据转换的粒度与规则，制定了统一的数据字典标准，不仅为数据源整合提供参考，也为未来系统的数据源建设提供统一的标准。

数据统一包括如下工作。

- **源数据整合**：数据中心应整合多种类型源数据，包括但不限于客户数据、市场数据、运营数据、业务数据及外部数据等。同时，能基于数据中心管理业务服务系统产生新的数据。
- **数据抽取**：采用先进的 ETL 工具，将不同数据平台、不同数据源形式、不同性能要求的源数据抽取到数据中心。
- **数据转换**：根据数据模型的要求，对不同数据源采集的数据进行转换、清洗、拆分、汇总等处理，保证来自不同系统、不同格式的数据的一致性和完整性，为应用平台提供高质量的数据服务。
- **数据加载**：采用具有高效加载性能的数据加载工具，将处理加工后的数据载入数据中心。
- **历史数据归档**：数据中心的建设应充分考虑至少 20 年（以监管规定为准）的历史数据的存储及在线查询问题。
- **统一监控调度**：数据中心作为全公司的数据交换中心，其投产后的运转实现了全面自动化。为确保系统安全、稳定且高效地运行，需要建立一套合理、健全、成熟、统一的监控调度策略。

（二）运营统一

运营统一主要依托于运营管理系统，对后台运营进行全面的标准化、流程化、电子化和自动化改造，即以"标准化、流程化、电子化"实现后台运营的"高效"，以"自动化"实现后台运营的"低耗"。

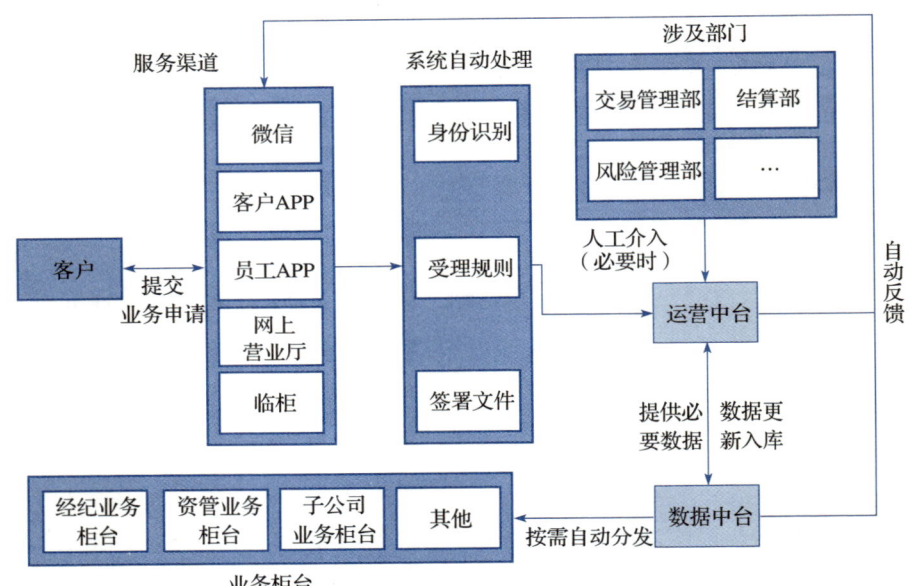

系统流程的设计思路（以一般业务流程为例）

1. 实现全业务的"线上受理"

为了确保全业务线上受理满足合规要求，我们对智能运营管理系统的线上身份识别技术进行了重点设计。通过进行市场调研和行业交流，现已确定应支持的身份识别技术，包括校验交易密码、验证短信验证码、上传证件照片及其他相关材料、人脸识别、生物识别、单向视频见证以及双向视频见证等多种技术手段。

依据业务的风险等级、监管要求和风控合规标准，我们为该系统配置合适的身份识别手段，在技术和业务层面上实现全业务的"线上受理"。

2. 提供更优质的业务受理体验

为贯彻"以客户为中心"的设计理念，仅实现"可以受理"是远远不够的，还应在此基础上做到受理便捷、流程简化和反馈明确，以提升客户体验。为实现这一目标，我们对业务办理功能进行了6个层级的设计，并对不同受理渠道的处理机制进行了统一管理,致力于打造统一的客户自助服务品牌。这样一来,客户无论在哪一种接触渠道终端,都能获得一致的交互体验。在业务管理方面,大力加入了自动化处理措施,如"身份识别""受理规则""协议签署"以及部分"业务处理"的设计,这些措施最大限度地实现了自动化处理,将显著缩短业务处理时间,并为客户提供更高质量的服务体验。

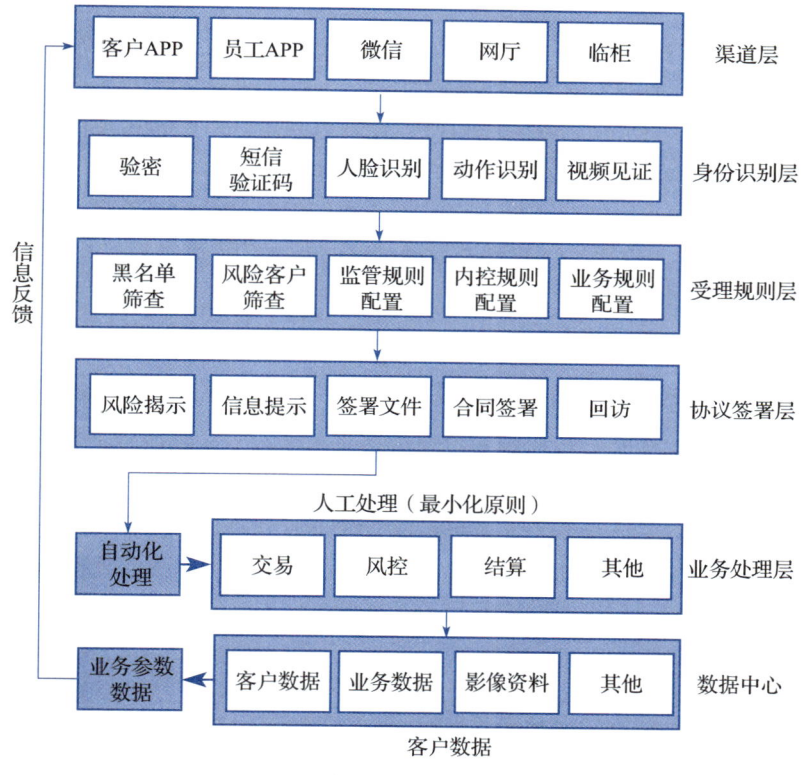

业务办理功能设计

3. "流程电子化"提升部门间流转效率

运营管理系统在"流程电子化"方面的工作目标是实现整个业务流程的全面电子化。与目前纸质办理或半电子半纸质化的模式相比,效率将显著提高。

4. "集中作业平台"提升员工单兵效率

"集中作业平台"是统一运营目标的重要组成部分,其中"集中"主要体现在两大方面。一是全业务的集中,将所有业务统一在一个页面展示,并根据"时间""业务紧急度"和"客户重要程度"进行排序,这不仅保障了客户体验与工作效率，也令有限的运营资源得到了更科学合理的分配。二是客户资料的集中，将所需的客户资料集中在同一页面显示，有效避免了业务人员频繁切换系统带来的低效率和高差错率问题，实现了业务的"一键处理"。

5. "运营的统一"带来风控合规工作的"全覆盖"

在运营平台实现统一化、流程化的基础上，公司风控合规作为业务管理的重要环节，在业务上线之初即被纳入审批流程，将风控合规的相关要求设定为业务的基本参数，从而真正实现了"事前控制"。

由于风控合规要求作为业务参数嵌入业务流程中，并对各渠道的业务流程实行统一管理，实现了对业务全方位的"事中控制"。

基于数据统一，在运营管理平台中建立回溯检查机制，对数据中心的"客户数据""业务数据""影像数据"等关键信息按照既定规则进行自动化的回溯检查，使"事后检查"工作标准化、自动化，从而大幅提升效率，达到事半功倍的效果。

（三）服务统一

服务平台是在数据中心基础上构建的功能性平台，涵盖六大类别平台：资讯信息平台、客户管理平台、智能方案平台、产品管理平台、运营管理平台以及互动管理平台。每类平台由多个子系统组成，并通过"招商期货"网站、员工与客户 APP 等多种渠道提供服务。

（四）管理统一

统一管理平台是基于数据统一和运营统一的理念而设计的，它不仅承接了运营一体化的功能，还推动运营一体化的发展。平台由战略管理、数据平台和人员管理等多个部分组成。在进一步完善系统功能，实现对公司全业务覆盖的同时，在完成公司全业务数据整合工作的基础之上，致力于深入挖掘和分析数据，旨在为经营层和业务层提供战略和战术上的决策支持。

三、创新应用

在业务受理场景中启用了当前较为成熟的智能技术，例如图片文字识别（OCR）、双向视频、数字证书、人脸识别和生物识别等。通过对不同业务场景的风险等级进行分类评估，根据风险等级配置合适的智能技术，进行身份识别、信息填充和电子协议签署等，从而简化客户业务受理流程，提升客户体验。

在业务受理的规范化应用上，针对不同的业务办理场景设定了风险客户和黑名单客户筛查标准，并制定了相应的限制措施。

同时，针对不同的业务场景设计了具体的业务受理规则和审核流程，以减少人工判断误差，提升业务管理效率。通过设定交易权限单元，将恰当的权限匹配给符合条件的客户。对于可通过系统标准化处理的业务申请，如客户密码重置、投资者适当性评估、联系电话变更等，系统将自动完成审核并反馈结果，减少人工操作，提高业务准确性，并优化客户体验。此外，系统根据不同的业务场景生成了标准化的业务协议和受理表单，业务人员只需直接打印相关资料供客户确认，无须手填。系统还能自动生成标准化视频文件，向客户提供规范的投资者适当性评估说明和风险告知。

招商期货智能运营管理系统具备强大且灵活的配置能力。在系统规划阶段，将技术能力视为"金融基础件"的一部分。利用 Workflow 流程引擎技术，以技术单元的形式使业务应用配置权限回归到业务人员手中，业务人员可自行确定具体业务采用的技术手段、应用顺序、具体审批环节及其要求。借助流程引擎，并结合其他最新技术，极大地增强了系统的配置能力，确保了业务的强适应性，能在业务需求（如新的法规要求）变化时，迅速响应并满足相关要求。

- 业务流程的可配置：每个具体业务的整个业务流程有哪些节点，每个节点分别由哪些人员（角色）进行处理，流程处理时有哪些必填信息，均为可配置内容。
- 技术手段可配置：每个具体业务在业务受理及后续处理环节，均可通过配置方式直接应用已有的技术手段（包括图片识别（OCR）、语音合成（TTS）、人脸识别、短信校验等）。

招商期货智能运营管理系统规划建设适配器模块，该模块将与各类期货柜台及业务系统实现对接。该模块包括：监控中心云平台系统、CTP 主席柜台系统（市场占有率最高的期货行业主席柜台系统）、座席系统、短信系统、邮件系统以及我司自建的内部管理系统等。

四、取得成效

招商期货智能运营管理系统在推广应用的过程中取得了一定成效，包括经济效益和社会效益两部分。

（一）经济效益

招商期货智能运营管理系统具有极高的提效增能特点。通过业务场景的电子化和流程化建设，加入了系统自动审核规则的标准化业务场景，大幅节省了人工成本。在大多数业务场景中，流程节点和完成时间的效率至少提高了50%，在某些业务场景中，效率提升高达90%，从而间接为公司节约了大量人力支出。

招商期货智能运营管理系统还对账户管理系统、影像管理系统和双录管理系统进行了统一整合，构建了一个具备统一运营管理功能的综合业务操作平台，减少了日常业务系统的采购和维护费用，进一步降低了公司的运营成本。

（二）社会效益

招商期货智能运营管理系统是期货行业首个建设四统一（统一数据、统一运营、统一服务、统一管理）并实现全渠道（客户APP、员工APP、呼叫中心、临柜）覆盖的业务系统。该系统成功解决了行业长期面临的多平台运营难题，显著提升了期货公司的运营效率和管理水平，为高质量发展提供了强有力的运营保障。

该系统荣获中国人民银行颁发的2021年度"金融科技发展奖"三等奖，该奖项是中国金融行业内唯一的部级科技奖项。中国人民银行评审小组对此项目的评价为：该项目具有规范性和先进性，自在招商期货有限公司推广应用以来，运营规范、运行稳定、风险可控，已达到国内领先水平。评审小组建议进一步扩大该系统应用领域和范围。

完成人：
李　刚　招商期货有限公司总经理助理
谭蓓伟　招商期货有限公司运营管理总部总监助理
王　彬　招商期货有限公司集中运营部负责人
李斌华　招商期货有限公司系统开发部负责人
周锡鑫　招商期货有限公司金融科技总部系统管理工程师岗

风控合规篇

案例 42 "明鉴"一站式智能反欺诈平台

随着信息技术的飞速发展，商业银行在反欺诈治理领域面临着诸多挑战：一是内部治理分散，监管存在重叠或空白；二是欺诈监测技术亟须提升，精准度和时效性有待进一步改善；三是现有的欺诈治理工具落后，使得基层银行风险核查过程烦琐；四是数据孤岛现象普遍存在，数据未能有效流通；五是缺乏完善的反欺诈防控体系，导致治理流程难以高效执行。针对这些问题，中国农业银行股份有限公司广东省分行贴合业务特点，创新应用人工智能、知识图谱、隐私计算、流计算等技术，构建了集成反欺诈云盘展示、风险操作拦截和风险账户处置于一体的"明鉴"一站式智能反欺诈平台。该平台自上线以来，成功阻断风险申请6.45 万笔，全年防范潜在风险金额超过 80 亿元，定义高风险社区 1 350 个，潜在风险客户黑名单转化率超过 30%，带来了巨大的经济和社会效益。

关键词： 反欺诈，人工智能，隐私计算，流计算，风险处置

一、背景介绍

在互联网迅猛发展和欺诈手段日益隐蔽、多样的环境下，商业银行的反欺诈工作显得尤为关键。而我国商业银行在欺诈风险管理方面仍面临众多挑战，如内部治理分散、监测技术需进一步提升、欺诈治理工具落后，以及数据孤岛现象等，这些问题严重影响了全流程治理的效率。

为了解决这些问题，中国农业银行股份有限公司广东省分行推出了"明鉴"一站式智能反欺诈平台（后文简称"明鉴"）。该平台旨在提升欺诈风险治理水平，向各业务部门提供全方位的欺诈风控服务。一是建立涉诈风险账户模型中心，借助人工智能、知识图库和流式计算技术，构建全生命周期的欺诈风险监测模型，从而提升监测的精确性和时效性；二是打造一体化风险账户处置体系，打通风险监测、账户核查与风险处置流程，以提高欺诈治理效率；三是构建一个欺诈数据资产库，应用隐私计算技术，整合国家权威机关和金融监管机构的欺诈风

险信息，形成多维度的数据资源。

自"明鉴"投入运营以来，为全省 22 家分行及其 1 488 个网点提供了多维度、全面的智能风险核验服务，成效显著。

二、建设内容

"明鉴"包括五大核心功能模块，该五大功能相辅相成，共同提升了平台的风险识别能力、一体化处置能力、数据存储与计算能力。具体如下。

（一）AI 建模中心

"明鉴"的 AI 建模中心，采用三层架构构建。第一层为数据清洗层，通过业务理解、常规判断、统计性假设检验等方法，筛选异常数据。第二层为数据加工层，通过专家规则、特征交叉、时间序列特征、用户历史行为等方式对清洗后的数据进行特征处理，以加强数据价值。第三层为 AI 模型层，首先在训练和测试集上进行样本划分；其次针对不同场景下的多分类问题，使用工业界成熟的 XGBoost、LightGBM、CatBoost 等模型，达到优异的识别效果，最后通过 Null-Importance、特征重要性筛选、对抗性验证以及调整模型参数等方法，得到最佳效果的模型。

通过这种三层架构，实现了功能的层层递进，并带动了数据之间、模型之间的持续迭代，稳步提升了精准识别能力，并有效应用于各种反欺诈场景。

（二）隐私计算模块

"明鉴"运用隐私计算技术，在广东省公安厅、运营商、中国人民银行广州分行结算中心及多家银行的协作下，采用"中心网络转发＋隐私计算＋区块链"的架构，构建多方反欺诈联防联控基础。平台通过隐匿求交、隐匿查询和多方安全计算及联邦学习技术，整合多方数据，开发双向反诈模型矩阵，实现受害者保护与涉诈黑卡洞察"标本兼治"，平衡数据保护与计算共享。主要做法如下。

- 采取"单点接入，多方流通"的数据交互模式，应用"中心化节点星型结构"，与中国人民银行结算中心对接，改变了传统的"点到点"对接方式。
- 依托隐私计算实施"三盲查询"（身份双盲和数据隐匿），引入差分隐私

及多方安全计算,解决了联邦学习中的信任难题,打造了一个"数据可用不可见""数据不动模型动"的数据共享平台;
- 借助区块链解决多方间的信任问题,利用智能合约技术将数据关键指纹信息上链存证,实现了数据流通全流程的安全可信。

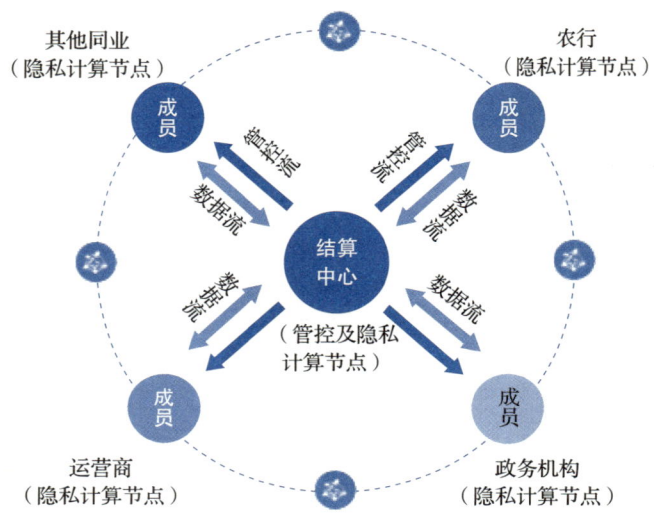

中心化节点星型结构部署

(三)知识图谱模块

"明鉴"通过知识图谱技术精确挖掘高风险涉诈社区,剖析涉诈关联线索,具体需要进行如下操作。

- **构建图信息**:采用以点、边为基础存储单元的 Nebula 图数据库。该数据库擅长处理超大数据集,同时保持毫秒级查询延时。此外,支持高可扩展性、高性能的 NoSQL,可实现高效地查询和存储半结构化和非结构化的数据,帮助平台高效地进行路径查找和子图搜索,快速构建图信息。
- **构建模型算法**:主要应用 Louvain 算法,这是一种基于模块度的社区发现算法,用于在图数据中寻找节点之间的社区结构。该算法核心在于对网络中节点的所有邻居的社区标签进行遍历,并最终选择最大化模块度增量的社区标签,再将每个社区看成一个新的节点,并进行新一轮遍历直至模块度得以稳定。利用 Louvain 算法不仅能够识别出图谱中的社区信息,还能分析各社区的涉诈程度,从而提取出涉诈账户含量高的社区,从而有效检测涉诈群体和团伙等相关属性。

（四）实时计算引擎

"明鉴"提供实时计算引擎，支持全省级实时数据计算，核心功能包括实时流数据分析、运行、管理等功能。

实时计算引擎的主要基础架构包括如下几个部分。

- **采集层**：由总行实时数据总线提供。
- **接入层**：应用总行 KAFKA 构建实时采集接入存储，存放明细数据模型。
- **流集群**：采用 Flink standalone 方式搭建，承载实时应用，通过 SDK 方式提交，可基于 Python/Scala/Java 编写的流应用程序进行数据分析处理、新模型构建、模型固化、模型结果对接下游应用，可选择使用 Flink 进行实时应用编程。
- **交互层**：采用 Redis 内存数据库或关系型数据库，作为应用交互层的数据缓存，能够实现流批数据融合计算。
- **输出层**：建设多种异构数据源数据存储池，根据应用场景采用不同的数据开放模式，输出主题中间模型、跨主题融合模型、汇总模型，提供应用侧数据服务。
- **平台层**：建设数据管控平台，通过平台提供数据订阅、数据开发和数据应用服务，简化流式开发过程，进而实现无编码式拖拉拽的流应用开发。

通过合理的架构搭建，使得实时计算平台计算效率和存储能力都得到了提升。

（五）多功能处置中心

多功能处置中心实现了异常账户的分级分类管控，涵盖风险展示、实时管控、事中拦截、便捷核查、联动处置和闭环流程等多个方面。

在风险展示方面，该中心融合大数据与 BI 可视化技术，创建了欺诈风险云盘，能够全面展示全行及二级分行在各业务场景下的欺诈风险状况。通过实时流水数据、指标计算引擎、模型监测引擎来对账户进行实时管控，通过短信通知和电话提醒等方式进行预警服务，大幅提升了对风险交易的快速识别与处置能力。事中拦截环节则基于多方安全计算技术构建了"疑似受害人事中保护模型"，通过异常通话行为监测，实时识别疑似受害人，并采用隐匿查询进行实时监测和保护。在便捷核查方面，通过跨部门共享风险指标，实现异常账户的快速核查，提供账户风险画像、异常图谱关联、账户交易行为回溯等辅助核查功能。在联动处置方面，支持交易阻断、加强认证、账户冻结、交易安全锁等一系列管控措施。在闭环流程方面，平台自动分发风险线索，实现任务通知、进度督办、数据回收等关键环节的闭环化管理，确保核查任务的有效执行。

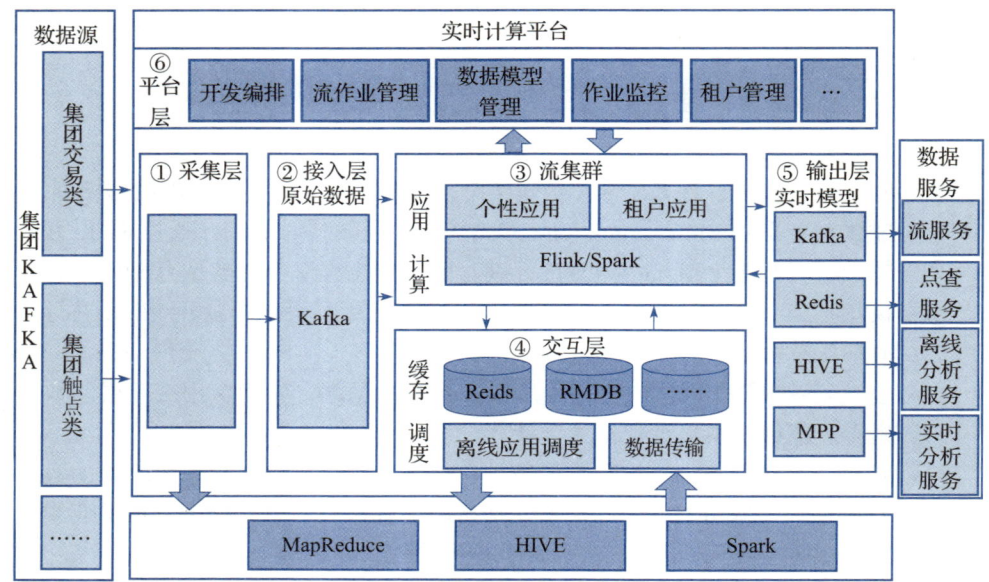

实时计算平台架构

三、创新应用

目前，"明鉴"已在农行广东分行投入使用，在涉诈风险监测模型中心生命周期管理、反欺诈联防联控中心搭建、潜在诈骗团伙挖掘、欺诈交易实时监测及高风险账户延迟支付等场景中取得了巨大成效。

（一）涉诈风险监测模型中心生命周期管理

创新性地应用 AI 算法建立一个全场景、全生命周期的涉诈风险监测模型中心。该中心横向涵盖信贷申请、信用卡申请、欺诈交易检测，以及电信网络诈骗账户识别等业务场景；纵向覆盖账户从申请、存续、变更到销户的全生命周期。模型中心整合了 42 个风控领域模型，采取"专家经验 + 数据驱动"的方式进行构建，引入了"受限额措施的影响，涉诈账户的大额支出交易减少，'大进大出'特征不明显"等专家知识。在模型特征构建方面，结合客户基础信息、交易及行为数据衍生出多个特征，并应用 Null-Importance、对抗性验证等技术，有效提升了模型的精准度和泛化能力。通过全场景的覆盖，用户可以选择合适的模型在模型中心进行复用，从而助力涉诈线索的筛查。

（二）反欺诈联防联控中心搭建

创新应用隐私计算技术搭建反欺诈联防联控中心，在各方数据安全的前提下进行数据流通。应用"多方安全计算＋实时流计算"技术，创新"疑似受害人事中保护模型"。

运营商通过监测异常通话行为识别疑似受害者，通过隐匿查询确认为我行客户，则向我行发送预警信息。收到预警后，我行实时监测疑似受害者的交易行为，并实施事中保护。如果涉案资金流向其他银行账户，我们会通过平台通知相关银行对下一级卡进行管控，形成了银行间相互协同的电信诈骗治理新模式。

同时，我们采用纵向联邦建模技术创新联邦学习反欺诈模型。该模型以加密后的客户ID为基础，融合了运营商和政务机构的数据，构建基于TFF（一种开源框架）的梯度增强决策树联邦学习反欺诈模型，实现了分布式数据上的加密机器学习建模，在模型准确性和数据安全性之间达到了平衡。

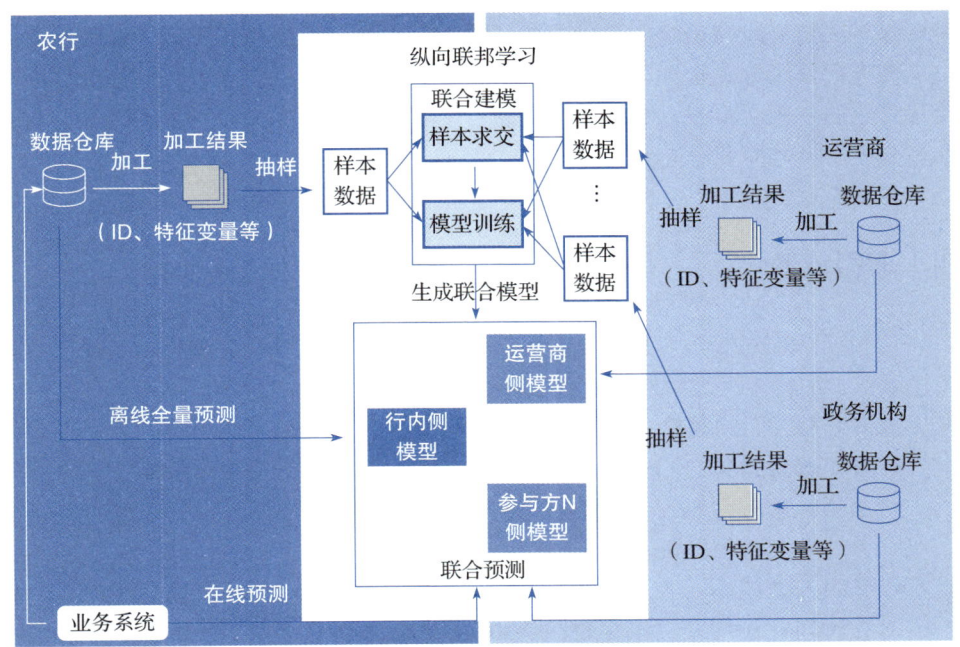

基于TFF的梯度增强决策树联邦学习反欺诈模型

（三）潜在诈骗团伙挖掘

创新性地应用知识图谱技术挖掘潜在诈骗团伙，助力反欺诈模型构建，提前预警欺诈风险，并挖掘诈骗人员的关联性，为反诈工作人员提供可视化、可解释的反诈线索。通过分析账户交易关系，构建交易网络图谱，深入挖掘与异常账户密切关联的账户，提取交易网络的特征信息，并融合账户基本信息特征及交易行为特征，识别欺诈团伙并生成账户间的可视化关联关系图。此外，将知识图谱信息嵌入涉诈风险监测模型中，显著提升了传统机器学习模型在检测涉诈账户方面的检测能力。

（四）欺诈交易实时监测及高风险账户延迟支付

创新性地应用批处理、流式计算技术建立欺诈交易监测实时模型和高风险账户延迟支付模型，并结合专家经验建立多场景欺诈交易监测模型，实现了低时延、准实时的欺诈交易行为监测。一是上线欺诈交易监测实时模型，以陌生可疑资金入账笔数多及可疑资金转移比例高为核心特征，辅以资金快进快出、小额测试等辅助特征，构建个人账户电诈监控规则，整合形成个人账户电诈实时监控规则矩阵。二是上线高风险账户延迟支付模型，聚焦核心交易，将以往较为粗犷的账户级进行分级分类管理，细化至交易级分级分类管理，建立重点监控客群名单及其对应的金额阈值表，通过贷方交易、金额阈值及陌生交易对手等特征，对重点客群按分级监控金额进行实时监控。

四、取得成效

"明鉴"于 2022 年 7 月投入使用，为全行各条线风控业务提供了一站式智慧风控服务，取得了巨大的经济效益及社会效益。

经济效益方面的成效主要体现在如下两个方面。

- **减少资金损失**：自平台上线以来，已输出 38 万条反欺诈线索、12.9 万条信贷风险提示信息及 1.5 万条运营操作风险预警信息。在信贷申请方面，系统监测有效阻断了超 80 亿元潜在风险。
- **节约人力成本**：在电信网络诈骗治理方面，平台显著缩短了涉诈账户核查时间，平均每户核查时间从 40 分钟减少至 5 分钟，核查效率提升 8 倍；

此外，平台生成的1.9万余份贷后报告，节省了近4万小时报告撰写时间，这些都有效节约了人力成本。

社会效益的成效主要体现在如下两个方面。

- **健全欺诈风险管理体系**：通过完善涉诈账户风险监测模型、提升欺诈事件监测时效性、研发电信反欺诈治理体系以及建设欺诈数据资产库，切实提高了我行对欺诈风险的防控管理水平，降低了业务部门在可疑账户核查、管控工作上的时间成本和防控压力。
- **履行责任使命，引领银行业反欺诈工作治理水平**：通过对电信网络诈骗账户进行早期排查与监控，确保了客户资金安全；通过及时阻断欺诈交易、识别欺诈团伙，有效防范了潜在风险。该平台为广东商业银行同业中首个集模型研发、风险线索核查、账户处置、风险资产回收于一体的企业级智能反欺诈平台，在广东省银行业反欺诈治理产品中处于领先水平。

平台在行内外项目评比中屡获嘉奖，如广东省金融科技进步奖一等奖、中国人民银行广州分行金融科技创新监管工具创新应用项目、中国金融科技创新大赛全国15强、中国农业银行繁星杯风控一等奖等；项目技术成果被农行系统内多家兄弟分行引进。

完成人：
陈镇洪　中国农业银行股份有限公司广东省分行科技与产品管理部总经理
杨文昌　中国农业银行股份有限公司广东省分行科技与产品管理部经理
任　毅　中国农业银行股份有限公司广东省分行科技与产品管理部数据分析师
李世钦　中国农业银行股份有限公司广东省分行科技与产品管理部数据分析师
谢自滔　中国农业银行股份有限公司广东省分行科技与产品管理部数据分析师

案例 43 零售风险智能调查项目

2022年12月1日,《中华人民共和国反电信网络诈骗法》正式施行,将反诈上升至立法高度,明确了反诈是一项需长期坚持的重要工作,要维护社会安全和人民财产安全。同时,该法还明确了金融机构在反诈工作中的责任与义务。作为一家金融科技银行,招商银行的金融科技与风险管理在银行业数字化转型中举足轻重。借助金融科技建设"人+数字化"的智能风险管理生态体系,招商银行在风险管理中站位靠前,确保客户资金安全,并全面夯实防赌反诈的可疑账户及资金链路治理工作,是招商银行实现价值银行战略、履行金融机构责任的重要任务。

关键词:防赌反诈,人+数字化,大数据,智能合规调查

一、背景介绍

近年来,电信网络诈骗案件频发,严重危害了人民群众的财产安全和社会稳定。党中央、国务院对此高度重视,积极部署了一系列打击治理电信网络新型违法犯罪的具体措施,并提出明确要求。《中华人民共和国反电信网络诈骗法》明确了各责任主体需全面落实各项反诈骗措施,守护人民群众的财产安全,维护社会的安全和稳定。在新形势下,防赌反诈工作已成为商业银行的一项基础性、长效性任务。一方面,其治理成效直接体现了商业银行在社会安全和金融稳定中的政治站位和责任担当;另一方面,领先的防赌反诈管理能力也将成为商业银行发展的重要基础和核心能力。

个人账户防赌反诈是账户风险合规治理工作的一部分。传统的个人账户风险合规治理,常常面临以下几个方面的痛点。

- **识别难**,对可疑账户的可疑行为和事实发生的问题交易难以做到精准侦测和识别。
- **管控难**,在实现精准识别基础上匹配适度的管控存在困难。

- **解管难**，重新识别客户身份或落实调查后解除账户功能或交易的管控存在痛点。
- **资源消耗重**，可疑账户和资金治理往往要投入大量人力资源。

为解决传统个人账户合规管理的痛点，并将治理工作要求和治理有效性落到实处，招商银行依托零售大数据智慧风控体系，坚持以数字化为导向，探索建设了零售风险智能调查平台。该平台整合了具有非柜面额度管理、实时可疑账户交易识别和拦截、高风险账户实时及准实时中止管控、批量侦测模型结合 AI 智能外呼巡检等多项功能的大数据侦测模型，是一个全方位的立体式管理平台，可初步支撑起招商银行对亿级个人账户防赌反诈的分层分类治理工作。

二、建设内容

零售风险智能调查平台是招商银行具备完全自主知识产权的创新产品，主要包括 AI 智能外呼机器人、AI 模型侦测、实时账户全视角分析、知识图谱分析追踪、自动化处置管控以及人工回检等功能。

通过综合利用机器学习评分模型、NLP（自然语言处理）语音文本转换、LLM 中的音频转录、命名实体识别等技术，实现了多轮人机对话、关键信息提取、异常值挖掘和图谱关联分析等能力，从而能够有效抽取特征。通过流程再造和平台建设，重构了防赌反诈管理工作中系统、数据、流程与人工的关系。在落实监管合规要求的基础上，以"人＋数字化"的人机结合方式，提升了调查工作中的人力效率，完成了海量账户的风险侦测、调查与管控，集成了"事前防范—事中拦截—事后处置"的全流程调查跟踪。全面赋能精准拦截并调查可疑账户，同时为正常客户提供了风险与体验相对平衡的安全服务。

技术架构上，平台采用多区域、多实例的微服务部署，实现了统一身份认证、操作可追溯、管控可回检功能，具备高可靠、高可用性，并为用户提供特征的可视化展现、话术模板的参数化配置、外呼分支自由组合、管控结果的监控告警及大屏展示等能力，实现对招商银行零售金融账户的全周期管理。该项目自立项开始，经过迭代实施和有效运营，初步实现了以交易场景为核心，并涵盖其他风险场景。项目探索解决了防赌反诈治理工作中在风险管控、合规保障和客户服务上的平衡问题。该项目包括以下几个平台、模块及流程。

（一）多场景 AI 智能外呼调查平台

传统调查模式以服务人员对可疑账户和交易进行电话外呼和远程调查为主，

这种调查形式本身有效，但对人力成本占用较高。

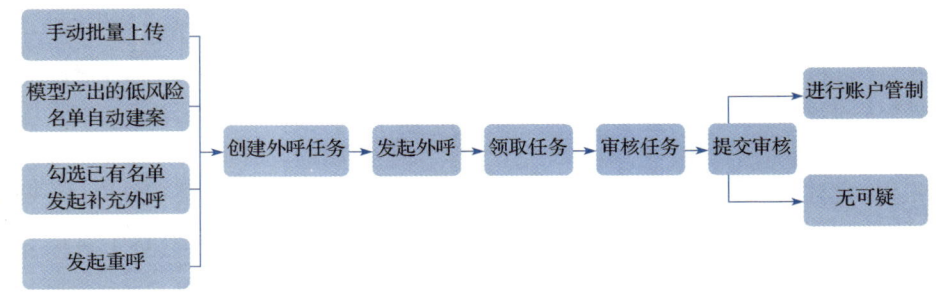

业务流程图

为了解决这一痛点，本项目集成机器学习与 NLP 技术，用科技释放人力。在本项目中，通过机器学习模型评分，以区分可疑账户的风险等级，并针对不同风险等级账户进行智能化 AI 外呼以调查账户风险。根据账户的不同风险等级，系统使用不同的话术进行外呼调查。通过 NLP 和对话关键词捕捉，进行多轮对话，系统自动计算账户风险评分，实时对账户进行处置。每个机器人每小时完成 6 000 至 10 000 户外呼调查，远超单人 5 户 / 小时，按实际业务估算，单个机器人的工作效能是人工的 10 至 20 倍。在人工抽检方面，通过"人+数字化"方式回检机器人的调查结果，不断优化平台规则。

（二）AI 智能模型平台

平台集成了线上场景、离线场景、准实时与实时模式，全面支持机器学习和深度学习技术。创新应用业内领先的全场景、多维度的数据，如交易及行为数据，设计和计算各类风险模式的实时风险特征变量，具有"T+0"实时、抗衰减、维度高、（欺诈分子）难以突破等特性。应用领先的深度学习技术，采用无监督学习训练方式，对模型训练的标签进行了多版本的逻辑迭代优化，多方位、精确判断账户的涉诈日期，将防赌反诈真正落实到"事前"。在训练过程中，应用了半监督、自步式的模型训练策略，采用集成模型的训练方式，构建了多个模型同时对账户进行评分，以保证模型的准确性和稳定性。叠加部署全场景的实时策略规则模型，将离线变量逻辑完美移植到线上逐笔交易，实现了多模型整合及模型部署，并支持模型快速调优。离线模型采用无监督学习训练策略，优先对账户进行分客群、分类别，根据各个客户群的特征，制定相应的产品模式和业务策略。

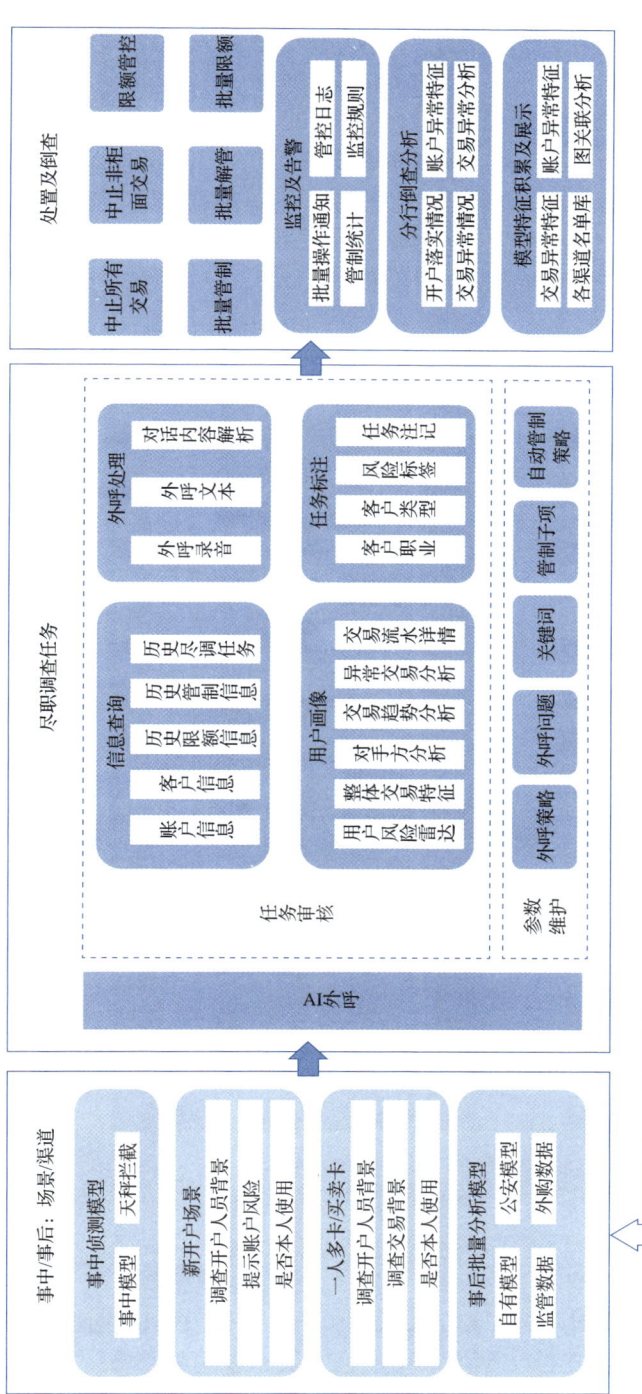

系统架构图

（三）创新优化后的涉及可疑资金延迟支付的人工审核流程

实时决策引擎交易级侦测风险账户，配合可疑资金延迟结算的人工审核流程，共同完成可疑交易审核。当动账类交易触发人工风险规则时，决策引擎会触发告警并将告警信息发送给人工审核模块，通过远程专家审核，明确交易的风险情况。一方面可以震慑电信诈骗及洗钱的犯罪分子，另一方面可以拦截风险形态明显的交易，这实现了人机协同风险管理。

（四）账户实时全景视图

建立账户全景视图，实现账户信息的实时分析与展示。对于账户的客户信息、账户在全生命周期内从开立到存续的相关情况、对手方关系、交易形态、设备信息等要素进行趋势分析、异常提取和要素提炼，进而全方位展示。在充分考虑权限和敏感信息控制、落实个人信息保护要求的前提下，为使用人员提供较大便利，使其全面了解账户情况，快速捕捉交易异常，便捷形成有效研判，并在最短时间内进行联动处置。

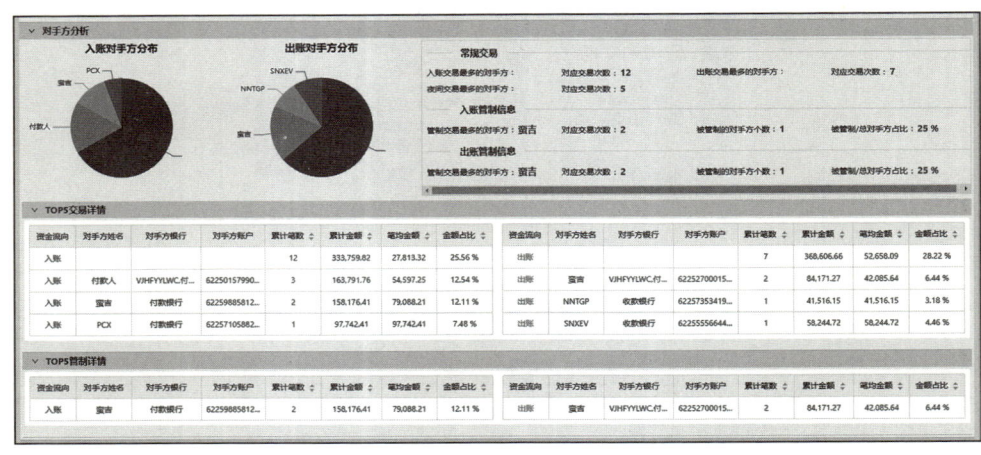

账户全景视图

（五）图谱关系分析

使用图谱关系对可疑账户进行关联分析，可高效、快速地穿透账户问题，展示相关账户在各类支付结算场景中的往来关系及可疑形态。利用图存储和图算法，挖掘欺诈关联账户，标注账户间的可疑关系和可疑资金转移路径，将更加直观和便捷地帮助调查流程，并可以进一步将调查结果反馈到数据模型和策略体系中。目前，已经实现了单个账户的实时图谱关系查询，并且可以进行深度追踪。

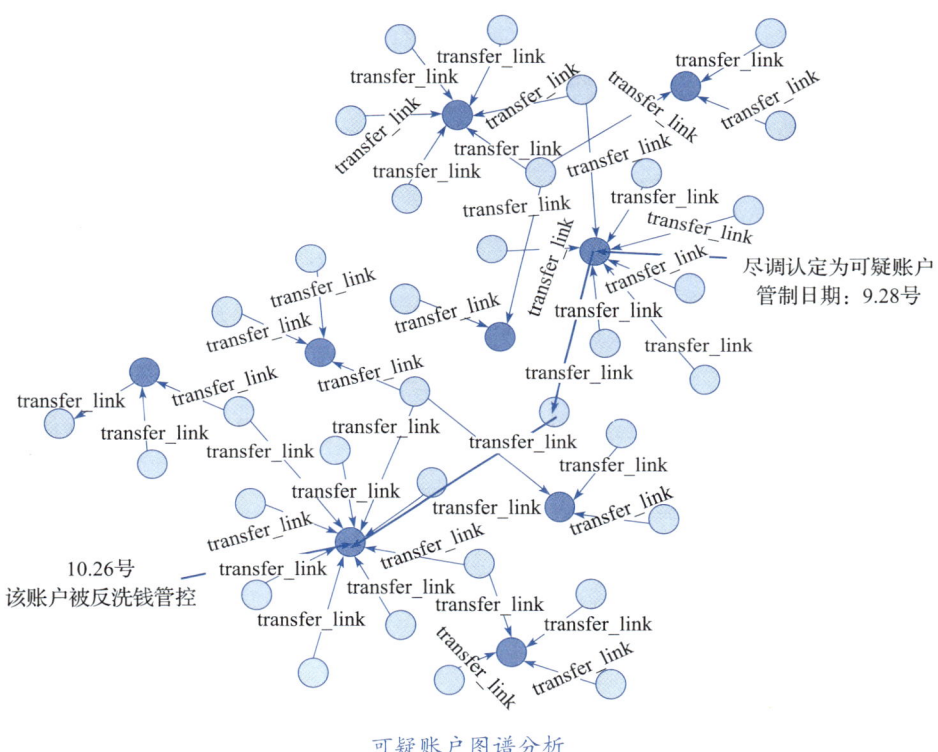

可疑账户图谱分析

（六）全流程闭环处置管控

平台实现了离线及实时账户管控，该功能通过管理账户额度、中止非柜面操作和中止所有操作等方式全面展开，具体为通过模型事中侦测及策略命中联动管控，离线模型批量捕捉异常账户联动管控，叠加AI外呼调查及人工抽检，以及可疑资金延迟结算审核。从线上到线下，囊括批量及实时侦测，平台采取多种管控手段，建立"人＋系统"全面闭环处置管控体系。同时，灵活应用规则决策，对多次命中的账户升级管控，同时通过多个入口进行审核解管，从网点到远程中心，全面覆盖可能的使用入口。

三、创新应用

作为一个创新型应用项目，本项目坚持数字化驱动，整合了对个人账户非柜面额度管理、实时可疑账户交易识别拦截、实时及准实时对高风险账户中止全部或部分功能、批量侦测模型结合 AI 智能外呼巡检等多种大数据侦测模型。项目的主要创新点包括如下几个。

（一）智能化"人 + 数字化"风险调查平台

为了解决调查海量账户的需求，及时高效地对账户风险进行调查和反馈，我们创新性地应用了 AI 外呼机器人替代传统的调查方式。AI 智能外呼旨在完成首轮外呼调查，对账户和交易风险进行初步审查，并针对性地提出相应的调查问题。通过应用 NLP 进行实时对话解析，系统可以根据对话内容自动评分，并联动处置和管控账户，从而替代了繁重的人工调查模式。基于首轮调查的回收结果，我们通过人工抽检，不断优化机器人的话术和评分规则，实现了人工智能系统建设的闭环。该项目通过持续迭代优化 AI 的多轮对话技术，提升客户的对话体验。

（二）借记卡合规调查场景

新开户及存量可疑账户合规调查场景适用于分行新开账户的自动化合规调查，以及针对存量部分账户进行的批量调查。针对新开账户，需调查客户身份、开卡用途和资金交易背景等内容。对于存量账户，如长期不动户或交易行为可疑的账户，则需进行客户身份、卡片用途和资金用途等调查。利用 AI 机器人外呼解决人力消耗问题，将基础性问题转化为通用话术，从而批量完成账户调查。实时智能解析客户回答，并同步进行关键字识别，智能分析客户可疑情况，推送可疑账户进入人工巡检复审环节。根据账户可疑情况认定结果，对账户进行差异化处置，并将调查结果推送至分支行人员，形成整体闭环。

（三）实时可疑交易拦截及智能调查场景

应用最新的金融科技技术，包括利用 AI 模型实现欺诈的智能识别与管控，利用图计算进行关联关系分析，通过决策引擎进行调度决策，对每天千万级的登录行为及动账交易进行实时侦测，对风险交易实时拦截，并转至人工调查审核。这既充分利用了实时风险决策引擎的多维、高效、智能等特点，也融合了侦测人员的专家经验，实现了人机协同的效能最大化。

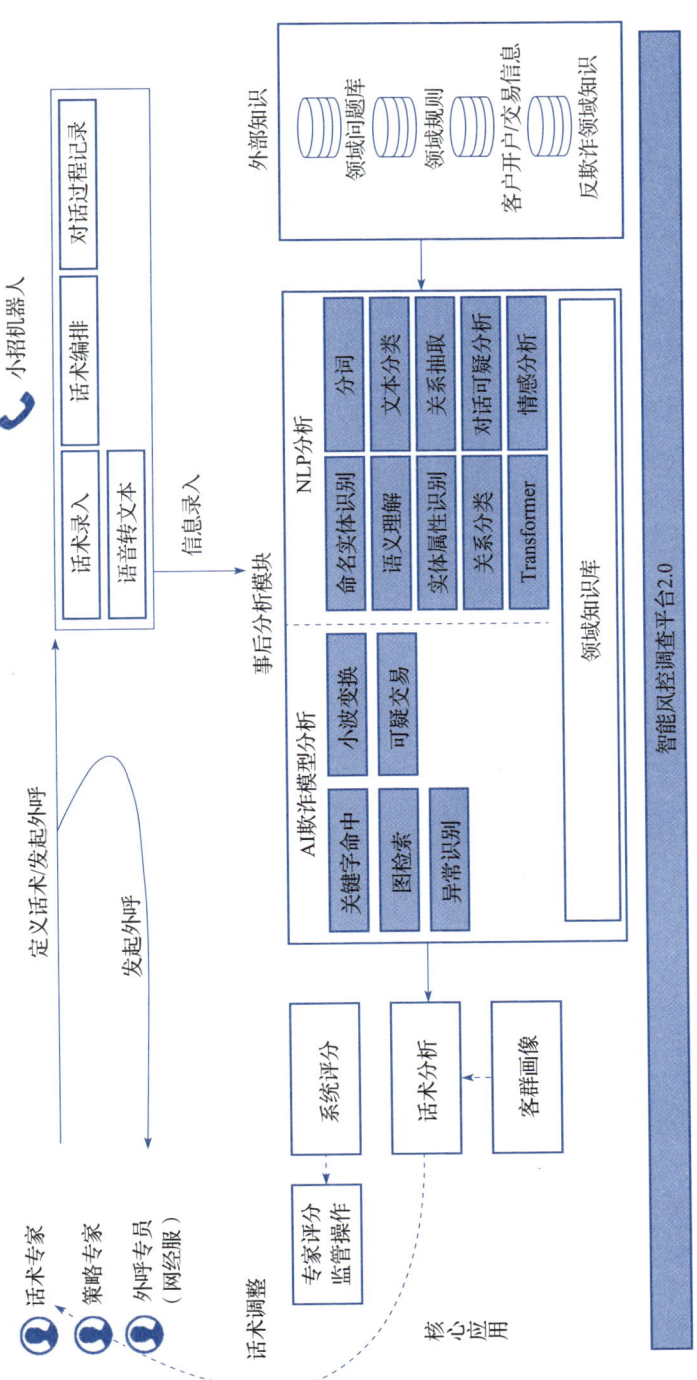

话术定义及应用流程

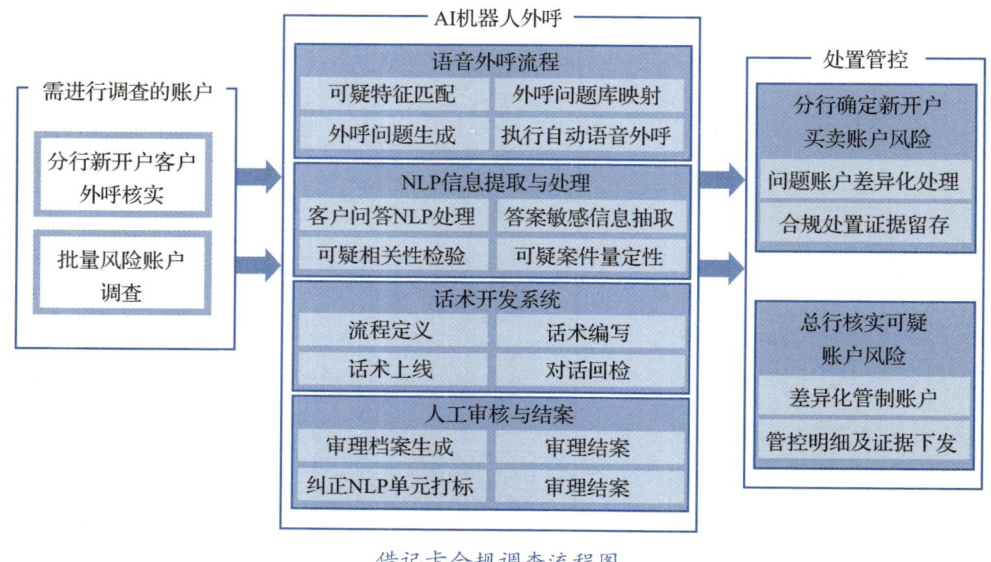

借记卡合规调查流程图

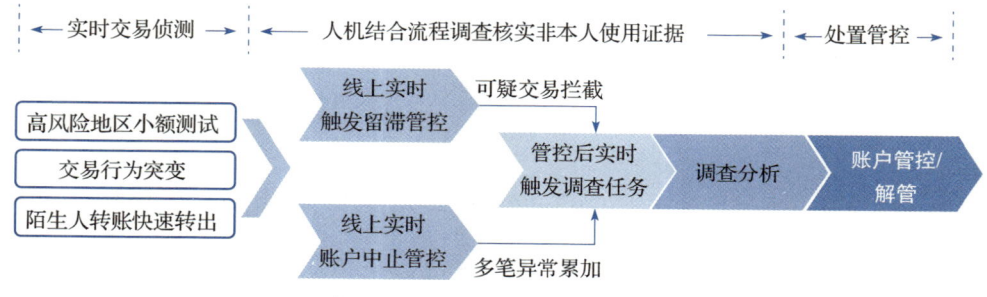

实时可疑交易拦截及调查流程图

（四）总分行差异化调查处置场景

根据分行的当地风险形态，定制侦测阈值及管控手段。精细化管理，分级分类完成账户风险分析，从开户、存续期到风险暴露阶段，全周期嵌入风险管理，实现事前防控、事中侦测、事后调查。实时侦测账户状态及跟踪风险因子的变化，当单个因子触及风控阈值时，将重新定位账户风险情况并实施处置措施。根据分行的需求，差异化设置不同风险状态的拦截及处置方法，及时嵌入调查流程，完成管控后的调查回检，并对无风险交易进行准实时解除。通过精准识别和全面把控，全面跟踪各层级客户情况及形态。同时，提供对账户涉赌涉诈的侦测、调查、处置及回溯的统计分析。

低风险地区轻管控 保障服务及客户体验	中风险地区实时 干预平衡风险及经营	高风险地区重管控 以地区风险管控为主
模型侦测： 主要依赖线下批量侦测	模型侦测： 线下批量模型搭配交易风险监测	模型侦测： 事中交易风险拦截及机器学习模型全面侦测
中低风险交易采取AI外呼调查审核搭配人工巡检完成	低风险采用AI外呼调查及审核处置中高风险交易采取中度手段干预	高风险实时拦截并管控账户中低风险交易实时调查及处置管控
处置手段轻，以降低额度为主中止管控为辅	处置手段适中，线下批量处置叠加事中拦截，注重解管流程体验	处置手段较严格，事中实时拦截风险交易并管控账户。解管流程严谨且提高解管标准

精细化风险管理差异化配置区域策略

（五）动态额度管理场景

在监管要求下，对于账户进行分级分类管理，招商银行基于其金融科技和数字化能力，探索并初步建立了"动态额度"管理机制，实现了"黑白灰"分层分类额度计算体系。"动态额度"将客户资质、资产、交易等维度的几十个特征要素变化纳入计算框架，为客户计算合理、匹配的非柜面额度，并为中低风险客户提供便捷的查询和额度调整渠道。此外，通过实时模型计算，还可以根据账户及交易风险实时调整账户额度，做到事前、事中全面实施分级分类动态额度管理。

（六）效能领先、总分协作的管理闭环

在个人账户全生命周期管理中，持续完善风险管理闭环，建设了线上实时侦测、灵活应对风险事件、平衡用户体验、快速管制与审批解管、导出相关管控依据特征等功能。通过灵活的权限配置和流量分配，实现了将可疑调查任务在总行集中调查资源和网点服务资源之间的动态分配。一方面，满足了总行集中审核和分行个性化审核的要求；另一方面，实现了资源的有效配置和最大化利用。

四、取得成效

自2021年上线以来，项目不断优化演进。经过试运行阶段，项目于2022年正式投入运行，业务价值显著。在可疑账户调查方面，正式投产当年即累计实现

AI 外呼并调查账户 27 万户，模型侦测及外呼调查后处置可疑账户 37 万户。在智能化人工替代方面，相比于传统人工调查可疑账户每小时 5～10 户，智能调查与人工巡检新模式可提升效率 5～10 倍。在个人账户防赌反诈治理有效性方面，以 2021 年 9 月全国范围内个人涉案账户数峰值月份为参照，2022 年招商银行实现涉案个人账户数压降 77%，同周期全国范围内涉案个人账户数下降约 10%。在个人账户防赌反诈资金链路治理方面，2022 年全年共拦截涉案资金超过 8 亿元，有效助力了涉案资金的冻结止付和受害人返还。招商银行个人涉案账户压降成效显著，为全国治理打击电诈风险贡献了坚实力量。2022 年，先后有 10 余家招商银行一级分行获得当地监管机关年度"断卡"工作优秀单位的表彰。

完成人：
邹岩岩　　招商银行股份有限公司零售金融总部产品经理
罗晓博　　招商银行股份有限公司零售金融总部数据分析工程师
高　晖　　招商银行股份有限公司信息技术部开发工程师
王　兵　　招商银行股份有限公司信息技术部开发工程师
王逸夫　　招商银行股份有限公司信息技术部测试工程师

案例 44　产业企业双评价体系

在商业银行的经营过程中，信息不对称问题引发了多种困难，导致企业面临"融资难、融资贵"的状况。为了解决这一问题，南海农商银行构建了以"FAST产业评价体系＋北斗七星企业评价体系"双评价体系为核心的对公数字化经营模式（下称"双体系方案"）。该方案综合了南海农商银行在佛山及南海地区多年的业务、数据和技术经验，并融入了佛山本土的特色，提出了一个自上而下的对公数字化经营新模式。

关键词： 产业评价体系，企业评价体系，机器学习

一、背景介绍

数量庞大且分散的中小微企业是稳定经济和就业的核心支柱。然而，信息不对称问题长期导致这些企业融资困难、融资成本高昂，成为社会关注的热点之一。

近年来，佛山市的经济综合实力不断增强。2022年，全市地区生产总值达到12 698.39亿元，成为广东省内唯一一个所有县（市、区）产值均超过1 000亿元的城市，其中制造业GDP占地区总GDP的近六成。

南海农商银行推出了"FAST产业评价体系"，首次将数字化、金融与产业经济整合连接起来。基于此，进一步构建了以"FAST产业评价体系＋北斗七星企业评价体系"为核心的双评价体系的数字化经营解决方案。其中，FAST是中国天眼，产业评价体系借其寓意可以聚焦重点领域和产业，从而服务国家战略。而"北斗七星"可以用来辨方向的星座，又可以代表我国自主研发的导航系统，喻意其能够为客户提供精准定位。

建设之初，该方案有4个愿景目标。
- 解决导致企业"融资难、融资贵"的信息不对称问题，精准提供金融服务。
- 扩大我行重点产业客群，打造"一行服务一城"的现代南海农商模式。

- 通过构建数据闭环，为地方政府经济分析和决策提供重要的依据。
- 借此提升行内的数字化经营能力，推动高质量发展。

二、建设内容

产业企业评价双体系建设主要分为 FAST 产业评价体系的开发、"北斗七星"企业评价体系的开发，以及基于双体系的新产品"普数贷"的开发。

（一）总体架构

双评价体系的总体架构由数据层、特征层、模型层和应用层组成。

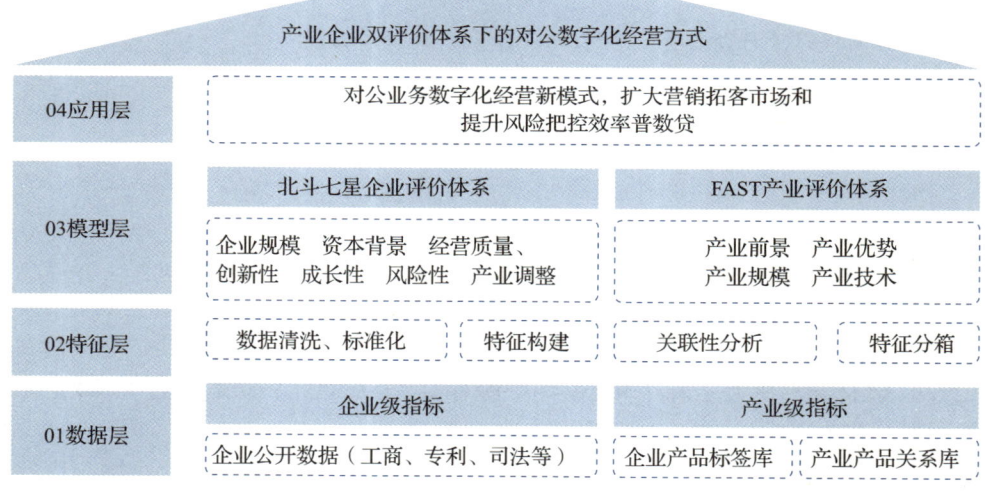

双评价体系总体架构图

（二）开发过程

1. FAST 产业评价体系开发

FAST 产业评价体系依据"未来前景（Future）""产业优势（Advantage）""产业规模（Scale）"和"技术发展（Technology）"4 个维度，科学、有效地量化评价各产业的特点，以此统一评价佛山的产业发展现状。

以地方产业数据为研究核心，依据国家标准行业分类构建佛山产业图谱，并利用产业数据及企业数据构建评价指标。通过专家的经验，选取定量指标并应用层次分析法来赋予权重，从而创建一个评价佛山各产业的综合比较体系。研究涵盖汽车、泛家居（家电家具）、金属建材、陶瓷、智能制造装备、生物医药及大健康、食品饮料、租赁与商务服务业、交通运输仓储与邮政业、住宿与餐饮业等多个产业。该评价体系综合考虑产业政策、总产值、利润率、产业间交叉重叠情况、技术投入及产出等指标，并结合不同部门和岗位的专家对这些指标的重要性评价，选取合适的评价指标和权重。通过这一方法，并基于佛山的产业数据，构建了 FAST 产业评价体系。根据 FAST 评价的得分，能够筛选出智能制造装备、泛家居（家电家具）、金属建材、生物医药及大健康等 10 个目标产业。

2. "北斗七星"企业评价体系开发

"北斗七星"企业评价体系从企业规模、资本背景、经营质量、创新性、成长性、风险性、产业调整这 7 个方面对企业进行综合实力、信用评价。

研究思路如下。

- **指标构建**：以产业数据、企业公开数据为基础，建立指标体系。
- **模型开发**：以行内客户数据以及部分榜单企业、风险企业确定模型目标 Y 值，通过机器学习算法，开发企业评价模型。
- **模型验证**：行内存量客户数据验证，业务专家经验验证以及企业实地调研验证等。

具体做法如下。

- 结合本行引入的企业工商、司法、投融资、税务、涉诉、舆情等多个维度的外部数据，构建了一个全面的指标体系，采用数据分析、机器学习及专家经验等手段，筛选出了具有较高重要性和贡献性、较低相关性的数十个指标。
- 应用决策树、逻辑回归、线性回归、随机森林等多种算法进行探索，建立了企业评价模型，并最终采用逻辑回归与专家经验相结合的算法作为最优算法。
- 通过内外部验证，并结合本行存量客户评级数据及逾期数据，对模型的准确性进行了确认。此外，授信审批部、信贷管理部、公司业务部、普惠金融事业部的客户经理以及风险经理，对企业样本进行了评价验证。通过"暖冬访企"等活动，支行试点实地调研了 375 家企业客户，通过获取和交叉验证企业真实数据，确保了模型的准确性。北斗七星企业评价体系能够呈现行业中企业客户的综合实力排序，从高到低分成了 15 个级别，即 R1 至 R15。

基于企业北斗七星评分（满分为1 000分），企业被分为15个层级，其中，处于R1至R5层级的为头部企业，它们具有规模大、资质优异、信用良好、综合实力强等特点，占比约0.76%；处于R6至R9层级的为腰部企业，它们具有规模介于1 000万至4 000万之间、资质良好、综合实力中等等特点，占比约13.88%；而处于R10至R15层级的为尾部企业，它们具有规模较小、风险较高、资质较差等特点，占比约85.36%。

（三）普数贷产品的建设

FAST与北斗七星双评价体系是贴近本土且由我行独创的数字产业金融评价体系，它首次将数字化、金融、产业和企业进行整合，构建了以"FAST产业评价体系+北斗七星企业评价体系"为核心的数字化经营整体解决方案。

此双评价体系的创建旨在解决中小企业信息不对称的问题，实现普惠金融。因此，我行首个落地场景是专为中小微企业设计的线上产品"普数贷"。该产品借鉴我行的既有税贷产品并进行了改良，依据FAST产业评价和北斗七星企业评价双体系筛选出R6至R9层级的企业客户作为目标群体，并为这些客户制定预授信额度。首批约1万家企业，涵盖智能制造装备、生物医药与大健康、电子信息、陶瓷、新材料、新能源（环保）等六大产业。基于北斗七星企业评级、企业营业收入和纳税评级来预测纯信用产品的预授信额度和预利率定价。与原税贷产

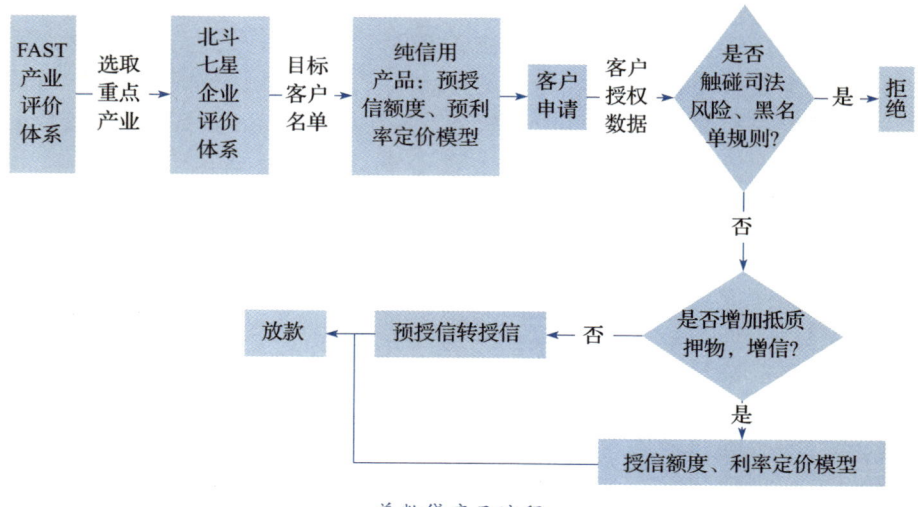

普数贷产品流程

品相比，普数贷新增了目标客户的预授信额度。如果客户申请流程完毕而未触碰司法风险、黑名单规则等风险规则，则预授信额度将转化为正式授信额度。若授权的数据包括更为详尽的财务和税务数据，将重新运行额度定价模型，计算得出最新的额度，并以额度较大者作为最终授信额度；如果增加了抵押或质押物，则可转入线下的中小企业贷款审批流程。普数贷依托我行现有的决策引擎、网贷系统和信贷管理系统，执行产品业务的申请、线上审批及贷后管理流程。

三、创新应用

基于FAST产业评价体系和"北斗七星"企业评价双体系的引入以及普数贷的运用，我行以大产业为创新风控模式的基础，以大数据挖掘作为开拓潜在市场客户的新策略，推出了一套针对数字化经营的解决方案。通过这些措施，我行在营销拓客和风险把控方面的效率得到了显著提升，主要亮点如下。

（1）**破除信息不对称，构建中小企业信用体系，实践普惠金融。**

以数字金融作为核心服务手段，有效解决了导致企业"融资难、融资贵"的信息不对称问题。此举让银行能够找到企业、了解客户，并能主动精准地提供金融服务，增加金融服务的可获得性。我们始终坚持"金融为民"的原则，积极履行社会责任。

（2）**利用大数据批量获取客户，以产业腰部企业为重点，推动佛山产业的高质量发展。**

佛山市法人企业的数量接近60万，其中R6至R9层级的腰部企业大约有7万家，而我行目前对公客户企业数为1万多家，这显示出巨大的市场潜力。通过深耕佛山市，扩大我行重点产业客户群，为更多的企业提供金融支持，打造"一行服务一城"的现代南海农商模式，助力企业进一步发展，推动产业腾飞。

（3）**制定产业、企业评价的自上而下的穿透模式，建立新的风险管控模型，加强下沉客户风险的管控。**

FAST产业评价体系通过横向对比各产业，筛选出了具有潜力和健康的目标产业作为贷款对象，从而减弱了传统评价模式以中小企业个体信用条件为主的局限。在此基础上，北斗七星企业评价体系进一步加强了企业的信用评级，高评价的企业信用风险较低，这非常便于选择和控制下沉客户级别，初步实现了中小微企业群体的前置风控。

（4）**基于双评价体系开发的预授信产品显著提高了营销效率。**

普数贷作为基于双评价体系快速孵化的创新信贷产品，改变了过去主要依赖客户介绍的传统营销方式，打破了客户获取的限制。客户经理现在可以根据双评价体系提供的目标客户名单，直接与客户联系，提供送贷上门的服务，这明显提高了审批通过率，有效提升了办理贷款的效率和便利性。

四、取得成效

取得的成效主要体现在如下几个方面。

- **风险控制效率显著提升**。双体系方案的实施，为业务部门提供了判断产业发展的依据，并指导了贷款的投放；通过引入工商、司法等多维度数据，并运用机器学习、专家经验等多元评估方法，对企业进行综合评价，有效弥补了人工审批的缺陷，提高了风险控制水平。截至目前，普数贷未出现任何逾期情况，这证明了数据模型的高度准确性。
- **普数贷的授信规模已超过 7 000 万元**。双体系方案首款产品普数贷上线半年以来，共计向 106 家企业（企业主）提供了授信，授信金额达 7 563 万元，平均每户授信额为 71.3 万元；其中 43 户获得实际放款，实际放款总额为 4 978.2 万元，平均每户放款金额为 115.8 万元。
- **大数据助力精准营销**。基于双体系方案和大数据算法的评级模型，我们能够精确识别和评估目标客群的经营状态，从而实现精准拓客，并配合开发的线上产品，形成了一个闭环的数字化、智能化业务流程。这一流程不仅提升了生产力，还有效解决了贷款业务扩展的瓶颈，从而提升了业务质量和效率。
- **无纸化操作显著提高工作效能**。双体系方案借助大数据技术和智能化风险识别模型，显著缩减了客户经理的调查报告工作量，减少了纸质证明材料的需求。客户经理可以直接基于授信结果与客户联系，提供贷款服务，大幅提升了贷款处理的效率和便捷性。

完成人：
黄　　毅　　广东南海农村商业银行股份有限公司信贷管理部数据治理总监
林俊浩　　广东南海农村商业银行股份有限公司数字银行部副总经理
胡　　杰　　广东南海农村商业银行股份有限公司数字银行部副总经理
吕妙玲　　广东南海农村商业银行股份有限公司数字银行部数据架构师
林秀娜　　广东南海农村商业银行股份有限公司数字银行部数据工程师

案例 45 期货行业舆情标签体系和期货品种风险评估体系

对期货品种风险进行全面、准确、及时评估是期货行业防范金融风险、开展风控业务的关键环节。中信期货采用自研模式，基于大数据和人工智能技术，构建了期货行业舆情标签体系和期货品种风险评估体系，二者提供日度、周度、月度等维度上的风险分级预警，以及 7×24 小时运行和分钟级结果更新，实现了"动态风控、精准风控"，有效解决业务痛点。本项目提出的"AI+ 期货风控"的模式在期货行业风控体系建设领域具有引领和示范作用。

关键词：人工智能，舆情标签，品种风险分级

一、背景介绍

期货行业在发展过程中一直面临着各种风险的挑战，避免系统性风险的发生已成为期货行业的共性难点。近年来，期货业务在精准性、时效性等方面对风控提出了更高要求。构筑行之有效的期货品种风险评估体系对于完善公司风险体系建设，推动公司风控业务发展，并增强期货公司抗风险能力有着重要作用。

随着金融科技的发展，"科技赋能金融"的理念逐渐得到认同，采用 AI 和大数据等新型技术来推动业务发展逐渐成为行业发展趋势。中信期货高度重视数据治理体系建设和大数据、人工智能等技术的研发、应用。

本项目以中信期货风控业务为应用场景，积极探索 AI 技术的应用，设计并搭建了面向期货行业的舆情标签体系，并在此基础上结合业务需求，搭建了覆盖期货全品种的风险分级 AI 模型，它们能够提供日度、周度和月度等多时间跨度的风险评估和预测，取得了显著成效，为"AI+ 期货风控"模式在行业内的推广增添了可行性样例。

二、建设内容

（一）总体思路

期货行业舆情标签体系和期货品种风险评估体系建设项目的主要内容是：围绕期货风控业务场景，基于 AI 技术，构建期货行业舆情标签体系和期货品种风险分级体系实现决策智能化和精细化，以及通过大数据技术和风控平台架构体系实现流程自动化和高效化，最终实现全面、精准、动态、主动的风控体系。

具体内容包括以下 4 个方面。

- **业务风控体系**：紧紧围绕业务场景需求，针对不同情况和风险类型进行风险控制，非基于单一场景。
- **舆情标签体系**：基于期货场景需求，自主设计贴合实际期货业务的舆情标签体系，覆盖宏观、市场、行业等多个维度，并进一步细分有 100+ 舆情特征标签。

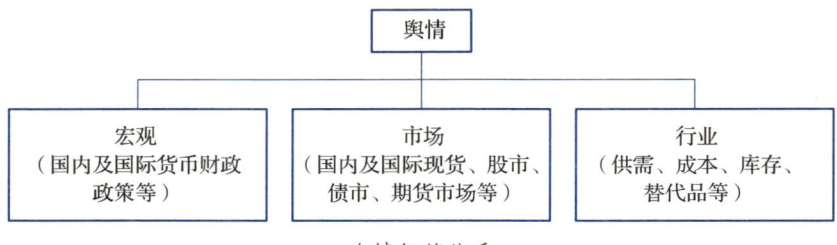

舆情标签体系

- **期货品种风险分级 AI 模型**：旨在为全市场的期货和期权产品构建包含多种时间跨度（日、周、月度等）的风险预警，其考察维度包括宏观经济、货币政策、市场交易行情、行业信息和舆情信息等；新闻舆情模型主要采用自然语言处理（Natural Language Processing，NLP）技术对新闻、政策、研究观点、交易所通知规定等文本类信息进行评估；品种风险传导模型主要是通过构建图神经网络来刻画不同品种之间的风险传导方向及程度。
- **智能风控平台**：我司独立研发、自主可控的风险控制平台的系统架构主要分为数据层、AI 层、服务层及用户层。底层为数据层，其依托中信期货大数据平台，提供分布式数据存储和实时数据源能力；AI 层汇集多个模型，依托大数据平台，为服务层及用户层提供 AI 决策结果；中间层为服务层，依托大数据平台的实时计算能力，实现风控规则的计算；上层为用户层，提供风险管理配置与风险告警触达。

（二）技术路线

平台整体采用微服务架构和容器云平台技术，具备高并发处理能力和高可用性，这些主要通过以下方案实现：在采用容器化部署和微服务架构的基础上，使用多副本将服务部署于多个容器节点，并通过负载将请求均衡分发到各节点，保障系统的高可用性；对每个服务节点进行健康检查，以避免流量被分发到故障节点，同时采用容器云的监控机制，确保服务具备一定数量的健康节点可以对外提供服务；通过建设同城双活的架构，提升系统的容错和伸缩能力。系统可同时支持 1 000 名以上的公司员工同时在线。在出现系统资源不够时，平台还可以实现自动扩容。上线后系统及时接入统一监控平台，对系统的正常运行进行 7×24 小时监控。

风控平台实现了全栈信创化，通过各底层服务器硬件、操作系统、中间件、数据库的全栈信创化适配，确保了资源底座的自主可控。

三、创新应用

本项目紧密围绕期货风险业务场景，创新性地构建了风险评估体系、AI 模型和风控平台。作为科技赋能金融的具体实例，本项目采用最新 AI 技术和大数据技术并贴合业务场景设计功能应用模块，通过搭建数据层 +AI 层 + 服务层 + 用户层的系统架构进行开发和呈现。从业务视角来看，本项目中提出的期货品种风险评估体系全方位刻画了品种风险，在业内具有独创性；从技术视角来看，涉及 AI、大数据、架构设计等技术，在满足业务需求的同时也拓宽了技术的应用场景，创新了技术理念和技术手段。

（一）创新风险评估体系

业内率先提出新型组合保证金自研风控方案，以期货交易所新型组保模型（SPMM、SPBM、Rule、RCAMS）为指导依据，进行期货行业新型组保模型建设及运用，领先整个期货行业，具有重大战略意义。基于 AI 智能模型 + 风险分级体系（品种、信用、交易风险分级），可以提升期货市场风险防控的前瞻性、全局性和主动性，高效应对大宗商品价格波动，牢牢守住不发生系统性风险的底线。

（二）创新品种风险分级 AI 模型

在构建 AI 模型的过程中，有如下 4 个核心亮点。

- **"可量化"的风险评估模式**：在传统的以定性为主的期货领域风险评估的基础上，结合人工智能理念，构建一系列"可量化"的标签体系，推动风控业务向精细化的转变。例如，将品种风险的"高风险""低风险"等传统评价体系转化为定量的风控指标，提高了风控精细化程度。
- **"数尽其用"的数据处理思想**：品种风险分级模型使用的数据种类繁多，不同数据的属性差异较大，例如不同类别（数字、文本等）、更新频率（秒、日、周、季、年度）、可靠性及来源（市场信息、新闻舆情、监管机构通知公告）等。考虑到上述不同特点，我们采用多模态机器学习理念，为每一个因子针对性地设计最符合其特点、最能充分发挥其预测功能的处理方法，做到"数尽其用"。
- **面向期货行业的舆情标签体系**：基于期货场景需求，自主设计贴合实际期货业务的舆情标签体系，100+ 舆情特征标签覆盖宏观、市场、行业等多个维度。目前，舆情标签 AI 模型每日处理 10 000 余个新闻舆情标签。为了更好地评估舆情对风险的影响，进一步构建了多周期舆情压力指数，即在对单条舆情情感色彩分析的基础上，构建了不同时间跨度的舆情压力指数系列因子，以更好地评估和表征不同舆情对市场的影响力和影响时间。
- **"主 + 子"的品种风险分级 AI 建模思想**：构建主与子模型相融合的品种风险预警模型。其中，主模型以 AI 品种风险分级指标为例，包括机器学习、NLP、知识图谱等。针对期货市场风险业务场景，打破单一时间频率，设计多频率的预警模型，时间跨度从每小时到日度、周度、月度，全方位刻画期货期权品种风险；子模型包括舆情模型和风险传导子模型，后者基于知识图谱技术并采用图神经网络，精准、动态刻画期货品种之间的风险传导，包括传导类型、传导方向、传导程度等。

（三）创新平台功能设计

在服务层和用户层方面，关键技术和创新点主要包括如下两个。

- **微服务架构 + 容器云部署**：微服务架构具备天生的灵活性、独立扩展性，对业务模块进行解耦重组，通用模块下沉后使得平台具备很好的可扩展性；智能风控平台部署在公司本地容器云平台上，容器云本身具备高可用、无感扩容等优点。
- **Kafka+Flink**：Kafka 是一个具有高吞吐量、低延迟、高可扩展性且支持高并发处理能力的消息队列；Flink 是一款具有高吞吐量、低延迟、高性能且能够实时流式计算的框架。数据中台把源数据经过 Kafka 集群下发到智能风控平台，打破了平台与实时数据直接对接的交互壁垒。Flink 结合 Kafka 可以直接订阅数据中台的 topic 数据，Flink 可以过滤用户在风险监测平台配置的预警条件数据，再经由 Kafka 发送给平台服务端，服务端再进行数据相关处理进而触发预警。

该项目应用的软件系统具有新颖性、独创性以及高可用性，具备多副本、服务器健康检查、同城双活等特性，通过底层服务器硬件、操作系统、中间件、数据库全栈信创化适配，实现了资源底座自主可控。

四、取得成效

期货行业舆情标签体系和期货品种风险分级体系建设是中信期货智能风控的重要组成部分。上述体系建设在中信期货的成功实践对期货行业的发展，尤其是风控业务，有着积极影响。目前，智能风控平台提供的精准、及时的风险防控已经为公司带来了实质的经济价值。本项目通过服务风控业务，提高了业务收益并突出了自身的经济价值和社会价值。

通过智能风控平台品种风险模块，中信期货能及时了解期货品种风险分级情况，极大提升了公司风险预警的能力，让客户及公司风险在可控的范围内，对期货行业的市场风险控制有重要意义。

基于本项目设计的品种风险分级模型迭代优化指标在业内属于行业首创，是期货行业内具有较高参考价值的智能风控模式，在国内外目前未见相同文献报道，具有技术独特性，后期随着逐渐推广和广泛应用，将对期货行业智能化、数字化，推进前瞻性、全局性和主动性的市场风险防控，提高数据质量和决策效果，提升客户体验提高期货公司核心竞争能力和抗风险能力，建设行业护城河，防范期货市场系统性风险产生较为深远的影响。

完成人：
余以志　中信期货有限公司金融科技委员会首席信息官兼总经理
谢赞艺　中信期货有限公司运营中心部门总经理
丁　雯　中信期货有限公司运营中心交易风控部部门总经理
王　超　中信期货有限公司金融科技委员会首席专家岗（AI 风控）
周海荣　中信期货有限公司金融科技委员会应用架构师

案例 46 新一代反洗钱系统

近年来,国家反洗钱监管体系加快与国际接轨,监管理念逐渐向"风险为本""实质有效"转变。金融行动特别工作组(FATF)全球第五轮互评估启动在即,反洗钱监管执法的检查深度和广度持续扩大,处罚力度也不断加大。为更好地支持粤港澳大湾区的金融建设,防范、化解金融风险,有效应对日益复杂和多样的反洗钱挑战,广发银行利用人工智能、大数据分析及图计算等前沿技术,建成了新一代反洗钱系统,行内反洗钱报送监测的质效及数据质量显著提升。

关键词: 反洗钱,新反洗钱系统,数据治理,人工智能,粤澳联动

一、背景介绍

反洗钱金融行动特别工作组发布的《40 条建议》作为国际反洗钱标准,对指导各国在应对洗钱和恐怖融资等方面具有重要意义。目前,随着监管检查的深入和范围的扩大,罚款力度持续增强,我国反洗钱领域的"双罚、重罚、追溯罚"已成为新常态。

广发银行作为我国股份制银行之一,近年来交易量持续攀升,各类金融创新业务相继推出,反洗钱风险管理不断面临来自新技术、新产品、新渠道的挑战。2013 年,广发银行的一代反洗钱系统投入运营,尽管该系统经过了持续的小步迭代,但因监管要求日渐严格,它已无法满足当前的需求。大额、可疑交易报送及客户洗钱风险评级成为监管执法检查的焦点,并成为近年来处罚的重点,迫切需要对系统进行重构。此外反洗钱现场检查(300 号文)规则的数据口径调优和问题闭环管理也迫在眉睫。

因此,为落实监管反洗钱要求,确保现场检查数据真实有效,提升预防和打击洗钱活动的效果,以及降低洗钱风险,广发银行着手对反洗钱交易报送系统、300 号文系统和客户洗钱风险系统进行升级建设,以符合行业最高标准。这标志着广发银行新一代反洗钱系统的建设正式开启。

二、建设内容

新一代反洗钱系统以"风险为本"为基本思想，遵循 FATF 的国际标准及国内反洗钱监管原则，依据广发银行反洗钱中心的业务需求，并借鉴国内外同行的先进优秀方案，打造了业界一流的安全、精准、高效、健全的反洗钱系统群。随着广发银行新一代反洗钱业务系统群的逐步上线，引发了业界的关注，在 2023 年第六届数字金融创新大赛中该系统群荣获"数字风控赛道金奖"。

（一）反洗钱交易报送系统

大额交易和可疑交易监测报送是金融机构履行反洗钱核心义务的关键环节之一。新升级的反洗钱交易报送系统在很大程度上解决了大额和可疑交易报送中国人民银行过程中因批次时长导致的迟报问题，显著提升了监管报送的准确性和及时性。通过引入业界科学的可疑模型生命周期建设方法，增强了系统对新型洗钱手段的识别和预警能力。

借助大数据存储、Spark 计算引擎和图谱技术等大数据计算手段，聚焦批次问题根源，全面提升了报送时效，从根本上杜绝了因系统跑批慢导致的大额迟报现象。此外，研发团队利用自研的实时数据处理平台，完成了超 200 亿条海量数据的快速迁移，极大提升了数据处理效率。

研发团队引入业界领先的可疑模型开发平台，旨在通过科技赋能，为反洗钱中心提供灵活分析平台和建模平台，以支持业务方自主开展多轮可疑规则模型的梳理。通过该平台，现已实现 300 余条可疑规则、模型的优化，大幅提升了反洗钱工作的效率和精确度。

（二）300 号文系统

为提高反洗钱现场检查的效率并落实依法行政的要求，中国人民银行要求被查的银行业金融机构须遵照具体的数据检查规范，即 300 号文规范。2022 年，广发银行以中国人民银行的反洗钱检查作为抓手，上线了 300 号文系统，该系统包含了反洗钱监管检查数据系统和反洗钱数据监督系统。前者依据 300 号文规范和中国人民银行的要求加工行内数据，后者利用验证标准对加工结果的准确性及有效性进行进一步的验证，以及时发现并定位问题，避免数据上报的错误。这两个系统相辅相成，共同构建了 300 号文系统的完整闭环。

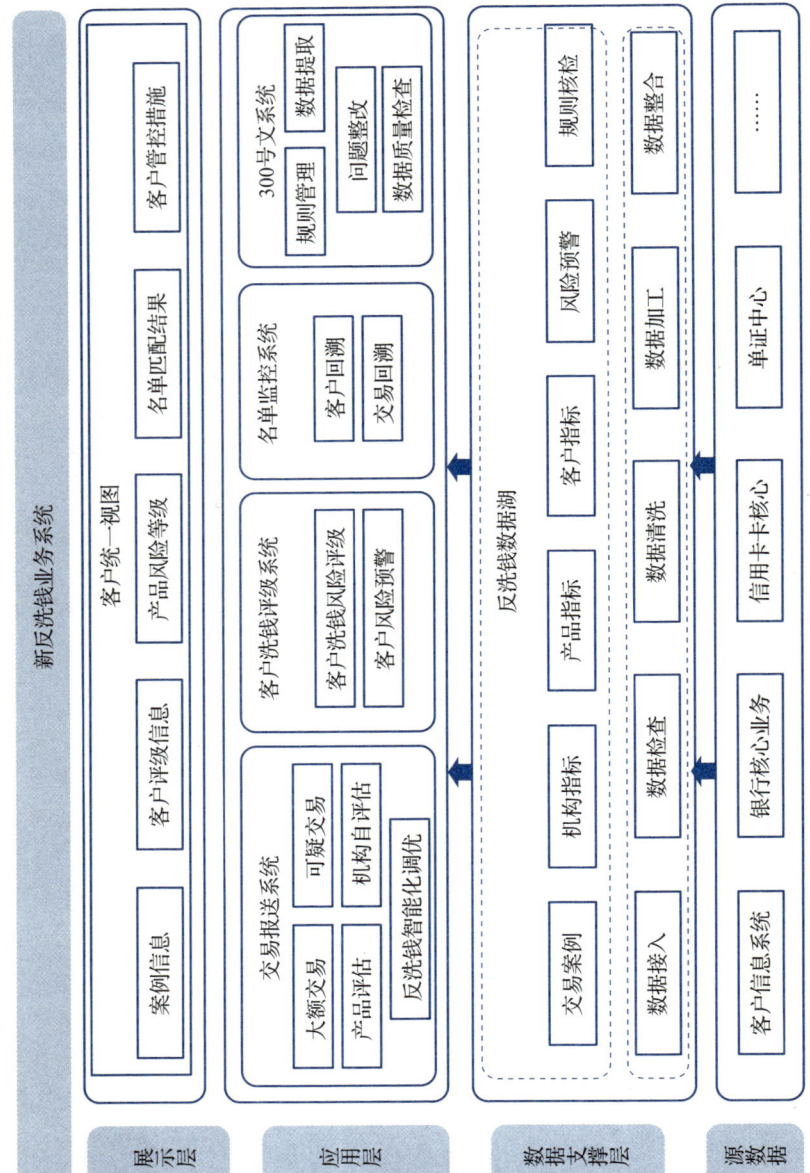

300 号文系统不仅有效地提升了数据的准确性和及时性，还为全行的反洗钱检查问题提供了一个高频、便捷的系统平台，成功构建了数据质量检查及整改的线上化全流程监督体系，通过科技赋能增强了反洗钱的自我检查能力。此外，该系统帮助各地分行扩展了各有特色的反洗钱检查报表，有效减轻了各分行面对检查的负担。

（三）客户洗钱风险评级系统

根据 2020 年我国的反洗钱处罚原因分布情况显示，客户身份识别及客户风险评级划分与分类管理共计罚款高达 4.02 亿元。原客户洗钱风险评估系统存在评级范围无法覆盖所有业务场景及评价指标体系过时等不足。鉴于此，本次重构借鉴了国内外业界的众多先进标准和模式，设计并建立了一套科学且完善的客户洗钱风险评级体系。该体系旨在为构建客户洗钱风险档案提供技术支持，有效识别潜在的洗钱风险客户。

客户洗钱风险系统采用了灵活高效的 Spark 计算引擎等技术组件来构建客户风险评级体系，打造了自动化、流程化的客户洗钱风险评级机制，该系统于 2022 年底完成首次投产。此次全新构建的科学且完善的客户洗钱风险评级体系涵盖数百个评级规则及指标，结合国内外同业的领先经验，自主研发了十个评级触发场景，解决了以往评级有效性不足和覆盖面不全的问题。

（四）反洗钱数据治理

因为银行业务应用数据传递链路较长并且反洗钱系统位于链路下游，所以"源系统—大数据—反洗钱系统"中的每一个环节都间接影响了反洗钱应用的数据质量和处理效率。为此，广发银行新一代反洗钱系统增加了数据源"端到端"的监控校验机制，对所有接入的交易数据实行实时分析，以便及时发现并预警问题，确保数据的准确性。

自 2023 年初试运行以来，该系统进行了数据加工模型的分层重构，显著提升了系统的批处理效率，同时降低了运维成本。为实现反洗钱数据质量的全程监控，数据接入环节增加了主键、空值、值域以及关联性的校验，确保了数据来源的完整性和准确性。在数据加工环节，系统将绘制模型指标数据曲线；在数据应用环节，将跟踪报送、共享及筛查数据的生命周期及质量，并实时进行问题类型的分析和汇总。借助预警通知、邮件系统及数据资产管理平台等工具，系统能精准地推送信息至相关责任人，及时识别并解决技术问题导致的数据质量问题。

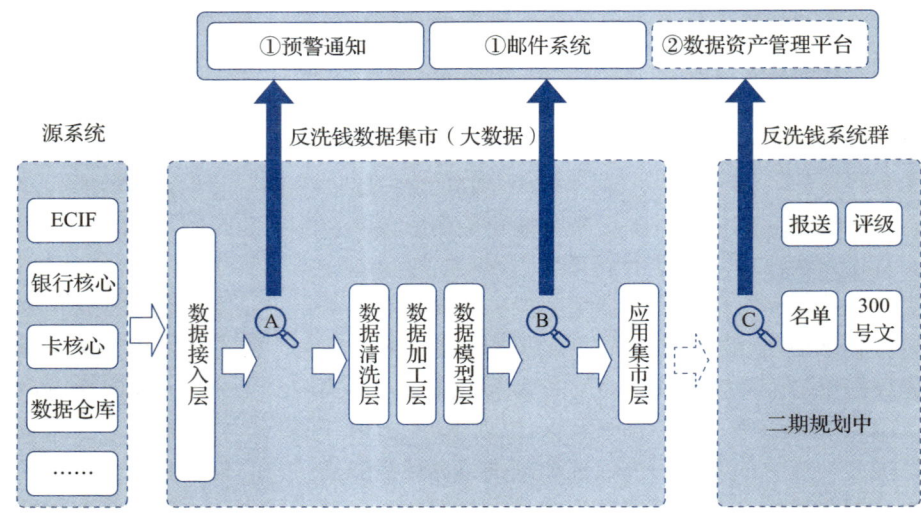

新一代反洗钱数据监控方案

（五）粤澳关注名单联动

根据《大湾区（粤澳）同一金融集团内部反洗钱关注名单联动核查操作指引（2020年试行）》并参照澳门地区《预防及遏止清洗黑钱犯罪》《个人资料保护法》和《反洗钱及反恐怖融资指引》等，中国人民银行广州分行接到总行授权后与澳门金融管理局联手，计划在2020年11月启动同一金融集团内部关注名单联动核查试点工作，广发银行作为该区域内重要的金融机构，计划在澳门、广州、深圳、珠海、佛山、惠州、东莞、中山、江门和肇庆共10个城市，开展防范粤澳两地洗钱风险的跨境传导与扩散工作，以及加强同一金融集团内部互设机构之间风险信息的共享和应用。

广发银行新一代反洗钱系统已于2020年11月、12月及2021年1月完成系统第一阶段的三期改造，以确保粤澳名单联动核查工作的顺利进行。系统改造之后，反洗钱关注名单范围扩大，能够覆盖更多符合报送要求的名单场景。基于更广的客户范围，匹配规则同步完成迭代更新，保证规则针对性地在扩增场景下进行有效甄别。为应对因改造带来的匹配规则增多而可能使前台业务操作复杂化的情况，研发团队密切配合业务人员，及时优化了系统前端，改进了结果过滤与案例操作的界面，使之更加易用，确保了工作效率与质量的双重提升。

到2023年，粤澳名单联动核查工作进入第二阶段，并于2023年11月全面投入使用，核查效果显著。

（六）反洗钱人工智能化建设

广发银行研发中心在不断加强常规反洗钱业务功能系统的基础上，积极探索人工智能在该领域的应用。研发中心与国内先进的人工智能公司开展了积极的沟通交流与合作，针对"智能排序""可疑案例扩召回"和"可疑团伙识别"3个模型，研究并提出了最佳技术实施方案。遵循数据可行性和有效性的原则，经过严格的测试和演练，确认了这些人工智能模型在反洗钱系统中的兼容性与有效性。特别是通过对多级账户关联关系的深入挖掘，有效地解决了复杂的客户关系与资金流转网络的监测问题，并有效识别了潜在的洗钱团伙，为智能反洗钱系统的后续建设提供了坚实的技术支持。

三、创新应用

这里以人工智能技术在广发银行反洗钱的应用为例。

严厉打击金融犯罪是全球金融监管的共识。近年来，广发银行的金融交易量迅猛增长，各种金融创新业务层出不穷。洗钱犯罪也呈现出多样化和隐蔽化的新态势。目前基于传统规则的反洗钱系统在交易监测技术上，还存在漏检洗钱行为的风险。要提升反洗钱监测的效率与精确度，迫切需要借助大数据与人工智能技术实现质的飞跃。

通过学习汲取业界先进应用经验，广发银行针对可疑交易监测的现状，制定了3个反洗钱智能化模型的实施方案。

（1）**智能排序**：采用机器学习算法的洗钱案例智能排序模型，全面提取与洗钱行为相关的信号。通过分析千级特征维度和亿级数据量，对现有反洗钱规则系统发出的预警进行智能排序，根据洗钱风险要素缩小可疑案例范围，从而提高审核效率。

（2）**可疑案例扩召回**：利用有监督的机器学习算法，可疑案例扩召回模型基于海量数据挖掘，构建高维和拓扑特征体系，精确描述反洗钱可疑案宗，有效识别出反洗钱规则系统未能检测到的可疑洗钱案例，减少了系统对可疑交易的漏报现象。

（3）**可疑团伙识别**：该模型的目标是通过利用客户信息、账户信息、交易信息、IP设备信息以及历史案例信息等，构建一个半监督的图关联模型，用以识别可疑的洗钱团伙。同时，该模型能输出详细的网络关联信息，帮助反洗钱专家更高效、准确和全面地分析洗钱团伙网络的整体状况。

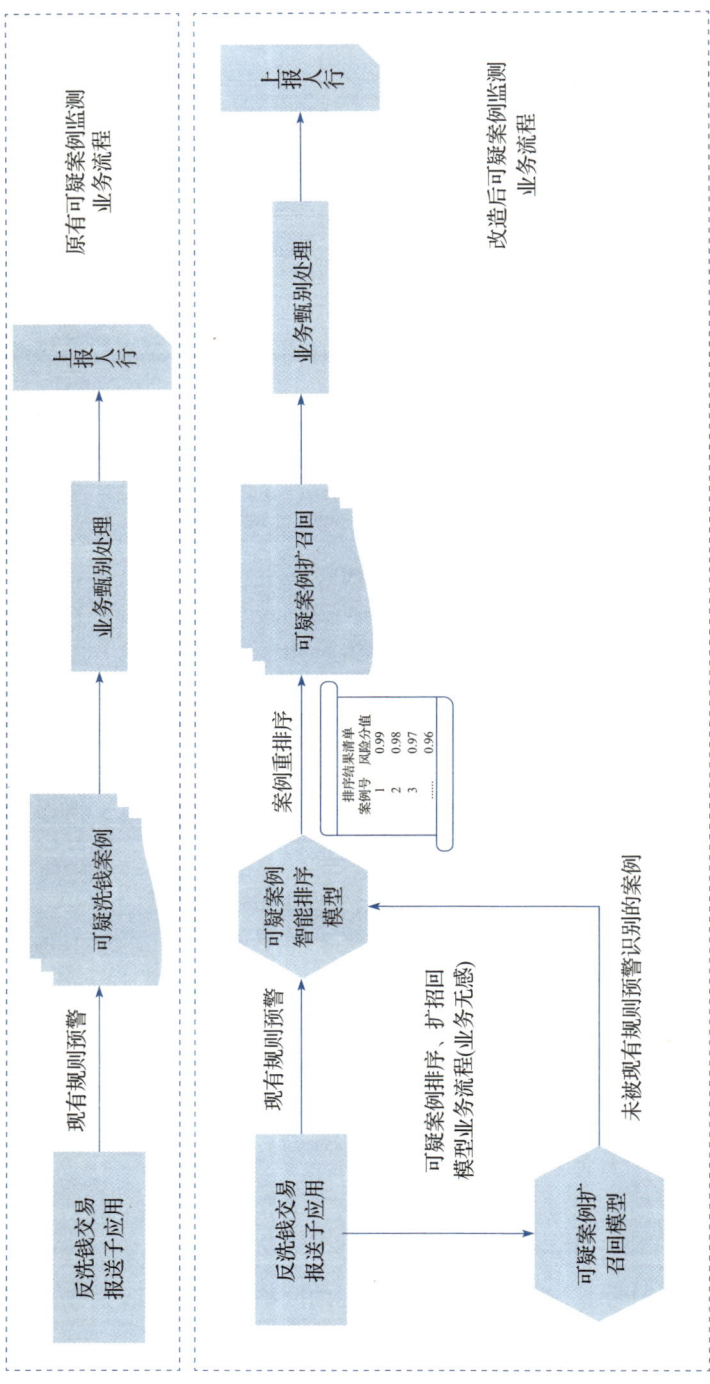

反洗钱智能化改造方案对比

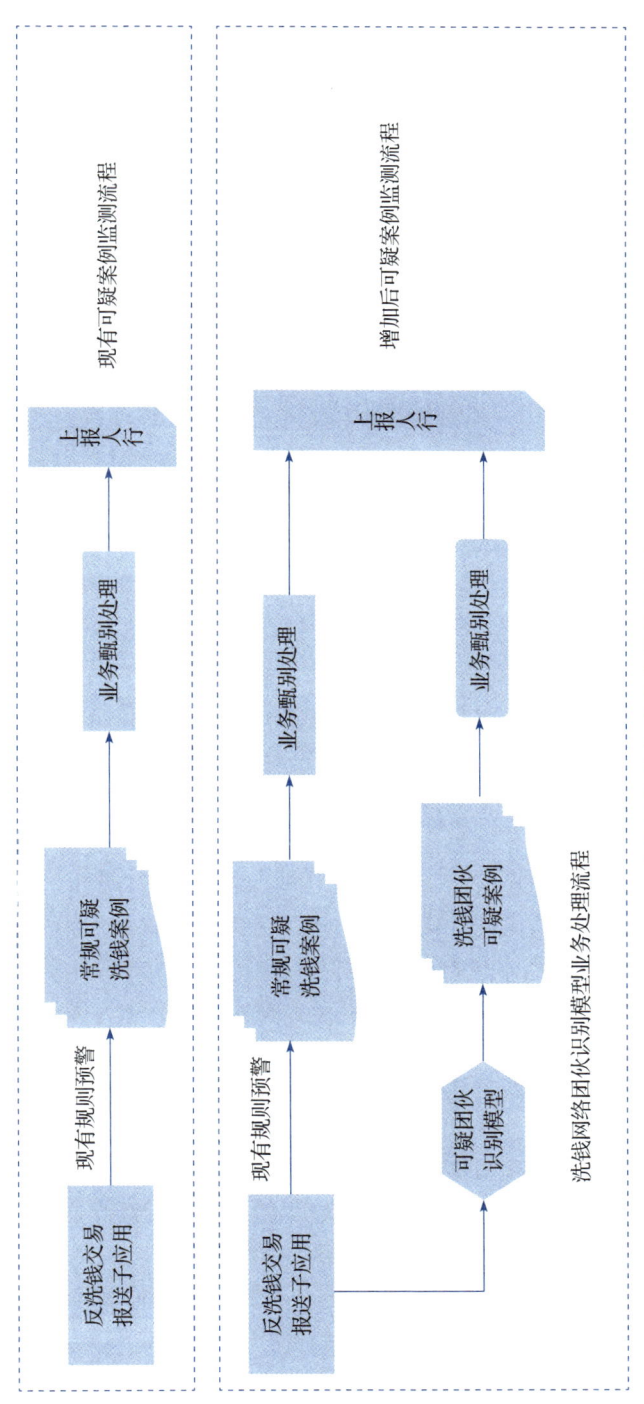

洗钱网络团伙识别模型流程对比

以半监督图算法的可疑团伙识别模型为例，整个智能化建模流程分为数据预处理、半监督特征提取、半监督图算法检测、模型评估和专家反馈。

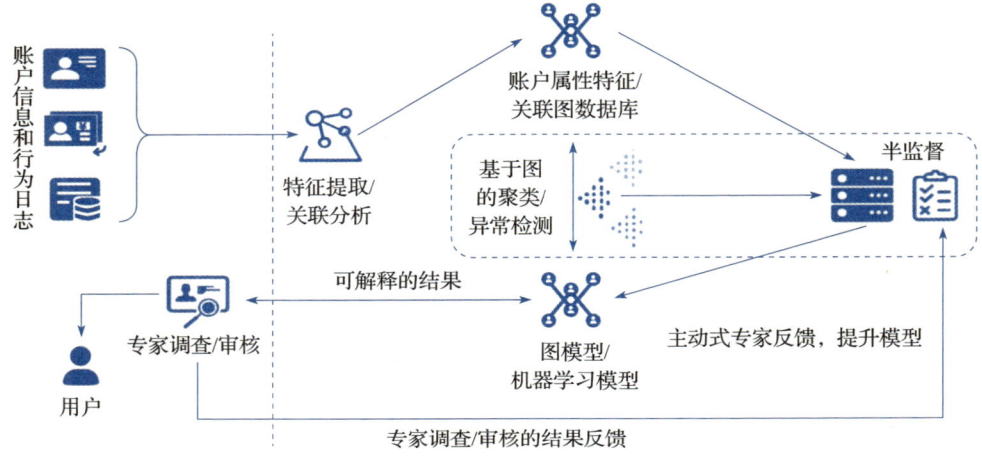

可疑团伙数据加工建模流程

整个建模过程不依赖规则检测，而是通过关注行为及其关联异常来辅助客户评分模型，发现未知的洗钱团伙，适应不断变化的环境。在整个流程中，最为关键的是半监督中图的构建和精选，这涉及三大核心步骤。

（1）**创建关联图过滤机制，排除正常客户的关联边**。在图的构建阶段，重点考察物理位置、网络环境和客户的交易行为等属性。例如，洗钱分子可能会购买大量身份证来开户，这些身份证通常来源于同一中介或某一偏远山区，因此这些客户的身份证地址可能指向同一地点。此外，在赌博行业，大部分比赛通常在晚上举行，所以可疑客户可能在晚上进行大量交易，而正常客户则多在白天交易。由此，模型会输出一个边关系更少的关联图，使正常的关联边得以去除，从而提高检测的准确性。

（2）**分割子图并检测稠密社区**。通过剔除正常关联边后，可以在关联图中识别出多个连通的子图，这些子图内的点都是通过权重比较高的边关联到一起的，所以每个子图可以作为风险团伙的候选。由于子图中的客户位置可能变动，部分客户可能只与子图内的少数客户有联系，这些处于边缘的客户洗钱风险较小，可能会影响团伙检测的准确性，因此需要在每个子图上并行地寻找稠密子图。

（3）**原始团伙过滤**。半监督算法引擎输出的可疑团伙并不一定都是洗钱团伙。根据专家的经验，在对可疑团伙进行后续处理时，通常会设置洗钱团伙人数的上限和下限。这是因为过小的团伙缺乏分析价值，而高密度的小团伙很可能是家庭式聚集，不一定涉及洗钱，这样的团伙可能导致案例的误报。

因此模型结果后处理模块将选择以下几类洗钱团伙子图。

- 已上报客户所在子图。
- 团伙在境外交易的子图。
- 团伙成员可疑得分较高的子图。

针对包括汇兑型地下钱庄、结算型地下钱庄、电信诈骗、非法集资、疑似赌博、疑似传销、疑似诈骗、疑似套现等多种洗钱场景在内的反洗钱上游犯罪，我们制定了相应的可疑交易监测模型。该模型旨在提高可疑案例的上报率，减少漏检和筛选量，使反洗钱数据的上报质量得到有效保障，提升反洗钱工作的效率，以满足中国人民银行的监管要求及反洗钱业务发展的需求。

四、取得成效

（1）**二代反洗钱报送系统全面上线平稳运行**，这体现在如下几个方面。

- **实现大额、可疑交易报送新老系统切换**。通过大数据实现海量数据迁移，查询范围扩大到 5 年，查询效率由分钟级缩短到秒级，极大提升了用户使用体验。
- **可疑监测有效性大幅提升**。对 300 余条可疑规则、模型进行优化，总体预警率显著提升。
- **大额报送时效性提升**。相较于旧反洗钱系统，新一代反洗钱系统全年 90% 的批次任务完成时间从 T+2 日缩短至 T+1 日。

（2）**客户洗钱风险评级系统正式投入生产**，这体现在如下几个方面。

- **降低监管处罚风险**。新一代客户洗钱风险系统完成了近 200 个全新的公式规则、积分模型设计开发，整理了 9 大类近 400 项指标，解决了评级有效性和覆盖不全问题。
- **提升客户洗钱风险等级质效**。自主挖掘十大评级触发场景，优化多规则、高触发等方案，并完成系统解耦，加快了数据加工速度，缩短了批次处理时间。

（3）**300 号文系统上线，助力问题整改提质增效**，这体现在如下几个方面。

- **取数时效显著提升**。通过 300 号文系统使全表数据生成周期从约 T+10 缩短为 T+2，时效相较于旧系统提升了 5 倍，取数便捷性也得到了提升。

- **数据质量监督平台升级**。协同业务部门设计开发包括数据空值、格式、关联性、唯一性、一致性校验等 10 类 800 余条数据质量校验规则，覆盖全部报表，为行内反洗钱中心开展数据问题排查、跟踪和考核工作提供了有力抓手，有效推动了反洗钱数据治理。

（4）**持续完善反洗钱名单监控系统**，这体现在如下几个方面。

- **提高系统性能和运行效率**。通过 2 个月并行对比，顺利完成了反洗钱名单实时筛查接口切换，查询性能提高了 10 倍以上。
- **加强重点地区洗钱风险的把控**。粤澳联动名单检查第一阶段分三期上线后，截至 2023 年 5 月，累计匹配筛查广东十城客户和澳门客户超千万次，通过粤澳联动，进一步加强了对重点地区洗钱风险的把控。

（5）**数据治理监控体系预警数据问题，保障系统运行稳定**，这体现在如下几个方面。

- **优化批次运行时效**。对时间较长的 300 号文加工流程，通过拆表、调整 hive 参数等方式进行专项优化，整体批次运行时间缩短了 23%。
- **完善系统监控，预警故障风险**。针对批次文件导入数据库超时、遗漏的偶发性问题，累计上线 400 余条监控校验规则，已持续稳定预警累计超过 15 个月，有效规避了字段加工处理问题。在提升反洗钱数据质量的同时，减少了客户、交易补录工作量，实现了为反洗钱合规人员切实减负。

（6）**反洗钱智能化手段推动高效精准系统输出，引入三大人工智能模型，进一步推动了新一代反洗钱系统的提质增效**，这体现在如下几个方面。

- 智能排序模块中的可疑洗钱案例精准化上报功能对于模型评分排序位于前 70% 的案例的上报覆盖率超过 95%，大幅节省了人工甄别时长。
- 通过嵌入可疑扩召回模型，月均帮助原有专家规则系统弥补可疑客户超 1 000 人，召回案例上报率远超专家规则模型识别案例。
- 可疑团伙识别模型上线后，每月稳定识别输出一定数量的团伙案例，经业务甄别确认，识别出案例存在洗钱风险。

综上所述，广发银行贯彻落实党的二十大精神，坚持金融服务民生的初心和使命，遵循反洗钱"风险为本"的原则，并依据反洗钱监管要求，开展新一代反洗钱系统建设。在技术架构搭建中，支持"事前、事中、事后"的客户反洗钱全生命周期监测和闭环管理；在技术方案的实现上，重点提升反洗钱业务的时效性、准确性和智能化，强化科技支撑，以应对国内外反洗钱形势和政策的持续变化。未来，随着数字化转型的深入推进，广发银行研发中心将继续拥抱监管变革，深化科技赋能，探索新兴技术的应用，构建风险"高压线"，筑牢科技"防火墙",从而为广发银行的高质量发展和国家反洗钱战略以及社会金融安全贡献智慧与力量。

完成人:
吴　超　广发银行股份有限公司研发中心法规业务研发团队资深级工程师
蔡展威　广发银行股份有限公司研发中心法规业务研发团队高级工程师
曾　溪　广发银行股份有限公司研发中心法规业务研发团队中级工程师
伍　弦　广发银行股份有限公司研发中心法规业务研发团队中级工程师
黄悦彬　广发银行股份有限公司研发中心法规业务研发团队初级工程师
周大文　广发银行股份有限公司研发中心法规业务研发团队初级工程师

案例 47 贵州农信知识图谱项目

本项目依托图数据库和华为大数据平台，构建了覆盖金融实体及其关系的关联图谱，其核心在于挖掘各实体之间的深层次语义、逻辑及隐式关系。项目主要聚焦于产品、机构、客户群、地域、行业、事件和人员等关键事实主体，借助我社持有的客户信息、账户、资金、资债、交易数据及员工信息等关键数据，划分出3类应用场景。这些应用场景以金融反欺诈、信贷风险评估、客户管理、反洗钱、金融审计、供应链金融及员工亲属关系等为落脚点，旨在实现风险发现有迹可循、有源可溯，从而增强对系统性和区域性风险的防控能力。

关键词：图形化，多层下钻，关系网，潜在风险，机器学习

一、背景介绍

在中国人民银行的统一指导下，随着一系列重要规范性文件的发布，金融法律法规日趋完善。为防范金融风险，省联社在加强管理的过程中，面对着海量的数据信息。然而，传统关系型数据库在分析数据关系和挖掘其规律方面并没有明显优势。利用图数据来揭示资金流动的异常风险更为直观，其模型构建更为简洁，实用性更强。此外，为有效防范信贷业务管理过程中的授信风险，对于行社来说，准确识别客户是进行正确风险管理的基础。通过知识图谱平台，运用客户关联信息进行关联关系画像描述，对于行社管理客户并深入分析资金流向而言具有更加实际的意义。

二、建设内容

贵州农信通过知识图谱平台，以数据能力创新服务于风险、合规和营销3个核心业务领域。首先，我们致力于借助图数据库的关联数据，发现客户在贷后

的异常关联行为，以防范金融风险。通过对放贷后的交易数据进行深入分析，一是能够识别虚假和欺诈性交易；二是能够锁定资金流向不合规或集中趋向等异常信息；三是可以对受托支付信贷资金的流向进行管理与监控。具体模型构建如下。

（1）**贷后资金投向与贷款用途不符**：客户从银行获得贷款后，虽然审批用途为消费、农业或经营使用，但若发现资金通过层层流转后流向与贷款用途不一致的企业，尤其是流向如房地产或小额贷款公司等受管控企业，平台将通过计算资金总额及其比例，评估风险程度，为风险排查提供坚实依据。

（2）**贷款资金归集**：由于部分客户的资质不符合授信条件或所获授信金额未达预期，他们往往采取类似"蚂蚁搬家"的方式，通过多人名义向银行申请贷款。这种行为属于冒名贷款，存在巨大的潜在贷款管理风险。

此外，通过对员工交易流水的监控，可以及时发现涉及境外赌博或违规资金操作的异常账户行为。在模型中，设定资金交易时间和规模参数，筛选出可疑员工。系统会自动根据业务逻辑，定期批量计算在特定时间点，交易规模及笔数达到自定义参数的所有员工名单，通过合规审核，可以确保名单的准确性。此外，还会通过大数据计算和结果反馈，形成机器学习机制，持续提升算法的精准性。具体模型如下。

（1）**贷款资金流向行内员工监控**：可能存在客户经理利用违规手段，对风险贷款客户进行违规授信，涉及非法资金交易，从而造成部分资金通过主体的账户或主体的关联账户流向内部员工的情况。系统将通过定期批量、自动计算贷款账户与行内员工及其关系人账户的资金交易，以构建贷款主体与行内人员的资金关系网络。

（2）**员工异常交易时点监控**：通过对员工交易流水的监控，可及时发现员工参与境外赌博或违规资金操作等行为。在模型中，设定资金交易时间和交易规模的参数，用以筛查可疑的员工。系统会自动根据业务逻辑，定期批量计算在特殊时间点，交易规模和笔数达到自定义参数的所有员工名单，并会通过合规核查，确保名单的准确性。

（3）**员工间大额资金交易监控**：针对极少数可能涉及违规集资的员工，监控其与其他员工，甚至与行内客户之间的大额资金往来，以识别异常交易并防范潜在的人事管理风险。按照交易规模对可疑交易进行排序。

（4）**银行内部亲属网络分析**：对银行内部员工的亲属关系网络进行数据挖掘。系统会自动、定期批量计算员工之间的亲属网络关系，并识别关系网络中的重要节点，将其作为员工资金流转的关键监控对象。

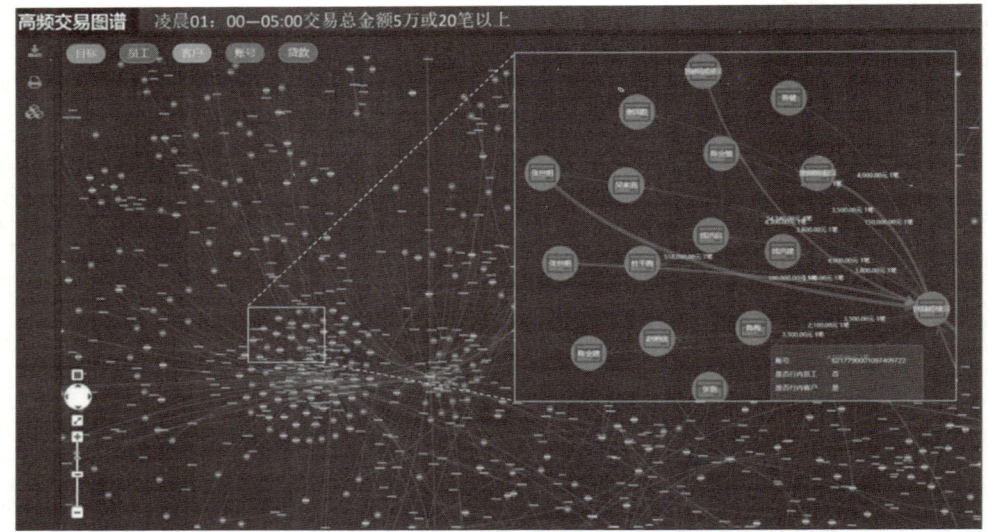

夜间高额交易（截图数据均为系统脱敏测试数据）

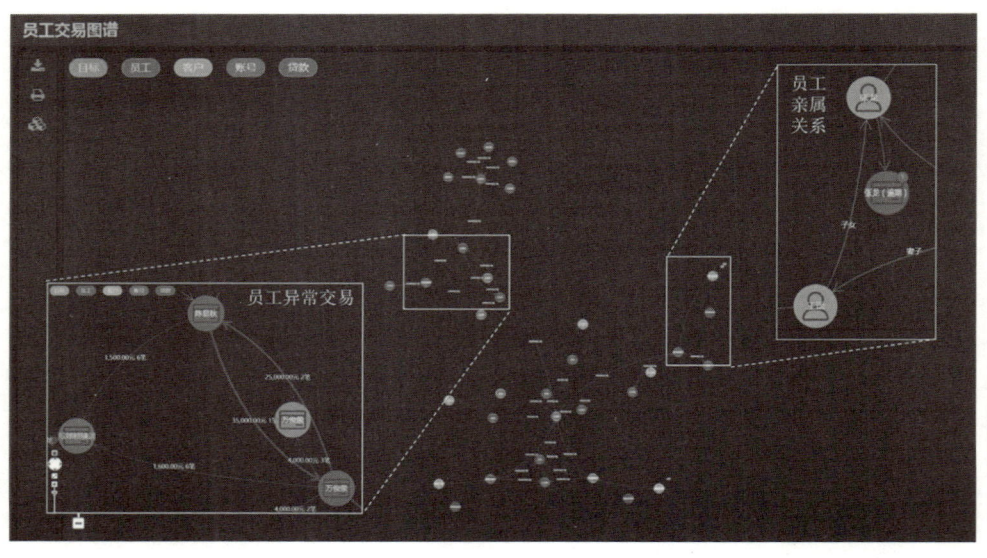

员工异常交易及亲属关系混合计算图谱（截图数据均为系统脱敏测试数据）

目前，平台需依赖部分外部数据来展开客户画像中的亲属关系计算，从而为营销活动提供数据支持，深入挖掘客户资料中的资金关联者和亲属关系。将户籍信息与我行客户信息融合，结合实际情况，利用亲属关系进行金融产品的营销与贷后管理。

三、创新应用

贵州农信知识图谱项目能够提供多样化的知识图谱构建和分析功能，全面覆盖知识图谱的整个生命周期，包括数据导入、图谱定义、数据抽取、图谱构建、图谱计算、图谱存储及图谱分析和查询调用等阶段，形成了一个可交互的平台基座。

（1）**实现自动化的图谱构建**。通过知识图谱平台，业务人员能够通过界面进行模型的业务参数配置，已上线模型无须因参数变动进行二次开发，从而可以方便快捷地完成自定义图谱建模，突破传统模型结构化数据采集（ETL）的技术壁垒。

（2）**实现灵活的存储机制**。本系统以图数据库为核心，结合 Hadoop 体系，建立了多级存储机制，将查询用的索引和关系属性等数据采用 ES 组件存储。依托百度图数据库 Hugegraph 计算框架，支持常规的图遍历、中心性、社区算法等中心算法，并将其封装成算子，以便开发者使用。

（3）**实现便捷的接口调用**。使用图数据库特有的 Gremlin 查询语言，可实现数据的图形化展示。通过 API 的形式，实时或异步调用图谱数据，获取不同场景下的业务结果，并将其嵌入至业务流程中，极大地降低数据分析结果的使用成本。

2022 年 4 月 16 日，贵州农信完成了知识图谱平台的定制化开发与部署上线。至 2022 年 8 月 30 日，3 个业务应用场景得以设计完毕；到 2022 年 11 月 28 日，已完成 7 个核心分支应用场景的模型开发及集成测试；2023 年 1 月 3 日，指标模型算法结果经过验证，平台进入试运行阶段。

知识图谱作为行业内展示关系网络的最有效的表达方式之一，其探索过程符合人类的思维模式。商业银行拥有丰富的知识结构体系和多样的主题应用场景。知识图谱可以有效地支持银行处理海量、异构、动态的大数据，并对这些数据进行组织和管理，图数据网络计算为银行的营销与风险管理提供了全生命周期的支持。知识图谱能实现对风险行为的精准有效管理，确保风险"早识别、早预警、早发现、早处置"。

未来，我们将继续借助知识图谱帮助机器"理解"与"学习"全省的大量数据指标，进一步提升机器语言的认知能力、人工智能的应用以及机器的学习能力。尽管目前知识图谱的应用仍在计算查询阶段，但未来在风险防控、反欺诈、智能营销、智能搜索可视化等领域，都将深入应用知识图谱，并通过机器学习技术不断优化模型的精准性，实现风险监控与风险量化能力的精细化和穿透化。

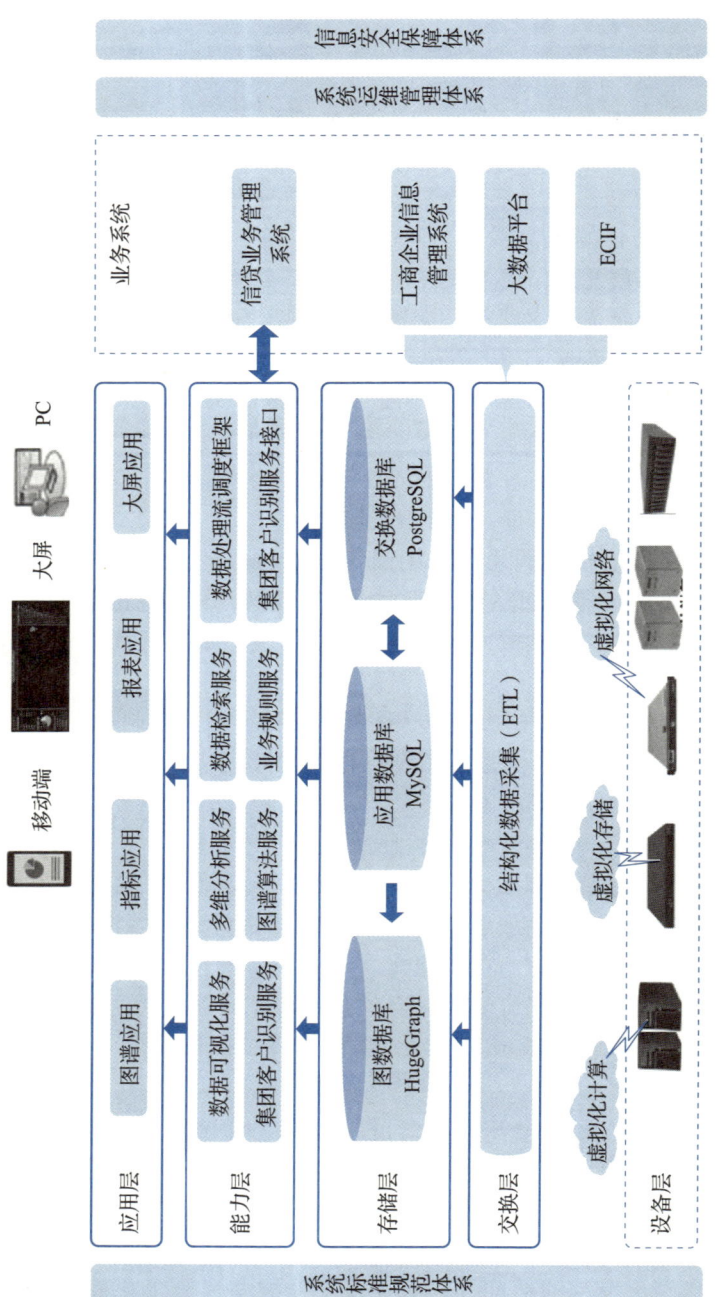

知识图谱整体技术架构图

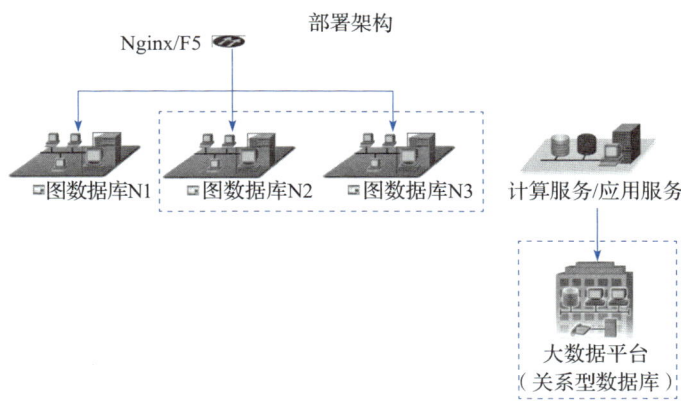

图数据库计算集群架构

四、取得成效

目前,贵州农信已按计划与业务部门实现融合推广,日均用户数约为100人,并计划本年度在全省范围内进行推广,在各行社分批次开展培训和试运行工作。目前系统运行稳定,每秒交易数(TPS)达到100笔,系统每日跑批稳定在3小时内完成。

在风险防控方面,通过自下而上的数据构建方法,有效地提升了内控水平和风险防范能力。不断从历史存量数据中提取符合内控和风险流程定义的实体,并结合实时或"T+1"数据,分析内部潜在的关系及风险,重点挖掘隐式关系,从而在反欺诈、风险传导和资产保全方面提供有力的数据支持。现今金融欺诈手法日益隐蔽和多样,例如提供虚假资料、团队欺诈、复杂的内外勾结关系以及冒名欺诈等。我社通过知识图谱平台构建的关系网络,不仅为贷前提示、贷中管控和贷后预警提供了可视化的逻辑展示,还解决了在风险发现过程中有迹可循、有源可溯的切实需求。此外,通过发现贷后异常关系和落地交易供应链场景模型,业务人员在全省范围内有效发掘风险的效率提升了约30%,从而增强了防范系统性和区域性风险的能力。

完成人:
刘　超　贵州省农村信用社联合社信息科技部总经理
张国瑞　贵州省农村信用社联合社信息科技部总经理助理
尹卓英　贵州省农村信用社联合社信息科技部主管
罗　珂　贵州省农村信用社联合社信息科技部一级经理

基于蒸馏学习和自动学习的反洗钱 BLN 模型体系

　　银行反洗钱（AML）业务是为了防止非法资金流动而采取的一系列措施，包括检测、监测、报告和预防可疑的金融活动。其中的反洗钱黑名单（Black Name，BLN）筛查系统为 AML 业务中针对可疑的客户和交易进行预警的机制，目前这套系统存在大量错误警报的情况。为了解决这一问题，我们提出了一种基于蒸馏学习、自动训练，并结合自然语言处理（NLP）、计算机视觉（CV）的深度学习（DL）和机器学习（ML）的模型体系解决方案。整体模型体系分为 AI 预处理和 AI 警报分析两阶段。在 AI 预处理阶段通过蒸馏学习训练自研轻量级 NLP 模型进行政客[一]（Politically Exposed Person，PEP）名单过滤。在 AI 警报分析阶段使用规则引擎、深度学习和机器学习模型，包括通过训练轻量级 CV 模型预测人脸分析年龄来协助反洗钱分析，以及机器学习模型结合创新的沉默特征编码库进行自动学习，以实现高效和精准的反洗钱预测。

　　关键词： 蒸馏学习，自动学习，自然语言处理，计算机视觉，机器学习

一、背景介绍

　　东亚银行为防范洗钱风险，针对其零售、对公、互联网等客户群体，在开展相关业务时，实施反洗钱预警扫描机制。该机制通过黑名单筛查系统，以批量和实时的方式，识别出可疑客户并发出警告，将客户信息与路透社、红通等制裁和监管名单进行对比，经过人工核查后，再将结果推送给下游系统，供业务部门使用。

　　目前 BLN 系统及其算法存在较多误报问题，导致后续人工查核工作量过大，人力成本高昂，运营效率低下。当前 BLN 系统主要存在以下缺陷。

　　㈠ 这里特指案例主企业定义的敏感的从政人员。

- 客户与黑名单的匹配仅依据姓名，未考虑其他辅助信息。
- 姓名存在错误匹配，即使中文姓名和英文姓名明显不符，会产生误报。
- 黑名单来源的 PEP 名单信息与我行对 PEP 的定义不一致，也会产生误报。
- 具有排他性的要素，如年龄、性别、国籍等；即使与黑名单不符，也会产生误报。
- 无法识别职业关联地理位置信息，导致无法判断客户的地理位置与职业背景信息是否相符。
- BLN 系统由外部供应商提供，且合作已到期，无后续运维支持，行内开发人员无法对系统和算法进行本质改进。
- BLN 系统产生的警报仍需经过两次人工重复审查，增加了工作成本。
- 信息缺失情况无法补全，导致没有足够信息支持警报排除。

二、建设内容

本项目加入了两个模块——AI 预处理模块与 AI 警报分析模块，其中 AI 预处理模块使用蒸馏深度学习算法模型，AI 警报分析模块使用包括规则引擎、机器学习、深度学习的算法模型。该项目将名单匹配升级为用户画像匹配，并结合业务实际情况进行微调，使之能够更全面地对比客户和黑名单信息，以提升最后的警报准确率。

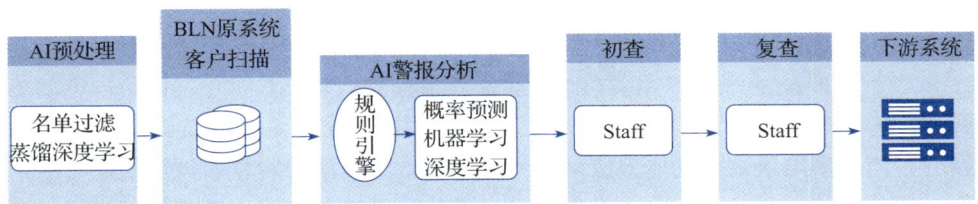

AI 模块在 BLN 系统中的运用

（一）新增 AI 预处理模块

之所以会出现黑名单系统误报率高达 40%，是因为 PEP（关键合作伙伴）定义与我行定义不符。即路孚特的 World Check（一种数据库）数据在接入我行数据库的时候并没有做过滤和筛选，导致 World Check 的 PEP 信息与我行的定义不符，例如其 PEP 的定义仅命中人大代表，这不在我行定义的 PEP 范畴，不应当产生警报，目前警报是直接从系统输出到前端业务系统的。根据此情况，结合合规部门的要求，我们在客户名单进入系统进行扫描之前搭建了 AI 预处理模块。

AI 预处理模块主要是对本身存在于 BLN 系统当中的黑名单进行过滤，过滤的方法是基于操作规模拟经办的做法，对黑名单的履历信息使用自然语言处理（NLP）进行推理，若推理结果为非我行定义 PEP 则不需要参与扫描，即不需要与我行客户信息进行扫描匹配，若推理结果为我行定义 PEP，才会参与进入 BLN 系统进行扫描并生成预警。

由于黑名单数据量大，PEP 的表述多种多样，使用基本规则或正则表达式的方法难以实现有效结果，加之我行计算资源有限，因此在此情况之下如何做到准确识别符合 PEP 定义的客户成为项目研究突破的重点之一。

我们的解决方案：采用蒸馏深度学习 NLP 模型，对 PEP 文本进行定义预测。结合历史警报经办查核确认的名单中的 PEP 文本和合规部门确认的 PEP 文本，将我行定义的 PEP 名单打标为 1，非我行定义的 PEP 名单打标为 0。每一条 PEP 定义文本作为训练使用的 token 序列。再使用蒸馏模型训练推理，从而保持模型的高精准度和低计算资源消耗。

（二）新增 AI 警报分析模块

BLN 模型产生大量错误警报的根源是 BLN 本身算法的缺陷，以及从名字匹配上升为用户画像匹配。系统警报大部分是名字匹配但用户画像不匹配。为了解决这个问题，需要增加 AI 警报分析模块。我们所做的工作如下。

（1）**搭建图片识别计算机视觉模型**。黑名单中的照片与客户年龄之间可能存在严重不匹配的情况，例如客户为 20 岁左右的人却匹配到了 60 岁的黑名单照片。解决方案是通过使用计算机视觉中的图像识别技术，实现对与年龄匹配不符的客户名单的识别。具体方法是使用经办查核已确认的照片和年龄的比对结果作为图片标签。每一张人脸图像都提供一个估计年龄的区间，即青年，中年，老年。使用 MobileViT 轻量级计算机视觉模型，对图像数据进行训练和推理，从而保持模型的高精准度和低计算资源消耗。

（2）**搭建用户画像机器学习模型**。错误警报标签设定为 0，正确警报标签设定为 1。根据合规的要求和操作规范，衍生出 20 维变量，使用常规的机器学习模型随机森林进行训练和预测，经过反复的调优，AUC 可达 0.92 以上。

（3）**搭建策略规则——沉默特征编码库**。创新自动学习模式——搭建沉默特征编码库。因为银行业务对于模型的需求高，不能漏掉合理警报，即要求 AUC 极高，但经办的判断有一定主观性，样本有一定噪声，而机器学习模型难以做到完美，加之银行的数据很薄，并没有类似互联网的数据体量，自动训练调优模式因严格的银行要求不能使用，在此场景之下，我们搭建了基于经办打标结果的自动规则沉默编码器。

三、创新应用

针对计算资源有限，但模型精度要求又高的难点，我们创新性使用基于 Transformer 的 MobileBERT 的模型，对原有系统进行改进，称为这种新模型为 MobileBERT 多维融合知识蒸馏 NLP 模型。要理解该模型，我们需要了解一些基本原理。

- **知识蒸馏**：使用较大网络的教师模型进行精准学习，通过教师模型将知识传授给较小网络的学生模型。教师模型结果中各个类别概率的相对大小隐式地包含了知识（也称从输入向量到输出向量的映射），教师模型中的知识不仅包含正确信息，还包含错误信息之间的相对关系。
- **软目标（Soft Targets）**：一种将大模型的泛化能力迁移到小模型的方式就是，将大模型所产生的类别概率作为软目标来训练小模型，从而替代硬目标。可以通过调整温度（T）来调整教师概率目标包含知识多少的程度，T 越大，概率标签包含的知识越多。比如，警报 A、B、C、D 的真实标为通过、通过、阻止、阻止，即 0、0、1、1，经过教师模型预测为 0.1、0.3、0.7、0.9，从而将原始标签转变为能区分同类不同警报的教师标签，再传授给学生模型进行学习。
- **可移动双向编码表征转换器模型（Mobile BERT）**：使用知识蒸馏和软目标设计的深度学习网络。

BERT 是一种预训练语言模型（Pre-trained Language Model，PLM），全称是 Bidirectional Encoder Representations from Transformers。BERT 的中文通常为"双向编码表征转换器"或简称为"双向变换器模型"。在自然语言处理领域，BERT 以其出色的性能和广泛的应用而著称，为多种语言理解任务提供了强大的预训练模型基础。

MobileBERT 可以看作一个"瘦身"后的 BERT-LARGE 模型，其使用了瓶颈结构（Bottleneck Structure），并且在自注意力和前馈神经网络的设计上也有一定的改进。MobileBERT 能够达到教师模型 BERT-BASE 99.2% 的性能效果（以 GLUE 数据集为测试基准），推理速度提升 5.5 倍，参数量降低至 BERT-BASE 版的 23.2%。

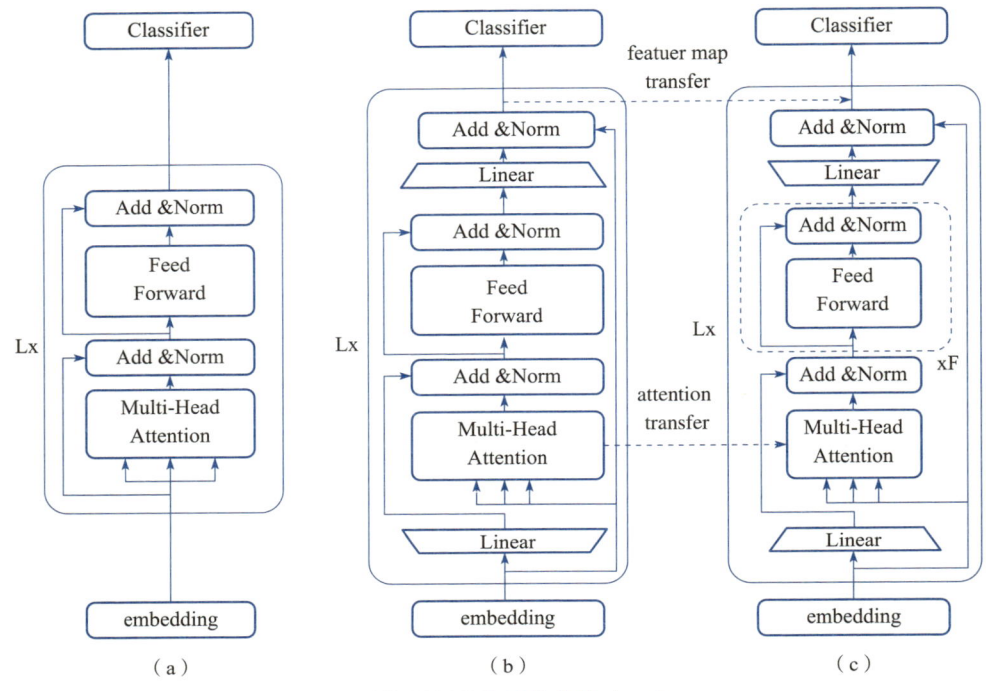

MobileBERT 的网络结构（一）

注：
- embedding 指字符表征矩阵向量。
- Lx 指的是有 x 个同样的方框划定的模块堆叠。
- xF 指的是有 x 个同样的虚线划定的残差网络结构堆叠。
- Linear 是神经网络全连接层。
- Multi-Head Attention 是多头注意力神经网络。
- Add 为残差连接。
- Norm 为层标准化。
- Feed Forward 为前馈神经网络。
- Classifier 为分类器。
- attention transfer 为注意力权重转移和共享。
- feature map transfer 为特征图权重转移和共享。
- Classifier 为分类器。

逆瓶颈双向编码表征转换器（IB-BERT）和 MobileBERT、BERT_LARGE 有着相同的层数，但 MobileBERT 每一层的使用缩减了 80% 以上宽度的 embedding，因此相比于 BERT_LARGE 参数缩减了 94% 左右，保持了足够高的精度。

以 BERT-LARGE 为例，为每个字符随机初始化 1 024 维度的 embedding 表征矩阵向量：首先将随机初始化好的 embedding 表征矩阵向量输入 Linear 全连接层，接着随机生成 16 头 1 024 矩阵向量的自注意力训练 MHA，之后将 MHA 的

			BERT$_{LARGE}$	BERT$_{BASE}$	IB-BERT$_{LARGE}$	MobileBERT
embedding		$h_{embedding}$	1024	768	128	
			no-op	no-op	3-convolution	
		h_{inter}	1024	768	512	
body	Linear	h_{input}			$\begin{pmatrix}512\\1024\end{pmatrix}$	$\begin{pmatrix}512\\128\end{pmatrix}$
		h_{output}				
	MHA	h_{input}	$\left[\begin{pmatrix}1024\\16\\1024\end{pmatrix}\right.$	$\left[\begin{pmatrix}768\\12\\768\end{pmatrix}\right.$	$\begin{pmatrix}512\\4\\1024\end{pmatrix}$	$\begin{pmatrix}512\\4\\128\end{pmatrix}$
		#Head				
		h_{output}				
	FFN	h_{input}	$\left.\begin{pmatrix}1024\\4096\\1024\end{pmatrix}\right]\times 24$	$\left.\begin{pmatrix}768\\3072\\768\end{pmatrix}\right]\times 12$	$\begin{pmatrix}1024\\4096\\1024\end{pmatrix}\times 24$	$\begin{pmatrix}128\\512\\128\end{pmatrix}\times 4\bigg]\times 24$
		h_{FFN}				
		h_{output}				
	Linear	h_{input}			$\begin{pmatrix}1024\\512\end{pmatrix}$	$\begin{pmatrix}128\\512\end{pmatrix}$
		h_{output}				
#Params			334M	109M	293M	25.3M

MobileBERT 的网络结构（二）

注：
- body 指字符表征矩阵向量。
- BERT$_{LARGE}$ 为双向编码器表征法模型，大参数型版本。
- no-op 指无网络架构部分。
- M 为百万，如 334M，指的是 3.34 亿神经网络参数量。
- embedding 为字符表征矩阵向量。
- Linear 为神经网络全连接层。
- MHA（Multi-Head Attention）为多头注意力神经网络。
- FFN（Feed Forward Network）为前馈神经网络。
- Params 为神经网络参数量。
- h_{input} 为神经网络隐藏层输入。
- h_{output} 为神经网络隐藏层输出。
- h_{FFN} 为前馈神经网络。
- Head 为网络头数。
- convolution 为卷积神经网络。

输出进行网络矩阵拼接，然后用这个拼接好的网络矩阵乘以权重矩阵。通过这一步，将矩阵向量降到 1 024 维，然后进入 FFN 层，在 FFN 层网络宽度膨胀 4 倍达到 4 096，池化后输出 1 024 维向量。整个网络根据语料库信息进行多轮反馈梯度更新，即可得到每个字符对应的最终 1 024 维的表征向量。

BERT-LARGE 与 BERT-BASE 相比，网络更宽更深，BERT-LARGE 网络宽度为 1 024，FFN 为 4 096，层数为 24，网络参数量达到 3.34 亿，而 BERT-BASE 版网络宽度为 768，FFN 为 3 072，层数为 12，网络参数量为 1.09 亿。因此 BERT-LARGE 比 BERT-BASE 有更复杂的网络以及更强的学习能力。

IB-BERT-LARGE 对 BERT-LARGE 进行了调整,网络变得更深,但是使用了更少的 Head,只有 4 个(原 16 个),从而使网络具有不同的学习能力但网络参数并没有增加。

最后看 MobileBERT,该网络使用蒸馏学习,其根据隐藏层维数又分为 64、128、256 三种维度,维度越大,学习能力越强,参数量也变得更大,但每个 MobileBERT 的结构是一致的,对于不同长度文本,不同类别文本的信息抓取能力相对而言有些单一,为了在不增加网络参数量的基础上提高网络的丰富性和学习能力,我们对 MobileBERT 网络进行了修改:构建多尺度 embedding 融合的 MobileBERT。将原 128 维 24 层堆叠的网络修改成 64 维 8 层、128 维 8 层与 256 维 8 层的总 24 层的多维度 embedding MobileBERT 网络组合。这三种单独网络结构实现对原始网络进行多样化改造,以更好地对不同文本进行多粒度特征提取并融合,更准确地提取 PEP 文本。

			MobileBERT-mulir-diensin			
			MobileBERT	MobileBERT	MobileBERT	
embedding		$h_{embedding}$	64	128	256	
			3-convolution	3-convolution	3-convolution	
		h_{inter}	512	512	512	
body	Linear	h_{input}	512	512	512	×8
		h_{output}	64	128	256	
	MHA	h_{input}	256	512	512	
		#Head	4	4	4	
		h_{output}	64	128	256	
	FFN	h_{input}	64	128	256	
		h_{FFN}	512	512	512	
		h_{output}	64	128	256	
	Linear	h_{input}	64	128	256	
		h_{output}	512	512	512	
#Params			4.2M	8.4M	16.8M	
# total Params			29.4M			

MobileBERT 各维度的网络结构

以 MobileBERT- 64 维为例,初始化 64 维 embedding 字符表征向量,经过 3 层卷积神经网络输出 512 维,然后进入 Linear 全连接层,64 维输出,使用 4 头拼接得到 256 维,再经过多头注意力机制网络并乘以权重矩阵,输出 64 维,经过 FFN 前馈神经网络,膨胀 8 倍到 512 维,再池化收缩回 64 维,最后经过全连接层输出 512 维向量。总网络神经元或参数量为 420 万。

1）将不同维度的 MobileBERT 网络进行拼接，上层模块（Upper 块）256 维，中层模块（Middle 块）128 维，下层模块（Lower 块）64 维，对多维 Transformer 进行堆叠，从而丰富化文本的全局和局部编码，以提高网络的学习能力。

MobileBERT-multi-dimension				
			MobileBERT	
embedding		$h_{embedding}$	256	
			3-convolutin	
		h_{inter}	512	
Upper Module (256)	Linear	h_{input}	512	×8
		h_{output}	256	
	MHA	h_{input}	512	
		#Head	4	
		h_{output}	256	
	FFN	h_{input}	256	
		h_{FFN}	512	
		h_{output}	256	
	Linear	h_{input}	256	
		h_{output}	512	
Middle Module (128)	Linear	h_{input}	512	×8
		h_{output}	128	
	MHA	h_{input}	512	
		#Head	4	
		h_{output}	128	
	FFN	h_{input}	128	
		h_{FFN}	512	
		h_{output}	128	
	Linear	h_{input}	128	
		h_{output}	512	
Lower Module (64)	Linear	h_{input}	512	×8
		h_{output}	64	
	MHA	h_{input}	256	
		#Head	4	
		h_{output}	64	
	FFN	h_{input}	64	
		h_{FFN}	512	
		h_{output}	64	
	Linear	h_{input}	64	
		h_{output}	512	
#Params			31.8M	

多维 MobileBERT 的整体网络结构

网络训练流程原理同 MobileBERT，此处不再赘述。

2）保持多维 MobileBERT 的各模块输入输出都是 512，跟原始 MobileBERT 类似，可在每一层进行 feature map 的蒸馏。保持其高效的知识迁移网络。

3）由该场景模型的比较结果可知，通过使用多维 MobileBERT 模型的准确度达到 95.3%，接近 BERT-BASE 的效果，而使用的参数量只有原来的 30%。效果较原 MobileBERT 有明显提高，而参数量差别不大。对于在有限计算资源的情况下提高模型精度的效果明显。

PEP 定义预测各模型对比

算法 / 模型	参数量	每秒浮点运算次数	准确率
BERT-BASE	109M	22.5B	95.40%
BERT-LARGE	340M	42.2B	96.30%
DistilBERT	62.2M	11.3B	94.40%
TinyBERT	14.5M	1.2B	91.60%
MobileBERT	25.3M	3.1B	94.70%
多维 MobileBERT	31.8M	3.4B	95.30%

结合卷积神经网络（CNN）与 Transformer 的混合架构就得到了 MobileViT 模型，该模型不仅具备 CNN 的轻量和高效，还具备 Transformer 的自注意力机制和全局视野。纯 Transformer 架构除了模型太重，还有一些其他的问题，比如 Transformer 缺少空间归纳偏置（spatial inductive biases），Transformer 相比 CNN 要更难训练。但是如果在 MobileViT 中将 CutMix 以及 DeIT-style 的数据增强移除，模型效果会降低不少，因此我们采用了 CNN 与 Transformer 的混合架构。

下面进行年龄预测 CV 分类各模型对比，选取的 MobileViT 在参数、计算量和精度上整体的性价比是最高的，在满足业务要求的 90% 以上精度的前提下，对比 ViT-BASE 网络减少接近 150 倍参数量，而精度仅减少 2.5 个点，且在后续实验中对 MobileViT 加大网络的情况下，精度还会提升。

算法 / 模型	参数量	每秒浮点运算次数	准确率
Resnet50	23.5M	2.4G	92.40%
ViT-BASE	400M	21.1G	96.30%
MobileNET-V2	3.5M	0.3G	90.40%
MobileViT	2.3M	0.7G	93.80%

年龄预测 CV 分类各模型对比

在 AI 警报分析阶段，创新自动学习模式——沉默特征编码库。该设计是出于银行业务存在的难点，即业务对于模型的需求高，不能漏掉合理警报，这就要求 AUC 极高，但经办的判断有一定主观性，样本有一定噪音。而机器学习模型难以做到完美，加之银行的数据很薄，并没有类似互联网的数据体量，自动训练调优模式因严格的银行要求不能使用，此场景对于建模而言是极大挑战。

对上述问题的解决方案是搭建传统机器学习模型，引入自动学习模式——沉默特征编码库。警报分析模块采用了基于业务认可的规则，从中衍生出了细化的规则变量。通过研究业务方的排查操作手册，与业务方交流，总结出业务人员在排查工作中所应用的判断规则。创新点如下。

- 使用规则编码器。在进行变量衍生的时候，将变量的匹配结果按照经办操作规范设定为 0，1，-1。并对所有变量进行拼接，得到规则编码器。比如特征一为姓名 0，特征二为性别 1，特征三为年龄 1，特征四为国籍 0。得到特征编码器为 0110。以此类推，模型一共使用了 20 个变量，做成了具有 20 位数的规则特征编码器。
- 自动学习模式——沉默特征编码库。在使用模型的时候，比对经办查核或抽查结果。将与经办判断不一致的规则编码自动放入沉默特征编码库当中，即当警报特征击中沉默规则编码的时候，模型分会打为 1 分，以输出给经办进行重点查核。
- 当该沉默规则编码在库超过一定天数，如 30 天，该特征编码器会从沉默特征编码器中自动放出，当后续有相同特征的警报出现时不会再进行强制打分为 1，直到再次出现经办确认查核不一致时再放入沉默特征编码库当中。

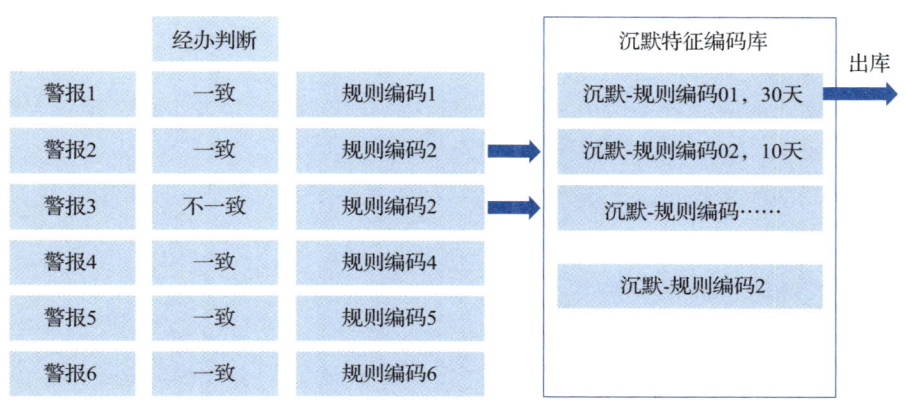

沉默特征编码库

针对不同规则编码的沉默时间的计算公式如下：

Wait Days = 10 + Max ((60 − Min (last days, 30) − pass alerts amount/100), 0)

其中，
- Wait Days 表示需要沉默的天数。
- last days 表示上次沉默出库距今天数。
- pass alerts amount 表示经办查核与模型预测一致的警报数量。

四、取得成效

本项目使用 AI 预处理的 PEP 名单过滤，创新蒸馏学习算法的 NLP 模型，最终结合业务规则和业务理解，大约将 40% 警报的 PEP 定义预测为与 PEP 不符，显著减少了无效警报数量，提高了人工抽查核验的准确率。使用 AI 警报分析的 CV 轻量级模型和自动学习模式——沉默特征编码库，按照阈值切分出的警报约 20%。准确率达 99.95%。整体上，项目的优化率约为 60%。

基于蒸馏学习和自动学习的反洗钱模型体系在降低风险、减少无效警报、辅助经办查核、提高业务效率等方面效果显著。有效促进了 AI 技术在业务中的深度赋能和使用，在业界无相同场景的反洗钱警报模型领域迈出了重要一步。此模型的技术和经验可复制到类似的业务当中，在推动东亚数字化转型和银行 AI 科技的发展中发挥着重要的作用。

完成人：

洪建帮　东亚银行（中国）有限公司战略与数字化办公室总监

陈春旺　东亚银行（中国）有限公司战略与数字化办公室大湾区创新实验室首席信息官

伍思文　东亚银行（中国）有限公司战略与数字化办公室大湾区创新实验室算法科学家

刘　婷　东亚银行（中国香港）有限公司数据科学与数据治理项目经理

案例 49 智能面审产品解决方案

　　智能面审,借鉴了平安集团丰富的金融风控实践经验,并整合了多种 AI 技术,是一款创新的风控解决方案。它融合了视觉、ASR、TTS、图计算等技术,为金融机构的远程开户、保险双录及贷款审核等场景提供支持,能够实时进行远程活体检测、真人比对和黑背景反欺诈分析,自动核验操作者是否为用户本人,从而有效防止团队欺诈、指示胁迫等风险。该方案有助于金融机构在降低人力成本的同时,科学识别并预警潜在风险。

　　关键词: 智能面审,智能视觉,智能语音,数字人,团伙欺诈

一、背景介绍

(一)建设背景

　　在全球数字经济迅速崛起的大背景下,金融机构正在金融科技的赋能下加快数字化转型的步伐。同时,近年来用户的消费行为和偏好发生了显著转变。线上化、数字化及智能化的无接触经济,已成为拉动经济增长的新动力,同时使远程银行成为数字化转型的新阵地。

　　借助远程银行,金融机构可以突破地域与时间限制,使客户能够通过视频方式办理以往需前往线下网点才能完成的业务,从而让客户足不出户地"面对面"享受人性化的金融服务。为了迎合客户习惯的转变和适应金融业数字化转型的趋势,以客户为核心经营的"远程视频银行"应运而生。目前,众多银行业已在积极探索并推进这一转型,不少银行已将客服中心升级更名为远程银行。

　　然而,在远程银行助推金融机构智能化转型、提升经营效率的同时,我们也不能忽视其背后隐藏的高风险和高成本。在客户远程化、服务场景化以及交易实时化的背景下,金融机构需适应客户需求的变化,重塑数字智能化的风控系统。

以贷款面审、保险双录、面签/开户等高频场景为例，金融机构不仅需要应对高人力成本的内部压力，还面临着金融诈骗团伙的威胁。金融机构受制于员工反诈骗能力参差不齐，以及依赖于资深专家经验的风控体系，在当前智能化服务成为主流的环境下倍感压力，因此，构建 AI 反诈骗系统势在必行。

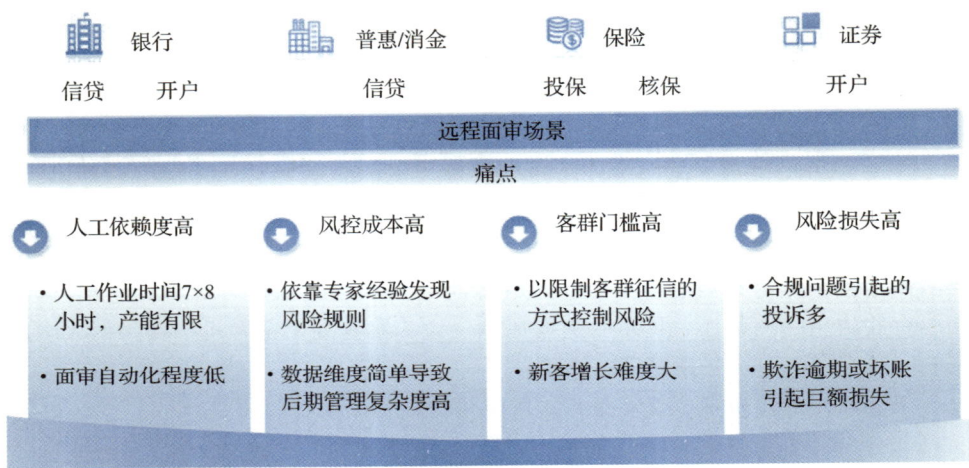

痛点与挑战

（二）建设意义

当前，随着人工智能、大数据、云计算等新兴技术在金融行业的广泛应用以及日渐成熟，涌现了许多杰出的科技供应商，推动着金融科技全面赋能银行业的数字化转型加速进程。在此过程中，以智能面审产品为代表的 AI 反欺诈解决方案，成为深圳壹账通智能科技有限公司（以下简称"金融壹账通"）通过金融科技赋能远程银行建设的价值体现之一。

金融壹账通作为一家面向金融机构提供商业科技服务的供应商，以及平安集团的联营企业，对金融行业在数字化转型、远程银行升级和智能反欺诈等方面的需求和挑战有着深刻理解。在这样的背景下，金融壹账通依托于平安集团 30 多年的金融风控经验，以"技术 + 业务"作为其独特的竞争力，整合运用多种 AI 技术，创新性地开发出视觉风控体系，打造出智能面审产品解决方案，不仅能帮助金融机构降低人力成本，还能科学地识别并预警潜在风险，从而有效推动金融服务生态的全面数字化转型。

二、建设内容

（一）解决方案介绍

智能面审是依据平安集团丰富的金融风控实践经验，整合多种 AI 技术，创新开发的一款风控解决方案。它融合了视觉、ASR、TTS、图计算等先进技术，助力金融机构在远程开户、保险双录及贷款审核等场景的风控。通过实时远程对客户进行活体检测、真实身份比对和针对黑背景的反欺诈分析，自动核验操作者是否为注册用户本人，有效防范团队欺诈、指使胁迫等风险，帮助金融机构在降低人力成本的同时，科学地识别并预警潜在风险。

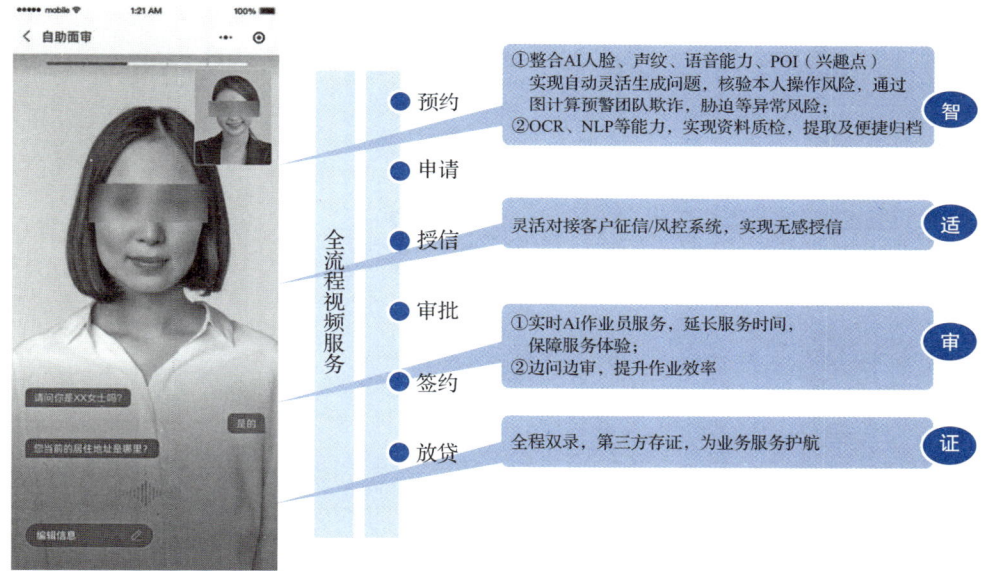

智能面审产品解决方案

在智能面审产品解决方案的业务架构中，我们整合了 aPaaS 场景组件、PaaS 组件以及诸多 AI 基础能力（如语音识别、对话工厂、视觉识别等）。该方案旨在为金融机构提供针对远程面审、开户、尽调及保险双录等风控场景的解决方案，从而提高金融机构的运营效率，并帮助它们识别和防范业务风险。

智能面审的功能亮点如下。

- 视觉风控从人的分析，到环境及动作检测，快速、精准甄别视觉风险。
- 整合数字人与音视频，实现风控、核验、对话等能力。

智能面审产品解决方案—业务架构图

客户类型	银行	普惠消金	保险	证券		
应用场景	远程面审	远程开户 / 理财认购	保险双录	虚拟营业厅 / ……		

智能面审产品解决方案

智能面审产品插件

场景组件-aPaaS	智能面审前端		智能面审服务端		
	音视频前端组件	UI配置组件	智能认证SDK	设备指纹风控SDK	音视频组件
					视觉风控组件：实人 / 病症 / 黑产
					任务创建组件：任务流程 / 对话管理 / 风控配置
					对接配置组件：UI组件 / 数据库 / 其他

视频机器人平台

PaaS	建对话流程	配虚拟形象	建视频交互		视觉		机器人监控	机器人优化
	场景对话	数字人	视频播放配置	视频流处理	人 / OCR / 数字人 / 视觉风控		监控管理	对话训练

AI基础能力	语音		加马对话工厂		第三方能力	
	ASR	TTS	DM	NLP	音视频	其他

业务架构图

- 云计算技术突破群体性欺诈识别难点，实现精准、高效识别群体欺诈。
- 基于最新前沿算法，经大量生产实战优化数据，语音对话精度高。
- 客群分流分析帮助业务在渠道挖掘潜力客户，提升业务作业效能。
- 便捷适配原业务系统，实现自动与辅助流程的结合，降低建设成本。

智能面审的应用价值如下。

- **替代人力**：独立引导客户完成审批手续，执行重复性简单工作，有效减少面审员数量和工作时长，大幅降低人力成本。
- **降低风险**：科学识别并预警潜在风险，建立并完善风控体系，提升风险预测准确率，节省风险挖掘成本，助力企业资产稳定。
- **质量提升**：视频留痕、灵活筛查重点用户并实现精准跟进，便于业务复盘与客户需求重审，保障业务全流程质量。
- **业务增长**：7×24 小时在线办理业务，保持较高获客能力；有效增加安全可靠的业务数量，确保企业收益实质性增长。

（二）系统功能介绍

智能面审产品解决方案，由面审小程序和面审管理后台组成，面审小程序面向对象为金融机构 C 端客户，面审管理后台面向对象为金融机构 B 端用户。

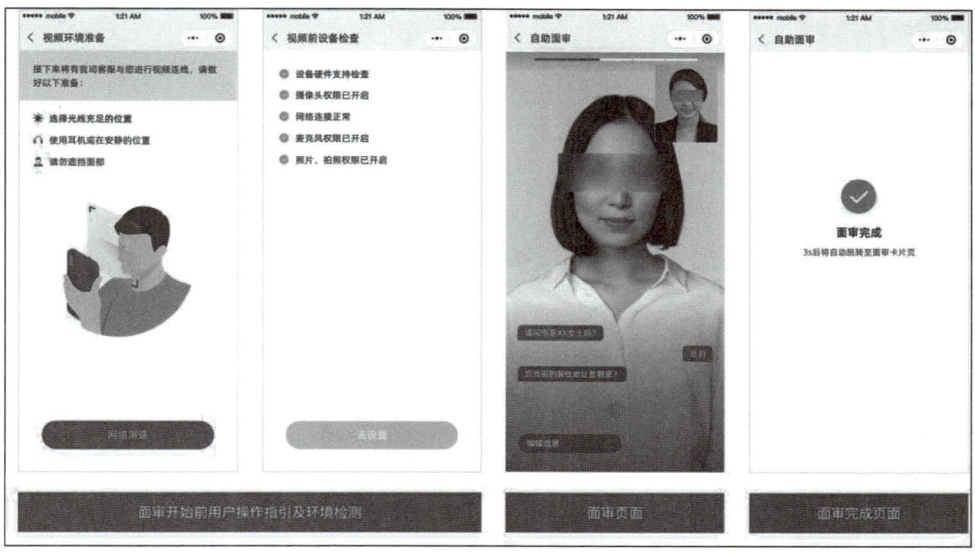

面审小程序

智能面审管理平台主要面向金融机构的运营人员，涵盖业务管理、用户管理和系统管理等模块。通过该平台，运营人员可以自定义配置面审流程中的反欺诈模板、DM 模板和视频机器人，以适应不同场景下的风险控制需求。

智能面审管理平台

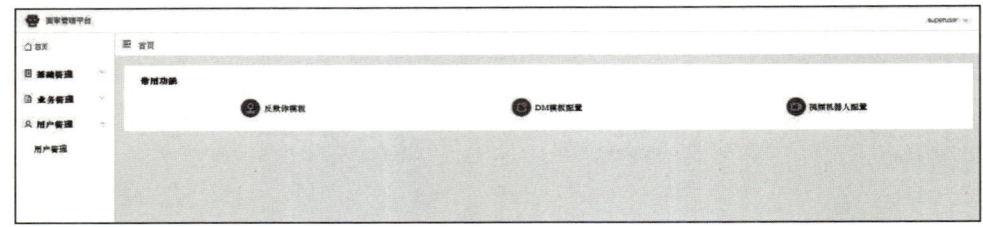

智能面审管理平台主页

（三）应用场景介绍

1. 信贷远程面审

随着线上用户流量的迅速增长和黑中介欺诈手段的不断更新，贷款远程面审遇到了严峻的挑战。用户数量的持续增加导致依赖人力的面审工作量大幅上升，成本居高不下。此外，面审人员的反欺诈能力参差不齐，且使用较为固定的话术，使得黑中介能够轻易找到漏洞，进行骗贷活动。

为了应对这些问题,智能面审系统依托智能数字化角色创建虚拟座席,使企业能够通过这些数字化角色引导客户远程完成面审任务。该系统能自动灵活地进行全流程沟通,取代人工执行重复和简单的任务,实现 7×24 小时的业务处理,极大地提高了面审的效率。

在反欺诈方面,智能面审利用平安银行丰富的风控经验,结合视觉风控、自动语音识别、文本转语音等技术,实时进行活体检测、真人核对和黑名单背景分析等多种反欺诈手段,确保操作者为用户本人。同时,系统通过图计算和知识图谱等先进技术,有效识别和预防团体欺诈或胁迫等不正常行为,帮助金融机构科学地认识并预警潜在风险。

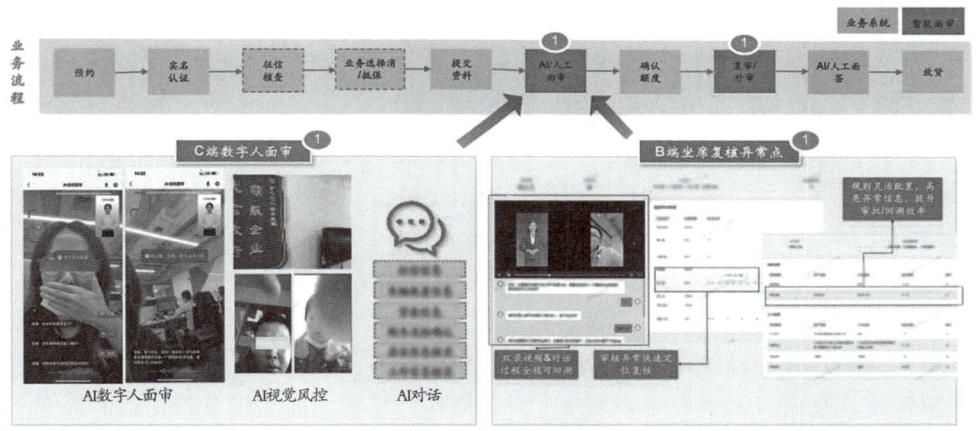

信贷远程面审场景

2. 银行远程面签

在金融机构开户环节,为了防范不法分子冒名开户、保护个人与企业的合法权益,以及减少个人和企业法人亲自到营业厅办理开户手续的不便,许多金融机构引入了远程面签业务。然而,如何在风险可控的前提下杜绝面签欺诈,是一个待解决的难题。

智能面审以其精确的证件核验和活体防御等技术,可迅速对用户进行身份核验,核查身份是否属实。在资料提交环节,智能面审可迅速检测客户证件质量,并快速辅助用户识别和录入个人信息。此外,其内置的 OCR 算法不仅可以对多种证件进行鉴伪与识别,还能有效预防欺诈风险。在面签流程中,AI 面审结合数字人视频和人脸识别技术,应用专业视频风控技术,进一步提升面签的风控水平。

智能面审还支持电子协议的远程签署，能够实现业务资料和合同的无纸化处理。在面签环节中实现了电子签名，以确保业务的全程线上处理，极大地降低了传统环节的成本，并在统一的风控监督下，有效减少了整体的欺诈风险。

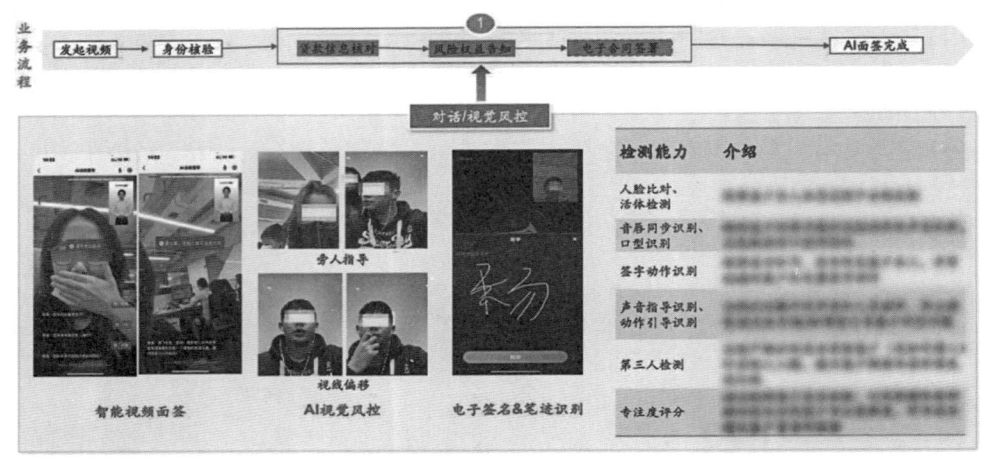

银行远程面签场景

3. 保险投保双录

在保险行业的投保环节中，基于监管机构的要求，销售人身险产品的保险机构销售人员在面对面销售时必须执行双录操作。尽管全面实施双录在很大程度上保护了消费者的权益，但其耗时长、通过率低等问题不仅增加了工作人员的工作量，同时也严重影响了用户体验，从而导致了保险业务的流失。

智能面审通过整合数字人和音视频对话技术，实现了风控、核验和对话等多功能，能够在双录过程中提供全流程可视化指引，实时进行质量检查与纠正偏差，显著提升了一次性通过率。此外，全流程视觉风控的实时核验操作简便，更能有效规范和引导用户完成双录操作，从而提高了投保和质检的效率。

在欺诈识别方面，智能面审利用其创新的智能风控技术，从对人的分析到对环境及人物动作的整体检测，甄别视觉风险。它还能针对异常的投保人群进行用户状态分析，如异常的面部特征、情绪识别及重大疾病概率等，帮助保险公司预警特殊人员的投保风险，有效防止欺诈行为。

除此之外，智能面审的产品解决方案还在虚拟营业厅、理财认购等场景中持续开拓创新，以期为金融机构提供更优质的智能面审服务。

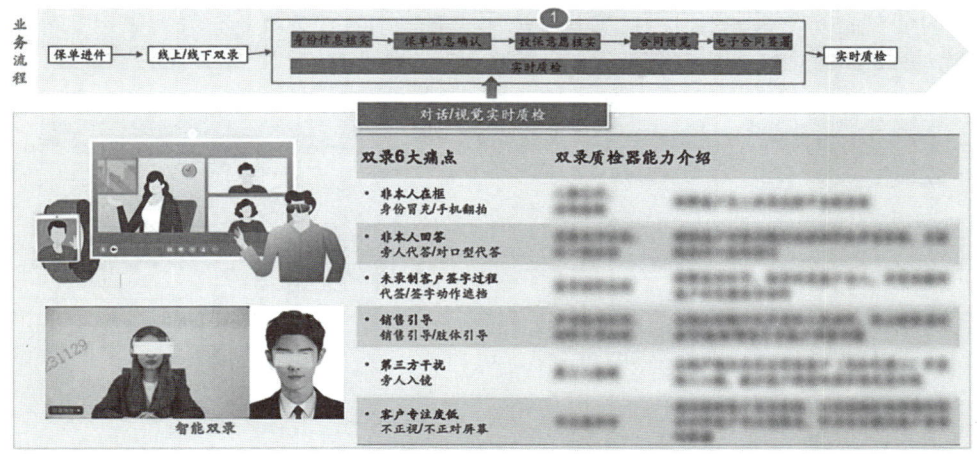

保险投保双录场景

三、创新应用

（一）项目案例

某汽车金融股份有限公司由自主品牌汽车厂商与本土银行合资成立，是汽车金融行业中的中坚力量，位居23家汽车金融公司的第二梯队之首。截至2022年12月，该公司与超过2 500家合作商建立了网上业务关系，已累计服务超过330万个贷款用户。

为应对业务量的迅速增长，该公司设定了2023年的目标，计划将放贷业务量相比前一年增加近1倍。鉴于2023年的经济环境，公司不仅要确保业务的增长，同时也需严格控制人力成本。因此，必须全面、科学且规范地优化贷款业务流程，并显著提升客户服务质量。

该公司有以下痛点。

- 招人难、人力成本高，作业效率受挑战。
- 团伙欺诈方式日新月异，风控安全亟须提升。
- 需整合复用原有系统，降低建设成本投入。

基于以上诉求和痛点，2023年上半年，该汽车金融机构与金融壹账通就"AI面审数字人"项目展开合作，充分发挥金融壹账通在智能视觉、智慧语音以及金融云服务方面的技术优势，推出了智能面审产品。该产品依托于视频机器人平台，融合了数字人、ASR、TTS、音视频技术及视觉风控技术。依托平安集团多年的金融业务经验，迅速将此项技术应用于客户信审业务场景，并与客户业务系统实现了无缝对接，为信审业务及风控提供了有效保障。

AI 面审数字人项目

AI 面审数字人项目具有如下前瞻性。

- **系统场景具备丰富拓展性**：产品具备数字人、视觉、语音等底层能力，拓展性强。在现有系统上，机构可根据业务需求，灵活自主拓展业务场景。
- **平台能力具备良好兼容性**：可与客户业务系统便捷对接，同时可兼容客户自身 AI 能力，保证业务性能体验的同时，最大限度降低客户系统建设成本。
- **部署方案具有高度灵活性**：架构设计灵活，整体功能解耦合，支持多种多样的系统部署方式，如公有云、私部署及混合云方式，可快速上线及应用。

AI 面审数字人不仅为消费者提供了更自然的人机交互界面，极大改善了整个流程的体验，促进了汽车消费，同时满足了汽车金融领域中"业务＋风控＋合规"的要求，帮助该机构规避风险，持续健康地发展。目前，AI 面审数字人在二手车、新车、商用车等多个场景中得到了成功应用。至本文完成时，视觉风控整体通过率达到了 95%、ASR 准确率达到了 90%、NLP 准确率为 95%、流程完成率超过了 80%、用户自动审批率达到 75%。自上线以来，数字人已累计审批放款额超过亿元。

（二）其他项目案例

- **某银行机构项目**：业务覆盖超过 4 类贷款业务场景，实现业务自动化审批与人工辅助审批有效结合。最高自动分流率达 60% 以上，节省座席人力成本每年 500 万元；疑似客户有效拦截率提升到 80%+，助力其贷款每年增发数十亿元。
- **某普惠机构项目**：应用在虚拟座席审批环节，调用量每年近亿次，通过人脸核识、黑名单/黑背景检测、团伙背景挖掘等能力，拦截黑名单和黑背景，每年减损数千万元，转人工率下降超过 10%。
- **某寿险机构项目**：在用户注册环节，预测重疾概率准确率 97%+，调用量每年近两千万次，核实重疾过百件，累计减损数千万。

四、取得成效

（一）技术发展推动社会远程服务的转型及用户服务效率的改变

随着 5G 技术、音视频技术、AI、虚拟人和大数据技术的综合发展，当代科技与金融服务的融合发展日益加快。过去，传统商业银行通常需耗费大量人力开展众多活动来运营客户，成本较高。相较之下，远程银行凭借服务和经营优势，基于大数据的多维数据模型，逐渐促进 AI 决策取代人工决策，实现业务运营的自动化、智能化和无人化。这使得远程银行在提供服务和营销触达方面的效率显著超过传统人工服务。

智能面审产品解决方案整合了 aPaaS 场景组件（包括智能面审前端、智能面审服务端）、PaaS 组件（视频机器人平台）及多种 AI 基础能力，致力于为金融机构提供远程面审、开户、保险双录等服务。该方案输出 SDK、H5、小程序等创新交互组件，允许金融机构突破空间和时间限制，通过视频方式为客户线上提供原需到线下网点才能完成的业务办理，帮助客户足不出户便可享受"面对面"的温情化金融服务。如此交互触达式的体验在降低重复性、低价值的劳动力和运营成本的同时，也提升了经营效率和客户体验。这完全符合远程银行"以客户为中心"的服务理念，助力银行全面提升客户体验和数智化服务能力，并促进数字经济的发展。

（二）百亿级别的应用的市场规模及客观市场效益

根据艾媒咨询数据显示，2022 年我国虚拟人核心市场规模达到 120.8 亿元，同比增长 94.2%。随着 2023 年 AI 大模型的相继发布，预计会赋能虚拟人产业，在多个环节实现降本增效，并显著提升应用端的交互能力。预计到 2025 年，虚拟人行业核心市场规模将达到 480.6 亿元。虚拟人在各个行业及场景中的应用，不仅增强了市场和业务价值，还在如汽车金融贷款、零售贷款审核等领域发挥了显著的效益。智能面审产品不仅能极大地提高业务效率，带动亿级规模的业务增长，还可有效减少百万元级的人力成本，提高人力效率超过 10%，同时整合多种创新风控技术，有效减少百万元级别的风险。

随着该产品方案在金融行业营销、客服等场景的不断拓展，以及在游戏直播、旅游推广等新场景的应用，不仅为行业带来了新的服务转型机会，也创造了更多的行业价值。此外，基于新服务模式，该方案将为行业创造如 AI 训练师、内容策划师等新职位，进一步推动行业及市场的价值提升和转型。

完成人：
吕东玉　深圳壹账通智能科技有限公司加马事业部总经理
林亚玲　深圳壹账通智能科技有限公司加马智能视觉团队产品总监
李莹洁　深圳壹账通智能科技有限公司加马智能视觉团队产品经理
李　悦　深圳壹账通智能科技有限公司加马智慧语音团队高级产品经理
熊　飞　深圳壹账通智能科技有限公司加马智慧语音团队产品运营经理

信息安全篇

案例 50 基于威胁情报的网络安全攻防演练框架项目

近年来，网络空间安全形势严峻，网络攻击事件频发，党中央、国务院多次作出重要指示，强调要"坚持筑牢国家网络安全屏障"，明确了网信事业的重要地位，网络强国建设迈出新步伐。但企业在实际安全运营过程中，如何检验自身面对网络攻击的弹性防御能力，如何确保安全运营不存在"盲区"，成为各家金融机构面临的重大课题。在此背景下，东亚银行（中国）有限公司（以下简称"东亚中国"）构建了以威胁情报为主导的网络安全攻防演练框架，通过识别和分析针对本行的威胁情报，评估最可能的网络攻击威胁方及其攻击手法，设计了多种攻击模式的演练场景，能够全面验证从互联网边界到内网的完整纵深安全防御体系的有效性，找出存在的安全防护薄弱环节，为安全运营优化提供真实结果依据，也为整个行业提供有益的参考和启示。

关键词： 网络攻防演练框架，威胁情报主导，纵深防御体系验证

一、背景介绍

当今网络安全形势持续严峻，针对企业尤其是金融机构的网络攻击行为不断增加，金融机构要持续加大安全投入，尤其关注网络安全实战检测、防御和响应等方面能力的建设。攻防演练已成为主流的安全防御有效性验证手段，但攻防演练目前缺少行业标准、框架方法论，且往往集中在外部边界，对于内部的纵深防御有效性涉及不多，演练的覆盖面、有效性缺少说服力。

东亚中国借鉴中国香港金融监督管理局（HKMA）发布的网络防卫计划（CFI），构建了一套基于威胁情报的网络攻防演练框架。框架包含测试规划及计划、威胁情报收集分析、模拟攻击场景设计、实战攻防演练、360度红蓝方复盘等主要阶段。东亚中国于2023年2月至6月基于本框架实施了攻防演练，全面评估了本行在面对外围侦察、初始访问、持久化、特权提升、内网探索、横向移

动、命令控制、破坏与泄露等攻击技战术的防护、检测、响应和处置能力，以发掘安全薄弱环节，为后续安全加固明确了目标。

二、建设内容

网络安全存在攻防不对等的特性，攻击方只需抓住防守方个别薄弱环节就能成功完成一次攻击，而防守方的覆盖面极广，需要非常庞大的人力和资源才能守住每个环节，这对于中小型金融机构来说并不现实。知己知彼，百战不殆，我们的思路从攻击者视角出发，挖掘互联网、暗网中针对东亚中国的威胁情报，结合评估本行实际业务，形成评估矩阵，得出本行最易发生的攻击案例、攻击手法、攻击目标，从而设计攻击场景。

演练的组织架构包括银行方管理层、安全部门、运营部门、合规部门、风险部门，以及攻击队（以下简称红方）情报专家、攻击测试人员、项目管理人员等。演练从流程阶段上分为 5 个阶段：准备及范围界定、定制化威胁情报分析、攻击演练场景设计、攻击演练测试执行、红蓝双方共同复盘。

（一）准备及范围界定

本阶段是整个网络攻防演练的初始准备阶段，主要完成演练组织架构组建、演练工作计划制定等工作，一般需要 3 到 4 周的时间。

1. 演练组织架构组建

组建演练管理控制组（Control Group）及演练项目组。考虑到演练在真实的生产及办公环境下进行，攻击队的攻击渗透行为可能会对上述环境造成影响。为统一各方期望，需要成立一个足够级别的组织来领导、统筹整个演练活动，审批关键节点执行，并对演练中的风险及应对措施进行决策。东亚中国本次演练的控制组组长是信息总监，小组成员包括网络安全主管、科技风险主管、数据中心主管、研发中心主管、合规人员、所涉系统的业务部门代表、业务连续性管理工作代表。在管理控制组下组建演练项目组，负责具体演练工作，演练项目组由网络安全主管、攻击队负责人及攻击队成员共同组成。

为了保持演练的有效性和独立性，测试场景和执行计划处于静默模式。管理控制组成员均需承诺不对外透露测试的任何细节。

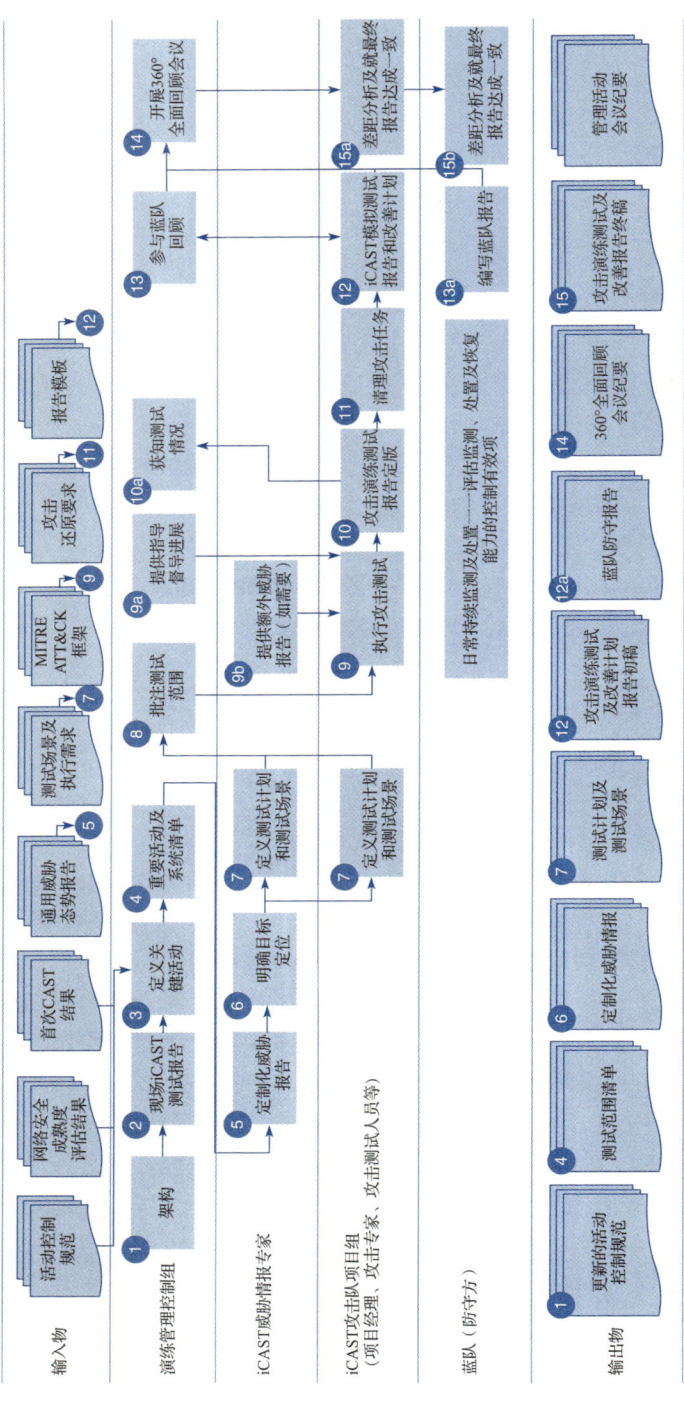

基于威胁情报的攻防演练框架

2. 演练工作计划制定

此项工作需要确认演练涉及的 5 个阶段分别执行的时间表、关键活动里程碑以及交付物。

3. 调研基本情况及演练范围

此阶段需与演练相关方进行充分沟通，让攻击队对东亚中国有基本的认知，包括企业整体情况、匹配主营业务及对应系统等，确保各方理解这次演练会使用到的一些方法手段，明确各方能够接受的原则底线，比如是否会包含社会工程（如尾随、钓鱼邮件等）、是否会有爆破性攻击（如 DDoS、密码爆破等）、是否会在夜间及周末开展等。演练项目组会基于上述沟通内容，形成一致意见。

上述工作都完成后，组织召开管理层及控制组各方参加的演练启动会，宣布本次演练正式开始。

（二）定制化威胁情报分析

本阶段是整个演练的核心部分，也是区别于传统攻防演练、渗透测试的地方。本阶段的重点是定制化，通过评估东亚中国各业务重要程度，结合互联网、暗网等渠道收集到的来自东亚中国的威胁情报，以及全球金融同业过往发生过的真实网络攻击案例，分析各种攻击的可能性与影响性，得出东亚中国最易遭到网络攻击的目标、攻击方、攻击手法，让整个演练的剧本场景面向实战。此工作主要包括如下几项。

1. 业务重要性与攻击者意图分析

在业务重要性方面，借鉴业务连续性分析结果，评估出本行的主要业务及其重要性，包括账户服务、人民币汇款、外币汇款、电子银行、个人理财、对公贷款、零售贷款、货币市场、联合贷款等 14 类。

在攻击者意图方面，将攻击者分为有组织的犯罪集团（OCG）、国家层面（或代理）攻击、内部人员、独立黑客、竞争对手公司、恐怖分子等。针对不同组织的攻击能力，并基于这类攻击者过往对银行金融机构及直接针对东亚中国的攻击案例，评估其攻击意愿。

将业务重要性及攻击者意图两者结合，建立场景矩阵分析表，得出最易受攻击的业务场景及对应的潜在攻击者。

本次i-CAST实施路线图

	Preparation and Scoping 2.10-3.3	Threat Intelligence 2.17-3.9	Threat Scenario 2.24-3.17	Test Execution 3.20-4.21	Closure 4.24-5.19
目标	- 确定项目顺利交付所需的所有参与前活动（范围、方法、时间表等） - 项目各方期望达成一致	- 收集与内部和外部威胁参与者的动机、意图、计划和能力的详细信息相关包括这些对手的策略，技术和过程（TTP） - 威胁情报还包括威胁对手的特征详细信息	- 制定项目执行的测试策略和攻击步骤	- 针对BEACN的网络空间模拟一组现实的、基于威胁的攻击场景，检验BEA网络安全能力的有效性	- 确定漏洞风险评分并提供补救建议。交付所有最终报告
关键活动	- 确认并商定参与范围、方法。服务期望和沟通协议 - 控制组成员选择 - 制定并确认角色、责任和时间表 - 与所有项目利益相关者举行正式启动会议 - 沟通了解攻击团队能力	- 审查BEA的影子IT/影子APIV网络资产 - 审查业内暗网的关键情报（更多关注BEA相关情报） - 审查BEA的关键系统、威胁评估和行业最近的改动	- 分析情报报告并制定网络威胁场景 - 审查并最终确定威胁场景 - 确定iCAST执行的后勤保障 - 进一步完善范围界定和测试要求	- 针对网络威胁场景，对BEA的系统和环境进行模拟测试，包括每个场景的初始攻击，持续性、权限提升、横向移动 - 立即向东亚银行管理层报告发现的漏洞问题 - 将环境恢复到原始状态	- 安排对iCAST结果的评估和测量 - 主要利益相关者介绍和讨论最终调查结果 - 创建最终评估报告，其中包含执行摘要，BEA当前概况，EY攻击场景以及针对已发现问题的建议 - 审查蓝色团队报告，并根据需要向高级管理层支持360度回放研讨会
交付物	- 详细项目计划 √ - 项目进度计划 √	- 网络威胁情报报告，其中包括： - 目标报告 √ - 威胁情报评估报告 √	- 基于威胁情报的详细测试场景计划 √	- 问题记录，包括屏幕截图和/或视频证据 √ - iCAST结果报告草案 √	- 最终评估报告 √ - 根据需要审查蓝色团队报告 √ - 根据需要为高级管理层提供360度回放研讨会支持 √

基于威胁情报的攻防演练的实施路线图

	账户服务业务	人民币汇款业务	外币汇款业务	电子银行业务	个人理财业务	对公贷款业务	零售贷款业务	商务汇票业务	货币市场业务	联合贷款业务	信用卡业务	票据结算业务	自助银行业务
OC6	20(4×5)	16(4×4)	20(4×5)	16(4×4)	20(4×5)	12(4×3)	12(4×3)	12(4×3)	20(4×5)	12(4×3)	16(4×4)	12(4×3)	8(4×2)
Nation State	15(5×3)	15(5×3)	15(5×3)	15(5×3)	10(5×2)	10(5×2)	10(5×2)	10(5×2)	10(5×2)	10(5×2)	10(5×2)	10(5×2)	10(5×2)
Insider	16(4×4)	12(4×3)	12(4×3)	8(4×2)	20(4×5)	12(4×3)	12(4×3)	12(4×3)	12(4×3)	20(4×5)	12(4×3)	8(4×2)	12(4×3)
Hacker	20(4×5)	12(4×3)	12(4×3)	16(4×4)	20(4×5)	12(4×3)	20(4×5)	4(4×1)	4(4×1)	8(4×2)	8(4×2)	4(4×1)	8(4×2)
Hacktivist	12(4×3)	8(4×2)	8(4×2)	20(4×5)	4(4×1)	8(4×2)	8(4×2)	4(4×1)	4(4×1)	8(4×2)	8(4×2)	4(4×1)	8(4×2)
Corporations	8(4×2)	4(4×1)	4(4×1)	4(4×1)	4(4×1)	4(4×1)	4(4×1)	4(4×1)	8(4×2)	4(4×1)	4(4×1)	8(4×2)	4(4×1)
Terrorists	2(1×2)	2(1×2)	2(1×2)	2(1×2)	1(1×1)	1(1×1)	1(1×1)	1(1×1)	2(1×2)	1(1×1)	1(1×1)	2(1×2)	1(1×2)

攻击场景分析矩阵

2. 东亚中国威胁情报

此项工作由攻击队对当前东亚中国暴露在公网上的开源情报进行收集，此举是模拟攻击者在对组织进行攻击时可能使用的目标信息。本次演练中收集的威胁情报包括：东亚中国的互联网公网 IP、域名、移动 APP 程序（包括移动办公 APP）、微信公众号、职员信息（如姓名、邮箱、工号、职务等）、泄露的凭证、网盘及代码平台所涉信息、社交媒体所涉信息、暗网所涉信息等。

在"业务重要性与攻击者意图分析"和"东亚中国威胁情报"结果的基础上，项目组会基于攻击场景合理性以及东亚中国自身情况进行二次筛选，最终确定演练的攻击场景。

东亚中国最终的演练场景

场景编号	场景	预期效果	能力	意图	威胁得分
1	黑客以东亚银行客户信息管理系统（ECIF）为目标，窃取东亚银行客户数据，并将数据于黑客论坛或暗网出售以获利	窃取数据 PII 盗窃	4	5	20
2	Lazarus OCG 以外汇支付系统（FXPS）为目标，窃取并转移东亚银行外汇以达到为其背后国家势力积累资金及洗钱等目的	盗取金钱	4	5	20
3	内部员工，因心怀不满且被竞争对手收买，以大数据基础平台（BDP）为目标，窃取、转移大量敏感数据并公布，以造成东亚银行的形象严重受损，从而达到恶意市场竞争的目的	数据盗窃 盗窃商业信息 PII 盗窃	4	5	20

（三）攻击演练场景设计

这个阶段会基于阶段二的攻击场景及威胁情报，由项目组设计出对应的攻击步骤，模拟针对东亚中国关键业务的潜在针对性攻击，测试东亚中国网络安全弹性。整体攻击通常会有初始访问、驻留及提权、横向移动、渗出（数据泄露）等几个环节，并基于这些环节设计具体攻击手法、使用的攻击武器库、测试目标和有效防御标准、前期准备条件及解链（De-Chain）条件。

以场景 2 为例，总共设计了 9 个攻击步骤。

（1）**具体的攻击手法**。具体说明攻击的方式，包括使用的工具，以场景 2 的"钓鱼邮件"为例：先准备网络钓鱼电子邮件模板和服务器设置，然后向目标发送网络钓鱼电子邮件以及"水坑"网站的 URL 或恶意附件。

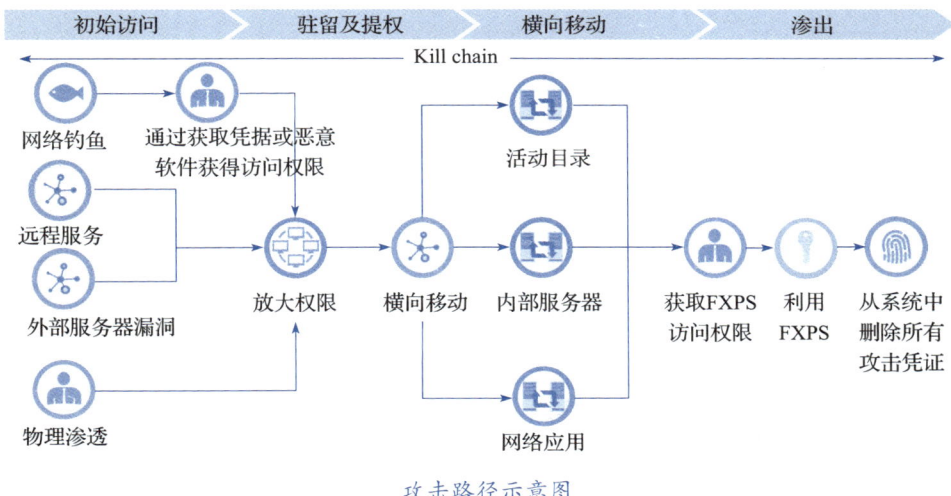

攻击路径示意图

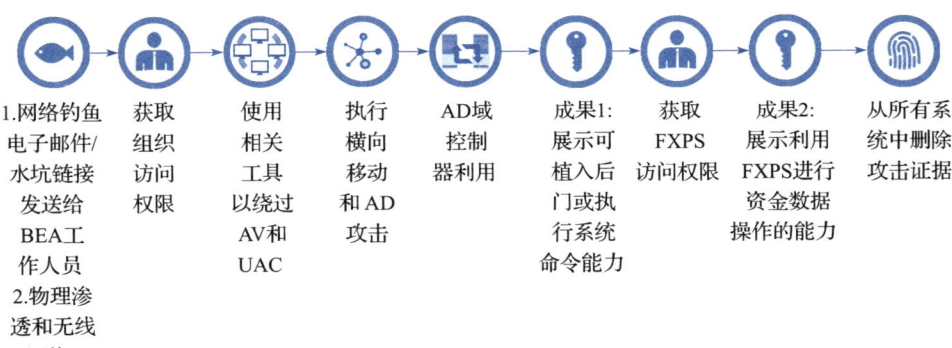

Lazarus OCG 以 FXPS 为目标的攻击场景路径图

（2）使用的攻击武器库。场景设计中需要明确披露会使用到的攻击工具及武器库，这主要是为了评估工具使用可能带来的安全风险，以及事后核验清除演练痕迹，防止有关工具残留环境中并被不法利用。还是以场景2的"钓鱼邮件"为例，使用到的武器库包括以下几种。

- GoPhish：用于发送带有欺骗性网站或恶意附件的网络钓鱼电子邮件。
- Veil-Framework：用于生成有效负载和绕过防病毒。
- Shelter：用于生成有效负载和绕过防病毒软件。
- SharpShooter：用于生成有效负载和逃避防病毒软件。

（3）测试目标和有效防御标准。每一个攻击步骤均需要明确其预期达到的测试效果，以及防守方的有效防御标准，以场景 2 的钓鱼测试为例，其预期测试目标为"通过网络钓鱼 / 水坑攻击获取对内部网络的访问权限"，而防守方的有效防御标准为"员工发现钓鱼事件并上报给安全团队；测试 POC（观点验证程序）无法在目标用户电脑内执行"。

（4）**前期准备条件**。由于攻防演练的时间周期比较有限，无法按照真实的 APT 攻击长期潜伏，慢慢获取攻击要素，因此一些提前的准备是合理且必要的，以钓鱼测试为例，其前期准备为"BEA 将准备允许钓取人员邮箱列表白名单，数量为可收发外部邮件员工总数的 10% ～ 15%。"

（5）**解链 De-Chain 条件**。由于真实攻防演练活动中，可能存在攻击队攻击不成功未能拿到预期目标，或攻击成功但后续攻击可能影响业务运营的情况。为保障演练能继续进行，我们在演练中增加了解链 De-Chain 条件，通过 De-Chain 为后续测试提供切实可行的替代方案，以保障验证后续防御的有效性，这是有别于传统渗透测试、攻防演练的一个重要环节。仍以场景 2 的钓鱼测试为例，其 De-Chain 条件具体如下。

- **De-Chain 条件 1**：当钓鱼邮件被 BEA 的 SPF 或邮件安全网关等设备拦截时，则触发 De-Chain 条件。测试人员将在 BEA 进行加白操作下继续进行测试。
- **De-Chain 条件 2**：当钓鱼邮件 / 水坑攻击成功命中目标用户时，为了不影响员工正常办公，触发 De-Chain 条件。BEA 将提供与被命中目标相同权限的账户以用作下一步测试。
- **De-Chain 条件 3**：当钓鱼邮件 / 水坑攻击未能命中目标用户（未能获取目标权限或凭证信息），则触发 De-Chain 条件。测试人员将使用测试 POC 在普通权限员工测试电脑内展示触发，用于测试端点安全控制的有效性。

（四）攻击演练测试执行

所有测试方案确定后，经过管理控制组审定，即启动攻击演练测试。整体测试持续 4 到 5 周，其中，第一和第二周一般用于互联网边界的初始访问攻击；第三周开始，将攻击测试环境转入内部网络，即模拟互联网被攻破，黑客已经获取员工 PC 和互联网区域服务器控制权限。此阶段，攻击者一般会反复交叉实施防御绕过、特权提升、信息搜集、横向移动等多个步骤，攻击目标覆盖包括域控 AD 攻击、共享目录、网盘，以及类似账号管理系统、OA 系统、CMDB 系统等存储大量公共信息的系统。第五周主要验证数据泄露防护能力，在该阶段攻击者会基于攻击获取的数据或 De-Chain 后提供的模拟数据，验证是否可以通过各类方式将数据有效传递至外部环境，完成数据泄露。

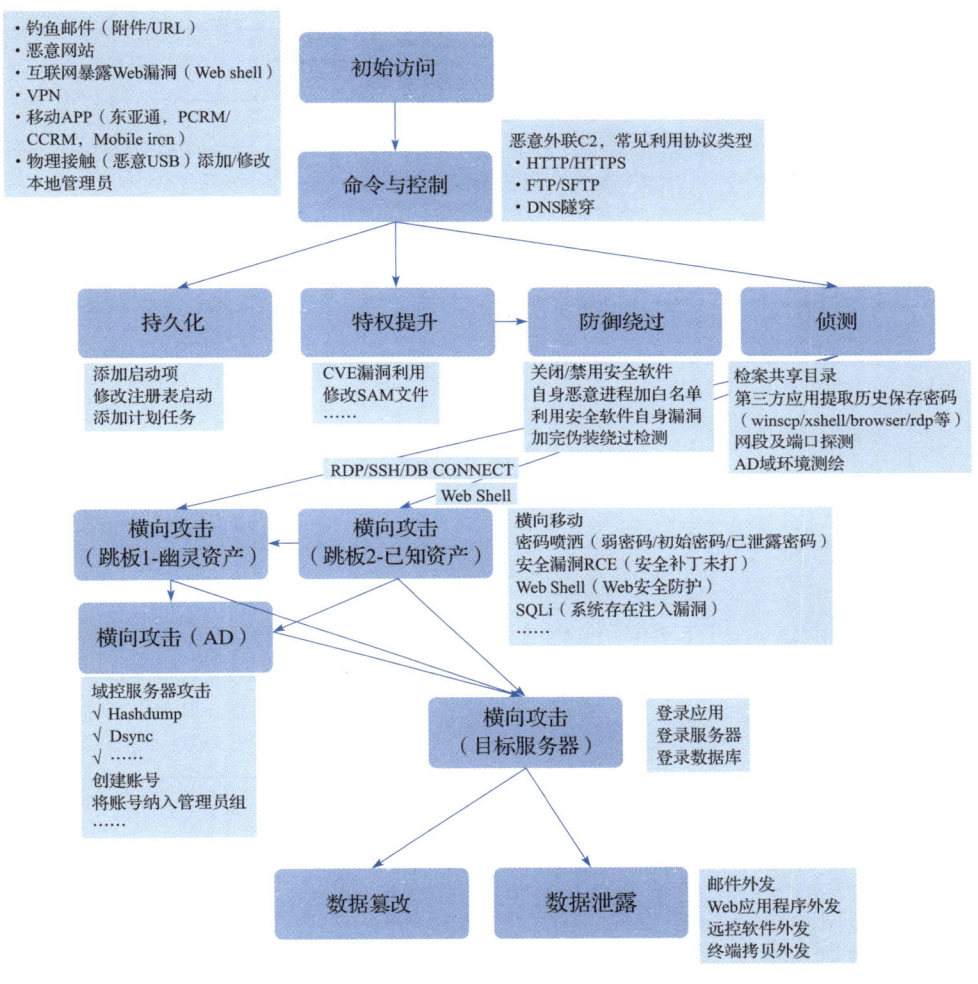

攻击技术图

本阶段，蓝队（防守方）每日都需要编写蓝队防守报告，详细记录当日发现的攻击告警、处置情况，对于发现的攻击行为可以向项目组申报，项目组会判断是否为有效防御并记录在该场景的对应环节。如触发 De-Chain 条件，则会直接进入下一步测试，该步骤将记录为有效防御并终止。

本次 3 个场景经过 5 周的持续攻击测试，整体达到了预期目标。最终，2 个场景攻击队未获取最终目标，1个场景攻击队在经过多次 De-Chain 后，获取到了目标数据，但在数据泄露的最终环节被检测发现。

东亚中国基于威胁情报的网络攻防演练结果表

场景编号	威胁行动方	目标对象	攻击者目的	是否解链	测试结果	备注
1	匿名黑客	客户信息管理系统	匿名黑客以 ECIF（东亚中国客户信息管理系统）为目标，窃取东亚银行客户数据，并将数据传输到东亚中国的外部网络，并于黑客论坛或暗网出售以获利	Yes	未获取最终目标	无法通过互联网直接攻击获取东亚中国 Web 服务器控制权。在 De-Chain 的条件下，无法通过外网应用服务器突破入行内生产系统网络并获取 ECIF 中的客户信息
2	黑客组织	外汇支付系统	Lazarus OCG 以 FXPS（外汇支付系统）为目标，窃取并转移东亚银行外汇以达到为其背后国家势力积累资金及洗钱等目的	Yes	部分成功，但未获取最终目标	在 De-Chain 的条件下，成功获取东亚中国的域管理权限（成果1），并可以访问 FXPS 生产环境，但未能获取 FXPS 生产环境权限（成果2）
3	内部威胁	大数据基础平台	内部员工，因心怀不满且被竞争对手收买，以 BDP（大数据基础平台）为目标，窃取、转移大量敏感数据并公布，以造成企业形象严重受损，从而达到恶意市场竞争的目的	Yes	部分成功获取到最终目标	在 De-Chain 的条件下，可以获取 BDP 生产数据并通过个人终端将 BDP 测试数据传输到外部网络，但数据对外泄露的行为被蓝队检测发现

（五）红蓝双方共同复盘

3个场景的所有步骤全部执行完毕后，即完成了阶段（四），攻击队将进行阶段（五），攻击队将编写演练测试报告，防守方将编写蓝队防守报告。在这个阶段，双方将会面对面进行360°的全方位复盘，复盘将针对每一个演练攻击步骤，确认双方各自的信息，并针对重点阶段建立评估矩阵。

通过复盘，对于防守方没有完全成功地检测、阻断的攻击环节，项目组分析安全防御体系中的主要薄弱点，制定短期（3个月内）、中期（6个月内）以及长期（12个月内）的改进计划和措施，提升本行的网络安全防护能力。

案例 50 基于威胁情报的网络安全攻防演练框架项目

场景	里程碑	蓝队检测响应情况	De-Chain状态	里程碑完成情况
Scenario 1（ECIF）	边界突破	成功检测并响应	是	失败
	本地权限提升	成功检测并响应	是	成功
	横向移动	成功检测并响应	是	成功
	获取ECIF相关网络的访问权限	不适用-未能突破访问控制	不适用	失败
	获取ECIF应用/系统权限	不适用-未能突破访问控制到ECIF应用	不适用	失败
	测试ECIF数据对外传输	成功检测并响应	是	成功
Scenario 2（FXPS）	网络钓鱼	钓鱼目标没有回应，成功检测并及时响应	是	失败
	物理渗透/WIFI攻击	未能突破访问控制	不适用	失败
	本地权限提升	成功检测并及时响应	是	成功
	本地AV/HIDS对抗	自动阻断，成功检测并及时响应	是	失败
	横向移动	部分检测并及时响应	是	成功
	获取FXPS生产相关网段的访问权限	未能检测和响应	否	成功
	获取FXPS应用/系统权限	不适用-未能获取FXPS应用系统权限	不适用	失败
	基于FXPS进行数据操作	不适用-未能获取FXPS应用系统权限	不适用	失败
Scenario 3（BDP）	本地权限提升	成功检测并及时响应	是	成功
	本地AV/HIDS对抗	自动阻断	是	失败
	执行横向移动	部分检测并及时响应	是	成功
	获取BDP生产相关网段的访问权限	未能检测并及时响应	否	成功
	获取BDP应用/系统权限	部分检测并及时响应	否	成功
	测试BDP数据对外传输	成功检测并及时响应	否	成功

反时检测并响应　在攻击发起后24小时内被蓝队发现并作出响应　部分检测并响应　攻击手法中部分被蓝队发现并作出响应　未被检测　蓝队未发现这次的攻击

纵深防御有效性评估矩阵

<3个月	3~6个月	>6个月
➢盘点Windows server 2008及以下版本的服务器（包含分支行环境），制定EOS Evergreen计划或服务器下线计划 ➢该服务器【■■■■】为深圳分行文件服务器，非域控服务器。禁用该服务器上运行的■■程序，部署■■■■补丁，并修改默认■■■■注册表键值 ➢检视Vsphere账号口令，立即修改常用口令或弱口令 ➢研究将Vsphere账号统一由Cyberark管理的可行性方案 ➢修改变服弱口令或常用口令为高强度口令，确认和限制■■■■设置方为本地管理员服务器的清单 ➢修改人力成本预算审管理系统发现的弱口令为高强度口令，检视和修复系统口令强度要逻辑以符合本行口令安全标准 ➢对с-CAST中发现的■■■■系统SQL注入漏洞和越权漏洞进行修复 ➢对系统全部页面开展渗透测试，并对发现的安全隐陷进行修复 ➢评估确认可行后，将■■■命令从sudo列表中移除 ➢对本次CAST发现的■■■等本更新补丁的服务器进行补丁更新 ➢研究在主机入侵检测系统（HIDS）添加检测■■■■运行的检测规则，在可行情况下添加检测规则 ➢对发现存在敏感信息的共享目录进行检视，删除或加密敏感信息 ➢部署网盘项目，替代本行共享目录，关闭不再需要使用的公共共享目录	➢排查非域控Windows服务器上是否有使用域特权账号正在运行的程序或服务。在确认非必要后禁用相关程序或服务。办公组提供该特权账号清单，平台组对所有Windows服务器开排查并确认 ➢数据中心完善资产盘点机制，开展生产服务器资产盘点。找出未在资产清单中的幽灵服务器资产并录入 ➢收紧■■■■管理控访问控制策略，仅允许受限范围内的网络区域内可以访问，加于运维区内指定跳板机 ➢通过安全工具，定期检视AD或账号密码，对在存密码散或企业内部常用密码的账号通知账号所有者进行散改 ➢本行即将更新■■■■系统，对系统上线前开展渗透测试，查找和修复越权问题 ➢本行即将更新■■■■系统，对该系统此类问题进行修复，禁止 ➢对■■■■进行修复 ➢系统建立账号管理机制，研发中心计划对■■■■对权限访问人员进行授权，防止敏感信息授权访问 ➢重检和评估■■■■权限配置，删除多余或过大的命令权限 ➢制定和完善补丁管理机制，对非应用系统的服务器（加监控、批量管理等工具类服务器、跳板机等）按标准定期开展补丁部署 ➢加强员工安全防范意识培训，在安全意识培训资料中重点强调在共享网盘中不明文存储相关的系统账号密码	➢网络安全管理组对确认的幽灵资产进行安全管理，包括特权账号上收、主机入侵检测系统部署、系统日志上送至SIEM系统等 ➢网络安全管理组已安排了■■■升级计划，修复■■■■的问题，将按计划推进Windows服务器■■■■版本升级

改进措施图（已脱敏）

三、创新应用

目前，我们已将基于威胁情报的网络攻防演练作为本行纵深防御体系的重要组成部分，为安全运营的有效性衡量提供了重要参考，也为安全持续优化提供了重要输入。本项目主要有以下核心和创新亮点。

（1）**提出网络安全攻防演练框架思路**。提出了网络安全攻防演练的5个标准流程阶段，以及由管理控制组的组织架构，提出了网络安全攻防演练各阶段的输入与输出物，为攻防演练活动提出了框架。

（2）**以威胁情报分析主导演练场景设计**。本项目明确了攻防演练应以威胁情报分析结果为主导的思路，并实践了威胁情报收集的范围、评估了企业面临主要威胁的方法模型，为企业在设计演练场景时提供了参考方法。

（3）**设立解链以全面验证安全防御有效性**。本项目提出了建立解链条件的方案，通过设立解链点，一方面实现了实战演练与维护生产环境稳定之间的平衡，另一方面确保了演练流程可以从头至尾有效完整地执行，继而全面地验证了各道防御措施的有效性。

（4）**360°攻防双方全面复盘提出针对性改进**。本项目注重演练的事后复盘，对演练活动中攻击方和防守方的各项行为均进行了全面的检视，并提供了攻击方和防守方的对话机制，通过攻防相互交流机制，发掘更深层次的安全问题，实现了治标治本的双重目标，也为后续改进提供了有实战依据的参考。

四、取得成效

本项目取得了如下成效。

- 建立了标准网络安全攻防演练框架，明确了演练活动开展的固化模式、输入和输出物，整体流程、框架、标准具备可重复性，解决了网络安全攻防缺少"统一语言"的问题，为其他企业开展网络安全攻防演练提供了参考和借鉴。
- 引入威胁情报收集和分析评估机制，让企业能够了解自身在互联网环境下暴露的安全风险，以及最有可能面临的攻击威胁，为后续安全运营工作提供了实质性的借鉴，企业可以基于威胁情报进行针对性防御。
- 实战化的攻防以及解链机制的加入，可以确保攻击方从外部到内部再回到外部，较为全面地验证了企业从互联网边界到内部办公生产、数据防泄露等各方面的纵深安全防御能力，更精准地发现了当前的薄弱环节，评估了安全管理落实、安全系统防御、安全运营机制的有效性，也为安全管理者提供了工作优化目标。

完成人：
王　　悦　东亚银行（中国）有限公司资讯科技处首席信息官
丁征涛　东亚银行（中国）有限公司资讯科技处网络安全主管
邵　　杰　东亚银行（中国）有限公司资讯科技处数据中心总经理
姜莹莹　东亚银行（中国）有限公司资讯科技处安全运营高级经理
石　　磊　东亚银行（中国）有限公司资讯科技处安全运营高级经理

案例 51 研发安全管控平台

由于应用程序变得更加复杂，安全工具要跨越多个部门使用，获取应用程序整体安全状况变得更加困难，这使评估、衡量、确定优先级和响应应用程序风险的工作变得更加复杂。因此，需要一套统一的应用安全风险管理系统来应对。华润银行建设的研发安全管控平台能够接入各种各样的安全测试工具链，统一下发布扫描任务和安全策略，统一治理和消除应用安全漏洞风险。该平台支持与 DevOps 平台对接，能够有效支撑敏捷开发流程的持续自动化安全检测。结合安全漏洞缺陷优先级创建清晰的安全基线，形成综合安全门禁，有效驱动安全漏洞缺陷闭环修复。同时，该平台提供整个应用程序风险全视图，使团队能够根据数据做出决策，并全面提高安全性，停止追逐缺陷，专注于对业务而言至关重要的内容。本项目通过建立平台与开发团队之间的信任与合作关系，创建了一种安全共识，以便组织能够将安全性集成到文化和代码中，从而形成了一个设计安全的系统，有效提升了安全管理效能。

关键词：应用程序安全，漏洞风险管理，安全工具链，风险可视化

一、背景介绍

在数字化转型的背景下，华润银行不断探索和利用各项互联网技术，发展和完善研发模式，致力于打造一个能够快速响应业务需求，并为客户提供高效、稳定、安全服务的平台。以实现安全最大程度左移为目标，试行 DevSecOps 方案，并持续优化改进，以探寻 DevSecOps 的最佳解决方案，进而在全行范围内全面推行。

据统计，超过 40% 的企业拥有多达 11 款 AST 工具。同时，为了有效使用这些工具，还需要很多操作熟练的人员。企业对软件风险把控的准确率较低，尽管投入成本非常大，但仍然无法保障软件的质量与安全。在 SDLC 的不同阶段开展应用安全测试，由于操作人员不同，会导致运行结果各异，进而使对不同团队进

行汇总分析的效率非常低。

应用程序开发的速度和方法给传统的应用程序安全工作带来了压力，导致风险管理效果不尽如人意。因此，需要建设一套开发安全运营平台，对多种安全测试工具链的扫描检测、安全漏洞缺陷和安全门禁等进行一体化综合管理，有效跟踪和闭环修复安全风险缺陷，从而提高安全运营效率。

目前，华润银行已经初步完成 DevOps 体系的建设，下一步需要补充代码安全检测等工具链，以形成完整的 DevSecOps 体系。具体工作包括将安全检测工具链嵌入自动化流程中，支持在本地开发环境、测试环境和预生产环境中自动化进行代码安全扫描检测，并在封板流程中建立"安全门"，以驱动安全漏洞缺陷有效闭环修复。

研发安全管控平台（DSOP）是华润银行结合安全技术和管理流程体系打造的一款具备完全自主知识产权的科技创新产品。该平台能够完全适配信创环境，实现安全工具链的融合、自动化流水线的对接集成、安全漏洞风险的统一管理和安全门禁管理，并提供整个应用程序风险的全面视图。

二、建设内容

研发安全管控平台支持在整个软件安全开发过程中集成和利用应用安全检测工具链，生成与各个应用程序及其组成部分相关的风险视图。它支持通过配置方式快速对接集成安全检测工具链和 DevOps 平台，避免在对接不同厂商和不同类型工具时产生额外的定制开发工作量和成本。在整个软件开发、部署和操作生命周期中聚合、关联和评估安全信息，通过综合各个工具链的安全门禁策略，形成统一的安全门禁策略，为 DevOps 平台封板阶段提供安全卡点。在开发过程中，综合治理应用安全风险隐患，增强安全可见性、管理应用安全漏洞和控制安全活动执行，以提高应用程序安全效率和风险管理水平。

（一）总体思路

研发安全管控平台通过 API 透传技术，统一对接并集成 SAST、SCA、IAST、DAST 等工具链，并与 DevOps 平台流水线对接集成，实现了在 CI/CD 流程中自动化执行扫描检测。平台还对工具链的扫描检测结果进行管理，结合漏洞缺陷优先级设置安全门禁策略，对检测结果进行安全门禁计算。在上线流程中，将安全门禁结果和检测结果提供给安全评审进入审批环节，从而整体实现自动化扫描检测、统一安全风险管理和上线安全管控。此举有效增强了公司的安全开发运营能力。

（二）技术路线

研发安全管控平台采用了 API 透传技术和漏洞优先级策略。作为联动 DevOps 平台和各个工具链的桥梁，DSOP 将工具链统一接入 DevOps 开发流程，并对发现的应用系统安全漏洞缺陷进行优先级分析，精确闭环高优先级的漏洞缺陷，从而提高应用系统安全漏洞缺陷的闭环处理能力。

研发安全管控平台采用的高可用信创技术架构，主要应用于内部安全管控。平台结合内部安全管理流程，通过对接安全检测工具链，统一收集安全检测结果数据，实现安全漏洞风险的统一管理闭环。在应用上线部署申请流程中，平台提供安全卡点策略和检测结果评审元数据，并与 DevOps 平台联动，完成了整体的安全管理流程接入，实现了对安全开发流程的全方面安全管控。

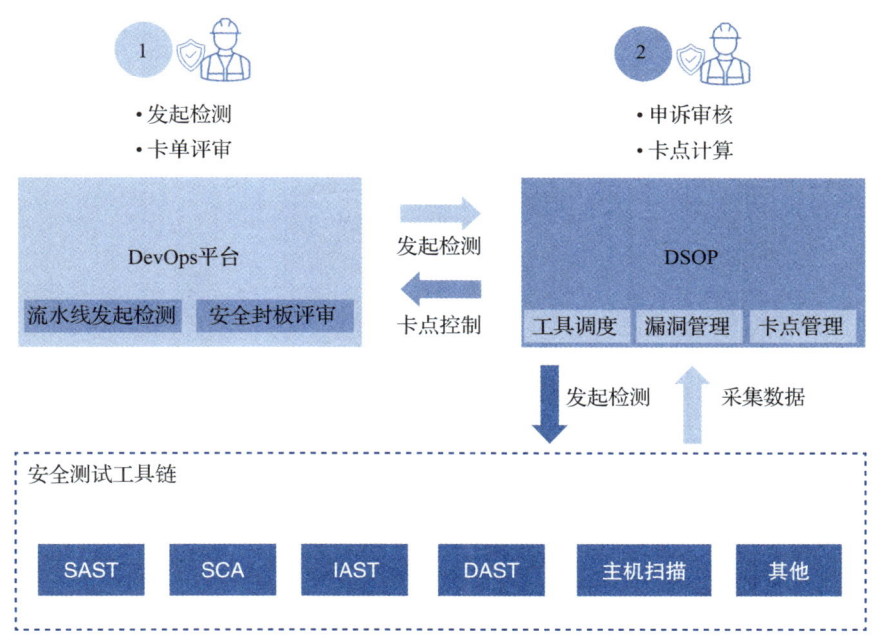

总体管控架构和流程

平台的主要功能包括扫描平台、漏洞管控、资产管理、知识库、考试管理、后台管理、配置管理和统计报表等。

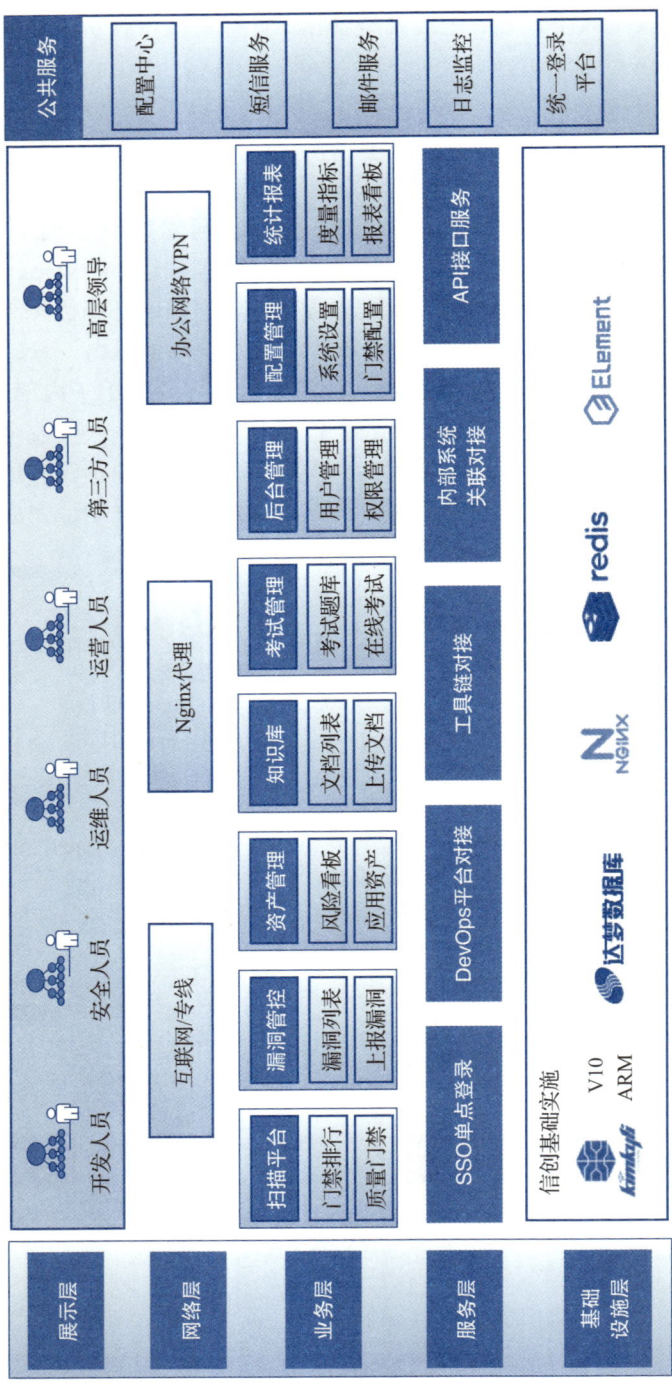

功能架构

（三）关键技术点

随着安全需求的不断发展，安全左移至开发侧已成为未来安全发展的必然方向，而自动化的工具链可以极大地提升整个安全开发过程的效率，并确保这些实施过程的安全性。平台主要有以下技术特点。

- **工具链灵活编排**：通过参数配置方式对接 SAST 和 SCA 工具链，有效减少不同厂商和不同类型工具在对接集成过程中产生的额外定制化开发工作量和成本，增强应用系统从开发到上线各个环节的代码安全检测能力支撑，实现安全左移，为应用系统上线提供有效的安全保障，有效降低系统对接过程中额外产生的定制化成本。
- **DevOps 流程自动化**：将 SAST、SCA 工具链和策略链无缝对接集成到 DevOps 流水线中，实现自动化安全扫描检测，并在关键节点进行安全卡点，有效减少人工工作量，促进各团队之间的协作，提升 DevOps 平台的持续检测能力。
- **漏洞缺陷优先级策略**：通过 DSOP 对检测结果和问题进行优先级排序和分类，可有效加强漏洞缺陷闭环修复管理能力。基于安全门禁创建清晰的安全基线，可使团队根据数据做出决策，并全面提高安全性，全面了解开发和运营中的应用程序攻击面。结合自动化工具运行实践，持续为安全开发赋能，按优先级对漏洞缺陷进行分类治理，高效闭环高危和重要风险的处理过程，有效提升人员的安全开发意识和能力。
- **安全门禁卡点**：基于安全左移的理念，实现 DevSecOps，在软件研发阶段便同步进行安全检查。在软件的整个生命周期中支持多个卡点，将 80% 以上的高危漏洞缺陷消除在版本发布前，有效降低漏洞缺陷修复成本。

三、创新应用

通过建设研发安全管控平台，综合接入 SAST、SCA、IAST、DAST 等工具链，并全面融入安全检测工具链在 DevOps 流程中的自动化检测支撑能力，可提高自动化安全扫描检测能力，从而增强安全运营的支撑能力，驱动安全左移，降低上线后漏洞修复成本。

银行企业应用系统多、业务复杂，在敏捷开发流程中，版本迭代频繁、风险暴露面大、合规要求严格、安全风险复杂且难以治理。在此情况下，对于检测发现的各种各样的风险，在安全和开发方面都面临着修复漏洞缺陷的巨大压力。通过建设研发安全管控平台，并将研发安全管控平台接入 DevOps 流水线中，再将各种工具链统一接入研发安全管控平台，能够实现在 DevOps 流水线中进行高效自动化扫描检测，安全检测结果在研发安全管控平台上进行集中管控，结合漏洞缺陷优先级策略设置综合门禁，提供在版本发布前进行安全评审和审批的能力。一方面，让安全和开发团队专注于治理重要和高危安全漏洞缺陷，解决使用多个安全检测工具时安全漏洞风险分散与治理复杂的问题；另一方面，能够在系统上线前有效消除安全漏洞风险，大大降低应用系统上线后漏洞发现和修复成本，使应用系统达到合规有效、安全可靠的效果。

在工具链对接集成与管理流程方面，该平台能够结合安全管理流程为关键审批环节提供数据支撑。

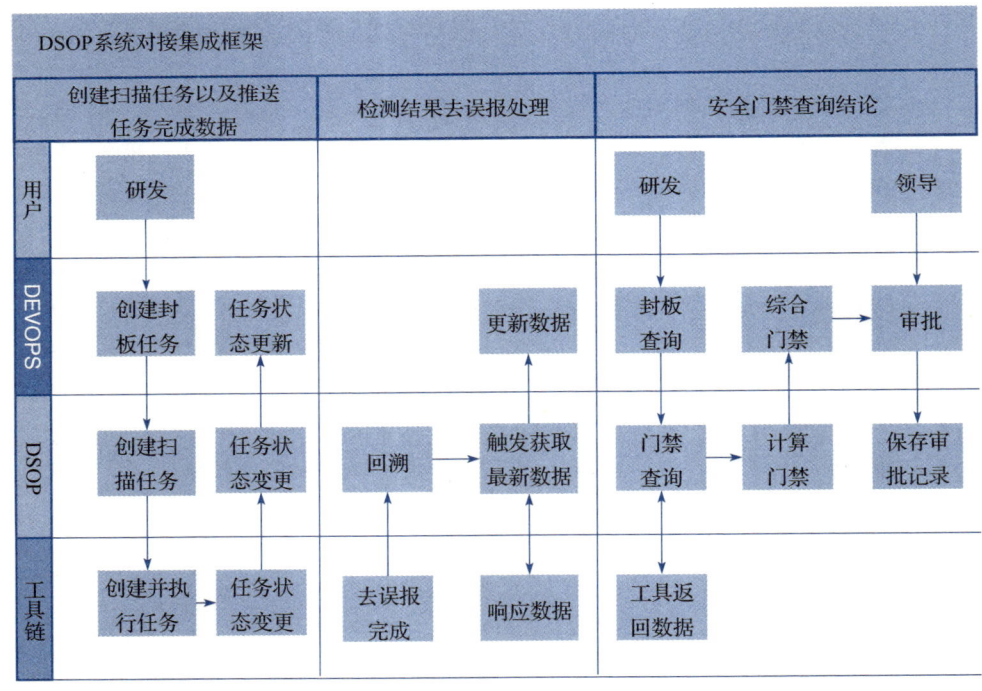

系统管理流程

在高可用方面，全面使用信创环境部署，使研发安全管控平台 Web 前端和后台运行在同一镜像中，并通过 LB 配置负载策略进行调度。

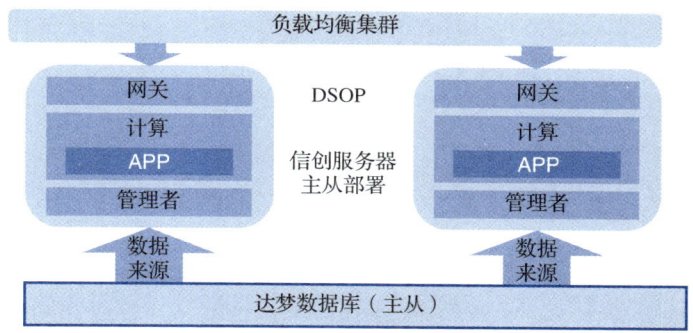

部署架构

四、取得成效

通过与 DevOps 体系融合，研发安全管控平台减少了开发团队与安全团队之间的协作冲突，将安全测试自动化整合到持续构建过程中，有效降低了超过 50% 的人工协作成本。系统提供了灵活的对接集成底座，无须定制化开发，节约了约 10% 的项目开发总成本。通过安全左移，降低了运维阶段高危漏洞爆发率达 80%，并显著减少了漏洞修复的时间和成本。据估算，每年可节省数百万元的漏洞修复费用。

华润银行通过研发安全管控平台，成功降低了新应用系统的高危漏洞数量和千行代码缺陷率，提高了开发团队的漏洞修复速度，增强了系统的安全性和稳定性，为金融行业的数字化转型提供了有力的安全保障。

大多数企业在面对多种 AST 工具和高昂的人力成本时，难以有效把控软件质量和安全。研发安全管控平台既提升了安全扫描和风险管理的自动化程度，也提高了安全风险治理效率，降低了治理成本。这一解决方案在企业间具有广泛的推广价值。

完成人：
王犹阳　珠海华润银行股份有限公司智能科技部资深专家（二级）
高继荣　珠海华润银行股份有限公司智能科技部规划与安全管理部副总经理
吴志雄　珠海华润银行股份有限公司智能科技部规划与安全管理部信息安全管理岗
张震南　珠海华润银行股份有限公司智能科技部规划与安全管理部信息安全管理岗
冼锡昊　珠海华润银行股份有限公司智能科技部规划与安全管理部信息安全管理岗

案例 52　统一印章管理中台解决方案

如今，金融机构依托数字技术创新服务模式，实现了银行信贷类、证券资管类等业务全流程在线开展，不仅拓宽了金融服务渠道，提升了业务运营效率，还有效改善了用户的应用体验。然而，随着金融数字化转型的逐步推进，特别是不受物理距离或组织结构限制的跨时空交互，对业务主体身份、业务内容、业务行为的真实性、完整性、机密性与可用性带来了极大的信任冲击。

金融业务数据中涉及大量用户敏感信息，金融机构在面向海量企业及个人提供服务时，相应地也对交易数据和用户数据的安全性提出了更高要求。而应用密码、数字证书、电子签名、区块链存证等技术的应用，可以确保数据信息的真实性、完整性和有效性，保障交易双方的身份真实和交易数据的不可抵赖性，有效满足了各类合规与安全要求。

针对银行等金融机构业务系统日益复杂繁多、业务用印需求量大、实物用印成本高和风险大的现状，本方案提出建设一套架构先进、扩展性能强、安全可靠的电子签章基础能力平台。此平台旨在推动金融业务全链条无纸化进程，加速数字化转型深化，实现全法人电子签章业务的快速对接，提升中心科技支撑能力。

关键词：信息化建设，数字化，合规，安全，电子签章

一、背景介绍

2020年4月，原中国银行保险监督管理委员会（2023年在中国银行保险监督管理委员会基础上组建国家金融监督管理总局，不再保留中国银行保险监督管理委员会）发布的《商业银行互联网贷款管理暂行办法》提出："商业银行应当采用有效技术手段，保障借款人数据安全，确保商业银行与借款人、合作机构之间传输数据、签订合同、记录交易等各个环节数据的保密性、完整性、真实性和抗抵赖性，并做好定期数据备份工作"。随着银行等金融机构数字化转型的深化，各项业务规模与信息化建设迅猛增长，业务上的用印需求也随之增加。而实物用

印的管理成本偏高，印章数据有限，往往需要投入更多的人力和管理成本，且无法避免印章管理上的操作风险、业务风险等。

依据《中华人民共和国电子签名法》第十四条规定，可靠电子签名与传统签字盖章具有同等的法律效力。因此，金融机构有必要引进电子化印章系统，采用可信技术手段在金融机构部分业务场景中探索用自动化加盖经签名的电子印章方式，替代传统手工盖章或签字的应用，从而提升印章使用效率，节约人力和管理成本，降低各类风险，并快速适应金融机构业务增长的需要。

本方案通过建设金融行业电子印章管理平台，满足公司内部文件用印电子化以及客户签章电子化的需求，提供印章管理、文件管理、身份认证、在线签署、文档验真、司法辅助服务等功能。该平台具备合规、操作便捷、客户体验良好等特点，实现了安全、可靠、易实施、易扩展的集团化电子印章和电子签约管理。

电子印章管理平台建设完成后，可支持对接人事合同签署、采购审批签署、红头文件审批等内部场景，同时也可接入信贷协议签署、综合柜面合同签署、财政电子凭证库电子签章等外拓场景。平台上线后可确保全业务场景电子签章与验证的统一性，支持用户在各类场景中使用具有电子签名的电子文档进行验真服务。

二、建设内容

（一）总体架构

统一印章管理中台解决方案采用了横向分层、纵向分段的设计模式，系统支持微服务模式部署。方案架构描述如下。

- **访问层**：支持用户使用移动设备、PC进行系统访问；支持IE、火狐、H5等浏览器。
- **负载均衡**：支持NGINX、F5，能够提高服务器响应速度，避免各种单点失效。
- **业务服务层**：包括API接入服务中的合同发起、合同签署、合同查询及下载；调度服务中的证书服务，回调通知，以及文件归档；后台管理服务中的机构管理、用户管理、角色管理、证书管理等。
- **基础服务层**：包括身份核实、数字证书、时间戳、电子签名等服务。
- **基础数据层**：主要由客户提供基础部署环境，包括文件存储、数据库、Redis等。

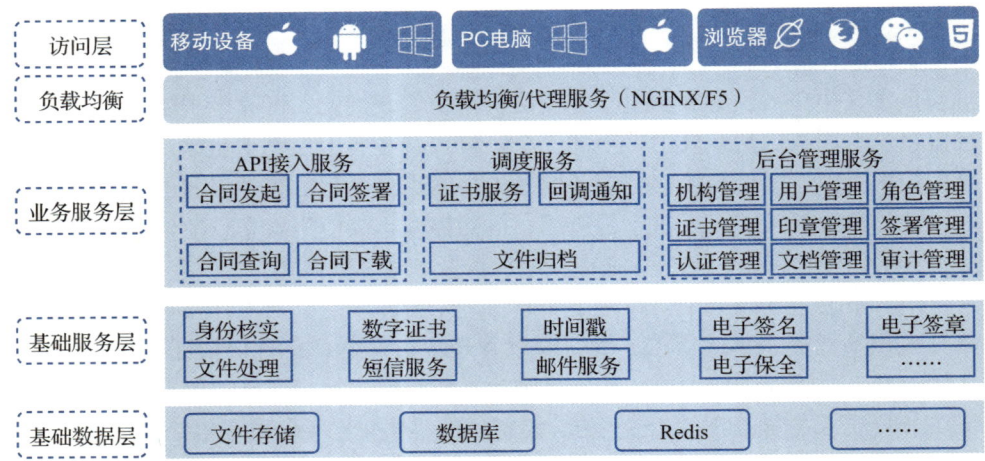

方案架构图

（二）系统和平台功能

为了满足银行数字化转型的要求，提高办事效率和用户体验，银行亟须建设一套电子签署能力服务平台。数字认证统一印章管理中台的方案结合银行现有的产品或系统现状，充分考虑系统与关联的整合，具备良好的扩展性、清晰的模块化和层次化特点。其系统功能主要体现如下几个方面。

- **业务安全功能**：统一印章管理中台采用私有化部署方式，与企业本地各个业务系统进行无缝对接，从而最大限度地保证了数据安全。这样不仅可以最大化合同签署的效率，还能使系统更加安全稳定，实现了合同信息不出本地、关键信息实时固化，以及操作行为留痕可追溯等能力。

- **访问控制**：统一印章管理中台的访问控制设计是基于角色的，它实现了应用系统的访问控制和授权管理。对用户要访问的模块或操作进行权限控制，不同的用户拥有不同的角色，因而拥有不同的访问权限。

- **安全审计**：统一印章管理中台具有独立的日志审计模块，可提供覆盖每个用户的安全审计功能，能够对系统重要事件和操作进行审计。

- **通信安全及抗抵赖**：业务系统、用户终端、系统管理员与统一印章管理中台的通信均采用 SSL/TLS 协议进行加密保护，在传输重要业务数据时，采用密码技术对其加密，并对重要的业务操作采用数字签名，以保障通信安全和抗抵赖。

- **身份鉴别**：统一印章管理中台可为个人用户和企业用户提供身份认证服

务，对接公安、运营商、银联、公安 CTID 平台及 AI 检测技术等可信第三方，确保签署方身份信息的真实性、可靠性。

- **权威认证机构签发数字证书**：数字认证（CA）公司是合法的第三方 CA 机构，数字证书由数字认证公司颁发。数字证书的内容由"证书所有者身份信息+证书所有者的公开密钥+CA 机构签名"构成，用来识别用户的网络身份。
- **可靠安全的数字签名**：数字签名技术是确保电子合同安全的核心技术，统一印章管理中台采用了安全的数字签名技术，确保了电子合同签署的法律效力。同时，签署的 PDF 文件均可查看盖章/签名的有效和实际生效时间，可直接在签署文件上找到签名盖章的有效信息。
- **按需扩展**：银行接入统一的印章管理中台后，如需优化并提高平台的签署性能，可以通过增加物理硬件设备的部署节点来进行横向扩展，从而实现中台的统一纳管，为众多业务或系统提供良好的支撑。

通过建设一个可靠的统一印章管理中台，满足越来越多的内外部业务系统快速上线，从而合法合规地实现无纸化高效签署的目的。

（三）应用场景

1. 银行电子凭证标准化

2023 年，财政部联合中国人民银行等 9 大部委机构印发《关于联合开展电子凭证会计数据标准试点工作的通知》，组织开展电子凭证会计数据标准试点工作，解决了电子凭证"接收难、入账难、归档难"等问题，实现了会计凭证数据的标准化、自动化处理，推进了会计信息化和管理数字化转型。

试点覆盖了银行电子回单、银行电子对账单等共 9 种电子凭证会计数据标准。根据《银行电子凭证规范》中的各类技术原则和业务架构要求，并结合开具端、接收端两类业务场景下不同客户角色对银行电子凭证使用情况的具体分析，基于统一印章管理中台进行银行电子凭证的标准化改革，实现了电子凭证文件中的电子签章、数字签名及其验证，确保了文件的真实、完整和有效。

2. 外部系统统一用印

银行拥有众多的业务系统，也包括新柜面、移动营销、超级柜台、消费贷和票据等众多业务场景，缺乏统一的运营管理平台和业务管理模式来监管这些系统，并为其提供电子签章服务。

同时，银行有着上千家分支机构，而随着新柜面业务的上线，激增的业务量对本地电子签章的性能需求提出了新的挑战。需求场景如下。

- **综合前端**：柜面纸质单据、凭证、回执，操作时间长、排队时间长、效率低。
- **多媒体自助平台**：要实现在自助终端增加更多的业务，减少柜面的压力，需要增加自助终端出具有效单据的能力。
- **手机银行**：由于终端特点限制，无法出具合法合规的单据、凭证、回执。
- **网上银行**：办理业务如何出示合法有效的单据？
- **银企直连、银企对账**：如何保障企业操作的真实性、数据的完整性？
- **信贷平台**：纸质信贷合同限制了业务发展，电子信贷平台对于电子合同的法律诉求强烈。

……

3. 银行内部用印场景

数字认证统一印章管理中台在银行内部可以对接 OA 系统、采购系统、合同管理系统和事务管理系统等，为业务全面上线奠定基础。它可完成收益凭证、行情服务、人力资源、资管融资、行政办公文件、计财清算凭证、采购、销售、库存、招投标、配送和供应链金融等多种业务场景的对接，实现银行内部业务管理过程中的全在线合同签署，将实物印章与电子印章采用统一的全流程管理规范，通过线上管理方式全面纳入印章管理和用印审批。目前，大多数客户已实现 80%以上的用印业务采用电子印章在线办理，大幅提升了办理效率，并减轻了管理工作压力。

数字认证统一印章管理中台解决方案中的人资合同签署解决方案，覆盖了人事管理全周期的各类业务场景，包括自助服务终端、员工手机办理、柜面办理及 VIP 服务移动办理等多种应用方式，实现了用户跨终端、多浏览器、全时覆盖的电子合同应用服务。

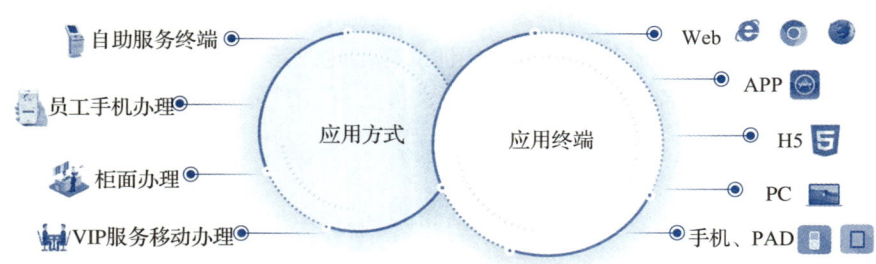

人资合同签署平台场景

三、创新应用

本方案的创新应用主要体现在如下几个方面。

- **金融机构内部中台支撑**：统一印章管理中台符合法规要求，对电子印章和物理印章进行统一管理。中台负责印章的创建、启停、作废、授权、移交和修改等关键环节的全生命周期管理，建立用印台账，加强用印审计，防止越权盖章。
- **金融业务前端信任支撑**：统一印章管理中台支持与第三方权威数据库（如企业工商信息库、公安人口库等）对接，实现签名用户的可信身份核验，以及数字证书的颁发。业务办理流程文件的签署留痕，以及加盖标准时间戳进行证据固化，确保了相关方身份可信、操作行为有迹可循，并形成了可信电子文件。
- **业务全程区块链存证**：利用消息摘要及区块链技术，对金融服务业务信息进行脱敏处理，并实现数据上链存证，保证电子数据在生成、收集、存储、传输的全过程的真实性。通过区块链电子存证技术，自动生成符合司法要求的电子证据，实现存证数据的可追溯、可审计。
- **用管分离**：统一印章管理中台按照"用户—管理能力"分离的设计思路，分为三大块内容，一是为用户提供统一的 API 接入方式；二是建立基于阿里云的管理集群，进行数据管理、规则管理和业务接入管理；三是构造基于硬件设备的签署集群，集中提供签署能力的输出。在业务逻辑方面，可做到交易业务、统计分析及客户管理服务的相互分离，保证业务系统交易时的速度和系统的安全。
- **统一管控**：统一印章管理中台建立了安全统一的硬件管理模式，通过统一入口页面对硬件设备进行统一配置和管理；同时，建立了统一签章平台，内外部业务均可统一调用，加强了平台数据的统一管控。

四、取得成效

数字认证统一印章管理中台自完成以来，已在银行领域（如交通银行、中信银行、兴业银行）、证券领域（如国泰君安证券、东方证券）、保险领域（如太平人寿、太平洋保险等）获得广泛应用，为全区域、全集团业务线以及企业和个人用户提供了统一印章中台服务以及全证据链保全服务。

- **交通银行信用卡中心在线授权开户**：交通银行信用卡中心境内分行机构有 238 家，有 3 241 个营业网点。引入统一印章管理中台，应用于卡中心电子合约签署和金融动账等场景，以降低人力物力成本，提升客户满意度。电子合同签约日均签署量达到 20 000 份。
- **东方证券统一电子签约项目**：通过该平台，30 个营业部面向超过 20 万用户提供在线开户业务，全年节省费用达 315 万元，其中耗材成本预计节省 165 万元，仓储成本节省 150 万元。
- **华泰证券统一电子签章平台**：作为华泰证券的中台级服务，该平台进行了全面规划和分期建设，对接了资管融资、收益凭证、行情服务、人力资源、OA 内部办公文件以及电子存证保全等 20 多种业务，全流程线上签署量达到了 30 万次以上。

完成人：
周　婧　北京数字认证股份有限公司金融事业部经理
刘晓贞　北京数字认证股份有限公司华南金融部经理
李兴华　北京数字认证股份有限公司金融事业部资深咨询
白晓芸　北京数字认证股份有限公司金融事业部高级咨询
马学彩　北京数字认证股份有限公司金融事业部高级顾问

案例 53 金融业务应急切换管理解决方案

金融是国家的经济命脉，关系到国计民生，金融机构业务系统连续稳定运行是基本要求。当前，金融机构的业务系统复杂多样，各系统、各数据库采用的容灾技术不同，使得流程管控和运维管理存在难度和风险。与此同时，各类监管政策和金融行业标准均对灾难恢复能力及业务连续性提出了明确要求。

基于美创 DRCC 灾备一体化平台打造的金融应急切换管理方案，可以有效帮助金融用户实现灾备状态可感知、灾备能力可插拔、灾备演练可掌控和灾难切换可指挥，能够充分保证业务连续性和数据完整性，提升重要业务系统运维的自动化水平及应急响应能力，防范和化解金融数据中心的风险，避免系统因故障导致的服务中断和业务数据丢失，从而减少各类损失和影响。

关键词： 应急切换管理，业务连续性，容灾应急演练

一、背景介绍

金融领域的系统和数据在业务连续性和监管安全方面的要求都高于其他行业标准，故具备信息化程度高和信息安全需求高这两大特征。以最为严格的银行容灾架构为例，大部分银行已经完成了本地容灾或本地＋异地容灾建设，以确保银行的数据不丢失，业务不中断。

金融机构的业务系统复杂多样，各系统、各数据库采用的容灾技术各异。同时，各金融机构受到国家金融监督管理总局、央行等监管机构的强监管。整体来看，目前金融信息中心在灾备管理及运营方面呈现以下现状。

- 数据中心灾备实现方式"散、杂、多、乱"。
- 国家金融监督管理总局、央行等监管机构对责任单位的应急预案有突击检查机制。
- 商业银行应当至少每三年对全部重要业务开展一次业务连续性计划演练。
- 不敢"切"，系统故障时的容灾切换不能确保业务的连续可用。

- 日常演练和应急切换需提交标准报告以满足合规审计和归档要求。
- 容灾切换责任大、风险高、需求急,缺乏安全授权机制。
- 面临各类监管和测评考核要求,缺乏日常容灾运营机制。

基于现状分析,为提升金融机构应急处置效率,保障灾难场景下的容灾顺利切换和业务的连续,亟待构建一套完善的应急切换管理系统,初步形成银行容灾平台的新布局,在有效降低重复建设投资、节能环保的基础上,提高基础设施资源的利用率,实现 IT 系统基础设施资源的统一规划、统一建设、按需调配、即需即用和有效共享。

系统建设完成后,需要构建一键式应急容灾切换模式,提升系统业务连续性保障能力。主要实现以下两点目标。

- 以重要业务连续性时间(RTO)为目标,针对不同类型的灾备接入端进行集中管控,并提供切换预案、切换编排、桌面演练、容灾演练、灾难切换等功能,实现容灾切换流程的标准化、自动化和可视化,确保容灾切换的成功率,并缩短容灾切换时间。
- 以关键数据完整性时间(RPO)为目标,通过不同类型的灾备端,如数据库原生容灾、DBRA、CDP 等容灾技术或产品,实现数据库同步、文件同步、数据备份、数据复制、存储复制等能力。

二、建设内容

(一)方案架构

面对金融行业灾备建设呈现出的多样性、复杂性和规模化等特征,以及相关监管要求和容灾管控现状,美创基于 DRCC 灾备一体化平台,持续匹配金融行业的应急切换管理需求。平台以数据完整性和业务连续性为目标,覆盖数据级容灾和业务级容灾建设,提供灾备集中监控、统一调度、预案管理、演练切换和可视观测等日常灾备管理和运营能力。

DRCC 灾备一体化平台(下面简称 DRCC 平台)为金融机构应急切换管理系统建设提供云—端架构的解决方案,由"1 个灾备管控中心 + 多个灾备能力"组成。

- **1 个灾备管控中心**:构筑云上灾备驾驶舱,对多云架构下的各类灾备资产与灾备技术进行集中管控,提供多维可视化大屏,内置丰富的预案库、事件库、脚本库和工具箱,实现灾备运营的日常监控、编排、评估、演练、报告等流程化操作,一键实现演练及灾难场景下的敢"切"和快"切",有效满足合规需求和保障 RTO 目标。

- **多个灾备能力**：广泛支持对象存储、超融合、信创云等，对海量资产进行保护，快速实现数据库同步、海量文件同步、主机同步及数据备份等灾备能力的按需订阅和平滑扩展。

（二）方案功能模块介绍

为满足合规以及真实用户场景需求，DRCC 平台提供了从资产接入到容灾运营的最佳实践路径。

（1）**容灾技术自动发现**：DRCC 平台内置数据级容灾管控能力，用户将机构现有的容灾资产接入平台后，平台将通过自动检测技术，实现容灾技术的自动发现，并能够将发现后的容灾技术及资产进行列表分类展示。平台对添加的所有资产，如数据库、应用、网络、中间件、负载均衡、消息队列等进行集中式管控。

（2）**提供不同类型灾备能力**：DRCC 平台提供针对不同类型资产的灾备能力，包括数据库灾备、数据备份、海量文件同步和主机同步等。用户可根据业务需求按需订购使用。

（3）**场景化预案输出**：DRCC 平台内置行业灾备预案模板，覆盖了常见灾难场景。同时，DRCC 平台支持自定义灾备预案内容、对添加的灾备预案进行大屏监控与管理、导出完整的灾备预案信息等能力，满足了归档和审计需求。

（4）**可视化自由编排**：用户可以根据每个业务流和实际切换需求进行可视化自由编排。通过切换编排功能，彻底改变了传统容灾产品及方案的运行方式，以所见即所得的模式使流程配置更加自由高效。可视化编排提供灵活的容灾切换预案设计，既能兼顾并行和串行操作，又支持可视化拖拽，还可根据用户业务场景进行自由编排。以业务 RTO（恢复时间目标）为目标，持续优化切换流程。切换流程的标准化和简化，为一键切换操作提供了基础。

（5）**三种演练切换机制**：平台目前提供三种切换演练场景——桌面演练、容灾演练以及容灾切换。

- 常态化高频次的桌面演练，在不影响生产端的前提下，提供了数据库级和业务级灾备端可用性的验证机制。
- 计划内或满足上级监管部门考核的容灾演练能力，在保证数据零丢失的前提下，验证灾备可用性。
- 灾难场景下的一键容灾切换，创新性地解决了传统容灾产品切换过程不完善、切换复杂、流程耗时、易出错、切换不成功等问题。整个容灾切换流程自启动后全程自动化完成，大大减少了误操作风险，保障了切换成功率，降低了 RTO。

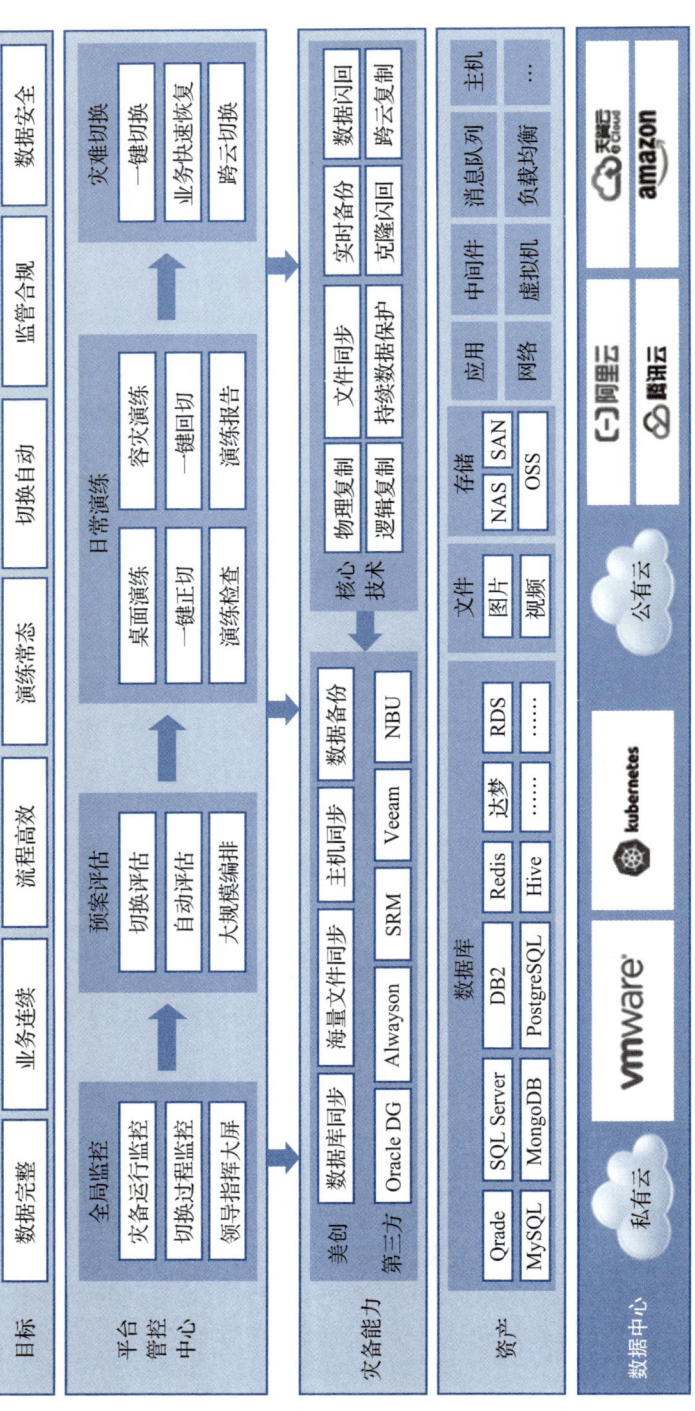

灾备一体化平台架构

（6）**切换大屏**：平台在提供一键切换能力的同时，支持切换过程的可视化展示，提供切换监控大屏和切换指挥大屏，支持多人、全局、动态切换过程视图，使领导能够直观感知、参与和指挥切换过程，同时为应急场景提供了决策依据。

（7）**安全授权机制**：基于 OTP 技术，DRCC 平台为现场值班人员和切换负责人员提供安全授权能力，既确保了安全性，又保障了切换任务的顺利进行。

（8）**自动化报告输出**：灾备管理工作一方面有内容归档的需求，以便于审计追溯；另一方面有内容标准化的要求，以便于规范化管理。本方案针对日常的桌面演练、容灾演练以及容灾切换过程，自动化输出报告，不仅支持报告的自定义，还便于归档和审计。

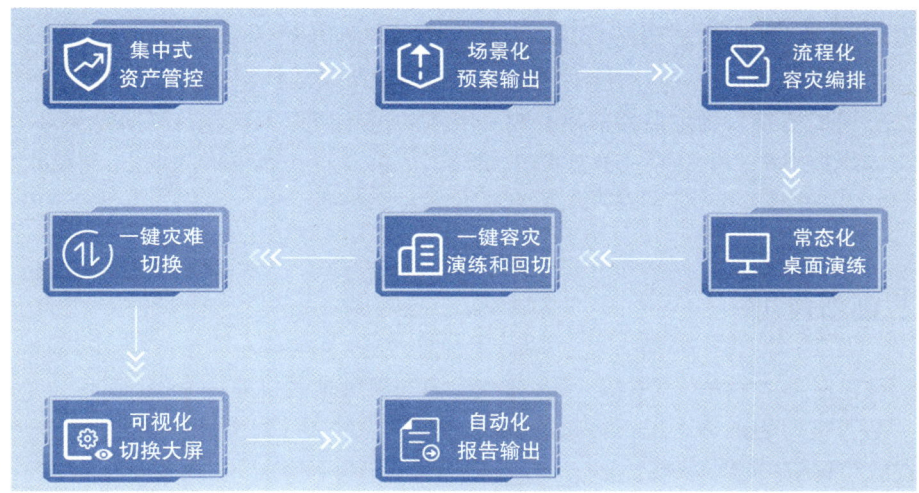

容灾实践路径

（三）方案价值

金融业务应急切换管理解决方案的价值如下。

- **实现应急切换管理系统建设**：提升重要业务系统运维自动化水平及应急响应能力，保障辖内业务系统的安全稳定运行，维持各业务系统长期安全稳定运行，避免系统因故障导致的服务中断和业务数据丢失，从而减少各类损失。系统将实现灾备管理、故障预警及应用系统一键式自动应急切换等业务连续性保障功能，并且最大限度满足 RTO 和 RPO 的要求。
- **业务级灾备实现**：DRCC 平台提供数据级和业务级容灾建设能力，覆盖数据库同步、应用版本同步、海量文件同步、主机同步、数据备份等不同业务资产的灾备。用户可结合业务需求，按需订购。DRCC 平台还提供读写分离和误操作恢复功能，能够有效降低生产负载，提升灾备资源复用，实现数据和业务快速恢复。
- **提高运维效率**：无须登录多个容灾平台或逐个进行状态查看和配置，DRCC 平台就可满足所有容灾的统一管理和监控。
- **降低技术人员能力要求**：预先排好切换手册，对切换流程进行标准化、规范化和可视化。切换流程的标准化、规范化、可视化，降低了切换操作人员的技术能力要求。
- **保障业务连续性**：灾难发生时，通过战前切换演练，以业务 RTO 为目标，持续优化切换流程，缩短切换时间，确保灾备快速、成功切换。
- **灾备管控可视化**：通过大屏可视化，直观展示散、杂、多、乱的灾备运行状态。形象展示切换状态、进程统计，包括切换完成百分比、切换资源数量、耗时等，以实时感知切换过程、助力决策指挥。
- **输出报告且满足监管需求**：由于灾难切换任务重大，涉及部门众多，需要事后追溯。DRCC 平台支持自动输出演练报告、灾难切换报告，既便于审计和归档，同时又能满足相关监管的合规要求。

三、创新应用

这里以某人行基于 DRCC 平台完成应急切换管理系统建设为例。

某人行作为中国人民银行总行的派出机构，在总行的直接领导下，负责在 3 个省份履行中央银行职能。

原银保监会和央行对金融机构的灾备建设有严格的检查要求。尽管某人行本身也是监管单位，但其安全合规同样受到总行（央行）的监管，即自身也需要满足合规要求。同时，总行还会对该人行及其他分行的灾备建设情况进行不定期的突击检查，其中"切换演练系统"是重要的检查项目。

经过多轮实际考察和测试，某人行最终选择了基于美创灾备一体化平台 DRCC 构建的应急切换管理方案。该方案针对各类监管要求，包括等保和地方监管要求，完成了行内的灾备建设和运营，具体包含以下方面：

- **核心容灾资产管控**：预置适配数据库的原生容灾，管控 DB2 容灾技术，以及系统中间件 MQ 容灾技术。
- **一键切换和回切**：面对总行发起的突击式容灾演练任务，提供一键容灾演练能力和一键回切；面对数据中心灾难场景，提供一键灾难切换和切换异常时的回退；提供切换过程清晰的领导指挥可视化大屏。

- **容灾演练报告合规**：面对总行要求的演练过程证据提交任务，在提供演练报告自动生成能力的同时，报告内容完全符合总行的合规要求。
- **一键切换授权机制**：面对内外网完全隔离的情况下，业务管理员不在现场的情况，为现场值班人员提供切换操作安全授权能力，在确保安全性的同时，保障切换任务顺利进行。

该方案最终取得了如下成果。

- 提升了某人行 ACS 等重要业务系统运维自动化水平及应急响应能力，避免系统因故障产生服务中断、业务数据丢失的各类损失。
- 实现了灾备管理、故障预警及应用系统一键式自动应急切换等业务连续性保障功能，并且最大限度满足 RPO 要求。
- 有序规划灾备演练停机窗口，安全、高效开展了切换演练。
- 以业务 RTO 为目标，持续优化切换流程，缩短切换时间，确保灾难发生时能快速、成功切换。

四、取得成效

金融行业关乎国计民生，肩负着服务实体经济、保障社会稳定的使命，相关系统需要保证业务 24 小时不间断运行。经过多年的努力，我国金融业在灾备基础设施建设、应急管理、人员培养和技术储备等诸多方面取得了长足的进步。然而，在云计算和国产化浪潮中，灾备系统的建设、管理与切换日益复杂，不可见、不可控、不智能、不自动化等问题依然突出。DRCC 平台相比传统平台，具备数字化、弹性、云化、自适应进化和全维度可观测的能力。它能有效帮助金融用户实现灾备状态可感知、灾备能力可拔插、灾备演练可掌控、灾难切换可指挥，从而充分保证业务连续性和数据完整性，提升重要业务系统运维自动化水平及应急响应能力，防范和化解金融数据中心风险，避免因系统故障导致的服务中断和业务数据丢失，减少各类损失和影响。

完成人：
顾寅红　杭州美创科技股份有限公司副总裁
司　华　杭州美创科技股份有限公司运行安全产品总监
潘敏君　杭州美创科技股份有限公司运行安全业务产品经理
张　婷　杭州美创科技股份有限公司产品技术专家
邹铁亮　杭州美创科技股份有限公司金融行业解决方案经理

案例 54 海云安开发者安全智能助手解决方案

随着业务和技术的快速发展，应用的迭代开发和部署更加频繁。安全已不再是独立的检查项，而需要更深度地与开发工具和流程进行融合，这使得安全向开发侧移动。海云安将其在开发安全领域丰富的实践经验、SAST（静态应用程序安全测试）和 SCA（软件成分分析）技术与人工智能大语言模型进行深度融合，对大模型进行微调、训练和优化，形成了海云安"智乘 AI 大模型"。以智乘 AI 大模型为基座，海云安推出了一套开发者安全智能助手，创新性地将代码安全、合规、质量、自动补全代码、AI 降低误报、AI 一键修复代码以及 AI 智能交互问答等场景融为一体，帮助开发者和企业在安全、合规、质量和效能 4 个方面实现全面提升。

关键词：大语言模型，安全智能助手，安全左移，代码安全

一、背景介绍

近年来，随着业务和技术的快速发展，DevOps 敏捷开发框架等新技术的出现，以及国家网络安全法律法规的陆续出台，开发者面临诸多新挑战。全社会对数据安全和个人信息保护的重视程度日益提高，国内也已发布一系列政策法规，加大了数据安全和隐私合规领域的监管及执法力度。在严格监管的大环境下，安全合规已成为开发人员的"必修课"。开发者既要做到快速交付以满足业务发展需求，又要确保代码的安全性和合规性，以满足监管要求。然而，传统代码安全工具在实际应用中存在诸多问题，如误报率高、问题定位不准确、缺陷成因描述不清晰等。这些问题阻碍了安全向开发侧"左移"，影响了开发安全工作的顺利进行和研发效能的整体提升。

基于以上背景，我司技术研究院进行深度研究，研制出开发者安全智能助手产品，可帮助开发者在编码环境中直接进行代码和组件安全漏洞以及合规风险扫描。该产品通过借助 AI 大语言模型，引入 AI 降低误报、AI 生成缺陷成因解释、

AI 一键修复功能、自动补全代码、交互式快速智能问答等能力，帮助企业整体提升研发效能，助力企业实现安全合规、降本增效的目标。

二、建设内容

开发者安全智能助手是海云安公司基于其在开发安全领域丰富的实践经验，通过将 SAST、SCA 技术与人工智能大语言模型深度融合，对大模型进行微调、训练和优化，形成的海云安智乘 AI 大模型；是以智乘 AI 大模型为基座形成的一套工具，旨在帮助企业和开发团队实现安全高效左移，全面提升开发者的安全能力和研发效能。开发者安全智能助手嵌入在开发人员日常使用的 IDE 平台中，通过 SAST 和 SCA 技术对开发者编写的自研代码及引用的第三方组件进行安全检测，检测结果可以直接定位到代码中的具体位置，实现即写即测、即修即验证。结合人工智能技术，该助手可对检出的代码缺陷进行误报判断，并根据实际代码上下文生成 AI 缺陷解释及可直接应用的修复方案，帮助用户快速理解和修复代码缺陷，有效提升代码质量。管理端可以通过浏览器访问，管理用户和检测的代码项目，并对检测结果进行统计分析，帮助企业了解内部代码总体缺陷情况及修复情况，将开发安全转化为业务数字化、流程规范化的可持续运营管理平台。

在安全保障方面，开发者安全智能助手能够实时帮助开发者对源代码和组件进行安全检测和分析，及时发现安全漏洞，实现所见即所得的代码安全检测和 AI 自动修复体验；在合规性保证方面，开发者安全智能助手通过将安全合规检测能力内置到开发环境中，帮助开发者在代码层面进行安全合规检测；在质量保障方面，开发者安全智能助手会分析开发者的代码，并在需要采取纠正措施时提供建议，助力开发者编写更干净、更安全的代码；在效能提升方面，开发者安全智能助手在 AI 大模型的加持下使得系统能够自动生成缺陷成因解释、一键修复代码、自动补全代码以及智能对话等功能，从而大幅提升研发效能。

（一）总体架构

开发者安全智能助手分为 IDE 客户端、SAST&SCA 检测管理端和 LLM 服务器三部分。IDE 客户端面向开发者，通过对接调用 SAST&SCA 检测管理端和 LLM 服务器，为开发者提供代码组件安全检测和 AI 缺陷解释修复等功能。SAST&SCA 检测管理端主要面向管理人员，负责统计管理代码项目与代码组件检测等。LLM 服务器主要为 IDE 客户端和 SAST&SCA 检测管理端提供 AI 智能技术支持。

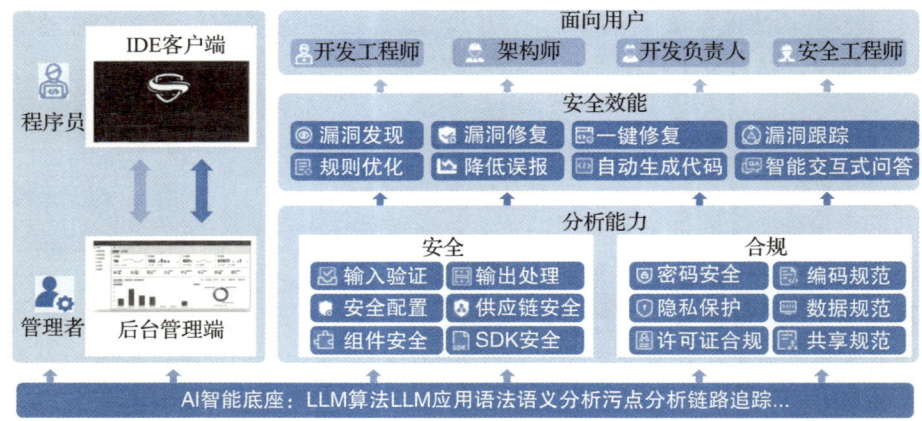

海云安开发者安全智能助手产品架构

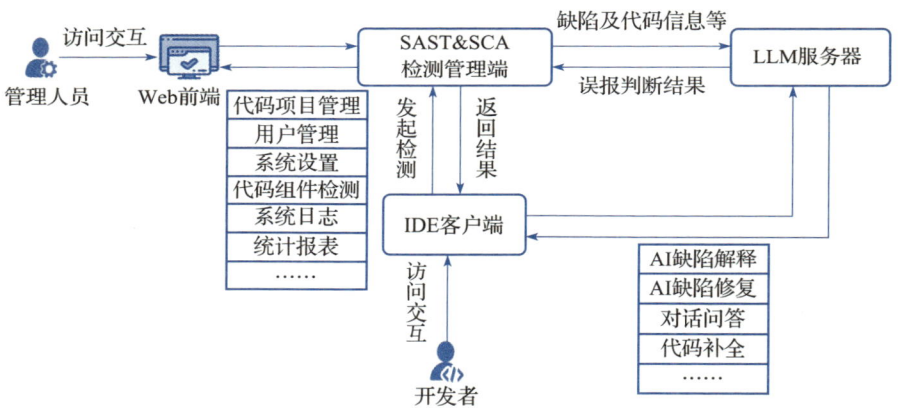

海云安开发者安全智能助手系统架构

(二)核心功能

开发者安全智能助手是一款平台型产品,可为软件开发人员及编程人员提供安全赋能。它将源代码安全检测、开源组件检测、应用安全合规、安全大模型等多方面的安全能力嵌入开发环境中,以更直接的方式对每一行代码进行实时的安全提示,进而使开发者在开发过程中能够更清晰地看到潜在的安全薄弱点,并更早进行修复。其 AI 核心能力包括:通过 AI 降低检测结果误报、AI 生成漏洞缺陷成因解释、AI 自动生成修复代码、AI 自动补齐代码以及 AI 智能交互式问答。

- **AI 降低检测结果误报**：利用 AI 降低误报，开发者安全智能助手解决了传统工具高误报率的问题，使漏洞缺陷的上报准确率提高到 90% 以上。这可以帮助开发者实现代码缺陷的快速闭环，提高开发效率，降低安全成本。
- **AI 生成漏洞缺陷成因解释**：针对理解漏洞缺陷成因困难的问题，开发者安全智能助手利用 AI 技术，基于用户代码的上下文生成一对一的漏洞缺陷成因解释，从而为开发者直观地分析和理解问题提供更好的帮助。
- **AI 自动生成修复代码**：针对开发者不熟悉缺陷修复方法的问题，开发者安全智能助手系统利用 AI 技术自动生成修复代码，实现了一键修复漏洞，大大降低了修复难度。
- **AI 自动补齐代码**：通过对上下文逻辑关系的分析，实时生成补全代码，为研发人员提供参考。支持单行续写和多行续写，在编码过程中短暂停顿，即可实时获取助手推荐的代码。若研发人员认为推荐内容合适，可使用 Tab 键采纳代码。此外，还支持注释生成代码，即针对注释内容自动生成相应的方法、函数、判断、循环体等完整代码块。
- **AI 智能交互式问答**：基于海量研发文档、产品文档、通用研发知识、SDK/OpenAPI 文档等进行问答训练，提供本地化的大语言模型对话功能，为开发者答疑解惑，助力研发人员轻松应对挑战，在提升研发效率的同时保障了数据安全。

三、创新应用

开发者安全智能助手能够在安全、合规、质量、效能等方面为开发团队赋能，并提升工作效率，帮助企业更好地进行安全左移，在安全漏洞修复方面也表现突出。以下为开发者安全智能助手创新应用的几个方面。

- **快速准确的安全合规检测**：开发者安全智能助手内置了海云安开源组件与源代码检测引擎，其特性表现为高效的检测速度与极低的误报率。同时，通过插件方式创新性地将安全合规检测能力内置于开发环境之中，助力开发者在代码编写阶段进行实时的安全合规扫描，实现"即写即测"的高效工作模式。此外，开发者安全智能助手还融入了智乘大模型的 AI 能力，进一步降低了误报率，使研发人员能够将更多精力聚焦于真正关键的安全漏洞处理。
- **基于上下文的漏洞成因解释**：传统的源代码检测工具产品对同类缺陷使用了统一的描述，缺乏切合当前缺陷情况的深入分析和解释，使缺陷理解存在一定门槛。而开发者安全智能助手利用了更为先进的数据流分析、符号执行等技术，并结合大语言模型的能力，对当前实际代码进行了智能化的全局分析。它能够对每一个具体漏洞进行深度挖掘和追溯，生成详尽的漏洞解释、调用细节以及潜在的利用方法和途径，从而降低了缺陷理解门槛，帮助用户更加深入地理解漏洞的本质和修复方法。

- **更好地进行漏洞缺陷修复**：在企业实际的生产与开发过程中，研发人员的安全意识和技能水平存在较大差异，开发者独立修复安全漏洞存在较大困难。传统的源代码检测工具通常只提供通用性的缺陷修复方案和示例代码，这些方案和代码往往过于简单和笼统，难以满足复杂多变的实际情况。相比传统的源代码检测工具产品，开发者安全智能助手在海云安智乘 AI 大模型的强大支持下，在安全漏洞修复方面展现出了显著效果。通过精心部署的私有化 AI 大语言模型，结合缺陷的详细信息和代码上下文，开发者安全智能助手能够提供针对重点高危漏洞类型，例如硬编码、SQL 注入、命令注入等适应实际情况的修复建议，并生成相应的修复代码。帮助研发人员降低漏洞修复难度，更有效地在编码过程中使用安全工具，从而收敛漏洞风险。

- **更好地实现高效安全左移**：基于多年来在开发安全领域的深入实践经验，以及 SAST 和 SCA 技术的积累，依托海云安智乘 AI 大模型的强大能力支撑，海云安开发者安全智能助手有效解决了使用传统安全工具落地"安全左移"的诸多挑战，例如检测滞后、误报频繁、问题定位不精确、缺陷成因表述模糊以及漏洞修复对安全能力的高要求等。该工具帮助企业真正将安全"左移"至研发阶段，进而降低漏洞修复成本，并全面提升研发效能。

四、取得成效

海云安公司通过开发者安全智能助手，可以为各地行业机构的研发过程实现安全、合规、质量以及效能等全面的提升，帮助企业实现安全合规与降本增效的目标，并为企业带来显著的经济效益。开发者安全智能助手可以提高开发效率，通过 AI 能力减少开发者在解决安全问题上的时间成本，从而为企业节省大量的人力和时间。另外，通过降低安全和合规问题引发的风险，可以帮助企业避免潜在的经济损失。

以某大型互联网银行客户为例，开发者安全智能助手在该银行的业务系统中得到了广泛应用，共涉及 3 000 多个系统，用户数量达到 7 000 多人，日均交互超过 10 万次。通过融合 SAST、SCA 与 AI 大语言模型，漏洞检测准确率提升了 90%，每千行代码的漏洞率下降了 50%，开发者的编码效率提升了 35%，整体研发效能提高了 10%。

未来，随着 AI 技术的进一步发展，我们有理由相信源代码安全检测和软件成分分析等工具将更加智能、高效。通过推广集成 AI 大语言模型能力的开发者安全智能助手，将持续践行安全左移的理念，为软件产业的发展带来更大的价值。

完成人：
齐大伟　深圳海云安网络安全技术有限公司首席技术官
韦铭烽　深圳海云安网络安全技术有限公司产品经理
吴嘉诚　深圳海云安网络安全技术有限公司研发总监
吴　珊　深圳海云安网络安全技术有限公司高级研发工程师
谢朝战　深圳海云安网络安全技术有限公司开技术专家

智能运维篇

案例 55 悟空混沌工程平台

平安银行悟空混沌工程平台（以下简称"悟空平台"）建立了一套主动故障注入的运维自动化工具，具备5类、共40多种故障模拟功能，全面涵盖了实际生产环境中的常见故障案例。结合配置管理数据库（CMDB）、应用画像、运维自动化工具、监控告警平台以及研发测试运维一体化平台（DevOps），悟空平台能够对特定对象进行一键式故障注入和故障销毁，同时支持日常实验、突袭演练、攻防练习以及云原生改造验证等多种应用场景。特别是在重大系统重构上线时，该平台能够提前发现架构设计和实施中的质量隐患，防止系统"带病"运行。此外，它还可以帮助运维团队提前熟悉新系统的异常行为，协同研发团队制定应急预案和预防措施，确保生产上线后应急处理有序进行。悟空平台的诞生和应用显著降低了重大系统重构中的质量风险，并实质性提升了业务连续性。

关键词：混沌工程，健壮性测试，核心系统上线，云原生改造

一、背景介绍

近两年来，银行金融业加速了数字化转型进程，重点强调安全、可靠、高效及弹性，逐步减少甚至摆脱对单一技术产品的依赖，全面推动技术安全可控战略的实施。在这一战略需求的指导下，众多金融机构纷纷开展将核心系统从传统单体系统下移至分布式系统的重构工作，并进一步实施系统的云原生改造。虽然这一系列核心系统的重构为业务发展积蓄了力量，但也对业务稳定性提出了挑战。

为了应对分布式系统改造及大规模系统"上云"所引发的系统复杂性挑战，需要提前验证系统的可运维性、可观测性与韧性，及早识别并预防潜在的技术风险与质量隐患。在此基础上，结合监管对高可用性与稳定性的要求，平安银行借助开源工具，自主研发了悟空平台，建立了一套包括主动故障注入与故障销毁在内的运维自动化工具，为行内用户提供了一系列丰富且安全的故障演练能力。

二、建设内容

悟空平台是一款基于开源组件，遵循混沌工程实验原理，并整合平安银行运维工具化体系的自主研发混沌工程产品。

（一）系统物理架构

悟空平台采用 4 套环境部署：开发环境、测试环境、预发环境和生产环境，所有应用均以集群方式部署。上游通过硬件负载均衡（F5）+ 软件负载均衡（SLB）+ 容器接入网关（Ingress）的方式实现负载均衡。数据库则采用主备模式实现了自动主备切换。

（二）系统架构

悟空平台运用了分布式系统中常见的主－从（Master-Workers）架构。其中 Master 端充当控制台的角色，Workers 则包括 4 种不同的 Agent：Asta Agent、Chaos Agent、录制 Agent 及回放 Agent。不仅支持故障模拟，还可以配合 DevOps 平台采集生产流量，并在预发环境中进行常规演练。

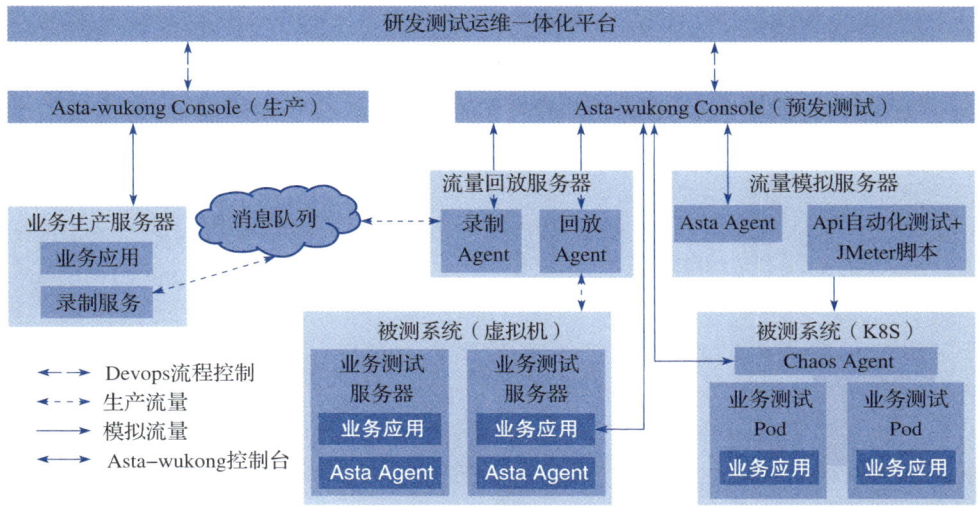

悟空平台逻辑架构图

(三)平台功能

悟空平台整合了业界主流混沌工程开源组件,同时对接了行内丰富生态(CMDB 系统、变更流程系统、DevOps 自动化平台、资源/应用/业务监控系统、权限认证系统等),因此具备以下特点。

(1)故障场景丰富且易扩展:

- **故障模拟场景丰富**。涵盖 5 类(应用、负载均衡、数据库、网络、操作系统)、共计 40 多种类型的故障注入,覆盖物理机、虚拟机、容器等各种部署环境。同时支持以自定义插件扩展的形式进行故障能力的个性化增强,在实验流程上可以做到统一编排控制。
- **可灵活扩展**。针对故障目标和环境的多样性,悟空平台统一封装了故障注入引擎。以虚拟机为例,悟空平台可以通过控制台直接向目标服务器的 Asta Agent 发送指令进行故障注入,同时也支持基于自定义脚本(Shell、Python)并通过 Devops 平台,进行目标服务器故障注入。
- **影响时间可控**。针对每种故障注入都提供了对应的自动恢复机制,并支持通过控制台进行故障的快速中断恢复。

(2)集成流量构造进行一体化演练:测试环境主要基于 JMeter 脚本和自动化测试平台进行流量的构造演练。在生产领域(包括生产和预发环境),通过 DevOps 平台调度悟空平台的流量录制 Agent 进行生产流量的录制,并可以在预发环境进行回放演练。

(3)演练全过程可观测:悟空平台整合了行内基础层监控工具普罗米修斯(Prometheus)和应用全链路观测平台 StarMap(前身 CAT 监控),实现了故障注入前、中、后监控数据的同步展现。

(4)安全合规且可控:平台集成了行内统一登录系统,并基于权限平台统一管控功能权限和数据权限,在生产环境中打通了变更管控平台,可以确保故障注入过程的合规性和可追溯性。同时,为日常操作提供了标准的审计日志记录管理。

(5)实验工具自动化部署:平台集成了平安银行统一云管平台,实现了 Agent 和脚本等实验工具的自动化部署。

(6)支持常态化演练:基于行内 DevOps 平台,能够支持常规版本需求的健壮性演练管理,统一质量门禁管控。对于重要子系统,支持自动化巡检及自动创建相关健壮性计划,可以促进相关方开展日常演练。

案例55 悟空混沌工程平台

Asta-wukong Console
- √容器：Tomcat
- √数据库：MySQL
- √开发框架：Halo（平安银行微服务框架）、Mybatis、Maven
- √中间件：Redis、Horae（分布式任务调度）、RocketMQ
- √存储：UDMP（分布式存储）

Agent
- √开发框架：gin、springboot、maven
- √Asta Agent：go
- √Chaos Agent：go
- √录制程序：springboot
- √回放：CAT/Prometheus(监控)、zookeeper、RocketMQ
- √存储：UDMP（分布式存储）

系统应用架构图

入口：Asta-wukong Console

应用层：
- 健壮性计划
- 案例管理
- 应急预案演练
- 报告管理
- 运维工具演练
- 场景管理
- 红蓝对抗
- 流量管理
- 项目/案例集管理
- 运营报表

应用服务：
- 故障能力库
- 故障注入引擎
- 应用画像
- 指标收集器
- 探针管理
- 鉴权审计
- 自定义插件扩展

核心服务：
- 故障能力
  - 原子场景
  - 系统层 / 应用层
  - 容器 / DB
  - 环境：物理机 / 虚拟机
  - Kubernetes / Docker / Containerd
- 流量构造
  - 流量录制回放
  - JMeter压测
  - 自动化案例
  - 作业调度
- 可观测性
  - Agent上报
  - Prometheus
  - Detector（业务监控）
  - StarMap（全链路观测平台）
- 安全控制
  - 4A安全认证
  - Rhea权限控制
  - 流程管控平台
  - CMS基础数据平台
- 流程控制
  - 串并行
  - 可视化演练
  - 自动化恢复

（四）平台创新点

悟空平台的创新点有平台开放可扩展性、故障场景的自适应和自动化，以及使用场景的创新性 3 类。悟空平台的开放可扩展性主要体现在以下几个方面。

（1）故障场景开放可扩展性。悟空平台每个故障场景都是一个成熟命令脚本 / 程序，覆盖了五大领域。若后续要增加其他领域或细分场景，只需将对应的命令脚本或程序集成进来即可。

（2）故障注入对象开放性。悟空平台集成了行内运维自动化平台，借助自动化平台能够覆盖整个数据中心的全部纳管节点。

（3）平台应用场景的开放性。悟空平台不仅在核心系统上线中发挥着质量防线的作用，也适用于系统依赖降级验证、线上生产应急演练等场景。

故障场景的自适应和自动化是通过与行内应用 CMDB 体系打通，并结合应用自身的上下游调用情况实现的，平台能自助筛选出适合该应用的故障演练场景及故障注入对象。例如，若 A 应用的生产环境中部署了 MySQL 数据库，平台则会自动添加一个用于检测 MySQL 重启后 A 应用能否自动重连的混沌测试案例；若 B 应用是一业务通信机且未使用数据库，平台则会自动识别出无需验证数据库相关的故障场景。

悟空平台在使用场景上的创新性，体现在优化核心系统上线前的高可用等非功能性验证。核心系统在上线之前会进行一系列的质量验证，分为功能性测试验证和非功能性测试验证。传统模式中，金融机构往往专注于涉及客户账户、交易等的功能性测试验证，而悟空平台的出现使得高可用等非功能性测试变得更加简便，大幅提升了测试仿真度，有效补充了重大 IT 核心系统上线前的质量验证空白。这不仅有助于在系统上线前识别出核心系统可能存在的深层问题，还能防止这些问题在生产环境中长期运行后才偶然被发现。

三、创新应用

悟空平台在平安银行内部的推广应用主要分为 3 个阶段。

（一）重要系统重构上线验证

从 2020 年起，悟空平台在信用卡 A+ 新核心（下称"A+ 系统"）、超级网银二期建设等多项重大 IT 项目中得到应用。以 A+ 系统为例，在整体上线前的并行流量验证阶段，运维人员利用悟空平台开展了三轮上线前的混沌验证。

前两轮以实际检验系统韧性为目标，具体开展流程如下。

（1）**实验设计**：结合 A+ 系统的架构设计和新 PaaS 组件，设计故障注入点和故障注入案例。例如，针对全新的数据库和应用连接数据库中间件，设计了数据库主备切换的故障场景。

（2）**故障注入**：通过自动化工具或人工干预的方式，向系统中注入故障，以模拟现实世界中的不确定性和复杂性。故障注入包括异常宕机、网络延迟等。某个故障场景可能由多种故障原子实现，此时应考虑最小爆炸范围。

（3）**监控与报警**：建立完善的监控系统，实时收集和分析系统运行数据，以便及时发现潜在的问题。同时，设置合理的报警阈值和通知机制，确保在出现问题时能够及时响应。

（4）**实验结果评估**：通过收集监控和告警数据，分析实际运行数据和实验设计的差距，对于有疑问的实验结果，可采用多次故障注入方式对结果进行确认等。

（5）**反馈与优化**：根据实验结果，对系统进行反馈和优化。反馈包括修复已知问题、调整系统配置、补齐告警策略等。

通过前两轮的测试及研发的快速修复，A+ 系统的可靠性和稳定性得到了基本验证，并对应急预案进行了修正补充及告警盲点的修复。

最后一轮测试聚焦于实际检验系统的可运维性，采取了内部故障注入与应急响应处置的红蓝对抗模式。这一轮测试不仅揭示了初期监控中的遗漏告警问题，还极大地加深了运维团队对系统复杂性和不确定性的理解，显著提升了团队的应急处理能力。在实际故障发生时，团队成员能够更快速、准确地定位问题并对问题进行有效处理。承担蓝军角色的成员通过设计场景、注入故障和评估预期影响，为运维团队提供了一个可以从不同角度审视所负责项目部分的系统平台，从而提高了团队成员的技能和经验，提升了团队的整体素质。

（二）重要系统常规年度健壮性能力验证

自 2022 年起，悟空平台已被应用于全行 86 个核心子系统的年度健壮性测试中。该平台覆盖单应用、PaaS 健壮性和上下游依赖等多种健壮性测试场景，这些场景由组织方设定，由各研发领域的测试人员实施，并由研发人员、架构师和运维团队对测试结果进行审核。

在这一阶段，悟空平台致力于降低用户的使用门槛，将故障场景的选择和参数配置等复杂技术隐藏于后台。同时，它向全行用户提供了标准化、模板化的内容，有效支持了全行混沌工程理念的普及与对现有系统潜在问题的发现。

（三）混沌工程演练

自2023年起，平安银行开始大力建设预发环境。在具备生产模拟流量的预发环境中开展混沌工程演练，这也是混沌工程发展的重点。同时，悟空平台也逐步集成了生产流量的录制与回放、故障注入和模拟生产响应能力，以此支持关键子系统开展预发混沌演练，进而推动了全行混沌工程能力的提升。

四、取得成效

平台在推广应用的过程中取得了一定成效，包括经济效益和社会效益两部分。

悟空平台自上线以来，在A+系统、分布式金融PaaS平台、超级网银二期建设等多个重大项目中得到应用。以A+系统为例，该项目标志着全球首次大型单体核心系统向分布式开放系统迁移。在引入悟空平台前，A+系统已完成3轮用户验收测试（UAT）。通过悟空平台，运维和测试团队分别进行了3轮测试，共审查了104个案例，发现了81个质量隐患问题，并在项目上线前一一解决了这些问题。这确保了作为银行业首个分布式核心系统的A+系统自2020年10月底上线以来稳定运行，无重大可用性故障，交易成功率高达99.999%，为超过6 000万信用卡用户提供了稳定可靠的金融服务。

在国家金融安全战略的指引下，各家金融机构正普遍进行核心系统去IOE（IBM、Oracle、EMC）的重构。平安银行的悟空混沌工程平台不仅能够成功支持平安银行的A+系统，还能够助力金融行业内其他正在进行核心重构的系统，确保新系统上线后的业务连续性，这保障了金融这一关键民生领域的安全稳定。

完成人：
陈文春　平安银行股份有限公司金融科技部云数据中心应用运维团队长
金　艳　平安银行股份有限公司金融科技部云计算平台工程技术管理领域负责人
方之昕　平安银行股份有限公司金融科技部云数据中心信用卡运维组经理
黄伟伟　平安银行股份有限公司金融科技部云计算平台悟空平台开发负责人
张爱景　平安银行股份有限公司金融科技部云计算平台悟空平台产品经理

全景监控系统项目

案例 56

全景监控是轻量级大屏监控领域的优秀产品。本案例以全景监控的技术背景为出发点，详细介绍全景监控系统的建设方案、实际应用以及效益产出。全景监控系统以"统管接入渠道、规范数据标准、灵活编排配置、层级下钻定位"为建设思路，旨在构建一个多维度、多层次、跨专业的监控视图。该系统不仅具有较强的可观测性、灵活性和共享能力，还整合了动态链路拓扑图、运维小助手等智能元素，成为提升应急处理效率、跨专业日常巡检及研发运维联动效率的重要工具。

关键词： 监控，可观测性，应急，研发运维联动

一、背景介绍

在数字化转型的浪潮之下，移动互联网、大数据、云计算、AI 技术等金融科技业态正在逐步渗透传统金融领域。银行业务系统日益庞大，系统间的关联也日趋复杂。金融科技一方面为传统银行业的发展注入了强劲动力，另一方面也对银行 IT 系统的运维提出了巨大挑战。尤其是在信创转型地位显著提升及基础设施架构全面转型的背景下，推动运维的数字化转型落到实处显得更加迫切。

大型金融 IT 系统运维各项职责通过专业分工来执行，不同专业的运行视图、大屏监控视图等工具各不相同。例如，基础设施团队主要负责机房、网络、操作系统、数据库等基础设施的运维，而应用团队则针对上层应用系统及云平台等分布式系统进行运维。在实际工作中，开发和运维人员常常需要跨专业追踪网络、系统、数据库的运行情况，并进行分析和判断。跨部门不但沟通低效，且难以从统一的窗口中获取应用生产运行的全貌，导致无法及时、快速、全面地了解生产运行情况。为了解决生产运维中监控工具之间的数据壁垒、信息孤岛，以及运维工具和方法存在不足的问题，全景监控系统项目应运而生。该项目基于实际的生产运维和运营需求，创造性地构建了一个高度可视化、信息聚焦化、资源集约化

的数字化生产运维平台。该平台通过打通底层数据链路、融合各专业系统信息、零成本接入，建立了新一代的可视化运维架构体系。这使得平台能快速接收各类业务数据、零成本地接纳和管理各专业的监控数据，同时支持面向应用、从业务维度配置 IT 系统监测要素，实现了对业务板块的及时监测和快速下钻定位。这为生产故障的事前预判、事中应急处理及故障定位、事后复盘改进提供了更为详尽的数据支持和工具支撑，极大提升了研发、运维人员在生产运行保障方面的主观能动性，并有力地保障了生产的稳定运行和业务连续性。

不同专业监控工具分类表

专业	负责团队	运行视图工具
负载均衡、智能域名、广域网	网络专业	网管系统
操作系统 / 基础设施云 IaaS	系统专业、数据库专业	系统快照 NMON、运维基础服务平台
中间件		中间件监控平台
MySQL、Oracle 数据库		MySQL 数据挖掘平台、Oracle 监控平台
生死指标、交易级监控	应用专业	运维 2.0、应用监控系统
应用云 PaaS		云平台、全息监控、分布式服务系统
监控报警	监控专业	集中监控系统

二、建设内容

全景监控系统是中国工商银行软件开发中心自主研发的科技创新产品，通过整合底层数据链路、分组扩容数据源，以及迭代升级前后端组件，实现了全类型监控数据的接入。此系统在提升应急处置效率、支持跨专业日常巡检，以及提高研发与运维协作效率等方面，展现出了显著的成效。

（一）总体思路

全景监控系统主要由 4 个模块组成：数据采集模块、数据分析模块、数据存储模块以及数据展示模块。

数据采集模块结合谷歌的四大黄金指标及 USE/RED 方法等，实现了应用指标从点到面的全覆盖，并基于核心业务目标及保障服务可用性的原则，构建了包括关键指标和生死指标在内的分类框架。对于具有业务特色的数据，采用非侵入式采集方式，并通过消息队列实现了采集应用与消费应用的双向解耦。

数据分析模块则对多维指标进行关键维度的定位及影响面分析，支持数据清洗、合并、报警等功能，同时结合人工智能算法对指标历史规律进行学习，实现了快速准确检测。

数据存储模块综合监控数据和数据库的特性，通过选择适合的专业数据库和数据源分组扩容等策略，优化了大容量数据存储的性能和搜索效率。对于时间敏感且格式固定的结构化数据，采用时序数据库；而对于存储格式较为灵活的特色数据，则采用非关系型数据库。

数据展示模块利用业界流行的框架组件实现了监控要素的灵活配置等功能。

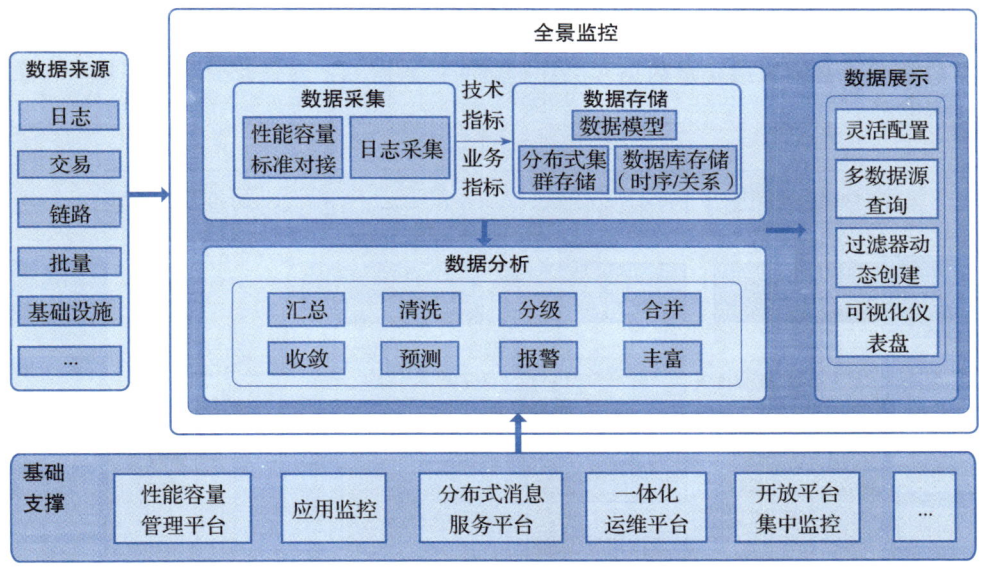

全景监控总体思路图

（二）技术路线

通过整合多个运维专业的运行指标数据，并利用开源数据可视化前端工具的优秀特性，如多数据源兼容性和可配置性等，构建了一个可视化的聚合视图，从而显著提升了运维效率。

1. 监控数据统一接入

应用监控数据可分为以下 6 类。
- **应用交易数据**：应用整体数据、关键指标数据、生死指标数据。

- **性能容量数据**：系统性能数据、数据库数据、中间件数据、容器数据。
- **批量数据**：普通数据、ENTEGOR（一款批量调度工具）数据、DBF（一种数据库文件）数据、BDSP（大数据集群进行统一化管理工具）数据。
- **报警信息**：系统类数据、应用类数据、网络类数据、安全类数据、硬件类数据等。
- **应用特色数据**：拓扑图数据、地图数据、埋点数据等。
- **其他数据**：变更数据、保障促销数据、慢 SQL 数据、大事务数据等。

分散在各个不同监控视图的数据源主要有 4 类：PaaS 云平台、基础设施监控/交易量监控、日志监控/定制化监控、其他监控。

监控数据无法统一展现，其根本原因在于数据源的分散性。为了实现监控数据的整合，必须对接全量数据源。针对这 4 类数据源，全景监控系统规划了 4 条技术路径。

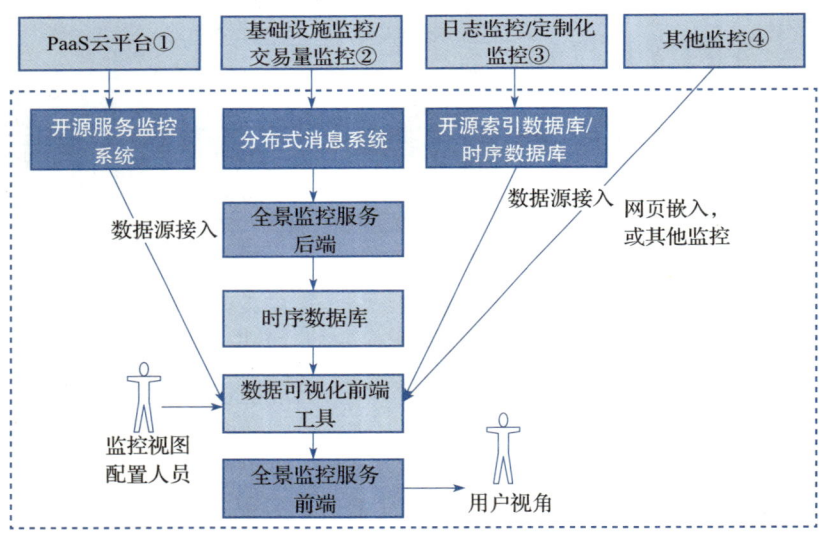

全景监控数据链路

- 路径①：PaaS 云平台。鉴于数据存储在开源服务监控系统的时序数据库中，全景监控数据可视化前端工具直接通过鉴权方式配置数据源并展示数据，无需将数据落地到本地数据库。
- 路径②：基础设施监控/交易量监控。获取这类数据源的数据相对便捷，通过消息队列拉取监控数据并将数据存储在全景监控的时序数据库中即可。时序数据库特有的存储引擎可轻松处理近百万级别的数据吞吐量。其独特的连续查询机制能在数据插入过程中自动压缩处理过期数据，同时原生的保留策略机制也能基于文件清理过期数据，极大地减少了修改磁盘的压力。在数据可视化前端工具中，以鉴权方式将时序数据库配置为数据源。

- 路径③：日志监控/定制化监控。这类数据源的数据存储在开源索引数据库或时序数据库中，导出成本较大，但直接获取数据的效率较高，因此可以直接被配置为数据源进行展示，无需将实际数据落地存储。
- 路径④：其他监控。这类数据可以借助数据可视化前端工具的 HTML 组件，直接以页面形式嵌入视图中显示。

2. 数据源分组扩容

全景监控系统包含了全量应用的各类监控数据。为防止因进行海量数据检索引起性能瓶颈，根据业务运维板块的划分规则，系统将原本存储于时序数据库中的数据进行横向划分。此举有效解决了数据检索缓慢等问题，极大改善了用户体验，并增强了全景监控系统后端的高可用性，为未来监控能力的提升奠定了坚实的基础。

3. 面板类型和应用场景

目前全景监控系统中的数据可视化前端工具支持丰富的面板类型，包含折线图、数字仪表盘、表格、柱形图、拓扑图、HTML 面板、日历、饼图等，可根据数据类型和应用场景灵活选择展示形式。

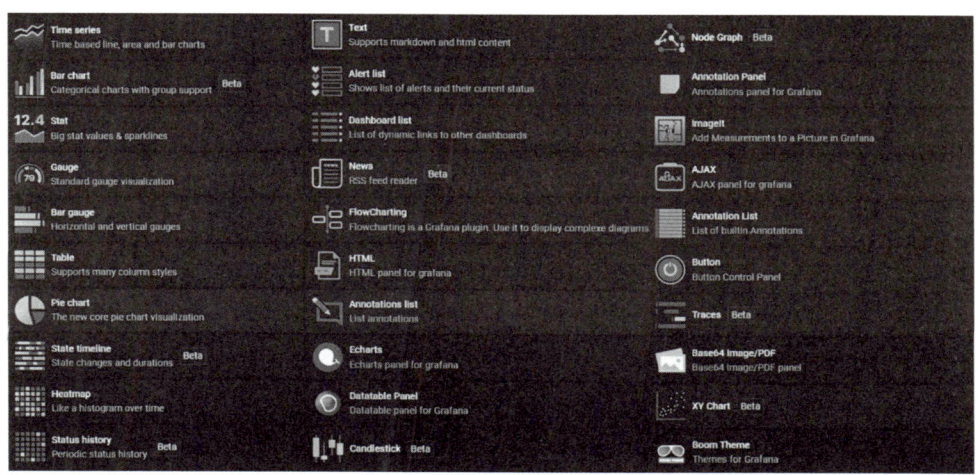

数据可视化前端工具支持面板类型

三、创新应用

基于全景监控系统，构建跨专业、个性化、多维度的全景监控视图体系，创新性地整合端到端链路拓扑监控、批量异常智能诊断、运维小助手等功能，旨在提高运维和研发团队的生产触达效率，实现监控与应急的有效联动，助推应用运维的数字化转型。

（一）多维度监控视图定制，辅助故障快速定位

为了推动高质量发展并筑牢生产安全底线，我行以全景监控系统作为技术支撑，进行生产可观测能力的工程建设。通过构建多维度的监控视图，增强不同角色对生产的感知能力，打造了整体层、研发部门层、业务板块层、单体应用层的层级监控视图，支持快速下钻定位故障点，从而提高了用户在获取生产运行信息时的体验和效率。

1. 整体层

整体层从板块化的角度出发，整合展示集中监控和各部门的核心关键指标等信息。内容包括快速导航区、四级生产报警、运维保障信息及各部门核心关键指标等。这样可以迅速掌握整体生产状况及重要的四级报警信息，并能快速下钻到具体板块级视图以进行深入分析。

2. 研发部门层

研发部门层需结合部门特性，针对性地进行定制。例如，在数据库层面，应详细监控研发部门内的大事务处理和慢 SQL 的情况；在批量运行层面，应详细追踪部门内重点批次的执行情况以及重点批次的历史运行趋势；在应用运行层面，应重点监视部门内关键保障应用的生产运行状况。同时，加强研发部门及其下辖应用的运行监控，提高对运行异常应用的管理和督导力度。

3. 业务板块层

业务板块层从业务视角出发，综合展示业务运行指标、关键技术指标及静态链路图。内容包括应用级视图导航、板块级总览大屏、板块级关键业务场景运行状态以及重要交易静态链路图等。在此层，系统能有效协助快速定位板块内的故障点，显著提升用户在获取板块内业务运行情况时的体验和效率。

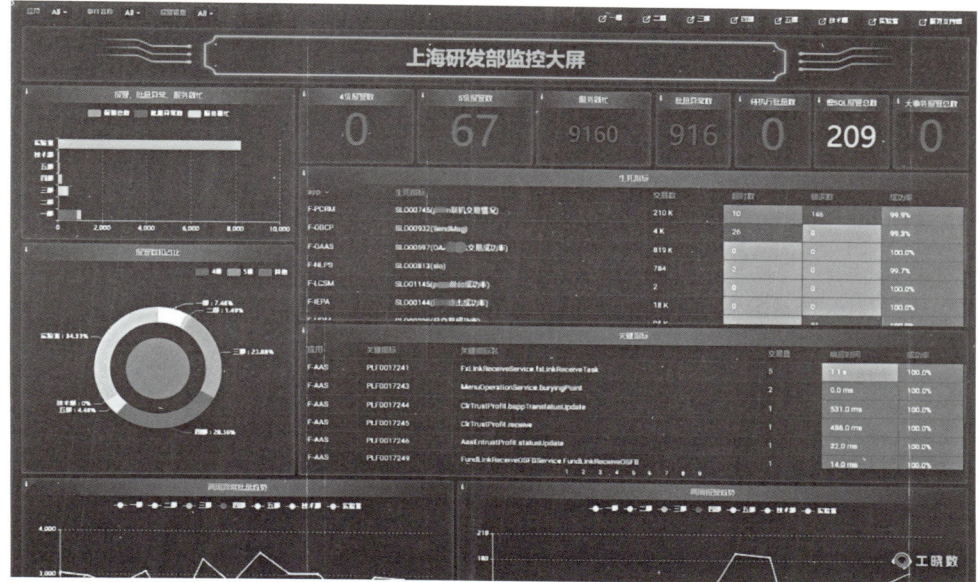

研发部级全景监控视图

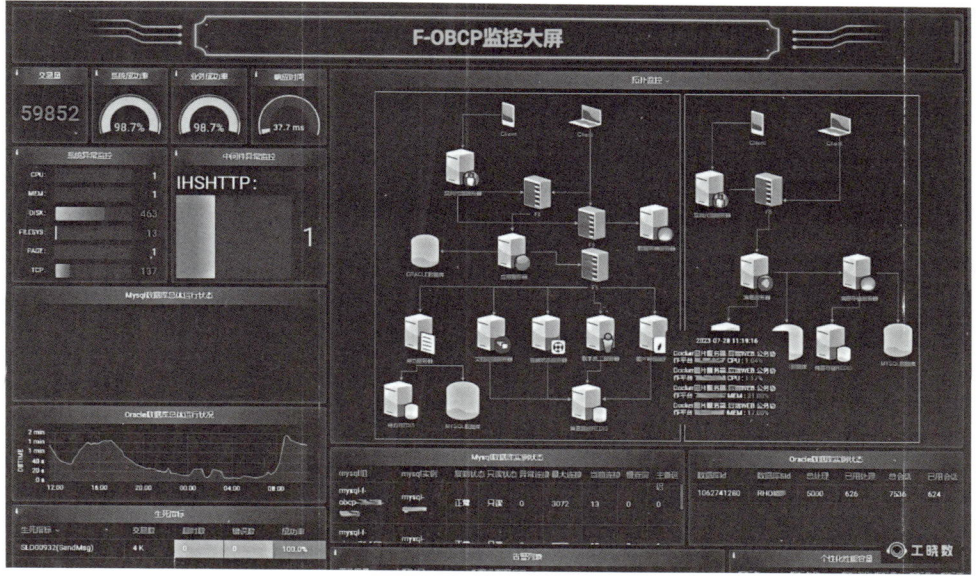

链路示例图

通过开源绘图工具绘制应用的物理拓扑链路，并关联各链路节点的CPU、内存、数据库连接数等的实时性能数据,可以直观地展示各链路的性能容量和健康状况。当实时监控数据超过设定阈值时,系统会立即提示节点及链路的异常情况,这有助于快速定位和分析生产故障。

4. 单体应用层

单体应用层从单体应用的角度出发,提升聚合度,跨专业展示各应用节点的运行指标。以数据中台为试点,绘制批量运行的智能基线,针对数据中台的贴源层、聚合层、萃取层,对批量作业总数、批量作业等待数及批量作业失败数等进行动态智能基线的绘制。通过这些智能基线来评估数据中台的作业处理能力是否符合合理的预期,并提前进行预警。单体应用层的有关视图可以使运维人员快速巡检系统指标的波动情况,并在基础设施出现故障时迅速评估业务损失率,极大增强运维与开发人员对生产运行状态的感知能力,进而提高开发与运维团队的协同效率。

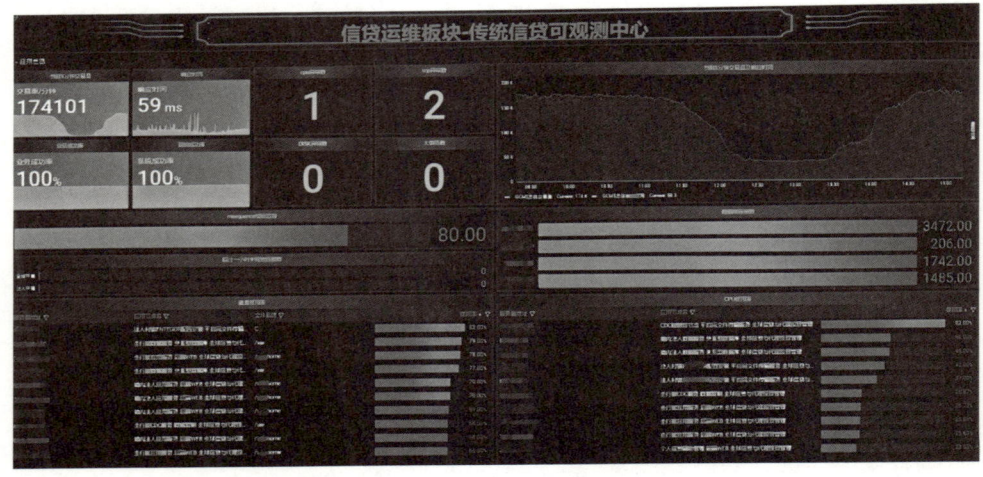

单体应用全景视图

(二)结合"运维小助手"提升生产触达效率

联合数据中心,在全景监控视图中引入"运维小助手",有效提升了故障场景的应急响应效率。"运维小助手"通过智能问答方式,支持研发人员实时获取生产信息,包括应用生产应急预案、一线值班通信信息、配置信息等,从而实现了监控与应急的有效联动。这不仅便于研发人员分析产生故障的原因,还便于相关人员跟进当前应急进展和掌握故障恢复的最新情况。

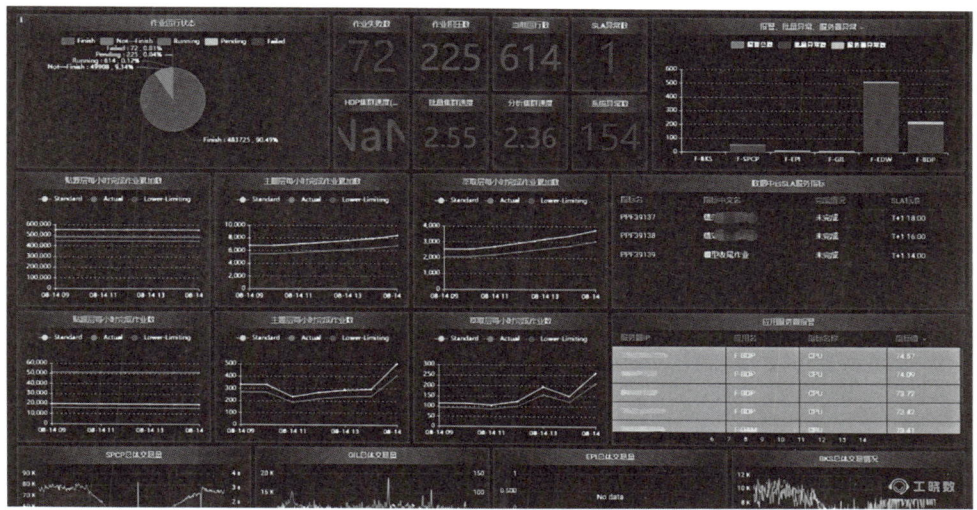

单体应用视图

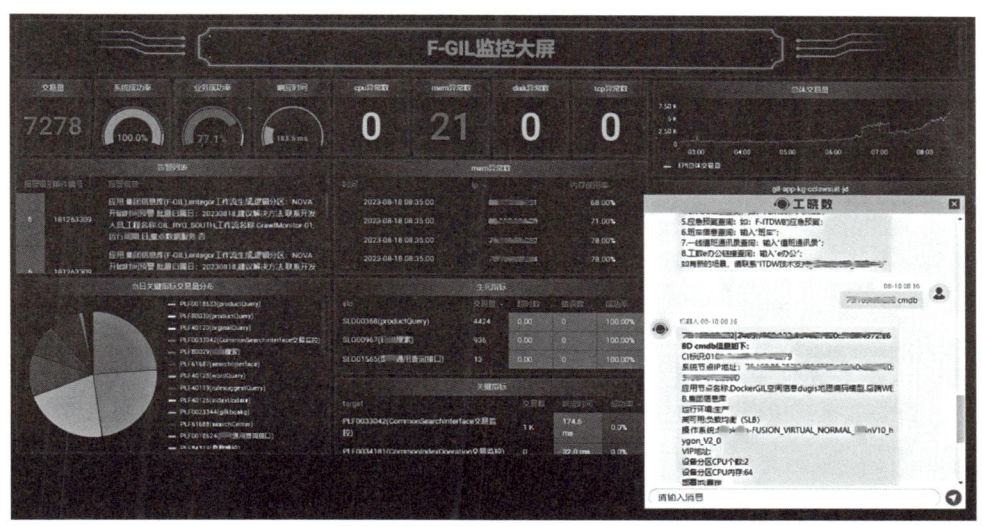

全景监控视图引入"运维小助手"

（三）资源集约化，提高运维与开发融合共建

基于全景监控系统可灵活配置和编排的特性，通过共享应用生产状态，共同治理和共同提升，实现了从被动解决到主动巡检、提前识别潜在问题的意识转变，提升了生产系统的稳定性。

四、取得成效

全景监控系统成功实现了应用内部运行状态的可视化监控，有效支持了软件系统快捷构建运行状态看板及对系统运行问题的迅速响应。软件开发中心依托全景监控系统，实现了重点产品线应用级监控的全面部署，同时建立了多个层级的全景监控视图。在生产实践中，该系统已累计发现并处理了多起生产问题或隐患，在应用国产化改造及重点项目的工程建设中发挥了关键作用，全面保障了业务稳定性，极大地提升了研发人员在生产运行保障方面的主观能动性，有力促进了"行稳致远"的生产运维目标的实现。

完成人：
徐　博　中国工商银行股份有限公司软件开发中心西安产品部资深金融科技经理
韩　涛　中国工商银行股份有限公司软件开发中心应用支持二部资深金融科技经理
茅爱华　中国工商银行股份有限公司软件开发中心上海技术部资深金融科技经理
蔡兵克　中国工商银行股份有限公司软件开发中心西安产品部高级金融科技经理
陆沛卿　中国工商银行股份有限公司软件开发中心运维转型攻坚团队高级金融科技经理

案例 57　基于图技术的运维对象关系挖掘与应用

广发银行数据中心借助运维数字化转型的契机,将大数据技术、图计算技术融入运维场景,识别和定义各类运维对象,并梳理运维对象之间的关联关系,构建了一个多层次、高扩展的运维对象关系网络,进而形成了多角度的运维对象数字化画像。这一进程涉及重点批次保障、辅助交易系统故障处理,以及重要应用架构图维护等多个场景,实现了从静态到动态对运维对象的全方位洞察。

此项目具有两方面的深远意义:一方面,可以基于丰富的数据资源,利用"全息作战地图"来高效、有序地调配资源,指挥故障应急处理;另一方面,使运维人员的工作从过去针对孤立的"点"的处理转变为面向整个链路的全局思考,从而开创了一种全新的运维对象数字化洞察模式。

关键词:运维对象,关系挖掘,链路,数字化画像

一、背景介绍

随着国产化、云原生、分布式等新技术的广泛应用,银行信息系统架构发生了巨大的变革。运维对象的规模呈几何级增长,从数十、数百扩展到了数万甚至数十万。同时,微服务、服务网格等架构的应用,加剧了众多运维对象之间的关联性和复杂性。监管部门对银行信息系统的安全稳定运行提出了更严格的要求,用户对系统稳定性的期望也日益增高,数据中心稳健运维的压力持续增大。

为了缓解这种压力,广发银行数据中心自 2020 年开始深入探索运维数字化转型,逐步形成了"一横一纵一网络"运维对象洞察的新思路,该思路的核心是分步骤构建运维对象洞察能力。首先,构建基于"横向"交易链路的监控能力和基于"纵向"资源供应链路的故障原因分析能力;其次,将交易链路、资源供应链路、批次依赖链路和运行数据等进行整合,形成运维对象横纵交错的立体关系网络;最终,形成由"横""纵"两个专业链路和贯通各领域的关系"网络"组成的运维对象洞察体系。

本项目在"一横一纵一网络"运维对象洞察引领下，设计了运维对象及其关系模型并开展了数据整合和关系挖掘，这些推动了运维对象关系网络的建设。通过在重点批次保障、联机交易故障处理、应用架构治理等场景的应用，探索出了一套适应于银行数据中心智能运维发展的运维对象洞察新模式、新应用，有效提升了数据中心智能运维水平，促进了数据中心数字化转型的实施。

二、建设内容

（一）项目总体架构

运维对象关系网络项目旨在整合不同运维工具中的各类数据，包括静态配置数据、部署数据以及动态运行数据等，从而构建完整的运维对象关系网络数据体系，并在应急响应、风险识别等场景进行应用。为了确保项目的有效推进，重点从运维对象关系网络的技术架构、应用架构、数据流向及应用上下文 4 个维度进行总体架构规划与设计。此处详细介绍前两个维度。

1. 运维对象关系网络技术架构

运维对象关系网络技术架构分为大数据、图技术、微服务 3 部分。
- **大数据**：本项目底层采用大数据技术对各运维系统的源数据进行采集、清洗和整合，以形成运维数据集成体系。
- **图技术**：图技术建模是一种将数据以点、边结构存储的数据建模方法，它支持对关系数据进行路径遍历搜索、关系推理等高效、灵活的操作，本项目通过构造运维对象关系网络，支撑运维链路检索、运维关系发现等场景实现。
- **微服务**：应用功能采用微服务架构，将整体服务进行解耦，设计成数据可视化、数据检索等多个开发模块，支持服务的横向扩展，以降低开发模块故障对生产运行稳定性的影响。

2. 运维对象关系网络应用架构

为了满足用户对运维关系数据的使用需求，本项目从数据模型管理、数据视图、搜索服务、关键链路分析和场景服务 5 个维度出发，构建了应用功能体系。该体系致力于为用户提供查看、探索和分析运维关系数据的功能，支持批次、交易链路、架构分析等多种场景服务。

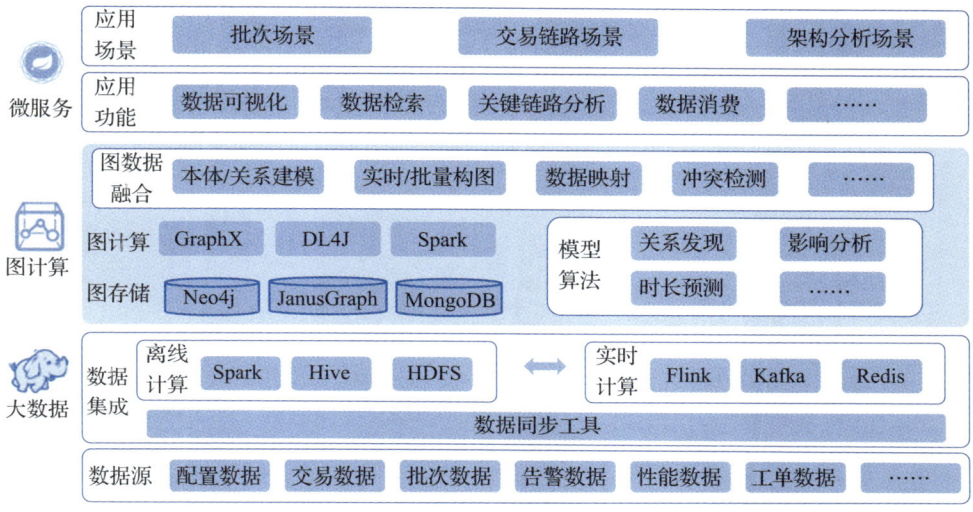

运维对象关系网络技术架构图

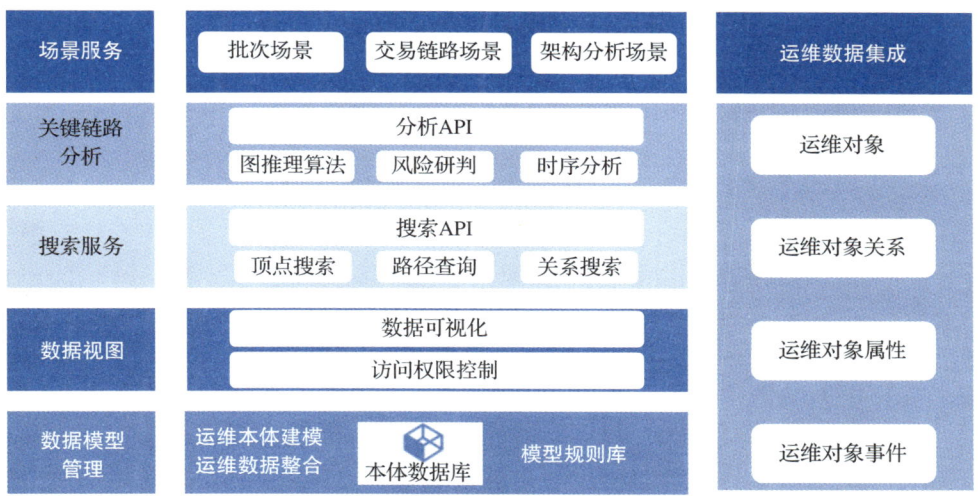

运维对象关系网络应用架构图

（二）系统功能

本项目系统功能分为3个部分：运维数据集成、图技术建模及数据融合和平台应用功能。运维数据集成依托于大数据的计算能力进行运维源数据的抽取、清洗和整合。图技术建模及数据融合通过图计算技术对运维数据进行建模和构图，

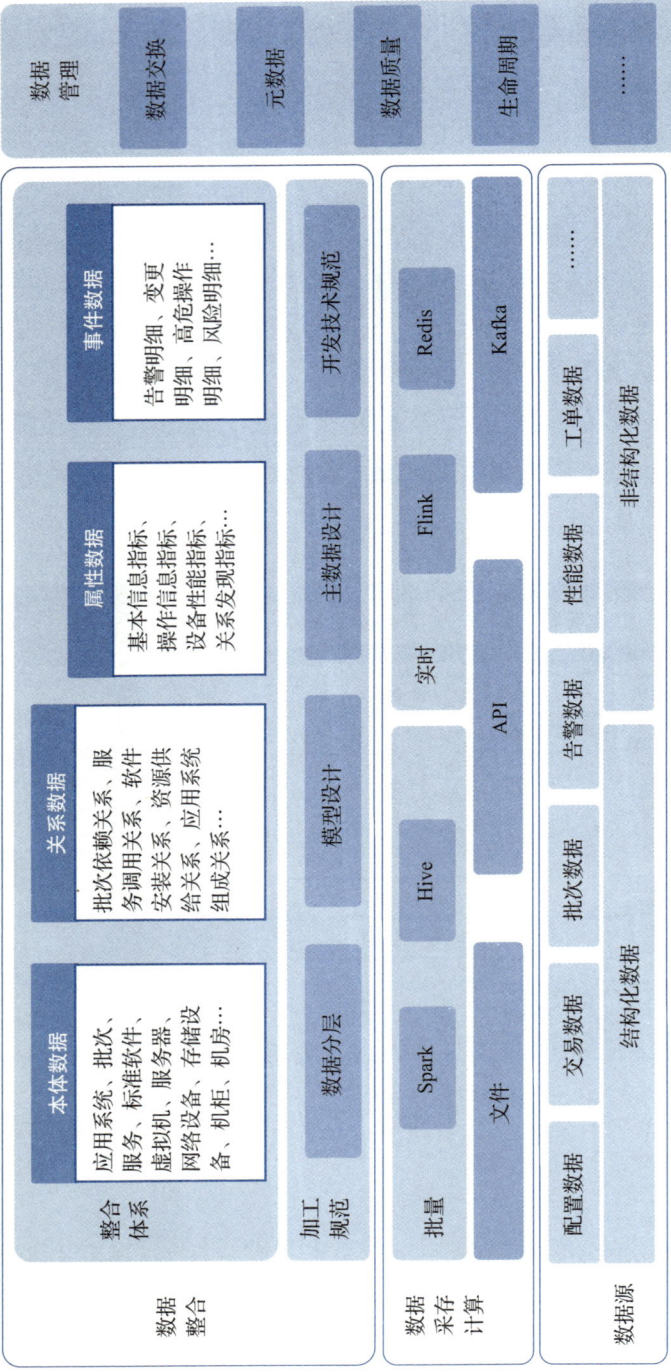

运维数据集成体系

便于利用图计算和图算法进行关系数据的检索和推理。平台应用功能则从运维的实际使用场景出发，依托关系搜索和链路智能分析等技术，为批次链路、交易链路等运维场景提供故障应急和风险排查的功能支撑。

1. 运维数据集成

本项目基于大数据实时与批量处理技术，采集、存储、整合所需的运维数据，形成了完整的运维数据集成体系。同时，项目还制定了包括数据分层、模型设计在内的数据加工规范，有序利用了运维数据的加工成果。

本项目根据运维对象关系数据特点，将各运维数据按照运维对象、运维对象属性、运维对象关系3个维度进行整合。

（1）**运维对象整合**：本项目对本行各类运维对象进行了整合，构建了一个多层级的运维对象整合体系。同时，根据主数据管理的要求，在整合过程中为每个运维对象生成了一个全局唯一的主数据编码。

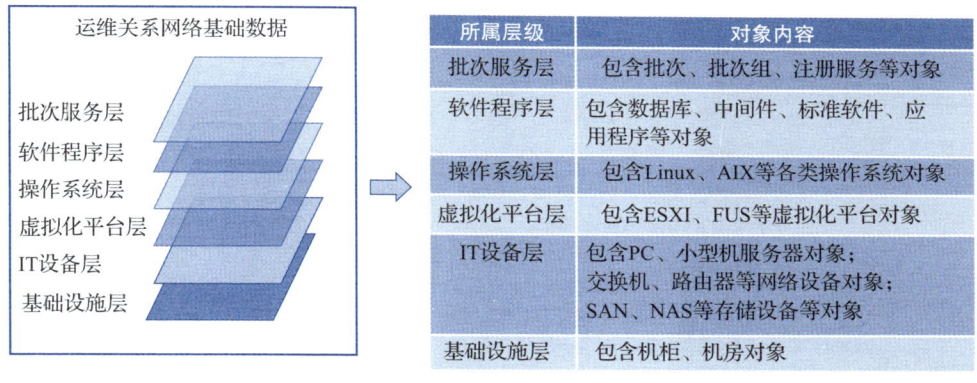

运维对象分层体系

（2）**运维对象属性整合**：运维对象属性指的是描述运维对象的各种指标和标签集合。在本项目的实施过程中，设计了一套涉及运维对象的指标和标签体系，该体系从"设计、部署、运行、价值"4个维度进行指标的系统设计，简称为运维对象"四态"指标体系。依托此体系，本项目针对各类运维对象开展了指标和标签的开发与整合工作，旨在为深入洞察运维对象及其相互关系提供全面的数据支持。

（3）**运维对象关系整合**：运维对象关系指的是运维对象之间的物理或逻辑联系。识别和整合运维对象间的关系是推动运维工作模式转变和提升运维效能的重要举措与关键基础。

运维对象"四态"指标体系

在本项目实施过程中,结合广发银行特有的运维对象关系,将关系归纳为集群关系、组成关系、部署关系、连接关系、调用关系和依赖关系 6 种类型。

运维对象关系类型

序号	关系类型	关系类型说明
1	集群关系	为实现高可用架构,多个对象绑定形成一个集合并提供相同作用的服务能力,例如多个数据库软件安装实例组成数据库集群
2	组成关系	指多个对象通过绑定后形成一个整体提供服务,例如一个应用程序是由多个服务接口组成的
3	部署关系	指一个对象承载另一个对象的能力,例如虚拟机操作系统部署于虚拟化平台
4	连接关系	指物理设备之间的部署连接关系,例如交换机和服务器的连接关系
5	调用关系	主要指服务之间的数据通信关系,例如程序接口之间的调用
6	依赖关系	主要指应用系统批次任务之间的前后依赖顺序关系,可分为系统内的批次依赖关系和系统间的批次依赖关系

2. 图技术建模及数据融合

图技术建模把运维数据的本体、关系、属性和事件数据转化为图模型,以此支持对关系数据进行路径遍历搜索、关系推理等高效灵活的操作。

本项目将图技术与运维领域的需求相结合,对运维对象及其关系进行点、边模型结构的建模与构图。依托于图搜索、图切割等算法引擎,本项目支持快速、高效和灵活地进行运维关系的全路径遍历搜索和关键路径检索等查询。

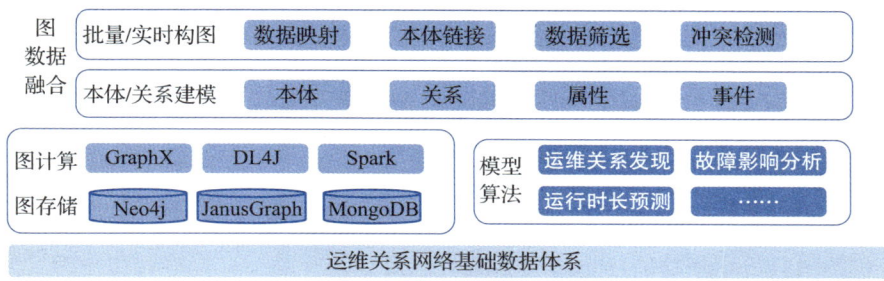

图技术建模及数据融合体系

3. 平台应用功能

为了满足日常运维工作对运维关系数据的使用需求，本项目围绕基础功能与应用功能两大维度构建了一个全面的应用功能体系。一方面，通过基础功能，支撑满足标准化的运维关系数据的探索与分析需求；另一方面，通过打造应用功能，包括批次、交易、架构等关键场景，有效支持故障影响分析、架构风险分析以及变更影响分析等业务模块。项目重点建设了链路绘制、数据探索和重点链路监控等应用功能，实现了运维关系数据与日常生产运维的有效融合，大幅提升了故障应急和风险分析能力。

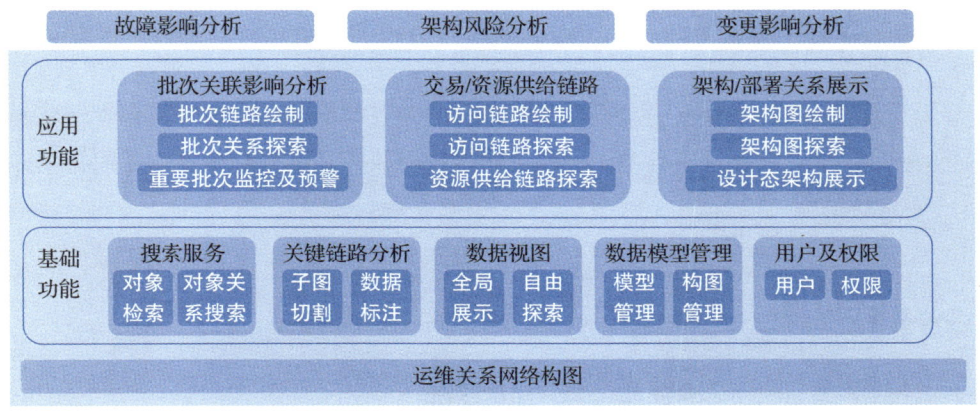

运维对象关系网络功能矩阵

平台应用功能示例如下。

- **运维对象数字化画像**：本项目以运维对象为核心，全面展示对象关系、属性和事件，构建了一套运维对象的数字化画像，使用户能从多个角度了解运维对象。

- **交易链路场景功能**：随着银行交易链路的日益复杂化，当其中某个服务节点发生访问中断或响应超时等异常时，一线运维人员往往难以迅速定位故障源头及其影响范围。针对此问题，本项目对交易链路进行数据整合，并提供链路维护、探索等功能。通过这些功能，运维人员可以根据告警信息迅速获取关键交易服务节点及其上下游全链路的运行情况，从而全面掌握交易链路的运行情况，显著提高故障排查的工作效率。
- **架构分析场景功能**：通过对运维对象及其相互关系进行整合和梳理，生成了应用系统的可视化架构图，实现了系统架构及部署关系的直观展示。

（三）数据保鲜

当前运维领域的数据来源繁多，包括基础设施、软硬件等多种运维工具。交易链路变更频繁，且缺乏统一的数据标准和治理机制。因此，数据"保鲜保真"成为运维数据应用领域的一大挑战。本项目在实施过程中，针对无法从源头实现保鲜的运维数据，制定了差异化的数据保鲜机制。

针对应用系统架构数据，探索与研发中心建立了运维架构信息的保真机制。从研发侧的开发设计阶段开始，就实现了架构数据线上化处理；在提交生产变更时，可以同步推送架构变更信息到运维对象关系网络进行更新，从而实现了应用架构信息的线上保真。同时，定期将生产环境中的应用部署信息提供给研发团队，进行对比分析，可以及时发现并修正数据差异。

此外，运营服务团队成立，他们负责对数据质量问题的治理工作进行持续跟进。通过收集数据、排查异常，不断优化运维对象的数据整合逻辑，从而持续提升数据质量。

三、创新应用

本项目创新应用主要体现在如下几个方面。

- **由面到体，建立多维的运维对象洞察新模式**。过去，通常按技术栈或应用系统对运维对象进行分割管理，这种方式在运维活动中仅能获取局部的技术栈或应用系统信息。而本项目则通过交易访问链路、批次依赖链路、资源供给链路等将各技术栈和应用系统的局部信息串联，形成了一个全面、立体的运维对象关系网络。通过运维对象关系网络，运维人员可以在分析变更影响、评估风险、定位故障原因等方面，从关注孤立的"点"转变为关注全局，这开创了运维对象数字化运维洞察的新模式。
- **双向流动，建立应用架构保真新机制**。过去的开发与运维工作各自独立，通过图形工具来绘制应用系统架构的方式无法实现设计态与部署态架构的差异自动比对，通常依赖于人工在变更后进行维护，但这种方式难以确保架构图与实际部署环境一致。本项目首次提出银行数据中心应用架构全生命周期管理的新思路。一方面，致力于实现应用架构管理信息结构化、在线化；另一方面，推动架构及变更信息在设计、部署、运行等各阶段全面贯穿，确保设计态、部署态和运行态数据实现高效、有序的双向流动。此外，还将开展研发侧和运维侧的架构信息校验，以构建应用架构全生命周期的保真机制。这些机制为构建应用系统 1∶1 的数字孪生体奠定了坚实的数据基础。
- **技术领先，构建生产故障应急新应用**。本项目创新性地将成熟的大数据技术、图技术和关系挖掘技术应用于运维领域，为运维对象及其关系的洞察提供了全新视角。通过子图切割等技术，并以运维对象关系网络中异常节点为中心，形成上下游的拓扑关系，同时整合运维对象运行数据，将数字孪生体转变为故障应急用的"全息作战地图"。全息作战地图可以直观地定位异常故障节点、迅速分析当前异常节点的影响传播路径、制定针对性的故障应急方案、高效展开故障应急沟通并有序调配资源，指挥各技术栈和应用系统进行故障应急处理。

四、取得成效

自 2021 年 12 月运维对象关系网络项目首次投产以来，该项目整合了 71 类运维对象与 11 种关系，构建了一个含 62.7 万个运维对象及 649 万条关系数据的立体关系网络。

基于这个运维对象关系网络，我们开发了应用架构图、交易链路和批次链路等多种应用产品，在数据中心一线运维团队的监控告警分析、辅助故障应急等方面发挥了显著的作用。项目梳理了近 80 个重要业务系统的应用架构图，并通过数据保真机制及时更新架构信息，为一线运维团队的工作提供了准确且及时的信息支持。同时，本项目维护并管理了包括手机银行登录、手机银行转账在内的 13 个关键交易全链路信息，整合了交易链路上各运维对象的变更、告警及高危操作等事件数据，大幅提升了复杂交易链路的告警分析效率和故障定位的精准度。此外，本项目还维护了监管报送、信用卡决策等 10 余个关键批次，开展了基于批次依赖链路的运行时长预测，有效提升了批次全链路异常分析的保障效能。

通过本项目的建设和应用，本行在运维对象洞察方面积累了宝贵经验。未来，我们将继续探索运维对象洞察的方法，扩大运维对象关系网络的应用范围，深入挖掘运维对象的关系数据，持续优化用户交互体验，将运维对象关系网络建设成为开展运维工作的坚实数据基石。

完成人：
徐　徽　广发银行股份有限公司数据中心原总经理
马海明　广发银行股份有限公司数据中心经理
叶明基　广发银行股份有限公司数据中心高级主管
吕言抒　广发银行股份有限公司数据中心高级主管
许安东　广发银行股份有限公司数据中心主管
林惟栩　广发银行股份有限公司数据中心主管

案例 58 智能运维体系建设

为响应国家"数字中国"建设整体布局规划，确保数字经济支撑系统的高质量稳定运行，中国工商银行在监控运维领域采用"数据＋人工智能"策略，即在传统分布式监控运维体系的基础上，引入人工智能技术，实现监控运维全流程的自动化与智能化，构建智能运维体系。此举大幅提升了故障发现、定位及应急处置的效率，有效保障了生产业务系统的持续稳定运行，并为数字经济的健康发展贡献了金融力量。

关键词：智能运维，异常检测，根因定位，故障应急

一、背景介绍

随着信息技术的快速发展，分布式架构已成为主流的系统架构。基于分布式架构的系统不仅资源利用率高，而且具备良好的可扩展性，因此已被广泛应用于各类企业信息系统中。为了满足分布式系统的监控需求，分布式监控系统应运而生，通过在各节点部署轻量级代理程序，可以有效采集和分析分布式系统的监控数据，有效解决分布式场景下复杂的微服务调用链路和监控指标难题。然而，随着 IT 架构和业务规模的不断扩大，一次分布式服务请求可能涉及数十甚至上百个服务或方法。分布式系统的指标监控、异常发现、故障定位及修复等任务依然主要依赖人工经验进行配置、维护和操作，这使得运维效率较低，难以满足生产故障的快速发现、定位和修复的"1-5-10"要求，进而影响了系统的整体可用性。

中国工商银行于 2015 年启动 IT 架构转型工程，截至目前（本稿完成时），分布式体系已覆盖行内绝大多数应用，日均服务调用量接近 200 亿次，业务场景交易复杂多样。而现有的分布式监控运维体系正面临越来越大的挑战，如何更快速有效地发现生产性能隐患并及时修复故障，已成为工商银行面临的一大难题。在此背景下，工商银行借鉴行业的先进实践，基于庞大的系统及业务监控需求，为监控运维平台引入人工智能算法，积极探索并建设智能运维体系。这一措施极

大地提升了异常发现、故障定位及应急处置的效率，有效解决了海量交易场景下分布式体系监控运维的难题。

二、建设内容

中国工商银行在智能运维体系建设上，重点围绕异常发现、故障定位和故障应急恢复三大领域。旨在通过建设智能化的异常发现能力，解决当前依赖人工经验设定固定阈值进行异常监测所带来的准确率低、维护配置烦琐和无法适应业务发展动态调整阈值等问题；同时，建设智能故障根因定位能力，旨在提高当前人工分析排查故障异常指标、故障传播路径并定位故障根因的效率和时效性；此外，建设智能故障应急能力，确保在故障发生后系统能够迅速屏蔽或恢复，这保障了生产业务的持续稳定运行。

（一）总体架构

智能运维体系将人工智能融入现有的监控运维系统中，以"数据+人工智能"的模式为动力，通过在现有监控运维平台上采集的指标、链路、日志等可观测数据，并结合专家经验、故障诊断树、智能算法等方式，建设了指标异常检测、故障溯源、根因分析等基础功能，以此支持故障的自动发现、根因定位、智能应急处理、指标趋势预测及平台性能优化等多项能力，从而有效提升了运维效率。

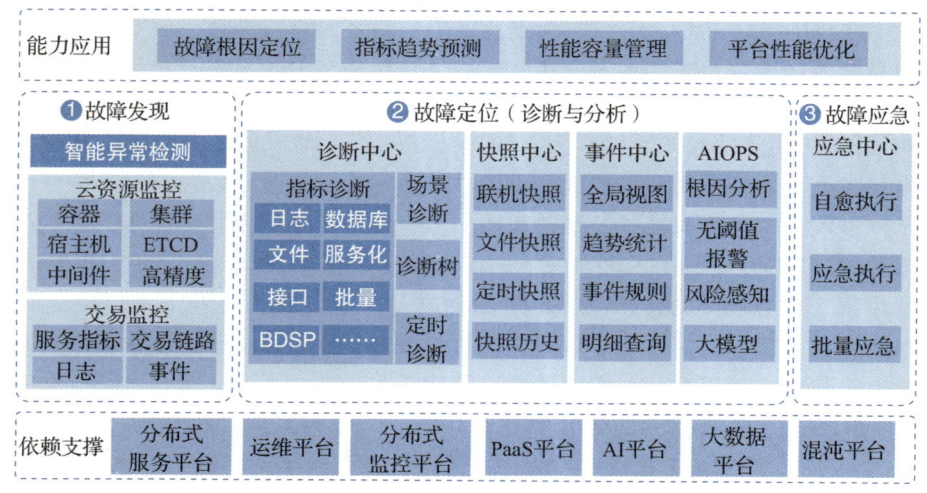

总体架构

架构设计总体分为 3 层：依赖支撑层、能力建设层和能力应用层。

- 依赖支撑层包括分布式服务平台、分布式监控平台、运维平台、PaaS 平台、AI 平台等基础支撑平台，为智能运维建设提供了基础能力及数据支撑。
- 能力建设层在底层支撑平台的基础上，构建智能运维核心能力，主要涵盖故障发现、故障定位和故障应急 3 个方面。故障发现通过交易监控、云资源监控指标和智能异常检测能力，可自动识别异常情况；故障定位基于故障诊断树、专家经验和故障溯源等算法，自动进行故障根因定位和风险感知；故障应急则针对确定的故障根因执行故障应急处置及自愈恢复。
- 能力应用层依托基础智能运维能力，在故障根因定位、指标趋势预测、性能容量管理以及平台性能优化等方面展开场景化应用，全面提升了开发运维效率。

（二）关键能力

平台主要关键能力如下。

- **智能异常检测**：基于云原生可观测性三大支柱（指标、日志、链路）数据，引入了智能检测、智能对比等先进的异常检测方法。这种方法能够根据实际的指标时序数据分布情况来识别异常点，从而有效降低因人工设置固定阈值导致的误报和漏报频率。同时，考虑到不同客户的需求多样性，支持灵活适配"千人千面"的算法参数，实现了更精准的异常检测。智能异常检测的基础能力涵盖了多种算法，包括基于 N-sigma、孤立森林、指数加权移动平均（EWMA）、CNN（卷积神经网络）等的统计学算法、无监督学习算法和深度学习算法。这些算法实现了离群检测、基带检测、波形检测等功能，使系统能够通过分析当前时间段与历史同期时间段的统计特征、聚合情况和偏离度，进行故障智能的对比分析。此外，针对不同业务场景对异常敏感度的具体需求，平台提供了个性化的算法库和算法参数供用户选择，并配备了可视化的模拟结果，旨在满足个性化的应用场景需求，并有效减少漏报和误报。
- **智能变更风险感知**：变更是引发生产稳定性问题的主要原因。为此，中国工商银行针对应用性能容量、系统性能容量、日志、容器运行情况、参数等多个投产变动关键维度进行了深入研发，建设了智能风险感知能力。这一能力提供风险预警、可视化风险分析和风险反馈的全流程闭环功能，帮助应用在投产过程中主动发现和规避风险。

- **智能故障根因定位**：智能故障根因定位能力是通过结合智能运维（AIOps）和专家规则两种方法来实现的。专家规则依托故障树分析法（Fault Tree Analysis，FTA），通过将可能引发系统故障的多种因素（如软硬件、环境和人为因素等）依照实际的串行或并行关系，编排成逻辑框图，实现迅速分析并定位故障根因，该方法应用于整体故障定位流程。而 AIOps 通过智能算法自动分析各类相关的运维数据，并提供根因推断，该方法应用于异常检测场景。这两种方式的结合，有效实现了故障的自动化和智能化根因定位。

AIOps 的能力建设立足于智能异常检测，结合链路拓扑、交易指标、基础设施资源指标等多种数据，能够从横向和纵向两个维度自动进行故障根因的分析与定位。

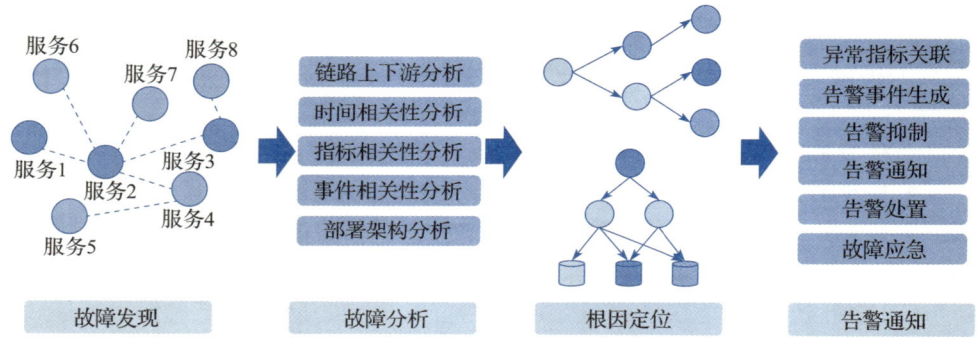

故障根因定位流程

在横向维度方面，基于链路数据，平台构建了以业务流量染色标签为纽带的分布式服务调用全链路端到端监控拓扑视图。通过打通并串联业务交易拓扑与指标数据，构建了面向交易的业务运维画像体系。此外，基于业务交易 SLO（服务水平目标）生死指标报警，并结合服务调用拓扑与业务交易生死指标波形，从报警节点出发，通过上下游服务调用指标相关性分析、事件相关性分析、时间相关性分析等算法，逐层下钻、深入分析候选的故障根因节点。最终，依据上下游指标的相似度、异常严重程度及相关性等，溯源确定故障发生的根因服务节点，从而有效缩小横向服务调用维度上的故障诊断范围。

在纵向维度方面，基于服务节点纵向依赖基础资源 CMDB（配置管理数据库）拓扑数据及相关监控指标，运用指标异常检测算法，对节点（包括容器、虚拟机、宿主机等）关联的关键性能指标（如 CPU、内存、磁盘 IO 等）进行异常检测。根据拓扑节点的深度、指标异常的严重程度及相关性，确定候选根因节点。随后，通过逐层递归下钻分析，对根因节点集进行全面分析，最终明确导致故障发生的基础资源指标和节点位置。

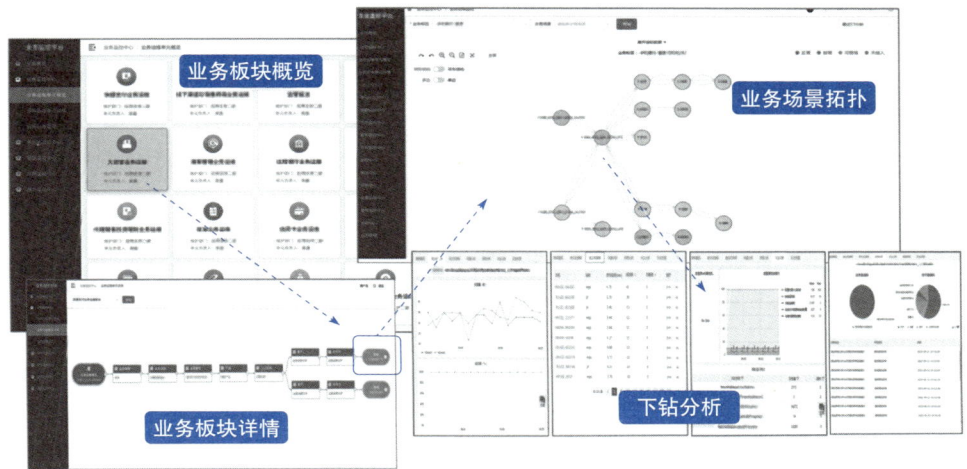

横向交易拓扑维度故障根因定位

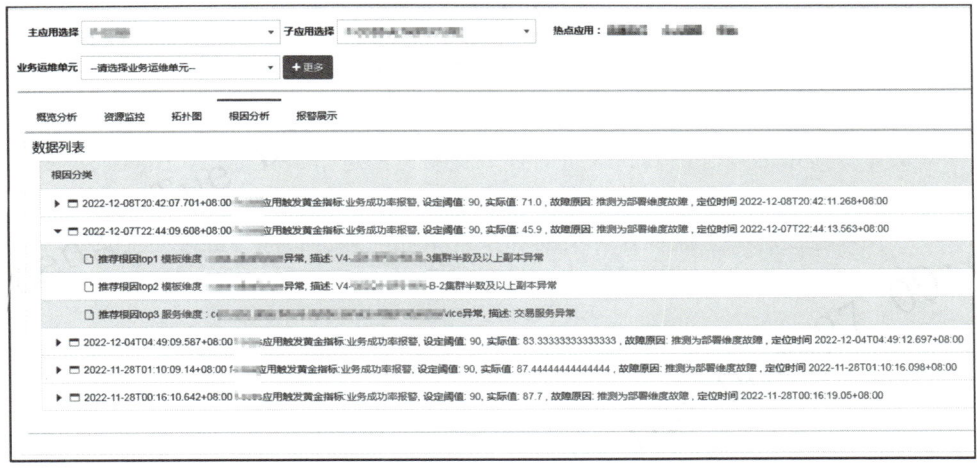

纵向基础设施资源维度故障根因定位

智能故障根因定位能力与行内的集中监控报警中心、应急执行平台、云平台、运维平台等联动，对从报警到故障诊断、定位、应对提供全流程支持，实现了容器滚动重启、弹性伸缩、容器启停、Docker 进程启停等功能，为特定类型的故障提供了自愈措施。

三、创新应用

中国工商银行的智能运维体系建设贯穿了监控运维的全流程。在智能变更风险防控、智能故障根因定位、智能异常诊断及故障应急等应用场景中，该体系展现出了巨大的应用价值，显著提升了监控运维的效率。

（一）智能变更风险防控

智能风险感知平台基于应用实时画像、系统监控、容器监控、交易监控、日志中心、PaaS 云平台等采集的时序数据，实现了面向变更的异常检测与分析，可以有效识别并及时规避潜在风险，主要应用于以下场景。

- **性能容量风险闭环**：通过对投产前后的交易量、响应时间、节点内存和 CPU 使用率等指标进行波形检测，捕捉异常增长的波形，识别应用性能容量隐患，从而能够迅速实施节点扩容，有效防范性能容量风险。
- **节点变更风险规避**：通过智能比对投产期间产生的节点配置参数、流水线参数、基础镜像配置、基础设施配置参数等，自动进行风险评估并发出预警，从而规避节点变更风险。

（二）智能故障根因定位

从业务运维的角度出发，通过对业务交易链路进行染色标记，生成业务运维交易拓扑。利用智能故障源定位能力，实现从业务运维板块到业务场景、服务、节点以及基础设施的全流程业务交易和系统指标的异常检测与故障定位。这一过程能够有效辅助开发和运维人员迅速精确地识别故障源头，显著提高监控运维的效率。

（三）智能异常诊断及故障应急

通过应用画像黄金指标智能异常检测，智能运维平台可在 1 分钟内实现故障监控报警。报警触发后，平台将自动启动诊断指标和诊断树，进行智能化的故障分析和定位，确保在 5 分钟内完成故障定位。随后，根据诊断树分析判断，将问题流转至相应的应急场景，并联动故障应急处置平台，触发应急流程的执行，实现 10 分钟内的故障恢复。通过这一系列措施，确保了整个应急故障处理流程能够快速、智能及高效运作。

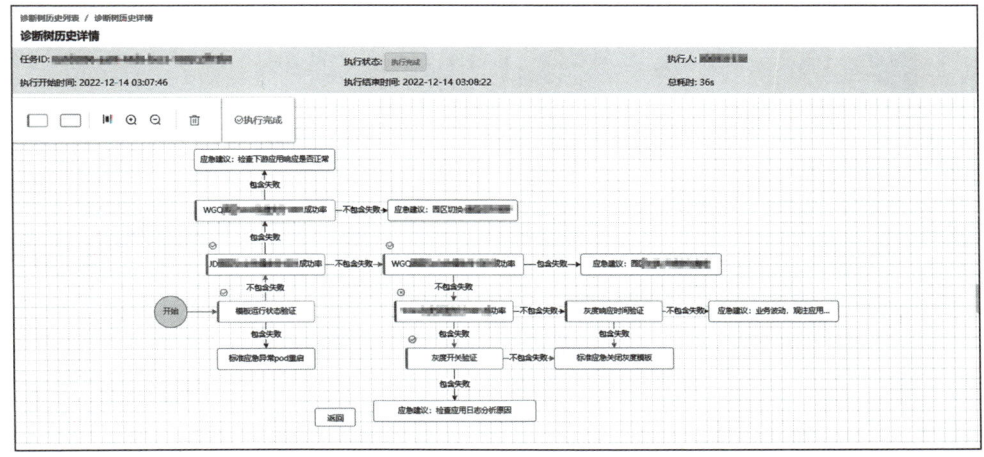

异常诊断树配置示例

四、取得成效

中国工商银行积极响应建设"数字中国"的号召，致力于为用户提供更高效、更便捷的服务。鉴于行内海量业务交易的现状以及对高效率监控运维体系建设的需求，中国工商银行在智能运维技术领域持续进行探索和实践。智能运维平台上线后，平均每月协助应用发现运行风险超过 10 次，通过平台的快速定位和应急处理，累计解决问题超过百次；同时，协助应用发现和规避投产风险也接近百次。在日志故障智能分析场景中，已累计为缴费、合作方中台、信用卡产品等多个核心应用协助分析出各类异常报文超过 1 000 次。

完成人：
任　政　中国工商银行金融科技研究院云计算实验室
杜　楠　中国工商银行金融科技研究院云计算实验室
李兰彬　中国工商银行金融科技研究院云计算实验室
（其余参与者不在此处一一列举）

案例 59 统一运维 PaaS 平台建设项目

厦门国际银行通过建设统一运维 PaaS 平台，构建了运维自动化中台能力框架。同时，推动了行内敏捷运维、运维监控等一系列制度规范的落地，解决了应用版本发布难覆盖、监控告警难精准、配置管理质量差及运维能力转型慢等业内普遍痛点。在运维场景上，实现了统一监控、应用版本发布、灾备切换、安全基线扫描、漏洞补丁升级、配置发现、软件批量升级、日志分析等多个功能，有效降低了运维操作风险，提高了运维效能，使运维敏捷化与智能化能力不断提升。

关键词： 统一运维 PaaS 平台，运维自动化，运维效能

一、背景介绍

随着银行数字化转型进程的推进，过往以集中式架构为主的银行信息系统逐渐向分布式和云原生架构转变。在当前背景下，传统的运维模式受到了严重冲击，以管控为核心的信息技术基础架构库（ITIL）式运维需要以更敏捷的方式响应业务变化。SRE（站点可靠性工程）通过工程化方式解决运维问题，通过自动化能力消除运维琐事，这种理念适合新形势下的银行运维工作。

关于运维自动化，原银保监会在 2022 年发布的《关于银行业保险业数字化转型的指导意见》中提出："加快构建面向大规模设备和网络的自动化运维体系，建立'前端敏态、后端稳态'的运行模式，推进基础设施虚拟化、云化管理。"

一直以来，我行坚持"智慧革新，数字引领"的金融科技发展理念，深入推进数字化转型与场景经营，不断推动大数据、云计算等前沿科技与业务深度融合，积极进行信息系统架构升级。因此，如何通过构建自动化运维体系，有效改善运维工作流程，实现更高质量、高效率的运维场景落地，成为新的运维课题。

二、建设内容

本项目基于 PaaS 化运维中台技术架构设计。在平台的 PaaS 应用层，通过统一开发框架和统一鉴权方式，并借助平台的管控、作业编排以及企业服务总线（ESB）能力，进行应用发布场景的建设。基于平台丰富的数据采集、数据处理以及插件扩展能力，实现对各类应用系统、中间件、服务器、数据库、网络存储等基础软硬件资源的监控告警，并整合业务流程监控和网络流量监控的各类告警信息，实现监控信息的统一管理与处置。

平台的 SaaS 功能覆盖安全、批量、敏捷、智能、数据分析等多个运维领域。

（一）应用版本自动发布，构建持续交付平台

借助贯穿行内开发、测试、运维的 DevOps 路径，全自动化地将版本管理与部署应用于开发、测试、生产环境。应用发布模块支持标准发布、批量发布、灰度发布、容器化发布、SQL 发布等多种发布模式，支持行内各类异构系统，以及部署前后的服务健康检查，可以实现从开发到生产投产的全流程自动化。这不仅极大地缩短了手工操作的时间，提升了操作准确率，还提高了系统的可靠性和稳定性。同时，通过自动化部署质量报表强化了版本部署的闭环质量管理，提升了自动化部署的效能与版本质量，提高了我行系统的敏捷变更能力，满足了业务敏捷发展的需要。

（二）统一监控建设，融合 CMDB 能力

基于平台丰富的数据采集、数据处理以及插件扩展能力，实现对各类应用系统、中间件、服务器、数据库、网络存储等基础软硬件资源的监控告警。同时，整合业务流程监控、网络流量监控的各类告警信息，实现监控信息的统一管理与处置。此外，平台配置资源实现可消费化，使资源管理与资源告警形成一体化闭环。通过集中管理全行告警信息，并采取统一的收敛、屏蔽自动化处理、告警关联等手段，提高了告警有效性，减少了误告与漏告，实现了告警从接入、收敛、处理、分派的闭环管理，从而提升了告警处理效能，保障了系统稳定运行。

（三）统一自动巡检，隐患提前发现

本项目建立了全覆盖、自动化的生产环境巡检功能。通过自动化巡检及自

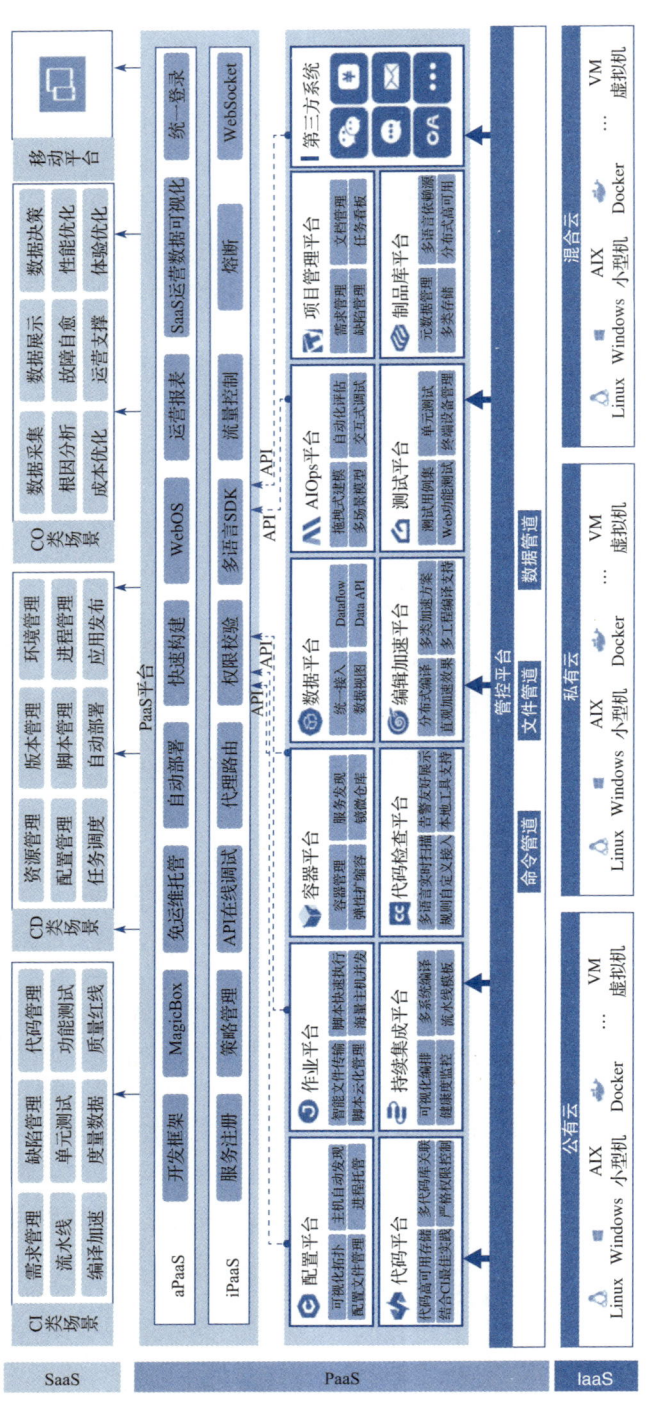

系统应用架构

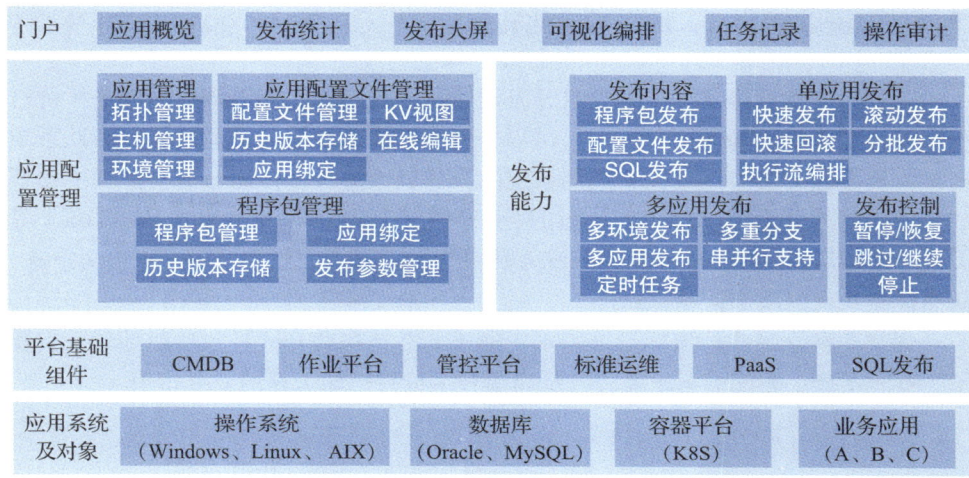

应用发布模块系统技术架构

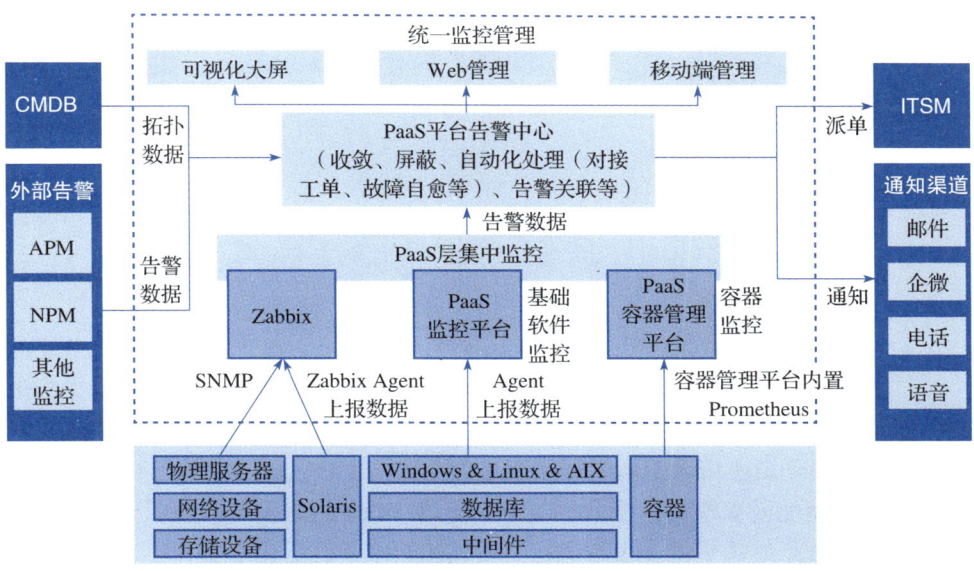

监控模块系统技术架构

动化差异报表、问题报表等手段,辅助运维团队全面了解各类软硬件资源的生产运营状况,从全量的生产系统中提前发现各类隐患,以便运维团队及时排除风险点,保障生产系统的稳定运行。

（四）运维数据分析，助力数字化转型

面向数字化运维场景，本项目开发了运营分析功能，能够批量对业务系统进行交易接口级的交易性能分析、报错码分析和可视化展示。这些功能可帮助系统运维人员全面、实时地监控和观测系统的交易健康情况，并能对交易过程中出现的异常进行智能预警（会监测失败率、无响应率、耗时、每秒事务数（TPS）等关键系统健康指标），还能帮助运维人员快速发现系统问题并及时采取应对措施，从而提高系统的稳定性和可靠性。

运维团队立足我行实际运维需求，通过不断迭代和升级平台功能场景，实现了高效、敏捷、智能的运维能力，从而提升了科技运维工作的业务价值。

三、创新应用

运用容器化（Docker）等最先进的云技术，构建了全新的运维模式，致力于以"原子服务集成"和"低成本工具构建"的方式落地 DevOps，帮助运维快速实现"基础服务无人值守"及"增值服务"。通过进一步实施 DevOps，实现了更全面和可持续的效率提升。

- 在持续部署（CD）领域，拥有面向异构业务的海量自动化运维的持续部署能力。基于管控平台，支持数千台主机节点的跨云管控，再配合配置管理、作业执行、容器管理、标准运维、故障自愈等能力，极大提升了运维自动化程度，进一步为业务的持续部署能力保驾护航。
- 在持续运营（CO）领域，通过运维平台的建设，提升了业务体验并能够辅助运营决策。运维人员可通过运维平台对运维资源、指标等数据进行采集、清洗、分析和展示，从而优化网络性能，预警系统故障等。

本项目的创新应用主要体现在如下几个方面。

- **平台功能全面丰富**：平台提供了基于 DevOps 的全生命周期管理框架，同时整合了应用编排、运维监控、自动化运维、容器化等多种技术。尤其在自动化运维和容器化方面，达到了非常成熟的技术水平。
- **平台高度灵活和可开发**：提供开放式 API 和插件支持，用户可以通过丰富的 API 和插件集成第三方应用程序、开源模组等，享有更多定制化和灵活化的服务。
- **微服务分布式平台**：整体架构为微服务平台，域名分配清晰明了，部署模式更高效、灵活且可扩展，同时具备高可用性和更强的负载均衡性。

- **创新性智能数据分析**：基于我行的持续开发建设，平台具备数字运营分析功能，能够对业务系统的日志、指标等进行批量交易接口级的交易性能分析、报错码分析和可视化展示。

四、取得成效

（1）统一的自动化赋能为精益生产管理和信息化发展提供有力支撑。通过统一运维 PaaS 平台的建设，实现了批量生产配置和模块化操作，一方面节约了人力成本，另一方面通过平台赋能的形式，极大地提升了生产维护的标准化程度，为生产环境的稳定运行提供了有力保障。平台上线至今（本稿完成时），共执行了超过 50 000 次的自动化部署任务，共计节省人工操作时间超过 25 000 小时。

（2）响应监管机构要求，提升运维统一监控能力。为响应监管对金融科技问题的"早预警、早发现、早处置"要求，提高业务的稳定性和连续性，我行建设了统一的监控告警功能，提升了告警维度和精确度。同时，实现了将 4 000 多台虚拟主机纳入监控，覆盖全行 300 多个业务系统，满足了一站式监控应用、数据库、云平台、容器平台、基础资源及安全监控的需求。通过统一视角洞察应用和资源的健康状态，保障了业务稳定安全运行。

（3）构建自动化运维中台，为运维数字化转型奠定基础。统一运维 PaaS 平台助力运维管理更加精细与高效。基于平台架构的灵活性和扩展性，支持快速扩展运维自动化和智能化场景需求，并可以统一采集各类运维基础数据，为运维数字化转型奠定了坚实基础。

（4）运维人员向"运维+研发"复合型人才转型。依托平台的开发框架，运维人员逐步提高了运维开发能力。由专门的团队负责平台运营管理和产品研发，转向与应用运维、基础运维和安全运维等团队合作，赋能运维敏捷和运维数字化，共同推进我行的数字化转型，实现了我行的信息化、数字化和智能化，从而提升了我行竞争力和市场地位。

完成人：
黄　萍　　厦门国际银行股份有限公司科技运维部总经理
刘伟旭　　厦门国际银行股份有限公司科技运维部副总经理
刘　锴　　厦门国际银行股份有限公司科技运维部处室经理
王君德　　厦门国际银行股份有限公司科技运维部运维产品研发岗
李福顺　　厦门国际银行股份有限公司科技运维部运维产品研发岗

推荐阅读

推荐阅读

推荐阅读